一頁 folio

始 于 一 页 ， 抵 达 世 界

[美]大卫·哈克特·费舍尔 著　X.Li 译

价格
The
GREAT
WAVE
革命

一部全新的世界史

Price Revolutions and the Rhythm of History

David Hackett Fischer

GUANGXI NORMAL UNIVERSITY PRESS

广西师范大学出版社

·桂林·

图书在版编目(CIP)数据

价格革命：一部全新的世界史 / (美) 大卫·哈克特·费舍尔著；
X. Li译. —桂林：广西师范大学出版社，2021.12（2022.9重印）

书名原文：The Great Wave: Price Revolutions and the Rhythm of History

ISBN 978-7-5598-4101-8

Ⅰ.①价⋯ Ⅱ.①大⋯②X⋯ Ⅲ.①价格－经济史－世界 Ⅳ.①F749

中国版本图书馆CIP数据核字(2021)第168869号

著作权合同登记号桂图登字：20-2021-221号

JIAGE GEMING YI BU QUANXIN DE SHIJIESHI

价格革命：一部全新的世界史

作　　者：［美］大卫·哈克特·费舍尔
责任编辑：谭宇墨凡
特约编辑：任建辉
装帧设计：陈威伸
内文制作：燕　红

广西师范大学出版社出版发行

广西桂林市五里店路9号　邮政编码：541004
网址：www.bbtpress.com

出 版 人：黄轩庄

全国新华书店经销

发行热线：010-64284815

北京中科印刷有限公司印刷

开本：635mm×965mm　1/16

印张：38.5　　字数：476千字

2021年12月第1版　2022年9月第3次印刷

定价：128.00元

如发现印装质量问题，影响阅读，请与出版社发行部门联系调换。

中文版序

　　很高兴为拙作的中文版作序。本书以长期的价格上涨为中心，它们被历史学家们称为"价格革命"，大多发生在现代，主要是在欧洲和北美。本书还研究了这些长期运动抵达高潮时经济、社会和文化出现的分裂。而一个一再被提出的问题是：这些重大趋势在多大程度上也发生在中国？

　　我无法直接根据中文资料进行初步研究。但是，我从二级文献中获得的一些有限的证据表明，标志着这些革命高潮到来的经济和社会危机，同样倾向于出现在中国和亚洲其他地区。不过，在时间上并非完全一致，动荡的程度在实质和细节上也有区别，并且后果常常截然不同。但是很显然，这些巨大的历史运动，影响遍及全球。

　　在未来，我希望中国、欧洲和美国的历史学家和经济学家们能够携手并肩，进行我们谁都无法独自推进的全球性探究。组织问题和研究过程可能存在细节上的差异。但是，我们都有一个共同的关切，那就是理解现代历史中物质变化的主线，而不论我们的价值观和体制如何不同。

大卫·哈克特·费希尔

缅因州巴尔港

2020 年 9 月 13 日

目 录

第三次浪潮

第四次浪潮

附　录

参考书目

序言

"某种地震仪般的存在……"

在所有能向历史学家揭示经济基本动态的载体中，货币现象无疑是最灵敏的一个。但如果仅仅将它们的重要性视为某种外在的征兆，那未免有些管窥蠡测。相反，它们一直都是并且如今仍是事情的起因所在。它们是某种地震仪般的存在，但其功能不仅是测量——有时甚至引发——地球的动态。

——马克·布洛赫，1933 年 [1]

量化方法在现代历史学研究中得到了广泛的应用。一些人靠它来呈现描述性的数据。另一些人用它来对概念间的数量关系进行分析。一些著作则主要将其当作修辞手法，用以"拓展历史学家的词汇量"。[2]

这些运用并不能令所有人都轻松愉快。历史教师们都知道，当你在课堂上提到"量化"这个可怕的单词时，台下的本科生们立刻变得目光呆滞、一脸茫然。数字常常只能令年轻浮躁的学生们头脑发木。

其实大可不必如此。只要展开想象的翅膀，数字也会活灵活现，这不仅是因为它为我们提供了信息，还因为其有助于思考。数字使我们得以见微知著，拼接出事情的全貌。它使我们能够将原本大相径庭的事件进行对比。它告诉我们：这个世界正以何种方式运行。它帮助我们将个别事件放在总体格局中思考，然后以经验性指标为依据，验证我们归纳性的结论。

有许多这种指标是专为研究晚近的事件而存在的，但是没有几个能触及辽远的过去。只有一种文献资料，能贯穿于所有历史记载之中，那就是关于价格的记录。这些看似微不足道的数据文件，每天都与我们形影不离，它们就是栖身于我们的钱包或提包之内的一张张被揉得破破烂烂的收据。它们朝生暮死、来去匆匆，以至于我们很少会用历史学的眼光去审视它们，但是，它们却比其他任何一种可量化的资料都更加丰富。

亚洲、印度、罗马、希腊、埃及、巴勒斯坦和美索不达米亚的古老文明所留下的价格记录保存至今。在古巴比伦的飞扬尘土之中，考古学家们发现了大量的泥板和圆柱，上面记载的价格序列（price-series）最早可追溯至汉谟拉比统治时期（约公元前1793—前1750）。在埃及的沙漠中，学者们找到的纸莎草书记载了法老时代的生活成本。古希腊、罗马、中国和印度文明无一例外地都留下了大量的价格记录。

甚至在中世纪早期，当文献资料的记载尚未充实确凿时，学者们就已经能够拼凑出原始的价格清单（price-lists，区别于价格序列），上面列举的中世纪商品的多样性令人咂舌。我们由此得以追踪6世纪到12世纪的粮食谷物、教士斗篷、骑士盔甲，甚至遗骸圣物的价格记录。这些资源帮助我们粗略地重构出欧洲历史最黑暗时期的价格动态。[3]

12世纪至今，历史学家们编纂出了更加精致的高品质价格序列。这些数据如今涵盖了整个欧洲的所有国家和许多城镇。

从 19 世纪中期开始，全世界的政府都已构建了错综复杂的价格指数，数据的搜集工作劳师动众，并且达到了前所未有的详细和准确。每个月的最新价格动态就登载在我们的早报头版上，并在晚间的广播节目中占据了头条位置。[4]

掌握了所有这些资料——它们是如此丰富，只有我们自己想象力的局限才能限制我们对其予以解读——之后，我们才可能追踪近四千年历史记载中的价格动态。

研究价格序列的方法，就像阅读书籍的方式一样多。从表面看，价格是一种流动的记录，记载了在市场交换时商品的花费。这是价格最普遍，也最为人所熟知的含义。与此同时，还可以有另一种方法去研究它们：将其作为货币价值变动的证据——这也是一些经济学家偏爱的考察价格的方式。从第三个方面来说，价格向我们展现了生产系统，尤其是交换的结构——这是一个历史重要性越来越显著的主题，因为学者们开始发现，交换过程可能在很大程度上起到了马克思笔下生产方式的作用。

在第四个抽象层面上，价格成为研究广泛历史动态的资料来源。例如，审视 19 世纪美国的价格动态，就等于从一个特定的棱镜中窥探许多事物。在美国物价的起起伏伏中，我们可以看到杰克逊式运动在文化上的影响、美国内战对社会的冲击、工业革命的年谱和西进运动的地理图志。具有历史意义的事件，虽然像希望和恐惧的情绪一样转瞬即逝，却可以通过价格研究进行精确计量。在美国内战史中，北方的希望有一个敏感的指标，那就是 1861 年到 1865 年间政府债券的价格变动。而南方恐惧心态的指标，则是同时期奴隶价格的高低起伏。对风云变幻的历史情境和事件，我们可以根据价格动态作有力的推论。

进一步抽象地说，我们可以借助对价格的研究来了解变化本身的属性。这就是本项研究的目的所在。过去的每个时代，都处于变化之中。这个世界总是在变化——但不总是以同样的方式。从经验证据中，我们会发现过去独特的"变化机制"（change-regimes）一直变动不居，但在变动性这一点上却是稳定的。或迟或早，即便这些变化机制中最坚固者也会在所谓"深刻巨变"（deep change）的若干瞬间分崩离析。每当发生这种情况时，一套变化的制度被另一种变化制度所取代。所谓深刻巨变，可以理解为变化模式自身的变化。用数学上的术语来说，这深刻的巨变犹如"二阶导数"，可以当作变化率的变化率来计量。

本项研究采用的方法是描述并阐释过去八百年价格动态中变化机制和深刻巨变的节奏。本书的宗旨不仅在于进一步拓展对具体价格的知识，而且还要深化我们对变化本身的理解。

关于变化性质的各个重大问题，更多时候属于哲学家而不是历史学家的研究领域，并且其研究大多采用了演绎法。但越来越唾手可得的量化证据，使我们得以将形而上的谜题转化为经验性的追问。塞缪尔·约翰逊博士应该能够理解这点。他曾断言："阁下，这就是数学的好处。它将一切变得确实可靠，而在此之前，浮现在人们脑海中的都含糊不清。"

　　　　　　　　　　　　　　　　　　　大卫·哈克特·费舍尔
　　　　　　　　　　　　　　　　　　　马萨诸塞州韦兰市
　　　　　　　　　　　　　　　　　　　1996 年 6 月

第三次印刷序

对一位价格史学家而言，1996 年到 1999 年间是一段极为有趣的时期。20 世纪漫长的通货膨胀史让位给了新一轮的反通胀潮流，并且在一些生产部门实际发生了通货紧缩。自那以来，我们就生活在一个"深刻巨变"的时代，新旧"变化机制"之间也在实现更替。

为了理解这些崭新的经济动态，我们必须将目光投射到经济学领域之外。20 世纪 90 年代的世界性反通货膨胀主要是受到人口统计学事件的驱使：人口增长速度持续走低。在许多国家，生育率几乎跌落到了置换水平*，甚至更低。人口学家们相信：其中的主要原因是女性地位的变化，尽管其他因素显然也有影响。

人口增速降低导致的经济后果，是全世界范围内的需求增长放缓和价格的下行压力，这反过来又在经济领域引发了严重的金融危机，毕竟各个经济体都构筑在对快速增长的期待之上。

社会和文化方面也毋庸置疑地受到了影响。在这个方面，价格历史中的这个新时期似乎类似于 15 世纪、17 世纪晚期和 19 世纪的

---

* 使人口总数保持原有水平的生育率。——本书脚注皆为译者注

价格均衡（price equilibrium）阶段。其标志是家庭暴力、家庭崩坏现象以及毒品和酒精消费的迅速下降。许多领导人将这些新趋势归为自己的政绩，但真正的原因要来得深远。

在其他方面，20世纪90年代末的那个新时期完全是史无前例的。反通货膨胀时期的一个崭新趋势，是财产价值的强烈通胀，尤其是许多证券交易所中普通股的股价。这个问题的原因同样要在经济分析的常规框架之外找寻，它蕴藏在社会和文化趋势之中，这些趋势导致对某些资产类别投资的增速比资产供应本身更快。我们可能要面对一个重大问题，那就是历史学家口中的某种剪切效应，它是由抵消性价格波动引起的。

另一个问题则发生在完全不同的层面。在巨变时期，人们的理解落后于事物的发展，这个世界的变化比我们想象的更快。例如，20世纪90年代末，许多国家的中央银行依旧认为自己扮演着抗击通货膨胀的角色，而在这个崭新的时期，反通货膨胀甚至通货紧缩引发的危险更大。20世纪90年代的经济学家们（尤其是信奉货币决定论的货币主义者）预言，货币供应的大幅增长将会使通货膨胀卷土重来，这本来在上一代就该发生。但因为其他更强因素的影响，这并未发生。

在美国，对经济问题的理解被经济繁荣的表象遮蔽了。二战中日本可悲地迅速崛起就是因为所谓的**"胜利病"**。希腊人认为这是**"轻慢神明"**，必将以复仇女神涅墨西斯的干预而告终。每当弄潮儿们自诩为造浪者时，这位女士便翩然而至，顷刻之间，滔天巨浪分崩离析，然后又重新聚集它的力量。

大卫·哈克特·费舍尔
马萨诸塞州韦兰市
1999年6月

世界历史中的巨浪

13 世纪时上涨……后来又在中世纪下落……16 世纪时上涨，而在 17 世纪分崩离析；18 世纪时第三度上涨……这些动态有何意义？

——威廉·阿贝尔，1935 年[1]

历史不会重演，但会押韵。

——据称出自马克·吐温

价格的历史是一部变化的历史。一份始于 1264 年的引人注目的英格兰"消费品"价格记录，对于观察我们这个时代的弊病颇有助益，它是由亨利·费尔普斯—布朗和希拉·霍普金斯精心编纂的。这份指数表明：英格兰南部食物、饮品、燃料和纺织品的价格在七百多年里一直保持着增长态势，平均增长率约为每年 1%。[2]

价格上涨在过去一直是一个问题，但是其节奏、速度或时间都不是恒定的。一些时期比其他时期面临更严峻的通胀问题。有一些时期则经历了长期的价格均衡，甚至通货紧缩。

英格兰的物价：三个序列，1201—1993

Annual Price Index
(1451-75=100)

The 20th Century
Price Revolution

The 18th Century
Price Revolution

The 16th Century
Price Revolution

The Medieval
Price Revolution

Renaissance
Equilibrium

Enlightenment
Equilibrium

Victorian
Equilibrium

Logarithmic Scale

图表 0.01 将三个不同的价格序列联系了起来。第一个是出自 D. L. 法默的 1210 年至 1275 年英格兰小麦价格指数，以先令为单位。第二个是费尔普斯—布朗—霍普金斯的 1264 年至 1954 年英格兰南部消费品（谷物、蔬菜、肉类、鱼类、黄油、奶酪、酒饮、燃料、轻工及纺织品）价格指数，单位也是先令。第三个是劳工部记录的 1952 年到 1993 年全英零售价格指数，单位是英镑。这些数据全都经过换算，而拥有一个共同基数，即将 1451—1475 年间的平均价格指数定为 100。文献资料来源包括 D. L. Farmer, "Some Livestock Price Movements in Thirteenth Century England," *Economic History Review*, 2d ser., 22 (1969) 15；E. H. Phelps-Brown and Sheila Hopkins, "Seven Centuries of the Prices of Consumables, Compared with Builders' Wage-Rates," *Economica* 23 (1956) 297–314; B. R. Mitchell and Phyllis Deane, *Abstract of British Historical Statistics* (Cambridge, 1968) 740–741; 同前, *Second Abstract of British Historical Statistics* (Cambridge, 1971); B. R. Mitchell, *International Historical Statistics: Europe*, 1750–1988 (New York, 1992); *Annual Abstract of Statistics* (London, 1972–1994).

研究费尔普斯–布朗—霍普金斯的指数和其他类似资料后，我们会发现：过去八个世纪中最严重的通胀，发生在四次物价暴涨的巨浪中。第一次浪潮从 12 世纪末持续到 14 世纪初，被称为"中世纪价格革命"。第二次是我们耳熟能详的"16 世纪价格革命"，它实际上发端于 15 世纪，并终结于 17 世纪中期。第三次浪潮则开始于 1730 年左右，并在法国大革命和拿破仑战争时期达到了顶峰。它可以被称为"18 世纪价格革命"。第四次浪潮起始于 1896 年，并且延续至今，20 世纪 20 年代和 30 年代初在某些国家曾短暂地中断过。这是一场 20 世纪的价格革命。

这些巨大的起伏被性质不同的时期所打断，这是指价格稍降后，就会达到一种均衡，并在一个固定的水平上波动。这样的一个时期——可能被称为 12 世纪的均衡期——恰逢中世纪文明发展的高峰期。另一个可称为文艺复兴（约 1400—1480）均衡期。第三个时期被认为是启蒙运动（1660—1730）均衡期。第四个时期可以称为维多利亚均衡期，因为它恰巧与维多利亚女王的一生发生了时间上的重合。所有这些均衡期都充斥着高度复杂的波动。这些均衡期中无一存在长期的价格通胀。

价格革命和价格均衡的这种交替节奏早在 18 世纪就已被发觉。20 世纪 30 年代，法国经济学家弗朗索瓦·西米昂、意大利学者詹尼·格里齐奥蒂–克雷奇曼以及德国农业史学家威廉·阿贝尔都对此进行了研究。[3]

阿贝尔的论著在五十年后依然长印不衰，并且具有强烈的经验主义色彩。他的目的与其他学者不同。费尔普斯–布朗和霍普金斯想要知悉薪酬和价格的货币化动态。而阿贝尔更感兴趣的是农业条件。他仅仅研究谷物的价格，并将其换算为以每公斤纯银为价格单位，而不是用货币单位来衡量市场中的一篮子"消费品"。

阿贝尔发现了一种波动模式，在时间点上与费尔普斯–布朗—

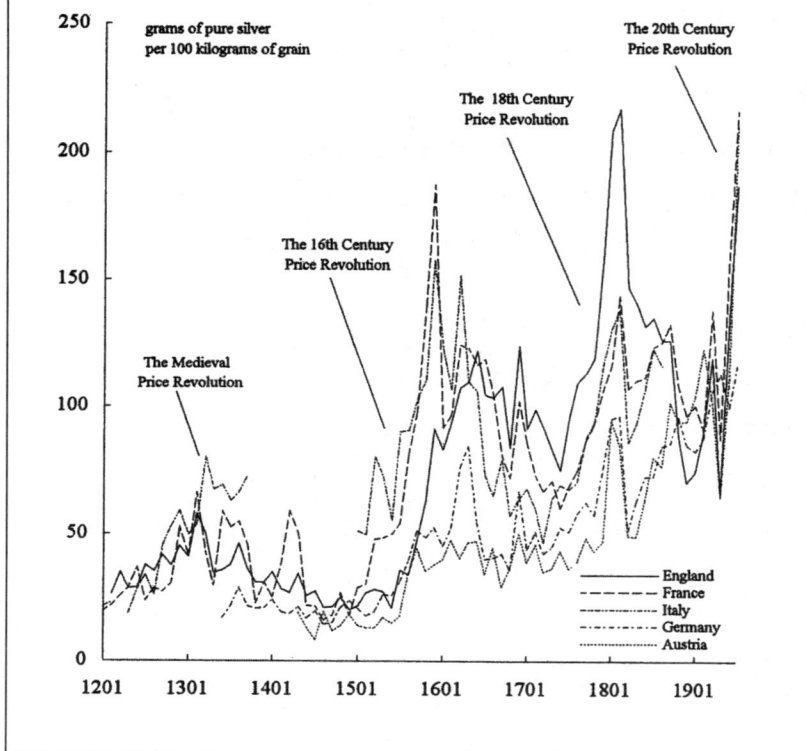

欧洲谷物价格：阿贝尔序列，1201—1960

图表 0.02 展现了 1201 年至 1960 年间欧洲五个主要国家谷物价格每十年的动态变化。它涵盖了英格兰、法国和意大利的小麦，以及奥地利和德国的黑麦。价格是每十年的平均值，换算成以白银为等价物（以每一百公斤谷物所值的纯银的克数为计价单位）。文献资料来源包括 Wilhelm Abel, *Agrarkrisen und Agrarkonjunktur: Eine Geschichte der Land und Ernährungswirtchaft Mitteleuropas seit dem höhen Mittelalter* (1935; Hamburg and Berlin, 1966), appendix。原始数据来自本书参考书目中所列 Rogers, d'Avenel, Barolini, Parenti, Magaldi 和 Fabris 著述中的价格表。

霍普金斯序列相似，但走势却不同。较之消费品总体价格，他的谷物价格革命的涨价更突兀，并且随之而来的不是价格均衡，而是价格陡然下降的时期。即便如此，两个模型序列中都出现了同样的长期波动。许多研究都对此有记载，并且它们是价格长期变化最牢不可破的规律——甚至强于康德拉季耶夫的周期理论或其他任何的周期节奏，这些周期必然是将数据"去趋势化"（detrending）的结果。

这种波动模式为欧洲大陆的学者们所熟知，但在英语国家中却并不出名。对个中原因的探讨可以独立成篇，在本书的附录中可略见一二。在这里，只要了解如下状况就足矣：当法国历史学家费尔南·布罗代尔在一部讲述资本主义历史的著作中提到近代早期的价格波状动态时，美国评论家们的反应却是先吃一惊，继而迷惑，最后表示难以置信。

美国的历史学家们大多只熟知一次大浪潮，即 16 世纪价格革命。其后继者，即 18 世纪的通胀，屡屡被法国学者们同 1789 年的法国大革命联系在一起进行讨论，但在美国或英国，它却几乎不为人知，因为在这些地方它的影响没有那么戏剧性。至于中世纪的价格革命，甚至更加晦暗不明，因为从时间上说，它年代久远，而且难以获取相关文献记录。20 世纪的价格革命之所以被误解，则是基于相反的原因：浩如烟海的数据资料，以及这个事件与我们过于贴近，导致我们很难从历史的角度去思考它。[4]

对于这些历史事件，美国的经济学家们同样几乎没有记忆，除了 16 世纪的那次价格革命；根据美国经济学家米尔顿·弗里德曼在另一处所写，那次价格革命被认为不过是证明了通胀"是一种永无止境且无处不在的货币现象"这一定理。此外，作者发现从总体上看，价格革命（除个别例外）对于大多数经济学家、政治领袖、社会规划者、商业执行者和个人投资者而言，都是全然陌生的，哪怕他们正在竭力应对其中的某一次价格革命。[5]

　　这种集体性的健忘症，部分是由美国决策者普遍秉持的一种态度造成的，即历史与他们面临的紧迫问题没有太大关系。一次例外展现了这一规律的力量。1980 年，美国经济学家莱斯特·瑟罗曾对同行们建言，他们若不能钻研被他古雅地称为"很久以前"的那个辽远时空，就无法理解其所在时代的通胀浪潮。而他所谓的"很久以前"，是指 1965 年。[6]

　　有迹象表明，这样的态度可能正在改变。20 世纪末的局势如此动荡不安、波谲云诡，以致最没有时间感的思想家们都开始意识到：历史正降临在他们身上。对这个课题的学术兴趣也在以其自身的节奏起伏。曾在 20 世纪 30 年代兴盛一时的价格历史学这个学科，如今正开始复兴。

　　本项研究的目的在于，通过逐次研究每次价格革命并进行前后比较，培养人们对这个领域的兴趣。我们将会描述四次巨浪最重要的方面：首先，是它们的时间、量级、节奏、易变性以及价格水平长期变化的序列；其次，不同种类商品相关价格的浮动模式；再次，实际薪酬的动态；最后，租赁价格及利息的变化规律。同样的问题也适用于各个价格均衡期，其中一个可能正在迫近。[7]

　　第二个任务是探索起因。布罗代尔相信，这些巨浪是近代经济史中最突出的长期模式，但他认为，对它们的阐释是史籍编纂中"最被忽视"的问题，并且"不可能"得到解决。

　　即便如此，欧洲的价格历史学家们对价格革命的起因提出了七种解释，可以被称为货币主义、马尔萨斯主义、马克思主义、新古典主义、农业论、环境论和历史主义模式。货币主义从"总体价格水平"的角度理解这些动态，将其解读为货币价值的变化，而这主要是由货币的数量和周转率的不同而导致的。马尔萨斯主义者对价格动态的想法则有所不同，他们将其看作一种货币能够购买的商品价值变化的物质表现，而这种变化主要是由人口和经济增长的不平衡引发的。马克思主义者则认为，价格波动反映了社会体系内部交易运作条件的变化，这种交易运作主要发生在不同社会阶级之间。新古典主义模式将价格看成是供求关系变动的指示计，并将价格革命解释为市场关系不平衡的结果，起因于以需求或供给为中心的各种事件，或者是市场条件的结构本身的变化。农业论者主要将价格与收获条件相联系。环境论模式则将价格动态理解为体现人类活动与自然环境之间不平衡的生态指示器。历史主义的信奉者喜欢用事物各自的独特性来解释它们，并且认为每一次价格革命都是一次独特的事件，有其专属的解释。

每一种理论都让我们认识到它们共同主题的不同侧面。所有这些理论在今天也都欣欣向荣。这些解释方式彼此之间的差异，很大程度上源于它们对于"什么是价格"和"世界由什么构成"的不同假设和论断。它们都是理论推断的产物，但又全都号称具有坚实的经验基础，经得起历史证据的考验。本项研究将尝试另起炉灶、重塑模型，对各家理论兼收并蓄、取长补短。

第三个任务是考量价格波动的后果，或者更准确地说，价格所体现的种种动态的后果。这些后果意义深刻，在我们这个时代越发如此。在我们这个备受煎熬的时代，那些最黑暗的趋势，即被认为最紧迫的社会问题，包括暴力蔓延、毒品泛滥以及家庭崩坏等，都与价格动态息息相关（或者说，与价格所体现的动态息息相关）。研究这些社会问题的大多数学者都对此中关联一无所知，而这种关联为我们理解目前不如意的原由开辟了新的道路。

在近现代历史中，一些最闪耀的时刻也与物质世界的节奏脱不了干系。12 世纪的文艺复兴、15 世纪的文艺复兴、启蒙时代和维多利亚时代，无一例外。

对富于批判精神的读者的警示

在我们开始研究这些关系之前，有必要提出一些警示。读者应当清晰地认识到：我们所研究的动态是波动，而非循环。重申一遍：不是循环，而是波动。

循环的节奏是固定而有规律的。它们的时间阶段具有高度的可预测性。波动则更加多样化，而比较不具有可预测性。它们在持续时间、量级、速度和势头方面均有所不同。有一次价格波动的持续时间不足九十年；另一次延续了一百八十多年。历次价格波动的不规律性，使其可预测性不比一次海浪更高（或更低）。[8]

虽则如此，历次巨大的波动都拥有相同的重要特质。它们都具有同样的波形结构。它们大都拥有相同的发展顺序，相关价格呈现相同的态势，薪酬、地租和利息等都展现出类似的动态；而在阶段后期也具有同样危险的不稳定性。在近现代历史中，每次重大的价格革命都开始于繁荣时期，结束于摧枯拉朽的世界性危机，随之而来同样是恢复期和相对的均衡期。

在人们的认知状态中，这些巨浪也迥异于循环。我们会用不同的方式去理解它们。循环是从数据中爬梳出来的，通常要借助统计学上的推断，证据都经过了种种"筛选"和"去趋势化"的技术处理。而巨浪在这个方面截然不同。它们在证据上都一望而知、显而易见。无须对数据进行筛选或去趋势化，就可以看到它们。每一次巨浪，就是其所在时期的重大价格趋势。无须套用任何理论模型或进行统计上的修饰以将其从难以驯服的资料中抽象出来。为了展现这些蕴含在数据中的长远趋势，有必要做一些非常简单，但对许多学者而言却极为困难的事——我们必须学着直面证据记录本身，而不带有任何意识形态上的、理论上或认识上的成见。我们有时会被告知：这是不可能的。确实如此——但只对某些人而言。[9]

本书主要写给那些与笔者同样有志于理解历史变化模式的普通读者，同时也向实践中的商业领袖、新闻工作者、投资人以及一般民众传达一则信息。如今，我们正生活在 20 世纪价格革命的晚期阶段。我们前方未必有什么天灾人祸，本书无意作出末世天启般的预言。相反，本书认为，未来的不确定性，正是我们所面临的无法逃避的现实状况。

本书还揭示出，未来的走向取决于我们当下的选择，而这些选择又源自我们对过去的记忆。本项研究也是一种敦促：当我们在作经济选择时，需要提高回溯历史的能力，并能吸取历史经验中的血泪教训。我们若想把握当今世界的危险动态，或只是想存活下来，就必须记住过去——哪怕是辽远的过去。我们还必须学着将当下和未来看作连续历史中的一部分。

许多熟读经济学著作的读者会记起凯恩斯的名句——"从长远来看，我们都死了"的特殊含义*。20 世纪诸多事件已经表明，从最普遍的适用来看，这种理念大错特错。美国经济学家赫伯特·斯坦在华盛顿工作一段时间后，于 1979 年懊悔地写道："我们一觉醒来，却发现自己还面临长期的问题，并且正因为懒于顾及而饱受折磨。"[10]

为了达到这一目的，这部历史作品将从七个多世纪以前讲起，那是中世纪一座拥有大教堂的城镇的赶集日。那一天是 1224 年 9 月 8 日；地点是法国的沙特尔。

---

* 凯恩斯是想说，现在应主要考虑解决迫在眉睫的短期问题。

第一次浪潮

中世纪价格革命，1180—1350

市场人多，物什价高。

——乔叟，《巴斯夫人》

　　1224 年 9 月 8 日，沙特尔，适逢圣母诞辰节。通向这座大教堂城的路上挤满了朝圣者，这样的情况已经持续了一个多星期。有些是虔诚的农民，希望对聆听他们祈祷的圣母献上感激；另一些则是世俗的商人，他们来是为了在被称为"九月街市"的盛大集市上买卖货物。

　　他们的旅程终于来到博斯的金色原野，这里位于法国中部，盛产小麦。9 月初，田野里滚滚的麦浪熠熠生辉，夏日最后的猩红色罂粟花仍在尘土飞扬的路边绽放着。早在到达之前，腿脚酸软的旅人就可以远远望见他们的目的地。地平线上，沙特尔大教堂美丽的蓝色身影巍然耸立，在开阔的原野上，即便很多英里之外也看得见。

　　他们眼中这座若隐若现的宏伟建筑，今天依然屹立于此，它是沙特尔的第七座大教堂。前六座的命运足以构成一部中世纪悲情故事的目录。第一座沙特尔大教堂在 743 年被阿基坦公爵破坏，第二座在 843 年被维京人捣毁。第三座毁于 962 年，第四座在 1020 年被推倒。第五座和第六座则分别于 1134 年和 1194 年毁于大火。

每次灾难过后，沙特尔的民众都迅速重建了这座对他们的信仰和财富至关重要的建筑。在 1134 年以及之后的 1194 年，他们将牲畜从大车的货厢中放出，然后跟着它们的踪迹搜寻重建大教堂的砖石。这种出于虔诚的行动，史称"大车狂热"（Cult of Carts）。

"在沙特尔，"一位编年史家写道，"人们用自己的肩膀拖着马车，把石料、木材、谷物等物资拉到工地，然后把教堂的塔楼一层层修起来……可以看到女人同男人一样拉着 [大车]，走过泥水没膝的沼泽地，并用鞭子抽打自己。"各阶层的人们都参与到这场"大车狂热"中。"堪称前无古人，"另一位编年史家写道，"国王们、王子们，达官显贵们，以及各种出身高贵的男男女女，竟然都将他们自命不凡的肥硕脖颈套上缰绳，为拖拽马车而屈身用力。"[1]

他们在沙特尔新建的这座大教堂，是基督教世界最神圣的殿堂之一。圣堂中安放着据说是圣母玛利亚在耶稣降生时所穿的束腰长袍。许多朝圣者购买了这件服装的复制品。另一些人购买了叫作 chemisettes 的圣衣，士兵们将它穿着在盔甲之下，孕妇们用它遮住隆起的腹部。在圣母诞辰节期间，这些神圣的物品为沙特尔的居民带来了可观的收入。

1224 年，这座大教堂城是欧洲最富裕省份的首府，该省有一万三千平方英里的土地和一千座教堂。即便在罗马，它也被称为"大主教区"。这座城镇成了贸易和工业的中心，尤其以纺织业、武器制造和皮革制品闻名于世。

这个繁荣经济体的核心正是这座大教堂。在这个节日期间，教堂里也进行着许多买卖活动。食物和柴火在南门内贩卖；制成品在北门出售，在那里买卖双方为了讨价还价而唇枪舌剑。教堂中殿旁边的走廊，成了劳动力交易市场，手艺人在此焦急地围绕在雇主身边。教堂的地窖则交给了酒商。南边的回廊向货币兑换商开放，供其设置摊位。这些颇受憎恶的人缴纳的大笔租金非常可观，以至于那些控制着教堂不同区域的教士和教长，也为了抢夺生意而你争我夺。这座大教堂既是一处宗教圣地，也是一个经济枢纽。[2]

对于本社区而言，它的重要性还体现在另一方面。每一个杰出的建筑工程都是一个文化象征，沙特尔也是如此。这座瑰丽的大教堂完美地代表了查尔斯·霍默·哈斯金斯所称的 12 世纪的文艺复兴。[3] 这是中世纪文明的巅峰时期。在 12 世纪，罗马风格的建筑达到了美轮美奂的巅峰。与此同时，新的哥特风格席卷了巴黎（1163）、坎特伯雷（1175）以及沙特尔（1194）的大教堂建筑设计。在这一时期，法国民众兴建了超过八十座大教堂、五百座修道院和一万座堂区教堂——这些建筑项目所耗费的石料数量超过了埃及的金字塔，而耗费的人力则超过了罗马的大道。[4]

巴黎、牛津、博洛尼亚和萨莱诺都建起了声名卓著的大学。经典学术也得到了迅速的复兴。以欧洲各地语言写成的不朽文学作品纷纷涌现——比如西班牙的《熙德》、德意志的《尼伯龙根之歌》、法国的《武功歌》以及英国的《亚瑟王传奇》。

12 世纪在政治史上也是一个极为重要的新纪元。这是一个属于伟大帝王的时代。英格兰国王亨利二世（1154—1189 年在位）、德意志的腓特烈·巴巴罗萨（1152—1190 年在位）、法王腓力·奥古斯都（1180—1223 年在位）以及卡斯蒂利亚国王阿方索二世（1126—1157 年在位）都自称有权获得神圣罗马帝国皇帝的头衔，并且扩张了权势和领土。12 世纪也是封建制度大行其道的时期，骑士制度和纹章学的复杂规则以及长子继承权都被精心编写进了法律条文之中。这一时期，新的特许状被颁发给各个城镇、行会和团体。12 世纪的欧洲，君主制、贵族制和民选政府在西方世界独有的开放、多元的体系里齐头并进。权力在君王、教士、贵族和平民之间广泛分配。

12世纪是一个欧洲扩张的时期。由马扎尔人、撒拉森人和穆斯林发起的最后一次大举侵犯，到1050年都已结束。自那以后，欧洲人口开始缓慢增长。在意大利北部和法国南部，这一趋势早在公元1000年就开始了。在西班牙，历史学家们今天依然谈论着从1150年左右开始的人口大恢复（great repoblación）。

欧洲人开始向外迁移。第一次十字军东征开始于1096年，后来在12世纪又多次发生。这是"东进运动"（即条顿骑士团向东欧迁移）的时代，也是属于了不起的斯堪的纳维亚移民运动的时代：向西是从挪威到北美，向东则是从瑞典到俄国。

所有这些动态，都以不断增长的人口为基础。家族、城市、市场、行会和集市遍布欧洲。商业和工业中心高速发展。直到1100年，巴黎还只是一个小小的定居点，为了保护自身安全，仅蜷缩在塞纳河的一个岛屿上。到1215年，它已成了一座约有五万人口的城市。中世纪欧洲的经济快速发展，从一个相对原始的以物易物的体系发展成为一个更加庞杂的市场关系系统。

12世纪人口和财富的增长呈现出大体均衡的态势。价格在这个时期保持了相对的稳定。唯一重大的经济问题，是11和12世纪所谓的"钱荒"（money-famine）——纵观整个近现代历史，各个价格均衡时期大都难逃此劫。人口的增长和经济的繁荣提升了人们对通用货币的需求。由于贵金属供给不足，欧洲人民开始使用被历史学家大卫·赫利希称为"替代货币"的东西——既不是以物易物，也不是商品货币*，而是被称为"莫比利亚"（mobilia）的高价值的流动资产，比如银饰、皮草、精美的织物，甚至书籍。[5]

时至公元1100年，对钱币的渴求，甚至使得意大利北部城市皮斯托亚的圣泽诺大教堂的教士们熔掉了巨大的十字架，用以铸造

---

*　指有实物支持的货币，比如黄金、白银等。

钱币。德意志的王公诸侯们卖掉了他们的帝国印玺。英格兰的贵族们用他们的银质剑座做交易，而法国的主教们则将他们金灿灿的圣杯变成了现金。为给这些行为洗白，沙特尔主教、神学家福尔贝诡辩说，将圣器贩卖给基督徒，总比将它们典当给犹太人好。[6]

这场"钱荒"只是欧洲高度繁荣时期经济问题的冰山一角。沙特尔大教堂的建筑风格完美地体现了当时高涨的乐观主义情绪。宏伟的玫瑰窗的几何形状，象征了当时欧洲经济的动态均衡。大教堂建筑的雄伟磅礴，体现出社会秩序与精神和谐的结合。高墙内喧闹的商业展现出的繁荣景象，似乎成了 13 世纪初西方文化永恒的组成部分。

但事情并非如此。讽刺的是，在修建沙特尔大教堂的这个时期，欧洲历史正经历着一场深刻的变化——这是某种变化机制默默地让位给另一种机制的时刻。哪怕是在这座大教堂壮丽的穹顶竣工的 1224 年，危险也正在中世纪文明架构的内部开始酝酿。

危机的一个征兆，同时也是其起因之一，就是一场可以被称为中世纪价格革命的运动。这是一场漫长的涨价浪潮，从 12 世纪晚期开始，一直延续到 14 世纪中期。

这场新浪潮在其最初阶段让人几乎难以察觉；它起初似乎只是"九月街市"这样的中世纪市集上微不足道的价格颤动（price-flutter）。时至 1224 年的节日期间，沙特尔的朝圣者们应该发现，商品价格略微高了一点，尤其是在南门内贩售的木柴和食品的价格。北门的制成品价格也略有上涨，但是幅度比不上食物和燃料。货币兑换商的劳务所得更高了，并且，在教堂中殿焦急地寻求工作机会的劳工们也应该注意到，他们的薪酬开始赶不上日益增长的生活成本了。

所有这些变化在 1224 年仍然显得无足轻重。价格革命才刚刚开始。一旦拉开帷幕，它就会延续一个多世纪。许多年后，它会终结于一场灾难，这场灾难是如此彻底，以至于中世纪文明在今日几乎荡然无存——唯有沙特尔大教堂美丽的蓝色身影依旧矗立在法国博斯金色平原的猩红色罂粟花海中。

中世纪价格革命的开端，约 1180—1230

许多年前，英国杰出的饱学之士威廉·贝弗里奇提出了假设：历史上曾经发生过一场"中世纪的价格革命"。这个想法起初遭到中世纪史学家们的忽视和否定，他们认为他是来砸场子的。[7]

无论贝弗里奇勋爵是不是来砸场子的，他的信念都是正确的。到 12 世纪末，整个欧洲的商品价格都开始上涨，这一新趋势注定会延续一个多世纪。英格兰的证据极为充分，这个新趋势的通胀拐点大概出现在 1180 年。[8]

以近现代趋势的标准来衡量，这场中世纪价格革命的推进可谓步履迟缓。经济史学家迈克尔·波斯坦估算："价格的长期上涨，比如 1225 年到 1345 年之间，其推进速度不超过每年 0.5%。"[9]

即便如此，中世纪的这次显著的通胀仍然影响巨大，因为它遍及西方世界，并且延续了很长一段时间。通胀发生在英格兰、法国、意大利、德意志、伊比利亚半岛和欧洲其他每一个价格被研究过的地方。[10] 在这个幅员广阔的地区，它的冲击力并非全然相同。通胀的步伐在意大利北部较为迅速，在英格兰和法国比较和缓，在欧洲东部和北部则最为缓慢；但就我们所知，整个西方世界没有哪个地区幸免。[11]

为什么中世纪价格一路走高？一些历史学家认为，起因在于货币供给的一次扩张；另一些人则认为在于人口的增长。两个因素都发挥了作用，但人口似乎是首要的原动力。1150 年之前，就像我们看到的，欧洲人口增长缓慢。1170 年之后，人口增速提升。在法国北部的皮卡第地区，乡村人口在 12 世纪的最后二十五年（1175—

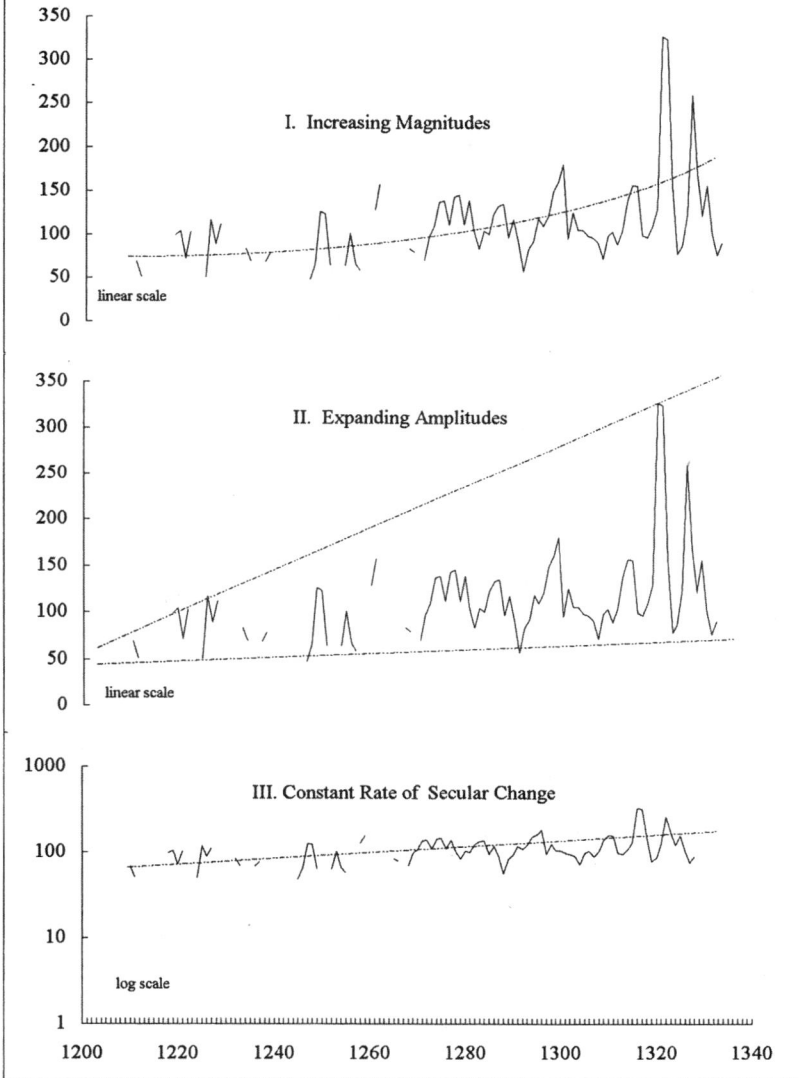

英格兰小麦价格：变化的结构

I. Increasing Magnitudes

linear scale

II. Expanding Amplitudes

linear scale

III. Constant Rate of Secular Change

log scale

图表 1.01 分析了英格兰小麦价格的变动模式（1330/1—1346/7 年 =100）。价格采用的是每一收成年度的价格（例如，1347 年 =1346 年 9 月 29 日米迦勒节到 1347 年 9 月 29 日米迦勒节）。作为数据来源的价格序列，参见 D. L. Farmer in H. E. Hallam, ed., *The Agrarian History of England and Wales*, vol. 2, 1042–1350 (Cambridge, 1988), 779–791。波状图采用 Excel 5.0 程序。

意大利、法国、英格兰小麦价格

mean decennial prices in grams of pure silver per 100 kilograms of wheat

.... England
－ － － France
—— Italy

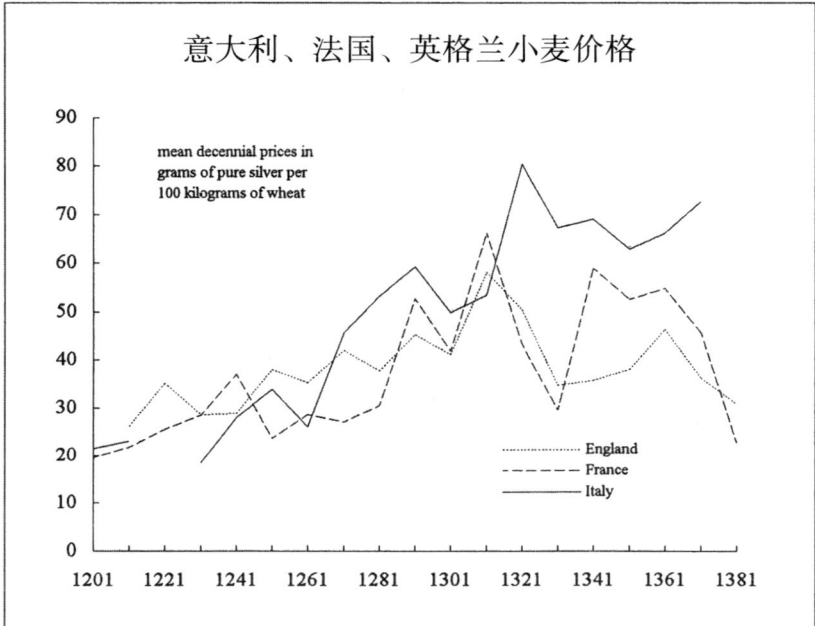

图表 1.02 比较了欧洲三地的中世纪价格革命，在这些地方，13 世纪的趋势大体相同，但是在 14 世纪危机期间，偶发事件接连上演，形势有所不同。这些数据由威廉·阿贝尔根据罗杰斯（英格兰）、达弗内尔（法国）、巴尔托利尼（意大利）、法布里斯（意大利）、马加尔迪（意大利）和帕伦蒂（意大利）的价格序列编纂而成。文献来源为 Abel, *Agrarkrisen und Agrarkonjunktur*, appendix。

1200）翻了一番，并且此后连续三代都保持了高速增长。类似的趋势也出现在了英格兰、法国和德意志。[12]

　　13 世纪欧洲许多乡村人口稠密的程度，直到 20 世纪才再次出现。对于英格兰东海岸林肯沼地的一项研究显示：该地 1287 年的居民人数，直到 1950 年才被超过。类似的模式还出现在英格兰的德文郡、格洛斯特郡、莱斯特郡、剑桥郡、沃里克郡和诺福克郡。[13]

　　中世纪人口增长的原因，主要在于人口出生率的提高，而不是死亡率的下降。在一段相当长的相对稳定和繁荣的时期之后，全欧洲的女性普遍早婚，并且想要更多的孩子。由此引发了中世纪的一次婴儿潮，从 12 世纪开始，一直延续了许多年。[14]

这次中世纪婴儿潮带来了重大的经济后果。它改变了人口的年龄结构。随着它的持续发酵，人口中出现了更大比例的需要抚养的儿童。风华正茂、年富力强的成年人则相对较少。同一时间，人们需要更多食物、燃料、住房和土地。生活必需品的需求激增，超过供给方能达到的增长速度。于是，物价无可避免地一路上涨。[15]

不是所有价格都以相同的速度增长。价格增速最快者，出现在能源、食品、住所和原材料领域——这些是人口增长时期最急需的物资，其供给也最缺乏弹性。[16]尤其引人注目的是能源价格。在英格兰，从 1261 年到 1320 年间，木柴和木炭的价格比任何其他商品的都上涨得更快、更高。原因并不难发现。12 世纪末和 13 世纪，欧洲各地急速砍伐森林、消耗原木，并将树枝用作燃料。进口原木和木炭的产地越来越远，并且在这个时期，英格兰、比利时和法国的大片煤田开始得到大规模开采。伦敦在 13 世纪时遭受了严重的烟尘污染。[17]

伴随一路飙升的能源成本，各种食物价格很快水涨船高——尤其是对于中世纪欧洲人的生活必不可少的谷物、肉类和奶制品。这一趋势在西方世界不仅显而易见，而且随处可见，13 世纪初，那里就已经建立起了完备的谷物交易市场。[18]

与能源和食物相比，布料、铁钉等制成品的价格涨幅相对较小——低于羊毛和铁等原材料的成本涨幅。工业制成品的价格通胀态势和缓，因为制成品的供应量比较容易提升以应对增长的需求。

盔甲的价格是一个绝好的例子。这个中世纪欧洲的重要"耐用消费品"，主要是用来延长使用者的寿命。被称为"锁子甲头巾"（coifs）的铁制无檐帽不仅是军人的装备，而且是商旅的穿戴，因

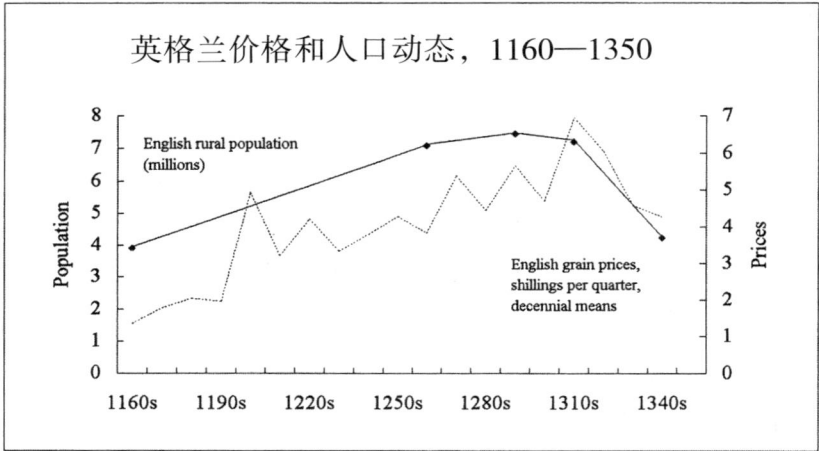

英格兰价格和人口动态，1160—1350

English rural population (millions)

Population

English grain prices, shillings per quarter, decennial means

Prices

图表 1.03 展现了中世纪英格兰的价格与人口增长之间的密切联系。对人口数据的估算，来自 H. E. Hallam (1983) 和 E. Miller (1991)；谷物价格序列参见 D. L. Farmer, *The Agrarian History of England and Wales*, II, 537; III, 4–5。

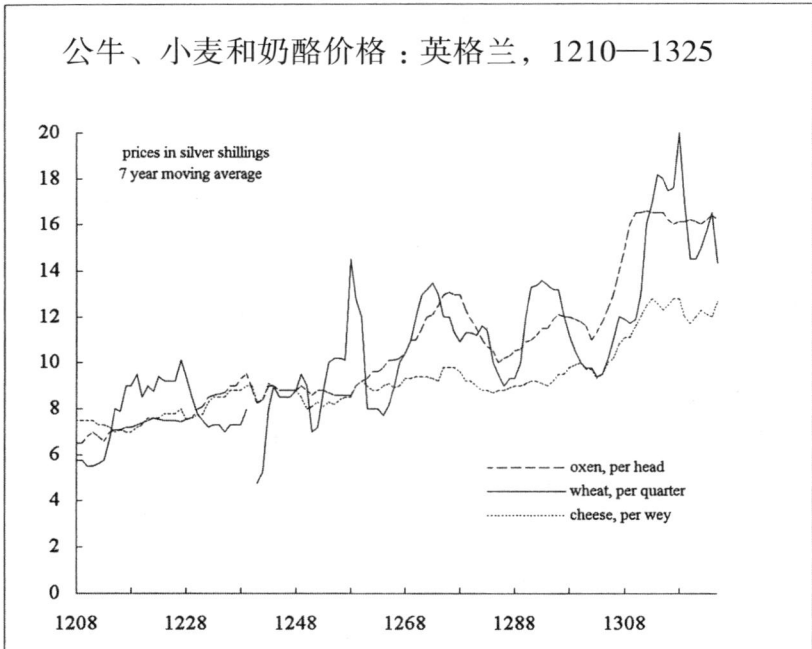

公牛、小麦和奶酪价格：英格兰，1210—1325

prices in silver shillings
7 year moving average

- - - - oxen, per head
———— wheat, per quarter
.... cheese, per wey

图表 1.04 说明：金雀花王朝时期英格兰的农产品价格呈长期上涨态势。与其他各次价格革命一样，主要是食品和能源价格引领了这一走势，它们的价格也是最起伏不定的。文献来源见 D. L. Farmer, "Some Livestock Price Movements in Thirteenth Century England," *Economic History Review* 2d ser., 22 (1969) 15。

为在这些消费者生活的世界，不满可以通过力量的展示得到宣泄。13 世纪锁子甲头巾和护体盔甲的价格，类似于 20 世纪洗衣机和电冰箱的定价。其价格会在名义上升高，但与那些供应量弹性较小的商品价格相比，事实上是在下滑。[19]

总之，历史学家迈克尔·波斯坦观察到，在中世纪价格革命期间，"农业产品和工业制成品价格的动态并不彼此同步"。相关价格（price-relatives）的这个独特模式，是需求型通胀的典型特征。在每次价格革命的巨浪中，它都没有缺席。[20]

这次由人口驱动的通胀，被其他各种各样的物质压力进一步加剧。人口增长引发的经济后果之一是贸易的扩张。在英格兰，从 1180 年到 1274 年，经国王颁发执照的每周集市数量加速增长。这些中世纪的市场主要是供当地人交易木柴、谷物、牲畜、面包、麦芽酒、布料，以及"叫卖小贩的商品"，比如煤、盐和鱼。[21]

商业增长刺激了工业的发展，其速度如此之快，以至于中世纪史学家让·冉佩尔将其说成是一场"13 世纪的工业革命"。印染工坊、缩绒漂洗场和铁匠铺在整个欧洲范围内迅速增加。其中一些规模庞大，使得中世纪工业对环境的污染令七个世纪后的欧洲大地依然伤痕累累。[22]

商业和工业的发展对货币体系影响巨大。市场扩张加快了货币的周转。这就在需求型通胀之上又叠加了货币型通胀，并且导致价格一旦开始上涨，就一路走高。

中世纪价格革命的文化反响

13 世纪中期，中世纪价格革命进入了一个新阶段。通胀继续发酵，超过了此前价格波动的界线。随之而来的，是人们开始用另一种方式看待它——不再将其看作价格波动的产物，而是当作一种长

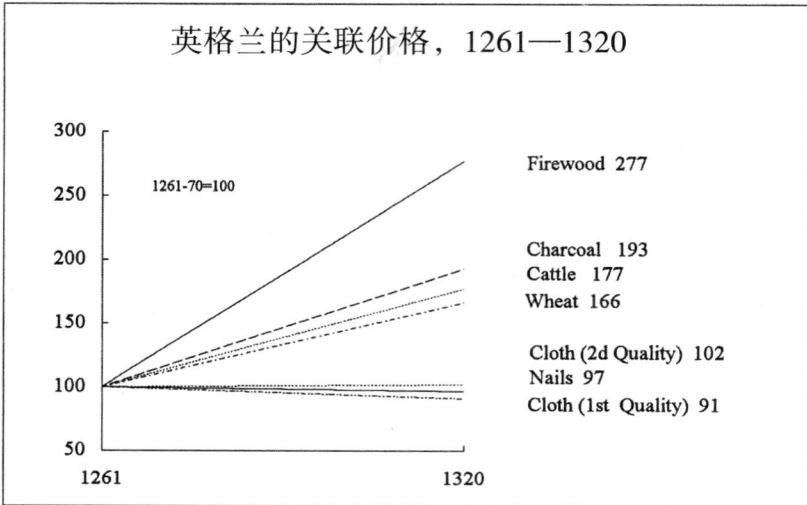

图表 1.05 展现了 1261—1270 年到 1311—1320 年这两个时间段英格兰商品价格的相对动态。就像在大多数价格革命中一样，能源和食品的价格上涨得最快。制成品则落在了后面。这些价格取十年的均值，计算所依据的数据来自 J. E. Thorold Rogers, *A History of Agriculture and Prices in England*, I, 1259–1400。

远趋势。许多年前，一位德国学者发现，在 13 世纪中期的几十年（约 1230—1260）中，中世纪的作家们改变了他们描述经济状况的语言。当他们提到上涨的谷物价格时，其拉丁文措辞从 *fames* 变成了 *caristia*。*fames* 意为饥荒、饥饿、歉收等。而 *caristia*（源于形容词 *carus*，意为代价高昂、昂贵）则意指总体上的高昂价格以及居高不下的生活成本。[23]

措辞上从 *fames* 到 *caristia* 的变化，意味着食品价格的上涨不再被看作主要由收成的多少来决定，转而被看作一场总体性通胀。人们如梦初醒：不断上涨的生活成本并非一个短期困扰，而是一个长期过程。

这项发现引发了一系列文化上的反响，导致价格越发高涨。对通胀最重要的反应之一，就是货币供给的扩张。13 世纪，银币是欧洲商业交易中通用最广的钱币。黄金则在国际贸易中充当主要的流通货币。[24]

在中世纪的西方，这些贵金属的供给量相当小。学者们估计，迟至 1500 年，欧洲所有的黄金加起来可能只能填满一个两米见方的方块（即总体积为八立方米）。[25]白银的供给量则要大得多，但用现代标准衡量，依然很小。迟至 1200 年，英格兰的白银储备总共也不过三百吨左右，总体积也不过是一个边长十四米的立方体。总之，摊在这个王国内的每个男性、女性和儿童头上，人均就只有几盎司标准纯银。[26]

与此同时，欧洲的白银流失严重。法国国王路易九世（1214—1270）在 1250 年的一次十字军东征中不幸被俘。王室赎金（加上这次东征的花费）花掉了这个国家二百四十吨白银——对于一个中世纪的经济体而言，这是沉重的负担。[27]

13 世纪期间，欧洲人大费周章以拓展白银供应。匈牙利和哈茨山脉的旧银矿重新开张；新的矿藏开始得到开采。产量也因新技术的应用而得到了提高。[28]到 13 世纪末，白银产量可能达到了每年五十吨。[29]这些金属许多都被铸造成了货币。遍布欧洲的造币厂接单造币；商人们常常带来白银，要求将其铸造成币，而这项服务是要收费的。[30]

13 世纪，整个欧洲的白银储备都得到了扩张。一项研究发现：英格兰铸造的银币在 1210 年到 1218 年间为二十万磅，到 13 世纪40 年代已经达到五十万磅，在该世纪 80 年代超过了一百万磅。随着数量的增加，货币开始贬值。结果，商品价格越发水涨船高。[31]

黄金在中世纪早期的欧洲一度被一扫而空，此时，却又开始流通。其中一些是由威尼斯海盗、条顿骑士和法国十字军盗取的；更多的来自贸易活动；还有大量的金块则从非洲金矿进口。13 世纪中叶，意大利城邦国家成了罗马帝国覆灭后西方的第一批金币铸造者。热那亚可能是最早这么做的贸易城镇，时间可以上溯到 1249 年。佛罗伦萨人紧随其后，在 1252 年铸造了弗罗林金币。威尼斯人于 1284 年开始发行达克特金币。达克特以币值稳定而闻名，从 1284 年开始，到 1797 年威尼斯共和国覆灭为止，其黄金含量在五百多年间分毫未变。黄金和白银的流通数量，可能还包含周转率，在 13 世纪晚期都得到了提高，这同时也增大了通胀的压力。[32]

尽管有这些增长，历史学家卡洛·奇波拉仍断言："整个时期贵金属的供给确实相对缺乏弹性，并且，钱币对白银需求的增长超过了供给。"为了解决这个问题，人们在货币上采用了各种各样的权宜之计。除黄金和白银之外，有些商品本身也被充作流通货币使用。例如，胡椒在欧洲南部一些港口城市被用作一种流通货币。新的信用工具，比如汇兑合同和银行转账业务迅猛发展。[33]

金属货币同样被系统性地掺假，造成贬值。尤其是在意大利和法国，铸币厂主降低硬币中的白银含量，而增加普通金属的成分。普通人则另有方法克扣他们经手的货币的价值。硬币遭到修剪、磨锉、刮擦和洗刷，尽管这么做要冒着遭受重刑的风险。奇波拉发现的证据表明，因成色降低而发生的货币贬值"在 13 世纪中期和 14 世纪变得更迅速了"[34]。

在这一价格革命的晚期，商品价格的持续上涨与这些货币因素有关联。煞费苦心地增加贵金属数量，各种降低货币成色而使其贬值的手法，以及其他交易工具的发展，都导致了价格的上涨。但货币供给并不是经济运行中的解围之神。它是人类意志和目的性活动的造物。人们对物价上升导致生活成本高昂的反应是不断增加货币数量。从文化层面上来说，他们的种种举措有助于个人和机构应对高昂的物价，但其总体效果却是使价格进一步上涨。这次价格革命由此成了一个不断饮鸩止渴的过程。高昂的物价抬升了货币需求。

而这一需求的满足，却要借助增加货币供给和周转率，于是价格被进一步抬升。

对涨价的反响，还出现在薪酬、地租和利息的动态上。在这次巨浪的早期阶段，薪酬曾随着物价上扬，有几十年时间甚至涨得更快。但随着13世纪中期通胀的持续，货币薪酬开始落在了后面。结果，薪酬实际下降了，起初速度很慢，随后势头变猛。到13世纪晚期和14世纪初，实际薪酬迅速下跌。1320年，西欧的实际薪酬水平比一个世纪之前下降了25%到40%。[35]

在实际薪酬下降的同时，地租和利息却暴涨。地主收益的增速大体上与通胀步调一致，有时甚至超过后者。"封建主和庄园主在价格革命期间受到地产收入降低的惨痛打击"这一旧论，遭到多项研究结果的反驳。在欧洲许多地区，地租和土地价值的上涨速度甚至超过了能源和食物。法国价格史学家中的先驱乔治·达弗内尔可能是第一个发现地租在13世纪晚期涨得很高的人——那是"中世纪所有记载中的最高水平"。后来的研究印证了达弗内尔的发现。地租增长率似乎超过了每年2%——是这次价格革命晚期的谷物价格上涨速度的两倍。[36]

庄园主们有许多办法保障自己的收入、抵御通胀。他们可以向农民征收罚金和封建捐税，而且他们经常这么做。他们还垄断磨坊业——实际上，他们坐拥水源，甚至连领地上刮过的风都不放过。乔斯林·德·布拉克隆的编年史讲述了这样一个故事：有一个颇富自由精神的人，名叫"教长赫伯特"，他自行修建了一座磨坊，并且辩护说"风带来的免费收益属于所有人"。他的地主勃然大怒，发誓说："当着上帝的面起誓，不看到这座建筑倒下，我就不吃面包。"这类矛盾冲突通常都以地主一方的胜利告终。[37]

13世纪晚期，庄园主们大张旗鼓地扩张他们的经济特权。在伦敦北面的圣奥尔本斯，修道院建起了它自己的磨坊和缩绒漂洗作坊，

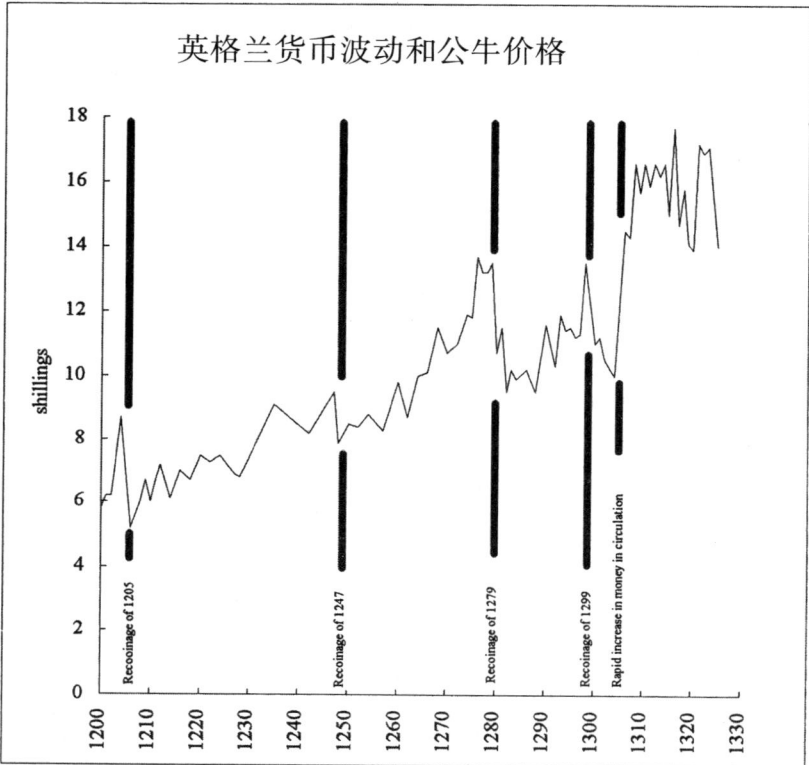

图表 1.06 探究了货币对价格的影响。它展现了围绕核心趋势的动态关联。重新铸币导致价格降低，而货币币值消损又导致涨价。文献来源为 D. L. Farmer, "Some Livestock Price Movements in Thirteenth-Century England," *Economic History Review*, 2d ser., 22 (1969) 21.

并禁止当地居民将谷物和布料拿到别处处理，甚至不允许他们在自己家中处理。这引发了 1274 年的起义。当埃莉诺王后经过圣奥尔本斯时，她遇到了一大群啼哭的女性，她们祈求地伸出双手，哭喊道："陛下，可怜可怜我们吧。"王后试图帮助她们，但圣奥尔本斯修道院院长将这个案件起诉到国王面前，并且胜诉。圣奥尔本斯的纷争持续了许多年，修道院的院长们越来越财大气粗，而农民们日益贫

劳动收入：实际薪酬的下降，1270—1340

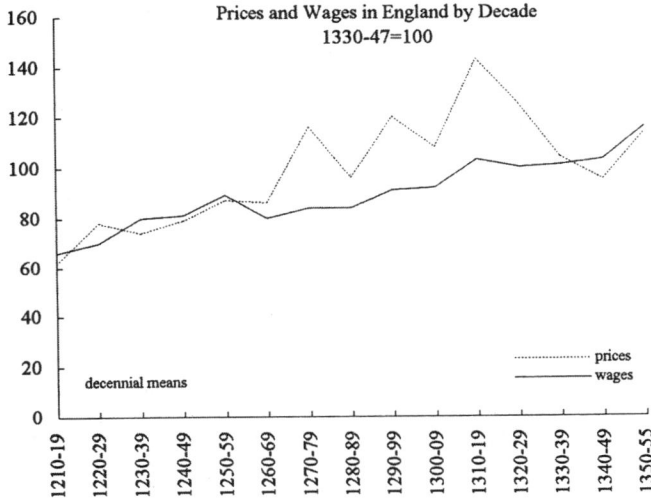

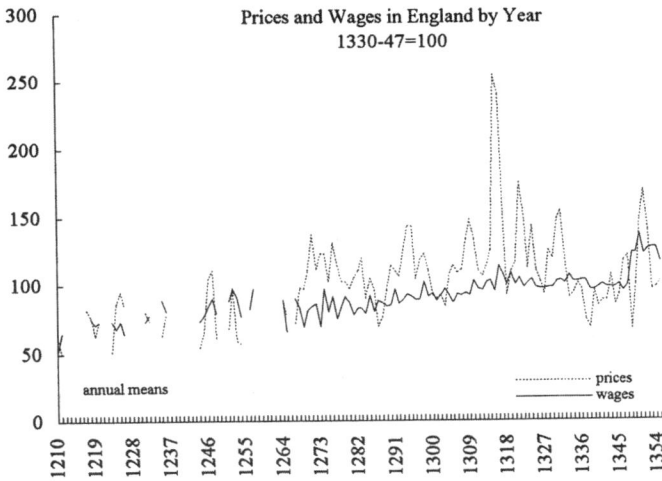

Prices and Wages in England by Decade
1330-47=100

decennial means

········· prices
———— wages

Prices and Wages in England by Year
1330-47=100

annual means

········· prices
———— wages

图表 1.07 展现了在中世纪价格革命的初始阶段，劳动力收入回报与生活成本呈同步增长，但劳动力收入回报在后来的阶段（约 1265—1330）却被甩在了后面。数据参见 D. L. Farmer, "Prices and Wages," in H. E. Hallam, ed., *The Agrarian History of England and Wales*, Volume II, 1042–1350 (Cambridge, 1988) 777。

穷羸弱。类似的情形在欧洲各地十分普遍。[38]

　　与此同时，利率也被大大抬升。在意大利各城邦，实际交易中收取的利息，从 1230 年前的每年 12% 上涨到该世纪末的 20%。这样的上涨大大超过商品价格的平均涨幅。实际利息上升的同时，实际薪酬在下降。[39]

　　富人能够通过许多方式从价格革命中获利。譬如，有权有势的意大利商人们推动立法规定，允许他们只接受用保值的金弗罗林或达克特付款，但支付薪酬和税金时却可以用贬值的银质货币。结果，富有的商人们越来越富，而穷人则在苦难和没落中陷得更深。[40]

　　劳动收入与资本收益之间的鸿沟越来越深，这是近现代历史中价格革命的典型表现。其社会影响也是如此：每一次长期通胀的后期，都会出现急速加剧的不平等。位于托斯卡纳山区，佛罗伦萨以南六英里处的圣玛利亚—因普鲁内塔就是一个绝好的例子。1307 年，因普鲁内塔最富有的十分之一的家族掌握了该地区 33% 的财富。到了 1427 年，他们掌握的财富增加到 50%。同一时期，穷人的处境却越发困窘。下层的那一半人口所掌握的财富从 21% 缩减到 6%。富人变得越来越富。同时，留存下来的大量证据表明：在 13 世纪晚期和 14 世纪期间，乡村中贫困和无家可归的现象迅速蔓延。[41]

　　不过，另外一组针对物价飞涨的文化反应，又造成了另一种不均衡的情况，那就是公共收支之间的财政不平衡。13 世纪中期和晚期，许多政府深陷于债务之中。由于入不敷出，君主们从国内外商人那里大量借贷。在君士坦丁堡，拉丁帝国[*]末代皇帝鲍德温二世（1217—1273）在 1237 年到 1261 年之间背负着沉重的现金压力，以致他竟将耶稣戴过的荆棘冠当作抵押品，向威尼斯银行家们借贷。

---

[*]　西欧各国封建主第四次十字军东征、攻陷拜占庭首都君士坦丁堡之后，于 1204 年在拜占庭帝国领土上建立的信仰罗马天主教的西欧式封建帝国。

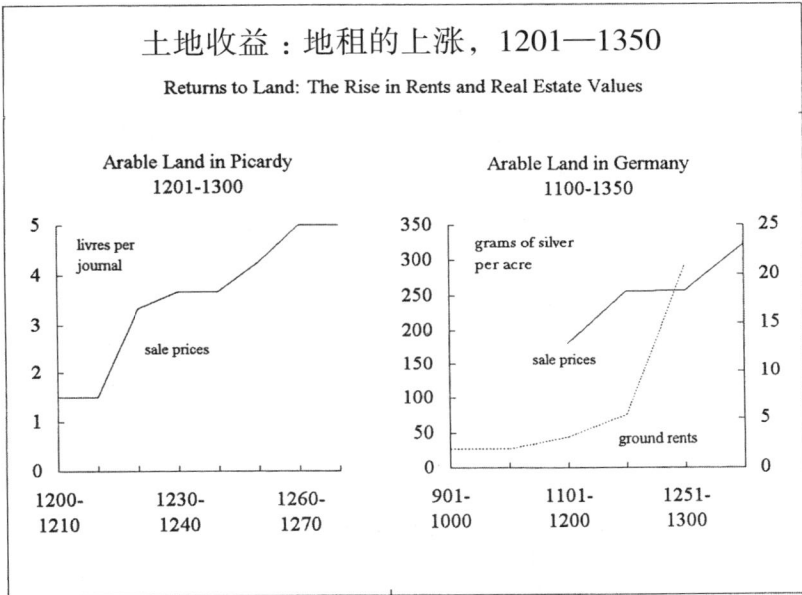

图表 1.08 审视了法国和德意志的土地资产收益回报情况，并且揭示出地租和不动产价值比薪酬和总体价格水平上涨得更快。文献来源包括 Robert Fossier, *La terre et les hommes en Picardie*, 1:581; Karl Lamprecht, *Deutsches Wirtschaftsleben im Mittelalter* (Leipzig, 1886) 2:614–615。

财政赤字的增长开始失控——这是另一个危险的趋势，会出现在每一次价格革命的后期，并且大大削弱政府的活力。[42]

第三阶段：不稳定性加剧

　　13 世纪末，中世纪价格革命进入了另一个阶段，其标志是不稳定性加剧。价格的涨落越来越像野马脱缰。不平等也迅速加剧。财政赤字飙涨到了前所未有的金额。西欧经济面对着空前的压力，比此前任何时候更岌岌可危。

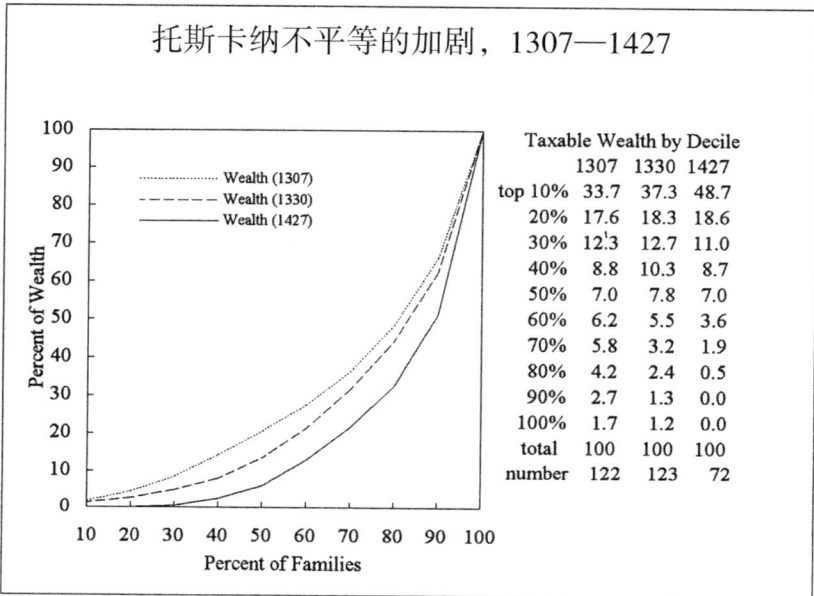

托斯卡纳不平等的加剧，1307—1427

Taxable Wealth by Decile	1307	1330	1427
top 10%	33.7	37.3	48.7
20%	17.6	18.3	18.6
30%	12.3	12.7	11.0
40%	8.8	10.3	8.7
50%	7.0	7.8	7.0
60%	6.2	5.5	3.6
70%	5.8	3.2	1.9
80%	4.2	2.4	0.5
90%	2.7	1.3	0.0
100%	1.7	1.2	0.0
total	100	100	100
number	122	123	72

图表 1.09 显示的是，在中世纪价格革命后期和文艺复兴平衡初期，财富分配不平等有所加剧。原因可见图表 1.07 和 1.08，即资本实际收益的上升和劳动力实际收入回报的下降。证据就蕴藏在位于佛罗伦萨以南六英里处的圣玛利亚—因普鲁内塔的估算财富分配表中。数据来自 1307 年至 1330 年的"评估"和 1427 年的"土地登记簿"，参见 David Herlihy, "Santa Maria Impruneta: A Rural Commune in the Late Middle Ages," in Nicolai Rubenstein, ed., *Florentine Studies* (Evanston, 1968), 242–276。数据以洛伦兹曲线呈现，以十分位划分人口所占的社会财富。

　　在 13 世纪晚期，人口增长给资源带来了重负。许多人都挣扎在生存的边缘。随着人口的增长，比较贫瘠的土地也被用于耕作。农民们必须在这些并不肥沃的土地上艰辛耕耘，才能勉强过活。土地和劳动力的产量及生产率双双下降。许多人都难以维持生计。[43]
　　对于这种处境下的个体小农，最迫在眉睫的危险来自天气的变换。在整个西欧，每一季的收成都不同。降雨量至关重要。与世界其他地区不同，在欧洲，降雨量过大比干旱少雨更危险。仲夏时的滂沱大雨会浇倒成熟的谷物，使其烂在地里。较之干旱的年份，多雨的年份更容易导致粮食减产和价格飙升。

即便在光景最好的时期，也会有几季粮食短缺。多数年份都会出现令人生畏的"短缺"（disettes），这发生在上一批收成消耗殆尽、青黄不接的间隔期。"短缺"甚至在平常年份也会发生。当事有不谐时，就会发生"大短缺"，而短缺会演变成饥荒。从1260年到1320年，英格兰和威尔士谷物价格的波动节奏展现出"大短缺"日益频繁、严重和漫长的趋势。在西欧各地，或多或少也有类似的情况。当人们生活在生死边缘时，收成波动就会造成危机四伏的不稳定局面。[44]

即便在平常年景，这条生死边际线也是如此纤细模糊，可能农作物只歉收一成，也会在一贫如洗的农民家庭中造成严重灾难。而歉收两成，则意味着饥荒。当时也不是平常时期。人口与资源之间的不平衡加剧了气候的微小变化所产生的社会影响。在中世纪欧洲的村落中，收成波动给农产品价格造成的影响，还要叠加上中世纪市场的其他问题。农业条件各地不同，即便邻村之间也是如此。13世纪，在乡间运输如小麦或大麦等大宗商品，绝非易事。短缺和滥市常常在相隔不过数英里的乡村同时发生。1180年，在诺曼底地区，小麦充斥诺兰科特的市场，价格跌至一里弗尔。与此同时，在莫尔坦，小麦的价格为十里弗尔，在科唐坦半岛，价格则高达十六里弗尔，这两处都遭遇了小麦短缺。而这些地方相距不过几英里。[45]

除了市场问题外，货币价值的动荡使情况雪上加霜。随着西欧商品价格走高，各地政府越来越大力地操纵他们的铸币：有时通过降低白银含量使其贬值，有时通过重新铸币恢复其价值。这些反反复复的举措在价格层面上造成了冲击。币值减损引起价格上升，重新铸币又将价格拉低。经济史学家大卫·L.法默曾表示，在13世纪，每当英格兰重新铸币之后，公牛价格就会下跌。[46]

　　13 世纪，反复重新铸币和减损币值加剧了市场和价格的不稳定。当一个中世纪国家减损其货币币值时，商人们的反应是带着他们的白银前往另一个国家，并将其重新铸造为币值坚挺的流通货币。例如，法兰西国王"美男子"腓力（Philip the Fair）使银币大幅贬值后，巴黎的若弗鲁瓦就抗议道："国王成了魔法师，将六十变成二十，将九十变成三十。"[47]

　　有钱人带着他们的白银渡过海峡，将其变成英格兰的银币。在 1305 年，英格兰的兑换总管约翰·德·埃弗登报告说，"商人们每天都带来大量白银"，数量之巨，使得铸币厂的工作进度落后了六周。从 1305 年到 1310 年，英格兰的货币供应量激增。即便最微不足道的商品也价格陡升。比如，鸡蛋在 1305 年以前每一百个不到四便士，在 1306 年却突然涨到超过六便士。产蛋的母鸡价格翻倍，从一便士涨到两便士。一位研究这次物价突涨的历史学家总结道：主要原因就是货币供应量的变化。[48]

　　在 14 世纪，汇率也变得极不稳定。各个政府试图通过出口管制来稳定其脆弱的经济。结果常常事与愿违。例如，英格兰的爱德华一世在 1299 年试图通过禁止出口英国铸币来改善经济。到 1307 年，他又禁止外国货币的流出。他还人为地升高了黄金对白银的价位。这些政策导致汇率扭曲，转而造成了英格兰贸易的混乱。[49]

　　不稳定性的其他因素来自金融领域。13 世纪晚期，一场大危机引发了西方世界信用体系和银行业的崩溃。意大利的大型银行危险地过度扩张，大肆对君主们和私人借贷者放贷。这些获利丰厚的贷款曾给意大利北部带来繁荣，尤其是锡耶纳；用一位著名历史学家的话来说，这座城市"在七十五年里是欧洲银行业的主要中心"。随着锡耶纳在 13 世纪繁荣昌盛，其公民开始建造一座宏伟的大教堂，打算使其成为欧洲最大的教堂。中央广场上这座美轮美奂的建筑直到今天仍令观光者赞叹不已，这就是那个繁华时代的产物。[50]

　　1298 年，随着当地最大银行——布翁西格诺里家族的"巨桌银行"（Gran Tavola）倒闭，锡耶纳银行业兴盛的势头戛然而止。这家银行是一家世界性银行，代理点遍布欧洲和地中海沿岸。在其借款人中，有富商巨贾、城邦市镇、王公贵族，甚至教皇本人。越来越多的贷款成了坏账。1298 年，锡耶纳的银行业开始弥漫起恐慌气氛。布翁西格诺里家族又勉力支撑了近十年，但最终在 1307 年，这家大银行土崩瓦解。许多较小的企业也随之破产。

　　自从这次灾难之后，锡耶纳的经济多年未能恢复元气。兴建大教堂的工程也被放弃了。如今，这座建筑依然保留着未完成的状态矗立在原地，与 14 世纪工人们放下工具时一模一样。这座城市宏伟壮丽的中央广场依然被冻结在时间里，就像因维苏威火山爆发而被吞噬的古城赫库兰尼姆——但吞噬它的是 13 世纪的这股巨浪。[51]

　　锡耶纳的损失，起初曾使佛罗伦萨受益。14 世纪早期，佛罗伦萨银行业有三大巨头——巴尔迪、佩鲁齐、阿奇亚奥里，还有许多较小的，如莫齐、弗兰泽西、普尔奇、林贝蒂尼、弗雷斯科巴尔迪和斯卡利。这些企业中有些成长得比此前锡耶纳那些家族的还要庞大。例如，佩鲁齐银行在全世界范围内拥有十五家分支，并且比任何时候的美第奇银行都要大。

　　佛罗伦萨的大银行曾向英格兰和那不勒斯国王放贷。这是一桩危险的买卖。一旦开始，贷款金额就无可避免地越来越大。这些银行无法直接要求对方清偿，因为担心会发生违约或遭到没收充公。结局自然是残酷的。

　　14 世纪初，佛罗伦萨的银行开始衰落。莫齐银行在 1302 年破产，弗兰泽西在 1307 年、普尔奇和林贝蒂尼在 1309 年、弗雷斯科巴尔迪在 1312 年、斯卡利在 1326 年纷纷步其后尘。另有六个家族的银行在 1342 年破产。随后，在 1343 和 1346 年，佩鲁齐、巴尔迪和阿奇亚奥里这三大银行全部倒闭。托斯卡纳地区的银行企业在此后很多年间都未能恢复。

在这些事件背后，有许多因素在同时发挥着作用：气候、人口、货币、商业、财政和金融。它们一同瓦解了整个欧洲的社会关系，给贫苦人民带来了深重的灾难。

君主们试图实行价格管制，却收效甚微。14世纪，大权在握的精英们将价格管制斥为不自然、不见效和不道德之举，与那些20世纪的经济道德家们的论调如出一辙。布里德灵顿的教士于1316年写道："对价格颁布法令是何等无理之举，一切生命的硕果累累或是贫瘠荒芜都只取决于神的力量，因此，必当是土地的肥沃与否而不是人的意志来决定价格。"

中世纪神学家们的主张与现代新古典主义经济学家们在细节上有所不同，但结论却是相同的。价格管制在14世纪不仅被斥为对自由市场的禁锢，而且被认为有违神的意志。我们会看到，在每一次价格革命中，有钱有势的精英们都会反对经济管制，并且利用管制的缺失来牟取私利。

随着价格的起起落落，复杂的联系和倍增因素开始发挥作用。一路上涨的价格引发了对白银和黄金的大量需求，这又转而使价格进一步高涨。大王国和小城邦在破产的边缘摇摇欲坠。它们通过利息高得要命的大量借款或货币贬值挣扎求存，却由此造成了西欧价格体系内巨大的不稳定。庄园主们通过抬高地租维持收入。人数日增的农民将贫瘠的土地投入耕种，引发了劳动生产率的下降。更多的工人抢着更少的工作机会，薪酬却被物价甩在了后头。随着实际薪酬的下降，生与死之间的距离变得如纸一样薄。在越来越危险的时代，在任何危机面前，保障都变得越来越少。中世纪的欧洲已经走到了灾难的边缘。

14 世纪危机

14 世纪的头几年是对欧洲农民阶层未来苦难的预兆。西方世界的经济秩序陷入了混乱的深渊。物质上的不平等已经严重到危险的水平。人口增长的速度远远超过了生活资料的增加速度。食物和木柴的成本飙升。贫困和饥饿在西方世界的许多地区蔓延。

紧接着，1314 年的夏天，天气变得又冷又湿。雨一直下。庄稼烂在了地里。谷物的收获延迟了，并且少得令人绝望。在英格兰，议会请求国王爱德华二世对农产品实行价格管制。国王很快照做。作为王室官员的郡长们骑马行遍整个王国，宣布了食物、禽类和牲畜的最高限价。

这些麻烦起初似乎只是中世纪欧洲的又一次常规灾害。庄稼过去也曾发生过歉收。1314 年冬，人们勒紧裤腰带，祈祷时来运转、状况改善。

但是，接下来的一年收成更差。1315 年春，大雨横扫整个欧洲。暴风雨天气蹂躏了这片大陆好几个月。英格兰和低地国家遭遇堤坝决口。在法国，整片的土地被一洗而空。在德意志地区，村庄被上涨的河水冲毁。粮食和饲料作物再次歉收。这不仅仅是一系列地区性的短缺，用历史学家亨利·卢卡斯的话来说，"1315 年发生的是一场普遍的粮食歉收……从比利牛斯山脉到斯拉夫地区，从苏格兰到意大利"[1]。

1315 年，英格兰的小麦价格涨到了过去的八倍，从五先令涨到了四十先令之多。饥饿的牲畜生病、死去。编年史提到了一次大瘟疫，导致大批家畜死亡。贫苦不堪的农民们吃猫、老鼠、爬虫和昆虫。许多人甚至靠吃动物排泄物求生。还有一些人吃树叶。在伦敦、巴黎、伊普尔、布雷斯劳和乌特勒支的街道上，横七竖八地堆满了死人。乡村里随处可见饥饿的劳动者成群结队，搜寻食物。犯罪活动猖獗——多数是偷窃食物，或是任何可以换成食物的东西。[2]

欧洲的经济已然支离破碎，面对这样的压力，在别的时候或许尚可挺过去，但此时却已分崩离析。人们为他们遭受的灾难寻找替罪羊。磨坊主和面包师成了最佳目标。在法国，巴黎民众大张旗鼓地将那些把动物排泄物混入面粉的面包师定罪处刑。十六位面包师捆绑在公共广场的车轮上，被迫伸手举着小块腐烂的面包，同时遭受群众的责打和谩骂。[3]

在英格兰，甚至连国王都感受到了饥荒。一部编年史记载道："爱德华二世带着宫廷人员在圣奥尔本斯停留、欢度圣劳伦斯节期间（8 月 10 日），他们竟无法为宫廷的人弄到面包。"但是，大量的谷物仍掌握在西方的国王和贵族、东方的条顿骑士以及遍布欧洲的大修道院手中。欧洲的少数统治阶层，在需要开仓放粮、赈济饥饿的大众时，却慢吞吞起来。所有这些事，都发生在 1315 年。[4]

不可思议的是，1316 年又是暴雨连绵。粮食作物连续三年歉收。欧洲历史上最惨烈的一次大饥荒由此开启。其他食物来源耗尽后，开始出现人竞相食的惨状。农户们吃死尸。死尸被从坟地里挖出来，供人食用。在监狱里，犯人们的食物供应停止了；据说，饥饿的同狱犯"残暴地攻击新来的囚犯，当其半死不活时，就将其吞

英格兰的收成波动和饥荒，1260—1360

average annual grain prices as a percent of decennial means

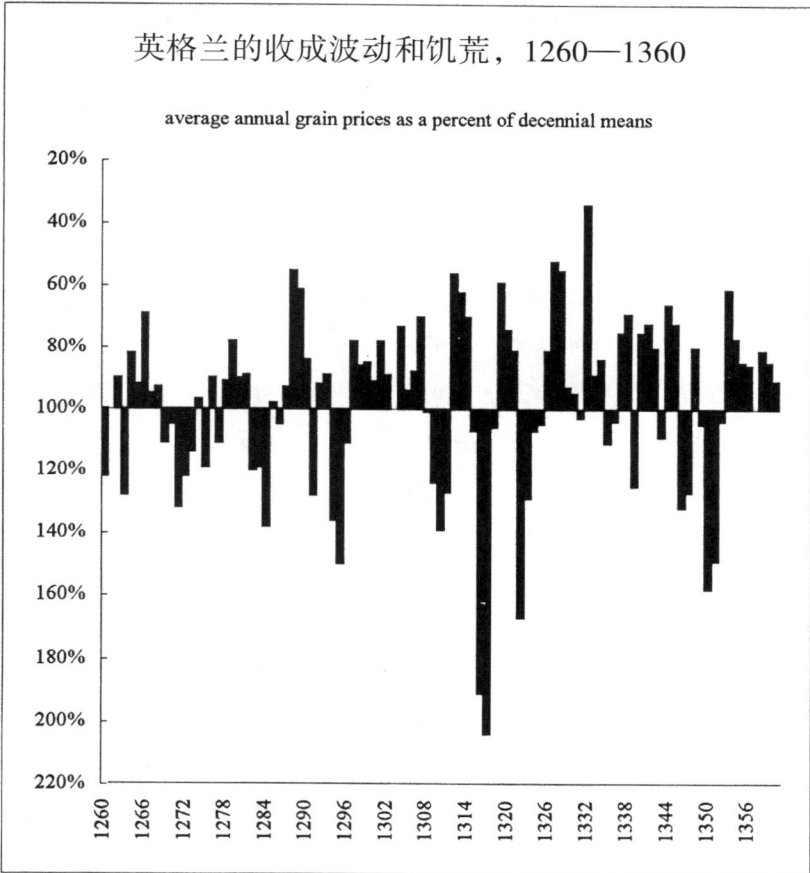

图表 1.10 以十年平均价格的百分比来计量每年收成的价格。充足的粮食收成使得价格下跌，短缺则使价格再度上涨。短缺的冲击随着价格革命的持续而越来越严重，到 1315—1317 年时达到顶峰，当时发生了欧洲历史上最大的饥荒。这张图表依据的价格序列，来自 James E. Thorold Rogers, *A History of Agriculture and Prices in England*, vols. I & II。

食"。受刑的囚犯，被从绞架上拖下来，以供屠宰和食用。父母们杀子而食，孩子们也会谋杀自己的双亲。[5]

这次饥荒的死亡人数，我们不得而知；但必然相当巨大。人口大约为 2.5 万的伊普尔城，在 1316 年 5 月到 10 月间靠公费掩埋的尸体就多达 2794 具，这还不包括许多由家人承担丧葬费用的死者。在不到六个月的时间里，超过 10% 的人口死于贫困。还有许多例死亡未能记载。伊普尔不是唯一遭受如此劫难的城市。一些历史学家估计，从 1315 年到 1316 年，原本生机勃勃的欧洲人口消失了十分之一。[6]

伴随饥荒的是瘟疫的爆发。人和动物都遭遇了一种无名的恶疾，它在这块大陆上迅速蔓延。有的症状类似于现代的炭疽，另一些则类似于麦角中毒和痢疾。这很可能是许多不同疾病的混合体，包括一些现代科学可能也未尝知道的疾病。

饥荒、瘟疫和压迫，导致犯罪猖獗。随着物价波动加剧，每次生活成本的飙升，都伴随着暴力犯罪的激增。大多数犯罪活动都是绝望的人们实施的盗窃和抢劫。许多都涉及杀人和暴力，以及普遍灾难逼迫下的激情犯罪。

此外，还有集体的暴力和叛乱行动。在法国乡村，一场名为"牧羊人运动"的暴动迅速席卷乡间。大量农民和劳工聚集在西北部，并且开始向南方和东部进军，目的地是圣地（Holy Land），一路又陆续有人加入。一路上，"牧羊人们"攻击城堡、洗劫修道院、烧毁档案卷宗、释放罪犯、屠杀犹太人、谋杀麻风病人，为许多个世纪以来受到的压迫而向贵族们清算旧账。他们在统治阶层中造成了普遍的恐惧，直到最终溃散，成百上千地被绞死。他们那吊在树枝上的枯瘦尸体，遍布法国南部各地。

当这种无序的状态传遍整个西方世界时，又一桩惨事降临在了欧洲民众身上。仿佛饥荒、瘟疫和社会暴力还不够糟似的，欧洲主权国家之间又爆发了血腥的战争。"战争不是均匀地分布于若干个世纪之中的，"A. R. 布里德伯里写道，"它们每隔一阵就集中出现。"他论称，有一个冲突时期从 1294 年开始，一直持续了五十年。主

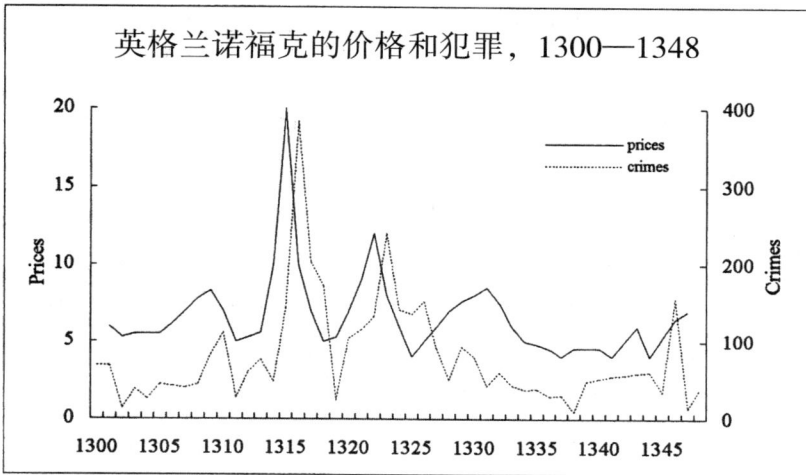

图表 1.11 比较了英格兰诺福克郡的小麦价格（单位：银先令／每夸脱）与该郡刑事案件的数量。犯罪行为（按照常见程度排列）包括偷窃、入室盗窃、杀人、抢劫、收赃、叛国、伪造、纵火和强奸。文献来源为 Barbara Hanawalt, *Crime and Conflict in English Communities* (Cambridge, Mass., 1979), 243, 279。

要战事发生在苏格兰和英格兰、英格兰和法国、法国和佛兰德斯之间；德意志、瑞士和意大利各城邦之间则爆发了许多较小规模的冲突。战争是中世纪欧洲的顽疾，但布里德伯里等人发现，1294 年之后的爆发频率大幅提高了。[7]

接连不断的战争导致了经济的混乱失序——直接原因是战争毁灭了沿途的乡村，间接原因则是战争高昂的成本。公共开销中有一大部分花在了战争上，而此时的欧洲最无法承受这些花销。[8]

欧洲许多地区发生了内乱，结果大同小异。罗马爆发了一次针对教皇卜尼法斯八世的叛乱，这位教皇因独裁专制而受到憎恨，又因信仰的不虔诚而遭到轻视。罗马民众将他囚禁起来，逼迫他退位。他在不久之后死去——虔诚的人们相信他是死于屈辱；另一些人则认为他死于毒杀。他的继任者本笃十一世惨遭谋杀，教廷于 1305

年逃往法国东南部的阿维尼翁，并要在那里流亡七十多年之久。

甚至连威尼斯这座意大利最稳固的城邦，也遭遇了其千年史上唯一的大规模暴乱——这次起义发生在1310年，史称蒂耶波洛叛乱。叛乱遭到一个名为十人委员会的治安团体的镇压，该团体也由此成为威尼斯政府的常设机构。此外，该政府的手段还有秘密警察、匿名告密者、野蛮酷刑、任意监禁，以及如今在威尼斯总督府供游客参观的一套官方恐怖统治的工具。这个压迫性的体制是威尼斯共和国为其长治久安而付出的代价。

在北欧各王国，贵族们与君王反目，将他们赶下王座。贵族们组织了一场革命，针对英格兰国王爱德华二世及其支持者——可恨的德斯潘塞家族，这个家族姓氏一度成为贪婪和压迫的代称。1324年9月，当英格兰人民正遭受苦难而哀鸿遍野时，年轻的休·德斯潘塞却在意大利的银行中存有巨款。这些钱来自他庄园中忍饥挨饿的农民，以及他担任官职时所获的利益。德斯潘塞及其父亲让祖国同胞们出奇愤怒，所以他们一被叛军俘虏，就立刻遭到处决。休·德斯潘塞年轻的头颅"伴随着人群的骚动和号角声"被挂在伦敦桥上，作为战利品向公众展示。

至于在英格兰备受憎恨的国王爱德华二世，他即将面临更加可怕的命运。他遭到废黜，并被投入英格兰西部伯克利城堡的深牢大狱中。俘获他的人们进退两难：他们不能让他活命，但也不想使自己背上弑君者的名号。他们通过发明一种表面上不着痕迹的处刑方式解决了这个问题。国王被抓来并牢牢绑住。一根烧红的烙铁被缓缓地从他的肛门插入，直到刺穿脑部。据说，国王临死时的尖叫声在塞文谷方圆数英里之外都能听到。在格洛斯特郡，这一事件的民间传说依然活灵活现。一些人发誓，时至今日，在没有月亮的寂静夜晚，依然能听到爱德华二世临死时的惨叫声。

这般弑王杀驾的野蛮举动，并非孤立存在的恐怖故事。佛兰德斯人民也在 1302 年揭竿而起，反抗他们的法国宗主，并在一场名为"布鲁日晨祷"的大屠杀中杀死了许多法国人。后来，他们在科特赖克的"金马刺之战"中击败了法国的贵族。在法国，别名"吵架王路易"的国王路易十世在 1316 年被废黜；十二年后，统治法国三百多年的卡佩王朝覆灭。

在瑞典，王族兄弟在 1290 年之后同室操戈，最后民众起义，国王比格尔于 1319 年遭逐，王室权威最终崩溃。丹麦在 1332 年之后逐渐陷入无政府状态，国王克里斯托弗二世被荷尔斯泰因伯爵格哈德废黜，而后者亦遭谋杀。神圣罗马帝国则因教皇党与皇帝党之争而发生了一场旷日持久的内战。教皇们被迫流亡了七十年，而在罗马，科拉·迪·黎恩济领导的民众暴乱推翻了该城的贵族统治。意大利各城邦被内斗所耗。佛罗伦萨由于无法自治，请雅典公爵布里耶纳的瓦尔特前来，但很快发现自己的自由遭到了暴君的践踏。

东欧的秩序同样普遍崩坏。1304 年，一支六千人的加泰罗尼亚雇佣军，摧毁了色雷斯和马其顿的广阔地区。奥斯曼土耳其人于 14 世纪初首次现身，攻打了拜占庭帝国，并占据了小亚细亚半岛上的希腊城市。鞑靼人的铁骑从大草原向东行进，远至匈牙利平原，甚至一度有效地控制了俄国。

如此乱局虽然残酷，却不是欧洲所遭遇的最深重的苦难。饥荒、瘟疫、战争和暴乱于 14 世纪二三十年代在欧洲反复上演。一些地方，例如托斯卡纳，在 1328—1330 年所遭遇的饥荒，比 1315—1320 年那场更加严重。物价的上下震荡幅度极大。乡村人口锐减，可耕地开始被抛荒，而农民们则更加贫困。

与此同时，一些富人却越来越富有。这段时间，法国籍的教皇们在阿维尼翁过着极为奢华的生活。教皇约翰二十二世（1316—1334 年在位）为了给他的法袍搭配珠宝、饰品和金线织成的布料而大撒金钱。教皇的宴会用的是金制盘子，壁画和天花板上也镀了金。彼特拉克曾抗议，连教皇的马匹都"穿金袍、吃金谷，如果神明再不出手阻止这般一味的奢靡，恐怕马儿就要足蹬金靴了"。红衣主教们积累起了大量财富；有一位教会亲王*要求为他的仆人建造五十一座房屋。类似的情形也发生在王宫和贵族家庭中。

其间，许多封建小领主遭遇了不幸。对诺曼人庄园制度的一项研究发现，14 世纪一次"地租的雪崩"主要原因是人口下降，这发生在 13 世纪的长期增长之后。[9]

同时，农民遭殃，穷人挨饿。危机期间出生的这一代人，因饥饿、疾病、剥削、战争和混乱而非常羸弱，所以数年之后，当一场堪称世界历史之最的、更加严重的灾祸来临时，他们只能任其宰割。[10] 1346 年，一支鞑靼人的军队围困了克里米亚半岛的卡法（今费奥多西亚），这是一座属于热那亚人的城镇。进犯者遭到瘟疫袭击，并将他们的不幸转化为一种战争武器——他们将自己这边的死尸抛入城中，故意传播疫病。这项策略非常成功，竟然迫使热那亚人放弃了这座城池，乘战舰逃走。热那亚舰队一路穿过黑海、爱琴海和地中海，同行的还有后来被称为"黑死病"的瘟疫。

时至 1347 年 10 月，黑死病已在西西里岛落地生根，并迅速传播到了非洲、撒丁岛、科西嘉和欧洲大陆。1348 年 1 月，它蔓延到威尼斯、热那亚和法国马赛，在那里合计有 5.6 万人死去。到了 6 月，它穿过阿尔卑斯和比利牛斯山脉。到 12 月，英格兰也遭到了感染，而苏格兰和斯堪的纳维亚半岛在 1349 年中招。一些城市——米兰、纽伦堡、列日、贝阿恩等几个幸运之地，以及德意志东部和波兰人烟稀疏的大部分区域，奇迹般地逃过一劫。

但欧洲大部分地区都充分感受到了这场瘟疫的力量。伟大的商业和文化中心遭到严重破坏。这场瘟疫蹂躏的是一批因为人口增速

---

* 指天主教枢机。

超过生活资料而已经开始减员的脆弱民众。历史学家菲利普·齐格勒写道："无论人们在论文中对黑死病的必然性持何种观点，不可否认的是，它在欧洲袭击的偏偏是一群无力抵抗的人。中世纪的农民们被战争分散了心神，因营养不良而羸弱不堪，为了在极度贫瘠而又短缺的土地上挣扎求存而精疲力竭，他们甚至在这场打击降临之前就已经注定要落败。"[11]

我们永远无法确知黑死病到底夺取了多少人的生命。在英格兰，教区神职人员的死亡记录相对完备，显示他们有 45% 因病去世。多数学者相信，总体人口的死亡率较低一些，但数量依然巨大。许多历史学家估计欧洲损失了 25% 到 40% 的居民。总之，黑死病之后，欧洲人口从 14 世纪初巅峰期的八千万跌落到六千万，甚至更少——这是这片大陆残酷历史中最大的一次衰退。[12]

这次人口下降造成了许多经济上的后果。在疫病流行的年代，食物价格陡升，随后快速回落，因为需要食物的人变少了。同时，制成品价格趋向上涨，部分是因为工匠和手艺人可能要求更高的薪酬，也是因为供应的断层。这些彼此抵消的趋势——农产品价格的下跌和制成品价格的上涨——被索罗尔德·罗杰斯称为"价格剪刀差"。其效果在 14 世纪的大灾之后尤其突出，但它并非这个时代独有。类似的动态在每一次价格革命中都出现了。在黑死病之后的年月里，"价格剪刀差"加剧了欧洲的苦难。[13]

14 世纪的大灾难之后是文化上的土崩瓦解。犹太人和外来者遭到屠杀。在基督教徒之中，鞭打的做法迅速传播到各地城乡。基督徒排着队彼此鞭打，直到背后出现累累鲜红的血痕。整个整个的乡村和城镇被抛弃，空置的建筑门板和窗叶在风中凄厉地嘎吱作响。空荡荡的教堂和被废弃的城堡沦为废墟。市集之地长满了野草，曾经朝圣者们熙来攘往的乡间道路，则被杂草和灌木占据。

1314 年到 1348 年间，价格的巨浪达到顶峰，然后破碎成惊天

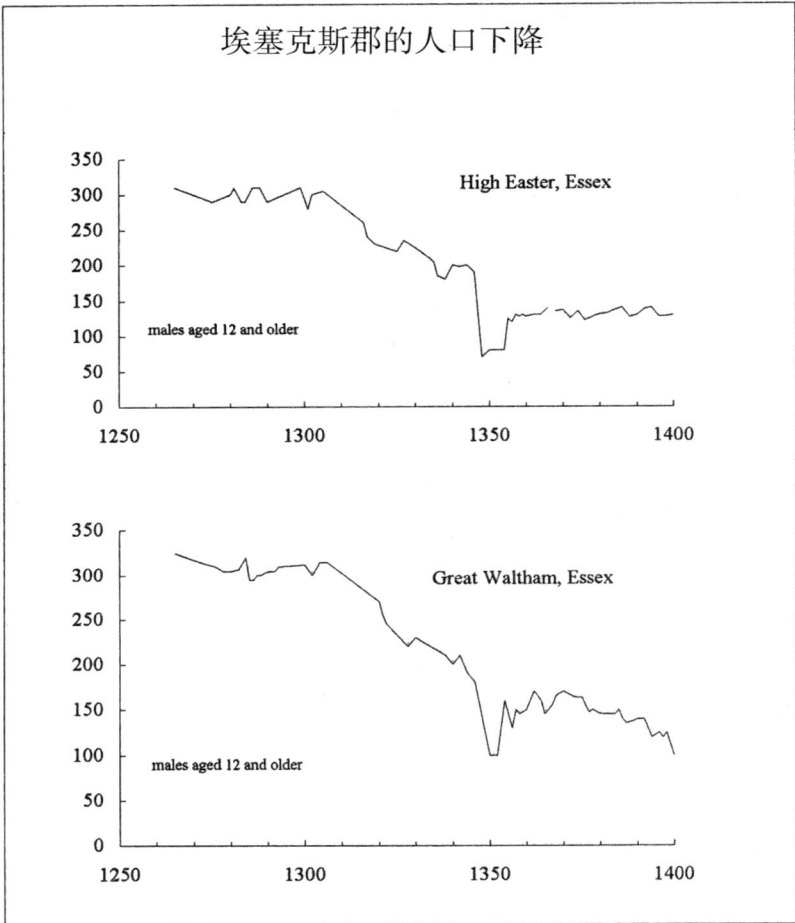

图表 1.12 显示的是黑死病（1348 年）对伦敦东北方向二十五英里处两个村落的灾难性影响。L. R. 普斯的深入研究还发现：在大沃尔瑟姆，人口早在 1310 年就开始下降，并延续到 1400 年。文献来源是 L. R. Poos, "The Rural Population of Essex in the Later Middle Ages," *Economic History Review* 2nd ser., 38 (1985) 22。

之灾。随着它的走势，欧洲人民遭遇了他们历史中的至暗时刻：一个充斥着饥荒和瘟疫、暴乱和战争、迫害和政治动乱的时代。这不仅仅是中世纪欧洲经济的崩溃，而且意味着中世纪文明的覆灭。

文艺复兴均衡期，1400—1470

西欧困难期又持续了很多年。这是一段漫长的、令人难以忍受的苦难历程，长度足以涵盖一个人的一生，而对于那些经历过它的人而言，简直像是永无止境。[1]

黑死病的肆虐并非唯一。它是一系列瘟疫中的一个，这些疫病反复蹂躏着欧洲。在许多地方，第一次的冲击并非最严重的一次。例如，托斯卡纳地区的皮斯托亚城，在 1339 年遭遇了第一次大瘟疫。不是黑死病，而是另外一种疫病，赶在饥荒之后袭来，并在其后的二十五年间削减了当地人口的发展。1339 年的这次瘟疫，很可能杀死了皮斯托亚城及其周边地区四分之一的居民。在八年后的 1347 年，另一场瘟疫再度席卷了这个地区。而 1348 年，黑死病来了，它的毁灭性如此彻底，该城编年史的执笔者这样记载道："几乎无人幸存。"慢慢地，幸存者们挣扎着使生活重回正轨，却于 1357 年、1389 年和 1393 年一再遭到"发热致死"的瘟疫（不是黑死病，而是另外的疾病）的袭击。然后，1399 年，腹股沟淋巴结炎类的瘟疫再临皮斯托亚，并在最后一次肆虐中夺走了该城一半居民的生命。

自那以后，情况终于开始好转，但即便在这个改善的时期，该城的生活依然于 1410 年、1418 年、1423 年、1436 年和 1457 年屡

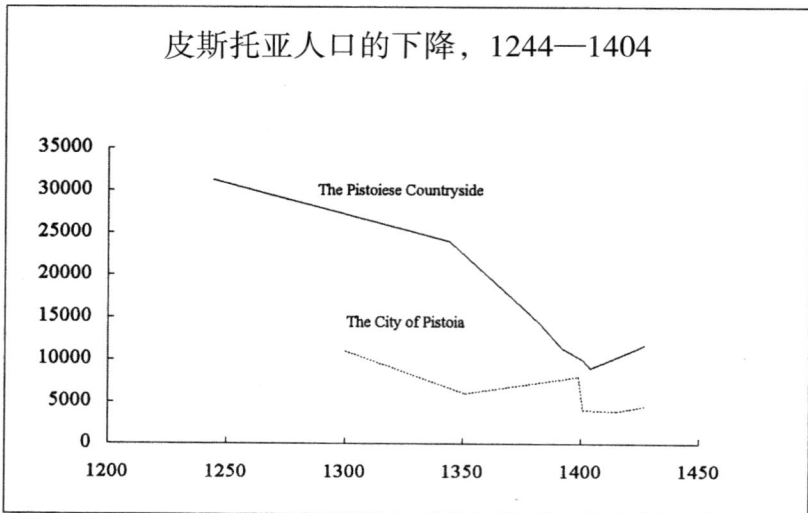

皮斯托亚人口的下降，1244—1404

图表1.13揭示了14世纪的长期危机对皮斯托亚这座位于佛罗伦萨西北三十公里处的意大利城邦的冲击。文献来源为David Herlihy, *Medieval and Renaissance Pistoia: The Social History of an Italian Town, 1200–1430* (New Haven, 1967), 70。

屡被轻微的瘟疫打断。没有哪个社区经历过和皮斯托亚城一样的一连串不幸，但类似的情况也发生在欧洲大多数城镇和乡村之中。[2]

当瘟疫继续蹂躏欧洲时，这块大陆的许多地方还遭受着战争的摧残。此时正当英法百年战争（约1337—1453）时期。每一次战役都使得大片地区陷入无政府状态，并且将其拱手让给一群群在附近游荡的虎视眈眈的雇佣兵和掠夺者，他们的猎物就是农民。其中一些帮伙的规模达到了一个现代步兵旅的水平。他们穿过一片乡村地区，身后留下的都是被洗劫一空的断壁残垣。

为了自卫，法国农民们将石头建成的教堂变成了城堡要塞。在和平时期，钟声一响，各家各户就会前来祷告，而在这个时期，教堂的钟声被当成了警钟，当附近有入侵者时，警钟就会被敲响。在美丽的卢瓦尔河谷，一到夜里，农民们就退守河中诸岛。在皮卡第地区，农民们则钻入出口隐秘的地底隧道和洞穴中。另一种意义上的黑暗时代降临欧洲。[3]

其后果之一是人口的持续下降。在1348年的大疫之年，居民人数不仅仅是下降；在欧洲许多地方，它一降再降，形成了一次漫长的人口缩减期，从1315年一直到1400年。丹麦一项针对哥本哈根附近的罗斯基勒主教庄园的研究发现，在黑死病之后的六十年中，被遗弃的房屋比例稳步上升。乡村人口下降的最低点，不是出现在1348年当年，而是出现在半个世纪之后的1401—1420年间。[4]

欧洲人口继续下降的同时，社会的动荡不安也在继续，一个经济问题浮出水面——货币开始消失。14世纪晚期，欧洲的白银和黄金储备骤减。历史学家约翰·戴写道："二十年间大多数时候，欧洲各经济体因货币短缺而深受打击。"在14世纪的动乱中，大量白银和黄金散失了。其中一些落入了已被遗忘的游牧部落手中，到了今天才被重新发现。同时，西方对亚洲存在贸易逆差，铸币迅速流失。从非洲进口的黄金数量也下降了，中欧的许多银矿也被废弃或是产量降低。

1390年之后，一场严重的钱荒来袭。在法国，最低点出现在1402年，当时的货币铸造实际上走到了穷途末路。在佛罗伦萨，银币的铸造在1392年到1402年间完全停止了。在伦敦，皇家铸币厂1408年的全部产出只有八磅的银便士。佛兰德斯的铸币厂全体关门大吉。只有威尼斯的金达克特——所谓"中世纪的美元"——还在持续减产中挣扎；甚至在威尼斯都出现了白银短缺。这场钱荒，是一场持续到14世纪末的深刻的经济萧条的组成部分。[5]

人口的下降和货币的短缺大大影响了欧洲的物价。[6]在皮斯托亚，饥荒和瘟疫将人口从13世纪晚期的四万多削减到15世纪初的不到一万四。房屋和庄园人去屋空；地租和土地价值的下跌，与人口下降的比例相符。谷物价格同样发生了回落，但是劳动力的日益

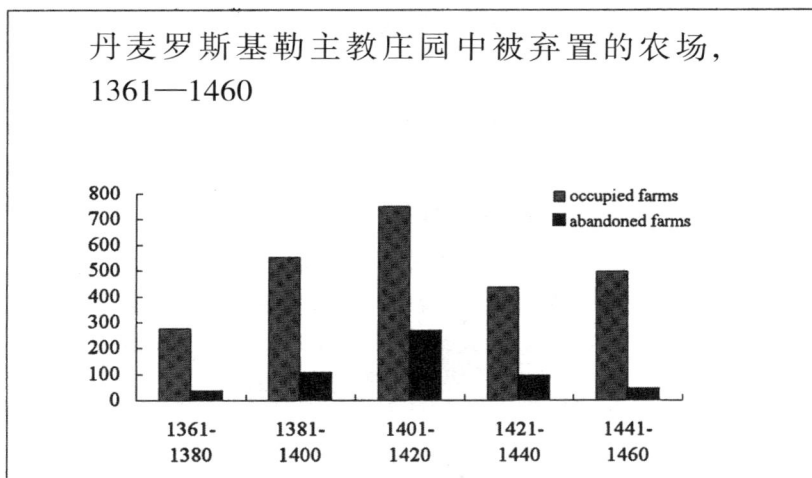

图表 1.14 记录了人口下降对丹麦农场租赁情况的影响。在这里，我们再次发现，这不是一场孤立的灾难，而是一场于 1400 年达到最低点的长期衰退。关于"荒村问题"的大量论著发现，类似的趋势遍布欧洲。文献来源为 C. A. Christensen, "Aendringerne i landsbyens Økonomiske og sociale strukur i det 14. og 15. århundrede," *Historisk Tidsskrift* 12 (1964) 346。

稀缺引发了薪酬的上涨。[7]在皮斯托亚，非技术工人的货币收入在 1349 年到 1400 年间翻了一番，而实际薪酬（以购买力衡量）则呈现出更大幅度的提升。这些几乎是全欧洲共同的趋势。[8]

在这些趋势中，一场重大的社会变革拉开了序幕。在 14 世纪漫长的痛苦挣扎中，一个新型社会诞生了。身份地位和义务责任的形式发生了根本性的变化。英格兰和西欧经历了一场被历史学家迈克尔·波斯坦概括为"劳务转型和农奴解放"的经济变革。类似的趋势也发生在意大利北部的城市，在那里，城市工人的物质条件得到了改善。主要原因是劳动力的短缺使得工人们可以为更好的待遇讨价还价。这场变革在黑死病之后，持续了将近一个世纪。

劳动者的觉醒引发了怨气冲天的社会冲突。其中包括法国的扎克雷起义（1358），这是一场农民反抗地主的暴动；佛罗伦萨的梳毛工起义（1378），当时的下层阶层揭竿而起，暴力反抗统治该城的家族；[9] 第三个是英格兰的农民大起义（1381）。那一年，东安格利亚地区发生了一场暴乱，而来自肯特郡的起义领袖瓦特·泰勒带领追随者闯入了伦敦的街道。在很多地方，农民们烧毁了庄园的卷宗，那上面记录着他们作为附庸者的义务。[10]

　　这些叛乱都遭到了镇压，但是引发它们的条件产生了后续的影响。用波斯坦的话说，"作为附庸者的农民的捐税和人身限制迅速瓦解"，这使社会关系发生了转变。旧有义务的痕迹仍残留了许多世代，但波斯坦总结道："总体而言，到伊丽莎白女王 [1558 年] 登上英格兰王位时，农奴制已被赶出了这片土地，并且被人们遗忘。"

　　这种转变在近代之初对英格兰历史产生了重大的影响。英格兰跃居法国和德意志之先，并且将东欧远远甩在了身后，但西方世界的许多地区，类似的趋势也在风起云涌。[11]

　　在 15 世纪的曙光来临时，欧洲的经济条件终于开始趋于稳定。物价停止下跌，并且开始以一种更有规律的方式波动。接下来是 15 世纪的一段相当长的相对均衡期。

　　皮斯托亚城再一次成了总体趋势的代表。历史学家大卫·赫利希写道："大约在 1400 年之后，皮斯托亚的农业经济呈现出一种新的均衡，并且获得了实实在在、相对温和的繁荣。下跌的商品价格反映出物资重新变得充盈，而投资者的利润在这个世纪末达到了12%，显示出显著但相对适度的收益。促进新一轮乡村繁荣的种种因素包括：乡村人口数量的稳定和随后的稳步增长……民众和社会的动荡大致歇止了，即便不是最终结束……15 世纪的崭新农业制度……为文艺复兴时期皮斯托亚的社会提供了坚实而稳固的基础，有利于其政治生活和文化的发展。"[12]

　　类似的趋势遍布意大利北部。致命的疾病仍继续爆发，但在

1400 年之后频率有所降低，而影响也相对没有那么严重了。收成继续时好时坏，但 15 世纪期间，价格变动的幅度渐渐趋于缓和。意大利各城邦进入了一段漫长而缓慢的恢复期，经济和人口均呈现稳定增长和动态平衡的态势（约 1405—1480）。威尼斯、佛罗伦萨和锡耶纳的城市人口再次开始增长，尽管依然比黑死病之前的总量少。工商业复苏，劳动者的实际薪酬一路上涨，而商品价格继续走低并趋于稳定。[13]

在这些趋势中，意大利领先于欧洲其他国家和地区。阿尔卑斯山以北，混乱失序和不稳定的局面又持续了一代或更长时间。15 世纪早期，法国人民遭受了三段可怕的无政府、瘟疫肆虐、战争和饥荒时期。从 1413 年到 1420 年，法国遇上了一位疯狂的君主（查理六世）、一个软弱无力的政府、一次英国人的入侵和一场由皮匠西蒙·卡博什领导的国内叛乱。在这些乱局中，法国的物价大涨。它们在 1428—1430 年甚至涨得更高，当时一支英军围困奥尔良，并于 1431 年在鲁昂烧死圣女贞德。法国的第三次麻烦发生在 1437—1439 年，其间法国遭遇了"大短缺"、瘟疫死灰复燃以及劫掠者引发的无政府状态。在这三个时期，法国的物价迅速高涨。[14]

1440 年之后，法国的情况终于开始改善。在"忠于职守者"查理七世和"布尔乔亚"路易十一统治时期，社会秩序得到了恢复，英国人被击败，无政府主义行为遭到镇压。从 1437 年到 15 世纪末，整个法国物价稳定。年均物价的波动减小了，谷物价格在将近半个世纪的时间里基本维持在同一水平。[15]

法国落后于意大利，英格兰又落后于法国。在 15 世纪，这个不幸的岛国成了政治纷争的代名词。一场残酷而卑劣的斗争，却被名不副实地命名为"玫瑰战争"，一直持续到 15 世纪晚期。其经济不稳定的局面也是如此。但即便在英格兰，物价的大幅波动也在 1440 年之后稳步减少，实际薪酬得到了提高。[16]

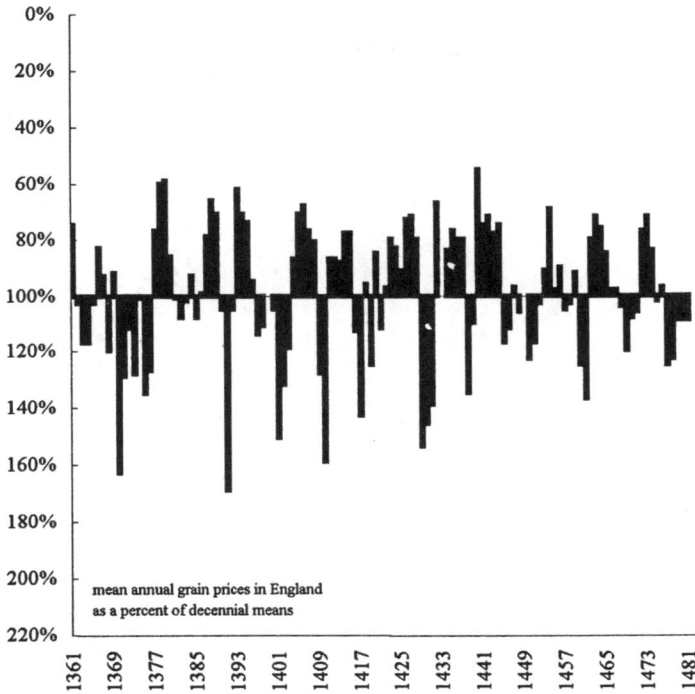

收成波动的振幅，1400—1480

mean annual grain prices in England
as a percent of decennial means

图表 1.15 展现了 1390—1480 年间收成价格的稳定增长。波动仍在继续，但重大波动在将近一个世纪的时间里销声匿迹。重大的短缺逐渐变得不那么严重。年均价格序列（以其占十年均价的百分比表示）计算所依据的数据来自 J. E. Thorold Rogers, *A History of Agriculture and Prices in England*, vol. 2。

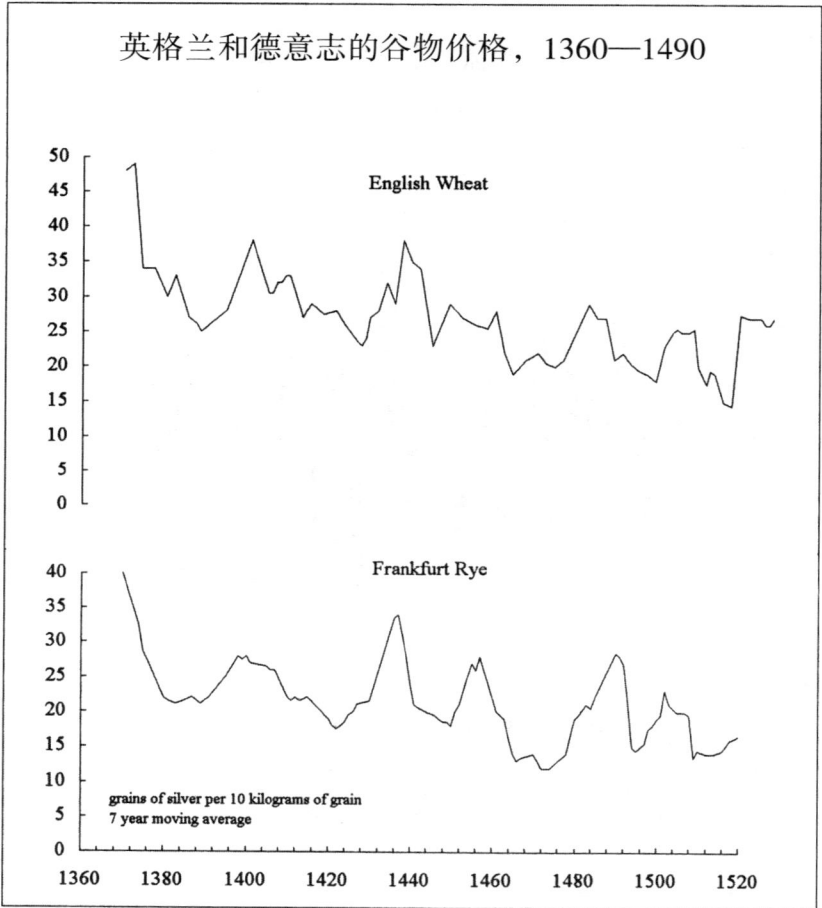

英格兰和德意志的谷物价格，1360—1490

English Wheat

Frankfurt Rye

grains of silver per 10 kilograms of grain
7 year moving average

图表 1.16 展现了欧洲大部分地区从 1360 年到 1480 年谷物价格长期下降的态势。这一核心趋势在超过一百年的时间里都保持了稳定。文献来源为 Wilhelm Abel, *Agrarkrisen und Agrarkonjunktur*, 66；关于法国的类似趋势，参见 d'Avenel, *Histoire économique*, 2:518。

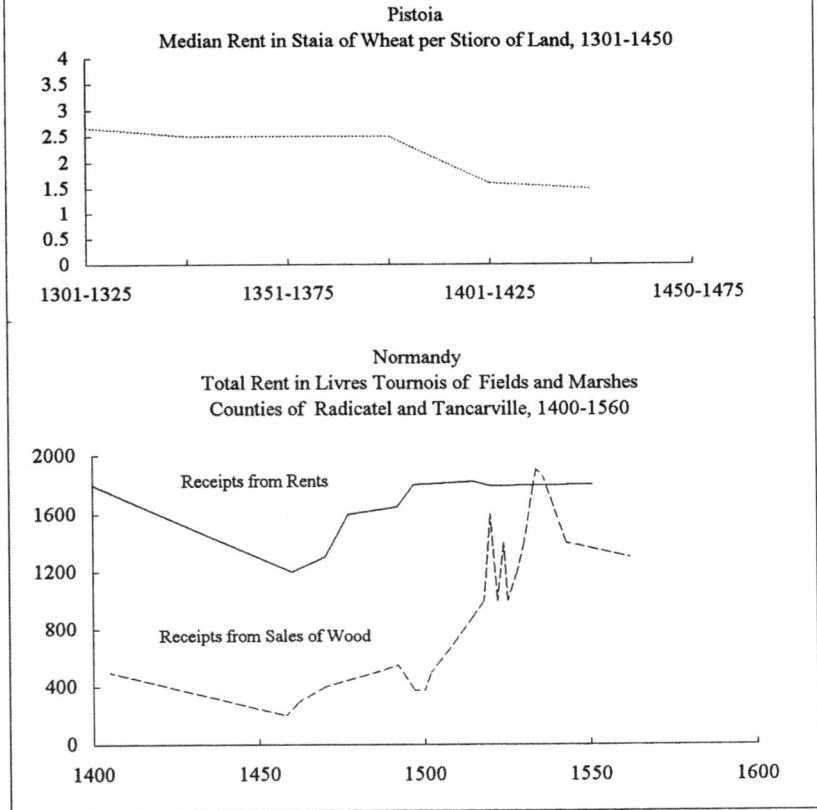

意大利和法国的土地收益状况：地租的下降，
1400—1460

Pistoia
Median Rent in Staia of Wheat per Stioro of Land, 1301-1450

Normandy
Total Rent in Livres Tournois of Fields and Marshes
Counties of Radicatel and Tancarville, 1400-1560

Receipts from Rents

Receipts from Sales of Wood

图表 1.17 展示了 1360 年到 1460 年间地租长期下降的态势，而此时恰逢薪酬上涨时期。它还展现了 1460 年之后地租的上涨，而那时正是下一次价格革命的酝酿期。文献来源包括 David Herlihy, *Medieval and Renaissance Pistoia* (New Haven, 1967), 以及 Guy Bois, *Crise du feodalisme: Économie rurale et démographie en Normandie orientale du début du 14e siècle au milieu du 16e siècle* (Paris, 1976)。

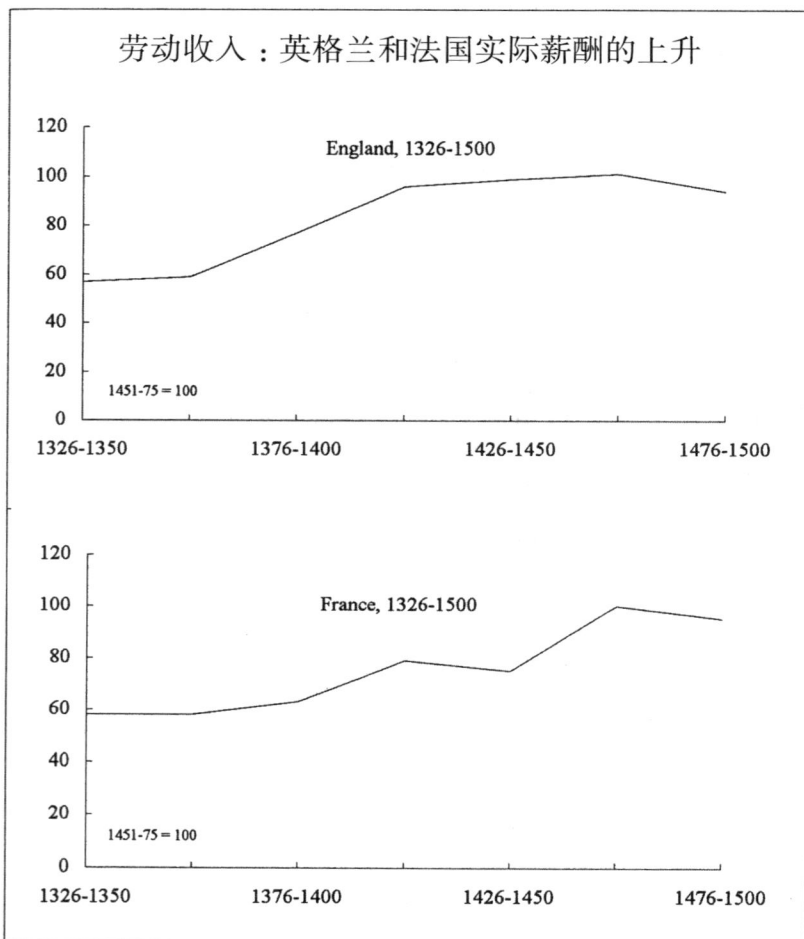

劳动收入：英格兰和法国实际薪酬的上升

England, 1326-1500

1451-75 = 100

1326-1350   1376-1400   1426-1450   1476-1500

France, 1326-1500

1451-75 = 100

1326-1350   1376-1400   1426-1450   1476-1500

图表 1.18 展现了从 1351 年到 1475 年间实际薪酬的强劲上涨趋势，而当时物价正在下跌。1476 年之后，当下一次价格革命开始时，实际薪酬开始下降。数据来源为 Henry Phelps-Brown and Sheila V. Hopkins, *A Perspective of Wages and Prices* (New York, 1981), 28–31; Georges d'Avenel, *Histoire économique de la propriété, des salaires, des denrées, et de tous les prix en générale, depuis l'an 1200 jusqu'en 1800* (7 vols., Paris, 1894–1926)。

资本收益状况：利息的下降

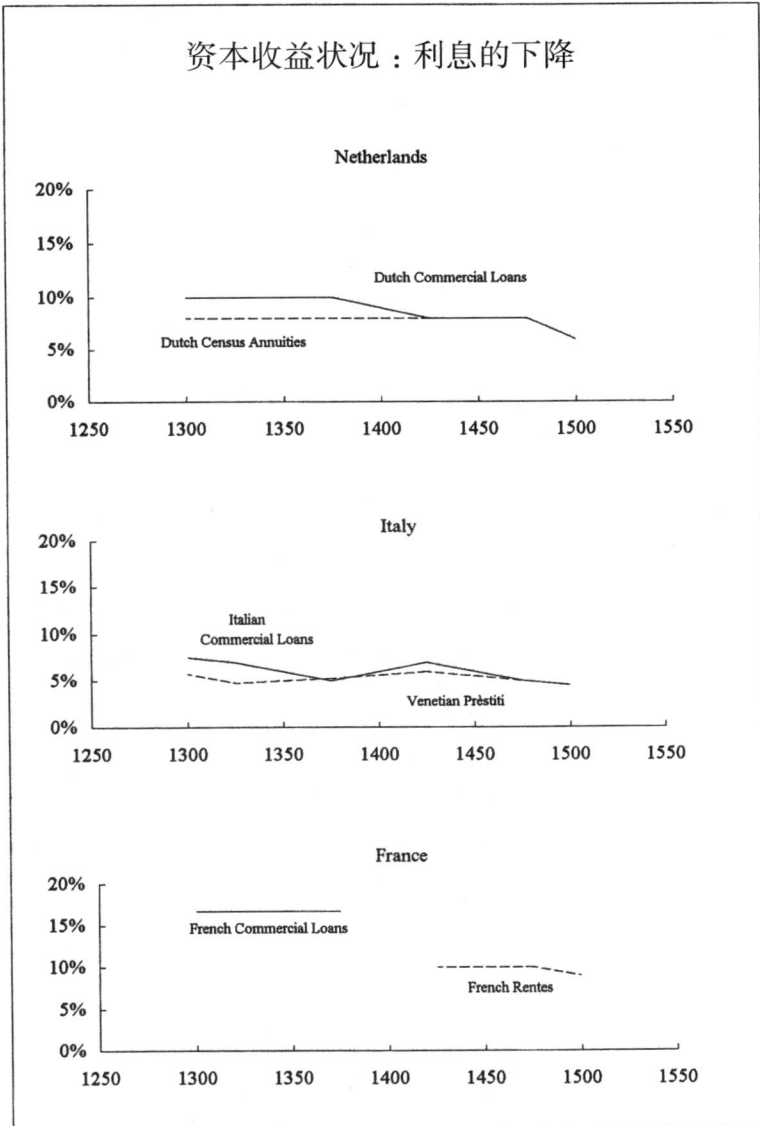

Netherlands

Italy

France

图表 1.19 显示了 15 世纪利率的下降。"威尼斯债券"、法国公债和荷兰人口统计贷款（Dutch census loans）等公共债券利率水平差异明显，它们将较高的安全性和较低的利率相结合。商业贷款利率较高，但趋势也大体相同。文献来源为 Sidney Homer, *A History of Interest Rates* (2d ed., New Brunswick, 1977), 104–143。

当实际薪酬提高时，资本收益降低了。从 1370 年到 1470 年的一个世纪里，在法国和低地国家，利率降低了 50%。意大利的利率也有所降低，尽管幅度没有北欧那么大。在几乎同一时段的 1370 年到 1460 年间，地租也下降了。同样的薪酬上涨、地租和利率下降的组合，也出现在了 15 世纪到 19 世纪的每一段价格均衡期中。

对于靠地租和利息生活的人而言，这是一个艰难的时代。但对于每天靠劳动挣面包的广大民众来说，生活水平提高了。实际薪酬涨了；地租降了；劳动收入的增长超过了土地和资本的收益回报。新的趋势慢慢出现在了财富分配领域。在英格兰，许多项研究发现，15 世纪农民和小业主占有的财产增加了。

均衡期的这些规律在欧洲经济生活中出现的同时，新的政治潮流也出现了。15 世纪下半叶不少强大而成功的国家得以建立。在这个时代，波兰的伟大君主卡齐米日四世统一了他的大公国，并驱逐了外来侵略者。在俄国，这是伊凡大帝（1462 年登基）的时代，他是那里第一个真正意义上的国家统治者。这也是属于匈牙利最伟大的国王马加什一世（1458 年登基）的时代；还有法国的路易十一（1461 年登基），他将一个中世纪王国变成了一个了不起的君主制国家。此外，还有英格兰国王亨利七世（1485 年登基），他是都铎王朝的开创者。

这种人口发展均衡、经济恢复、政治稳定的情况，在欧洲随处可见，却并非同时发生。它们首先出现在地中海沿岸。15 世纪初可以被称为近现代历史中的地中海时期。从直布罗陀海峡到金角湾的广袤土地，迎来了一个社会繁荣且成就骄人的时期。[17]

在西班牙，一个新国家诞生了，这出乎所有人的预料。1410 年时，阿拉贡国王马丁一世去世，西班牙最强大的王朝随之土崩瓦解，伊比利亚半岛似乎前景黯淡。但是在 1412 年，阿拉贡的王冠落到了统治卡斯蒂利亚的家族的一个次要分支头上，于是西班牙的两个最

英格兰农民占有财产的增加

Holywell, Huntingdonshire
■1252　■1477

Stoughton, Leicestershire
■1400　■1457

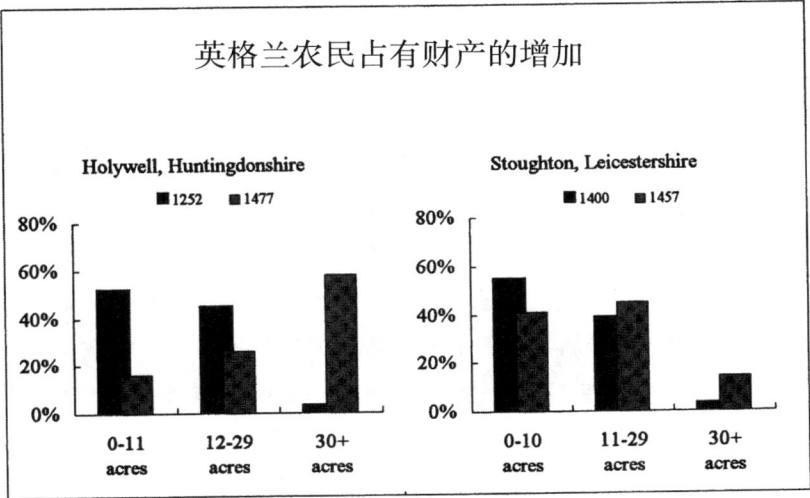

图表 1.20 显示，15 世纪薪酬上升而地租下降时，欧洲农民阶层占有的财产增加了。这些英格兰村庄是很有说服力的例子。在霍利韦尔，土地的占有者包括习惯法上的佃农和有租赁协议的佃户；在斯托顿，他们中有拥有永久产权的业主，也有租户和习惯法上的佃农。土地占有者的人数降低：斯托顿从六十二人降低到二十四人，霍利韦尔从五十九人降低到四十九人。文献来源包括 Edwin B. Dewindt, *Land and People in Holywell-cum-Needingworth: Structures of Tenure and Patterns of Social Organization in an East Midlands Village, 1252–1457* (Toronto, 1972), 114; Christopher Dyer, *Standards of Living in the Later Middle Ages* (Cambridge, 1989), 141。

强大王国处在了同一个家族的统治之下。王国之间的联系稳步增加。1469 年，阿拉贡国王斐迪南和卡斯蒂利亚女王伊莎贝拉这两位旁系表亲联姻，为一个新的民族国家打下了基础。单一国家宗教被西班牙宗教裁判所（成立于 1478 年）强制推行；1482 年，西班牙教会受到教皇协议的保护，可以免受干涉。《蒙塔尔沃法律汇编》（1485）建立起了一套国家法律制度。旨在将摩尔人赶出西班牙的收复失地运动（*reconquista*）以 1492 年声势浩大地解放格拉纳达而告终，而就在同一年，哥伦布启程向美洲大陆进发。

这些国家大事，与经济走势密切相关。西班牙经济在 15 世纪繁盛一时。它的日益稳定，为新的政治潮流提供了支持，反过来又被其巩固。结果诞生了西方世界最强大的民族国家——这个国家注定将在 16 世纪支配欧洲和美洲。

在地中海的另一端，另一个帝国以不同的方式诞生了。奥斯曼帝国崛起的伟大之处，不是在国家内部强制统一文化，而是在一个帝国框架内对各种文化兼收并蓄。奥斯曼土耳其人与其基督教邻居一样，也在 14 世纪历经沧桑，但 1413 年之后出现了新的趋势。土耳其军队占领了拜占庭，掠夺了巴尔干地区的人民，并且征服了克里米亚。他们用希腊古建筑的大理石制成炮弹攻击希腊各城市，迫使其投降。在穆罕默德一世（1413—1421 年在位）、穆拉德二世（1421—1451 年在位），尤其是"征服者"穆罕默德二世（1451—1481 年在位）统治时期，奥斯曼帝国在不断的征服中崛起。

新兴的奥斯曼帝国既有阳光的一面，又有阴暗之处。它是通过杀戮造就的，又通过恐怖手段进行统治。据说，仅苏丹穆罕默德二世就下令杀害了超过八十万人。尽管土耳其人可能十分残暴，但较之他们所摧毁的一些暴君，他们反而算是人道主义者了。他们的敌人之一，瓦拉几亚的弗拉德·德拉库（吸血鬼德古拉的原型）暴虐成性，只为取乐就下令进行大屠杀；仅在一次暴力狂欢中他就对两万名俘虏施行了木桩刺穿和钉十字架的酷刑。是土耳其人将这个吸血鬼赶下了台。

用暴力手段建国之后，奥斯曼帝国对少数民族和少数人信仰的宗教实行了宽容政策——其程度超过了信仰基督教的各国。在它的鼎盛时期，奥斯曼帝国以统治者执政开明、经济政策合理和民族多元化而卓然于世。在整个地中海东岸地区，它大力推行一种延续了多个世纪的"奥斯曼的和平"（pax ottomanica）。[18]

与此同时，最杰出的成就出现在地中海地区的中心，主要是在佛罗伦萨、锡耶纳、热那亚、摩德纳、卢卡、米兰、帕多瓦和威尼斯等意大利城市。那里没有单一的民族国家或专制统治，而在结构上和精神领域各不相同。意大利北部这些敌对的主权城邦发明了一种新的体制，称之为"国家"（*lo stato*）。我们将这个词理解为现代世俗国家。他们还创造了现代国家制度的理念，这是一种通过权力制衡、划分势力范围、操作外交手段和制定国际法来实现的政治均衡。

其中一些意大利城邦还发展出了关于共和制自由和自治的复杂内部制度。强大的城市获得了政治上的稳定局面，这与 15 世纪遍及意大利北部的物质均衡有关。

一个主要的例子是 15 世纪的威尼斯。从 1405 年到 1484 年，这个海洋共和国兼并了意大利北部的大片地区，包括帕多瓦、维琴察、维罗纳、特雷维索、贝加莫和布雷西亚。即便今日，这个地区的许多小村庄，象征威尼斯主权的狮子柱仍耸立在市镇广场上。[19]

威尼斯的船只控制了意大利内河的通航，范围远至加尔达湖。威尼斯移民们占领了地中海许多原属于希腊拜占庭帝国和十字军领地的岛屿。中世纪时，他们除了拥有地中海的克里特岛以及爱琴海的内格罗蓬特之外，还在 1386 年占领了科孚，1423 年占领了萨洛尼卡，1489 年占领了塞浦路斯。

这些斩获使得威尼斯成为一个支配东西方贸易的巨大海洋运输帝国。威尼斯军械库成了欧洲最大的工业综合体，以及该城海军力量的基础。威尼斯人在这里开发了装配线和标准化的零部件，一艘军用大帆船借此可以在一天之内造成。这座军械库非常隐秘，未经允许的闯入者可能被弄瞎或处死。它的高墙标注的建筑日期为 1460 年，至今仍屹立不倒。

1450 年之后，土耳其人开始侵犯威尼斯帝国的东端，但是在整个 15 世纪，威尼斯的经济依然繁荣昌盛，物价也高度稳定。历史学家弗雷德里克·莱恩发现胡椒价格是体现这一新的稳定局面的指示计。长期以来，胡椒价格在中世纪市场上的变动格外剧烈。1415

年之后，胡椒价格稳定了下来，并且直到 1499 年波动幅度都相当小——这是威尼斯商业霸权和东西方贸易条件更加稳固和常规化的结果。[20]

到 15 世纪晚期，威尼斯人从他们占领的土地上榨取的公共税金可达每年一百万金达克特，并且还捞取了大量的私人财富。威尼斯的巨大繁荣体现在了两百座富丽堂皇的教堂，15 世纪重建的规模宏伟的公爵宫殿，还有那些依然排列在大运河沿岸的私人豪宅。威尼斯成了西方的黄金之城。它那些腰缠万贯的商人嫉妒地看着黄金宫——这座建筑通体覆金。他们在圣马可大教堂的黄金围屏前祈祷。他们的梦想是黄金，生活就是为了黄金，在圣马可大教堂里，他们甚至像是在崇拜黄金。

佛罗伦萨的精神风貌则大相径庭，那里也是当时的商业、工业和金融中心。美第奇银行在伦敦、日内瓦、布鲁日和阿维尼翁都有分支，并且获利颇丰。这座城市的丝绸和羊毛工业也在 15 世纪繁盛一时。财富流向了美第奇家族这样的世家大族，也流向了所有的社会阶层和从事不同职业的市井平民。[21]

佛罗伦萨的物价在 15 世纪的大部分时候都保持了稳定，薪酬也相对较高。历史学家理查德·戈德思韦特论述道，这个时期"薪酬的稳定是总体均衡的结果"。1380 年到 1470 年间，物价还是在固定的范围内波动。政治和社会关系相对有序。在那些年月中，佛罗伦萨与 1378 年梳毛工大暴乱时的状况有着天渊之别。[22]

历经许多个世纪的纷乱，佛罗伦萨的政治和社会机制在 15 世纪时变得更加稳定。其核心人物是科西莫·德·美第奇。科西莫并未担任高官，但他从 1434 年开始统治了所在的城市，直到其于 1464 年去世。他给佛罗伦萨带来了一个开明和人性化的政府，一套更加先进的税收制度，一段本土的长期繁荣，以及一种依靠复杂的外交手段维系的、成功的和平外交政策。科西莫还开创了一个朝代，由他的儿子皮耶罗和孙子洛伦佐继续执掌。

15 世纪，佛罗伦萨的力量和信心体现在了它的文化中。文艺复兴初期高涨的灵性展现在了许多地方：多那太罗精美绝伦的雕塑、布鲁内莱斯基优雅对称的大教堂（1420—1424 年建成）、宏伟质朴的美第奇宫、幽静平和的圣马可修道院斗室，尤其是弗拉·安杰利科在那里绘制的优美壁画（1439—1445）。佛罗伦萨圣马可大教堂的风格与威尼斯的那座差别极大。两座城市各自用不同的方式呈现了 15 世纪意大利北部普遍的自信和笃定的情绪。

文艺复兴初期，这个地区思想家们的生活也发生了极大转变。"从人文主义者们的角度而言，"历史学家汉斯·巴龙写道，"14 世纪到 15 世纪的过渡被认为是一个巨大而具有决定意义的变革时期。"在 15 世纪的头几十年中，佛罗伦萨的人文主义者，比如列奥纳多·布鲁尼、科卢乔·萨卢塔蒂和波焦·布拉乔利尼，创作了一系列文学作品，歌颂共和国的优越、法治以及理性的力量。

这些智识上的发展在皮科·德拉·米兰多拉的《论人的尊严》（1486）中登峰造极，这部作品提出，人的伟大之处在于其自由不受物质的束缚。在皮科的这篇演讲词中，上帝对亚当说了下面的话：

> 你可拥有任何住所，形式和功能随你所愿。自然界其他所有的存在，都受到我们所颁布的法则的限制。而你，不受任何限制，根据你自己的自由意志行事，我们把你交在它的手中，你将会自己划定天性的界限。[23]

皮科关于人类生活不受外界限制的理念，是文艺复兴的一个方面。其他方面还包括：新兴的公民人文主义、关于共和国优点的新理念、新古典主义思想、对柏拉图理念论的新理解，其中最突出的是一个关于对称和秩序的新梦想，它被汉斯·巴龙称为"几何精神"。

这种新精神的物质表达是遍布佛罗伦萨的文艺复兴时期的宫殿——大教堂北面的美第奇宫、阿尔诺河南面的皮蒂宫，以及西面的斯特罗齐宫。这些建筑有着巨大的墙壁、粗粝的石砖、厚重的飞檐、开放的窗户，以及精心设计的对称结构，全都展现出一种对于秩序、力量和均衡的信心。

无论人们是想到文艺复兴时期建筑的新古典主义式比例，还是想到其绘画的透视规则、驭国之术的平衡理念，或是哲学的柏拉图体系构建，所有这些表达都流露出一种假设：这个世界是个和谐、对称、比例匀称和平衡的地方。它们表达了一种宇宙乐观主义情绪，这出现在西方物质文化相对稳定的时代——这个时代大可以被称为"文艺复兴均衡期"[24]。

第二次浪潮

16 世纪价格革命

我这钱袋的消瘦病简直无药可医；向人告借，不过使它苟延
残喘，那病是再也没有起色的了。

——莎士比亚笔下的福斯塔夫
《亨利四世·下篇》第一幕第二场结尾处（1597）

1491 年 6 月 24 日，佛罗伦萨正欢度圣乔瓦尼节。在这个欢乐
的夏日，这座伟大而繁荣的城市的市民们正纪念着他们的守护圣
徒——施洗约翰。佛罗伦萨居民每年都要花费数月时间来准备一件
他们认为"举世无双"的盛事。

圣乔瓦尼节对所有阶层的人来说，都是一个欢乐的假日。仆人
们得到了新制服，以及一天的假期。主人们和主妇们身着崭新的华
服和珠宝出席。这座城市的巨头们（magnati）过去几年曾在城市
的广场上决斗，此时则为了虚荣而比拼物质财富。这个早晨，马上
比武、野兽互斗等都在如火如荼地进行着，还有被称为"盔甲演武"
（armeggerie）的军事表演。很多人聚在一起观看"赛马"（palio），
这是一种狂野而危险的骑马比赛，其路线穿越城市的大街小巷。在

一场生动活泼的名为"旗手游行"（gonfalonieri）的活动中，人们骄傲地举着随风飘拂的旗帜行进。这个节日的夜晚是传统的婚礼时间，它们被推迟了数周，以便赶上这个场合。盛大的高潮是由"胜利花车游行"（trionfi）组成的、庄严的宗教游行，它展示着耶稣基督和圣约翰的生活场景。

在人们的记忆中，这些活动由来已久，已经延续多年。但是这一年发生了一个变化。在佛罗伦萨首席公民洛伦佐·德·美第奇的命令下，那些原本应当出现宗教花车的地方，出现了十五辆古典文化题材而非基督教主题的花车。新的花车是用来纪念罗马执政官卢基乌斯·埃米利乌斯·保卢斯的胜利，他的胜利曾为罗马带来了数不清的财富，以至于罗马公民的一些税目被免去达四十年之久。[1]

佛罗伦萨的这些新花车，被一百头公牛牵引着，并由洛伦佐的马厩牵来的五个中队的战马护送。当时的一位历史学家指出，这场表演"被看作历年圣乔瓦尼纪念日上最可敬的事"。保卢斯的大方与洛伦佐的慷慨之间可有一比，美第奇家族为慈善事业花费了超过一百万弗罗林。在这个过程中，古老的宗教游行变成了世俗事件，庆祝的是城市的繁荣、制度的稳定、美第奇家族的慷慨，以及他们号称"华贵者洛伦佐"（Lorenzo il Magnifico）[2]的年轻领袖的荣耀。

1491 年，佛罗伦萨城有许多值得庆祝的事。"城市安享太平，"该城的历史学家圭恰迪尼写道，"掌权的人团结一心且彼此亲近，他们的政权如此强大，没有人胆敢反抗。每一天，人民都享受着表演、欢宴和新奇事物；城市的物资充盈，而所有的贸易都欣欣向荣。天资和才干在这里开花结果，因为所有艺术家、文学家和能人异士都在这里受到欢迎和尊重。在本城内，社会安定、秩序井然；而在海外，该城也享有极高的荣耀和声望。"[3]

这座城市正处于其权势的巅峰。它扩大了在托斯卡纳的领土，加强了对外的联盟关系，仿佛成了"全意大利的支点"。[4]金钱流入其财库的速度非常之快，以至于圣乔瓦尼节三天前，该城就宣布市民可以打折缴纳所欠的公共税费。在该节日之前的一个月，铸币厂主发行了一种新的佛罗伦萨钱币，"被认为能在经济上创造奇迹"。文艺复兴时期遍布全城的宏伟宫殿，尤其是大教堂由布鲁内莱斯基设计的庄严穹顶，象征着一个繁荣和稳定的时代。[5]

1491 年，当佛罗伦萨人民庆祝他们的守护圣徒纪念日时，一切看起来都很好。但事情却并非如外表那样。又一次，就在最出人意料的时刻，一场深刻的巨变正在佛罗伦萨和整个西方世界悄无声息地登场。在将近一个世纪的均衡期之后，新的趋势开始在意大利和欧洲其他地区出现。

一个早期信号就是价格动态。在 15 世纪最后的二十五年里，意大利和德意志地区的生活成本开始上涨。其涨幅不是很大，但回顾过去，我们就能意识到，一个新的注定持续许多个世代的变化机制正悄然开始。

托斯卡纳地区的人民在看清这一新趋势之前，早已有所预感。在圣乔瓦尼节后的九个月内，佛罗伦萨的文化情绪开始转变。它发端于一个被佛罗伦萨人信以为真的预兆。1492 年 4 月 15 日，城市的天空突然黑了下来。电闪雷鸣之中，一道强大的闪电击中了出自布鲁内莱斯基手笔的高耸穹顶。[6]

就在这时，一个叫吉罗拉莫·萨沃纳罗拉的修士从他在圣马可修道院的斗室中出来，对佛罗伦萨人民发表了一篇黑暗的预言。"告诉洛伦佐，忏悔他的罪孽，"萨沃纳罗拉警告说，"因为神将会惩罚他。"在一大群人面前,这位托钵会修士预言了这位"华贵者"的死亡，以及他的城市将会面临的灾殃。[7]

数月之内，两个预言双双成真。1492 年，华贵而年轻的洛伦佐突然死于一场怪病。这致命一击（*coup de grace*）可能是他自己的医生们下的手，这帮人让这位生活奢华的人饮下了掺珍珠粉的饮料，作为医治其神秘病痛的绝望一招。洛伦佐死时年仅四十三岁。

洛伦佐死后，佛罗伦萨的和平与繁荣也瞬间崩塌。他苦心经营的外交政策，被他鲁莽的儿子和继承人皮耶罗毁于一旦。当意大利各城邦再次陷入宿怨的争斗时，一支法国军队抓住时机，翻过阿尔卑斯山，占领了佛罗伦萨。一群愤怒的暴民洗劫了美第奇宫，皮耶罗被驱逐出城市。在短暂恢复了共和国的自由之后，佛罗伦萨落入了修士萨沃纳罗拉的手中，他从1494年到1498年统治了该城。

萨沃纳罗拉不知疲倦地向民众述说他们的罪孽，并责备他们因精神上的腐败和对奢华的热爱而招来了灾祸。他说服他们为繁荣而忏悔。在一场忏悔狂欢中，他们用往昔珍爱的文艺复兴时期的画作、书籍、家具和乐器在西格诺里广场 * 燃起了巨大的火堆。在即将点燃之际，一位不肯轻信的威尼斯商人提出用两万金达克特交换这些触怒上天的奢侈品。他得到的回复是：立刻有人画了他的画像，并将其投入火中。[8]

1497年2月7日的奢侈品焚烧，成为意大利文艺复兴时期最令人刻骨铭心的场面之一。但不为人知的是——甚至连专业历史学家也知之甚少——它与经济事务有紧密的关联。15世纪90年代，物价大幅飙升，经济却开始衰落。1497年2月19日，就在焚烧奢侈品的十二天之后，该城的公共粮仓格拉诺广场发生了一场骚乱。饥饿的穷人被高涨的食物价格逼入绝境，他们拥挤在粮仓前，有人被挤倒，还有人窒息。汹涌的人潮破门而入，袭击了粮仓，口中高喊"帕勒，帕勒"[†]——这是过去常常帮助他们的美第奇家族的昵称。[9]

饥饿的农民们从托斯卡纳山区涌入这座城市。街道和医院里挤

---

* 一译"绅士广场"。

† Palle 意为"球"。美第奇家族的族徽由五颗红球和一颗蓝球组成。

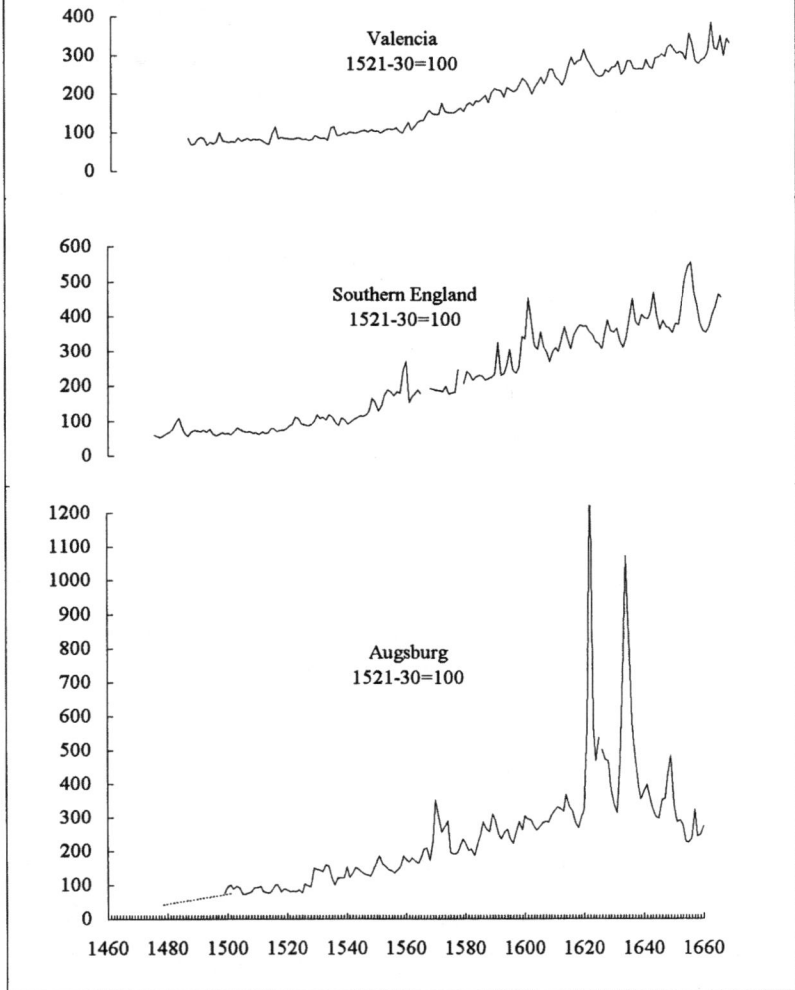

西班牙、英格兰和德意志的商品价格，
1475—1600

Valencia
1521-30=100

Southern England
1521-30=100

Augsburg
1521-30=100

图表 2.01 展现了这次价格革命从 15 世纪晚期开始时到 17 世纪中期巅峰期的主要走势。英格兰消费品价格、德意志和西班牙商品价格的年度指数根据共同基数（1521—1530 年 =100）进行了换算。文献来源是 Henry Phelps-Brown and Sheila Hopkins, *A Perspective of Wages and Prices* (London, 1981), 28–31, 94–98; Moritz J. Elsas, *Umriss eine Geschichte der Preise und Lôhne in Deutschland* (2 vols., Leiden, 1936–1940); Earl J. Hamilton, *Money, Prices, and Wages in Valencia, Aragon, and Navarre, 1351–1500* (Cambridge, 1936); 同 上, *American Treasure and the Price Revolution in Spain, 1501–1650* (Cambridge, 1934), 191, 200, 216。

满了奄奄一息的人们。饥荒之后就是瘟疫。萨沃纳罗拉在给兄弟的信中写道："我们每天在佛罗伦萨看到的，只有十字架和尸体。"这座城市本身被描述成了"一具活着的尸体"，其残骸被对外战争和内部混乱消耗，直到自治政府被摧毁。[10]

1498 年，佛罗伦萨人民开始将他们遭遇的不幸归结于萨沃纳罗拉本人，野蛮地调转枪头，指向了他们的精神领袖。在耶稣升天节前夜，他们将他绑在火刑柱上烧死了，同时口中嘲弄道："先知啊，现在是来点儿奇迹的时候了。"[11]

这些事件成了意大利历史上的转折点。在萨沃纳罗拉死后，意大利成了各方强大势力的血腥战场。外国军队使托斯卡纳地区沦为一片焦土。西面的法国和东面的土耳其人使威尼斯失去了帝国地位。罗马在 1527 年惨遭野蛮的洗劫。1530 年，骄傲的佛罗伦萨共和国成了一个黑暗而拙劣的专制政权，自诩为托斯卡纳大公国。这些事件的发生，终结了文艺复兴均衡期。它们标志着一段新的重大进程的开始，经济史学家称之为 16 世纪价格革命。[12]

价格革命的开端，约 1470—1480

最早的迹象出现在意大利北部和德意志南部。大约在 1472 年，佛罗伦萨的谷物价格开始上涨。在德意志南部的维尔茨堡、慕尼黑和奥格斯堡等城市，几乎同时出现了这一新趋势。在整个法国和英格兰，这个转折点来得稍晚，大约在 1480 年。在西班牙和葡萄牙，价格革命直到 1490 年之后方才出现。东欧部分地区直到 1500 年才开始受到影响。[13]

这股新趋势一旦开始，就注定要持续很长一段时间。历史学家们将其称为 16 世纪价格革命——这个名字并不十分确切。这个长期趋势早在 1470 就开始了，并且一直延续到了 1650 年。总体而言，它是一个长达一百八十年的过程，堪称近现代历史上最漫长的一次价格革命。[14]

以我们现代的眼光看，这段漫长时间里的年通胀率都相当和缓。从 1490 年到 1650 年，价格增幅平均每年只有 1% 左右。这个速度以当代标准衡量，非常缓慢，但它是中世纪价格浪潮时的两倍，并且在一段很长的时间里延续。一位历史学家发现："这次价格革命最显著的特征不是价格的增速，而是增长趋势竟绵延了这么长时间。"[15]

这种稳定的变化率令人瞩目。这里显示出了一种惊人的模式。当意大利摩德纳城的谷物价格被标注在一个半对数量表（semilog scale）上时（固定的变化率显示为一条直线），从 15 世纪晚期到 17 世纪的核心趋势完全是平直的。

围绕这个核心趋势，存在大量波动。年复一年，摩德纳的谷物价格都会发生剧烈波动，这主要取决于收成的多少。但这些摇摆展现出了节奏和规模上的稳定性。年度价格波动穿过高峰和谷底的趋势线，也构成了两条直线。这里有着变化参数中的另一组常量，以及一个将动态与稳定高度融合的变化机制的经典例子。

摩德纳的经历不能从整体上代表价格革命。不同的城市各有其模式，细节上千差万别。但总体而言，16 世纪的价格革命在西方世界大多数地方展现出类似的趋势。[16]

是什么启动了这一变化机制？文献资料提供了许多答案：货币主义的、马尔萨斯主义的、马克思主义的……随着证据的增加，许多历史学家（包括本书作者）开始相信：这场价格革命的首要推动者，是人口增长的复苏，这给物质资源带来了沉重的压力。

这种人口趋势始于 15 世纪晚期，当时，英格兰、意大利、西班牙、德意志、法国、低地国家、瑞士、斯堪的纳维亚半岛和东欧的人口走势可谓并驾齐驱。多数国家经历了同样的变化秩序：

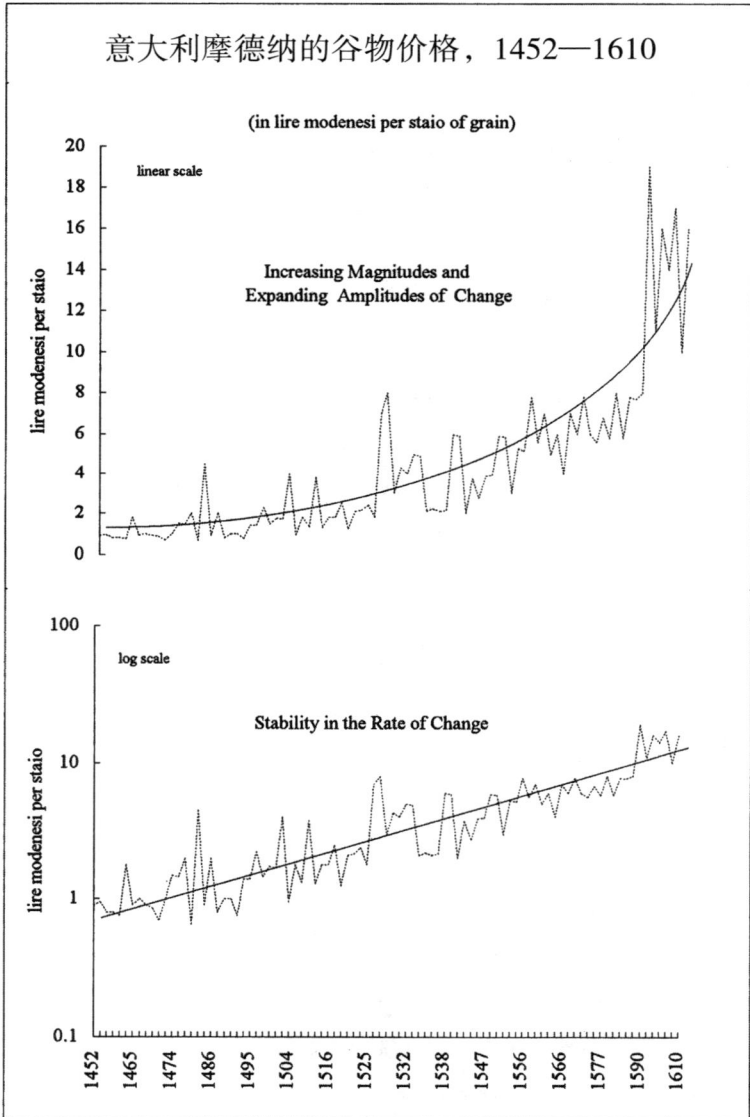

意大利摩德纳的谷物价格，1452—1610

(in lire modenesi per staio of grain)

linear scale

Increasing Magnitudes and
Expanding Amplitudes of Change

lire modenesi per staio

log scale

Stability in the Rate of Change

lire modenesi per staio

图表 2.02 审视了这次价格革命中变化的构成要素：变化量级的上升、幅度的扩大和基础变化率的稳定性。文献来源是 Gian Luigi Basini, *Sui mercato di Modena tra cinque e seicento: Prèzzi e salari* (Milan, 1974)。趋势走向线采用了 Excel 5.0 程序。

14 世纪中期的大灾难导致人口直到 14 世纪末一路走低；15 世纪早期和中期的停滞和缓慢增长；1460 年或 1470 年之后的加速增长。

英格兰是一个很好的例子。这个国家在 1430 年有大约二百万居民，直到 1470 年都没有超过这个数字。此后，英格兰的人口开始了快速增长，在 1541 年达到了二百八十万，到 16 世纪末达到了四百万以上。历史学家迈克尔·波斯坦发现，这次人口浪潮始于 1470 年左右，并且整个 16 世纪一直持续着。[17]

人口自 1460 年前后开始增长的原因并不难发现。15 世纪漫长的经济均衡期，是一个实际薪酬上升的时代，也是人们的期待发生革命性提高的时代。14 世纪大灾难过去多年之后，这个世界似乎终于成了一个容易养家糊口的地方。这一心态的变化并非仅限于物质层面，也发生在更广泛的文化层面。从 1460 年到 1510 年，全欧洲数百万的男男女女出于各自目的，自由选择较早结婚并养育更多的孩子。这个总体趋势是由个人选择交织而成的。[18]

结果与 13 世纪大体相同。德意志作家塞巴斯蒂安·弗兰克在他的《德意志编年史》（1538）中评论道："到处都人潮涌动，人人都寸步难行。"在意大利、英格兰和法国，各地城乡都抱怨人口过度拥挤。整个欧洲境况相似。[19]

人口增长的效果是削弱了引发人口增长的文化期待。但这并非完全是一种马尔萨斯式的过程。无论是马尔萨斯还是马克思都未能解释 16 世纪发生的种种事件。早在发生马尔萨斯式的人口超过物质供给的现象之前，其他类型的复杂的不平衡就已开始酝酿。

随着食物需求的增加，人们开始将贫瘠的土地投入耕种，随之而来的是大量的人力投入和很少的产出回报。法国历史学家埃马纽埃尔·勒罗伊·拉迪里描述了法国南部朗格多克地区的运作情况。这个地区有一片瘠薄多石、灌木丛生的土地，称为"灌木丛"（*garrigue*），自从黑死病时代就被废弃了。此时，它却再度被耕种。

英格兰的价格和人口动态，1541—1671

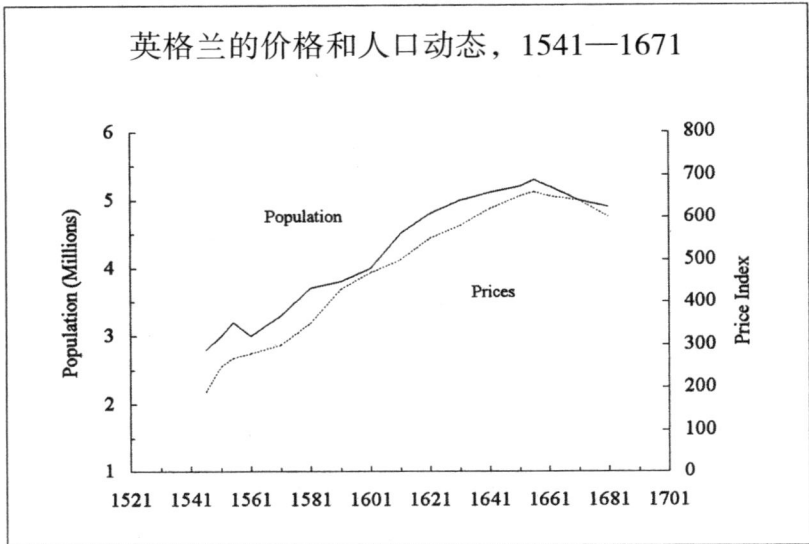

图表 2.03 比较了每五年一计的英格兰人口估值与费尔普斯-布朗英格兰消费品价格指数的二十五年动态平均值。文献来源为 E. A. Wrigley and R. S. Schofield, *The Population History of England, 1541–1871; A Reconstruction* (Cambridge, 1981), 403。

这个过程开始于 16 世纪中期。"到 1576 年，"拉迪里写道，"对'灌木丛'的压榨，已是势在必行……人口压力、需求增长和价格上涨同时发生。人们不得不在贫瘠多石的土地上耕作。"[20]

在马尔萨斯主义者的"积极限制"（positive checks）生效许多年之前，这些更加微妙的机制就已经开始发挥作用。人口增长引发了食物价格的增长，速度和幅度远超其他商品。工业制成品的价格和薪酬都被甩在了后面。在西班牙，经济史学家厄尔·汉密尔顿发现，"16 世纪前四分之三的时间，农产品价格比非农产品增长得更快"。类似的情况也发生在英格兰、法国和德意志。这种相关价格的走势与 13 世纪长期波动时大致一样。[21]

一旦食物价格开始上涨，能源成本也开始快速攀升。在价格革命的头些年里，能源价格起初上涨缓慢，随后开始加速。在一个迅速失去森林植被的环境中，木柴和木炭的涨价甚至很快超过了食物的花费。大约从 1530 年后，一切形式的木材（包括木炭）价格都比谷物、肉类或其他任何商品上涨得还要快。[22] 木材价格在英格兰、法国、德意志和波兰都急速抬升。能源价格在 16 世纪长期的物价飞涨中是变化最剧烈的。[23]

　　相关价格的变动，不止有着幅度的差异，还有着时间的差异。农产品价格的长期上涨开始于制成品成本上涨之前。在英格兰，早在 1470—1489 年，谷物价格就开始上涨，比多数工业制成品早四十年；后者从大约 1510—1539 年才开始攀升。在波兰，托伦的黑麦从 1495 年左右开始涨价，而克拉科夫的燕麦从 1505 年开始涨价；随后，波兰的制成品价格才开始上涨。[24]

　　工业制成品价格的涨速同样慢于食物和燃料。在整个欧洲，上涨速度最慢的是工业制成品，它们最容易大量生产。在英格兰，食物和燃料的价格上涨速度是六或八倍，而工业制成品价格仅仅是原先的三倍。在每一次巨浪来袭时，相关价格的表现都如出一辙。

　　这些价格变动的时间和幅度，是研究者了解价格革命起因的重要线索。最早和最快的增长出现在生活必需品上，比如食物、燃料和住房，这是人口加速增长时最迫切的需求，也是供给品中产量最缺乏弹性的。有确凿的证据表明，人口增长导致的需求在发挥关键的驱动作用。而如果仅是货币上的原因，其效果会更趋于平衡。[25]

第二阶段：感知波动和文化反响

　　16 世纪早期和中叶，价格革命进入了另一个阶段。此时，长期物价飞涨已经冲破了 15 世纪中期以来旧有价格体系的边界。随着涨价超越了过去均衡期的波动范围，它成了一种明显的新趋势。个

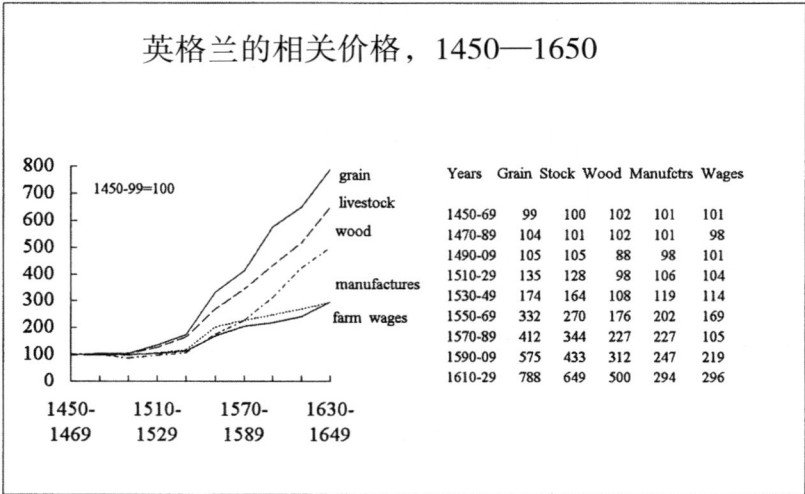

英格兰的相关价格，1450—1650

Years	Grain	Stock	Wood	Manufctrs	Wages
1450-69	99	100	102	101	101
1470-89	104	101	102	101	98
1490-09	105	105	88	98	101
1510-29	135	128	98	106	104
1530-49	174	164	108	119	114
1550-69	332	270	176	202	169
1570-89	412	344	227	227	105
1590-09	575	433	312	247	219
1610-29	788	649	500	294	296

图表 2.04 展现出：价格上具有相关性的食物和原材料价格上涨得最快。工业制成品价格和农场工作的薪酬被甩在了后面。这种模式在每一次价格革命中都曾出现。文献来源包括 D. C. Coleman, *The Economy of England, 1450–1750* (Oxford, 1977), 23; P. Bowden, "Statistical Appendix," in Joan Thirsk, ed., *The Agrarian History of England and Wales* (Cambridge, 1967) IV, appendix。

人和政府都开始觉察到，价格正处在长期上升的过程中。而他们的反应推波助澜，将价格革命推进到另一个不同的阶段。

当价格革命变得明显时，人们开始寻求解释。许多人是在寻找替罪羊。在英格兰，议员们将价格的上涨归于"贪得无厌的人们唯利是图"。另一些人则将价格革命怪罪到出口商头上，认为他们将这么多货物弄到国外，导致"谷物、食品和木材变得极为紧俏昂贵"。1555 年，议会禁止在价格超过规定水平时出口食物和木材。[26]

但法律产生的影响还不如普通人的个人行动。他们对物价飞涨的反应进一步加剧了涨价。人们对涨价作出的日常选择使价格进一步抬升。其中包含许多方式——有些高度理性，另一些则并非如此。一种反应是囤积居奇。另一种则是投机倒把。第三种是慌忙抢购。

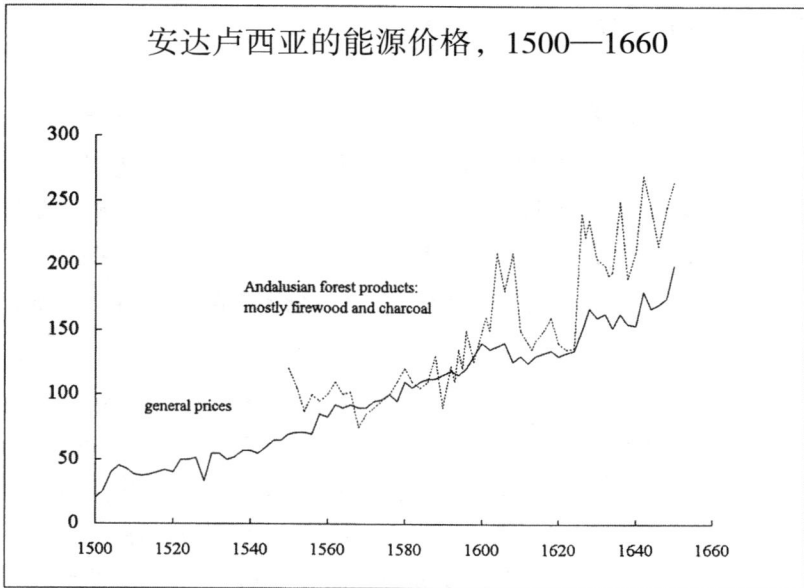

安达卢西亚的能源价格，1500—1660

Andalusian forest products:
mostly firewood and charcoal

general prices

图表 2.05 展现了多数价格革命的另一种特征：在晚期，能源的花费陡升。在这些西班牙的数据中，森林产品包括草木灰、木柴、木炭、树脂和沥青。总体价格是加权计算的商品指数，是巴伦西亚、安达卢西亚、老卡斯蒂利亚和新卡斯蒂利亚四个地区的平均值。森林产品的价格，安达卢西亚比巴伦西亚高，但低于新、老卡斯蒂利亚。文献来源为 Earl J. Hamilton, *American Treasure and the Price Revolution in Spain, 1501–1650* (Cambridge, 1954), 224。

第四种是降低商品的质量。

农场主们担心自家会遭遇饥荒，于是囤积谷物，不去市场上销售。磨坊主们囤积面粉，希望以此获利。社区和国家阻挡了谷物的跨界流动。商人们被逼只能窝在当地市场。面包师将锯末（和更糟的东西）加入面包，并且违反市场规则，以更高的价格出售更小的面包。人们的这些反应导致物价攀升，并且使价格的上涨变得更加剧烈。

社会中的不平衡

总有一些人更有能力应付涨价。结果，社会出现了种种不平衡的现象。在价格革命的初期，薪酬或多或少与食物和住所的花销同步上涨。这会造成一种高度繁荣的幻觉，令人陶然。在价格革命的后期，情况发生变化——货币薪酬被上涨的生活成本甩在了后面，实际薪酬大幅下跌。到 1570 年，实际薪酬还不到价格革命开始时的一半。[27]

实际薪酬的下降一旦开始，就一直持续到了 17 世纪初。最脆弱的是缺乏技能和自有资产的工人们。"这个时代经济力量的真正牺牲品，"彼得·拉姆齐写道，"是被驱逐的有产小农和城乡没有土地的劳工。"[28]

相形之下，地主和资本家则越过越好。资本的收益与商品价格的增长保持了同步，甚至在 16 世纪的几十年中还领先一步。总的来说，利率在 16 世纪上升了，尽管关于高利贷的法规俯拾皆是，而且天主教和新教的道德家们都对此大加谴责。哈布斯堡家族被迫向银行家们支付高达 52% 的年利息。这不是一般的高，但欧洲近代早期的资本市场正在发育中，整个 16 世纪利率都在上升。[29]

在价格革命期间，地主们的收益也提高了。一个地主要想保护其财产的安全，可以有多种私力救济的办法来应对涨价的局面。庄园的经营传统让地主们有大量机会从地租、费用、罚款、没收和义务服务中增加收入。封建地主从佃户身上压榨财富的方式多种多样。首先，他可以提高地租。在 16 世纪的一段时间里，地租和地价比食物和燃料的价格涨得更快。一项研究发现，从 1510 年到 1640 年，英格兰的地租飙升到了原来的九倍，而谷物价格只有四倍，薪酬更是勉强只有原来的两倍。在比利时，地价涨到了原来的十一倍；同一时期，在荷尔斯泰因，地价暴涨到了原本的十四倍。[30]

　　当时的观察家们将地租的波动看作物价上涨的一个主要原因。在约翰·黑尔斯《论英国本土的公共福利》中，一位庄稼汉向地主们说："我想就是你们这些绅士长期作祟才招来了这场饥荒，因为你们把土地价格抬得这么高，生活在这些土地上的人也不得不抬高价格，否则他们就无法支付地租。"[31]

　　地租的上涨令乡村地区动荡不安。在英格兰，凯特起义（1549）的一个主要诉求就是：公簿保有地产（copyhold）的地租应当压低到六十五年前——即亨利七世执政头一年（1485）——的普遍标准。类似的抱怨在整个西欧随处可见。[32]

　　最恶劣的剥削一如既往地发生在东方，在那里，农奴制和强制劳动依然根深蒂固。"在波兰，"历史学家斯坦尼斯拉斯·霍索夫斯基写道，"地主获利最多，而不利都落在了农民身上……谷物和食物价格的上涨诱使地主将封建领地的现金支付变成了劳务地租。他们开发了新的田产，强迫农民们在那里无偿劳动。这个制度的生产成本极低，利润空间则很大，贵族们纷纷掠夺农民的农场，以拓展自己的领地，对农民的剥削也越来越重。"霍索夫斯基得出结论：价格革命实际上巩固了东欧的封建制度。它所到的每一处，都使得占据统治地位的精英们比以往更加富有和强大。[33]

　　劳动所得与资本回报之间的鸿沟日益加深，这是 16 世纪物价飞涨最重要的社会后果之一。这些趋势导致了不平等现象的加剧，而此前社会已然很不平等。

　　16 世纪中期，富豪和赤贫的人数都增加了。在英格兰，乞丐、流浪汉以及无家可归者的数量在价格革命期间明显急速上升。不平等现象的加剧造成了社会的一系列不平衡状况，日益威胁着整个西方世界。[34]

劳动力收入：实际薪酬的长期下跌，约 1480—1640

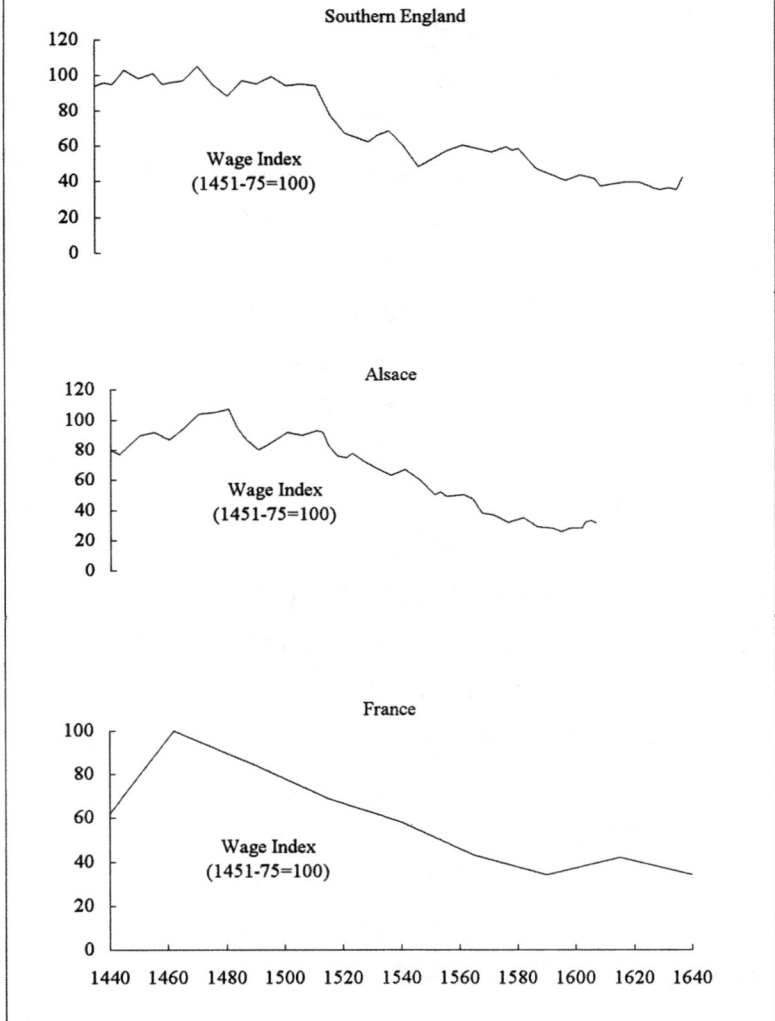

Southern England

Wage Index
(1451-75=100)

Alsace

Wage Index
(1451-75=100)

France

Wage Index
(1451-75=100)

1440 1460 1480 1500 1520 1540 1560 1580 1600 1620 1640

图表 2.06 显示：从 15 世纪晚期到 17 世纪中期整个欧洲的实际薪酬下降（因消费品价格引发通缩）。数据是英格兰南部、阿尔萨斯的十一年移动均值，以及法国的二十五年固定均值。文献资料来源是 Phelps-Brown and Hopkins, *A Perspective of Wages and Prices*, 62。

土地收益：地租的上涨，1500—1669

Index
1510-19 = 100

—— rent
···· prices

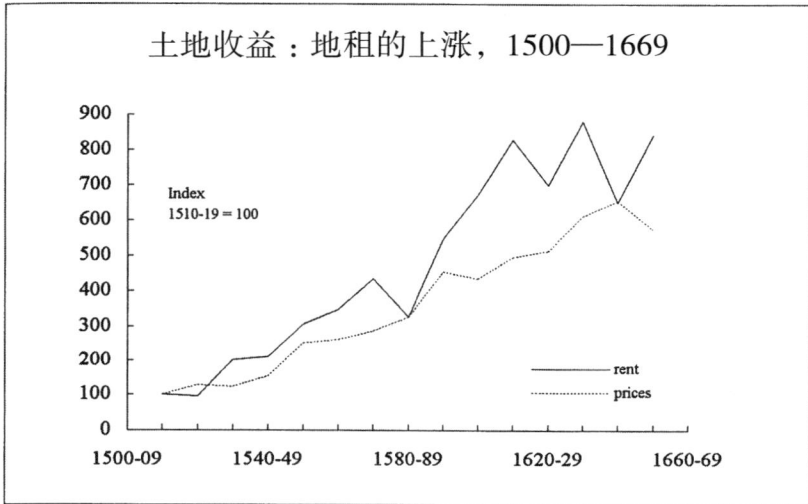

图表 2.07 将英格兰各庄园地产中平均每英亩的土地租金与一组消费品价格指数作了比较。文献来源为 Eric Kerridge, "The Movement of Rent, 1540–1640," *Economic History Review* 2d ser., 6 (1953–1954) 16–34。

货币的不平衡

另一种不平衡发生在货币体系。又一次，就像在中世纪价格革命中，个人和机构对物价飙升的反应是采取行动扩大货币供应。在西欧，历史学家格奥尔格·维贝估计，白银供给从 1550 年的一万吨增加到了 1600 年的二万三千吨，1660 年达到三万四千吨。后来的研究挑战了这些数据的细节，但这样的总体趋势得到了印证。[35]

这一增长的最大部分来自美洲的白银和黄金，它们在 1500 年后大量流入欧洲。16 世纪价格革命的诱因常常被归于这一个因素——来自美洲的进口金属增加了流通中的货币数量，导致货币的购买力因其供应量加大而降低。

根据大量的历史研究，这种货币主义的解释必须得到修正，而

资本收益：增长的利率，1500—1599

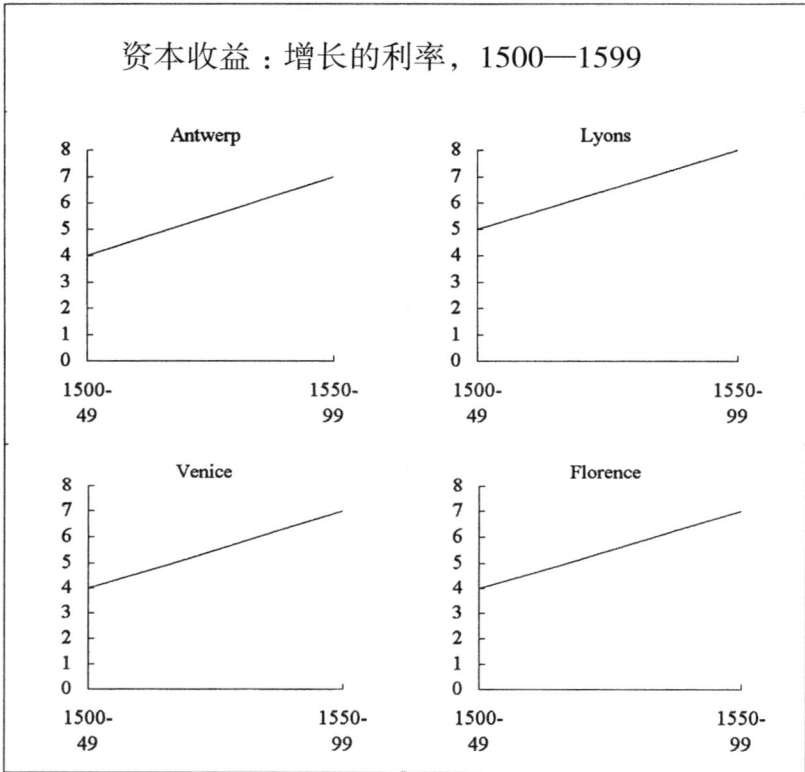

图表 2.08 从支离破碎的数据中找到证据，表明利率在 16 世纪中期几乎涨了一倍，超过了同一时期物价上涨的速度。文献资料来源是 Homer, *A History of Interest Rates*, 121,137,140。

不是全然摒弃。美洲的财富不可能是引发一场价格革命的初始原因。价格上涨早在 1480 年就开始了，比美洲金银运到欧洲早了许多年。英格兰和德意志在美洲白银影响其经济之前的五十年，物价就几乎已经翻了一番。[36]

　　再者，美洲财富流入的主要波动，在空间和时间上跟价格的变动都无关联。在西班牙，美洲财富的影响力相对较大，但这里的物价上涨速度却比欧洲其他地方要慢。况且，西班牙物价最大幅度的上涨发生在 16 世纪上半叶，而不是美洲财富影响最大的 16 世纪下半叶。[37]

类似的不符之处在欧洲西北部也出现了，那里最大幅度的物价飙涨发生在 1552 年到 1560 年之间，当时黄金和白银的进口量相对较小。而从 1570 年到 1590 年，美洲进口的白银快速增加时，物价实际上倒是略有下降。[38]

此外，化学家和历史学家近来对美洲白银在欧洲流散的联合研究，也揭示了货币一元论模式的另一个困境。最大一笔美洲财富是波托西的银矿山脉，这是尘世财富、残暴和贪婪的一座纪念碑。西班牙征服者于 1545 年发现了波托西的白银，并且强迫当地的印第安居民大量开采，代价是惨重的人员伤亡。从 1521 年到 1610 年，美洲出产的白银中近一半来自波托西。

波托西的白银在化学成分上非常独特，所以可以利用冶金技术对它的流散状况进行探查，其结果对这个领域的学者非常有启发。波托西的白银的确出现在了西班牙、热那亚、米兰和威尼斯的钱币中，但时间是 16 世纪中期之后。在法国的大西洋沿岸发现了它的踪迹，但直到 16 世纪 90 年代其数量都不大，而价格革命早在一个多世纪之前就已经开始了。这种白银在比利时、英格兰、荷兰，以及法国的其他大部分地区都未发现。测试者的结论或许有些言之过早，他们认为，南美洲的白银在 16 世纪对北欧的铸币几乎没有多少影响。更准确的说法可能是：人们直到价格革命的后期方才感受到它的影响力。[39]

简而言之，价格革命是先发生的，美洲财富后来才到。时间在这里成了决定性的检验标准。为数不多的清晰而又简单的历史法则之一就是：效果不可能比原因更早出现。"美洲财富是 16 世纪欧洲价格革命的首要原因"这一旧论，是站不住脚的。

不过，货币模式的相关性以其他形式表现了出来。它采用的方式比单纯的货币主义理念要更加复杂，也更为有趣。美洲金银虽然不是引发价格革命的起因，却令其势头更加强劲。新出现的大量的金银供给，不仅支持既存的经济趋势，并且加强其效果。[40]

此外，人们可以从这段复杂关系的时间点上看到历史的一种发展模式，而单靠货币主义很难解释。货币理论可以解释为何货币供应量的增加会使价格走高，但无法解释货币供应量为何一开始会增加，除非引入货币主义者最爱的"解围的恶魔"*，亦即腐败无能的政客们，他们被认为太蠢太弱而无法理解货币主义者钟爱的补救措施。

为了在广泛的历史关系中研究价格革命，就要探寻一种更加成熟的解释。在每一次价格革命中，我们都会发现，在察觉到物价会长期上涨之后，货币供应便会疯狂地增加。16世纪的价格革命迫使西班牙统治者（为了赶上物价飙涨的步伐而饱受压力）加倍努力地从美洲领地上榨取金银。物价和货币供应二者的走势互相加强，共同造成了那个困顿时代一种非常重要的动态。

同样的进程还以其他的方式发挥着作用。还有一个货币因素（较之美洲财富，规模较小但依然重要），那就是欧洲贵金属的开采，这在16世纪同样得到了发展。物价大涨造成了对流通货币的疯狂追求。虽然代价高昂，但老矿被重新开启。这项活动多发生在价格革命开始之后。[41]

在俄国，沙皇们大力鼓励金银生产。1567年，伊凡四世积极地从国外招聘采矿专家。三十年后，沙皇费奥多尔·伊万诺维奇要求他的驻意大利大使不惜代价地招募矿工。这些行为中弥漫着绝望的气息。欧洲和俄国白银供应的增加，也加剧了物价的上涨。[42]

---

* 指古希腊和罗马戏剧中为了制造矛盾和推动剧情而由特定机关送上舞台的坏人或凶神，与"解围之神"相对。

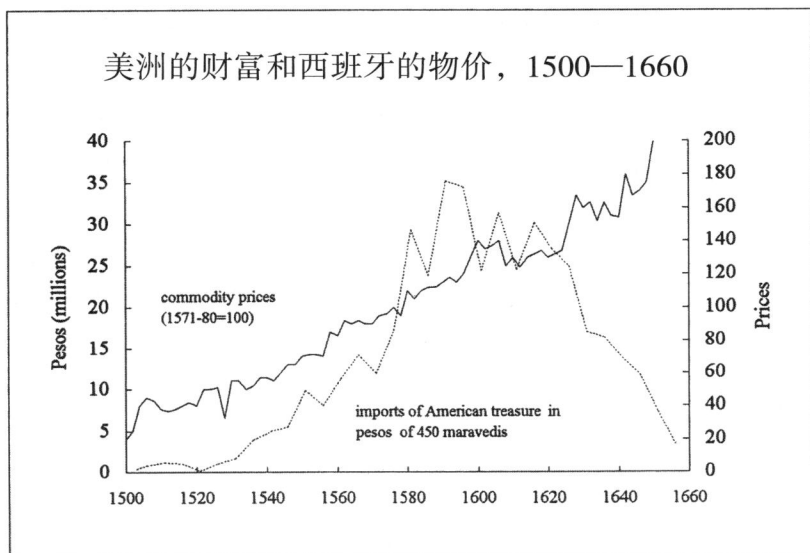

美洲的财富和西班牙的物价，1500—1660

commodity prices
(1571-80=100)

imports of American treasure in
pesos of 450 maravedis

图表 2.09 比较了西班牙物价与新大陆运来的贵金属的走势。有证据表明：美洲财富
为价格革命推波助澜，但它并非发生价格革命的起因，也没有伴随其到底。数据来自
Hamilton, *American Treasure and the Price Revolution in Spain*, 35, 228。

　　值得注意的是，在西欧，价格上涨和货币铸造之间的相关性因
时而异——这是另一条关键线索。这种关联在16世纪早期相对较弱，
在 1550 年到 1610 年间逐渐增强。这一发现强烈地暗示，货币相关
的因素是历史中的变量。它们在价格革命的第二阶段比在第一阶段
的影响力更大。[43]

　　16 世纪中叶之后，聪明的观察者们开始发现，在物价与货币供
应之间存在一种关系。在这次价格革命的第二阶段，货币数量理论
问世了。1556 年，西班牙学者马丁·德·阿斯皮利奎塔在论文中提出：
"货币在短缺的阶段和地方比在充足的阶段和地方价值更高。"他进
一步认为："在西班牙，当货币较为短缺时，可售货物和劳动力的
价格比发现印度群岛之后低，这一地理发现使这个国家的黄金和白

银泛滥。"十二年后，法国学者让·博丹提出了相同的观念。另一些货币主义模型则是在16世纪中叶的几十年间出自波兰科学家哥白尼、佛罗伦萨的达万扎蒂、一些英格兰观察家，还有欧洲其他地方的学者之手。这些发现是在价格革命的一个特殊时刻出现的。[44]

16世纪中期，这些货币主义理论出现的同时，另一些观察者得出了不同的结论：物价上涨的主要原因是人口的增长。英格兰的奥尔德曼·博克斯给出了一个很好的例子，他在1576年写给伯利勋爵的信中说："如今，时代变了……人口增加，需要耕地，谷物和所有其他食物储备都发生了短缺，[并且] 许多异乡人 [正] 在这里遭罪，这使得谷物和粮食更加昂贵了。"他建议，"荒地"应当交给农人——这一补救措施在有产阶级之中却不得人心。[45]

一些人持有第三种论断：物价上涨的原因既在于人口，也在于货币。乔治·黑克威尔这样写道："铸币的充足和人口的众多……不是各自孤立而是并行不悖的，必定造成所有物品的价格上涨。"这是最精确的解释，但也是最复杂的一种。它没有单纯的货币或人口模式那么受欢迎。[46]

财政上的不平衡

政府对物价上涨的反应造成了第三种不平衡的状况，即财政上的不平衡。时至16世纪中期，欧洲各国的公共财政都出现了大量赤字。此外，还有别的问题雪上加霜——税收的倒退，以及富人不断将税负转嫁到穷人和中产阶级身上。

大体而言，最沉重的税负落在了农民阶级身上。在欧洲许多地方，贵族免于最繁重的税收。例如，在西班牙，被称为"绅士阶层"（*hidalgos*）的特权阶级免缴某些税，尽管他们依然必须支付销售税。16世纪期间，绅士阶层保住甚至扩大了他们的特权；与此同时，穷

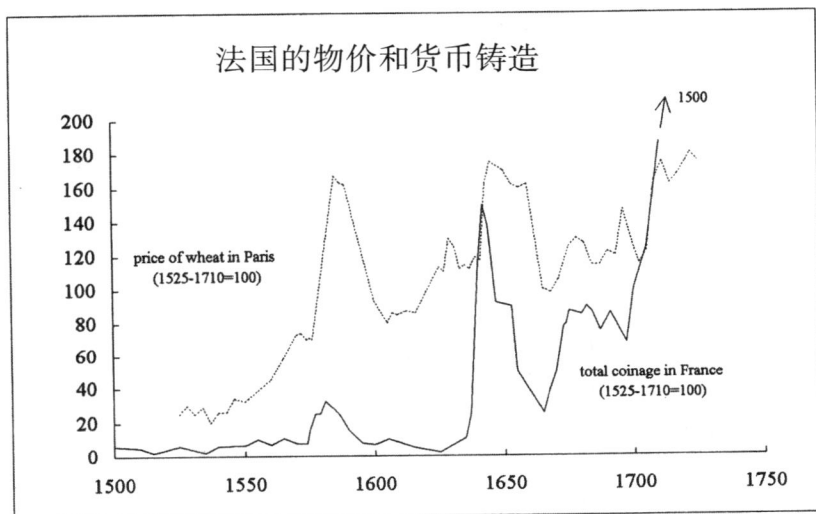

法国的物价和货币铸造

price of wheat in Paris
(1525-1710=100)

total coinage in France
(1525-1710=100)

图表 2.10 比较了法国的物价和货币铸造。它展现出更多的证据：货币供给的扩张对 16 世纪中期和晚期的物价飙升贡献不小，但在价格革命初期并不重要。铸币的起伏波动还引发了价格围绕核心趋势的波动，但对核心趋势几乎没有什么影响。文献来源是 Frank Spooner, *The International Economy and Monetary Movements in France, 1493–1725* (Cambridge, Mass., 1972), 273。

人正被沉重的负担折磨得呻吟不止，政府则无力支付账单。

随着价格革命的继续，欧洲各国的税收收入远远满足不了花销。绝望的政府大肆举债。西班牙政府每年将尚未抵达的运送美洲财富的舰队抵押给外国银行，以毁灭性的利率借贷。西班牙还发行了年金债券（*juros*），承诺在未来许多年里给私人债主一笔收入。到 1543 年，西班牙税收的一大部分都被用来支付公共债务的利息，而政府债台高筑，情况失控。结果是削弱了政府自身的行动力。[47]

对物价上涨的多种反应——社会的、人口的、经济的、货币的、财政的——混合在一起，相辅相成，互相助长。例如，价格革命引发实际薪酬的下降以及土地和资本收益的上升，这导致不平等现象的加剧，从而加强了富人的政治权力，继而又导致累退税，降低了政府的收入，引发货币贬值，推动物价上涨。这只是一张极为复杂的罗网中的一根简单链条。

随着这张网络变得更加厚实，价格革命深刻地渗入整个经济体制之中，并且社会冲突开始增多。新教改革和天主教会的反新教改革运动撕裂了西方世界最重要的统一性机构——基督教会。极其暴力的宗教冲突终于爆发了，并且其延续的时间几乎与价格革命完全重合。宗教改革和价格革命这两场运动，是彼此关联的。在德意志，许多历史学家都发现，新教革命的迅速蔓延，还有农民战争，都与由人口增长和价格革命导致的、日益上涨的经济压力密切相关。[48]

这些关联性于 16 世纪 60 年代出现在比利时和荷兰，当时加尔文派在一场所谓圣像破坏运动造成的混乱中，突然从一个城市扩张到另一个城市。新近皈依加尔文派的暴徒攻击天主教教堂，打碎了可恨的旧宗教的神圣器物。[49] 历史学家们总结认为，圣像破坏运动与经济的不稳定直接相关，尤其与 1564 年到 1566 年荷兰的谷物价格暴涨息息相关。[50] 宗教冲突与经济动荡之间的类似联系，还出现在了 1558 年到 1640 年间的英格兰、法国、瑞士以及斯堪的纳维亚半岛。[51]

经济与宗教运动之间的因果联系非常复杂。在一些个案中，价格动荡成了宗教事件的直接决定因素——比如荷兰和比利时的圣像破坏运动。在另一些个案中，宗教骚乱在重大的新教改革战争期间引发了价格动荡。总的来说，一方面是新教改革和反改革势力的斗争，另一方面是价格革命，两者并行不悖地体现了欧洲社会极度失衡的状态。

从不平衡到不稳定

16 世纪晚期，危险的不稳定局面开始在欧洲社会蔓延。价格涨落幅度越发剧烈。一个典型的例子是英格兰的谷物价格，它在 16

世纪 40 年代、70 年代、90 年代和 17 世纪 20 年代大幅飙升。中间穿插的几十年则出现了价格的陡降，这有时同样具有破坏性。类似的情况还出现在了欧洲许多商品的价格上。其后果就是使社会和经济关系极为动荡不安。

历史学家 Y. S. 布伦纳发现："当 16 世纪的谷物价格持续上涨时，它们的年度波动变得更加严重。"他总结说，这种态势"符合市场供求平衡打破后预期之中的价格行为"。[52]

从一次收成到下一次之间，谷物价格陡起陡落，情况与 13 世纪的价格动态类似。早在 1529 年，就发生过一场大饥荒，席卷了整个欧洲。它的后果在意大利北部尤其严重。有着巨大粮仓的威尼斯城，到处是从乡村涌入的饥饿的农民。一位威尼斯人写道："救济了两百人，接着又有同样多的人出现。你走在街道上或在广场上驻足，没有不被群众围住、索要慈善捐助的：你看到饥饿写在他们的脸上，他们的眼睛仿佛没有了宝石的戒指一般失魂落魄，他们瘦成了皮包骨头……阿尔卑斯山方向的许多村庄都已经成了空无一人的鬼乡。"[53]

到该世纪末，情况更趋恶化。最大的灾祸发生在 1594 年到 1597 年间，当时庄稼连续四年歉收。欧洲许多地区经历了残酷的饥荒，这次"大饥荒"久久保留在记忆中。

伴随饥荒而来的是瘟疫。在漫长的价格革命期间，死亡率上下波动。一方面，当死亡率连续数年下降时，价格上涨而薪酬下降。另一方面，当死亡率上升时，价格下降而薪酬上涨。这种情况于 16 世纪 50 年代出现了在了英格兰，当时的瘟疫格外致命——在五年中杀死了 20% 的人口。[54]

一些人通过囤积居奇，从不幸中迅速牟取暴利。一个戏剧性的例子发生在 1565 年到 1566 年间的根特、安特卫普和里尔；当时运粮船无法从丹麦海峡通行，于是低地国家爆发了一场大饥荒。安特卫普最富有的商人之一保韦尔斯·范·达勒购买囤积了大量粮食，

英格兰三地不平衡性的加剧，1544—1627

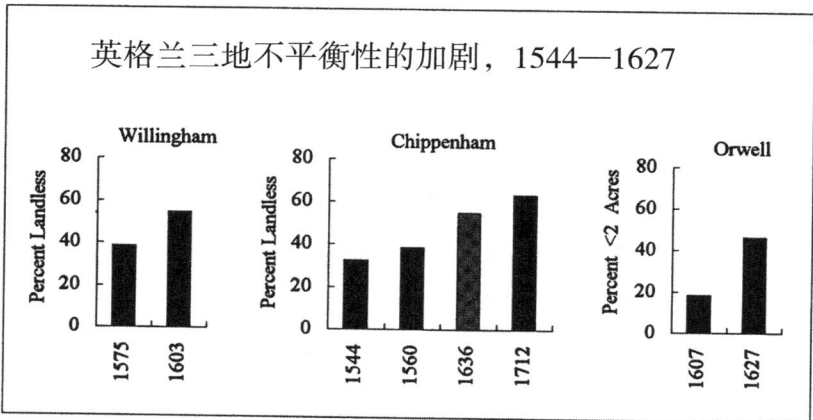

图表 2.11 显示出从 1544 年到 1627 年这段时期，英格兰剑桥郡的三个村庄，无地（或土地少于两英亩的）佃农的比例越来越大：奇彭纳姆位于剑桥郡东部的白垩质土地上，奥韦尔位于该郡西部的黏性土地带，而威灵厄姆在伊利岛附近的沼泽地中。所有百分比的计算均基于玛格丽特·斯普福德的调查数据图表，除了 1636 年的奇彭纳姆——那是根据当年的一次土地所有权调查和总人口数量方面的证据估算而来的。文献资料来源是 Margaret Spufford, *Contrasting Communities: English Villagers in the Sixteenth and Seventeenth Centuries* (Cambridge, 1974), 73, 100, 149。

致使粮价飙升。1565 年 9 月，当安特卫普街上的穷人饿得快不行时，保韦尔斯·范·达勒的仓库却因囤粮太多，发生崩塌。一场暴乱爆发了，并且迅速扩散到全城。

类似的事件在别处也有发生。在比利时的梅赫伦，粮食投机商的房屋中满是血迹。发生在根特、里尔和其他城镇的暴乱，是民众对投机商和垄断者愤怒的宣泄，这帮人不仅从价格波动中获利，而且使危机雪上加霜。[55]

在短缺时期，整个欧洲到处都是囤积居奇和投机的现象。不只是商人，贵族甚至君主本人也这么做。在俄国，历史学家杰罗姆·布卢姆写道，"这个时期价格攀升，并且因包括沙皇在内的富人对财货的垄断和囤积而进一步加剧，这些人想要从这次短缺中牟利"。[56]

英格兰的收成价格、饥荒和瘟疫，1480—1620

mean annual grain prices as a
percent of a 31-year moving average

sweating sickness
1508
plague
1513

plague
1586-88
plague
1603

dearth
1500-03
dearth
1520-21
famine
1527-28

great famine
1596-98

famine, 1556

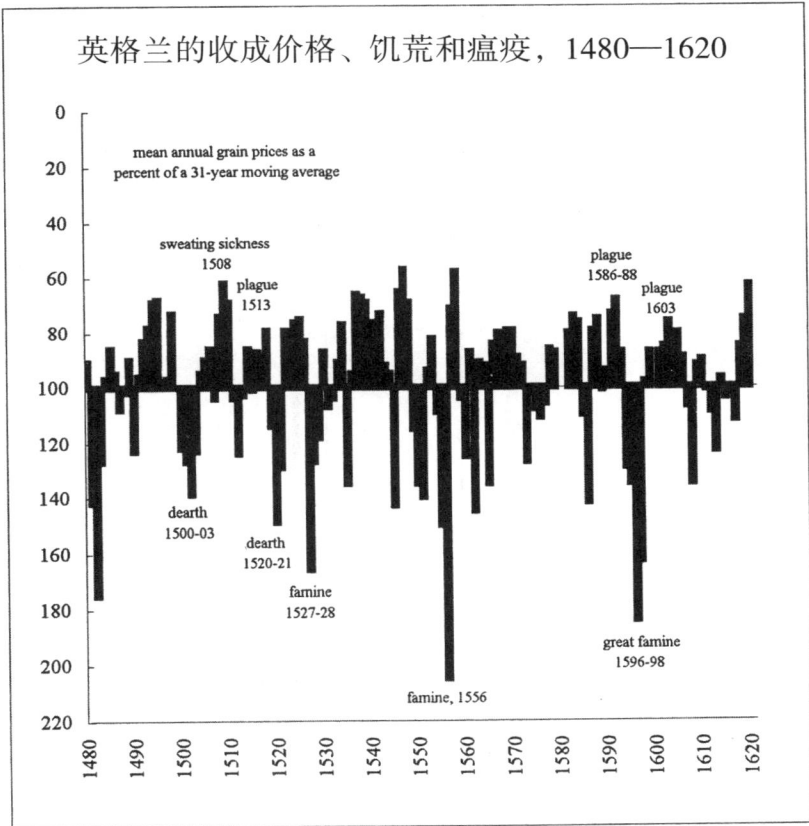

图表 2.12 比较了小麦价格与英格兰重大饥荒和瘟疫的情况。文献来源为鲍登的英格兰小麦价格序列，参见 W. G. Hoskins, *The Age of Plunder* (London, 1976), 87, 246–247; Andrew Appleby, *Famine in Tudor and Stuart England* (Stanford, 1978), 95–154。

　　货币因素成了不稳定的另一个根源。16 世纪期间，欧洲各国对铸币折腾个没完，有时令币值高涨，有时使其下跌。在英格兰，1541 年到 1551 年间的"大贬值"引发的通胀驱使物价上升。随之而来的是 1561 年的"大重铸"，结果正好相反。大体上说，币值减损比重新铸币更常见。欧洲各国君主的货币政策加剧了价格革命的

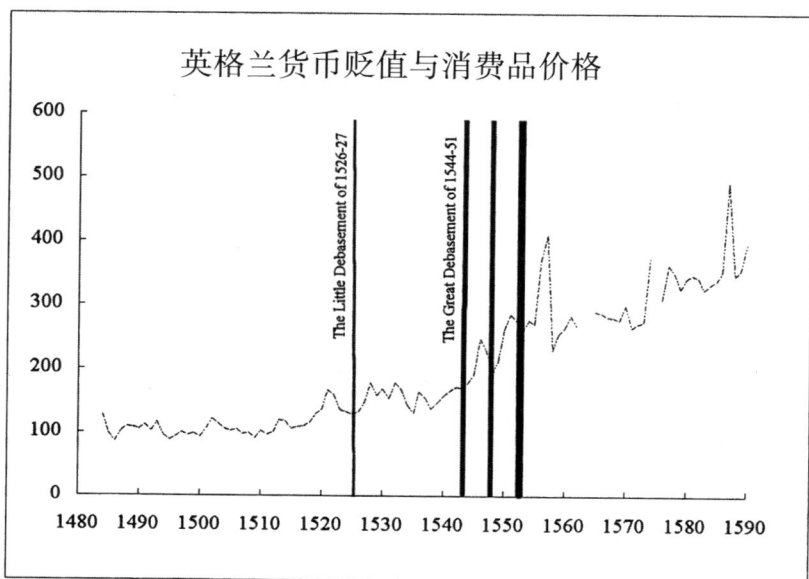

图表 2.13 比较了英格兰货币价值的贬损与费尔普斯—布朗—霍普金斯的英格兰南部消费品价格指数（1451—1475 年 =100）。这则证据显示：货币贬值导致了通胀的加剧，但并未推动潜在的趋势。文献资料来源包括 G. D. Gould, *The Great Debasement* (Oxford, 1970); C. E. Challis, *The Tudor Coinage* (Manchester, 1978); 以及 Henry Phelps-Brown and Sheila V. Hopkins, *A Perspective of Wages and Prices* (New York, 1981)。

势头，并且使其更不稳定。一种危险的循环关系形成了。高物价迫使政府进行货币贬值；贬值反过来又抬高了价格。这样的情况仿佛车轱辘一般，转了一轮又一轮。

　　道德家对这些做法公然唱反调。商人们愤怒地表示抗议。甚至连讽刺作家们也添油加醋。当英格兰退斯通＊的币值下降三分之一时，这些铸币被下令进行"漂白"或者说镀上一层极薄的白银，以便使亨利八世的肖像依旧闪闪发亮。随着它们的不断转手，铜质的

＊　16 世纪铸有亨利八世头像的英国硬币。

内芯很快暴露出来，使得这位国王显得满面红光。一位诗人写道：

> 这些退斯通红彤彤，怎么连你也相同？
> 这是节操的象征，因为羞耻而脸红。[57]

　　不稳定性的另一个源头是铸币的跨国流动。16 世纪晚期的欧洲充斥着各种货币，它们在各个主权体之间兜转。当时许多人将价格动荡的主要原因归于国际贸易和支付结算的结余状况。弗朗西斯·德雷克爵士的劫掠行动也有着殊途同归的效果。1577 年到 1580 年间，这些行动从西班牙的财富中夺走了一百万到两百万英镑（其中有价值六十万英镑的金块和银块），并且将其带到了英格兰。[58]

　　经济上的不平衡导致了政治上的不稳定。查理五世（1516—1556 年在位）和腓力二世（1556—1598 年在位）统治时期，西班牙是欧洲最强盛的国家。但它就像其他许多（包括我们这个时代的）强国一样，陷入了赤字消费的致命习惯，并且最终沦落到一种被历史学家 J. H. 埃利奥特称为"习惯性破产"的财政境地。从 1557 年到 1647 年间，西班牙政府至少破产了六次，并且发现自己无力支付应付账款，也无法继续借贷。这类财政混乱有着令人惊诧的规律性，基本上每二十年发生一次——1557 年、1575 年、1596 年、1607 年、1627 年、1647 年。西班牙历史学家维森斯·比韦斯写道："这个恶性循环十分完整——这个国家的债务越多，就越难以履行。"[59] 其他国家也陷入了相同的循环。赤字财政不是 20 世纪的发明。在英格兰、法国和德意志，统治者大肆举债的做法可谓积习难改。[60]

　　这些不稳定的情况还因战争而进一步加剧。16 世纪 40 年代和 90 年代，通胀率发生了两次极为剧烈的暴涨。当时正赶上军费负担沉重的时期。这里便又有了一个经济不平衡、政治不稳定与战争之间的恶性循环。[61]

17 世纪危机

在整个 16 世纪 90 年代，价格革命进入了一个新阶段，这是一段漫长且痛苦的时期，被历史学家们称为"17 世纪普遍危机"，可谓名副其实。这是 14 世纪大灾难之后欧洲历史上最黑暗的一页。[1]

最初的信号与中世纪危机时的那些相似。在 16 世纪的最后二十五年，欧洲经济同样遭遇了物价飞涨和工作机会减少同时发作的悲惨局面，这在 20 世纪末被新古典主义经济学家们称为"滞胀"。英格兰的经济状况是一个很好的例子。历史学家巴里·苏普莱写道："伊丽莎白统治时期的最后若干年，已经不能再算作是经济发展的繁荣时期了。"他发现，16 世纪八九十年代出现了严重的经济萧条，而与此同时，消费品价格以前所未有的速度在上涨。[2]

欧洲各地在具体情况上或有差别，但总体趋势大致相同。实际薪酬和工业品价格都在下跌，食物和燃料的花销却大幅攀升，并且极为不稳定——涨跌幅度都越来越大。手工业者和劳工的实际薪酬远远落在了生活成本后面，而土地和资本的收益却继续上升。财富日益集中在少数人手中。这一趋势催生了弗朗西斯·培根的名言："金钱犹如粪土，只有撒遍大地才好。"但欧洲的财富在 16 世纪晚期却

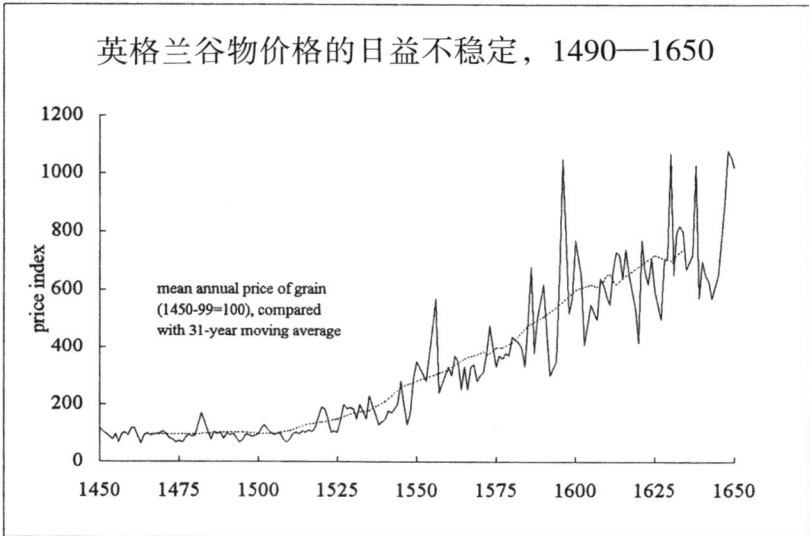

图表 2.14 展现了随着价格革命接近其巅峰,农业收成的价格越发起伏不定。它将小麦、大麦和燕麦的年均价格与三十一年的移动均值进行了比较。资料来源为 C. J. Harrison, "Grain Price Analysis and Harvest Qualities, 1465–1634," *Agricultural History Review* 19 (1971) 135–155, building on W. G. Hoskins, "Harvest Fluctuations and English Economic History, 1480–1619," 同上 , 12 (1964) 28–46; 以 及 "Harvest Fluctuations and English Economic History, 1620—1759," 同上 , 16 (1968) 15-31; 以 及 P. Bowden, "Statistical Appendix," in Joan Thirsk, ed., *The Agrarian History of England and Wales*, IV, 814—870。

并没有撒开。富人变得更加富有,越来越多的穷人则被逼到了饥饿的边缘。[3]

随着这些危险趋势的继续,西方世界经历了一场浩劫。1591 年,天气突然变得又湿又冷。欧洲的农民们眼睁睁地看着小麦和黑麦在田野里被大雨冲倒,干草在草地上腐烂。第二年也是一样,第三年还是这样,同样的情况连续发生了七年。在法国,酒类作物的收成在 1591 年到 1597 年间既迟又少。粮食作物的收成更糟。英国历史学家 W.G. 霍斯金斯论述道:"1594 年的收成糟糕;1595 年情况更坏;

1596 年是一场灾难；1597 年依然很糟。"

　　这已不仅仅是短期的恶劣天气，而是一次气候的变迁，是近代早期的几次气候急剧变化之一，它们被统称为"小冰川期"。16 世纪 90 年代这十年间气候寒冷至极，发源于阿尔卑斯山的冰川甚至将冰河送入了有人居住的山谷。1595 年，吉特罗兹的冰川埋葬了马蒂尼镇，并导致七十人死亡。同类灾难还发生在了格林德瓦、夏蒙尼和瓦莱达奥斯塔大区。[4]

　　类似事件以前也发生过，但这次是发生在一个经济上已危险紧绷的时期——16 世纪 90 年代。家家户户几乎都没什么存粮。食物引发的暴乱在欧洲许多地区爆发。随着麻烦的延续，人们开始挨饿。一季的短缺演变成了号称"大饥荒"的大规模灾荒。可怕的灾难景象遍布欧洲。一位瑞典人在 1597 年写道：

　　　　人们将许多不能吃的东西研磨和切碎，加入面包之中，比如羹糊、麸糠、树皮、树芽、荨麻、干草、禾杆、泥炭苔、坚果壳、豆荚等等。人们变得羸弱，身体浮肿，无数人因此死去。

　　　　许多寡妇被发现死在地里时，嘴里还塞着地里生长的鹰嘴草、草籽和其他种类的杂草。

　　　　人们被发现死在房子里、谷仓下、浴室的炉子里，以及任何他们能够塞得进的地方，为了将他们埋入坟墓，要做的事够多了，尽管狗儿们吃掉了许多尸体。

　　　　孩子们饿死在母亲的怀里，因为她们无法给孩子任何东西去吸吮。[5]

　　在英格兰、苏格兰、法国、德意志、斯堪的纳维亚半岛、匈牙利、俄国和西班牙，都有类似场景的记载。

　　这场大饥荒残酷地折磨着穷苦人，而富人依旧安享富足。在伦敦富裕的中心区，这个时期的葬礼次数几乎没怎么增长；外围穷人居住的各堂区则灾难深重。短缺使得欧洲本已十分严重的物质不平等现象进一步恶化，并且加剧了社会的不稳定。[6]

短缺的另一个结果，是犯罪的增加。这样的情况与 14 世纪的大致相同。当食物价格暴涨时，犯罪就会激增；当价格下跌时，犯罪行为也会减少。从中世纪直到我们今天的每一次价格革命的后期阶段，这种相关性都十分显著。

除了这些麻烦之外，疾病的增加使情况雪上加霜。在大饥荒时期，欧洲的许多地区都传来"血痢"（bloody flux）爆发的消息。这或许并非许多人料想之中的痢疾；营养不良也会引发类似的症状。很快，其他瘟疫迅速在贫穷而虚弱的人口中扩散。瘟疫再度笼罩欧洲，蹂躏着它的城市和许多村庄。最可怕的一次爆发是坎塔布里亚瘟疫，它于 1597 年至 1602 年间夺走了伊比利亚半岛上五十万人的生命，随后又传播到了英格兰和欧洲其他地区。

就像 14 世纪时一样，瘟疫不是一击即去。它一再故地重游，并且影响惊人。法国昂热地区就是一个例子。在莫列讷教区，从战场上返回的士兵们将瘟疫带了回来（这是一种常见的感染途径）。瘟疫在 1583—1584、1598、1626、1631 和 1639 年接二连三地反复造访。这个教区下属的六十二个堂区中，有五十六个疫情严重。两个堂区——莫达讷和艾格贝勒——失去了超过 40% 的居民。整个教区的死亡率上升到 80‰——比 1348 年黑死病时低得多，却是正常水平的两倍。

这只是遍布欧洲的许多种传染病之一，欧洲因天花、白喉、斑疹伤寒以及其他无名传染病而饱受折磨。一位历史学家写道："自从 14 世纪之后，没有哪个时代的传染病记录比此时更糟。"[7]

死亡率上升的同时，生育率下降了。从德意志北部到西班牙南部，居民人数在经历了长时间的增长后陡然下跌。在托莱多的大教

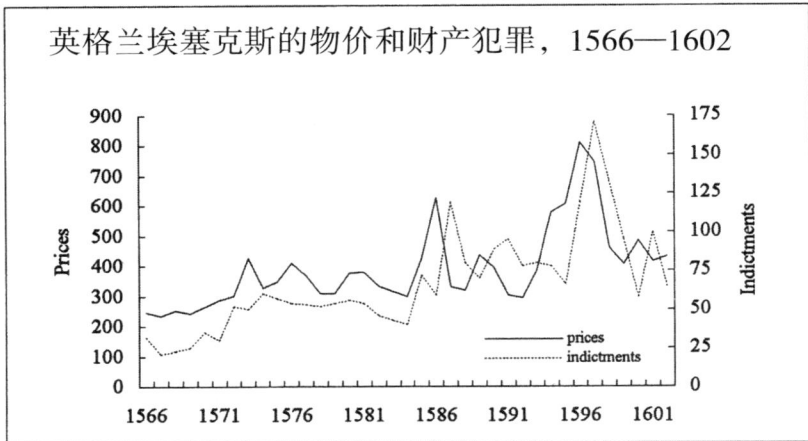

图表 2.15 比较了英格兰埃塞克斯郡每年针对财产犯罪的起诉案件数量和英格兰小麦年平均价格指数（1470—1479 年 =100）。1568 年、1575 年、1577 年、1583 年、1596 年和 1598—1599 年的起诉案件数量记载缺失，于是插入了线性趋势来表现。起诉案件数量的文献来源为 J. S. Cockburn, "The Nature and Incidence of Crime in England, 1559-1625," 同前，ed., *Crime in England, 1550–1800* (Princeton, 1977), 68。小麦价格来自 Joan Thirsk, ed., *The Agrarian History of England and Wales, IV, 1500–1640* (Cambridge, 1967), statistical appendix, 865。

堂中，一位名叫桑乔·德·蒙卡多的神职人员从他的洗礼登记册中发现：从 16 世纪中期到 1617 年，婴儿出生率降低了 50%。蒙卡多观察后认为，这次衰落不是因为瘟疫或移民，而是"因为人民无法养活自己"，这是物资短缺和食物价格飞涨的结果。[8]

死亡率的升高和出生率的降低一同引发了 17 世纪人口发展趋势的逆转。这是黑死病之后唯一的欧洲实际人口数量下降的时期。

仿佛还嫌这些灾祸不够似的，1610 年到 1622 年间，一场巨大的经济崩溃降临了。这不仅仅是一次周期性的衰退，更是长期趋势的重大断裂。历史学家鲁杰罗·罗马诺看到：这次经济崩盘的影响遍及欧洲各地。在波罗的海地区，穿越丹麦海峡的船只数量在 1600 年左右达到了巅峰，经历了一段时间的波动之后，在五十多年里稳步降低。在西班牙的塞维利亚港——它是美洲贸易的一个重要转口港，于盖特和皮埃尔·肖努里程碑式的研究结果表明：在 16 世纪的大部分时间里，进出塞维利亚港的船只总吨位稳步上升，并在 1610 年达到峰值；然后迅速下降，并且一降就是几十年。在威尼斯、拉古萨、来亨*和马赛，海关关税和下锚停泊税在 17 世纪初达到高峰，接着从 1618 年之后就灾难式地暴跌。在但泽，谷物贸易于 1619 年后陷于崩溃。在英格兰、意大利和西班牙，羊毛和纺织品贸易在 1610—1620 年这十年间达到了顶峰，随后就落入了持续半个世纪之久的萧条深渊。甚至繁荣兴盛的低地国家——它们在 17 世纪的许多潮流趋势中都是例外——也被这场经济崩溃裹挟。阿姆斯特丹和鹿特丹的工业生产大约在 1620 年后开始衰落。[9]

伴随饥荒、瘟疫和经济萧条而来的，还有战争。从 1551 年到 1650 年这整整一个世纪里，只有一年（1610），这片大陆呈现出了和平的景象——这也是一个自 14 世纪以来无可匹敌的纪录。这些冲突不仅相当频繁，而且非常残酷。至今为止最具破坏性的是被历史学家统称为“三十年战争”（1618—1648）的一系列宗教和政治冲突。这场纷争对于欧洲的中心地区是一场灾难。历史学家贡特尔·弗朗茨估计，从 1618 年到 1648 年，德意志的人口减少了40%——这个比例比当年黑死病致死的人口比例还要高。另外一些学者认为损失没这么惨重，但所有人一致同意：三十年战争极大地消耗了人力。欧洲中部的大量土地被荒废了。三十年战争期间，人们的精神状态也变得野蛮残暴；可怕的暴行成了家常便饭。[10]

德意志的灾难并非个案。在这个时期，法国、英格兰、苏格兰、爱尔兰和低地国家的广大地区同样饱受战争的摧残。佛兰德斯尸横遍野，再度沦为欧洲的大型乱坟岗。

---

* 意大利西岸港口城市利沃诺的旧称。

欧洲人口的下降，1600—1660

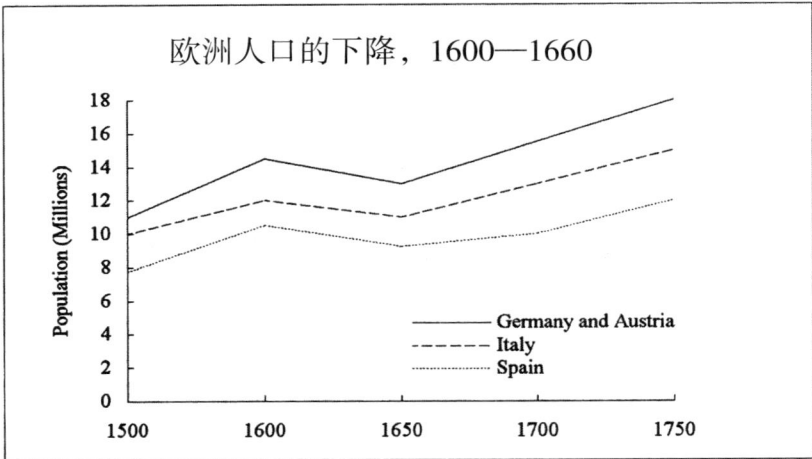

图表 2.16 展示了 17 世纪普遍危机期间人口的下降，这是 14 世纪之后欧洲经历的唯一的人口下降期。文献资料来源包括 Colin McEvedy and Richard Jones, *Atlas of World Population History* (New York, 1978); Massimo LiviBacci, *A Concise History of World Population* (Cambridge and Oxford, 1992); J. Nadal, *La población Española* (Barcelona, 1984)。

　　一些地区则逃过了一劫。瑞士成功地避免了战祸。那里的许多年轻人离乡参战、一去不归，但是瑞士联邦本身安然处在阿尔卑斯山构成的天然堡垒之中。这是如此特殊的例外，一位来自德意志的造访者写道："这个国家在我看来如此奇怪……仿佛我是来到了巴西或中国。在这里，我看到了一个安居乐业的民族……没有人被敌人吓得胆战心惊；没有人担心遭到劫掠，没有人害怕失去他的财产、四肢或生命。"[11]

　　17 世纪早期，欧洲的军队规模达到了罗马时代之后的最高峰。它们造成了沉重的军费负担，可与此同时，政府收入却因为饥荒、瘟疫、战争、经济萧条、税收缩减和货币通胀的共同作用而减少了。而在欧洲多数地区，军队还要频繁作战。在这个时期，战争对生命和财富的毁灭力极高。历史学家约翰·内夫写道："关于嫌隙和仇恨、毁灭和苦难，20 世纪前没有哪个时代可与此匹敌。"[12]

在财政上，困厄中的政府采取了一切常见的愚行。有的试图采取大规模的赤字财政，另一些则系统性地将铸币贬值，还有一些则试图从愁眉苦脸、满心怨愤的民众那里榨取更多的税金。当政府绝望地试图增加财政收入时，欧洲受苦受难的人民被迫以暴力抵抗。

结果出现了一个革命的时代，涉及几乎所有的欧洲国家。这些反抗行为大多数都是财政问题导致的。在伊比利亚半岛，主要的革命爆发在加泰罗尼亚地区和葡萄牙（1640），当时，西班牙的大臣们试图提高税收。在英格兰，查理一世不合时宜地向臣民讨要更多资金，毫不意外地引发了一场全面内战，结果是这位国王自己的脑袋搬了家。在法国，从 1648 年到 1654 年爆发了被称为"投石党运动"的一系列叛乱，其主要原因就是巴黎最高法院与国王之间关于财政问题的争议。在那不勒斯，当这个王国的财富被西班牙政府抽干之后，爆发了渔夫马萨涅洛领导的起义（1647）。西西里岛上，一场革命在巴勒莫拉开了序幕（1647）；其集结口号是"国王万岁、降低赋税"[13]。丹麦也经历了一场从右翼开始的革命，并在 1660 年建立了一个专制君主政体，这同样是一场财政危机的直接结果。

甚至在瑞士，在政府让货币大幅贬值之后，也爆发了一场农民起义（1654）。从 1648 年到 1654 年，乌克兰发生了赫梅尔尼茨基起义。在匈牙利，发生了杜鲁茨运动。荷兰经历了一场不流血的政变，打破了省督们的统治（1650）。瑞典经历了一场宪法危机（1650）。从 1638 年到 1660 年，苏格兰和爱尔兰人民遭遇了一系列血腥叛乱和镇压活动。

较小规模的农民起义也在欧洲各地大量爆发。仅 1596 年到 1660 年间的法国南部，一位历史学家就记载了不少于二百六十四次暴动——远胜过该地区历史上的任何其他时期。它们大多是为了抗议令人忍无可忍的经济状况。[14]

　　17 世纪普遍危机也在文化上留下了其印记。这个时期最杰出的文学、绘画、哲学和神学作品都流露出一种越发悲观和绝望的情绪。在 1601 年之后，莎士比亚从伊丽莎白时代的喜剧和历史剧创作转向了伟大的悲剧作品——《哈姆雷特》（1600—1601）、《奥赛罗》（1604）、《麦克白》（1605—1606）以及《李尔王》（1605—1606）。这些作品是对黑暗现实的投射，反映了一个似乎总是密谋绞杀人类希望和幸福的、混乱失序的世界。与此同时，塞万提斯创作出了或许可以说是西班牙文学中最伟大杰作的《堂吉诃德》（1605、1615），无论行文多么辛辣幽默，它实际上描述了一个湮没在社会混乱中的悲伤而苦涩的世界。

　　这个时期伟大的绘画作品则以不同的方式捕捉了同样的主题——小勃鲁盖尔（1564—1638）的魔性幻想，格列柯（1548？—1614？）的精神磨难，伦勃朗（1606—1669）的沉郁忧思，鲁本斯（1577—1640）的感官冲击，以及意大利矫饰主义风格的古怪奇特的作品。

　　这个时期的哲学也是同样的调性。主要范例是托马斯·霍布斯（1588—1679）的作品，它有条有理地推断出，人类的自然状态就是"贫穷而孤独，卑污，残忍而短寿"。牛津的教士罗伯特·伯顿（1577—1640）在他关于悲伤和失望的著作《忧郁的解剖》中流露出对这个世界的另一种黑暗解读。当然也总是有一些充满希望的声音，大声抗击着绝望。这个时代也是法国哲学家和数学家笛卡尔（1596—1650）生活的时代，他肯定了一个动荡世界中永恒不朽的价值的存在。但是，笛卡尔将他的思想历程描述为仿佛"独自一人在黑暗中行走"[15]。

　　在神学理论方面，这个时代属于新加尔文主义——基督教有史以来最狭隘、最黑暗、最阴郁和最悲观的派别，甚至比加尔文本人的神学理论有过之而无不及。就像在多特宗教会议（1618—1619）

上界定的那样，新加尔文主义主张的"五要义"宣称：大多数人和所有婴儿都无可救药地全然败坏，并且无情地遭到永恒的诅咒；基督不是为了所有人而死的，而只是为了那些被拣选的人；人类完全没有能力自我救赎。这不过是对时代的另一种文化表达，在这个时代，人们感到世界完全超出自己的控制能力。在后来比较幸福的时代，新加尔文主义会显得荒唐无稽，但在 17 世纪早期，它似乎正好迎合了人类的现实境遇。

17 世纪危机以宗教纷争的死灰复燃为标志。新教徒和天主教徒都变得越来越好战和不愿妥协；结果就是愤怒和血腥的冲突几乎在欧洲所有国家遍地开花。在英格兰，清教徒们将宗教和政治理念融合在同一场运动中，推翻了该国政府。在波兰，天主教贵族们摧毁了那个国家里的多数新教教堂。在乌克兰，哥萨克人的起义也是一场含有宗教因素的运动。

遍观欧洲的中心和东部，俄国、波兰和德意志的人民以他们习以为常的方式发泄着对生活的不满：屠杀犹太人。在波兰，赫梅尔尼茨基起义是疯狂的反犹主义。从 1648 年到 1658 年，超过七百个犹太人定居点被摧毁；可能有十万犹太人遇害。[16]

17 世纪普遍危机中欧洲遭受的苦难可与 14 世纪那次相提并论。但这一次，欧洲受难的方式不同。17 世纪的人口下降了，但其下降幅度比 14 世纪的小得多。这次悲惨遭遇造成的人口灾难远不如 1348 年的大饥荒和黑死病。

经济的崩溃也不如过去严重。这一次，价格通胀的步伐更加快速，但价格波动的量级不像中世纪价格革命时那么极端。物价的变动幅度比上一次巨浪时低了一半。短缺对物价的影响没有那么严重，发生的频率也较低。甚至这段时期中最糟糕的年份，也无法与 14 世纪的数次饥荒同日而语。

毋庸置疑的是，在其间的一些年中，生产率、产出和人均收入都有了长期改善。市场变得更大，而且更加严密完整。甚至这个黑暗时期的最悲惨遭遇，也能看出物质的进步。在 14 世纪危机期间，中世纪的高度文明崩塌了。在 17 世纪的危机中，欧洲近代早期的文明也被撼动了根基，但它幸存了下来。

启蒙运动均衡期，1660—1730

　　17 世纪中期的几十年中，这场大危机逐渐进入尾声。在经历一段过渡期之后，一个新的均衡期出现在了整个欧洲。它几乎同时现身于法国、英格兰、德意志、意大利、俄国、西班牙和斯堪的纳维亚半岛，也出现在遍布全世界的欧洲各殖民地。[1]

　　这个新的变化机制，可以称为"启蒙运动均衡期"，其历史趋势在很多方面都与文艺复兴均衡期相似。这并非一套一成不变的系统，而是充满彼此对冲抵消的运动的复杂构造，很像音乐家巴赫（1685—1750）的对位法或者亨德尔（1685—1759）的巴洛克式和声，他们的人生和音乐都完美地捕捉到了一个时代的文化精神。

　　这个均衡期的物质构成可以用几句话概括。谷物价格停止上涨，急剧下跌，并且随后开始寻找一个水平基准。食物和能源价格回落，制成品价格上升，且总体价格水平在一个固定的幅度内波动。薪酬上涨。地租和利息下降。财富和收入的分配稍微平等了一些。人口、产出和生产率缓步增长。许多地方存在地方性差异——智利的价格通胀、德意志的薪酬下降——但是总体趋势强劲，且保持了连贯性。

　　一些农业史学家将这段时间看作乡村萧条的时期。起初的确如

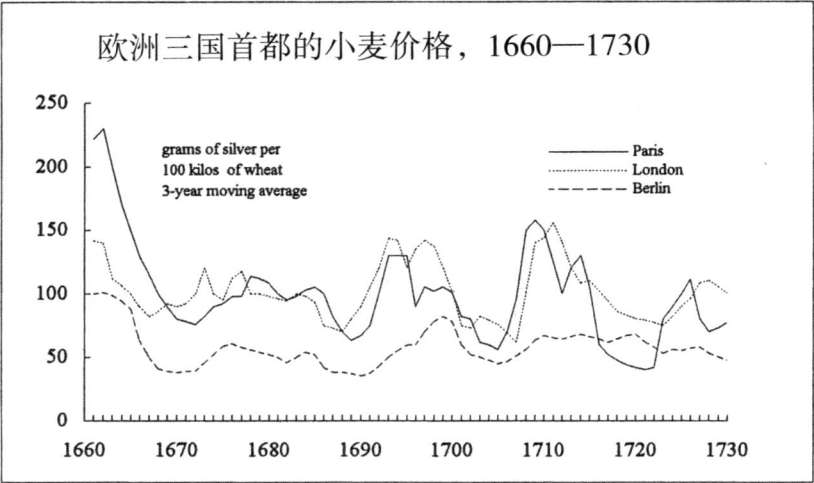

欧洲三国首都的小麦价格，1660—1730

图表 2.17 追踪了巴黎、伦敦和柏林的谷物价格。三座城市都在 1661 年之后便陡然下降，随后于 1670—1730 年间在一个固定的水平上波动。资料来源是 Wilhelm Abel, *Agrarkrisen und Agrarkonjunktur: eine Geschichte der Land und Ernahrungswirtschaft Mitteleuropas seit dem hohen Mittelalter* (1935, Hamburg and Berlin, 1966)。

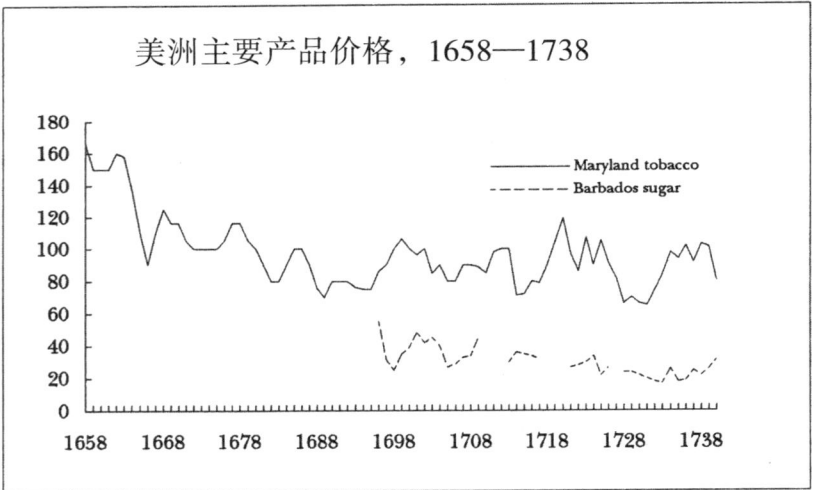

美洲主要产品价格，1658—1738

图表 2.18 追踪记录了马里兰的烟草（单位：纯银标准便士 / 磅）以及巴巴多斯的糖的价格（单位：先令 / 英担）。它们的动态与该时期欧洲的小麦价格大致类似。文献资料来源为 Russell Menard, "Farm Prices of Maryland Tobacco, 1659–1710," *Maryland Historical Magazine*, 68 (1973) 80–85; Carville Earle, *The Evolution of a Tidewater Settlement: All Hallow's Parish, Maryland, 1650–1783* (Chicago, 1975), 16; Richard B. Sheridan, *Sugar and Slavery: An Economic History of the British West Indies, 1623–1775* (St. Lawrence, Barbados, 1974), 496–497。

劳动力的收入：英格兰农场薪酬的上升，1640—1739

decennial means

money wages
real wages

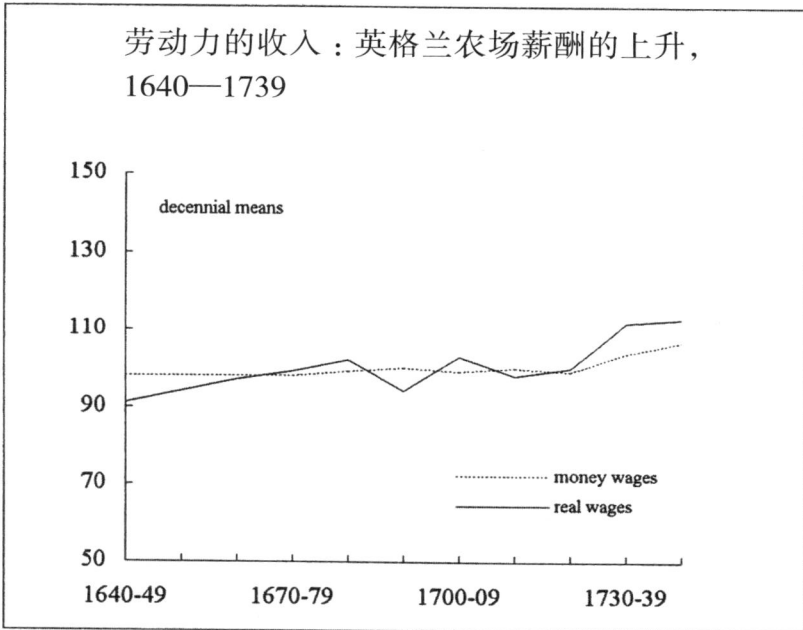

图表 2.19 揭示了 1650 年到 1740 年间货币薪酬和实际薪酬上升而地租和利率下降的情况。文献资料来源是 Peter J. Bowden, "Statistics," in Joan Thirsk, ed., *The Agrarian History of England and Wales*, vol. 5.2, 879。

此。来自欧洲乡村的报告记载了农产品价格下跌、土地所有者日益贫困的故事。1685 年，法国鲁昂的地方长官写道："所谓的贫困是这么一回事：一个农场主买了一件羊毛衣，就不得不面临没有亚麻衫的局面。曾经喜欢穿红色和蓝色衬裙的农妇们，如今很少拥有这种东西了；她们穿得很寒酸，大多只能穿白色亚麻织品。"[2]

但是，从 1650 年到 1730 年这段时间里，劳动者的收入在慢慢上升。在英格兰和法国，手工业者和技术工匠的货币薪酬上涨情况相似。实际薪酬的上涨甚至更加迅速。从 1650 年到 1740 年间，英格兰南部劳工和建筑工匠的实际薪酬几乎翻了一番。欧洲大陆上的

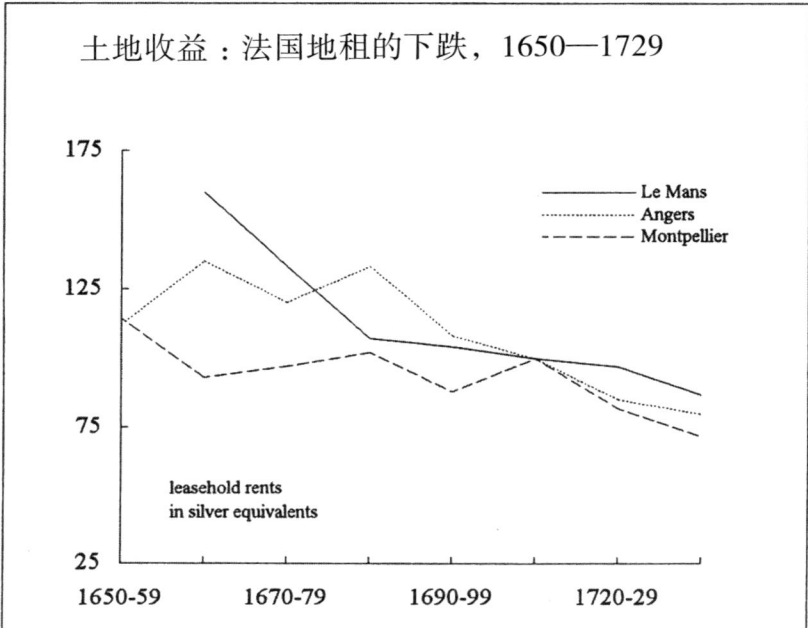

图表 2.20 显示：乡村地区的地租呈长期下降态势，从 17 世纪 60 年代的峰值跌至 18 世纪 30 年代的低谷。类似的趋势遍及欧洲。文献来源为 Abel, *Agrarkrisen und Agrarkonjunktur*。

工人们没有他们的英国同行那么走运，在德意志部分地区，薪酬降低了。不过，就整个西欧而言，农业工人和工匠们的物质生活水平大体上都已提高。[3]

薪酬上升的同时，地租下降了。依据法国价格史学家中的先驱达弗内尔子爵的计算：农田的租金从 1651—1675 年的每公顷 12.8 法郎，降低到 1701—1725 年的 7.5 法郎。后来学者们的研究证实了他对法国、英格兰、意大利、德意志以及欧洲大多数地区的总体结论。[4] 这一时期，利率也降低了。在 17 世纪，英格兰的法定最高利率从 10% 降到 6%。经济史学家 H. J. 哈巴库克更进一步地发现，

资本的收益：利率的下降，1600—1740

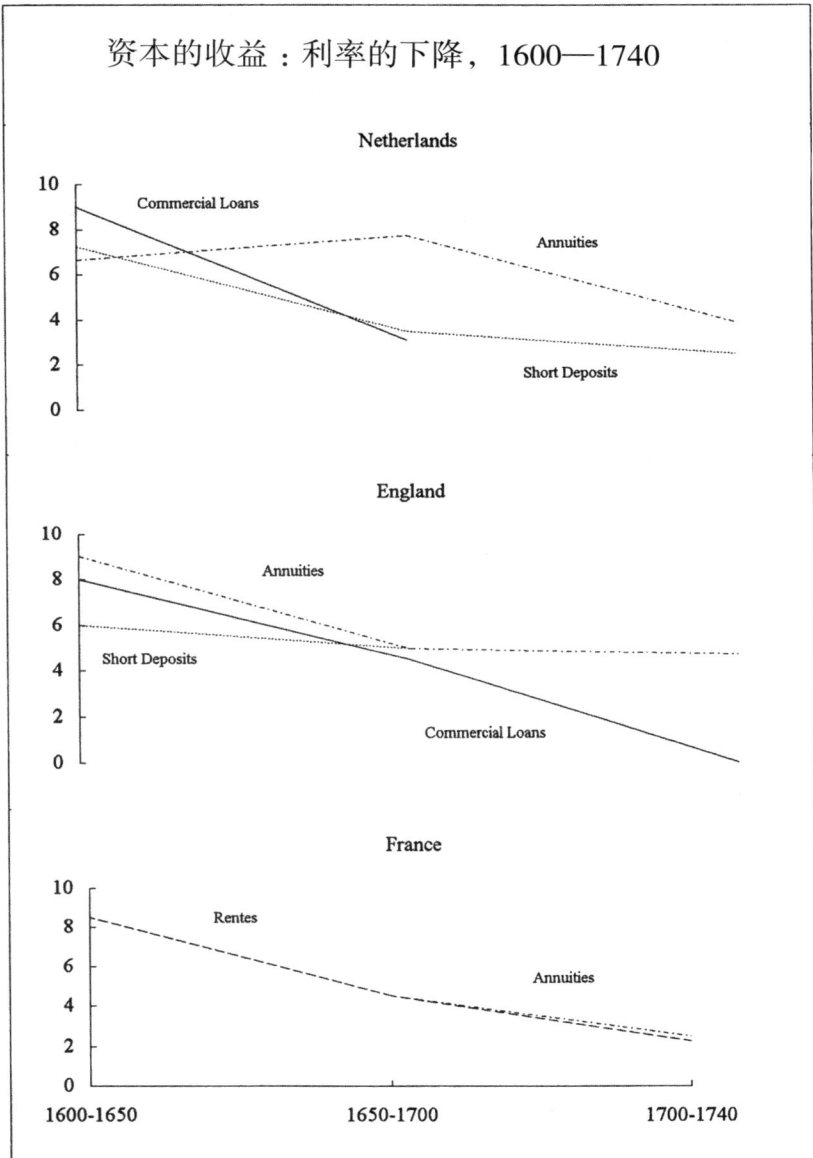

Netherlands

England

France

图表 2.21 展现了 1600—1650 年以及 1700—1740 年间西欧利率的下跌。资料来源为 Homer, *History of Interest Rates*, 156–158, 161–165, 172–178。

放贷者的利率甚至比法定最高利率降得更猛。在 17 世纪普遍危机期间，英格兰债主们倾向于采取法律允许的最高利率。到这个世纪末，实际利率却低于法定限制。[5] 法国的公债利率从 10% 降到 4%。时至 1735 年，英格兰长期年金的收益降至 3%。同一时期，荷兰商业贷款的利率跌到了 2%，甚至更低。[6]

　　1650 年到 1735 年间，当利率下跌而薪酬上升时，商品价格倾向于在一个固定的区间内上下浮动。在几乎所有的欧洲国家，谷物价格都发生了下跌，但其他价格略有上涨。总的来说，整体价格水平大致保持平稳——这是每个均衡期价格动态的典型表现。亨利·费尔普斯—布朗和希拉·霍普金斯通过编纂这个时期的价格序列发现，"总体水平趋于恒定，我们看到，它在两到三年的区间里虽有波动，但维持着惊人的稳定性。波动的原因无疑主要是起伏程度较大的农业收成"[7]。

　　两位学者都被这些连贯趋势的强度与韧性所震惊，在七十年的时间里，这样稳固的趋势常常会被外部事件打断，却总是能够恢复平衡。"如此稳定的秘诀是什么？"他们问道，"而且在如此震荡的局势中，它是怎么挺过来的？"

　　震荡有时极为剧烈。天气的变化依然会引发收成价格的急剧波动。17 世纪 70 年代中期、1694—1699 年、1708—1709 年以及 1713 年的"大短缺"期间，因短缺而引起的粮价暴涨都曾使法国人民深受其害。

　　最糟糕的危机发生在 1694 年到 1700 年间。天气变得潮湿，而且很冷。阿尔卑斯山的冰川再一次进入山谷。北极的冰原向南急剧扩张，爱斯基摩人被迫划着独木舟出现在了苏格兰。芬兰发生了重大的饥荒，而苏格兰北部各堂区的人口锐减三分之一。英格兰南部受到的影响较轻，但是在整个英语世界，这些残酷的年份被称为"国王威廉饥荒"（King William's Dearth）以及"荒年"。[8]1694 年，在朗格多克，食物短缺得令人绝望，逼得穷人只能以草为食——他们用倒伏的野草和羊的内脏做成了一种薄片面包。在纳博讷，一位神父写道，人们看起来仿佛"骷髅或幽灵"，因为他们背井离乡、四处游荡，想方设法地"延长自己已然麻木的生命"。[9]

气候带来的压力与16世纪90年代危机时的大体相同，但这一次，文化和经济上的结果迥然不同。谷物价格在17世纪90年代涨到历史高位，但是天气改善后，价格回落的速度与上升时一样迅速，而均衡态势得以恢复。1700年后，短缺的发生频率降低，严重程度也有所下降，但它们在18世纪初仍不时发生，却也没有终结均衡期。总的来说，古老机制下的经济运行动态，仿佛一辆18世纪的马车，行驶在一条坎坷的乡间小路上。这辆车走过坑坑洼洼，剧烈颠簸。车厢里暴躁的乘客们被颠得磕来碰去、周身疼痛。马车本身也岌岌可危，一路上左摇右摆，步步惊心——不过，它仍在继续前进。[10]

那些亲历者对自己的经济状况有不同的看法，因社会地位而相异。有产阶级将这个时代描述为一段长期的萧条。拥有财产的精英阶层遭遇了地租下降、劳动力价格上升和物价低廉的联合打击。但是，对于普通民众，这个时代显得更加可爱一些。薪酬增长，而粮食和住房的实际花销下降了，物价大体上保持在同一水平。这是一个庄园主和乡村业主（以及那些阅读他们的信件、观点相似的历史学家们）眼中的萧条时期，也是一个对工匠、劳动者以及欧洲绝大多数人而言蒸蒸日上的时期。财富和收入得到了更加广泛的分配。不平等的现象得到改善。

不过，费尔普斯-布朗和霍普金斯的问题仍需回答。这个均衡期"稳定的秘诀"是什么？一个单纯的货币主义模型——试图主要依靠流通货币的数量来解释物价动态，对于这个时代，就像对其他时期一样，是行不通的。米歇尔·莫里诺在新的研究中发现，1660年到1730年间，美洲的财富大量流入欧洲，其数量与此前价格革

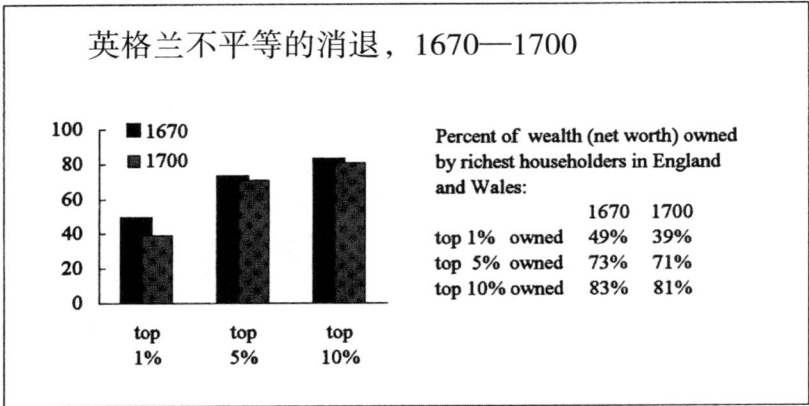

图表 2.22 展现了这段时间资本收益长期走低和实际薪酬上升的结果。财富占有的不平等在减退。一项研究发现：1700—1730 年间，英格兰最富有的 1% 占有的财富比例缩减了 20%。资料来源为 Peter H. Lindert, "Toward a Comparative History of Income and Wealth Inequality," in Y. S. Brenner, Hartmut Kaelbe, and Mark Thomas, eds., *Income Distribution in Historical Perspective* (Cambridge, 1991) 212–231, 220。

命的几乎（但并非完全）相同。这一次却没有出现长期的通胀。[11]

　　在此期间，法国流通的金银供给大大增加。伏尔泰估计，白银铸币的数量从 1683 年的五亿里弗尔增长到了 1730 年的十二亿里弗尔。现代经济和社会历史学家基本上一致认为：在此期间，法国的金银数量涨了一到两倍。但是，生活成本并未上涨。[12]

　　此外，1660 年到 1730 年间，法国的货币系统还遭受了多次币值贬损的打击。一位学者写道："一次又一次的重新铸币给法国货币的实际币值带来了巨大的变化，引发了国内外严重的经济困难……只是依靠 1726 年重大的货币改革和巩固，才终结了这一时期。"但是，物价没有上涨。[13]

　　其他国家的货币系统比法国的更稳定。从 1691 年到 19 世纪，荷兰盾和里克斯元一直极为稳定。英国的基尼、威尼斯的达克特以及葡萄牙的克鲁扎多也都维持了币值。然而从整体上说，这个时期欧洲的币值稳定不是靠种种货币因素实现的，而是顶着它们的干扰达成的。[14]

对于这个时期的价格均衡，一种更好的解释是人口增长的情况。在 1650—1730 年这段时期，人口增长相当缓慢。例如，在英格兰，这个时期之前，居民人数增长得更快——从 1541 年的二百八十万增加到 1657 年的五百三十万。在 17 世纪中期，这个势头中断了。人口停止增长，并且开始波动着下落，这种情况持续了三十年，直到 1686 年达到最低点，当时人口大约四百九十万。此后，这个数值进入波动期，略有增长但仍保持在同一水平；直到 1730 年才重新呈现快速和持续的增长态势。这样的人口趋势与消费价格的三十年移动平均值出奇地一致。两者具有强烈的关联性，而在 16—18 世纪的大多数时间里，价格动态比人口趋势要延后几年。[15]

人口的走势起起落落。生育率与传染病暴发导致的死亡率飙升合奏了一曲起伏悠扬的慢歌。但是，物价与人口的长期动态密切相关。这是那个时期维持均衡的基础。[16]

在经济上，这段均衡期应当被理解为一段稳步增长而非停滞不前的时期。产出和生产率提高了。整个欧洲商业繁荣。西方世界到处都建起漂亮的新古典风格的交易所；它们象征着各种各样的市场得到了改善。劳动力市场、资本市场、土地市场、商品市场都在更加高效地运作。

银行也迅速增加，比如英格兰银行（1694）、苏格兰皇家银行（1727）和其他许多银行。[17] 每一个欧洲国家都修缮道路、扩建港口，并开凿运河、搭建桥梁。殖民地的繁荣也增加了欧洲的财富并提高其生产率。各殖民地经济体的主要产业中，资本和劳动力边际利润的增长，常常高于宗主国。[18]

在这个时期的欧洲，各大城市作为一个文明健康程度的指示计，呈现出欣欣向荣的景象。伦敦根据克里斯托弗·雷恩和伊尼戈·琼

斯的品味得以重建，当时采用的新古典主义风格被保留至今。巴黎
成了欧洲的大都会——它那些美丽的广场、宽阔的街道就是在这个
时期开始成形的。直到 1654 年，柏林仍然不过是小河旁一个拥有
五千居民的定居点；但到 1740 年，它已成了一座拥有将近十万人
口的宏伟城市。维也纳从一个阴森的中世纪堡垒变成了瑰丽壮观的
帝国首都。美泉宫始建于 1695 年，美景宫始建于 1717 年。这座城
市一座座宏伟的巴洛克式教堂和政府建筑都可以追溯至这个年代。

在欧洲的另一端，爱丁堡人民建起了他们这个时代的"新城"。
用戴维·戴希斯的话说，18 世纪哲学家们的天堂之城在苏格兰的岩
石上变成了现实。随着城市的重建，欧洲各地的城市建筑也百花齐
放，从德累斯顿的巴洛克式荣光，到都柏林的乔治王朝式的高贵典
雅。气派的殖民地城市，如费城、加尔各答和巴达维亚 [雅加达旧称]
分别在特拉华河、胡格利河以及吉利翁河的河岸边拔地而起。

这个时期的社会生活也更加井然有序。根据逮捕和公诉方面的
证据记录，从 17 世纪晚期到 18 世纪，暴力犯罪的比率下降了。

这个时期的均衡状态在政治上也有所体现。17 世纪初期和中期
欧洲许多国家的动荡在 1660 年到 1740 年间告一段落。英国历史学
家 J. H. 普拉姆发现："当一个社会的政治稳定期到来时……仿佛水
突然凝结成了冰。"这个比喻——化学术语中的"相变"——完美
地描述了 17 世纪晚期和 18 世纪初发生在英格兰、法国、德意志和
俄国政坛的转变。这四个地方用不同的方式获得了稳定的局面，但
也都在这个均衡的时代经历了一场"相变"。

尤其惊人的是英格兰政局的日益稳定。"18 世纪的英格兰政坛
与 17 世纪的形成了鲜明而戏剧化的对比，"普拉姆教授写道，"17
世纪，人们为了政治信仰而相互残杀、折磨、处死对方；他们洗劫
城镇、蹂躏乡里。他们经历了阴谋、诡计和侵略。政坛的这种不确
定性一直延续到 1715 年，随后开始迅速消弭。比较之下，18 世纪

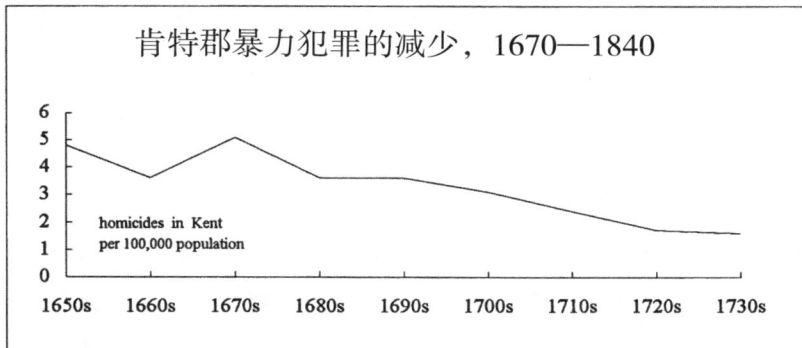

图表 2.23 展现了在历次价格革命晚期的飙升之后，价格均衡期每一时段犯罪率的下降。肯特郡的杀人犯罪率呈现下降趋势，这也出现在同一时期的其他许多英语国家。资料来源为 J. S. Cockburn, "Patterns of Violence in English Society: Homicides in Kent, 1560–1985," *Past and Present* 130 (1991) 70–106。

英格兰的政治结构有着坚不可摧的力量和顽固的惯性。"

普拉姆关于惯性的说法有误。政治就像经济一样，启蒙运动均衡期是一个动态过程，有着许多的变动。但是，他对其稳定性和力量的说法是正确的。[19]

法国也在路易十四（1643—1715 年在位）和路易十五（1715—1774 年在位）统治时期获得了政治上的稳定。其形式与各个英语国家大相径庭。当英格兰向着宽容和议会制政府前进时，法国走向了相反的方向。宗教异议遭到野蛮镇压，三级会议被无视，最高法院被降格成司法和行政管理机构，而君主专制的枷锁被钉固在了一个伟大民族的政体上。

普鲁士采取第三种形式打造了稳定的政权。这是一个军国主义君主政体，其权力源自普鲁士的军队，并且在勃兰登堡大选侯腓特烈（1688—1713 年在位），其继任者腓特烈·威廉一世（1713—1740 年在位）以及腓特烈大王（1740—1786 年在位）统治期间稳步发展。

在俄国，彼得大帝（1682—1725 年在位）则建立了第四种形式的欧洲国家。它被恰如其分地描述为一个独裁政体，"彻头彻尾地实行农奴制……其中所有阶层的人无一例外都必须为统治者服务和缴纳税赋"[20]。

这个时期的许多统治者都获得了"伟大"（great）的称号：路易大帝、大选侯腓特烈、腓特烈大王、彼得大帝、叶卡捷琳娜大帝。这些领导人并不比他们之前的、17 世纪的失败君王们更有能力。受到启蒙思想影响的欧洲专制独夫们满心虚荣和贪婪。他们与其他王公诸侯争吵不断，并且为了无聊琐事和毁灭性的争斗而浪费着国家的财富和臣民的性命。但是均衡期对于在位的君王们十分和善。君主的盛名常常来自其身处的环境，而非其本身的人格。

这个时期的均衡，不仅体现在经济和政治上，也体现在哲学体系中。德意志称之为 *Die Aufklärung*，意大利称为 *Illuminismo*，英格兰称为 Enlightenment，即"启蒙"。讽刺的是，唯一没有为这场运动起个名字的是法国人，而他们在启蒙运动中的创造比谁都多。启蒙，在法国不是被当作一种理念来铭记，而是作为一个时代和一群人——所谓的"启蒙时代"（*siècle des lumières*）。

比其他任何人都更能代表这个时代的，是弗朗索瓦-马里·阿鲁埃（1694—1778），他的笔名更为人所熟知——伏尔泰。他认为：自己这一代人是他所谓"路易十四时代"的效仿者。他将那个时代描述成一个"人类理性总体上臻于完美"的时代。年轻的伏尔泰认为此时代并未能"免于犯罪和不幸"。他终生都在与邪恶势力斗争，并且屡战屡败。不过，他关于这个时期的历史记述充满着对晚近所发生事件的心满意足，以及对未来的十足信心。[21]

伏尔泰思考历史的方式与我们的不同。他并不遵循现代所谓的"物质基础"和"文化上层建筑"那套思路。硬要说的话，他恰恰逆转了其中的因果关系，但是，他又对经济与文化进程之间的紧密关系深信不疑。他关于这段时期的历史记述，是一首对两个领域的赞歌。他对路易十四时代的赞颂，不是将一位伟大君王的完美神化，而是将这个时代写成一个"中产阶级以工业发家致富"、农民和工人的处境改善的时代。在他的观念里，这些物质上的事件与他所处时代的伟大思想成就息息相关——比如牛顿（1642—1727）和哈雷（1656—1742）的科学发现，拉辛（1639—1699）和莫里哀（1622—1673）的文学著作，洛克（1632—1704）、培尔（1647—1706）和莱布尼兹（1646—1716）的哲学成就。

这些人士的成果，与紧靠他们的前一代有着本质上的不同。他们相信，宇宙是有序且对称的；人有能力去理解和控制这个世界。

18世纪初，许多人都秉持这种态度。伟大的历史学家爱德华·吉本曾在自传中写道："我抽到的签，本可能是一名奴隶、一个蛮人或是一位农民。在论及自然的慷慨厚赠时我没法不喜形于色，是它使我生在一个自由而文明的国家，一个科学与哲学的时代。"[22]

同样的精神还得到了不同方式的表达：英国诗人蒲柏（1688—1744）、德意志作曲家巴赫（1685—1750）和亨德尔（1685—1759）、法国社会哲学家孟德斯鸠（1689—1755）和魁奈（1694—1774）、瑞典博物学家林奈（1707—1778）、美国科学家富兰克林（1706—1790），以及神学家如爱德华兹（1703—1758）和亲岑多夫（1700—1760）等人的作品。

对于这个世界的恶，这些身处启蒙时代的人有着切身体验。但是，尽管与不公缠斗不休且深受其害，在他们看来，这个世界依然是和谐、有序、均衡而匀称的。他们机械化的比喻体现了动态与稳定的统一，以及人类能够兼顾进步和秩序的信念。

启蒙时代是一个有着重大社会问题的时代，但这个时代的人相信问题能够得到解决。这个时代的饱学之士对于解决的方法虽然众说不一，但都秉持着一种坚定的乐观主义精神，这使他们与过去的世代截然不同。这种态度，是一种严格意义上的时代精神（*zeitgeist*），扎根于那个时代的境况中 [23]。

启蒙时代充满冷静哲思的绅士们创造了我们现代意义上的社会科学——包括经济学。他们的经济学观念通常采用两种彼此对冲抵消的形式。其中一种后来被称为重商主义。它鼓励国家积极干预经济进程，并且被路易十四的大臣们发扬光大，其中尤其突出的是让·巴蒂斯特·柯尔贝尔。另一种经济意识形态后来被称为"自由放任"（*laisser faire*）。它是在这段时期由法国的重农主义学派，尤其是弗朗索瓦·魁奈发展出来的。有一则故事，可能只是讹传，讲述了魁奈和法国王太子之间的一次对话：

> "如果你是国王，你会做些什么？"太子问道。
> "什么也不做。"魁奈说。
> "那么谁来治国呢？"
> "法律。"魁奈答道。[24]

许多启蒙思想家在这两种经济理念之间左摇右摆，拿不定主意。一位历史学家记述了他们"在重商主义与自由放任之间颇为典型的摇摆不定"。[25] 另一些人则成了单一论调的激进拥趸。但是，即便彼此之间存在异议，启蒙时代的哲学家们仍拥有共同的宇宙观。

这种宇宙观的核心假设是被让·埃拉尔称为"自然钟摆"（*la nature-horloge*）的观念，即世界仿佛一座时钟。一些人相信，这座机械需要时常修修补补；另一些人认为这个机械装置会自行其是。但它们的主要前提是相同的：有一座世界之钟，乃为神所打造。[26]

这些前提性的假设在 18 世纪初很盛行，因为它们似乎符合经验上的事实。启蒙时期这种关于平衡和均衡的流行观念不只是哲学家的梦想。它们如实反映了这个世界的真相——至少在一段时期内。

第三次浪潮

18 世纪价格革命

> 同一行业的人们很少聚会，哪怕是为了嬉闹或消遣，但凡聚
> 会，最终必定以针对公众的密谋或某种提高价格的诡计而结束。
>
> ——亚当·斯密，《国富论》（1776）

在巴黎，1729 年 9 月 3 日，是庆祝王太子诞生的盛大节日。刚过凌晨 3 点，王后在凡尔赛宫生下一个健康的男孩，这孩子一出生就成了法国王位的法定继承人。一位皇家信使受命将这个喜讯送往巴黎。他策马前行，迎着东方天空中的第一缕曙光飞驰而去。一座沉睡的城市在他面前徐徐展开。

1729 年的巴黎不只是一个国家的首都，而且是一个文明的首善之地。它是一座对比鲜明的城市。那里一些狭窄蜿蜒的街道自 13 世纪起就几乎一成不变。而在附近的其他街区，宏大的重建工作正在进行。古老的城墙被推倒，取而代之的是皇家工程师们设计的首批林荫大道。古老的要塞大门被敞开的凯旋门取代。爱丽舍大街被延长，以杜伊勒里宫为起点，远至星形广场。胜利广场和旺多姆广场兴起，而这些高贵的地方已被贵族阶层和暴发户们巨大的私人公

馆环绕。[1]

　　1729 年，巴黎城中有许多暴发户。这座城市已经成为贸易和金融的中心。就在几年前，可恨的高利贷者还被圈禁在坎康普瓦大街蜿蜒巷道里的沉重铁栅栏后面。如今，最富有的高利贷者被称为金融家，而他们的豪宅遍布这座城市。一家大银行也于近期成立，一座新的证券交易所（bourse）为证券交易而开放。我们关于金融的现代词汇就是在 18 世纪初被发明出来的，其中多为法语。

　　巴黎变得繁华富有，但许多巴黎人依然贫穷得令人绝望。夸张豪奢的财富与奇形怪状的贫穷比邻而居。街上是死于饥饿的乞丐，而路过的富人乘坐镀金的椅子，被别人扛在肩上。受苦受难的穷人悲惨地挤在如中世纪迷宫般的公寓房中。许多人像动物一般生活在塞纳河上密集建造的桥洞底下，而法国大户人家居住的富丽豪宅就在几条街之外。

　　文化上的对比同样富于戏剧性。1729 年的巴黎是光明之城，启蒙运动的发源地，18 世纪哲学家们的天堂之城。皇家图书馆、马萨林图书馆和圣热纳维埃芙图书馆的丰富藏书在世界范围内名列前茅。它那些高雅的沙龙为各地受启蒙运动影响的人们树立了知识界的风尚。

　　与此同时，巴黎也是一座弥漫着暴虐的黑暗气息的城市。这是一个借助恐怖、奸诈和残暴的力量进行统治的专制政体的控制中心。在这座城市如寓言般华丽的屋顶后，耸立着巴士底狱的高墙，在那里，政治犯们被终身禁锢，而没有丝毫的法律根据。塞纳河边矗立着黑暗而寂静的沙特莱堡，这座监狱里关押着未经批捕而遭监禁、未经审判而受刑罚的巴黎平民。城市的中心是格雷夫广场，那里每周都会聚集一大群人，围观遭受酷刑折磨而失声尖叫的受难者。

　　1729 年的巴黎是一座自我割裂的城市。它躁动不安的民众们，被瑞士雇佣军组成的卫戍部队，被大量线人、间谍、密探和煽动人心的特务控制得井然有序。我们现代关于谍报和监视的语言源自法语，而其中大多就是在这个时期被创造出来的。强大而又残暴的专制政体统治着人民，其手段与基督教伦理价值和启蒙时代的梦想南辕北辙。

但是法国王太子降生那天，即 1729 年 9 月 3 日，这一切都被抛在了脑后。巴黎人民放下各自的成见，无拘无束地加入这场欢庆中。当这个婴儿降生的消息传到该城时，钟声响起、礼炮齐鸣。家家户户都得到命令，要他们点灯三夜，而每一家商铺都被要求关门歇业三天，同时盛大庆典的准备工作也开始了。每一晚，开放的广场上都点起篝火。一桶桶葡萄酒被打开，向所有想喝酒的人敞开供应。穷人得到了为这个场合特意制作的免费的香肠和小面包。

9 月 7 日下午 5 点 30 分，新生儿的父王准时昂首进入这座城市。路易十五是个英俊的年轻人，只有十九岁。他器宇轩昂地向巴黎圣母院大教堂前进，由两队火枪手和王室猎鹰团护送，这些人戴着手套的手上栖息着捕猎用的猛禽。王族和大贵族们乘坐镀金的马车排成长长的一列，紧随其后。

当国王到达大教堂时，王室火炮团为他鸣炮致敬。步兵团鸣枪三响。火光和烟雾笼罩着从杜伊勒里宫到巴黎圣母院的长长队列。人满为患的大教堂内，三位红衣主教领唱了一首感恩赞。随后，国王浩浩荡荡地摆驾前往市政厅用餐，并欣赏烟火表演。他的晚餐由巴黎市长雅克·艾蒂安·杜尔哥亲自奉上，那副谄媚的嘴脸仿佛最卑贱的跟班。晚上 11 点 30 分，国王离席并在城中巡游。各处房屋灯火通明。每个街区都在争夺最佳表现奖的荣誉。旺多姆广场赢得了胜利：其建筑的照明完美对称，而那里的街灯被换成了耀眼夺目的枝状吊灯。

王太子的出生庆典持续了一周。它传播到了法国的每一座城市和许多其他国家。根据报道，各个阶层的人都全心全意地投入这桩盛事。他们庆祝的不只是年幼太子的降生，还有秩序、繁荣、和平和延续的前景。法国人民依然清晰地记得上个世纪残酷混乱的景象。他们回忆起了不久之前那段前途未卜的可怕时光，当时先王躺在陵墓中，而继任者躺在摇篮里，没有人知道未来会怎样。

欧洲人民欢迎法国王储的降生，将其当作秩序、稳定和均衡将会在未来持续许多年的信号。1729 年，法国与所有的欧洲大国和睦相处。它的收成良好，商业兴旺，艺术令其他所有国家妒羡。这个伟大王国的人民越来越满怀自信地期待着一个繁荣而和平的未来。[2]

但是，天不从人愿。就在王太子诞生的那个时刻，欧洲的历史正在发生一场深刻巨变。价格动态再一次成为重要的指示计。在 1729 年左右的巴黎，启蒙运动均衡期就这样悄然走到了尽头。一场新的浪潮开始了，它可以被称为 18 世纪价格革命。

价格革命开始

这股新的潮流开始得缓慢而静谧，与此前各次巨浪来临时如出一辙。其震中在巴黎。法国首都的谷物市场中，小麦价格在 1729 年左右开始上升。[3]其他城市紧随其后。温切斯特的谷物价格于 1731—1732 年开始攀升，阿姆斯特丹从 1732—1733 年，布鲁日从 1733—1734 年，科隆从 1735—1736 年，费城则从 1738—1739 年开始。[4]在 18 世纪，整个大西洋沿岸的城市市场更加紧密相连。

乡村地区要比城市迟滞。在英格兰和威尔士，一份范围甚广的农产品价格指数显示：上涨的趋势从 18 世纪 40 年代初才开始。另一份英格兰的价格序列则显示，涨价直到 1750 年才开始。但时至 18 世纪 40 年代初，欧洲大部分地区的农产品价格都在上涨。类似的趋势出现在比利时、法国和意大利的小麦价格，以及德意志、奥地利和波兰的黑麦价格上。[5]

　　一旦开始，新一轮浪潮就迅速从欧洲传播到了新大陆。美国历史学家威妮弗蕾德·罗滕贝格有了惊人的发现：18 世纪时，马萨诸塞州偏远乡村地区的农产品价格，竟然与伦敦和巴黎市场的波动亦步亦趋。鉴于新英格兰地区流通的金银很少，这种联系更加值得一提。马萨诸塞州的小农场主没有用硬通货进行交易，而是保持着一种互相赊账的账户系统，称为"簿记易货"（bookkeeping barter）。即便如此，他们账本中商品价值的变动，也依然与大西洋沿岸的价格波动息息相关。[6]

　　类似的动态也出现在法属加拿大，但在拉丁美洲，趋势要更加复杂。直到 1750 年，西班牙和葡萄牙殖民地的农产品价格才下降或保持同样的水平，迟至 18 世纪 80 年代，某些地区，比如萨尔瓦多以及（很讽刺的）波托西，价格才持续下跌。但是在墨西哥、智利和其他拉丁美洲地区，价格从 18 世纪 60 年代开始总体呈上升趋势。到 18 世纪 80 年代末时，18 世纪价格革命才在那里普遍出现。历史学家约翰·科茨沃思对拉丁美洲的总体描述是，"18 世纪 90 年代及其后的战争年代里，在所有有数据可查的情况中，商品价格都在上涨"[7]。

　　同样的情况也出现在了亚洲和中东。18 世纪期间，中国的谷物价格动态也出现了类似的走势，但是量级较小。奥斯曼帝国同样经历了一波长期的涨价浪潮。18 世纪的价格革命，是一个货真价实的世界性事件。[8]

　　起初，这股新浪潮推进缓慢且走势不稳定。在一段时间内，时人认为它仅仅是又一次市场波动。然而回顾之下，价格革命的轮廓从一开始就已经一清二楚，尤其是相关价格的独特走势，与 13 世纪和 16 世纪时大体相同。

　　最迅速的波动再一次出现在了能源和食物领域。在法国的九

图表 3.01 展现了 18 世纪三个国家价格革命的概况。资料来源如下：关于英格兰，熊彼特–吉尔波伊三十二种商品价格指数，参见 B. R. Mitchell, *British Historical Statistics*, 719–720; 关于美国，贝赞森的费城市场一百四十种商品价格指数，参见 *Historical Statistics of the U.S.*, series E111；关于法国，一份未加权计算的农产品价格指数，参见 Ernest Labrousse et al., *Histoire économique et sociale de la France*, II, 386–387。所有价格序列都在 1770 年价格为 100 的基础上进行了换算。

种基本商品之中，增幅最大的是木柴和木炭的花费。[9] 紧接着能源价格飙涨的是食物价格。在 18 世纪期间，食品价格总体上涨迅速，就像在其他历次价格革命中一样。最大的增长出现在穷人用以维持生命的主要食品——廉价谷物和豆类——的价格上。肉类和酒类的价格上涨比率较为稳健。上涨最小的是制成品价格，就像在每一次巨浪来袭时一样，它们的价格落在了后面。[10]

　　这次价格革命的主要推手是总体需求增加带来的压力，这是由人口加速增长造成的。在英格兰，人口史学家安东尼·里格利和罗杰·斯科菲尔德发现，18 世纪价格波动的节奏与人口的增长息息

变化的结构：法国小麦价格

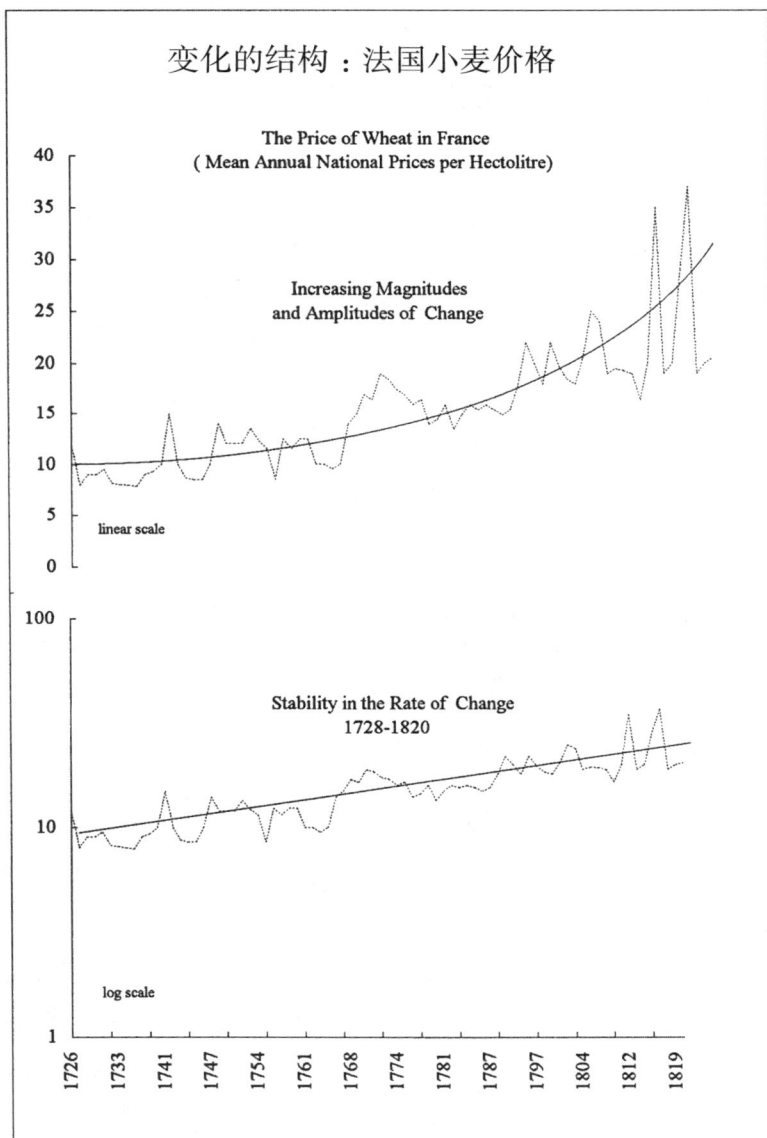

The Price of Wheat in France
(Mean Annual National Prices per Hectolitre)

Increasing Magnitudes
and Amplitudes of Change

linear scale

Stability in the Rate of Change
1728-1820

log scale

图表 3.02 揭示了在法国谷物价格中，18 世纪价格革命是一个呈指数变化的过程，量级和幅度的扩大都是动态的，但其变化率十分稳定。数据来自 C. E. Labrousse, Ruggiero Romano and F. G. Dreyfus, *Le prix du froment en France au temps de la monnaie stable (1726–1913)* (Paris, 1970), xiv。走势图适用 Excel 5.0 程序。

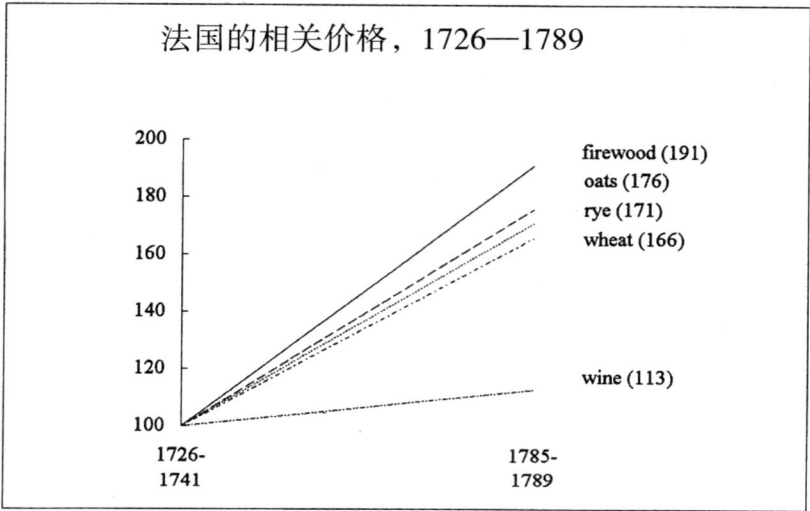

图表 3.03 展现出：18 世纪的相关价格动态与其他历次价格革命类似。在法国，能源的花销涨得最高，紧随其后的是食物和原材料。经过加工的产品、制成品和薪酬落在了后面。数据来自 Ernest Labrousse, *Esquisse du mouvement des prix et des revenus en France au XVIIIe siècle* (2 vols., Paris, 1933), II, 98。

相关。在 1660—1720 年的漫长停滞期之后，英格兰的人口在 18 世纪 20 年代晚期开始快速增长，这正是价格革命开始的时刻。两者之间的关系再确切不过了。[11]

　　价格上涨与人口增长之间的关联也出现在了其他欧洲国家。在东欧，居住在旧日勃兰登堡—普鲁士境内的居民人数，从大选侯腓特烈·威廉去世时（1688）的一百六十万，增长到了腓特烈大王去世时（1786）的将近四百万。巨大的增长出现在了欧洲的大多数地区，只有荷兰等少数几个例外。价格的走势与人口增长的上升曲线相吻合。[12]

　　18 世纪人口为什么增长？在人口统计学的层面，这主要是因为结婚年龄的下降和婚内生育率的小幅上升。在欧洲许多乡村地区，

美国能源市场价格飙涨，1792—1820

wholesale prices
1910-14=100

fuel and
lighting

all commodities

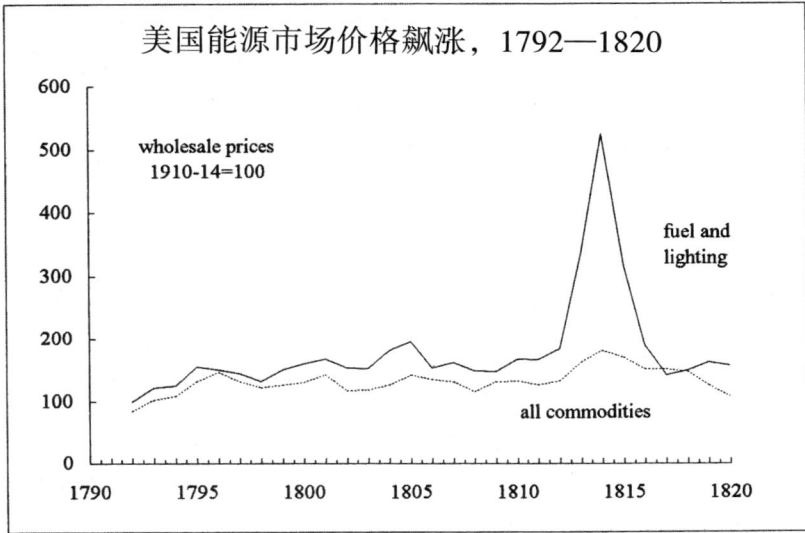

图表 3.04 展现了价格革命中一种反复发生的状况：长期波动的晚期，能源价格飙涨。
这是 18 世纪晚期欧洲出现的情况，甚至在美国也是如此。参见 George F. Warren and
Frank A. Pearson, Prices (New York, 1933), 11—27; 部分重印于 *Historical Statistics of
the United States, Colonial Times to 1970* (Washington, 1976), series E52–57。

女性首次结婚的平均年龄从 17 世纪中期的二十七岁降到了 18 世纪
中期的二十四岁，甚至二十三岁。一旦结婚，妇女们倾向于缩短每
次生产的间隔，并且开始更加频繁地怀孕。妇女生育其最后一个孩
子时的平均年龄也略有增长——这证明人们深思熟虑后决定不要将
家庭人数限制得像 17 世纪中期时那么少。

　　18 世纪期间，婴儿和女性的预期寿命略有提高，死亡率也和缓
地稳定下来。不过，这个时期人口增长的主要原因是生育率的提高，
而非死亡率的下降。[13]

　　为什么男性和女性决定早婚并生下更多的孩子？物质条件的改
善可能是原因之一，但并不是全部。夫妇们决定生下更多孩子，是
因为这个世界似乎成了一个更好的成家立业、开枝散叶的地方。这

种判断是就广泛的文化方面作出的，而非狭隘的物质方面。

18 世纪的人口增长从几个方面造成了通胀的压力。最重要的是需求引发的通胀，源自对生活必需品——食物、燃料、住房和土地——需求的增长。这些商品的供应不像需求那样可以任意扩展；结果，其价格一路走高。另外，工业产品可以更加容易地以史无前例的数量被生产出来。结果，制成品的价格比农作物和原材料的更趋于稳定。这种需求型通胀，不是人口增长的唯一经济后果。乡村人口的增长还引发了在 20 世纪被称为"成本推动"型的通胀（"cost-push" inflation），尤其是在农产品价格上。欧洲和美洲的农业经济增加了食品供应，这部分是因为将边缘土地投入了耕作。产出是提高了，但生产率下降了。农户们在贫瘠的土地上更加艰辛地劳作，却只能获得较少的庄稼。同样的故事还发生在新英格兰地区多石的山腰，德文郡阴冷的沼泽，德意志的艾费尔高原，以及法国波旁地区的贫瘠土地上——那里连村庄名字都是这样的类型：全都要村、面包屯、小收成庄。

英国经济学家大卫·李嘉图（1772—1823）是最先观察和描述他所亲身经历的这一机制的人之一。18 世纪时，它显然发挥了作用，就像它在过去每一次价格革命中一样。经典的李嘉图式的人口增长、生产率下降过程，是价格通胀的一个重要源头。[14]

一些人对这些问题的反应，是引入新的农场管理方法，被称为农业革命。在这个过程中，农业活动变得更加集约化，但起初并没有更高产。经济学家埃丝特·博塞拉普告诉我们，在 20 世纪农业革命的初期阶段，生产率水平反而有所降低。在 18 世纪，也出现了类似的情况。[15]

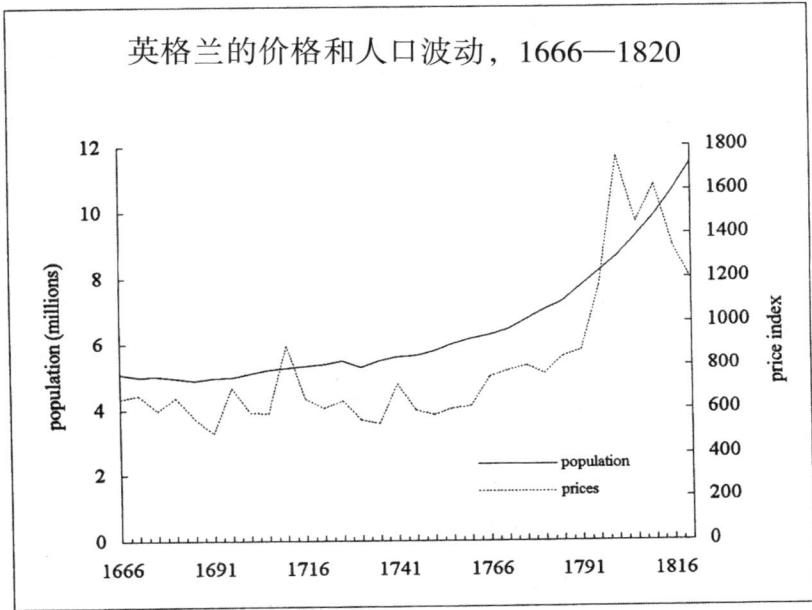

图表 3.05 比较了每五年估算一次的英格兰人口与费尔普斯—布朗—霍普金斯英格兰南部消费品价格指数的二十五年移动均值。资料来源为 E. A. Wrigley and Roger Schofield, *The Population History of England, 1541–1871; A Reconstruction* (Cambridge, 1981), 403。

发现与文化反响

　　整个欧洲切实感受到了价格的上涨，但并不认为它是将会持续多年的新的长远趋势。只要价格上涨的量级保持在之前的波动范围内，当时的人们就对这个新趋势视若无睹。在 1725 年到 1755 年这段时期内，还没有"通胀心理学"（inflationary psychology）。价格稳定被设定为这个世界上自然而然的正常现象。就像历史中常常发生的那样，当时人们的思维限于对眼前的情况就事论事，深入的理解远远不足。知识界的氛围很大程度上未能与时俱进，即便当时的物质秩序正在以一种新的方式发生转变。

第二个阶段始于18世纪中期，当时价格的上涨幅度超过了1650—1720年均衡期的波动范围。随着价格的这般变动，当时的观察家们终于认清了这场巨浪的真面目——这是旷日持久而又摧枯拉朽的长远趋势，深刻改变了普通人的生活条件。

政府和个人对这个发现的反应，与早前几次巨浪来袭时大体相同。随着价格上涨，货币扩张的压力也加大了。在这样的关系中，货币数量（以及它在流通中的周转率）不是一个独立的变量。面对上涨的物价，人们尽力扩大流通中的货币量。西方世界的金银供给在此期间是原来的两或三倍。[16]

一次巨大的扩张还发生在商业票据领域，它们在18世纪越来越多地作为通货。私人票据和汇票在西方许多城市中广泛使用，并且在多边交易中转手流通。[17]

与此同时，纸币开始在斯堪的纳维亚半岛和北美出现，在那里，铸币短缺严重。瑞典的威克塞尔银行早在17世纪60年代就开始发行纸钞，主要是为了方便携带。瑞典货币是铜质的。最大的硬币重达四十三磅，必定流动缓慢。美洲殖民地发行的纸币则是为了相反的原因：不是那里的金属铸币太沉而难以搬运，而是它们仿佛展翅高飞，不断从本地流失。新法兰西地区于17世纪80年代采用了纸币；新英格兰地区在1690年也如法炮制。在18世纪，其他许多殖民地也纷纷发行了纸币。[18]

这些趋势增加了流通中的货币数量，也增加了通胀的压力，尤其是在价格革命的第二阶段。在18世纪的最后四十年中，货币扩张引发的通胀效果来得最为猛烈。货币因素再一次地加剧了这股巨浪的势头，但并非其始因。

各国政府对价格革命的反应，伴随着各种各样的财政上的权宜之计，它们也会助长通胀。由于公共花销往往超过收入，两者之间

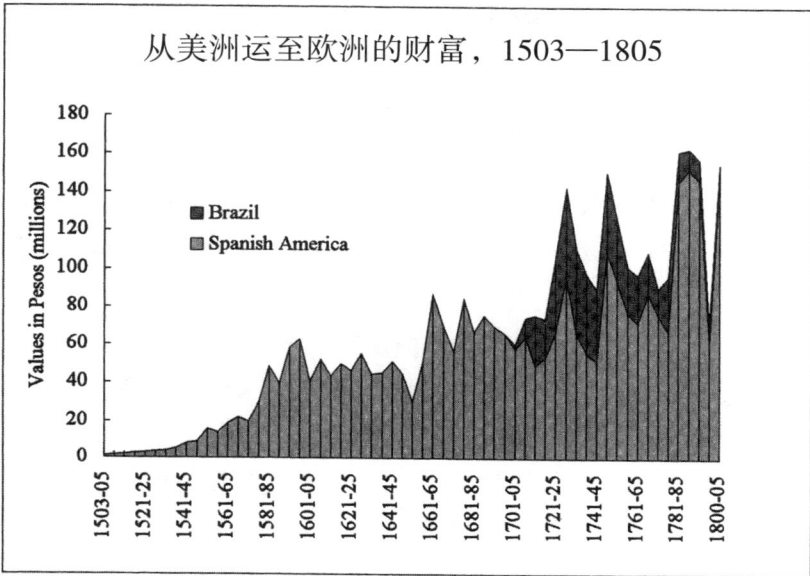

从美洲运至欧洲的财富，1503—1805

图表 3.06 展现了 1503 年到 1805 年间美洲财富的波动。它在 18 世纪加剧了价格革命的势头，就像在 16 世纪时一样，但是最大的增长出现在 1660—1730 年的价格均衡期。文献来源为 Michel Morineau, *Incroyables gazettes et fabuleaux métaux: les retours des trésors américains d'après les gazettes hollandaises (XVIe-XVIIIe siècles)* (Paris, 1985), 482, 562。

的鸿沟要靠数额巨大的借款来填补。法国政府靠的是一种称为"公债"的永久年金。18 世纪，法国的国债非常巨大，竟然孕育出了资产阶级内部的一个阶层，称为"食利者"。欧洲的主要战争就是靠大量发行这种债券以及没有资金担保的借贷来融资的。

　　类似的趋势也发生在英国，政府为履行责任而发行了"统一合计年金"，或简称为"统一公债"。这些证券的票面利率为 3%，但在大多数年份，它们以低于票面价值的价格交易，于是收益率也以相应的比例提升了。英国统一公债的市场价值在战争期间暴跌，当时发行量很大，而公众信心却降低了。1745 年，在欧洲大战之外又添上苏格兰叛乱，结果伦敦证券交易市场遭遇了"黑色星期五"。统一公债的价格跌至七十五以下。类似的危机还出现在七年战争（1754—1763）期间，当时英国的国债上升到了难以想象的一亿英镑的水平，而统一公债却跌至八十以下。这些财政危机中最糟的一次发生在美国独立战争期间，当时英国的国债迅速上涨，而统一公债价格骤降至五十四，直到 1783 年缔结和约之后才恢复。每当发生这样的情况时，利率也就随之上升。[19]

在这个时期，商业资本的收益也迅速增加。利率是一个很好的指示计。在荷兰，资本富集的阿姆斯特丹交易所的短期贷款市场利率在 1700 年到 1725 年这段时间里跌至 1.75%。18 世纪期间，利率从这个最低值开始稳步上升。到 1738 年，英国议会得知，低地国家的利率通常是 2%~3%。它们在美国独立战争（1775—1783）期间攀升至 3%~4%，在 18 世纪 90 年代升至 4%~6%。

荷兰的利率大体上是欧洲最低的，但类似的趋势出现在了每一个金融中心。这些动态非常剧烈，在欧洲当时依然很小的资本市场内上蹿下跳。沉重的战时借款使利率呼啸着上升；和平时期，它们又开始暴跌。这些波动发生在一个呈长期上升趋势的曲线中。纵观整个 18 世纪，利率节节攀升。[20]

随着价格革命的继续，有钱有势的人总体上获利甚多。18 世纪中期，是一个属于乡村士绅和拥有土地的精英阶层的黄金时代。英国农业改革家亚瑟·扬观察发现：七年战争期间地租猛涨，并且此后一直在涨。在法国，农场地租在 18 世纪中期几十年间翻了一番。土地价格涨得更快；18 世纪不动产的价格在欧洲许多地区涨到了原本的四倍。对于这个过程，大卫·李嘉图也做过第一手研究。李嘉图关于地租和薪酬的理论不应当作亘古不变的经济学真理，而应当作对 18 世纪价格革命中期和晚期阶段极具洞察力的历史描述。[21]

地租和利息赶上了通胀，薪酬却落在了后面。货币薪酬大都略

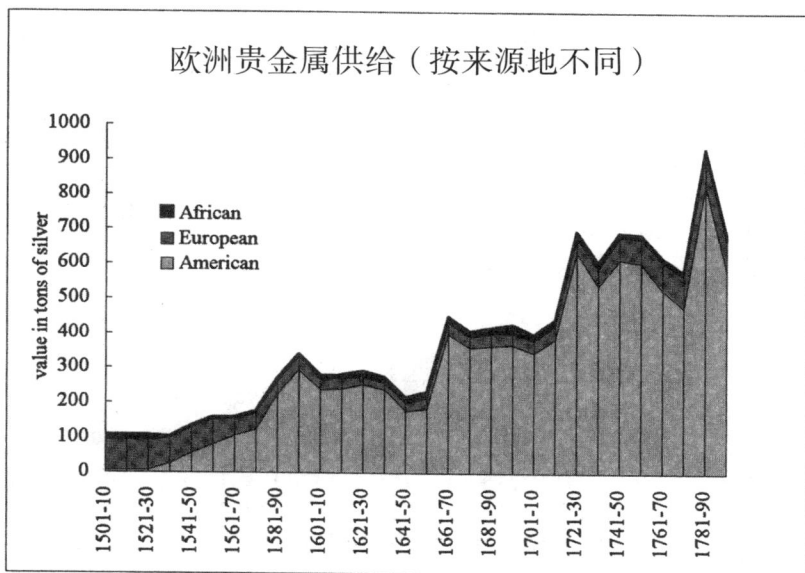

图表 3.07 估算了三个世纪从各个渠道进入欧洲的黄金白银流。它在价格革命（1730—1800）期间的增幅小于价格均衡期（1660—1730）。总体而言，两个时期的节奏大体相同。资料来源为 Michel Morineau, *Incroyables gazettes et fabuleux métaux: les retours des trésors américains d' après les gazettes hollandaises (XVIe-XVIIIe siècles)* (Paris, 1985), 578。

有增长，但赶不上商品的价格。结果，实际薪酬早在 18 世纪 30 年代就开始下跌，一直跌到了 19 世纪。18 世纪期间，这一趋势出现在了英格兰、法国、德意志、奥地利、波兰和丹麦。这样的情况不仅发生在西欧的自由劳工身上，也发生在东欧的农奴身上。原因是相同的——人口的增长在推高商品价格的同时，也扩充了劳动力，进而引发了实际薪酬的降低。威廉·阿贝尔对这个课题三十年的研究得出结论："除了极少的例外，1740 年到 1800 年间西欧和中欧的薪酬被远远甩在了高涨的谷物价格之后。"[22]

18 世纪实际薪酬的下跌与早前的几次价格革命不同。它使穷人

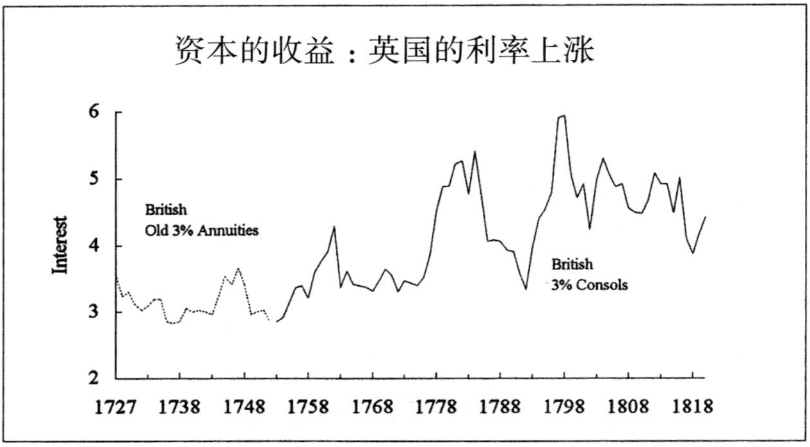

图表 3.08 追踪了市场上英国公共有价证券的利率涨势。这些证据展示了重要战争期间的暴涨状况，以及与价格革命相吻合的长期上涨趋势。荷兰利率从 1.75%~2%（1700—1725）涨到了 8%~10%（1798）。在法国，公债收益的变化剧烈，从 1720 年的 2% 变成了 1798 年的 34%。资料来源：Sidney Homer, *History of Interest Rates* (1963, 2d ed., 1977, New Brunswick, N.J.), 161–162。

遭殃，但不像 14 世纪时那样伴有瘟疫和饥荒，也不像 17 世纪时那样导致了人口的缩减。这里出现了价格革命史中的一个惊人的悖论。随着这些巨浪一次接一次地袭来，通胀率增加，但人类的苦难却减轻了。这是怎么回事呢？

有一个重要的因素是古典经济学家们的挚爱，那就是世界市场的扩张和融合。另一个因素是人均收入的提高，而这意味着不再有那么多人生活在生死边缘。第三个因素是福利水平的提高，无论多么有限，却有助于防止饥荒的发生。所有这些改善的代价就是通胀率的提高，其可能造成的最残酷的结果则有所减轻。

福利的历史是一个很好的例子。伟大的匈牙利学者卡尔·波兰尼在这个漫长的历程中甄别出了一个重要的事件。1795 年，英国伯克郡的治安法官们在斯宾汉姆兰的佩利坎客栈会面，一致同意改革

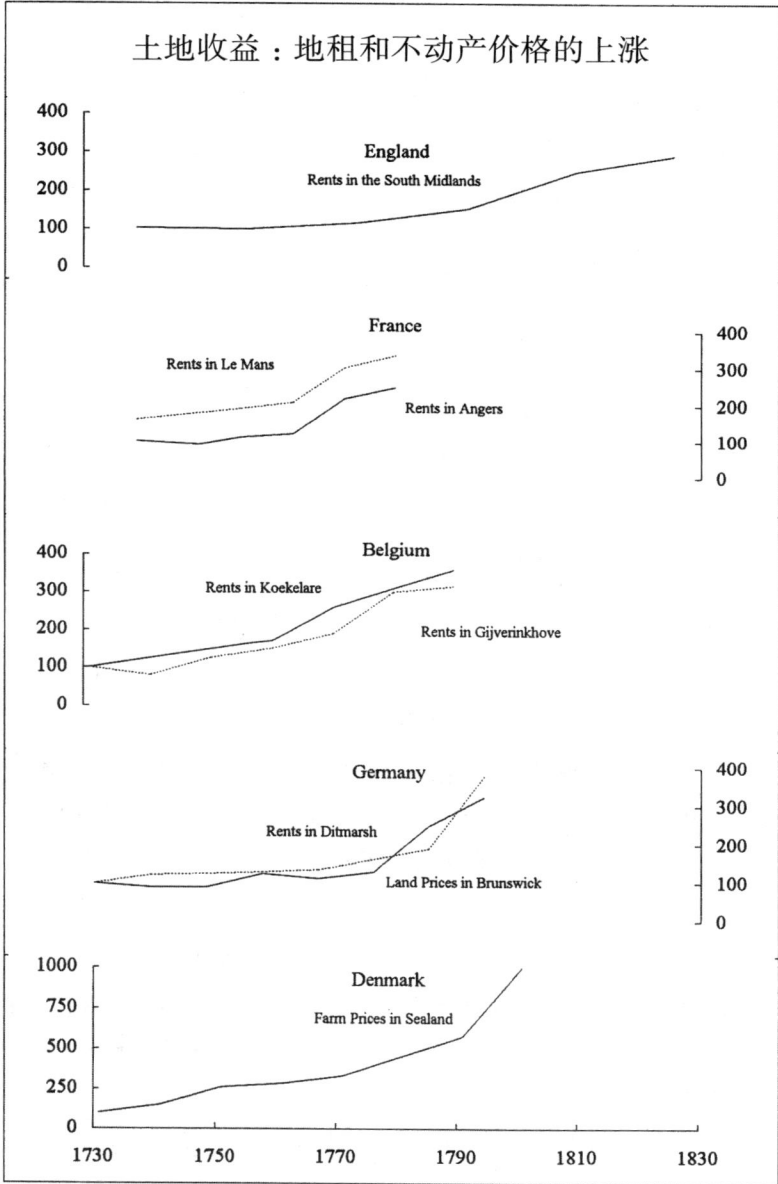

土地收益：地租和不动产价格的上涨

England
Rents in the South Midlands

France
Rents in Le Mans
Rents in Angers

Belgium
Rents in Koekelare
Rents in Gijverinkhove

Germany
Rents in Ditmarsh
Land Prices in Brunswick

Denmark
Farm Prices in Sealand

图表 3.09 揭示出：地租和不动产价格比消费价格上涨得更快。英格兰的计价单位为：银先令／英亩（1725—1749 年 =100）；而欧洲价格则用当地铸造的银质等价物表达(1731—1740 年 =100)。资料来源：Abel, *Agrarkrisen und Agrarkonjunktur*; and R. C. Allen, "Freehold Land and Interest Rates" *Economic History Review* 2d ser. 41 (1988) 33–50。

济贫制度。他们下令："应当根据面包价格的比例发放工资补贴，以确保穷人无论收入多寡都能够得到一笔最低限度的收入。"

　　这种"斯宾汉姆兰制度"迅速在英格兰普及，并且在接下来的三十年中得以执行，直到 1834 年被废止。它助长了物价的上涨，尽管同时也在控制其后果。所有这些事件，都是人们在发现价格革命是一种长期趋势后的反应。

文化反响

　　18 世纪中期，人们认清价格革命的形势之后不久，文化情绪就开始发生变化。思想史学家们早就注意到了这件事，但无法提出合理的解释。1756 年，一场大地震摧毁了葡萄牙首都里斯本的很大一部分。这场灾难引得整个欧洲文思泉涌，表达出一种新的怀疑、困惑、悲观，甚至文化上陷于绝望的精神状态。伏尔泰的《路易十四的时代》所表达的那种乐观精神，突然让位给了《里斯本灾难哀歌》（1756）和辛辣的讽刺小说《老实人》（1759）所蕴含的阴暗气质。思想史学家们提出，这种转变的原因是里斯本地震本身。这是错误的。那样的自然灾害每个时代都有发生。新异的是人们对它的反应。18 世纪中期，人们开始以一种不同的方式去理解各种事件。

　　这个时期思想史上的另一个事件，是 18 世纪中期发生在新教世界的一场铺天盖地的宗教改革运动。在美洲讲英语的地区，它被称为"大觉醒运动"，始于 1734 年乔纳森·爱德华兹的布道。在英国，它被称为"福音派运动"，并且可追溯至 1738 年约翰·卫斯理和查尔斯·卫斯理以及乔治·怀特菲尔德改宗皈依的经历。类似的运动也发生在斯堪的纳维亚半岛和德意志，在那里它被称为"虔信派运动"。不同的国家产生了许多不同的名号，但它们都指代一场声势浩大、复兴"内心宗教信仰"的国际运动，并且否定了启蒙运动的

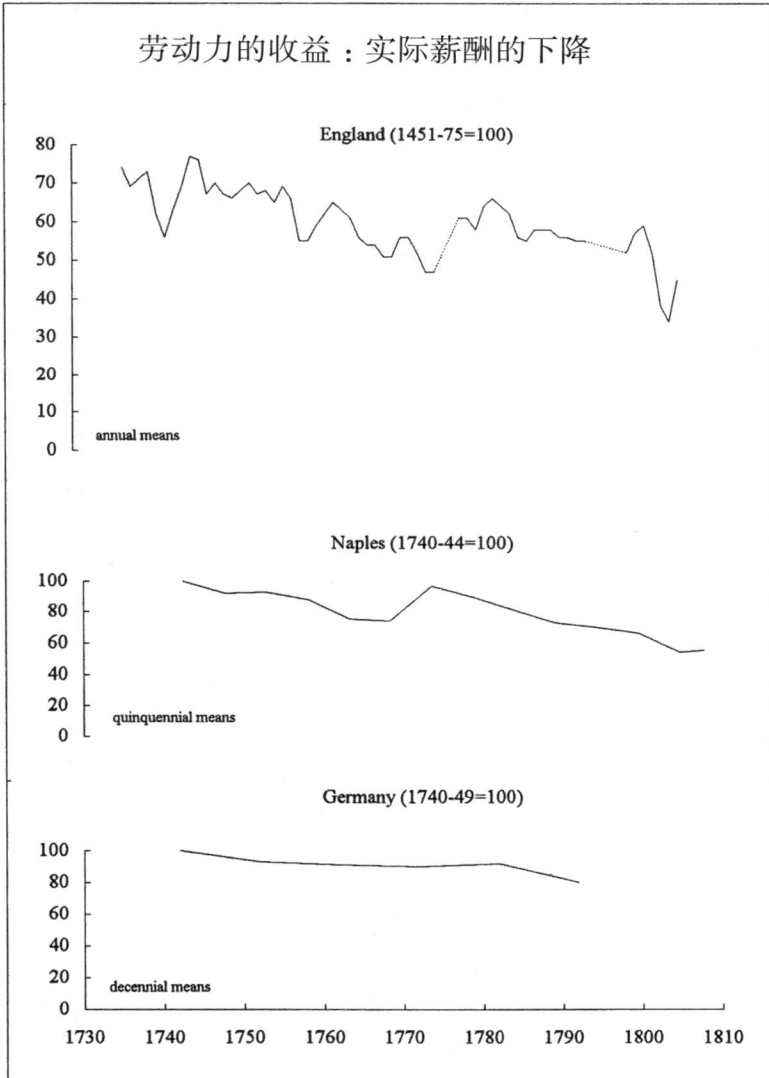

劳动力的收益：实际薪酬的下降

England (1451-75=100)

annual means

Naples (1740-44=100)

quinquennial means

Germany (1740-49=100)

decennial means

1730 1740 1750 1760 1770 1780 1790 1800 1810

图表 3.10 显示有证据表明实际薪酬处于长期下降中。这一趋势早在 1740 年就开始了，并且一直贯穿整个价格革命期间，并于 1775 年之后在意大利、1780 年之后在德意志、1800 年之后在英格兰加速下跌。资料来源包括 E. H. Phelps-Brown and Sheila Hopkins, "Seven Centuries of the Prices of Consumables, Compared with Builders' Wage Rates," *Economica* 23 (1956) 296–315; Ruggiero Romano, *Prezzi e salari e servizi a Napoli nei Secolo XVIII* (1734–1806) (Milan, 1965); 以及 Abel, *Agrarkrisen und Agrarkonjunktur*。

乐观主义精神。这个意义上的虔信主义于 18 世纪四五十年代在欧洲所有信仰新教的地区大行其道，并且一直持续到该世纪末。

这些思想领域的潮流不只是对物质进程的机械性条件反射。它们的动力来源更加复杂。或许可以认为：文化和物质上的潮流不约而同地表达了 18 世纪中期西方世界隐含的不平衡状态。

"我们自己之中的一场混乱"：不稳定性加剧

持续的不平衡状态引发了不稳定的局面。整个欧洲，商品价格开始剧烈起伏：在 1739—1741 年、1755—1758 年和 1776—1781 年急速攀升，而这些时段之间却快速下跌。这些动态恰逢欧洲重大战事：在 18 世纪，一系列改朝换代的竞逐发酵成了世界性和民族性的战争。[23]

1739 年，英国和西班牙爆发了一场诡异的冲突，史称"詹金斯的耳朵战争"。这本是一场商业冲突，却扩大为近现代历史上最早的沙文主义侵略战争之一。开始的时候，西班牙军官们残害了名叫罗伯特·詹金斯上尉的英国闯入者，割掉了他的耳朵。詹金斯上尉将这只被割下的耳朵放在一个桃花心木制成的精美盒子里，呈给了英国议会。这成了两大强权之间战争的导火索。[24]

不幸的詹金斯上尉的事件之后，是奥地利王位继承战争（1740—1748），一次王朝冲突在欧洲各大国家之间爆发。战争在欧洲和美洲持续了将近十年，而沉重的军费负担使得物价一路飙涨。

这次战争之后出现了一个和平的间歇期，但欧洲各大强国很快再度陷入一场更大规模的战争，德国历史学家们错误地将其命名为"七年战争"。实际上它持续了九年，从 1754 年到 1763 年。战争始于今宾夕法尼亚州西部的荒野，当时一位年轻而默默无闻的弗吉尼亚军官与一支法国部队交火并被击败，这位军官名叫乔治·华盛顿。

这个小小的事件引发了一场世界级的大战，美洲、亚洲和欧洲中部都发生了激烈的战斗。其诸多后果之一就是世界性的物价飙涨。在伦敦、巴黎和波士顿，谷物价格暴涨，并且一直保持在高位，直到战争结束。[25]

1763 年当事方在巴黎达成和议，随之而来的是一个短暂而痛苦的物价暴跌和经济萧条的时期。十二年后，列强再开战端，一场更大规模的世界级冲突爆发，从今马萨诸塞州列克星敦绿地延伸到许多国家。全世界规模浩大的军队和舰队整装出发。战争的花费再次引发了物价飙涨。

在个人和政府竭力应对的同时，文化上的巨大压力开始在西方社会蔓延。这与 13 世纪和 16 世纪巨浪发生时的情况类似。多种不稳定性体现出来；其中最危险之一是不平等现象的滋长。这种趋势在欧洲和美洲都有，财富在 1750—1790 年间日益集中到少数人手中。类似的趋势也出现在了英国和法国、斯堪的纳维亚半岛和德意志、马萨诸塞和弗吉尼亚。[26]

对富人而言，这是最好的时期，少数特权者的生活被法国外交家塔列朗称为"甜蜜的生活"。在旧制度日薄西山时，许多欧洲国家在 18 世纪的第三和第四个二十五年经历了所谓的贵族统治的复兴。在法国，贵族们将经济学家所说的"地位商品"（positional goods）越来越多地收入囊中，这是指由其性质决定了其稀缺性的各种好处，比如顶级工作、最有权势的职位、最高的荣誉。主要官职越来越多地仅限由贵族来担任。1781 年之后，许多新任的军官都被要求祖上至少有四位贵族。这一规则的结果就是少数精英阶层的机遇大大增加，而其他人的机会十分有限。在 18 世纪 80 年代，法国所有的主教（共一百三十五人）全是贵族出身。几乎所有的大臣都是贵族。用回顾的眼光来看，我们知道，这次贵族阶层的复兴，正如德国历史学家马丁·格林所言，不过是社会等级观念的胜利，或者说一时的胜利罢了。但在那个时候，贵族阶层似乎包举宇内，将一切好处收入囊中。在一个民众生活普遍困苦的时代，贵族们自己唤醒了人们对这个阶层的深刻怨恨。[27]

在法国社会的底层，穷人在苦难和落魄的泥潭中越陷越深。法国有三分之一到一半的人在生存线边缘挣扎，光是食物就要耗掉他们 80% 的收入。18 世纪晚期，穷人的数量激增。无家可归者的人数也上升了。公路上满是年老的乞丐、被遗弃的儿童、破产的家庭和身强力壮却没有工作的男人。

家庭崩坏的情况也增加了。多项研究发现：从 1730 年到 1810 年，非婚生子女的比例迅速增加。同样的情况出现在欧洲的私生子比率和美洲的婚前怀孕比率上。历史学家们奋力想用各种方法对此趋势加以解释。但似乎没有人注意到，它们与物价上涨以及价格革命引发的社会混乱之间的紧密联系。

18 世纪晚期，当时的观察家们切身感受到了这些趋势。他们对 18 世纪 80 年代社会日益紧张的氛围和阶级冲突进行了评述。在法国，时任美国驻法外交官的托马斯·杰斐逊发现：每个人不是刀俎就是鱼肉，不是绵羊就是豺狼。他既是在说一个地方，也是在说一个时代。

阶级矛盾的加剧要归因于物质的"短缺"和物价的飙涨。1776 年，一本英语小册子的匿名作者写道：

> 人们不理解短缺，却容易彼此嫉妒；每个人都怀疑别人不公平地抢走了他应得的份额，每个人都耗尽自己的技能和权力，以便使自己与从前一样富足。但这种我们之间的勾心斗角，对所有人有害无益。我们仿佛躺在一起的人，为了御寒，对本就短小的被单你争我夺，直到它被撕成碎片。
>
> 劳动者的份额不过勉强糊口，从不允许他们有时间或机会对

物价动态和非婚生子

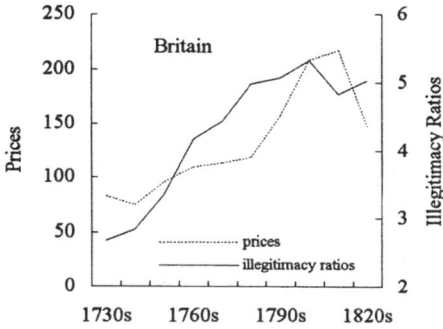

Decade	Prices	Births
1730s	83	2.7
1740s	75	2.9
1750s	96	3.4
1760s	109	4.2
1770s	113	4.4
1780s	119	5.0
1790s	158	5.1
1800s	208	5.3
1810s	217	4.8
1820s	147	5.0

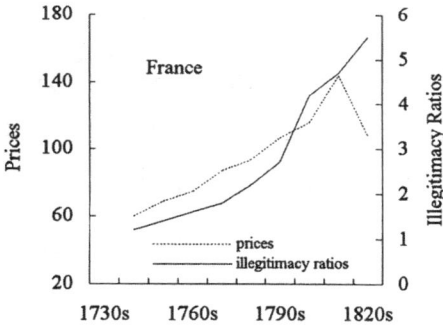

Decade	Prices	Births
1740s	60	1.2
1750s	69	1.4
1760s	75	1.6
1770s	87	1.8
1780s	93	2.2
1790s	106	2.7
1800s	116	4.2
1810s	144	4.7
1820s	107	5.5

图表 3.11 比较了英格兰九十八个堂区所有出生婴儿中非婚生子的比率和阿贝尔的英格兰每十年小麦价格指数（单位：白银克数/100 公斤小麦）；还比较了法国的非婚生子比率与阿贝尔的法国小麦价格序列。资料来源为 Abel, *Agrarkrisen und Agrarkonjunktur*, appendix; Yves Blayo, "Mouvement naturel de la population française de 1740 à 1829," *Population* 25 (1970) 15–64; Peter Laslett, Karla Osterveen and Richard M. Smith, eds., *Bastardy and Its Comparative History* (Cambridge, 1980) 14–15。

此进行思考，或是向富人抗争以获得属于他们的东西——除非某些不同寻常的巨大不幸降临，将他们绑在一起，鼓励他们为自己的需求而拿起武器战斗；这时，他们有时会揭竿而起、对抗富人，并仿若洪流荡涤一切。不过这很少发生，除非是在政府尸位素餐、管理不善的恶政时期。[28]

18 世纪晚期，不平等现象的滋长是一种国际潮流。它出现在欧洲大陆、英国，甚至新近建立的美国，许多研究发现：1760 年到 1830 年间，那里的财富迅速地变得越来越集中。

不平等现象滋长的后果是摧毁了西方世界的道德经济，破坏了经济秩序的稳定性。基督教的人道主义伦理得到了启蒙运动的加强，使得西欧各国在社会福利上的花费空前巨大。18 世纪 80 年代，法国政府对穷人的补助就达到了两千多万里弗尔，教会和私人捐助的金额更加可观。这些巨大的努力阻止了 14 世纪那样的饥荒发生，却令社会氛围更加剑拔弩张。饥馑没有发生，但仍然有人在挨饿。人们并不绝望，而是感到愤怒——对于社会现行秩序而言，这是一种远远更加危险的情绪。

不平等现象还造成了西方社会的物质紧张。当穷人将收入的更大比例花费在面包上时，用于购买其他东西的钱就更少了。结果就是需求的下降，这引发了工业产品市场的剧烈萎缩。18 世纪 80 年代，西欧经济经历了通胀和停滞的双重打击，这是其他每次价格革命倒数第二阶段的特征。

陷于越来越不稳定的漩涡中的政府，试图通过提高税收来勉强维持自己的清偿能力，比如英国就在 1763—1775 年间在全帝国范围内增加了税收，而法国在 1783—1788 年间也试图这么做。强势的精英阶层有能力将这些负担从自己身上转移走。新的税收就像过去一样，沉重地压在了那些最无力承担的人身上。1763 年，英格兰的乡村士绅阶层因为当局对苹果酒征收小额税金而奋起抵抗，迫使政府采取了危险的权宜之计——向美洲殖民地征税，其结果对这个帝国而言是灾难性的。

在法国，国王长期以来平衡着贵族阶层与资产阶级上层的关系，手段是对他们免税。拉法耶特侯爵继承了一座每年给他带来十四万里弗尔收入的庄园，但他可以免缴人头税，而这种税收却会耗去一个农民手中小小盈余的一大部分。许多富裕的资产阶级也可以免交人头税。总体而言，这个税种是由中产阶级以及做工的穷人来负担的。还有其他税种，比如什一税（一种人头税和收入税的结合），廿一税（即二十分之一税）。在名义上，两者都由所有人共同负担，但有权有势的人却能将这些负担削减为一次性的总缴付清，由于通胀的作用，这实际上等于将税金大打折扣。如关税、特许税和受人憎恨的盐税等间接税，是人人都要支付的，却很容易转嫁给消费者。沉重的负担再一次压在了穷人和中产阶级身上。其他以实物或劳力支付的税种，如徭役和军事运输，则重重地压在了农民身上。这个压迫性的税收制度同时令民怨越发沸腾，使现行秩序的道德权威性消亡殆尽，并且削减了政府的收入。[29]

由于公共收入大大落后于支出，公共债务开始迅速增长，从1773 年到 1788 年的十五年间，增长为原来的三倍。至 1789 年，法国国家开支中将近一半都用于支付国家债务的利息了。作为欧洲大陆的第一强国，由于巨大的军费开销，法国负债累累。但它并非负债最沉重的国家。相对而言，18 世纪晚期的其他一些国家，比如荷兰，负债比法国还多。[30]

英国的国家债务同样以可怕的速度增长，在七年战争期间节节攀升，在随后的和平时期下降，随后又在美国独立战争期间增加。这些波动导致了公共证券市场中投机行为的盛行。许多人愤怒地抨击投机者，他们的操作加剧了财政的不稳定。然而这个群体中的一位回应道："想要摆脱我们，只有一个办法——让国家欠债还钱。"

这一点，英国可做不到。股票投机原本是在小巷和咖啡馆中偷偷摸摸地进行，此时却制度化了。1773年，一个最受欢迎的聚会地点名叫新乔纳森咖啡馆，其入口上方贴出了一张标识，写着"股票交易"，只接待那些愿意为此特权付费的人。

投机者在这个经济日益不稳定的时代找到了机会，并且反过来加剧了不稳定的状况。一个典型的例子是乔治·科尔布鲁克爵士，他是英国显赫的银行世家的后裔，而且是"一位投机领域的……大冒险家"。科尔布鲁克试图囤积、垄断英国市场中的大麻，这是皇家海军的一种战略性商品。他的对手之一尖刻地评论说，他的目的是为了"即便他哪天被判处绞刑，也没人能有足够的大麻来为他搓成绞绳"。

当科尔布鲁克囤积垄断全国大麻的计划失败后，他在1771—1772年又试图对世界范围内的明矾进行囤积垄断，这是一种用于纺织品染色的化工原料。他确实成功地买断了大多数主要供应方的货，但是价格被不断哄抬，而且突然出现了很多新的制造商。明矾市场饱和，科尔布鲁克遭到灭顶之灾，其他投机商也被他连累。他的失败引爆了一场席卷欧洲的巨大信用危机。[31]

18世纪后半叶，发生了多次金融崩溃。其中一次始自荷兰的德·纳夫维尔公司的倒闭（1763），并且迅速蔓延到德意志、法国、英国和美洲。另一次恐慌始于苏格兰，苏格兰银行家兼投机者亚历山大·福代斯做空东印度公司的股票，但由于市场的突然上涨而破产。他逃到了欧洲大陆，身后留下一场灾难，其反响遍及整个大西洋沿岸。[32]

政治气氛也越发剑拔弩张，在18世纪六七十年代逐步发展成武装暴动。瑞士的日内瓦城在1768年经历了一场资产阶级革命，在1782年又发生了一场反革命运动。一位仔细研究过这些事件的

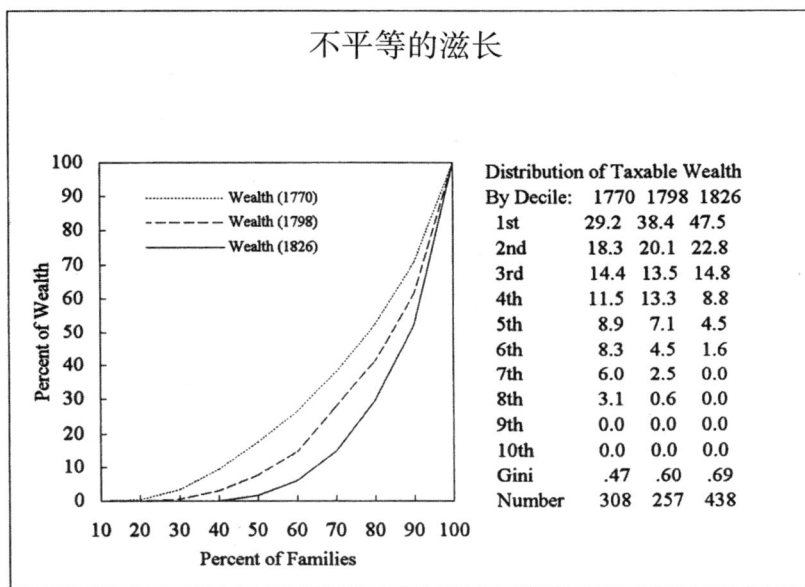

不平等的滋长

Distribution of Taxable Wealth By Decile:	1770	1798	1826
1st	29.2	38.4	47.5
2nd	18.3	20.1	22.8
3rd	14.4	13.5	14.8
4th	11.5	13.3	8.8
5th	8.9	7.1	4.5
6th	8.3	4.5	1.6
7th	6.0	2.5	0.0
8th	3.1	0.6	0.0
9th	0.0	0.0	0.0
10th	0.0	0.0	0.0
Gini	.47	.60	.69
Number	308	257	438

图表 3.12 是多项揭示 1750—1830 年这个时期状况的研究之一。它调查了位于波士顿以西二十英里处的马萨诸塞州康科德镇的应税财产中不动产的分配状况（以现值美元计价）。数据取自 1770 年和 1826 年的城镇估价以及 1798 年的联邦直接税评估。资料来源为 D. H. Fischer, ed., *Concord: The Social History of a New England Town, 1750–1850* (Waltham, 1983) 91, 222. 更加不平等的类似趋势，出现在个人财富、总体财富和以英亩为单位的不动产分配中。

学者总结道，它们之所以发生，部分是由于让-雅克·卢梭的著作，部分是因为瑞士的价格革命。[33]

在俄国，爆发了由哥萨克列兵普加乔夫领导的大起义，他杀死士绅们，并占领了许多城镇。普加乔夫叛乱很大程度上是由于物价上涨加剧了民众的怨恨。荷兰、科西嘉和爱尔兰也爆发了叛乱。

这些暴乱中规模最大的，莫过于发生在英属美洲殖民地上的那一场，面对英国政府几次三番的提高税收——1764 年的《税收法》、1765 年的《印花税法》、1767 年的《汤曾德法》以及 1773 年的《茶税法》——殖民地人民奋起反击。

美洲大陆上的人们揭竿而起并非孤立的事件。英国步兵军团被派遣到波士顿恢复秩序，在"茶党事件"之后，他们已经在整个英帝国范围内多次受命执行这类任务。他们执行任务的记录堪称一部西方世界反叛精神崛起的历史。第二十三步兵团即皇家韦尔奇燧发枪手团受命在整个德文郡和康沃尔郡"恢复秩序"。第十八步兵团即皇家爱尔兰团被派去平定怀特黑文发生的反抗强制兵役的暴乱。第四十三兵团和其他八个兵团则于 1766 年受命镇压中南部地区和东安格利亚地区十二个郡的农民叛乱。第四步兵团负责剿灭海峡沿岸的走私者，而皇家海军则背负着同样的任务，深入罗姆尼沼泽。许多军团在爱尔兰服役，1771 年和 1772 年那里处于叛乱状态。从1740 年到 1775 年，仅在英格兰一地，至少爆发了一百五十九次重大的暴乱，而小规模的暴动则不计其数。[34]

与此同时，从波兰到法国的贵族阶层却在为自己要求更多的好处。政治家们挣扎着维持制度的完整和运作，而短视的精英阶层却毁掉了自己特权的支柱。到 1783 年，长期的通胀使阶级矛盾激化。旧有的专制政体走到了灾难的边缘。

革命期危机，1789—1820

1783 年之后，在一场横扫西方世界的危机中，这股巨浪达到了巅峰。该时期在某些方面与 14 世纪和 17 世纪的动乱颇为相似。从另一方面来看，它又完全是新的。

危机始于 18 世纪 80 年代。导火索是天气的异变。18 世纪晚期，西欧的气候充满变数。1778 年到 1781 年这几年格外温暖，有着漫长的炎夏和十分温和的冬天。随后，情况颠倒了过来。1782 年到 1787 年，欧洲和美洲经历了严寒的冬天，夏天则潮湿多雨，收成不佳。1788 年，天气更糟。西欧各地的庄稼都烂在了地里。在法国，那一年的致命一击是一场不可思议的冰雹，砸下的冰块重达八磅，杀死了牲畜，毁坏了剩下的正在成熟的庄稼。那一年的收成非常少，在 1788 年与 1789 年之交的冬天，食物价格暴涨。短缺在 1789 年变得更加严重。农民们再次遭遇惨淡的一年，收成少得可怜。[1]

这些事件不是独立存在的。长期的坏天气在 18 世纪的欧洲多次发生，比如 1711—1717 年、1739—1752 年和 1769—1777 年。但 18 世纪 80 年代的艰难年份与众不同。它们在半个世纪的物价上涨、薪酬下跌和日益不稳定的局面之后袭来。在乡村地区，长期的歉收意味着乡村劳动力的工作机会减少，乡村地区的失业率骤增。在城市中，歉收引发了粮价暴涨。甚至在情况良好的时代，工薪阶层家庭的薪酬也大都花在了食物上。从 1726 年到 1791 年这段时间，法国一般领薪酬过活的人都要将 50% 的收入花在家庭的食物供应上。在 1789 年，这个比例蹿升至 88%。[2]

在法国，这些麻烦恰巧撞上了一场财政危机。1787 年，欧洲大陆最有权势的国家的政府正处在破产边缘。每年支出高达三亿里弗尔，而收入只有一亿四千万，这就留下了一亿六千万里弗尔的财政赤字缺口——超过了国家公共开支的一半。

大臣们绝望地试图平衡收支。经济制度得到了立法的规范。国王路易十六本人作出表率，将他的家庭开支从二千二百万里弗尔降到了一千七百万，大部分都是通过合并王室马厩做到的。但这仅仅是赤字的 3%。预算中的大部分都是减无可减的军费和社会开支。其中一半要用来偿还债务。

路易十六的财政大臣绝望地请求增加税赋，但遭到了拒绝。有产阶级拒绝接受新增的税收。许多人还要求拥有更多的特权和豁免。公众的需求和私人的贪婪搅和在一起，要了旧制度的老命。此情此景与 14 世纪的英格兰、16 世纪的西班牙和 20 世纪的美国如出一辙，世界上最强盛国家的国家信用，因它那些富裕臣民的自私自利而系统性地土崩瓦解。[3]

除了财政危机对法国的冲击之外，还要加上世界性的商业和工业萧条的影响。从 1782 年到 1789 年，法国纺织工业的产出下降了 50%。雇主们无情地裁员。据记载，仅特鲁瓦就有一万人失去了工作。18 世纪 80 年代，西欧和北美的情况大致相同。意大利的丝织工人、马萨诸塞的造船工人以及德意志的矿工失业率迅速上升。那些保住饭碗的人收入也大大减少，因为实际薪酬下降了。[4]

本杰明·富兰克林造访了英国诺里奇的一座纺织品工厂，他见

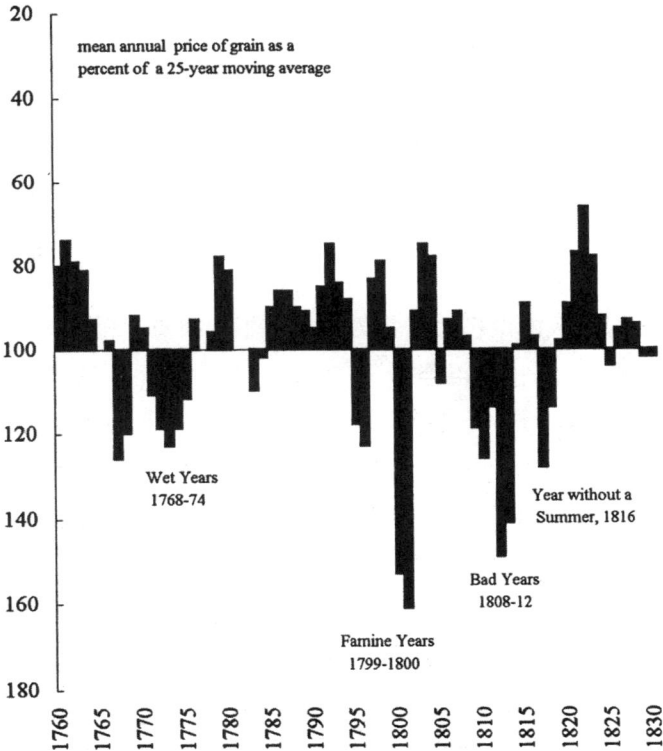

英格兰收成波动和谷物价格，1760—1830

mean annual price of grain as a
percent of a 25-year moving average

Wet Years
1768-74

Year without a
Summer, 1816

Bad Years
1808-12

Famine Years
1799-1800

图表 3.13 展现了英格兰每年收成价格占二十五年移动均值的百分比。它表明：庄稼歉收越来越严重，并于 1799—1816 年左右达到最低谷。此后，趋势发生了逆转。参见 Henry Phelps-Brown and Sheila V. Hopkins, *A Perspective of Wages and Prices* (London, 1981), 59。

证了残酷、苦涩而又充满讽刺意味的情况。富兰克林惊讶地看到，英格兰的织布工人们自己反而"衣不蔽体"。这座工厂的所有者骄傲地指着存货说道："那些布料要卖到意大利，那些卖到德意志，这里这些要卖去美洲诸岛，而那些要卖去欧洲大陆。"富兰克林反问："您不给诺里奇的工厂工人们留一些吗？"[5]

当整个西方世界的薪酬下降而食物价格飙升时，犯罪率也陡增——尤其是针对财产的犯罪。身处绝境的穷人能拿走什么就拿走什么，他们别无他法。在价格革命的后期阶段，犯罪率长期走低的势头发生了逆转，就像在其他每一次巨浪来袭时一样。针对财产的犯罪率飙升至高位。

地方和国家政府做了大量努力，提供了规模史无前例的救济，而且做得很成功。法国大臣雅克·内克尔于1788年暂停了谷物出口，并从国外大量采购，还逼迫商人们抛售他们的库存。结果，没有发生14世纪那样的瘟疫和灾荒，甚至也没有发生17世纪那样的人口缩减。18世纪80年代，很少有人饿死，但有很多人在挨饿，而更多人则是怒火中烧。

应对饥饿的政治手段，与应对饥荒的非常不同。14世纪早期，农民们被饿得无力反叛；而18世纪晚期，饥饿的农民们对封建领主和苛捐杂税已经出奇愤怒。他们被赚得盆盈钵满的资产阶级投机者们满满实实的粮仓所激怒，并且觉得受到了横行霸道的收税人和腐败官员的压迫。

在法国，很少有人会怪罪他们亲切和善的国王路易十六，但是许多人憎恨他的奥地利王后玛丽-安托瓦内特。当饥饿在乡村地区蔓延时，她却无休止地追逐时尚潮流以自娱自乐。她发明了一种农村生活的游戏，用最精美的材料建起假农舍，用银质的工具照管微缩的田地和畜群，仿佛是在嘲弄她的臣民们的苦难。

玛丽-安托瓦内特从未说过"让他们吃蛋糕"这样的话，但是

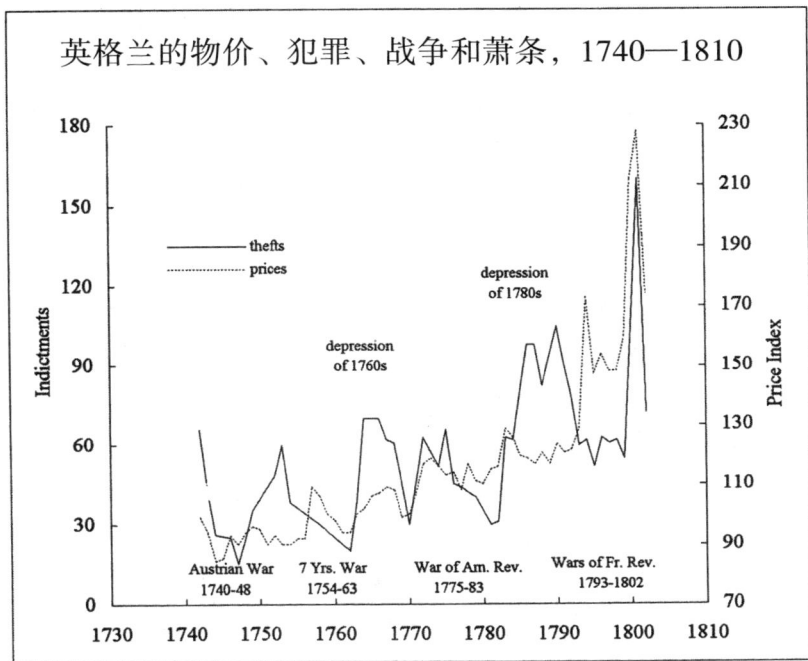

图表 3.14 比较了斯塔福德郡巡回法庭受理的偷窃公诉案件与熊彼特－吉尔波伊价格指数，还与战争和萧条时期相参照。它展现了各个通胀和萧条时期犯罪的增加。战争早期，犯罪率会下降，在随后的年份中会上升，并在战争刚结束时期越发高涨。犯罪率增长最快的是战后滞胀的时期。这里援引的数据来源为 Douglas Hay, "War, Dearth and Theft in the Eighteenth Century: The Record of English Courts," *Past &Present* 95 (1982) 125，该文提供了一种不同的解释。熊彼特－吉尔波伊价格指数见于 Mitchell and Deane, *Abstract of British Historical Statistics*, 468–469。

类似的表达却从高官显贵那里传了出来。1788 年，土伦的一位皇家军官在得知农民们没有粮食时，确实曾说过："让他们吃草吧。"1786 年，双桥公爵手下的一名军官曾轻蔑地谈到当地农民："喂饱他们是我们的利益所在，但把他们养肥就危险了。"奥尔良一位年老的市政官在大革命爆发后遭到逮捕，据说是因为他曾说过："如果所有的小女孩都能死绝，那么面包就充裕了。"[6]

　　对于统治精英们的傲慢和愚行，一种出奇愤怒的情绪迅速在欧洲蔓延。在法国，这种感情尤为强烈。欧洲大陆最强盛的国家，在某些方面却也是最不堪一击的。它没有可以同俄国和美国的处女地相提并论的社会安全阀门，也没有像英国或德国那样通过大量向外移民来发泄压力。18 世纪 80 年代的法国，愤怒和沮丧发展成了暴行。

　　首先出现的是个人的愤怒行为——在巴黎，一位投机商的房屋遭遇纵火；在朗格多克，一位地方官员遭到殴打；在芒奥斯屈埃，一位主教被人砸了石块；到处都是偷盗粮食的现象。到 1788 年，一群群走投无路的人在乡间游荡，偷走他们能找到的所有食物，还袭击税吏。1789 年春天，食物引发的暴乱在各个城镇爆发，反抗精神迅速传遍各地乡村。而政府当局却作出了最糟糕不过的回应——零零星星象征性的暴力措施，这么做不足以镇压反抗，但足以激起反抗。大量的乞丐和小偷小摸者被逮捕，但没有足够的囚牢和蓄奴船来容纳他们。越来越多的士兵因自己家人遭殃而拒绝与民众作对。随着 1789 年食物价格的飙升，各种各样的暴乱突然爆发成了一场革命。[7]

　　1789 年的法国，发生了不少于四次的革命：一场贵族阶层针对国王的大臣们的持续性反抗，一场反对贵族阶级的资产阶级革命，一场城市工人反对大资产阶级的起义，以及一场农民反对所有压迫者的暴动。这些运动中的每一个，都是由物价上涨引发的，全都是对 18 世纪 80 年代财政和经济危机的反应。

　　在巴黎，城市工人们开始了他们的革命，手段是袭击各个城关（barrières），那里是对进入该城的食物征收国内关税的地点。他们洗劫了圣拉扎尔修道院，这不是一场反对教权主义的狂欢，而是为了寻找可以吃的东西。人们发现了地窖里囤积的大量食物。随后，他们将愤怒的矛头转向不公正的象征——巴士底狱。历史学家埃内斯特·拉布鲁斯和乔治·勒菲弗发现：巴士底狱遭到攻击的那一天，正是巴黎粮食价格达到其周期性高位的一天。袭击巴士底狱的人们并非城市底层的暴民，其中大多数人是工匠、手艺人、雇工和小店主，他们被高昂的生活成本和对无视民众疾苦的政府的愤怒所驱使，才有此绝望之举。[8]

同时，农民的革命在乡村地区爆发。人们的不满集中在封建税费、领地烤炉垄断、高昂的地租、可恨的狩猎集会、残酷的高利贷者、集体权利的丧失和对个人的横征暴敛上。不平等的税收尤其遭人怨恨，它使沉重的负担压在了穷人身上，并与飞涨的物价成比例上升——人头税、田租、盐税以及对葡萄酒和啤酒的征税。

在法国境内，许多特权的拥有者都遭到了攻击，有时表现为严重的暴力。城堡被烧毁，修道院被袭击，磨坊被推倒，仓库被洗劫。档案卷宗成了普遍的目标。地租卷宗和债务簿册被系统性地毁灭了。各省首府的街道上，官方文件四处散落。

第三次资产阶级革命号称"大革命"，这是一场由中产阶级主导的综合性革命运动，试图为法国建立起一个由新的国民议会领导的立宪代议制政府。这股力量的领袖们起初追求两个经济理念：自由贸易和私有财产神圣不可侵犯。新的政体没有否认国家债务，许多资产阶级都是法国公债的持有者。相反，它试图用其他方法解决国家的财政问题——其中一部分是没收教会财产，并将其卖给私人买家。它消灭了垄断权和行会，并且废除了为农民阶级所珍视的集体性权利。

从1789年到1791年的两年时间里，这场资产阶级革命的前景喜人。欧洲的天气好转。西方世界的商业也复苏了，而粮食供应价格大跌。这一刻，法国似乎成功地为自己创建了一个稳定的君主立宪制政体。

但好景不长。问题再度出现，依然是生活成本问题。从1791到1793年，又发生了一次经济危机。食物价格再度飙涨，其剧烈

大革命和巴黎的面包价格，1788—1790

```
15
14       The Bastille fell on the same
13       day when prices peaked in
         Paris, 14 July 1789
12
11
10
9
         bread prices in Paris
8        (4-pound loaf in sous)
7
    Feb-88  Sep-88  Apr-89  Oct-89  May-90  Nov-90
```

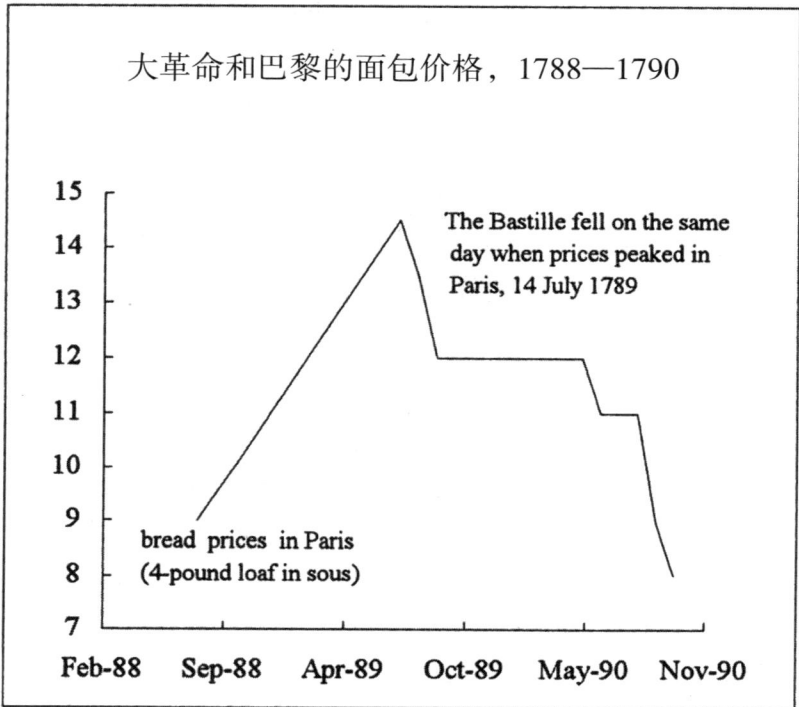

图表 3.15 展示了巴黎的物价和革命的关联。资料来源为 George Rudé, "Prices, Wages and Popular Movements in Paris during the French Revolution," *Economic History Review* 2d ser., 6 (1953–1954) 246–267; Georges Lefebvre, "Le mouvement des prix et les origines de la Revolution française," *Annales Historiques de la Revolution Française* 14 (1937) 289–329。

程度，堪称历次价格革命最后阶段的典型现象。食物引发的暴动再一次在巴黎蔓延。结果，发生了第二次且更加激进的法国革命。国王被废黜，随后遭处决；雅各宾派夺取了权力，恐怖就此降临。

罗伯斯庇尔领导的雅各宾派政权试图施行最高限价来解决物价暴涨的问题。通过一个高效的价格控制系统，飞涨短暂地遏制住了，但随之而来的定量配给和薪酬限制显然非常不受欢迎。罗伯斯庇尔的倒台，正是在一次反对薪酬限制的暴乱打击下发生的。[9]

接着，一场名为"热月政变"的反革命运动爆发，这个名称来自薪酬暴乱时采用的革命日历。一个高度腐败的新政权——"督政府"——控制了国家机器，并且放松了薪酬和限价制度。结果是再一次的物价飙升、薪酬下降，穷人处境极端艰难，而投机者大获其利。这期间爆发了许多暴乱，却都遭到残酷镇压，最终督政府倒台。

从 1789 年到 1799 年，法国大革命命运的每一次转折都与价格动态息息相关。市场波动与政治事件联系在了一起。[10]

同时，这种革命精神迅速传遍其他国家。在欧洲和美洲的每一个地方，物价都在上涨，而实际薪酬下降。财富日益集中。精英阶层对他们的特权越发不可一世，而社会氛围越来越紧张。这些是国际性的事件，其引起的反响也是国际级的。对自由、平等和博爱的革命性呼唤，并非法国首创，而是来自荷兰。这些强有力的理念并非空洞无物的抽象名词，而是对紧迫问题脚踏实地的解决方案。结果，一场革命浪潮爆发，其范围之广、手段之暴力，堪称史无前例。

革命很快接二连三地在今比利时（1789）、瑞士（1792）、荷兰（1794）、波兰（1794）和爱尔兰（1798）爆发。法国革命军队颠覆了热那亚（1797）、威尼斯（1797）、伯尔尼（1798）等许多意大利城市和瑞士各州旧有的寡头政体。瑞典国王古斯塔夫三世遇刺（1792），而俄国沙皇保罗一世（1801）遭受了同样的命运。英国首相斯宾塞·珀西瓦尔被一个破产的股票经纪人约翰·贝灵翰姆谋杀（1812）。在刚刚诞生不久的美国，发生了一场和平的革命，杰斐逊主义运动将联邦党人的辉格党式寡头政体，转变成了代议制民主政权。法国和西班牙的美洲殖民地也爆发了革命。革命几乎蔓延到世界的每个角落。在莫桑比克海峡边的科摩罗群岛上，非洲居民们举行了反抗阿拉伯统治者的游行，他们的横幅上写着："美国自由了！难道我们就不行？"[11]

旧制度的捍卫者们通过组织反革命运动进行反击，这些运动比革命本身更为暴力。在 18 世纪 90 年代，西方世界最悲惨的社会暴力场景出现在西班牙，在那里，保守派暴徒试图将激进分子从这个国家彻底清除。[12]

到了 1792 年与 1793 年之交的那个冬天，普鲁士、奥地利、英国、西班牙和荷兰都对法国的革命政府开战。为支付高昂的军费开支，法国政府印发了大量毫无安全担保的货币，名叫"纸券"（Assignat），它在五年之内就贬值到票面价值的 20%——这是典型的恶性通胀。[13]保守派的各个政权同样面临巨大的压力。开战之后，英格兰银行停止了用铸币赎回纸钞的业务。英国在一段时间内脱离了金本位制，结果是其货币购买力的下降。[14]

许多国家物价暴涨。从 1790 年到 1815 年，上涨率超过了此前任何一次价格革命。每个欧洲国家和货币体系都在劫难逃，而南北美洲也不例外。从波士顿到布宜诺斯艾利斯，消费品价格在 1794 年到 1814 年之间涨到了原来的三倍。同一期间，加拿大、美国和墨西哥的谷物价格也发生了暴涨。从 1767 年到 1839 年，中东、巴尔干地区和土耳其都经历了所谓的"奥斯曼帝国历史上最严重的通胀时期"。具体时间在细节上有不同，但各地的趋势几乎一样。[15]

这次暴涨使得总体通胀率超过了早前的长期波动。在中世纪的价格革命中，年均增长率是 0.5%；16 世纪时则略高于 1%。在 18 世纪这次巨浪来袭时，英格兰的平均通胀率为 1.7%，这主要是由 1793 年到 1815 年间的物价暴涨而造成的。[16]

那是一个战乱的年代——此时不再是 18 世纪中期的王朝纷争，而是社会动乱，其中既有对高尚原则的抽象诉求，也混合了西方世界自 17 世纪危机以来未曾经历过的野蛮暴力。欧洲各民族彼此开战。俄国、加拿大和美国的首都惨遭洗劫和焚烧。无法想象的暴行成了拿破仑战争时期西班牙的家常便饭。戈雅对战争恐怖的捕捉之有力，

美国和法国大革命期间的恶性通胀

United States Continentals		France Assignats	
1776	100	1789	100
1777	200	1790	105
1778	600	1791	109
1779	1,600	1792	133
1780	6,000	1793	143
1781	16,700	1794	250
		1795	555
		1796	24,060

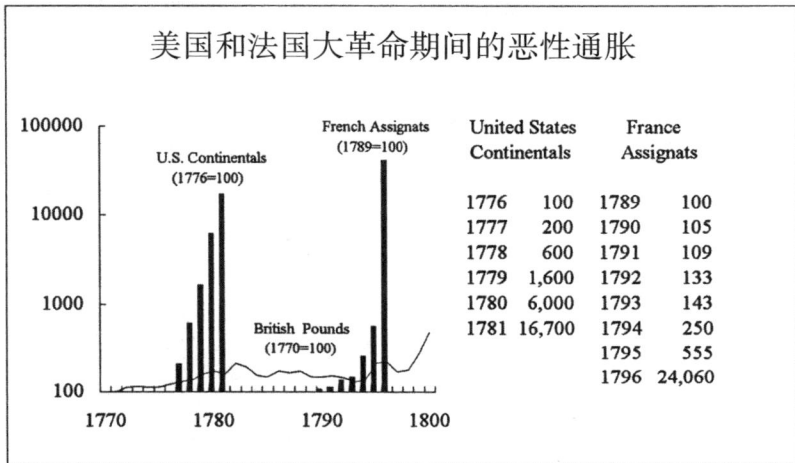

图表 3.16 展现了由法国和美国革命政权的货币政策所引发的恶性通胀。较为稳定的硬通货的价格趋势，从英国货币购买力的变化可见一斑。关于美国大陆币，参见 E. James Ferguson, *The Power of the Purse: A History of American Public Finance*, 1776–1790 (Chapel Hill, 1961); 关于法国纸券，参见 A. Bailleul, *Tableau complet de valeur des Assignats* (Paris, 1797); 关于英国货币，参见 B. R. Mitchell, *British Historical Statistics* (Cambridge, 1988)。

是自 17 世纪普遍危机中的卡洛*之后，任何西方艺术家都不及的。

战争加深了革命时代的危机。军事史上的每一个光荣年代，都是平凡百姓的痛苦岁月。拿破仑和纳尔逊的时代也不例外。最可怕的灾难出现在 1805 年到 1815 年间，在短暂的和平间歇期之后，各大强国再度开战。英国皇家海军赢得了特拉法尔加海角的控制权（1805），而法国的帝国陆军则在奥斯特利茨战役（1805）和耶拿战役（1806）后，取得了欧洲大陆的霸权。

此后，斗争发生了变化。两个互为竞争对手的国家，在各自领域内均地位稳固，于是转而进入经济战。英国对拿破仑统治下的欧

---

* 雅克·卡洛（1592—1635），法国铜版画家，代表作为《战争的苦难》。

洲进行封锁，法国则对英国商旅关闭了大陆上的港口。随着价格革命的巨浪达到顶点，西方世界这两个最强大的国家开始系统性地摧毁对方的经济。在这个完美体现人类的愚不可及的行动中，整个西欧的市场都遭到了处心积虑的破坏。英国和法国的食物价格飙涨到史无前例的高度。实际薪酬一落千丈，贫困人口骤增，到 1812 年，全英国有超过一半的家庭都依靠某种形式的救济维持生计。[17]

经济战的代价相当惨重，哪怕是对非交战方而言。从 1793 年到 1805 年，作为中立的贸易国，美国欣欣向荣。而此时，它的船只被英法双方扣押，新英格兰的运输贸易遭到破坏，南部各州的主要商品交易中断。美国被无情地拖入战争的漩涡，经济滑入大萧条，物价却飙升，并于 1814 年达到顶峰，当时商业正处在最低潮。食物和能源价格都发生了暴涨。[18]

但最可怕的灾难还是发生在旧世界。1812 年，拿破仑从他的欧洲占领区征召了大量军队，直奔向东，意欲毁灭俄国。与此同时，英法之间的半岛战争达到了其野蛮残暴的顶点。同时，英美之间还爆发了另一场战争。各地的体系都在绷紧，达到了濒临崩溃的临界点。英国政府在 1812 年处在破产的边缘，美国则在 1814 年濒临解体。最终，土崩瓦解、血肉模糊的，是拿破仑的帝国。

这场普遍危机，就像之前的一样，也是一个思想事件。启蒙运动的确信笃定，被席卷西方世界的混乱无序抹杀。人们丧失了对理性和进步的信心。它们的倡导者成为殉难者。

一个典型的例子来自孔多塞侯爵。这位善良、温和且高度自律的绅士哲学家，不仅曾为启蒙运动欢欣鼓舞，欣然欢迎大革命的到来，还成为人道主义理想的早期皈依者。他曾投票反对处决路易十六，反对逮捕吉伦特派。由于这些出于人道主义精神的行为，他被宣布为叛国者，并且被迫隐迹藏行。在逃难期间，孔多塞写下了一部惊世骇俗的著作，名为《人类精神进步史表纲要》。由于遭到雅各宾派的追捕，他被迫像动物一般生活在树林里和废弃的采石场内。最终，他被农民们抓住，而他曾拥护过他们的理想和追求。孔多塞被投入监狱，朋友们抛弃了他，他头破血流、衣衫褴褛。最终这位伟大的改革运动倡导者于 1794 年 4 月 8 日结束了自己的生命。

孔多塞悲惨的命运，也降临在他所象征的启蒙运动身上。大革命吞噬的不仅是它精神上的后代，还有其思想上的父母。从 1790 年到 1815 年间，理性的梦想在战争的硝烟中灰飞烟灭，而另一种情绪开始主导西方世界的精神生活，其载体是一种被称为"浪漫主义"的复杂的文化意识形态，在 18 世纪的欧洲酝酿已久。1800 年到 1815 年间，浪漫主义迅速发扬光大，并且成为西方世界的主流审美取向。

浪漫主义首先是一种新的认识论。它重视感受胜于理性，直觉胜于经验，暧昧胜于明晰。它倾向于回顾过去，而非展望未来。它不太相信理性或人类进步的希望。在欧洲，它常常表现为一种悲思愁绪，甚至于绝望。浪漫主义的代表，是歌德笔下悲伤的少年维特，以及文学界的"狂飙突进运动"，是司汤达对社会的悲剧式呈现，以及华兹华斯以云朵和水仙为伴的隐逸生活。在美国，它是爱伦·坡的哥特式惊悚故事，是霍桑书中的血色红字，以及梅尔维尔的亚哈船长。在英格兰，它是拜伦笔下的曼弗雷德和恰尔德·哈罗德这两个远离社会甚至远离自我的英雄。这场普遍危机演变成了一场文学革命，改变了西方世界的价值观。

这股巨浪在拿破仑战争期间（1796—1815）达到了顶峰，旋即支离破碎，化为遍地暴行。物价以一种出奇的准确性，在军事行动的巅峰期同步达到了顶峰——1808 年在德意志，1812 年在俄国，1812—1813 年在英国，1814 年在美国。莱比锡和滑铁卢、巴尔的摩和新奥尔良的战役被证明对价格历史而言至关重要，不亚于它们对于政治和战争的重要性。

自此之后，长期以来的趋势突然中断，而物价开始下降。这种转变，并非一个清晰而简单的间歇期。新的潮流刚刚起步，就突然被近现代历史上最严重的气候压力打断。从 1814 年到 1818 年，冬天极为严酷，而夏天又湿又冷。最糟的情况发生在 1816 年。在欧洲，那一年的夏天寒冷、阴暗、潮湿而又萧瑟。一众文学界人士将他们被毁掉的瑞士假期花在了室内，书写着体现人们普遍情绪的恐怖故事。玛丽·雪莱创作了《弗兰肯斯坦》，拜伦勋爵的医生约翰·波里多利则创作出了《吸血鬼》。在美国北部，1816 年是一个"无夏之年"；每个月都有致命的霜冻，大量庄稼被毁。在俄亥俄州的民俗传说中，1816 年被称为"一八冻死"年。新英格兰则将其记载为"鲭年"。

1816—1817 年的粮食短缺比 1788 年的更为严重，食物价格高涨。但是文化上的结果却与以往不同。四面八方的谷物流入西欧——从敖德萨新建的港口运来的乌克兰谷物，从巴尔的摩运来的美国谷物，从亚历山大港运来的埃及粮食，从君士坦丁堡运来的土耳其谷物。全球粮食市场越来越融为一体，这将欧洲从饥荒的威胁中拯救了出来。

各国政府在提供社会福利方面，变得更加高效。结果就是穷人在短缺时期没有被饿死。死亡率几乎没怎么上升。在新英格兰地区，死亡率在最冷的几年中甚至下降了。

各个新创建的民族国家也从惨痛的经验教训中学会了如何在社会暴力演变成革命之前，及时对其进行控制。西方世界中的常备军、国民警卫队以及新出现的职业警察力量阻止了民众暴动，并且防止食物引发的暴乱演变成颠覆政府的运动。1816 年的危机在没有太大动荡的情况下过去了。[19]

1816 年之后，天气好转，但西方世界又遭遇一记重击。在美国，于 1819 年开始的一场商业恐慌发展成了一次全面的萧条。物价一落千丈，需要救济的贫民增加，而失业成为一个比以往任何时候都更加严重的社会问题。新型的慈善组织再一次防止了饥荒的发生，而专业的和平维持者们维护了秩序。

全面的经济复苏直到 19 世纪 20 年代才到来，此时已是滑铁卢战役之后的十年，距离那场摧毁了西方许多国家旧制度的革命已有半个世纪。到这个时候，危机才结束。一个新的均衡期终于出现。

维多利亚均衡期，约 1820—1896

　　这种新的变化机制大概可以称为维多利亚时代的价格均衡期。它恰巧几乎与维多利亚女王本人的生卒年（1819—1901）重合，并且与她代表的文化价值观紧密相关。它的特点在大不列颠表现得最为清晰。从 1813 年到 19 世纪 20 年代初，这个国家的物价大跌，随后在一个固定的范围内波动了五十多年。它们在 1873 年的萧条后再度下落，并且在 19 世纪接近尾声时再次稳定下来。从 1820 年到 1896 年，英国没有出现持续的物价飞涨。[1]

　　类似的情况也出现在其他国家，其间的差异体现了各国历史的不同。在德意志，价格在 1815 年到 1830 年间迅速下降。此后，在 19 世纪剩下的时间里，总体物价水平在一个平缓的区间内波动。在这里，均衡期依然并不意味着静止不动。德意志历史上的每一个重大政治事件都在价格动态上留下了印记。其中没有一个从根本上改变了潜藏的态势，有些则加强了它。

　　德意志关税同盟的创建是一个典型的例子，这个同盟的起点是普鲁士和施瓦茨堡—松德斯豪森签订的一个条约（1819），并且逐渐扩大，到 1844 年已经包含德意志的绝大部分地区。该经济联盟取消了其内部的商业壁垒，并且创造出一个更加自由和开放的国内市场。1819 年到 1844 年间，德意志的物价开始变得比过去更加稳定，甚至比英国的还要井然有序。

19 世纪 40 年代晚期，糟糕的天气和普遍的庄稼歉收短暂地打断了这种稳定，并且引发整个德意志以及欧洲中部的物价暴涨。这些干扰是 1848 年革命的原因之一，正是粮食短缺和物价暴涨成为革命的导火索。1849 年之后，均衡状态迅速地恢复了。[2]

德意志的另一个价格动荡时期，是由三次国家统一战争造成的，即丹麦战争（1864）、普奥战争（1866）和普法战争（1870）。这些时期，物价飙涨，但在 1871 年之后，又重新融入了整体趋势。[3]

在美国，南北战争（1861—1865）导致通胀的爆发，这打破了原本的均衡，偏离了欧洲的经济走势。在北部各州，内战同时冲击着供求双方、市场和制造业者、财政政策和货币体系，将物价推到更高。[4]

更大的中断发生在南方邦联各州，它们在内战期间经历了极端的恶性通胀。1861 年，各奴隶州的经济依然原始，以至于很难找到能够刻印票券的工匠。由于缺少其他资源，南方邦联通过发行毫无安全担保的纸质货币来支付战争开销：先是少量和大面额的，后来则是数以百万计的小额纸钞。邦联发行的美元印刷非常粗糙，当时伪钞被发现的原因，竟是其印刷质量过于精良。在一段时期内，这种货币的价值靠南方的爱国热情和对胜利的高度期望得以维持。迟至 1863 年春，南方邦联的货币依然基本保持着其币值：南方美元和北方美钞正常的汇率是二比一。在葛底斯堡战役之后，汇率暴跌至四比一。但直到 1865 年，南方的爱国者们依然按照邦联货币的票面价值接受其作为支付手段。南方邦联从未宣布其纸钞为法定清偿手段；其价值的基础，是接受它们的人民的忠诚之心。南北战争期间，这种纸钞发行了将近十亿美元。[5]

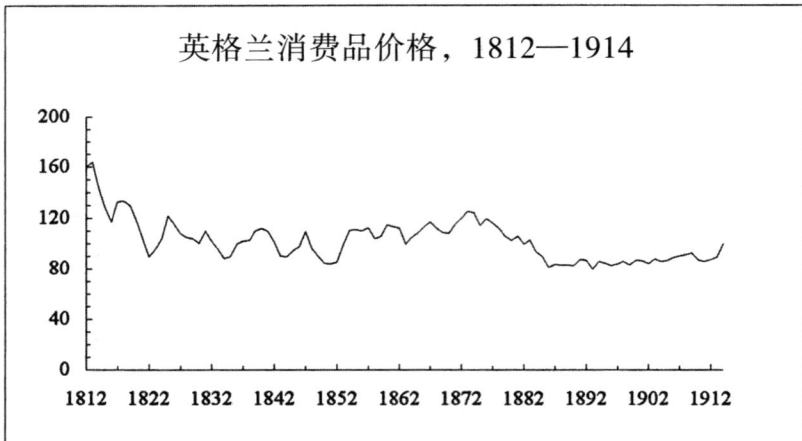

图表 3.17 追踪了 1812 到 1914 年的英格兰消费品价格动态。此前的价格革命危机之后，接着是一个价格下跌期（1812—1822）。这次通缩过后，价格在一个固定区间内波动（1822—1873），随后是第二次急剧的通缩（1873—1882），以及一个稳定期。资料来源为 E. H. Phelps-Brown and Sheila Hopkins, "Seven Centuries of the Price of Consumables," *Economica* 23 (1956) 740–741。

　　美国南北内战及其痛苦的余波散尽之后，紧接着就是急速的价格通缩。到 1880 年，这场战争对美国物价水平的影响才彻底消失。此后，美国的价格趋势重新融入西方世界的总体均衡中。到 19 世纪 90 年代初，英国、德国和美国的商品批发价格指数几乎步调一致。

　　维多利亚时代的均衡期是极为复杂的动态过程。其稳定的基调使得许多周期性的规律更加明显。在农产品价格方面存在收成周期，在制成品方面存在库存周期，还有许多不同长度的商业周期。有日周期、周周期、季节周期、年周期、世代周期，或许还存在一个五十年的周期。如此种种，在其看似复杂的节奏之中，都有高度的规律性可循。随着均衡期的继续，短周期动态的振幅（尤其是收成的波动）随着时间的推移逐渐变小。这种渐趋和缓的过程，是总体

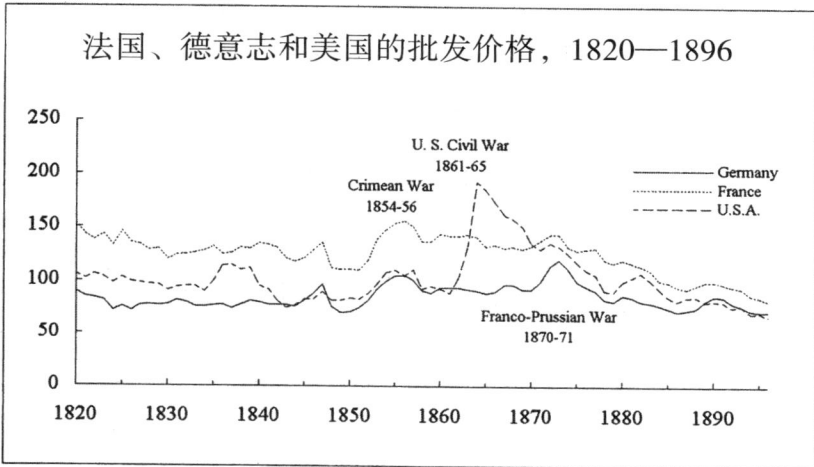

法国、德意志和美国的批发价格，1820—1896

图表 3.18 调查了德意志（1913 年 =100）、法国（1901—1910 年 =100）和美国（1910—1914 年 =100）的批发价格。价格走势在这三地都类似：从 1820 到 1896 年，价格呈现稳定或下降态势，其间被短暂的剧烈通胀打断（多与战争相关），普遍均衡态势曾为此中断了几年。参见 A. Jacobs and H. Richter, *Die Grosshandelpreise in Deutschland von 1792 bis 1934* (Berlin, 1935); A. Chabert, *Essai sur les mouvements des prix et des revenus en France de 1798 à 1820* (Paris, 1945); *Historical Statistics of the United States* (1976) series E40, 52。

价格均衡期的典型表现，而且与价格革命期间越来越剧烈的振幅大不相同。[6]

特定商品的价格随着时间和地点的不同而变化，但是变数依然大都呈现出相当稳定和规律的状态。在西欧的城市和工业中心地带，以及美国东部人口较为稠密的地区，谷物价格较高；在欧洲中部和美国中部地区，价格较低；在俄国东部和美国西部，谷物价格最低。这个经典的环状分布规律贯穿整个 19 世纪，但是其核心和外围之间的价格差异，却随着世界谷物市场更加融为一体而逐渐消失。[7]

其他复杂的态势出现在物价、薪酬、地租和利息的相对动态中。当价格在相同区间内波动甚至下降时，实际薪酬赫然上升——就像在其他历次均衡期一样。根据一个衡量标准（亨利·费尔普斯—布朗和希拉·霍普金斯构建的指数），从 1801 年到 1899 年，英格兰建筑工匠们的实际薪酬增加了三倍多。这样的比较夸大了实际变化的幅度：因为 1801 年是尤为困难的一年，而 1899 年是高度繁荣的一年。其他的基准数据则展现了较小的涨幅——所以，实际薪酬增长到原先的两倍，而不是四倍。但是，这里呈现的上涨趋势却总是一样的。在英国、法国、德国、瑞典和其他所有有数据可查的欧洲国家，货币薪酬和实际薪酬双双上涨。在这一点上，维多利亚均衡期与 12 世纪、文艺复兴和启蒙时代的均衡期类似。[8]

在美国，薪酬也上涨了，但美国的情况不如英国那么稳定。内战期间，工人们的实际所得大跌，并于 1866 年跌到了 19 世纪的最低点，这很大程度上是当时通货膨胀、物价飙涨的结果。1873 年和 1893 年的恐慌和萧条也拉低了薪酬，但这些黑暗的插曲属于例外。对于高技术工匠和农场工人而言，薪酬都呈现出长期上涨的趋势。[9]

必须强调，以上概括针对的是受雇期间工人们的收入。"巨大的困难，"斯蒂芬·特恩斯特伦写道，"不在于估算日薪，而在于判断这个劳动者每年有多少天能找到活。"他估计，19 世纪中期，马萨诸塞州的非技术工人每年有两三个月没有工作。这个比例在整个 19 世纪是涨是跌，不得而知。特恩斯特伦相信，从 19 世纪中期到该世纪 70 年代，该比例没多少变化，但即便这里只有小小的变动，也可能导致实际收入出现重大的差异，与实际薪酬不同。[10]

另外，劳动力成本的上升并不总是能使劳动者本身得到回报。比如，美国南北战争之前南方的奴隶经济，糅合了自由的市场和不自由的劳动者。南方各州的奴隶价格的动态跟欧洲和北方各州的实际薪酬同步变动，就像早前一样。18 世纪晚期，美国的奴隶价格暴跌，与此同时，西欧的自由工人的实际薪酬也发生了骤降。18 世纪 90 年代，潮流发生了逆转。奴隶价格开始上涨，从 1795 年的三百

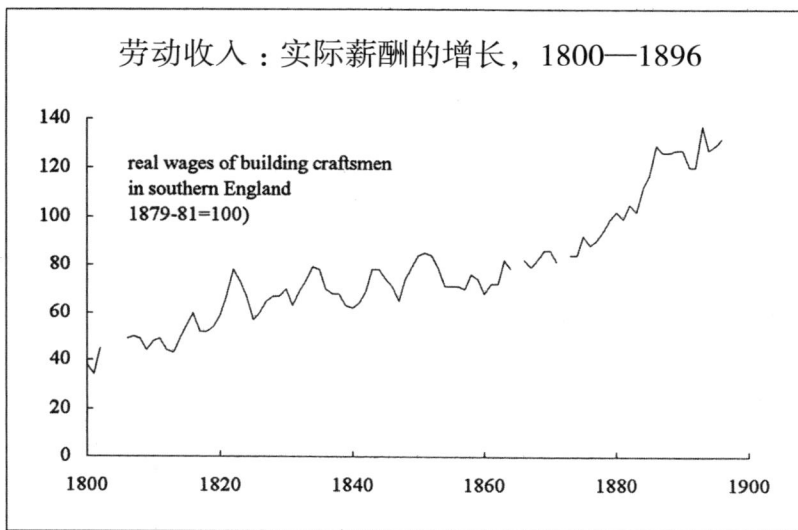

劳动收入：实际薪酬的增长，1800—1896

real wages of building craftsmen
in southern England
1879-81=100)

图表 3.19 显示了实际薪酬呈持续增长态势，在 19 世纪，英国建筑工人的实际薪酬增长为过去的三倍。参见 E. H. Phelps-Brown and Sheila Hopkins, "Seven Centuries of the Prices of Consumables, Compared with Builders' Wage-Rates," *Economica* 23 (1956) 296–315。

美元（或者更少），到内战前夕弗吉尼亚州的一千二百美元和新奥尔良的一千八百美元。

奴隶的价格比自由劳动者的实际薪酬增幅更大。不过，两个劳动体系中变化的方向是相同的。1815 年到 1860 年间奴隶价格的长期增长，并非美国南方的"特殊体制"独有，主要也不是由奴隶经济本身推动的——一些历史学家错误地这么认为。奴隶价格的上涨是遍及西方世界的一个规模大得多的动态的一部分。[11]

维多利亚均衡期并非对每一个人来说，都是繁荣兴旺的黄金时代。时不时会有人感到时事多艰；一些人甚至一直在受苦受难。全世界种植粮食谷物的农民自从1873年的恐慌之后，就一直深陷困境，其政治上的结果，就是在美国发生的民粹主义运动，在英国爆发的

英格兰和威尔士的土地收益：地租和不动产价格，1800—1880

Sale Prices (pounds sterling per acre)

Rent (shillings per acre)

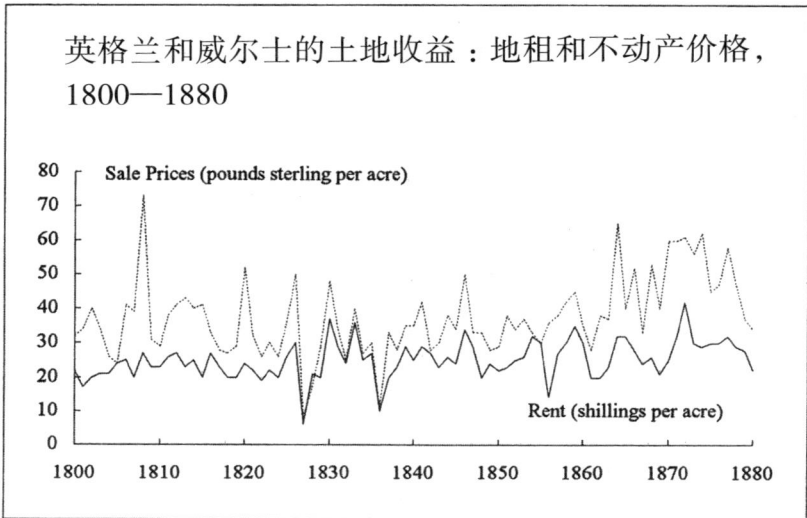

图表 3.20 展现出：英格兰和威尔士不动产的销售价格在 1812 年到 1864 年间呈现出长期而缓慢的下降趋势，随后在 1864 年到 1877 年出现了短暂的上升。地租的长期走势在整个 19 世纪都颇为平稳。参见 E. M. Carus-Wilson, "A Century of Land Values: England and Wales," *Essays in Economic History*, III, 128–131。

"田野暴动"，以及欧洲乡村地区的动荡不安。但总体而言，多数工人的实际薪酬都上升了。

实际薪酬上升的同时，19 世纪的资本收益（以利率来衡量）稳步下降，就像在其他历次价格均衡期时一样。这一趋势在 19 世纪国际资本主义的中心伦敦金融城显而易见，在那里，债券被称为"股票"（stocks），股票被称为"股份"（shares），而公共证券被称为"基金"（funds）。它们的年度表现受到《芬恩基金评论》的悉心审视，它相当于维多利亚时代的《穆迪手册》，上面醒目地记载了将近一个世纪的稳定样态。

最重要的基金是"统一公债"，它是英国长期发行的、用于国家借贷的金融工具。1812 年，当英国同时与法国、美国开战时，统一公债的平均收益涨到了 5.08%。此后，收益回报率持续下降了八十五年，于 1897 年跌到 2.25% 的低谷。这种长期下降的趋势并非全然连贯一致。克里米亚战争将利率抬高，而商业萧条又再度将其压低，但是尽管经历了许多起伏，长期的变化趋势在一个世纪里都相当稳定。[12]

同样的趋势也出现在其他西方国家。法国公债、荷兰永久年金、普鲁士债券和新英格兰城市公债的收益，全都呈现出类似的长期下降走势。有几个例外。法国政府在 1830 年、1848 年和 1871 年的革命之后，必须支付更多开销。但这些财政上的干扰因素影响力有限，并且为时甚短。在 19 世纪晚期，即便是长期顶着"政局不稳"名声的法国政府，也依然能够以 3% 的利率偿付其公共债务。[13]

私人交易中的利率更高，并且变数更大，超过了公共基金。英格兰银行采用一张偏向道德考量超过物质考量的量表对顾客们进行分级，从"极受尊重且拥有巨额财产的交易者"到"评价较低者"，据此对其个人客户收取不同的费用。每个借钱的人都得到了一个与其邪恶堕落程度相匹配的折扣。高贵显赫却声名狼藉的私人债务人被迫支付的利息，恐怕会使 20 世纪的人都觉得触目惊心。1840 年，未来的英国首相本杰明·迪斯雷利被要求为一笔贷款支付 40% 的年利息，以便体现一种"紧迫的责任"。然而总体而言，在维多利亚均衡期，私人借贷领域与公共金融领域一样，利率倾向于下降。在整个漫长的维多利亚均衡期，这个趋势都是持续下降。[14]

土地收益——地租和不动产价格——也下降了，随后稳定下来，并在 19 世纪早期再度下降。萨克森-安哈尔特州的土地历史显示：1820 年到 1895 年间，不动产价值与黑麦价格联系密切。土地价格和地租在普鲁士、英格兰和美国都呈现出同涨同跌的情况。[15]

对于乡村地产的所有者而言，这些趋势全是麻烦，而且假以时日，它们酿成的苦果将会降临于世。拥有土地的阶层要同时面对地

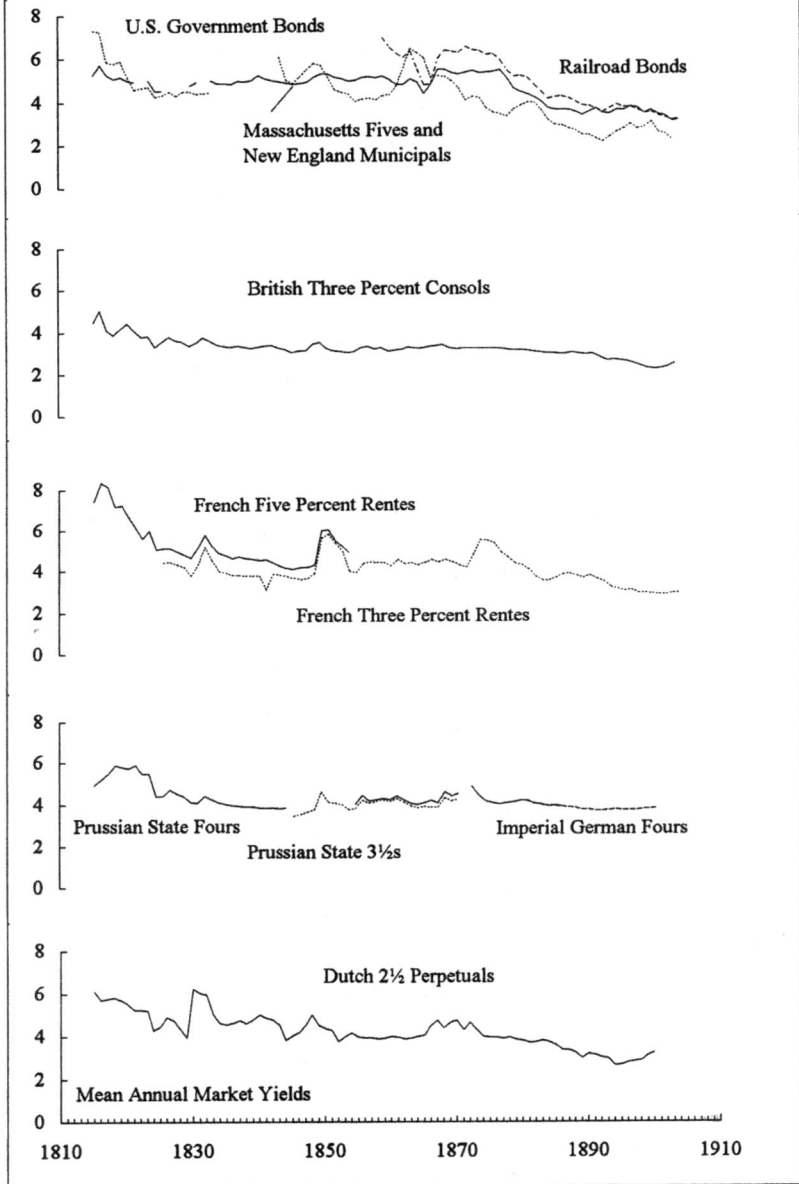

资本收益：五个国家中利率的下降，1815—1900

U.S. Government Bonds

Railroad Bonds

Massachusetts Fives and
New England Municipals

British Three Percent Consols

French Five Percent Rentes

French Three Percent Rentes

Prussian State Fours

Prussian State 3½s

Imperial German Fours

Dutch 2½ Perpetuals

Mean Annual Market Yields

1810   1830   1850   1870   1890   1910

图表 3.21 概括了从 1820 年到 1896 年整个西方世界利率长期下降的迹象。参见 Homer, *History of Interest Rates*, 196–209。

租下降、薪酬提高和疲软的农产品价格。英格兰的绅士、普鲁士的容克以及美国南方的种植园主都面临着相同的困境。这些地主的祖先们（至少在精神层面上）可以追溯到欧洲古老封建时代的精英阶层，并且其子孙也以武士的伦理来养育。随着维多利亚和平（pax victoriana）的推进，这些精力充沛的青年中有许多人破产潦倒、百无聊赖且残忍嗜血——这是一个危险的组合。一些人去海外冒险，参加到"华丽的小型战争"和远方的征服活动中：大英帝国曾经被称为"上层阶级的院外救济系统"。另一些人从事政治和外交活动，将其视作与战争等量齐观的事业，但这对世界和平依旧更多地是一种威胁——当上次欧洲大屠杀的惨景被遗忘或是被隐隐约约地当作某种光荣事迹时，情况就更危险了。在维多利亚时代的晴朗午后，远方的地平线上乌云密布。

总体来说，在维多利亚均衡期，土地、劳动力和资本的相对收益大致相同，这一点与文艺复兴和启蒙时代相同。其社会后果也类似。在每次价格均衡的中期和后期阶段（但早期阶段例外），财富的分配都倾向于稳定，甚至变得更公平了一点。这里存在滞后效应。19 世纪早期，不平等现象继续加剧，就像在 18 世纪价格革命的晚期阶段一样。但是 1850 年之后，财富和收入在分配上变得更加公平，或者是保持相同程度的不公平。这种倾向，在其他历次均衡期的后段都曾出现，并且滞后现象也如出一辙。

然而在其他方面，维多利亚时代是独一无二的。其结构比任何可比较的时代都更有活力。在文艺复兴和启蒙时代的均衡期，人口增加很少。经济低增长率与人口低增长率之间达到了一种平衡。维多利亚时代却不是这样。整个 19 世纪，欧洲、美洲和全世界人口都在迅猛增长。人口快速增长在之前也常有发生——总是对价格水平发挥了同样的刺激通胀作用。就像拉布鲁斯描述的，货币通胀和价格通胀伴随着人口通胀而来。

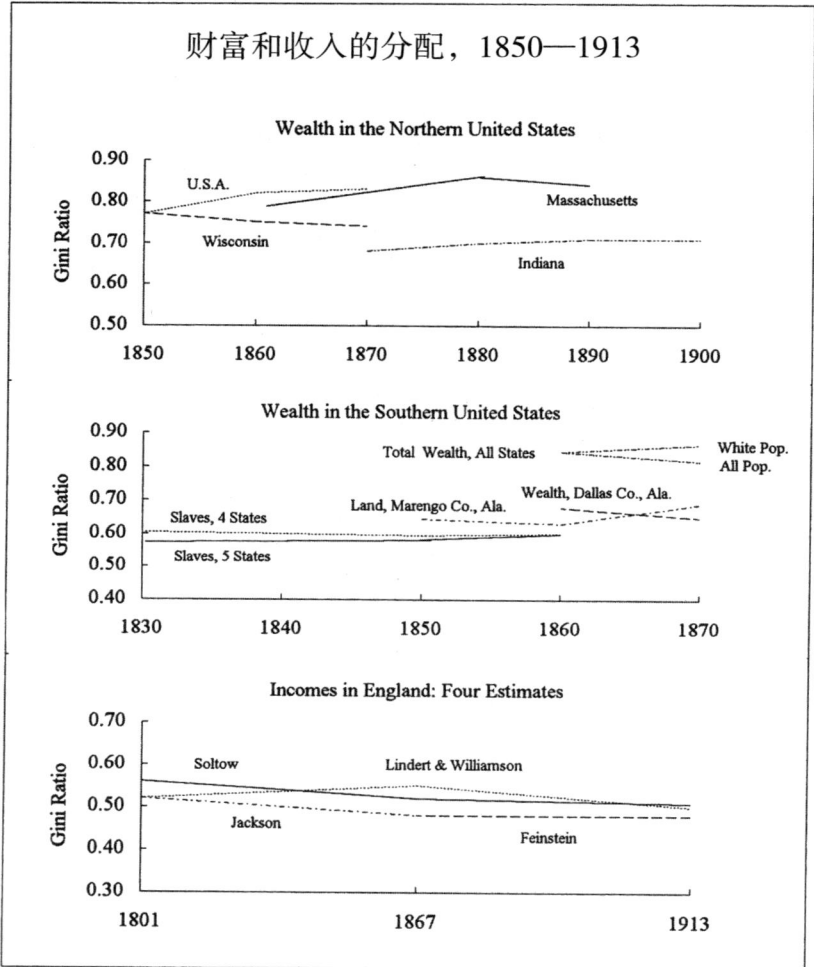

财富和收入的分配，1850—1913

Wealth in the Northern United States

Gini Ratio

0.90
0.80 — U.S.A.
0.70 — Wisconsin — Massachusetts
0.60 — Indiana
0.50

1850　1860　1870　1880　1890　1900

Wealth in the Southern United States

Gini Ratio

0.90
0.80 — Total Wealth, All States — White Pop. / All Pop.
0.70 — Land, Marengo Co., Ala. — Wealth, Dallas Co., Ala.
0.60 — Slaves, 4 States
0.50 — Slaves, 5 States
0.40

1830　1840　1850　1860　1870

Incomes in England: Four Estimates

Gini Ratio

0.70
0.60 — Soltow — Lindert & Williamson
0.50 — Jackson — Feinstein
0.40
0.30

1801　　　1867　　　1913

图表 3.22 展现出 19 世纪英美两国财富和收入的稳定性。这是稳定的地租、资本回报下降和实际薪酬上升的净效应。资料来源包括 Lee Soltow, "Long-Run Changes in British Income Inequality," *Economic History Review*, 21 (1968) 17–29; Peter Lindert and Jeffrey Williamson, "Revising England's Social Tables," *EEH*, 19 (1982) 385–408; Charles Feinstein, "The Rise and Fall of the Williamson Curve," *Journal of Economic History*, 48 (1988) 699–729; R. V. Jackson, "Inequality of Incomes and Lifespans in England since 1688," *Economic History Review*, 47 (1994) 508–524; Lee Soltow, *Men and Wealth in the United States, 1850–1870* (New Haven, 1975)；同　前，*Patterns of Wealthholding in Wisconsin since 1850* (Madison, 1971); Roger Ransom and Richard Sutch, *One Kind of Freedom* (Cambridge, 1977); Jonathan M. Wiener, *Social Origins of the New South: Alabama, 1860–1885* (Baton Rouge, 1978)。

19 世纪时，还发生了另一些事。人口继续增长，而价格在同样的水平内稳定波动。英国历史学家安东尼·里格利和罗杰·斯科菲尔德写道："如果说这两个彼此相关的序列的表现直到 19 世纪初都存在一种显著的统一性，那么自这时起，它们相当明显地与过去一刀两断了……人口增长与价格上升之间的历史联系被打破；一场经济革命应运而生。"[16]

里格利和斯科菲尔德在某些方面是正确的，在另一些方面却搞错了。的确，就像他们说的，价格与人口之间单纯而表面的联系消失了。但这种联系并没有全然断裂。一种更深层的联系依然存在于变革的派生现象之中。19 世纪人口增长率的变化节奏，依然与价格动态息息相关。维多利亚均衡期确实是世界上前所未见的现象——这是变化速率的动态平衡时期。

维多利亚均衡期的稳定性，也来自经济增长的变化幅度。美国经济的实际（人均）产出，在 1790 年之前的年增长率只有约 0.6%。1825 年之后，接近 1.6%——这个速度，足以使人均国民生产总值每四十三年翻一番。整个 19 世纪，美国都保持了这个速度。类似的趋势（虽然时间不尽相同）同样出现在了欧洲各国。[17]

经济增长水平较高的均衡期，是由许多方面的因素造就的。一场交通运输革命创造了更广阔的市场，使得更大规模的生产成为可能。一场农业革命将许多工人从土地上解放出来，并允许他们转移到劳动力能得到更高效利用的生产部门。一场工业革命提高了劳动力和资本的生产率。一场商业革命迅速提高了交易的效率。

其他因素还包括欧洲的大规模移民潮，使欧洲的人口涌向世界其他各个地方，在那里，他们的劳动力和资本的边际收益比本土更高。同样重要的还有新兴地区的经济发展，生产出了数量史无前例的商品：密西西比的棉花，阿根廷的牛肉，澳大利亚的小麦，新西兰的羊肉，非洲的矿石和加拿大的木材。或许最重要的因素是 19

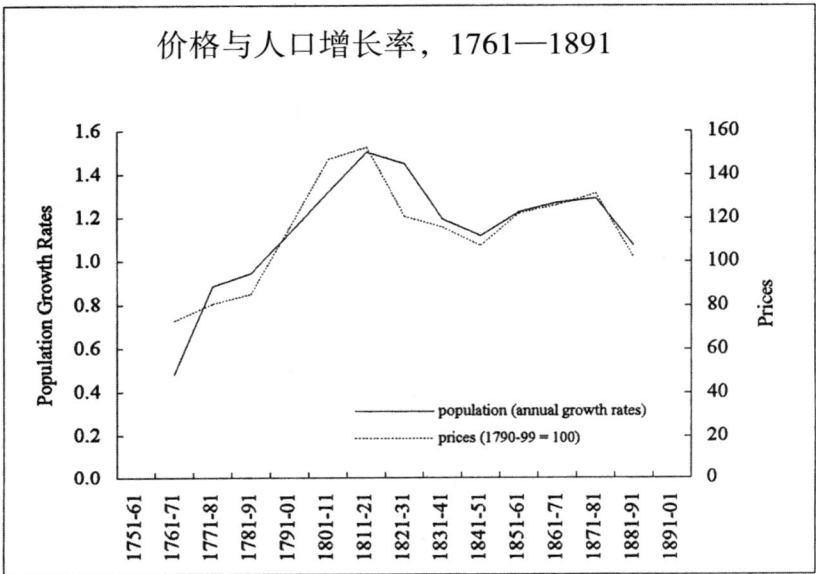

图表3.23比较了英国的价格动态与人口增长率。两个序列都以年度数据的十年均值计。资料来源为 E. A. Wrigley and Roger S. Schofield et al., *The Population History of England, 1541–1871: A Reconstruction* (Cambridge, 1981), table A3, column 3 (estimated values of compound annual growth rates); 以及 Henry Phelps-Brown and Sheila V. Hopkins, *A Perspective of Wages and Prices* (New York, 1981)。

世纪期间世界市场的融合，创造出了一个个规模巨大的经济体。

维多利亚均衡期仿佛一台轰鸣的机器，许多部件在其中运作。它并不总是运行得那么顺利。西方世界的经济发展历经兴衰，不过，连这些动荡也相当地有规律可循。在美国，大规模的恐慌和萧条大致每二十年发生一次：1819年、1837年、1857年、1873年、1893年。这些经济波动的节奏在近一个世纪里，一直相当稳定。

波动并没有从根本上扰乱维多利亚时代的均衡，而是成了维持平衡的进程的一部分。在均衡期，市场发挥了其自我修正的机能——这促使同时代的观察家，比如约翰·斯图尔特·密尔（1806—

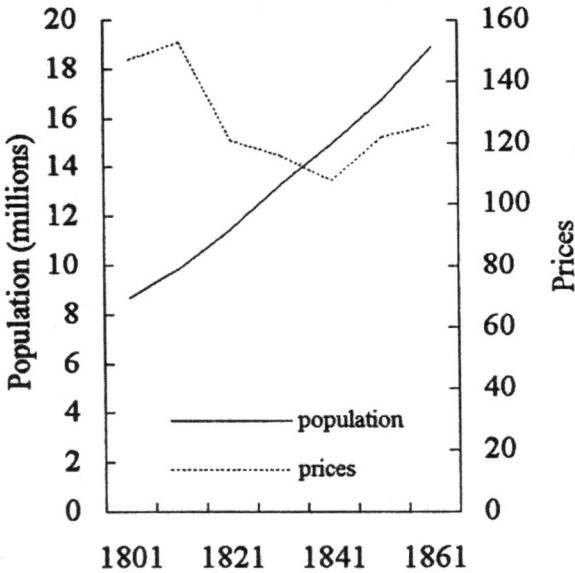

价格与人口绝对量级，1801—1871

图表 3.24 对价格水平和人口数量的绝对量级作了一种不同的比较。里格利和斯科菲尔德发现：从 1811 年到 1871 年，英格兰的人口在价格下降期间翻了一番。他们总结道："人口增长与价格上升之间的历史联系被切断了；一场经济革命正在降临。"（第 403—404 页）这一论断本身并无错误，但是如果比较增长比率而不是增长量级，人口动态与经济变化之间的紧密联系一直持续了整个 19 世纪。一场经济革命确实正在发生，但是人口增长与价格变动之间的关联依然非常重要。

1873）和阿尔弗雷德·马歇尔（1842—1924），发展出了能经得起
时间考验的古典经济学定律。

　　但给他们以启迪的那些条件，并非亘古永存。它们在 1815 年
之前、1896 年之后或近现代史的其他任何时段，都没有以同样的方
式运作。维多利亚均衡期的动态稳定性独一无二。它是靠一系列史
无前例的平衡维持的，包括人口的快速增长与经济更加快速的发展
之间的，工业转型与农业革命之间的，大规模跨国移民与更大规模
的国内流动之间的，海外开发与世界经济体的商业融合之间的。[18]

　　一些经济学家尝试主要用货币主义理论来解释维多利亚均衡
期。纵观这个时期，货币因素确实对价格有影响，但它们本身并非
均衡期的缔造者。例如在美国，物价水平与货币供给（即铸币、纸
币和银行存款）的年度波动紧密相关，并且时间上也大致相同，可
是量级和长期趋势迥然不同。货币供应的大变化引发的价格变动相
对其他时代而言较小。根据彼得·特明的估计，美国的货币供应在
19 世纪二三十年代增长巨大，在十五年间到了原来的三倍多。但是
物价水平保持着惊人的稳定，同时期的涨幅只有 15% 左右。类似
的情况也出现在 19 世纪四五十年代，当时货币供应大幅增长，而
与此同时，物价水平却变动微小。美国经济中货币数量与价格水平
之间显而易见地存在着紧密的联系。所有条件相同的情况下，这种
关系牢固而紧密，但"其他条件不均同"（*ceteris non paribus*）才
是经济史的铁律。[19]

　　在这个均衡的年代，货币和人口因素可能被认为是强大的离心
力，将物价扯离其稳定的基本水平。通过扩大生产和交换产生的同
等强大的向心力，则使之获得平衡。19 世纪的动态均衡期可以被看
作一幅关于拔河比赛的坦尼尔木刻版画——两队身强力壮的维多利
亚时代的运动员，彼此势均力敌、旗鼓相当。一面是强大的离心力，
货币标记绣在他们旧式的帽子上；另一面是顽强的向心力，向着相

反的方向用力。一番喧嚣和躁动之后，绳子稍微向一边移动，然后又向另一边移动，但是中间的白布结依旧处在中央区域，直到 1896年，精疲力竭的向心力终于功亏一篑。

　　维多利亚时代的动态均衡并非全然自发。它在各种各样的外部因素中得到支撑，尤其是怡人的气候条件。在经历了一段被历史学家称为"小冰川期"的恶劣天气之后，西欧和北美的气候在 19 世纪的大多数时间里都变得越来越温暖。英国气象学家 H. H. 兰姆发现："1800 年左右的涨价可能相当大程度上要归因于拿破仑战争对物资供应和贸易的干扰，但这时也是冰川和北冰洋在冰岛附近的冰层向外推进的最后阶段。"接下来的这个世纪中，没有任何稍可相提并论的气候异动。气候的改善可能使得物价水平有所不同，但它并非主要因素。气候的长期变化与价格历史上的长期波动并无关联。[20]

　　无论维多利亚均衡期的起因是什么，其结果已足够清晰。欧洲经历了一段政治相对稳定的时期。1815 年到 1914 年这一个世纪的时间，是那片大陆漫长而血腥的历史中为数不多的几个没有大型战争的时期之一。唯一的例外是克里米亚战争，但也被安全地限制了范围。19 世纪发生了许多较小的战争，其中一些在人力和财富方面都代价高昂。当时发生了若干国家统一的战争，比如普鲁士与丹麦、奥地利和法国之间的战争，以及美国内战，还有意大利统一战争。小型的帝国主义战争也很多。在维多利亚女王统治时期，英国军队打了六次阿散蒂战争、五次巴苏陀战争、三次阿富汗战争、三次缅甸战争、两次毛利战争、两次马塔贝列战争、两次布尔战争、两次与锡克教徒的战争、两次苏丹战争，进行了总计二百三十次的殖民战争、讨伐性的远征和平乱。[21]

　　这些冲突的经济效应，是将世界人口更大比例地融入国家甚至全球市场和货币体系。许多学者曾撰文论述欧洲接触原始货币体系

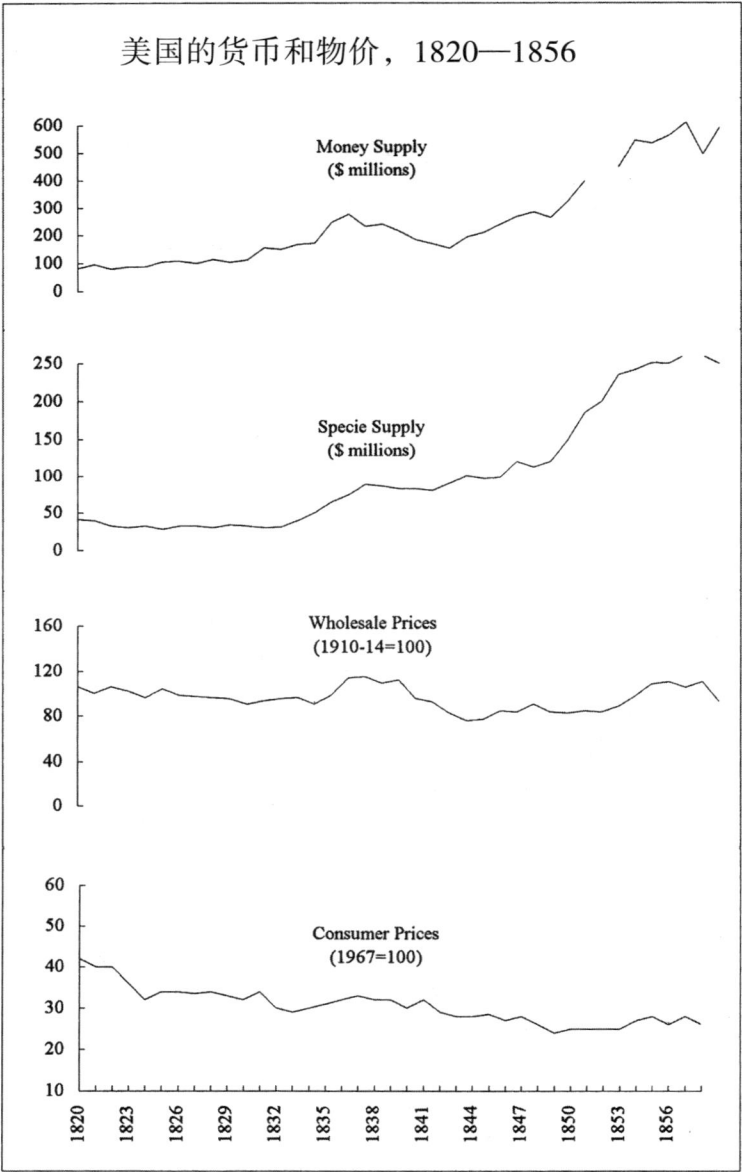

美国的货币和物价，1820—1856

Money Supply
($ millions)

Specie Supply
($ millions)

Wholesale Prices
(1910-14=100)

Consumer Prices
(1967=100)

图表 3.25 比较了关于货币的估计和物价指数，分别参见 Peter Temin, *The Jacksonian Economy* (New York, 1969), 71, 159 ；*Historical Statistics of the U. S.*, E52, E135。

世界白银和黄金生产

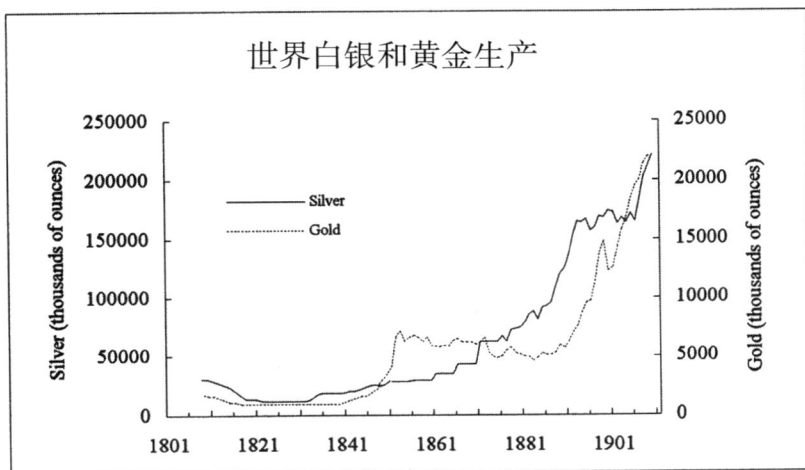

图表 3.26 显示世界金银储量在 19 世纪迅速增加，价格依然稳定或逐渐下降。资料来源为 Pierre Vilar, *A History of Gold and Money, 1450–1520* (London, 1984), 352。

即欧洲人所谓的"拟币"（pseudo-money）后产生的影响。法国历史学家费尔南·布罗代尔断言："在遭受欧洲的冲击（无论是孟加拉在 1670 年之后用的贝壳币，还是刚果的津博）之后，这种拟币的命运在所有有据可查的情况下，都被证明是一模一样的——通胀如洪水猛兽一般袭来，这是由储备的增加、流通率的激增甚至暴增，以及随之而来的与欧洲主流货币相关的贬值所引发的。"[22]

但经济混乱仅仅是最初的效应。第二个后果出现在经济秩序方面。地方市场被整合进了一个更大的体系之中，在那里，价格动态越来越稳定。维多利亚时代的价格均衡期促进了政治的稳定与整合，而这反过来进一步加强了价格的均衡，进而又带来更多的稳定与整合。

价格均衡对社会的影响还在于促进了另外一种社会整合。18 世纪危机的犯罪率激增期之后，是一个西方世界的犯罪率下降的时期。

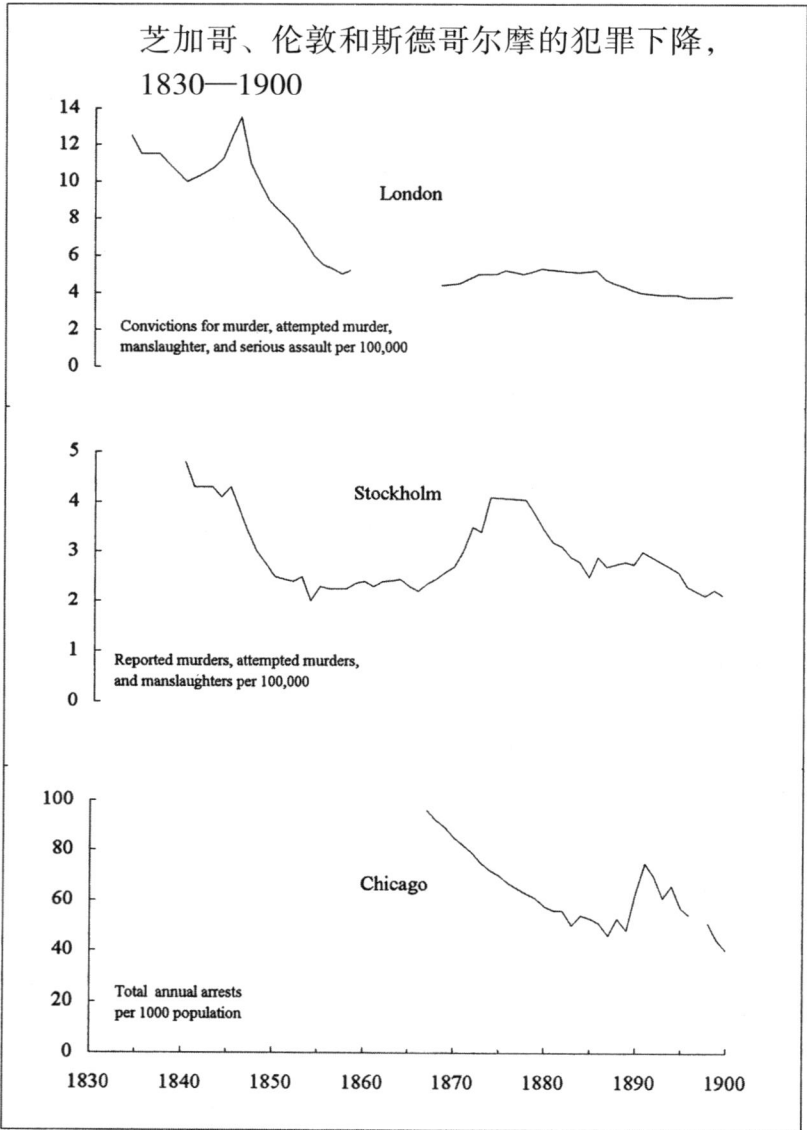

芝加哥、伦敦和斯德哥尔摩的犯罪下降，
1830—1900

London

Convictions for murder, attempted murder,
manslaughter, and serious assault per 100,000

Stockholm

Reported murders, attempted murders,
and manslaughters per 100,000

Chicago

Total annual arrests
per 1000 population

图表 3.27 显示：芝加哥的逮捕率下降，斯德哥尔摩的犯罪率下降，而伦敦的刑事案件发生率也下降了（采用 1834—1858 年米德尔塞克斯郡以及 1869—1900 年大都会警区刑事案件的五年移动均值）。资料来源为 Ted Robert Gurr, *Rogues, Rebels, and Reformers: A Political History of Urban Crime and Conflict* (Beverly Hills and London, 1976), 38–40, 63; Wesley G. Skogan, *Chicago since 1840: A Time-Series Data Handbook* (Urbana, 1975); Theodore N. Ferdinand, "The Criminal Patterns of Boston since 1849 ," *American Journal of Sociology* 73 (1967) 688–698, and Gurr, 39–46。

英国私生子，1840—1920

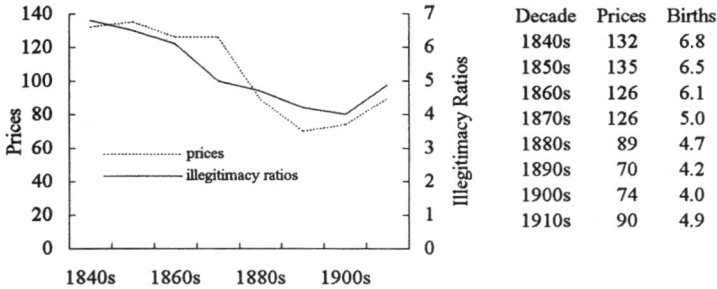

Decade	Prices	Births
1840s	132	6.8
1850s	135	6.5
1860s	126	6.1
1870s	126	5.0
1880s	89	4.7
1890s	70	4.2
1900s	74	4.0
1910s	90	4.9

图表 3.28 展现了 19 世纪与小麦价格息息相关的非婚生子率的下降。这个长期趋势发生在 18 世纪价格革命期间私生子增加的时代之后，以及 20 世纪价格革命私生子率再次持续上升之前。这里罗列的是英格兰和威尔士（民政登记处的记载中）十年间每一百个存活新生婴儿中的非婚生子比率，以及阿贝尔的英格兰小麦价格指数（每一百公斤谷物所值的纯银克数的十年平均值）。资料来源为 Peter Laslett, Karla Oosterveen and Richard M. Smith, eds., *Bastardy and Its Comparative History* (Cambridge, 1980), 17; 以及 Wilhelm Abel, *Agrarkrisen und Agrarkonjunktur*, appendix。

美国酒精消费量的下降，1810—1900

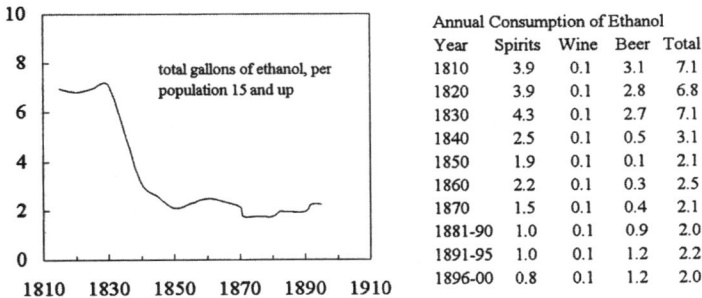

	Annual Consumption of Ethanol			
Year	Spirits	Wine	Beer	Total
1810	3.9	0.1	3.1	7.1
1820	3.9	0.1	2.8	6.8
1830	4.3	0.1	2.7	7.1
1840	2.5	0.1	0.5	3.1
1850	1.9	0.1	0.1	2.1
1860	2.2	0.1	0.3	2.5
1870	1.5	0.1	0.4	2.1
1881-90	1.0	0.1	0.9	2.0
1891-95	1.0	0.1	1.2	2.2
1896-00	0.8	0.1	1.2	2.0

图表 3.29 展现了 19 世纪美国酒精消费的持续下降。估值中包括烈性酒、葡萄酒和啤酒，都换算成以乙醇当量计。啤酒包括烈性苹果酒，这是美国早期的主要酒精饮料。资料来源为 Merton M. Hyman, et al., *Drink, Drinking, and Alcohol Related Mortality...* (New Brunswick, 1980)。许多其他研究都呼应了这些发现。

在维多利亚时代的伦敦、孟买，甚至芝加哥，生活都变得更有秩序。社会异常和家庭崩坏的指数也下降了：酒精消费骤降；婚前怀孕和逾矩的性行为比率也是如此。而 18 世纪时，这些数值曾经全体上涨。

维多利亚均衡期最重要的文化相关产物，是沃尔特·霍顿所谓的维多利亚式心灵。霍顿（并非这个问题上的最佳向导，因为他过度喋喋不休地强调维多利亚时代的人和我们的相似性）界定维多利亚时代的心灵时，使用的词汇包括：乐观、焦虑、信仰的意志、教条主义、严厉刻板、商业精神、认真、热心、英雄崇拜、爱和虚伪。不同的词汇出现在其他列表中——自由主义、改善、信心、力量、信仰和坚定不移。

历史学家 G. M. 扬用一种不同的方式处理这一主题。他将维多利亚时代编制成了一张思想家年表，按这些人士达到三十五岁时的年份排列。这张表单的"全盛期"始于 1830 年，当时阿诺德和卡莱尔的名字出现了，终于 1901—1902 年，威尔斯、高尔斯华绥和斯坦利·鲍德温出现在这个时期。这是一张高度复杂的清单，并且不能通过单纯的世代划分来概括。不过，用一位杰出的维多利亚时代人士 F. W. 梅特兰的话来说，每个时代"对共同事务都有一个共同思想"。在这个层面上，维多利亚时代的人将此称为他们的时代精神，而我们从中可以看到文化统一的因素。[23]

维多利亚时代，就像启蒙时代和文艺复兴时期一样，富于创造力的思想家在许多领域根据自己的历史条件构筑起了概念模型。类似的思想脉络出现在达尔文（1809—1882）的生物学、查尔斯·莱尔（1797—1875）的地质学、利奥波德·冯·兰克（1795—1886）的历史编纂学、卡尔·马克思（1818—1883）的经济学、威廉·尤尔特·格莱斯顿（1809—1898）的政治学以及亚伯拉罕·林肯（1809—1865）的治国之道中。

无论他们的意识形态多么不同，这些维多利亚时代的人士全都认为世界是一种动态的过程，而非静止的状态。他们全都将这个世界的进程理解为种种冲突矛盾的结果，是一种不断进步、前后连贯、自主自治和自给自足的过程。达尔文的物竞天择原则、兰克的历史决定论观念、马克思的辩证唯物主义模型、莱尔的地质学原理、林肯的自由保守主义教条以及格莱斯顿的保守自由主义意识形态，都具有这样的共同品质。

这些宏伟的理论也代表了维多利亚时代的均衡自身，这是一个各种力量彼此冲抵的、动态的、进步的、自我平衡且自我维持的结构。这些思想家（除个别例外，比如林肯）都秉持着一种被 H. G. 威尔斯称为"乐观宿命论"的精神。这是维多利亚均衡期的一种表现方式，也是其借以维持的一种手段。

第四次浪潮

20 世纪价格革命

> 薪酬追逐物价，物价追逐薪酬，而两者都在追逐它们过去的历史。
>
> ——克莱德·法恩斯沃思，1977 年

伦敦，1897 年 6 月 22 日，正值维多利亚女王登基钻禧纪念日。这座骄傲的帝国首都的街道，经过雨水清洗，在夏日的阳光下闪闪发光，当时英国人民正准备欢庆维多利亚女王登基六十周年大典。上午 11 点整，女王前往白金汉宫的圣谕室，向五湖四海的臣民——总计三亿七千万——发出了一封庆贺电报。随后，她戴上一顶鸵鸟毛软帽，打着一把白绸小阳伞，乘坐一辆敞篷马车，前往圣保罗大教堂。负责保驾的包括来自帝国各地的五万名穿着笔挺制服的士兵。数以千计的英国国旗在夏日的微风中飘扬。狭窄的街道上，欢乐的人群摘下帽子，挥舞着白手绢，向他们年事已高的女王欢呼致敬。

那个早晨，维多利亚女王眼中的伦敦，在许多方面与今天的伦敦惊人地相似。尽管曾遭受纳粹德国空军的破坏和伦敦烟雾的毁损，白金汉宫和圣保罗大教堂的外观都没有变。女王卫队的红色外

衣和军官的猩红色束腰外衣依然如故，而微妙的色差所代表的等级差异也一如往昔。皇家骑兵团穿着他们闪闪发光的胸甲并戴着高大飘逸的羽饰，给人的观感与他们今日在广场上骑马款款而行时别无二致。皇家骑炮队在国家重大场合，依然穿着同样的深蓝色军装上衣，戴着红色毛皮高帽，就像一个世纪之前向他们的女王或者说女皇（Queen-Empress）致敬时一样。

但这些表面的类似点颇具欺骗性。较之 1897 年 6 月 22 日维多利亚登基六十周年时的那个大都市，伦敦城在时间、情绪和社会状况方面已今非昔比。最深刻的差异并不在于物质上的转变：不是壅塞着狭窄的城区街道的小汽车流，不是伦敦上流住宅区那仿佛杂草般拔地而起的丑陋现代派建筑，不是皮卡迪利那聚集着短裤加 T 恤衫的游客的浅滩，也不是骑士桥附近商铺外停着的三列劳斯莱斯豪车中遮头盖脸的阿拉伯妇女。

伦敦今昔的深刻差异，更多地表现在不那么看得见摸得着的方面——最重要的在于它对过去的记忆和对未来的憧憬。1897 年，城中几乎所有的居民都在稳定和相对和平的时代中度过了他们的一生。自从 1815 年开始，除了克里米亚半岛的短暂不快之外，就没有大战危及欧洲的和平。每十到二十年，英国的经济就会遇到一次商业萧条，但很快就会恢复繁荣。实际薪酬已经上涨了将近一个世纪，而价格许多年来保持了相当的稳定性。在女王登基六十周年庆典时，英镑的购买力甚至比 1819 年这位年老的女王降生时还要强。1897 年，金边政府债券支付稳定的 2% 的利息，这被认为是完全合理的资本收益率。通胀被看作一种遥远而可怕的存在，只会造访那些应得到更少的国家，以作为对其经济罪孽的神圣惩罚。

在 1897 年女王的钻禧庆典上，维多利亚时代的杰出人士带着缅怀过去时的那种信心预测着未来。和平、进步和稳定被认为是这个世界的自然常态。人们坚信这种情况会继续下去。

但事与愿违。在伦敦庆贺女王登基钻禧纪念日的维多利亚时代的人们，已经被一些事件甩在了后面。当我们回顾 1897 年的经济指标时，它们以回溯的方式揭示了一种将会改变人们生活的走势，却慈悲地没有让当时的人们看见。在表面的事件之下，维多利亚均衡期悄然进入了尾声。当女王和她的臣民们庆祝六十年来的稳定与和平时，在变化本身的结构中，有一场深刻巨变正在静静地发生。就在 1897 年 6 月的那个阳光明媚的早晨，西方世界进入了一个崭新的时期，它将会充满维多利亚时代人难以想象的恐怖，令人始料未及。这个新纪元一直持续到我们的时代。其众多表现之一，就是一场可以被称为 20 世纪价格革命的漫长运动。

缓慢的开端，1896—1914

1896 年，英国和美国的大宗商品价格达到了一个多世纪以来的最低水平。然后在女王的钻禧年时，它们略有上涨——涨得不是很多，尚不足以引起任何人的注意。那次的上涨幅度只有 1% 左右，在年度波动的区间范围之内。但是我们却可以见微知著：它标志着一场将会延续一个多世纪的价格革命的开端。[1]

研究美国历史的学者将会看到这件事发生的时间点很具有讽刺性。它恰恰紧接在 1896 年美国总统大选之后。那场竞选的主要议题便是物价偏低和货币供应不足。美国人的生活成本自 1814 年就未曾有过长期的增长。实际上，商品价格在 1870 年之后还下跌了。我们这些生活在长期通胀环境下的孩子，很难像感受今日的物价上涨压力一样，去切身理解我们的先人在 19 世纪 90 年代所感受到的那种物价下跌的深刻威胁。

1896 年的美国总统选举围绕着经济问题展开。民主党候选人威廉·詹宁斯·布赖恩主张实行金银复本位制，以及"自由无限量"

美国的价格，1896—1996

400
350
300
250
200
150
100
50
0

—— Consumer Prices
······ Wholesale Prices
–·–·– Producer Prices (Finished Goods)

Gulf War
(1991)

Reaganomics
1981-89

Oil Shocks
(1974-79)

Vietnam War
(1965-75)

Korean War
(1950-53)

World War I
(1914-18)

Depression
(1929-39)

World War II
(1939-45)

linear scale
1967=100

1896 1901 1906 1911 1916 1921 1926 1931 1936 1941 1946 1951 1956 1961 1966 1971 1976 1981 1986 1991 1996

图表 4.01 展现了美国的年度价格动态。参见 *Historical Statistics of the United States* (1976), series E23, E135; *Statistical Abstract of the United States* (1988), table 735; *Statistical Abstract of the United States* (1993), tables 756, 764。

地铸造银币，主要就是为了抬高农产品价格和薪酬，这可吓坏了有产阶级。共和党提名者威廉·麦金莱则为金本位制辩护，对白银持温和立场，并且誓要保护私人财产的神圣性。麦金莱赢得了大选，而有产阶级长舒了一口气。[2]

　　讽刺的是，他们这么做的时候，物价正开始悄悄上升。同样的价格拐点同时出现在了许多西方国家的物价记录上：奥匈帝国（1896—1897）、比利时（1895—1896）、英国（1896—1897）、德国（1896—1897）、意大利（1897—1898）、挪威（1897—1898）、西班牙（1896—1897）、瑞典（1895—1896）和美国（1896—1897）。这些国家都拥有自己的货币制度，它们全都在同一时间开始经历这场价格革命的洗礼。[3]

一旦开始,新一轮的通胀就以和缓的步伐,从 1896 年延续到了 1914 年,年均增长幅度在 1% 到 2% 之间。增长率各不相同:英国和美国相对较小,西班牙和德国相对较大。但几乎在每一处,都出现了同样的上升趋势。

物价的上涨起初一度受到欢迎,它纠正了此前导致诸多社会问题的通缩。在 1894 年的萧条期,美国的小麦批发价格跌到了五十六美分一蒲式耳,这是自 18 世纪以来的最低点。物价的上涨对于农民、商人和制造业者都是一种解脱。权威的《金融评论》评论道:"回顾 1897 年要比回顾 1896 年更令人愉快。这一年以商业领域决定性的复苏为标志……而且今年年底,我们发现前景比过去多年都更加充满希望。"[4]

接下来的十年,从 1897 到 1907 年,世界同样继续充斥着繁荣昌盛的感觉。个别的短期低潮并未破坏普遍的乐观情绪。在 1903 年的美国,一场"富人的恐慌"导致股票价格暴跌,这事发生在美国钢铁公司未能支付一期股息以及美国造船工业的一项合并计划失败之后。但这次干扰的效果很大程度上只限于华尔街,而且恢复速度很快,令大众普遍保持了信心。

1907 年,一场更大的恐慌引发了一次短暂但剧烈的收缩。美国的失业率于 1908 年从 2% 上升到 8%。那一年,美国、英国、法国和德国的商品出厂价格都有所下跌。但是繁荣在几个月之内就恢复了。到 1909 年,所有指数都再度上涨。薪酬上涨。利润上涨。就业率上升。农业收入达到了历史高位。

起初,20 世纪的这次巨浪一直未被当时的观察家注意到,这一点与其他历次价格革命大体相同。但早在 1904 年,物价的持续上升就开始被认定为一种长期趋势。一些警觉的人士寻找起了解释。

一些人将物价水平的上涨归因于黄金和白银供应量的增加。

变化的结构，美国价格，1896—1992

Consumer Prices in the United States
(1967=100)

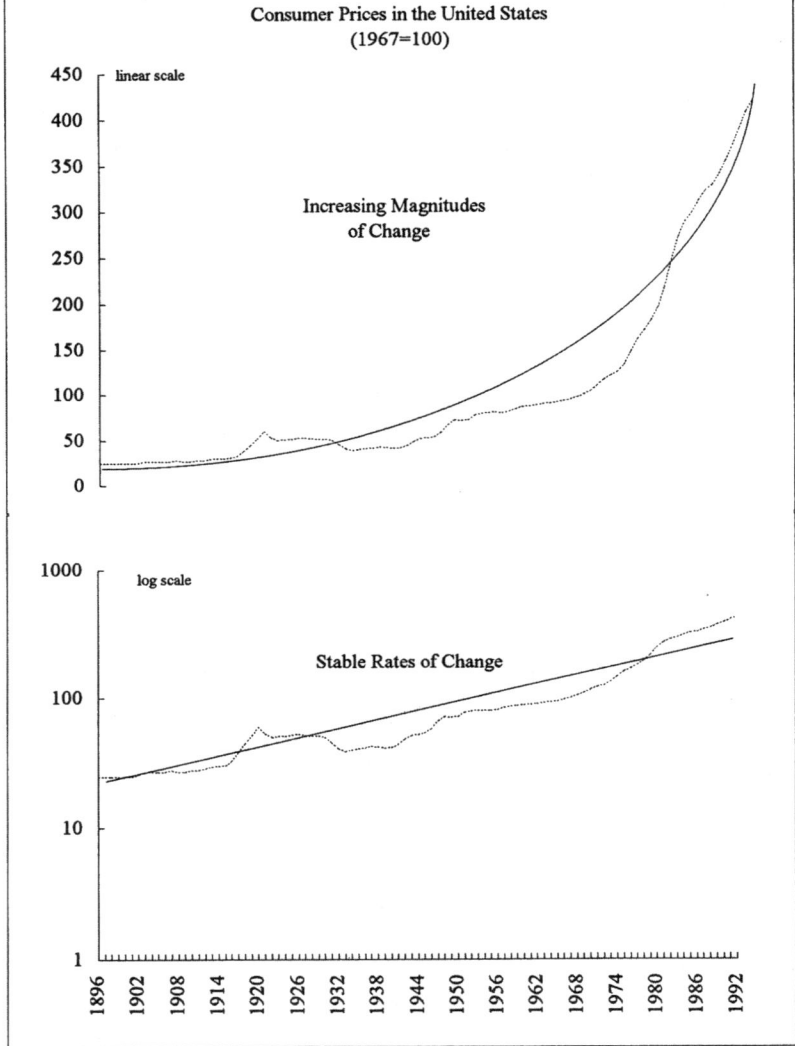

图表 4.02 展现了 20 世纪变化的结构与其他各次价格革命类似，但不尽相同。就像过去一样，幅度呈指数式增长，隐含的变化率却保持稳定。不过这场巨浪显示出的年度变化较不明显，振幅也没有多少增长。资料来源包括 *Historical Statistics of the United States* (1976), series E135; *Statistical Abstract of the United States* (1988–1994)。趋势曲线采用 Excel 5.0 程序制作。

1886 年，约翰内斯堡惊人的黄金矿藏被意外发现。1890 年，科罗拉多州的克里普尔溪发现了黄金；幸运的发现者威廉·斯特拉顿在数年间就赚了 1.25 亿美元。加拿大从 1896 年开始输出来自克朗代克的黄金。阿拉斯加的淘金热则始于 1898 年。但这些事件是贯穿整个 19 世纪的一系列淘金活动中的一部分，并没有抬升物价。1896 年前后，黄金生产的增长率基本持平。更有甚者，经历了白银产量的长期增长后，19 世纪 90 年代的白银产量实际有所下降。[5]

鉴于这一事实，美国的经济学家提出了另一种货币主义的解释，即 1896 年之后物价上涨的肇因是美国货币供应量的加速增长——从 1879—1897 年间的 6% 到 1897—1914 年间的 7.5%。这是错误的。另一位经济学家亚瑟·刘易斯已表明，这种解释所依据的估值是人为分期的产物，亦即为营造时间性的结论而选择特定的年份。这样一来，年度波动大到足以造成极大的差异。刘易斯发现，在 1896 年前后的美国，货币供应（与国民生产总值）的增长实际上是同步发生的。更进一步来说，美国货币供应的增长本身不能单独成为价格革命的起因。这是一个国际性的事件。在全世界的大多数货币和流通体系内，物价同时开始上涨。[6]

在 20 世纪价格革命中，货币本该扮演主角，但这股巨浪主要来自另一个源头。它主要（但并非完全）是过剩的需求所致，因世界人口的加速增长、生活标准的提高以及资源供给的有限而出现，这些都发生在一个日益一体化的全球经济之中。

世界性的人口加速增长，是 20 世纪价格革命的一股驱动力。1890 年之后，随着人类医学征服了如肺结核、伤寒、斑疹伤寒、白喉和疟疾等主要传染病，死亡率开始迅速下降。这些要归功于 1876 年到 1890 年之间德国细菌学家罗伯特·科赫的发现，以及一场在全球范围内迅速推广的"公共卫生革命"。

虽然西欧和北美的生育率下降，但在世界其他大多数地方，生

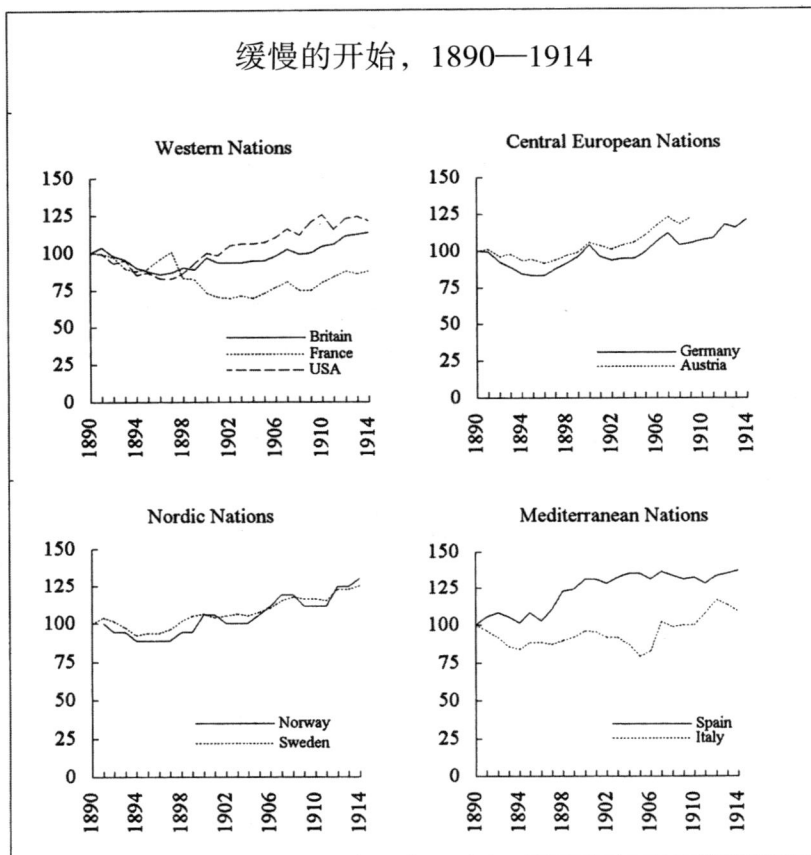

缓慢的开始，1890—1914

Western Nations

Britain
France
USA

Central European Nations

Germany
Austria

Nordic Nations

Norway
Sweden

Mediterranean Nations

Spain
Italy

图表 4.03 反映了从 1890 年到 1914 年九个国家的批发价格。其中大多表现出类似的趋势：在维多利亚均衡期的最后几年中，呈现出停滞和下降的状态，以 1896 年为转折点，又发生了持续的增长（约 1896—1914）。这些共同的趋势标志着 20 世纪价格革命的开始。数据摘自 B. R. Mitchell, *European Historical Statistics* (2d rev. ed., New York, 1981), 772–775。所有数值都按照一个共同的基数（1890 年 =100）进行了换算。

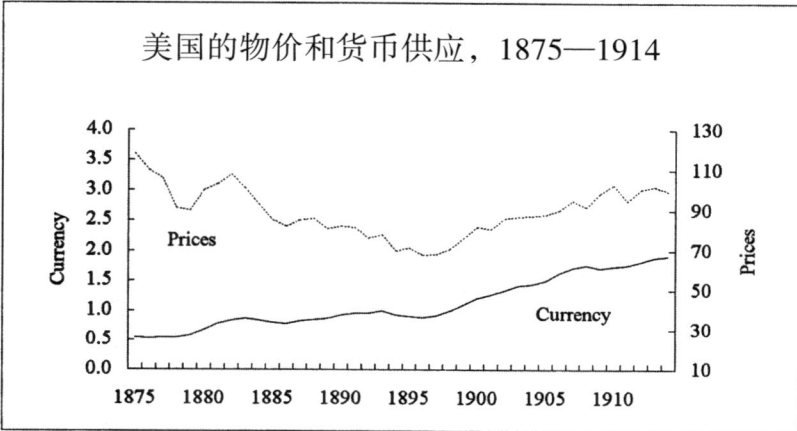

美国的物价和货币供应，1875—1914

图表 4.04 比较了美国的批发价格（1910—1914 年 =100）与公众手中流通货币的供应（单位：10 亿美元）。它展现出短期波动在时间分布上的显著相似性：价格和流通货币都在 19 世纪 80 年代的繁荣中上升，而在 1893 年的恐慌和萧条中下降。差异在于长远趋势的方向。1893 年萧条前后，货币供应增长的态势一如既往，而价格波动却发生了由通缩转向通胀的根本性趋势变化。资料来源为 *Historical Statistics of the United States* (1976), E40, E52, E410, X417。

育率大涨；结果，全球人口增速提升。20 世纪前半期（1900—1950）的年增长率几乎是 19 世纪后半期（1850—1900）的两倍。[7]

1896 年之后，经济产值和生产效率都提高了，但生活标准和文化期待也水涨船高。欧洲主要国家迅速成为工业民主政体。各个阶层的人都获得了投票权，其人数堪称史无前例。女性开始获得参加全国性选举的权利，首先是在新西兰（1893），然后是其他国家。这些新的选民要求政府为多数人的利益服务，而不仅仅为少数人。国家立法机构建立起覆盖面甚广的社会福利、医疗保健、养老保障、大众教育和失业保险制度。这些革新之举增加了总体需求。

纵观整个 20 世纪，社会所有阶层对物质生活的期待导致了一场连续不断的革命——这是一个文化事件，日益加重了对有限资源的需求压力。加拿大经济学家约翰·肯尼思·加尔布雷思这样写道："甚至在美国，现在也有一种挥之不去的感觉……即认为穷人应当有办法去看医生……职业和阶层上的消费禁锢得到了解放，其经济效应就是对公共和私人物资以及服务的供应造成了沉重甚至无情的压力。"[8]

与此同时，全世界都经受着这种人口和社会的压力，弗雷德里克·杰克逊·特纳所谓"无主地"（free land）的供应逐渐枯竭。1890年，在美国完成人口调查之后，人口普查局局长汇报：美国的边疆已经闭合。

在19世纪90年代，世界上许多地方的边疆都闭合了。欧洲的扩张开始达到其自然极限。俄国很大程度上完成了对内嵌的亚洲版图的征服。印度及其北面和东面接壤的邻国都处于英国统治（British Raj）之下。大洋洲的岛屿已被列强瓜分。到1896年，欧洲对非洲的"掠夺哄抢"也基本完成。澳大利亚的内陆、新西兰的大牧羊场、阿根廷的潘帕斯草原和北美的大草原都已经成了世界市场中的肉类和谷物供应基地。这些地区逐步融入了西方经济体系，而这正是维多利亚均衡期的动态基础。到19世纪90年代，这个宏大的进程基本完成了，而世界人口的增长比以往任何时候都要快。

19世纪晚期，世界各国也正在以越来越快的速度融合为一个统一的经济体。这个过程早在15世纪就开始了，但在19世纪晚期，它迎来了巨大的突破，当时就像杰弗里·巴勒克拉夫所展示的，货物的跨国流动忽然剧增。这次融合的首要效果是供应扩大；第二个效果，则是总体需求的增加。[9]

20世纪价格革命并不针对任何个别国家经济体或货币体系，而是一个全球性事件。就像此前每次大潮来袭时一样，这场巨浪主要是由需求的加速增长超过了供应的增长而引发的。

然而从其他方面看，20世纪的价格革命与过去历次有所不同。

美国消费品价格和世界人口增长

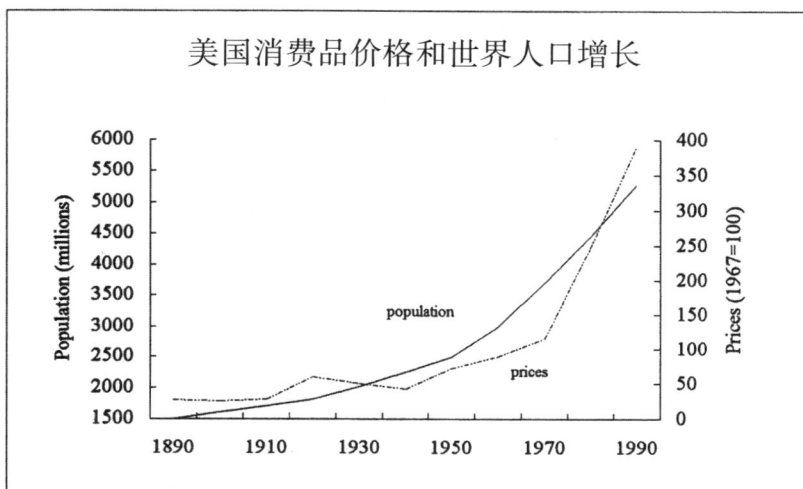

图表 4.05 比较了美国的消费价格和世界人口的增长。资料来源包括 McEvedy and Jones, *Atlas of World Population History*, 343; *Statistical Abstract of the U.S.* (1993), table 1372; United Nations *Demographic Yearbook* (1993); A. M. Carr-Saunders, *World Population* (Oxford, 1936); 消费价格 (1967 年 =100) 来自 *Historical Statistics of the United States* (1976) ser. E135; *Statistical Abstract of the U.S.* (1993), table 756。

在其早期和中期阶段，实际薪酬在增长，而且到 20 世纪 60 年代末，一直保持着增长。这种情况与其他各次价格革命都不一样。在 20 世纪，工会、民主政治和福利国家对劳动收入发生了重大影响。

与此同时，收入和财富的分配总体上倾向于变得更为公平一些，尤其是在 20 世纪 20 年代到 50 年代。这种平等化的趋势也曾出现在其他各次价格革命的初始阶段。然而在 20 世纪，它延续的时间比过去更长。

价格的飙涨和下跌，1914—1945

从 1896 年到 1914 年，价格继续缓慢而稳定地上扬。随后突然

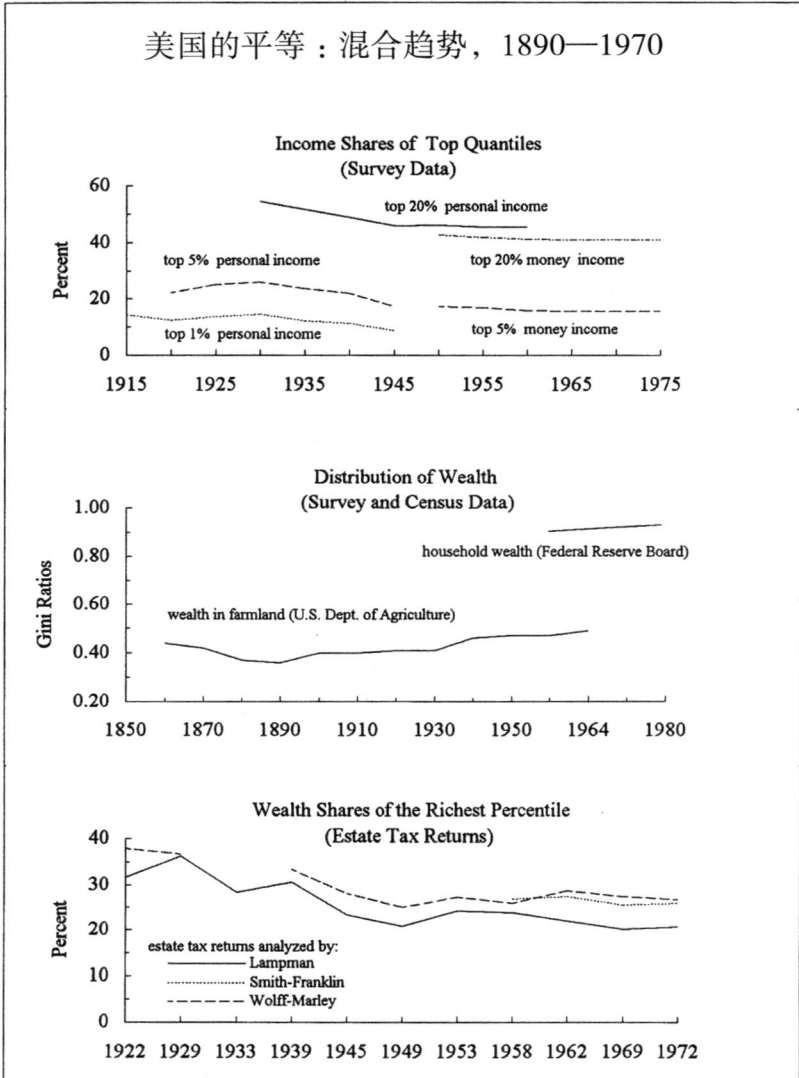

美国的平等：混合趋势，1890—1970

Income Shares of Top Quantiles
(Survey Data)

top 20% personal income

top 5% personal income

top 20% money income

top 1% personal income

top 5% money income

Distribution of Wealth
(Survey and Census Data)

household wealth (Federal Reserve Board)

wealth in farmland (U.S. Dept. of Agriculture)

Wealth Shares of the Richest Percentile
(Estate Tax Returns)

estate tax returns analyzed by:
Lampman
Smith-Franklin
Wolff-Marley

图表 4.06 总结了九项关于美国财富和收入分配的研究结果。其中多数显示，1890 年到 1929 年间呈现混合性的趋势，随后从 1929 年到 1968 年间，平等性有所提高，此后不平等性又开始滋长（参见图表 4.23）。资料来源包括：Lee Soltow, *Men and Wealth in the United States, 1850–1870* (New Haven, 1975); Robert E. Lipsey and Helen Stone Tice, eds., *The Measurement of Saving, Investment, and Wealth* (Chicago, 1989), 765–844; Lee Soltow, "Distribution of Income and Wealth," in Glenn Porter, ed., *Encyclopedia of American Economic History* (3 vols., New York, 1980) I, 1116; *Historical Statistics of the United States* (1976), series G319–G336; *Statistical Abstract of the United States* (1976–1993); Jeffrey G. Williamson and Peter H. Lindert, *American Inequality* (New York, 1980)。

劳动收入回报：美国实际薪酬的上涨，1900—1960

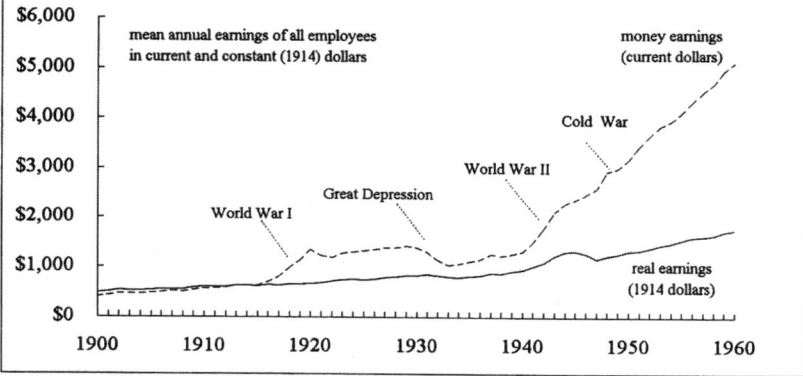

图表 4.07 追踪了从 1900 年到 1960 年间货币薪酬和实际薪酬的上扬走势。在这个方面，在一段时间之内，20 世纪价格革命与此前历次都不同。斯坦利·列伯戈特的这些估值包括美国所有受雇人员（除军队外）的年平均薪资。为了将失业因素考虑在内，列伯戈特在校正数值时，还掺入另一组数据序列，从而将 1900 年的货币薪酬和实际薪酬降低了 11%，将 1960 年的降低了 7%。资料来源为 Stanley Lebergott, *Manpower in Economic Growth: The American Record since 1800* (New York, 1964)。

出现一股新趋势。1914 年，战争的爆发不仅打破欧洲的和平，而且破坏了其经济的稳定。这一混乱的症状和病因在于所有西方国家大规模的通货膨胀。从 1914 年到 1919 年，美国的商品批发价格上涨为原来的两倍，英国涨到三倍，德国四倍，意大利六倍。

列强尚未准备好背负沉重的战争开支，或应对其经济后果。各国采取了各自的应对之策。英国政府起初以传统的盎格鲁—撒克逊方式对付飙涨的物价和物资的短缺。它要求教士们在布道台上宣讲，敦促人们自愿限制消费。首相劳合·乔治缓慢而不情愿地临时推出一套零散物价控制和定量配给制度。他还采取财政和货币措施，从而比其他任何交战国都更加有效地遏制了通胀。[10]

德国的行事风格与英国的大相径庭。根据古老的《普鲁士围城法》，有效控制战争经济的权力被交到军官们手中。整个国家被划分为若干"军粮区"。在每个区中，代理总指挥官实施定量配给，分配货物，控制价格。他们在实施的过程中采取铁腕手段，并且最终给国家带来了灾难性的后果。过低的农产品价格打消了生产的积极性。德国无力自给自足，这成为它战败的根本原因。更有甚者，政府通过向中产阶级和底层人民征收重税和大量借贷来支撑战争开销。而富人却能免于缴纳收入税和利润税。[11]

在俄国，经济的崩溃完全是战争压力所致。1917 年，食物的分配异常匮乏，军队被迫在土地上自力更生，哪怕是在本国境内。严重的短缺现象蔓延到各个城市。食物价格暴涨。1917 年 3 月 8 日，饥饿的暴民袭击了全首都的面包房，警察开枪射击，俄国革命揭开了序幕。就像 1789 年的法国大革命一样，直接原因是物价高昂和极端短缺的两面夹击，在第一次世界大战期间，同样的事情发生在了欧洲其他许多地区。

即便在 1918 年战争结束之后，经济上的困境依然挥之不去。例如，英国在 1919 年首次实行牛奶的定量配给——这在战争期间都没有实施，却在战后大行其道。在法国和其他许多国家，最快的物价暴涨并非发生在战争期间，而是在战后最初的和平年代里。德国在停战后，陷入经济危机。俄国革命转变成了一场血腥的内战。传染病大规模爆发，尤其是所谓 1918 年流感（很可能是多种疾病的混合体）疫情的爆发，导致了欧洲、美洲，尤其是亚洲的人口大量死亡。高昂的物价和物资短缺依旧在继续。

1920 年，这些趋势被打破，整个世界爆发了一场严重的经济萧条。在大幅通缩的背景下，物价急转直下，其毁灭性不逊于过去的暴涨。商品市场过剩。在英国，从 1920 年到 1922 年两年间，批发价格就跌了一半。薪酬也下降了，而失业率迅速攀升。类似趋势广泛出现在美国和西欧。物价和薪酬紧缩又因保守派政府的经济政策以及僵硬固化的金本位制度而加剧。对于穷人，这是一个灾难深重的时期，但是商业条件逐步好转，股票市场开始繁荣。[12]

在欧洲中部，出现了更加危险的趋势。新生的脆弱的魏玛共和国继承了庞大的债务负担和足以压断脊梁的对法战争赔款。当马蒂亚斯·埃茨贝格尔改革税制的英勇尝试失败之后，公共信用被消耗殆尽。为了偿付债务，德国政府不得不大量印制钞票。起初，在1921—1922 年间，它还有所节制，但其货币很快失控。结果发生了恶性通胀，而且是历史上最极端的情况之一。1920 年 7 月，一美元相当于四十马克；1922 年 7 月，相当于四百九十三马克；1923 年夏天，四百万马克；1923 年 11 月 15 日，四万二千亿马克。这成了恶性货币通胀的经典案例，起因是流通货币的激增。到 1923 年末，德国政府命令一千七百八十三台印刷机夜以继日、不眠不休地印刷钞票。

德国的阵痛，并非独一无二。恶性的货币通胀还发生在奥地利（1921—1922）、俄国（1921—1922）、波兰（1923—1924）以及匈牙利（1923—1924）。类似的情况也在欧洲中部和东部的许多地区大行其道。

这些货币危机非常严重，但也非常短暂。德国的通胀在 1924年突然结束，物价从此又恢复了大致上的稳定。但恶性通胀的经历对整整一代德国人都产生了毁灭性的影响。魏玛共和国因其继承的问题而备受谴责，却又对此束手无策。欧洲中部对开放民主的体制的信心，遭到了毁灭性的打击。

这些经济事件造成了战后时局的严重不稳定。财富的集中度依然很高。20 世纪 20 年代，英国国民财富的三分之二集中在 1% 的人手中，三分之一的财富被 0.1% 的人所有。这是富人高度繁荣的十年，是旧体制回光返照的时期，也是苏格兰、阿巴拉契亚地区、欧洲乡村以及世界各城市贫民区令人绝望的贫困时期。

价格动态和一战，1914—1918

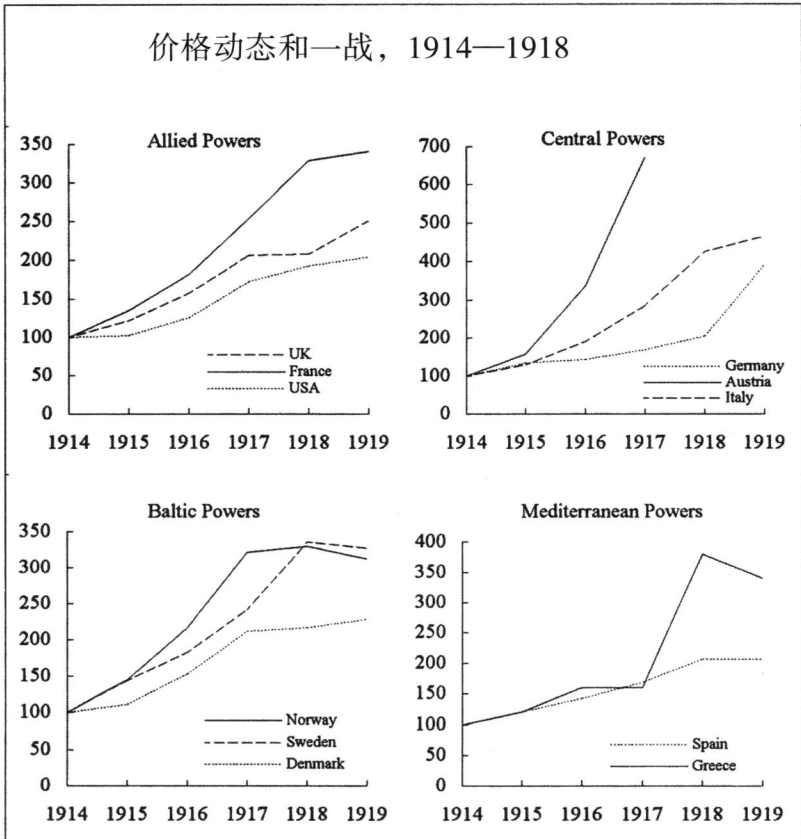

图表4.08展现了第一次世界大战对物价的影响。通胀率最高的是同盟国（400%~600%），多数协约国和中立国较低（200%~350%）。数据来自 B. R. Mitchell, *European Historical Statistics* (2d rev. ed., New York, 1981) pp. 774–775。均为批发价格，除了奥地利和希腊为消费价格。均根据相同基数（1914 年 =100）进行了换算。

不平等还严重限制了消费。在 20 世纪 20 年代晚期的美国，主要产业开始因生产过剩和需求不足而遭殃。到 1927 年，房屋、汽车和耐用消费品的购买呈下降趋势。商品价格转而下降。工业产出开始下降。1929 年 10 月，美国股市崩盘，世界滑入了大萧条的深渊。

情况依旧像 20 世纪 20 年代早期一样，灾难由于保守派政府的财政和货币政策而加剧。在崩溃之后，美国财政部长安德鲁·梅隆提议"清付劳工，清算股票，清偿农民"。国会通过削减收入税为富人大开方便之门，却几乎没给穷人提供什么救助。美国联邦储备委员会收紧的货币政策使事态进一步恶化。登峰造极的愚行是 1932 年美国总统赫伯特·胡佛大规模提高税收的建议。随着薪酬的下降和失业率的急剧上升，英国商品批发价格下降了四分之一，美国和德国下降了三分之一，法国下降了一半。

西方各国对大萧条的反应迥异。英国于 1931 年、美国于 1934 年抛弃了国际金本位制，各个国家和帝国的保护主义壁垒高筑，如美国的《斯穆特—霍利关税法》（1930）和英国的《渥太华协定》（1932）。

在美国，富兰克林·罗斯福总统的新政将美利坚合众国推入了经济实验的汪洋大海，其手段包括对私营经济进行"政府注资"、严格管控商业以及减少物质上的不平等。结果喜忧参半。生产、薪酬和物价在 1933 年后开始上升，只是在 1937—1938 年才被另一次剧烈的衰退逼得再度下降。

英国则遵循一种更加保守的方式，结果也好不了多少——其手段是紧缩的经济政策、平衡的预算、对商业进行补贴以及经济上的国家主义。这些政策由首相拉姆齐·麦克唐纳（1931—1935 年在任）颁布，他在大萧条严重时将紧缩政策推进到削减失业救济金的程度，结果被自己所在的工党扫地出门。这些政策也为保守党首相斯坦利·鲍德温（1935—1937 年在任）和内维尔·张伯伦（1937—1940 年在任）采用。到 1937 年，英国的物价和薪酬几乎回到了 1929 年的水平，不过随后它们又于 1938 年的第二次衰退中再度下跌。纵观整个西方世界，恢复期来得缓慢，且代价极高。

法国从 1918 年到 1939 年经历了四十届政府，单是 1935 年就

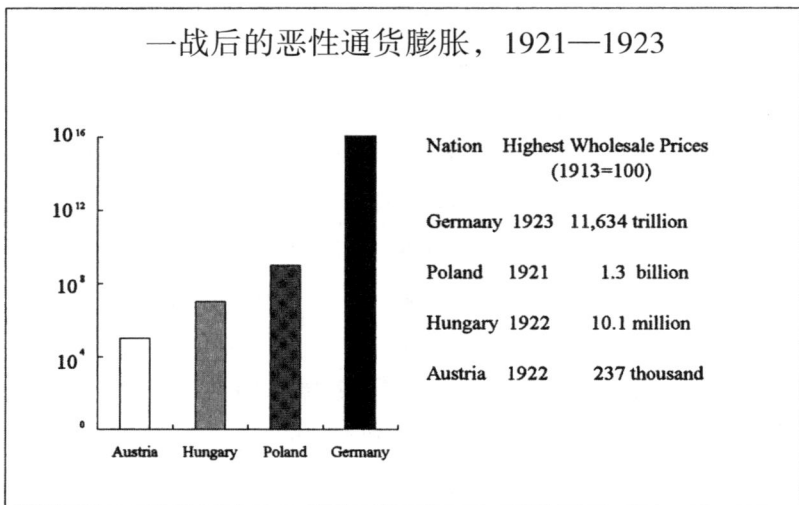

图表 4.09 用对数标尺展现了一战之后欧洲中部的恶性通胀情况。资料来源为 B. R. Mitchell, ed., *International Historical Statistics; Europe, 1750–1988* 3rd ed. (New York, 1992), 837–851; Thomas J. Sargent, "The Ends of Four Big Inflations," in Robert E. Hall, ed., *Inflation: Causes and Effects* (Chicago, 1982), 99–110; Gerald D. Feldman, *The Great Disorder* (New York, 1993)。物价单位为德国马克、波兰兹罗提、匈牙利克朗、俄罗斯卢布以及奥地利克朗。

有五届政府上台。政坛陷入派系斗争的乱局之中。20 世纪 30 年代中期，法国的工业生产降到了自 1913 年以来的最低水平。失业率上升到令人痛心疾首的水平。货币供应扩张，物价飙升，仅在 1935 年到 1939 年的四年间就翻了一番。

　　意大利和德国走上了法西斯主义的黑暗道路，这在经济上意味着一个私有制和公共控制、封建采邑和官僚调控、国家独裁和跨国征服的不稳定混合体。法西斯经济受到公共工程和军队开销的刺激，但德国的物价在整个 20 世纪 30 年代一直处于低迷状态。旧有的经济问题痼疾未除，却又添新病。欧洲法西斯主义和日本军国主义的经济及意识形态，促使其领袖们走上了更加孤注一掷的冒险道路。

1937 年，日本发动了侵华战争，主要是为了确保在亚洲大陆的市场和资源。历史学家 R. A. C. 帕克发现："日本东京的文职政府，比军队还要好战。"这是一场包藏着经济野心的战争，在亚洲前后持续了八年。1939 年，德国袭击波兰，最主要的目的是寻求所谓的"生存空间"，即为德国的农民争夺土地，为德国的工厂掠夺原料。[13]

1939 年到 1941 年间，德国和日本的军队赢得了军事上的胜利，但经济力量的天平却倒向了另一端。第二次世界大战的爆发终于结束了大萧条。全世界的价格、薪酬、就业率和生产暴涨。德国和日本的经济未经发展就经历了增长——这是由于它们通过征服活动获得了大量的资源，并通过奴役手段获得了大量的劳动力。它们膨胀的经济甚至在某些方面变得比过去更为原始。

在美国，富兰克林·罗斯福总统召集了一支能力出众的管理队伍，他们使美国经济成为战争中的制胜法宝。生产率突飞猛进。美国的人均国民生产总值（按定值美元计）在 1938 年到 1944 年间翻了将近一番，这是美国近现代历史上最强劲的一次经济增长。[14]

在美国，一套包括定量配给和价格控制在内的调控体系收效显著，稳定了欣欣向荣的经济。稀缺食品催生了黑市，但是多数美国人都愿意接受一套更加严格管理的经济制度，作为战争期间共赴国难的努力的一部分。经济学家们，比如战争期间为物价管理办公室工作的约翰·肯尼思·加尔布雷思，一直都比未曾经历过那段岁月的同行们更加支持物价管控。第二次世界大战期间经济管制的贡献，既是物质上的，也是道德上的。它培育出一种公平和公正的观念，并且维系了一个国家前所未有的凝聚力。

二战期间，英国也非常成功地运用了物价管控。从 1939 年到 1945 年，英国的生活成本仅上升 20%，并且在 1940 年到 1947 年间几乎没怎么提高。而轴心国的记录则是好坏参半。纳粹德国的物价维持在非常稳定的水平，从 1939 年到 1944 年增加了 9%。能做

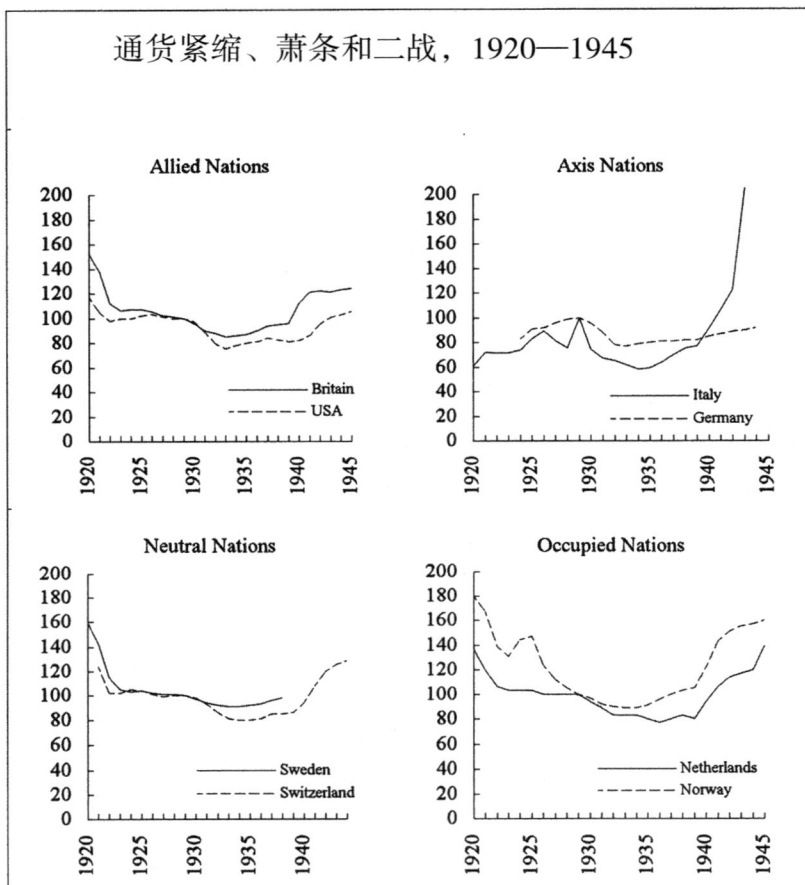

通货紧缩、萧条和二战，1920—1945

Allied Nations

Britain
USA

Axis Nations

Italy
Germany

Neutral Nations

Sweden
Switzerland

Occupied Nations

Netherlands
Norway

图表 4.10 展现了八个国家从 1920 年到 1945 年间的价格动态。经历了一战后的通胀，从 20 世纪 20 年代初到 30 年代初，物价趋于下降。大多数国家的最低点出现在 1934 年左右。此后，物价再度攀升，在二战期间（1939—1945）加速上涨。1943 年之后意大利发生了恶性通胀，而在 1945 年之后的欧洲许多国家也是如此（参见图表 4.12）；但是，英国和美国的调控取得了成功。资料来源为 B. R. Mitchell, *European Historical Statistics* (2d rev. ed., New York, 1981), 778–783; *Historical Statistics of the United States* (1976), E135。

到这样，部分是因为当局要求公民和公司将他们的流动资产冻结在一个强制存款账户中，并转而被国家征收。这种对私人财产的侵犯，有效地抑制了需求并降低了通胀，但也使德国经济彻底毁灭。法西斯控制下的意大利放开手脚大印钞票，其通胀率在 1934 年到 1948 年间加速上升。战争期间，欧洲的被占领区物价飙升。苏联在二战期间同样经历了剧烈的通胀；官方估计物价上涨率为 325%。而真实的数字很可能更高。[15]

战后，许多欧洲国家遭受了严重的恶性通胀，与一战的余波类似。最严重的问题发生在 1947 年到 1949 年间的欧洲东部和南部。

在美国，价格管控于 1945 年解除。后来发生的事，在某些方面与一战之后如出一辙。战争刚结束的那几年，通胀率高达两位数——就美国的经历而言，这已很高，但与当时欧洲的情况相比，则是小巫见大巫。商品批发价格在 1946 年上涨 14%，1947 年上涨 23%。

接着，美国经济落入一个短暂的衰退期。国民收入下降，失业率上升，而在 1949 年，消费价格实际下降。这次下降的幅度微小，时间很短——降幅不到 1%，而且仅持续了一年多一点。潜在的通胀压力强大。到 1950 年初，物价再度攀升。

1950 年夏，美国的通胀压力上升，当时朝鲜战争爆发，又一场大战开始了。到 1951 年，世界列强中的多数国家都有人员在朝鲜半岛参战。全世界军力激增。在朝鲜战场（1950—1953）上身着制服的美国人，比一战时还要多。

在经济影响方面，朝鲜战争与此前的两次世界大战类似。通胀压力再次在全球范围内剧增。1950 年，美国批发价格暴涨了 12%，德国 18%，英国 21%，法国 28%，瑞典 32%。

在美国，杜鲁门总统行动果决，再次成功地采用了物价管制。作为一种战时的短期应急措施，朝鲜冲突期间美国市场的管制被证

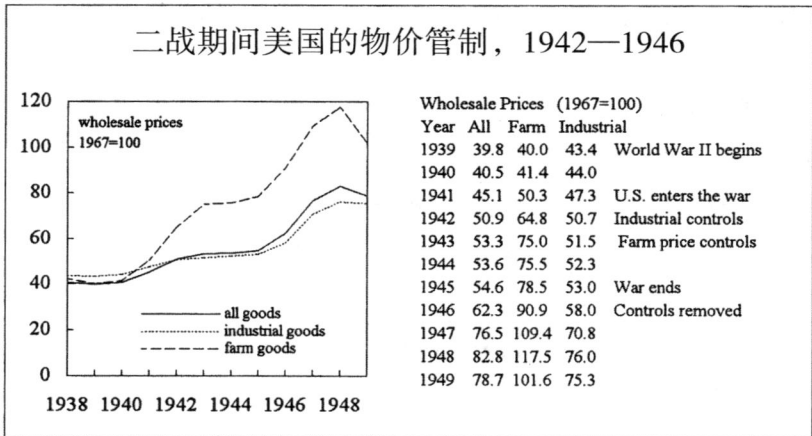

图表4.11展现了二战期间美国的物价管制措施的影响。工业品价格在1942年开始实行管制；农产品价格则从1943年开始。1946年，管制解除。资料来源为 *Historical Statistics of the United States* (1976) E23–25。

明十分有效，甚至超过二战时期。1951年实施管制之后，物价和薪酬都相当稳定。1951年到1954年间都没有发生剧烈的通胀，而管制解除后，被压抑的需求也没有发生爆炸式宣泄。价格管制使通胀保持在狭窄区间内。它还抑制了常常伴随物价暴涨而出现的危险的社会不稳定因素。与20世纪八九十年代的新古典主义反通胀政策相比，1942—1945年以及1950—1953年的短期价格管制的副作用对社会结构的破坏要小得多。相信"价格管制无用论"的那些人，哪怕从短期来看，都会在二战和朝鲜战争时期美国经济的历史中发现有力的反证。

通胀的发现，1938—1963

经历了以上种种动荡，和平时期的全球物价与战争时期一样，

二战后的恶性通货膨胀，1947—1949

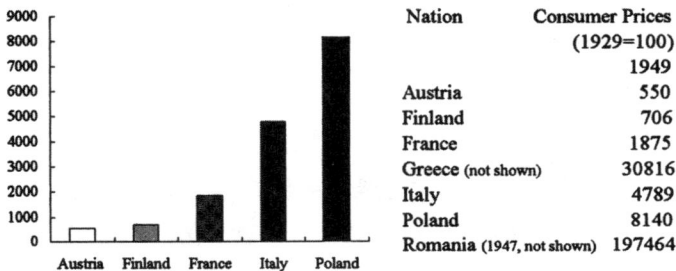

Nation	Consumer Prices
	(1929=100)
	1949
Austria	550
Finland	706
France	1875
Greece (not shown)	30816
Italy	4789
Poland	8140
Romania (1947, not shown)	197464

图表 4.12 展现了 1947—1949 年间欧洲恶性通胀的严重程度。引用的消费指数（1929 年 =100），参见 B. R. Mitchell, ed., *International Historical Statistics: Europe, 1750–1988* (New York, 1992), 848–849。

美国物价管制，1950—1953

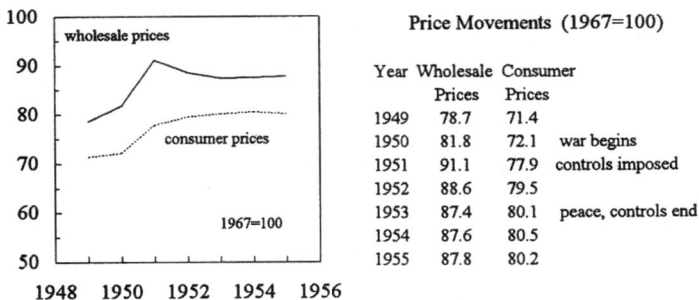

Price Movements (1967=100)

Year	Wholesale Prices	Consumer Prices	
1949	78.7	71.4	
1950	81.8	72.1	war begins
1951	91.1	77.9	controls imposed
1952	88.6	79.5	
1953	87.4	80.1	peace, controls end
1954	87.6	80.5	
1955	87.8	80.2	

图表 4.13 展现了朝鲜战争期间物价管制对控制通胀的作用。1950 年战争爆发时，商品批发价格和消费价格涨幅达到两位数水平。1951—1953 年实施管制。价格立刻稳定下来，并且在管制解除后也没有发生上涨。参见 *Historical Statistics of the United States* (1976) E23, E135。

继续上涨。即便是在物价暴涨被某些国家严格遏制的情况下，长远趋势依然是不可避免地上扬。从 1938 年到 1963 年，美国消费价格每年都在上涨，只有两年除外。在这整整一代人的时间里，通胀依然在二十五年中的二十三年间盛行。其产生的结果之一，就是美国人所谓的"通胀心理学"的发展。作为长期趋势而存在的通胀，开始被全世界的个人、公司和政府所察觉。[16]

美国历史学家埃里克·戈德曼就生活在这个时期的美国。"无论人们走到哪里，通胀都在刺痛着他们，"他回忆道，"无轨电车和地铁涨价两美分，然后是五美分。在美国，十美分的周日报纸消失了。更让人气恼的是无论出价多少都买不到的东西。数以十亿美元计的公众财产存在战争债券和储蓄账户之中……人们还不得不排在令人冒火的长长队列里。女性买不到家具、尼龙、新的电熨斗；男人们发现衣服，甚至连好用的刮须刀片都处于短缺……1946 年夏天结束时，食物的短缺达到了顶点。首先，物价急速上涨……渐渐地，商店的货架越来越满；1946 年大选之后的几个月内，牛排和烤肉不再让人们蜂拥而至……价格继续攀升。甚至连科德角度假小镇中的孩子们——他们多年来都不惜潜水去寻找游客们扔在水里的一美分硬币——如今也拒绝费这个力气，除非是为了五美分。不过，公众正在学习如何在通胀的情况下生活。"[17]

在二战结束后的那些年里，这种潜在的通胀心理在北美和欧洲深深地扎下根来。人们试图对这个问题视而不见。美国幽默作家马克斯·考夫曼表示："用钱买不到的东西，就是过去所有能用钱买到的东西。"杂耍喜剧演员亨利·扬曼评论道："美国人变得越来越强大了。二十年前，要两个美国人才能抬得动价值十美元的生活用品；时至今日，一个五岁的孩子就行。"

20 世纪 50 年代的通胀笑话表达了一种日益增长的对价格动态听天由命的情绪。这种情绪激发出对遏制通胀的悲观看法，并促使人们开始寻求其他补救方法。这些新的反应引发了更大的通胀，加剧了它的势头。通胀的动态还在整个文化系统内被制度化。

这在其他每一次价格革命中都曾发生，但在 20 世纪，现代社会的体制化力量变得比以往更加强大和复杂。制度上的反应比在早先浪潮的时候，更有力地加剧了通胀。

工业民主政体开始创建价格通胀制度化的精巧体系，这被经济学家罗伯特·海尔布罗纳说成是"限底而不封顶"的管制。美国经济许多产业中的价格底线被构建起来。在一些产业中，"行政管制价格"成为常态。在另一些产业中，价格被管制机构固化，或者有"公平贸易"法规禁止商人以低于制造者的"建议零售价格"来出售商品。

美国人的强烈反应是针对最低工资，而不是最高限价。1938年，国会颁布《公平劳动标准法》，制定出最早的国家最低薪酬标准。它还曾短暂地考虑过制定最高薪酬限制，但这个想法很快就被遗忘了。此后，这个最低薪酬频繁提升，并且更加广泛地扩展到整个经济之中。其他国家也颁行了类似的法律。这种立法有助于解释 20 世纪价格革命的一个独特之处——它推进的速度为何出奇地快。[18]

1938 年到 1968 年间，美国经济设立了许多通胀底线：薪酬、退休金和失业补助的底线；农产品、钢铁、酒类和牛奶价格的底线；飞机票、货运费、医药费和律师收费的底线。这些价格底线并不全是由公权力机构设定的。许多由公司、劳工工会和职业协会贯彻。没有最高限价的底线管制的创设，加速了保守派口中的"薪酬—物价螺旋"，亦即自由派所谓的"物价—薪酬螺旋"的动态进程。

20 世纪通胀的制度化，并不局限于物价和薪酬管控自身，供应也受到系统性的限制。许多国家实行了生产限制：美国的农产品、沙特阿拉伯的石油、哥伦比亚的咖啡、南非的黄金，以及全世界其他许多商品。国际卡特尔垄断组织在它们能够企及的地方，都实行着同样的政策。典型的例子是钻石价格，戴比尔斯集团的辛迪加垄断地位使钻石市场价格多次大涨，其手段就是限制供应和其他一些方法。从功能上看，这些政策是由国家政府、国际卡特尔，还是由一位公司经理来实施，根本无关紧要——它们对价格的影响是一样的。每当供给侧受到抑制，价格就倾向于上涨。20 世纪国际经济的一体化创造了许多机会，并且将这些机会放在了几小撮人手中，这些人抓住机会，借此牟利。

刺激通胀的其他新的结构性原因在 20 世纪中期开始发挥作用。其中之一是美国的商人们发明的。经济学家大卫·斯劳森称其为"竞争性通胀"。销售同一商品的竞争对手们不再按照经典思路、想方设法用更低的价格提供更好的产品，却在 20 世纪时学会了其他操作。他们发现可以通过降低产品档次、无休止的广告、不同的包装以及提高其单位价格来提升利润和扩大市场份额。

作为一个典型的案例，斯劳森研究了美国糖果条的价格史。20 世纪 50 年代晚期，糖果条的市价是五美分。到 1983 年，涨到了三十五美分。这个价格是制造商通过一次又一次地略微加价五美分而推高的。斯劳森发现"每次加价，都以同时将糖块做得更大为掩护——而糖块的尺寸在上一次提价之后又会逐渐缩小。通常，人们选择糖果条就是基于其口味和大小，这两者都无法促使人们对价格的差异明察秋毫。此外，经过细心思考后，可以推断：制造商故意通过将包装纸弄得比里面的糖块大，以及采用各种各样的形状，从而使糖果条的大小难以估量"[19]。

在 20 世纪，新古典主义经济学的法则无法解释美国糖果条的价格史。糖果制造者之间的市场竞争依旧激烈——在某些意义上，比以往更加激烈。但这不再是价格为主的竞争，而其对价格的影响与新古典主义经济学理论带给我们的期待相反。在 20 世纪的美国，糖果市场的竞争越激烈，价格就越高。[20]

经济学家斯劳森认为，糖果条、汽车、飞机票和其他商品及服

务的定价策略大同小异。他构建了一个新的"竞争性通胀"模型来
描述一个卖方企业的定价策略日趋复杂、个人购买者的盲目不确定
性日益增长的世界。这些趋势反过来，又展现出市场中知识和权力
分配的变动。较之买家，卖方越来越多地抢占了先机。当发生这种
情况时，价格就会上扬。

20 世纪的剧烈通胀在如上种种方面，与此前历次价格革命都不
同，其速度、规模和冲击力堪称前所未有。

我们这个时代的困境

　　1962 年，价格革命进入了一个新阶段。在 20 世纪 50 年代后期经历了一段相对低速的增长期之后，通胀又开始加速攀升。这是一种全球性的动态。它几乎同时出现在许多国家：奥地利（1962）、丹麦（1962）、爱尔兰（1962）、挪威（1962），瑞典（1962）、比利时（1963）、意大利（1963）、瑞士（1963）、荷兰（1964）、英国（1964）、南斯拉夫（1964）、德国（1965）和美国（1965）。[1]

　　这场新动态的核心在西欧，该地区在经历了二战的灾难后迅速恢复了元气。在 1957—1959 年的一次衰退之后，欧洲多数国家的经济都欣欣向荣。1961 年，失业率降至历史低位：丹麦和意大利不到 4%，奥地利和挪威 3%，英国和西班牙 2%，德国和瑞士则不足 1%。[2]

　　经济如此繁荣，这强烈地影响了政治。许多西方国家的政策开始向左转。其后果包括：约翰·肯尼迪和林登·约翰逊分别成为美国的正、副总统（1961），意大利的"向左敞开"运动（1961），英国工党当选组阁（1964），德国的"大联合"运动（1966）。欧洲的劳工运动变得更加锐意进取，也更加成功，在这些年里赢得了大量薪资上的和解协议。[3]

就在这四海升平、人人安居乐业的时候，通胀率开始加速上升。例如，日本的消费价格从 1955 年到 1959 年增长了不到 1%。20 世纪 60 年代，它们开始更加快速地攀升，每年都高于 5%。在日本，商品出厂价格涨幅较小，但依旧不容忽视。[4]

20 世纪 60 年代早期，上涨率在不同国家和货币体系中各不相同。通胀的步伐在瑞士（2.3%）、西德（2.4%）和美国（2.5%）很慢；在瑞典（3.6%）、英国（3.6%）、法国（4.4%）以及印度（4.5%）稍快；最高的通胀率出现在拉丁美洲和中东。没有哪个国家得以幸免。[5]

北美经济体的物价上升相对和缓，一直压制着世界通胀率，直到 1965 年通胀也开始加速，部分是因为林登·约翰逊总统及其顾问团队的重大失算。约翰逊政府决定在美国增加社会福利的公共开支，同时还要在东南亚打一场大战，却没有大幅增加税收。用当时新闻界的行话来说，他们相信美国欣欣向荣的经济可以同时负担"枪炮和黄油"。

结果，私营部门总需求见涨之外，公共开销也大幅增加。美国的物价开始更快速地上涨，尤其是食物和农产品价格。从 1961 年到 1966 年，美国的年通胀率涨到了原来的三倍。

许多学者错误地将越南战争当作 20 世纪 60 年代加速通胀的核心事件铭记于心。事实上，这次飙涨在几年前开始于世界的另一个部分。约翰逊政府的财政政策产生了影响，但它们主要是加强了既有的趋势，提升了其势头。[6]

20 世纪价格革命的根要来得更深。就像其他每一次巨浪来袭时一样，世界人口的迅速增长和总需求的增长是物价上升的主要原因。世界经济的生产能力比过去更强，增长率也是历史之最，却依然赶不上需求的增长。在美国，每当产能利用率升至 80% 以上，通胀率就会加速飙升。当它下降到这一水平之下——这也时有发生——

通胀就会消停下来。

类似的情况也出现在物价与失业率的关联上。当失业率低于 6%时，通胀率涨得较快。当失业率高于此水平时，通胀率也就降了下来。显然，20 世纪价格革命根植于人口趋势和经济结构之上。

早在 1966 年，美国领导人就开始展现出对物价上涨的忧虑，并且采取了有力行动遏制它们。货币供应（M-1）的扩张在 1966 年的第二季度时完全熄火。利率被抬升到半个世纪以来的最高水平，这发生在 1966 年所谓的信贷紧缩危机期间。一位经济学家发现，这是"二战后美联储首次大幅抑制货币增长，这引发了利率的迅速上浮，并且在一段时间内，利率增长幅度颇大"[7]。

随着这些政策发挥效用，繁荣的美国经济于 1967 年陷入了一个短暂的"微型衰退期"。但通胀并未结束。消费价格继续攀升，并且到 1968 年，坚挺的美国经济再度开始繁荣。随着通胀压力增大，约翰逊政府中的官员们和美联储再次开始采取经济紧缩政策。他们收紧信贷，施行各种财政限制，驱使利率上调，加征 10% 的超额收入税，并且在 1969 年初抑制了货币供应量的增长。

这些措施被特意用来创造一种所谓的"政策性衰退"。它们全都太过成功了。1969 年，抑制通胀的措施开始奏效，但效果却并非预期的那样。在经历了 20 世纪 60 年代的长期繁荣后，美国经济大跌，并把其他国家也拖下了水。经济学家罗伯特·戈登这样写道：1968—1971 年的衰退"将三个世界中最坏的东西"结合了起来。可能有人说，它结合了五个世界最坏的东西。生产下降。失业率激增。美元对其他货币贬值，而美国的收支平衡迅速恶化。这一路走来，通胀顽固地与经济停滞搅和在了一起，这就是"滞胀"（stagflation），而美国经济学家保罗·萨缪尔森可能是首先发明这个说法的人。[8]

新古典主义经济学家们为滞胀现象所困扰。一些人相信这是史无前例的异象。事实上，从 13 世纪至今的每次价格革命后期都曾

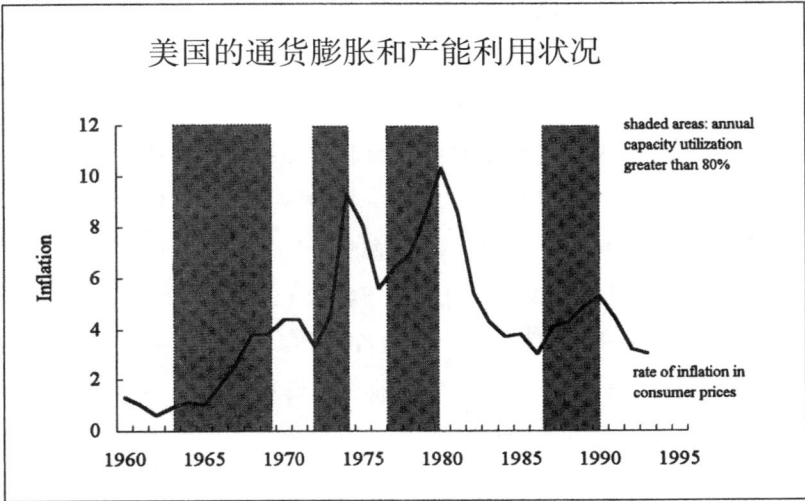

图表 4.14 展现出 1960 年到 1993 年间美国通胀与制造业产能利用率之间的关系。产能利用率超过 80% 时，通胀率通常会上升，跌至 80% 以下时，通胀通常会下降。资料来源为 *Historical Statistics of the United States* (1976), E135; *Statistical Abstract of the United States* (1993) table 757; capacity utilization，同上，(1976) table 1250; (1988) table 1250; (1993) table 1261。

发生过滞胀现象。

　　理查德·尼克松总统走马上任时，被迫面对一个经济上的烂摊子。为了应对滞胀，这位风格极为保守的总统突然变成了凯恩斯干涉主义经济学的信徒，这令他的支持者大惊失色，而他的敌人则喜形于色。"现在我是一个凯恩斯主义者。"尼克松对一位深感震惊的电视记者霍华德·K. 史密斯这样说道。这位总统的"新经济政策"将大量强势的凯恩斯主义财政刺激措施与史无前例的和平时期价格薪酬管制制度结合了起来。

　　这些措施受到大多数美国人的热烈欢迎。国民民意调查的结果一直显示公众对价格管制的强烈支持。经济开始复苏，通胀率迅速回落，从 1970 年的 5% 降到 1972 年的 3%。[9]

然而，尽管广受欢迎，价格和薪酬管制制度在美国的敌人十分强大。他们以新古典主义经济学家的理论为根据，大唱反调。同时，这些制度遭到大型劳工组织和大型商业机构的领袖们及其在两党中的支持者和保护者的顽固抵制。这些为数不多但影响巨大的精英人士采取了有效的行动——他们一遍遍地坚称"价格控制不管用"，"管制不公平"，并且认为限制措施会给经济增长带来毁灭性的打击。

这些论断都是虚词诡说。短期价格和薪酬管制在不久前的实施中收效甚佳。较之不加限制的通胀，它们更公平一些，而且对经济增长的危害也远远小于如利率管控和政策性衰退之类的反通胀工具。但反对管制的争论还是常常被反复提起，而相信者大有人在。强大的利益集团不停地游说，要求结束物价和薪酬管制，直到国会和尼克松政府作出让步。管制措施尚未成功就被解除，而通胀的压力继续走强。

物价再次快速上扬。这一次，政府的领导人试图使用一种道德劝说式的政策，也就是我们今天所谓的"强烈呼吁"（jawboning）。"强烈呼吁"政策唯一可见的效果，就是与物价上涨同步的花言巧语的"通胀"。生活成本继续攀升。

尼克松总统在他四面楚歌的任期后期，想重新冻结物价。他的新古典主义学派的经济顾问们坚定地抵制了这个构想。赫伯特·斯坦回忆道："我援引赫拉克利特的名言提醒他，人不可能两次踏进同一条河。"尼克松回答道："可以的，如果河水冻住的话。"然而，管制已成了政治上的禁忌，无论其在经济上的价值可能有多大。[10]

价格的动荡：石油危机和商品大潮，1973—1980

接着，一个完全出人意料的事件发生了，它在价格历史中频繁

美国的通货膨胀和失业率

shaded areas: annual unemployment rate less than 6 %.

rate of inflation in consumer prices

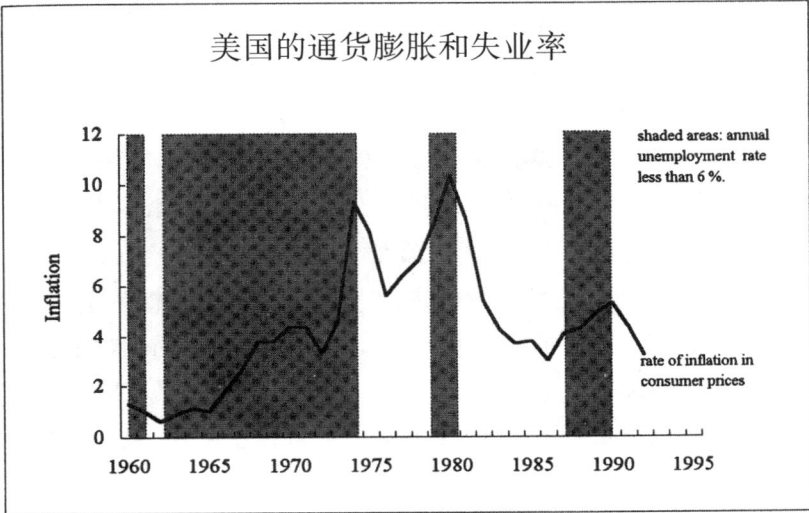

图表 4.15 显示：失业率跌至 6% 以下时，通胀率通常会上升。失业率高于该水平时，通胀率则呈现普遍下降的态势。关于通胀，资料来源包括 *Historical Statistics of the United States* (1976) E135; *Statistical Abstract of the United States* (1993) table 757; 关于失业率，同上，(1976) table 558; (1988) table 605; (1993) table 652。

发生，却总是令人始料未及。1973 年 10 月，就在犹太人的"赎罪日"那天，以色列遭到阿拉伯邻国毫无预警的突袭。与此同时，阿拉伯国家实行石油禁运，作为其战争行动的一部分。石油输出国组织这个从未曾发挥过作用的卡特尔垄断组织，同意将沙特"基准原油"的基准价格从 3 美元一桶提高到 5.11 美元，旨在将石油价格当作战略性武器，对付以色列及其西方盟友。结果，此举十分奏效，以至于 1974 年 1 月石油输出国组织再次提高价格，使其达到令人目眩的 11.65 美元一桶。这个阿拉伯世界的卡特尔垄断组织还试图完全阻断石油流向美国和荷兰，作为对其支持以色列的惩罚。

这些行动并非史无前例。此前，阿拉伯国家曾两次试图利用石油作为战略武器，美国则两次借助充沛的石油储备稳定了石油价格。

然而时至 1973 年，储备几乎耗尽，美国成了石油进口大户。它无力阻止石油输出国组织，除非采取武力行动——尼克松政府一度认真考虑过这么做。几个月之内，油价涨了三倍。

美国的反应——据石油问题专家约翰·M. 布莱尔的记载——"几乎完全慌了神"。政府、公司和个人都对事情的这般发展完全措手不及。许多美国家庭和机构发现他们的预算吃紧，接近崩溃。在欧洲，缺少能源供应的产业分崩离析。失业率骤增。最糟的灾难发生在第三世界，在石油输出国组织的卡特尔垄断措施的摧残之下，那里脆弱的经济土崩瓦解。[11]

石油输出国组织之所以能够成功，要多亏基本的经济力量。时至 1973 年，在商业卡特尔垄断组织面前，这个世界显得极为脆弱。战后二十年的繁荣和人口加速增长，造成了对原材料的大量需求。在这方面，石油并非独一无二。在 20 世纪 70 年代这十年中，许多商品价格甚至涨得比石油还快。有些冲到了它们在近现代历史上的最高位。1980 年，油价攀升到每桶四十美元，锡达到了每磅八美元，白银冲到了每盎司五十四美元，而黄金涨到了每盎司八百七十五美元。其他原材料，比如兽皮、橡胶、棉花以及谷物，都价格高涨。

1973 年之后，浪潮加速推进。在美国，消费价格指数记录了1974 年高达 11% 的增长率。生产方的出厂价格甚至涨得更快，在同一年达到了 18.9%。这后来被称为"两位数的通胀率"，在那时正是美国历史上和平时期物价暴涨的最高比率。[12]

1975 年，杰拉尔德·福特总统召开了一次紧急"峰会"，顶级经济学家们在此会议上讨论了通胀问题。约翰·肯尼思·加尔布雷思也在场。"当时只有一个补救措施得到了专家们的全面同意，"加尔布雷思回忆道，"即政府规制措施应当被审查，以便排除任何明显妨害市场竞争的障碍。关于实践效果，没有比总统本人开的药方好多少，那就是在衣服纽扣上刻上'WIN'的字样，也就是'现在

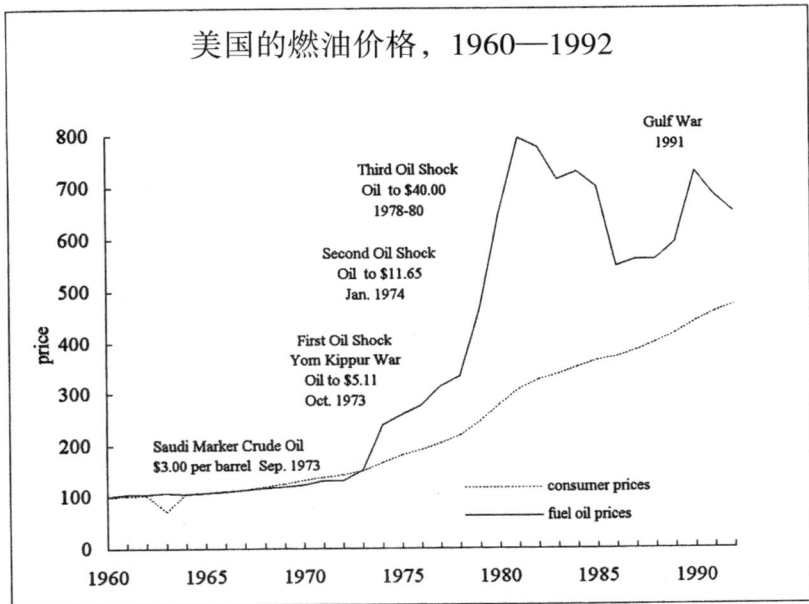

图表 4.16 比较了美国的燃油与消费价格（1960 年 =100）。资料来源为 *Statistical Abstract of the United States* (1993), table 756。

打击通胀＇的缩写。"[13]

通胀在 1976—1977 年缓和下来，很大程度上是因为世界经济的混乱以及需求的缩减，但年物价上涨率依然在 6% 左右——以历史标准来衡量，仍高得出奇。阴魂不散的通胀，以及近期这么多政策的失败，令国家领导人处于痛苦的两难境地。

在美国，卡特总统领导下的新政府按照新古典主义经济学家们的建议采取行动，推行一种名为"去管制化"的新理念，部分是因为希望能够摆脱法律规定的物价和薪酬"底线"。去管制本身并没有产生废除底线规定的效果。它仅仅是将这些事务的掌控权从公权力移交到私人手中。通胀在继续，还伴随着日益滋长的收入不平等。

世界通货膨胀率，1979—1980

20 世纪 70 年代末的世界性通货膨胀			
消费价格年增长率，1979 年第三季度到 1980 年第三季度			
发达国家		拉丁美洲国家	
美国	12.8%	阿根廷	约 88.0%
加拿大	10.6%	巴西	85.5%
澳大利亚	10.2%	智利	32.9%
日本	8.4%	哥伦比亚	26.3%
新西兰	16.3%	哥斯达黎加	19.3%
奥地利	6.9%	厄瓜多尔	13.2%
比利时	6.5%	萨尔瓦多	19.6%
丹麦	11.5%	危地马拉	11.2%
芬兰	12.1%	墨西哥	28.4%
法国	13.6%	特立尼达	15.8%
德国	5.3%	委内瑞拉	23.4%
爱尔兰	18.9%	亚洲国家	
意大利	21.8%	孟加拉国	10.1%
荷兰	7.1%	缅甸	约 1.0%
挪威	12.2%	印度	10.9%
西班牙	14.8%	韩国	28.7%
瑞典	13.6%	马来西亚	7.9%
瑞士	3.8%	巴基斯坦	11.1%
英国	16.4%	菲律宾	14.8%
南欧		新加坡	8.1%
希腊	24.5%	斯里兰卡	28.9%
葡萄牙	15.3%	泰国	19.0%
南斯拉夫	19.2%	中东国家	
非洲国家		埃及	约 25.0%
肯尼亚	13.5%	以色列	132.7%
马达加斯加	11.7%	约旦	11.4%
塞内加尔	6.1%	叙利亚	约 20.0%
南非	12.2%	沙特阿拉伯	约 2.0%
突尼斯	8.9%	伊朗	约 22.0%
扎伊尔	约 50.0%	土耳其	108.3%
加纳	约 67.0%		
象牙海岸	约 10.0%	发达国家	11.7%
摩洛哥	约 9.8%		
喀麦隆	约 11.0%	全世界	15.6%

图表 4.17 来源：*International Financial Statistics* 34 (1981) 45。

20 世纪 70 年代晚期，美国的消费价格再度加速暴涨，这是另一波不断加剧的波动。石油输出国组织的卡特尔垄断再一次扮演了主导性角色。1978—1979 年，它无情地将油价提高到迫使美国不得不每年向产油国支付将近一万亿美元的地步。1980 年，消费价格的年通胀率达到了 13.5%，这刷新了美国和平时期的历史纪录。

美国的通胀，尽管用历史标准衡量已经很高，但仍然在全球平均水平以下。国际货币基金组织在 1979—1980 年的一次调查中发现：在有数据可查的每一个国家，消费者价格都在上涨。当年最小的通胀率来自瑞士、缅甸和沙特阿拉伯；最高的来自以色列、土耳其和拉丁美洲。美国物价上涨了 12.8%，以美国自身的经历而言，算是非常高了，却低于国际货币基金组织估算出的当年"世界通胀率"：15.6%。20 世纪价格革命是一种全球性的动态，同时又带有地区性差异。[14]

东欧国家管控严格的经济也被这股巨浪裹挟，却是以一种不同的方式。物价和薪酬被全能国家的职能机构铁腕无情地把控着，但国家计划的制定者们未能遏制总需求量带来的压力。结果就是配给制度的发展，这是对付通胀的共产主义式变通办法。在西方世界，高涨的物价本身就是一种由市场调节的配给制度——将稀缺的资源分配给愿意和能够出高价的人。东欧国家用国家制定的配给制度取代了市场调节的版本。整个东欧都出现了类似的场景：长长的队列，空荡的商铺，三餐无肉……国家定量配给持续了一年又一年，催生出深刻的腐败问题。自由市场国家试图通过采用全能国家的政策来保护自己免受通胀之苦，结果却引发了全世界范围内的重大经济问题。日本是一个突出的例子，它在商业卡特尔垄断组织面前非常脆弱。为支付其节节攀升的石油账单，日本产品大量出口，充斥世界市场。仅在美国，日本货物的总价值就从 1970 年的五十亿美元增长到十年后的三百亿。与此同时，日本积极地阻挠进口别国商品。

后果就是国际贸易中巨大的不平衡状况愈演愈烈，美国的许多产业也崩溃了。美国的失业率暴涨，而通胀继续保持在高位。

1979—1980 年，吉米·卡特的自由派民主党政府宣称通胀是国家的"头号问题"。基于经济学家们的建议，这位来自南方的平民主义总统与极为保守的银行家、美联储主席保罗·沃尔克联手采取了高压经济政策。利率被提高到创纪录的高位。货币供应被收紧。税收被推上美国历史上和平时期的最高水平，这主要是通胀性"税级攀升"的结果，它使得多数美国人的纳税等级上升。一项重大努力是降低美国对国外石油的依赖程度。在卡特政府的最后岁月中，这些政策开始奏效。美国经济衰退且情况急转直下。通胀开始逐渐平息。但新的问题又开始出现。

主要的不稳定现象发生在商品市场中。美国和其他国家对能源成本高涨的回应，是增加石油的国内生产，转而使用其他燃料以及降低能源需求。这些措施出乎意料地大获成功。它们的效果是解决了眼前的问题，却创造出了另一个问题——20 世纪 80 年代的能源过剩。突然之间，整个世界发现自己处于石油的汪洋大海之中。能源价格陡降，而石油产区，比如得克萨斯和艾伯塔，都深陷于严重的萧条中。

20 世纪 80 年代的石油过剩，令各国政府和企业都感到吃惊。20 世纪 80 年代初，大型石油公司高级行政主管们大规模误判的标志之一，就是排成长列的闲置的超级油轮，它们在挪威峡湾的停泊位上任凭铁锈侵蚀。这些船只是在石油输出国组织引发的油荒时期定制的。它们的完工正好赶上了随后的石油过剩。其中的许多船只堪称史上最大型的船舶。其中一些注定永远无法出航，除了前往拆船厂的时候。造船业为迎合这些新船也进行了扩张；此时，它却发现自己产能过剩，其崩溃之际发出的悲鸣响彻全世界。[15]

类似的逆转也发生在世界经济的其他部门中，尤其是农业。在

20 世纪 70 年代初，高昂的食物价格令生产迅速扩大。美国的农场主们大量借贷以扩大生产。随后，在 20 世纪 80 年代，这个世界发现自己产出的食物超过了它能消费的量。美国农场主们面对的是饱和的市场、沉重的债务和过剩的产能。他们开始破产，数量之大连大萧条时期都未曾有过。同时，政治上有权有势的欧洲农场主们，受到价格支撑的鼓励，继续制造出超量的产品，由欧洲经济共同体为其买单，而库存堆山填海，成了"黄油山"和"葡萄酒湖"。印度和其他发展中国家，借助"绿色革命"中新的农业方法，也开始制造超过他们消费量的食物，全世界到处都是农产品市场中产品过剩的现象。

市场的不稳定性，因私人投机者的行动而进一步恶化。财富集中的加剧，其结果就是增加了剩余资本的供应，这些资本从一个投资机会迅速转移到另一个，在全世界范围内追逐着利润。市场的流动性和反复无常创造了机会，而这些机会被牢牢抓住，有时与其说是为了利润，不如说是为了消遣。这些投机活动中有些成功，另一些失败，但对于日益动荡的世界经济局势，它们全都在推波助澜。

20 世纪 70 年代的白银泡沫可为一例。1973 年，得克萨斯州的亨特家族——当时可能是美国最富有的家族——决定购买贵金属作为应对通胀的措施。当时在美国，公民私人不能持有黄金，于是亨特家族开始大量购买白银，或许希望能在世界白银市场获得垄断地位——这场疯狂的投机行为让人回想起科尔布鲁克在 18 世纪价格革命中对明矾采用的伎俩。白银价格从 1973 年的每盎司 1.94 美元涨到了 1980 年的 50.35 美元。这场囤积居奇的行动失败了，而亨特家族深陷于债务的泥潭。到 1987 年，他们的负债增加到了将近二十五亿美元，资产却只有十五亿。美国最富有的家族沦落到破产的边缘，此事的冲击波及了整个国民经济。[16]

1981 年之后，里根政府通过放松反托拉斯规则和推进商业去管制，从而为投机者和公司并购者创造新的机会。"恶意收购"和"利用融资杠杆收购"的做法迅速蔓延，常常为公司、就业、社区和个人带来灾难性的后果。例如，在经济萧条的缅因州，残存的制鞋工业遭到了收购者的沉重打击。在美国中西部地区脆弱的经济中，小工业企业都被同样的套路摧毁。有着良好收支记录和现金储备，并积极承担社会责任的、健康发展的公司，风险尤其巨大。美国公司中一些最优秀和最有责任感的，比如代顿—哈德森公司和菲利普斯石油公司，都是拥有良好收支记录的杰出公司法人，却为了与恶意收购者一战，不得不背负上泰山压顶般沉重的债务。如此行事的结果，就是国家经济生活中不稳定性的日益滋长。

在 20 世纪 80 年代中期，证券市场上的新型电子技术助长了另一种投机导致的不稳定。芝加哥商业交易所发明了股票的期货交易，其法定保证金要求比股票交易的要低。这为交易者创造了将资金在股票与股票期货之间来回转移的机会，从微小的价格差异中赚取巨额利润。这项工作是通过"（计算机）程序化交易"来完成的：当股票或股票期货达到预先设定的水平时，计算机会自动发出购买或抛售的信号。程序化交易加剧了证券市场的不稳定性。大萧条之后被发明出来的缓冲手段都无法限制这种新型科技手段。1987 年，股票价格暴涨，华尔街成为一个巨大的赌场。数以百万计的小投资者也被卷入了这场投机热潮之中。

1987 年 10 月 19 日，秋后算账的日子来了。纽约股票市场突然崩盘。曾经将这个市场推到令人晕眩高度的程序化交易系统，此时又将其打入自 1929 年以来最糟的崩溃深渊。惊慌失措的投资者们大量抛售股票，往往损失惨重。道琼斯工业平均指数暴跌五百点，数十亿美元在一个下午之内就人间蒸发了。

次日上午，一些专家解释说，这次崩溃只是对大幅膨胀的股票价格的一次大规模纠正。他们没有去探究这般价格膨胀当初是怎么发生的。另一些则相信，这次崩溃是由商品交易所中股票期货的计算机程序化交易造成的，这些交易所的保证金要求很低或根本没有。许多小投资者得出结论：金融市场已经成了一个腐败的赌场，而游戏受到内幕黑手的暗箱操控。

这次崩盘之后，投资者们信心崩溃，股票市场无法再发挥其主要的经济功能，即推动资本进行投资。1988年，超过一百家美国大公司发现自己无法再发行新的股票来解决对资金的需求。不论证券行业还是里根政府，都未能就规范制度的改革达成一致。1987年股票崩盘后的两年中，国会和联邦政府都未能颁行哪怕一项针对证券市场的实质改革措施。

反通胀的代价：价格忧虑和政策性衰退，1980—1995

20世纪80年代，这个支离破碎的世界陷入了又一场政策性衰退。这次陷得更深，是20世纪30年代以来最严重的一次。这次衰退的特征是产能过剩和商品价格的骤然下跌。从1981年到1986年，食物和原材料的出厂价格暴跌到了自大萧条以来的最低水平。1986年，石油价格从每桶四十美元跌到八美元。锡从每磅八美元跌到二点五美元；铜从一美元滑落到四十五美分；白银从每盎司五十四美元跌到不到五美元。但即便在这次衰退的最低谷，消费价格继续以不可阻挡之势上涨。通胀慢了下来，但并没有停止。[17]

当各个主要工业经济体开始复苏时，原材料价格再度开始攀升。1987年，油价翻了一番。棉花和铅涨到了原先的三倍。强烈的上扬趋势出现在了铜、镍、铝、羊毛、皮革和橡胶价格上。总体而言，商品价格在仅仅一年时间里上涨了将近三分之一，并且在随后的1988年进一步上涨。[18]

这次增长很大程度上是因为对物价高涨的恐惧而提前进行的囤

积。经济预言家们估计价格会进一步上涨，而一种通胀心理在全世界范围内迅速增强。对通胀的恐惧开始变得比通胀本身更具破坏力。对涨价的预期导致价格涨得更高。[19]

到 1989 年，随着出厂价格飙涨，世界各国的领导人公开讨论起需要将工业国家的经济又一次逼入"政策性衰退"。他们这么做的时候，正是市场和经济都极不稳定的时期。政府通过提高利率来"冷却"经济。在美国，联邦基金利率从 1987 年的 6.7% 抬高到了 1990 年的 9.2%。消费者这一端的利率攀升得更高。政府还采取了其他财政和货币手段，但既然价格管制已经不再被信任，面对两位数的通胀率，补救措施就只有两位数的利率。

这项用高利率控制高通胀的政策，产生了许多经济和社会层面的后果。它加剧社会的不公平，抑制投资，降低生产率，削减需求，并使失业率上升。讽刺的是，在某些方面，它还助长了通胀。比如，住房成本飙升的原因部分在于建设者的融资成本随着利率上涨而上涨，这导致房屋造价的上涨。操控利率是经济政策中一种非常强大的工具，其带来的冲击比原本预想的要广泛得多。

结果就是 1990—1991 年的又一次衰退。在那一年，美国经济增长率呈负数，人均收入下降，失业率上升。通胀率从 1990 年的 5.4% 减到了 1992 年的 3%。经济学家和政治家们宣称通胀"被控制住了"。其实并没有。甚至在这次衰退当中，消费价格仍在继续攀升。资本利得率也依然高于此前世界历史中任何一次价格革命的平均通胀率。

1990—1991 年的这次衰退来得异常迅猛，美国经济的管理者们由于担心爆发全面的大萧条，又突然将经济政策从刹车变成了加速操作。利率被降到了历史低位。联邦基金利率从 1989 年的 9.2% 降到了 1992 年的 3.5%。

工业国家的经济开始复苏，首先是在美国（1992），随后是在欧洲（1993）；但这是每一次价格革命晚期阶段都会发生的假性繁荣。许多工人依然处在失业状态。1994年5月，失业率在美国达到6%以上，德国8%，英国9%，意大利11%，法国12%，比利时13%，西班牙24%，而南非高达50%。这些是官方数据。真实的数字可能更高，甚至连它们也并未开始计量社会成本。对于每一个没有工作的工人而言，身边总有其他近期也曾失业的人，而更多的人则担忧他们在不久的将来也会失业。

反通胀政策的社会成本，比通胀本身更具毁灭性。机会在减少，不平等现象在增加。主要的牺牲品不是某个阶层，而是整整一代人——年轻人既没有对未来的希望，也没有对过去较好时期的美好记忆。结果就是人性异化、道德沦丧、混乱迷茫和悲观绝望的加速蔓延。

贯穿这一切始终的，是消费价格的持续攀升。经济的管理者们紧张地将他们的重心从油门转向了刹车，随后又回到了加速状态，接着再次变成刹车。通胀消退了，但没有消失。1995年初，物价在德国以每年4%的速度增长，在英国和瑞士为6%，在意大利和西班牙为8%。日本和美国的比率普遍更低，在那里，一些观察家辩称：通胀已经克服了。其实并非如此。物价继续以超过薪酬的速度增长，实际薪酬降低，而家家户户都生活在令人绝望的压力之下。各种各样的组织、机构、企业在沉重的财务限制下运作，竭力平衡预算，以应对沉重的社会成本。

增长的不平衡性

这些压力直接来自价格革命的结构本身。每一次的巨浪在这方面大体相仿。在这些长期动态的晚期阶段，严重的紧张压力开始在社会体系中发展起来。损害不是由价格通胀本身引起的，而是由其运作中的不协调造成的。

一些物价比其他物价上涨得更加迅速。相关价格的状况自从中世纪开始，在每一次长期波动中都大致相同。就像前三次一样，飙涨的食品和能源以及原材料价格再一次地引领了通胀的浪潮。汽车、纺织品、电器、玩具、休闲产品和家具等制成品的价格全都落在了后面。个中原因与其他每一次价格革命的类似。最残酷的后果落在了穷人身上，他们收入中的一大部分要用于支付食物、燃料和住所的花销。[20]

1975 年之后，苦难中还混合了薪酬的波动。20 世纪早期和中期的几十年中，工人们的处境比前几次价格革命时好一些。在美国，从 1896 年到 1975 年的大部分时间里，实际薪酬一直在增长。[21] 这是一系列措施的共同作用，包括工会活动、最低薪酬法规、生产率提高和社会福利立法。[22]20 世纪 70 年代早期，这股潮流发生了逆转。1973 年之后，实际薪酬急转直下，在 1978 年到 1982 年间再度下降，1984 年到 1996 年间又下降了。不论在白领还是蓝领身上，显然都出现了广泛类似的趋势。[23]

当实际薪酬下降时，较之总体物价水平，资本收益率却更加快速地上升。这样的情况在土地资本上显得最戏剧化。从 1960 年到 1992 年，美国的地租和不动产的成本激增到原来的六倍，而消费价格指数上涨到三倍。顶级不动产的价格上升到原来的十倍，甚至更多。在曼哈顿上东区，一座合作公寓的价格从 1968 年的六万美元涨到了二十年后的六十万。在拥有好学校的波士顿郊区，普通住宅在 1965 年售价为两万美元，1986 年则要四十万。类似的趋势也出现在了西欧和东亚。在东京，顶级的商业不动产涨到了天价，房屋要按平方米出售，四十英寸见方的一块地方，售价就在二十万到三十万美元之间。[24]

利率也比物价涨得更快。在 20 世纪的早些年里，利息的上下

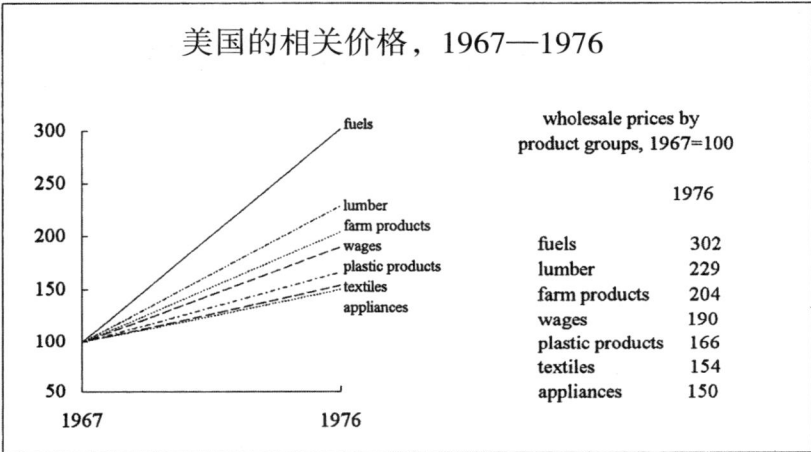

图表 4.18 展现了 20 世纪相关价格的情况，很大范围内与早前的价格革命相似，但在一些重要细节上有所不同。能源、原材料和农产品再一次领跑。薪酬和制成品再一次落在了后面。有两点不同将 20 世纪的价格革命与之前数次区别开来：相对于其他原材料，食物花销增速放缓；薪酬上升得稍微快一点，尽管依然落在生活成本后面。资料来源为 *Statistical Abstract of the United States* (1978) 765。

波动多少与生活成本成比例。到了 20 世纪 60 年代，情况不同了。住房按揭利率在十五年间涨到了原来的三倍。在新英格兰地区，按揭利率从 1965 年的 5% 涨到了 1979 年的 16%，增长率比同时期的消费价格高出一半。消费贷款和信用卡的利息则上升了 20%。

在其他各次价格革命中，利率比物价涨得更快，但这时另一个因素也在发挥着作用。20 世纪晚期，利率被刻意提高，作为一种管理经济和控制通胀的方法。当物价加速上涨时，中央银行纷纷提高利率，以抑制需求。在衰退期，利率则被压低，以刺激经济的增长。

至少当时的观念就是如此。实践中，政策遭到典型的"棘轮效应"（ratchet-effect）的扭曲，它使得利率能够更加肆无忌惮地上升，而不是下降。当美联储提高美国的利率时，小额银行业务的从

劳动收入：实际薪酬的下降，1960—1990

average weekly earnings of all workers
in private non-agricultural employment
(constant 1967 dollars including overtime)

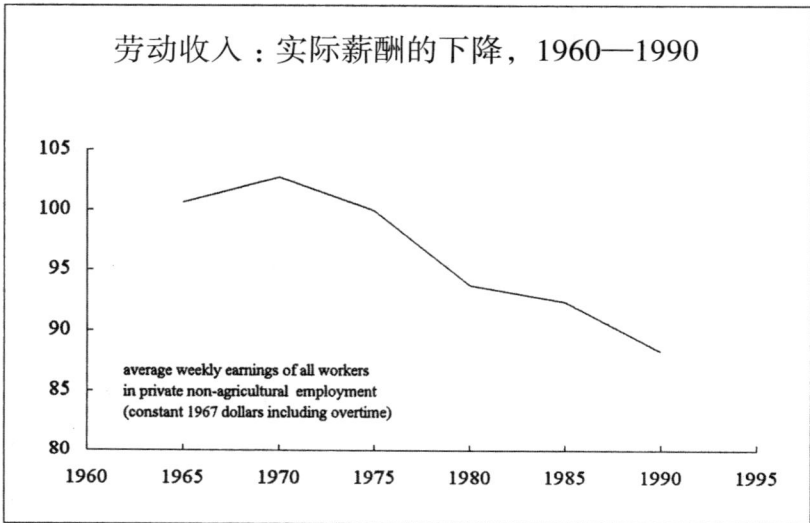

图表 4.19 显示：实际薪酬从 1970 年左右开始下降，并且持续到 1996 年，其间偶有短暂的逆转。20 世纪价格革命与前面数次的差异，在于 1970 年之前实际薪酬的上升。自那时起，情况开始符合普遍的模式。美国工人——无论蓝领还是白领——的劳动收入下降，而资本的收益却上升了。不平等滋长的结果，出现在图表 4.22 中。资料来自美国劳工统计局，*Employment and Earnings* (1992); *Statistical Abstract of the United States*, (1976), table 590); (1981), table 676; (1993), table 667。

业者立刻将它转嫁在了贷款客户身上。当美联储降低利息时，各大银行却跟进得比较慢。例如，1970 年到 1981 年间，联邦基金利率从 7.2% 涨到了 16.4%，并且传统上固定的长期按揭的利率从 8.6% 涨到了 16.6%。但是联邦储备系统将其再贴现利率从 9.2% 降至 3.5% 时（1989—1992），十五年间固定按揭的成本却下降得很少，仅从 9.7% 下跌到 7.8%。利率的棘轮式渐变加强了长期上涨的趋势。

当实际薪酬下降而资本的实际收益增加时，这将对社会产生不可阻挡的影响。不平等现象滋长。在美国，这一趋势始于 1968 年左右。[25] 当贫穷和无家可归的状况增加时，巨富们稳步扩张着自己的财富，并且中上阶层也一派繁荣兴旺。处于这个国家上面三分之

不动产收益：住房的涨价，1966—1993

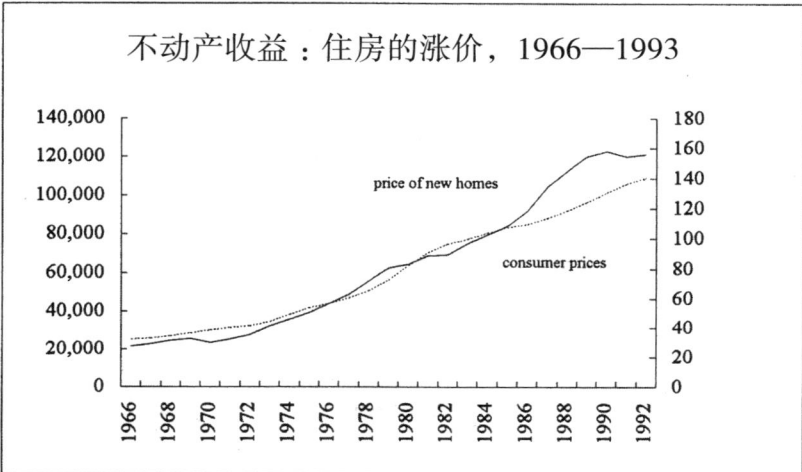

图表 4.20 展现出美国的不动产价格与物价同步上涨，直到 1985 年，此后不动产价格更加迅速地上涨。它比较了从 1970 年到 1992 年美国新建私有独栋住宅的中间售价与消费价格，指数调整为：以 1982—1984 年的平均值为 100。资料来源为 *Statistical Abstract of the United States* (1993), tables 756, 1225; U. S. Dept. of Housing and Urban Development, *New One-Family Houses Sold* (1994)。

一的人获利甚丰，下面三分之二的人却落在了后面。劳动力日益极化地进入两个劳动力市场：上层市场提供高薪、工资外福利待遇和长期雇佣合同；低端市场提供的工作则薪水低、无福利且让人频繁失业。[26]

美国在 20 世纪晚期正分裂成两个国家。纽约市的贫富差距总是非常悬殊，而此时，它变得越发明显，比以往更为极端。本书作者和他的学生们研究发现，1975 年之后，衡量财富不平等的基尼系数达到了美国历史四个世纪以来的最高水平。从 1968 年到 1996 年，收入的不平等陡然加剧。

记得 1986 年冬一个寒冷刺骨的周六夜晚，本书作者曾看到富有的购物者们在麦迪逊大道上漫步，而无家可归的男男女女则衣衫

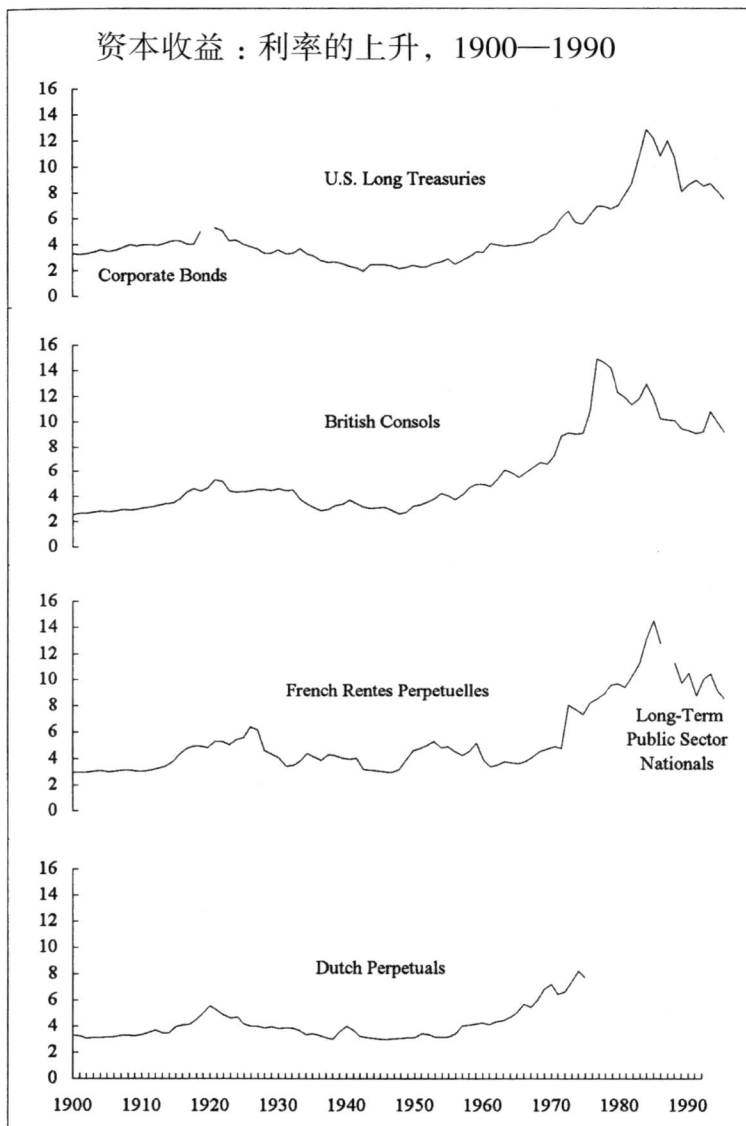

资本收益：利率的上升，1900—1990

U.S. Long Treasuries

Corporate Bonds

British Consols

French Rentes Perpetuelles

Long-Term
Public Sector
Nationals

Dutch Perpetuals

图表 4.21 追踪了 20 世纪利率的抬升，它超过了物价通胀的步伐。资料来源为 Homer, *History of Interest Rates*, 343—363, 416—417, 434—435, 448—449; *Statistical Abstract of the United States*, (1981—1993); *Annuaire Statistique de la France* (1984—1993); Great Britain, *Annual Abstract of Statistics* (1984—1993)。

褴褛地默默躺在蒸汽排放口上，身边破烂推车里的东西就是他们的家当。1989 年，曼哈顿昂贵的服饰店出售给四岁儿童穿的貂皮大衣（"1200 美元一件，等于白给"），而无家可归的孩子们则睡在街上和地铁站。类似的景象，亦可见于其他城市。[27]

另一种不断滋长的不平衡，在政府和私人机构最需要力量的时候削弱了它们的力量。预算和资金方面的差距在公共和私人机构中不断加剧。在美国，里根总统再三回绝他的顾问，在增加支出时拒绝提高税收。结果，联邦政府的收入远远落在了花销之后，国家债务以前所未有的速度激增。里根政府在任的八年中造成的国家债务，比过去所有总统加在一起的还要多。[28]

美国的国家债务可能的确数额巨大，但在美国，这只是债务总额中的很小一部分。当联邦债务飙涨到超过一万亿美元时，私人债务高涨到超过两万亿，而最挥霍无度的借款者——商业公司欠下的债务超过了三万亿。到 1987 年，美国成了世界头号债务国。这座债务的大山导致美国财政体系陷入了危险的失衡状态。20 世纪 80年代，在伊利诺伊、得克萨斯、加利福尼亚和纽约等州，美国一些最大的银行倒闭了。政府干预成功地阻止了一次普遍崩溃，但时至1989 年，美国的银行系统已经被经济态势绑架；任何一种倒退——一场国际危机、一次经济衰退、一个流氓交易商，或是一次坏天气——都是可能导致重大灾难的威胁。

比银行还要不稳定的，是储蓄和贷款组织。在去管制之后，这些机构的管理非常混乱，到 1988 年，超过五百家此类机构都走到了破产的边缘，而清偿的代价是要花费纳税人巨额的"紧急救助金"，这使得联邦政府的赤字进一步恶化。调查人员计算发现，其中一半的损失，一定程度上是由欺诈引发的。

不稳定现象也出现在了国际贸易中。主要西方国家的经济政策在 20 世纪 80 年代迥然各异。在美国，里根政府采取了"供给侧"政策，

美国不平等的滋长，1968—1995

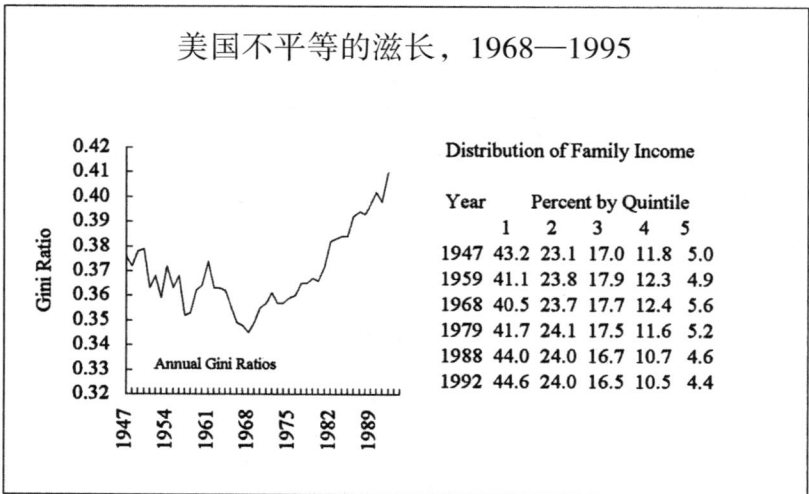

Year	1	2	3	4	5
1947	43.2	23.1	17.0	11.8	5.0
1959	41.1	23.8	17.9	12.3	4.9
1968	40.5	23.7	17.7	12.4	5.6
1979	41.7	24.1	17.5	11.6	5.2
1988	44.0	24.0	16.7	10.7	4.6
1992	44.6	24.0	16.5	10.5	4.4

图表 4.22 展现了 1968 年前公平程度的上升，以及随后不公平的滋长。这幅图表包含反映收入分配状况的年度基尼系数。基尼系数是一种衡量财富集中程度的工具，其中 .00 表示完全的公平，而 .99 表示完全不公平（社会上层拥有一切）。这张图右边列明了具体六年中的收入份额。

数据来自人口普查局的调查结果，这是美国最古老和最可靠的年度收入分配序列。它们就像潮流指示计一样有用，却低估了不平等的程度，因为它忽略了那些无牵无挂、无依无靠的人（这些人的收入分配状况更不平等），并且排除了资本利得（1992 年，顶层的五分之一人口占有的份额从 44.6% 上升到了 50%）。

资料来源是 Current Population Reports, series P-60; Historical Statistics of the United States (1976), series G85—90; Statistical Abstract of the United States (various issues); Lynn A. Karoly, "The Trend in Inequality among Families, Individuals, and Workers in the United States: Twenty-Five Year Perspective," Sheldon Danziger and Peter Gottschalk, eds., Uneven Tides: Rising Inequality in America (New York, 1993), 27。

试图通过去管制、减税和其他手段刺激经济。其他国家，比如日本和德国，则采取了缓慢增长、平衡预算、严格管制和保守管理的政策。在经济增长率方面，这些政策发挥了作用，而这又反过来扭曲了国际贸易。美国经济大量进口外国产品，同时却发现：国外的市场缺乏活力，甚至在缩小。结果，美国对外贸易中的不平衡性加剧了。

这些贸易领域的不平衡造成了货币混乱。尼克松政府为国际货币体系松了绑，在 1971—1973 年间毁掉了布雷顿森林体系的相关协议，并且允许汇率浮动。在那之后，国际货币体系也变得越来越不稳定。里根政府压低美元相对其他货币的汇率，希望借此使美国产品更具竞争力。美元对其他几种主要货币贬值了一半以上。美国的出口缓慢地复苏了，但依然大量进口外国产品，以贬值的美元计算，进口额比过去更高。结果，1988 年，输入性通胀加剧——这是由高涨的服装（多产自国外）以及其他进口产品花费领头的一次物价飙涨。就这样，美国的贸易政策直接助长了通胀和不稳定。

货币政策也是如此。许多政府官员在 20 世纪 70 年代都成了货币主义者。美联储在美国、英格兰银行在英国作出了重大努力，以便通过管制货币供应来稳定其混乱失序的经济，结果劳而无功，而且实际上加剧了不稳定的局面。经济学家米尔顿·弗里德曼对门徒们的错误感到愤怒，反复指责美联储和英格兰银行的管理者严重失职。但约翰·肯尼思·加尔布雷思评论道："也许有人会回应并指出，一个经济政策，需要在那些能够实施它的人的权限内，无论这范围多么有限。"一个主要问题是束缚货币决策的那些因素的复杂性——国内政治、国际形势、阶级利益以及社会政策。[29]

世界不稳定的其他来源还包括，经济计划的制定者为了稳定混乱失序的世界经济而采取的善意举措。就像那些模拟最近一场战争训练的将军，当新的危机发生时，计划制定者倾向于从过去的危机中思考问题，而新的危机在他们周围发展着。一个经典例子，就是英国的撒切尔政府。20 世纪 70 年代，英国遭遇长期的经济增长缓慢、物价飙升、大量失业以及工业的解体。1986 年，复苏终于开始了。英国经济开始以比过去很多年中更快的速度增长，但恢复期才刚刚几个月，英国政府就开始为通胀的危险而深感忧虑。经历了几十年的下降，当经济挣扎着、阵痛着重回正轨时，《泰晤士报》的一篇社论问道："英国经济有过热的危险吗？"几天之后，政府故意提高利率，以便将其"冷却"。他们忧虑的原因是对于两位数的通胀率的记忆；结果就是使脆弱的复苏过程发生迟滞，而失业率再次抬头，此时这个国家有 15% 的劳动者都没有工作。[30]

经济上的不稳定，尤其是通胀，大大加重了人们的苦难。从1965 年到 1993 年，全世界的犯罪率迅速上升。在美国，杀人犯罪率持续激增，并且在 1974 年、1980 年和 1991 年达到高峰。这些动态与通胀率息息相关。类似的情况也出现在盗窃和抢劫犯罪上。对此应当这样理解：主要原因不在于通胀，而在于通胀引发的压力。在美国，犯罪率在大萧条严重时倾向于上升，那时虽然物价下跌，但物质上的压力非常高。不过，在每次价格革命的倒数第二个阶段，物价飙升都会导致犯罪率飙升。这种模式出现在了 14 世纪、16 世纪、18 世纪以及 20 世纪末。另外，物价均衡期是以每次价格革命的早期犯罪率的持续下降为特征的。

类似的模式也出现在毒品和酒精上。20 世纪六七十年代的美国，在一系列与消费价格相关的通胀率飙涨时期，酒精的消费和毒品的滥用都倾向于上升。类似的趋势也曾发生在 18 世纪价格革命期间的美国。此外，维多利亚时代的均衡期，则以酒精消费持续下降为特征；自 1830 年后，美国的毒品使用量就呈下降趋势。

另一种联系出现在价格动态与家庭崩坏之间。在美国，随着消费价格的浮动，非婚生子率成相应比例地增加。这一趋势也出现在早前有据可查的价格革命中。该趋势在 18 世纪时非常强烈，而且根据残存的资料来看，似乎 16 世纪时也是如此。在这里，价格均衡期再一次地以相反的趋势为特征。物质方面的不稳定、高通胀率使得家庭和个人都面临沉重的压力。简而言之，被美国人认定为该国最紧迫的三个社会问题——犯罪、毒品和家庭的崩坏——其趋势全都与通胀率相关。

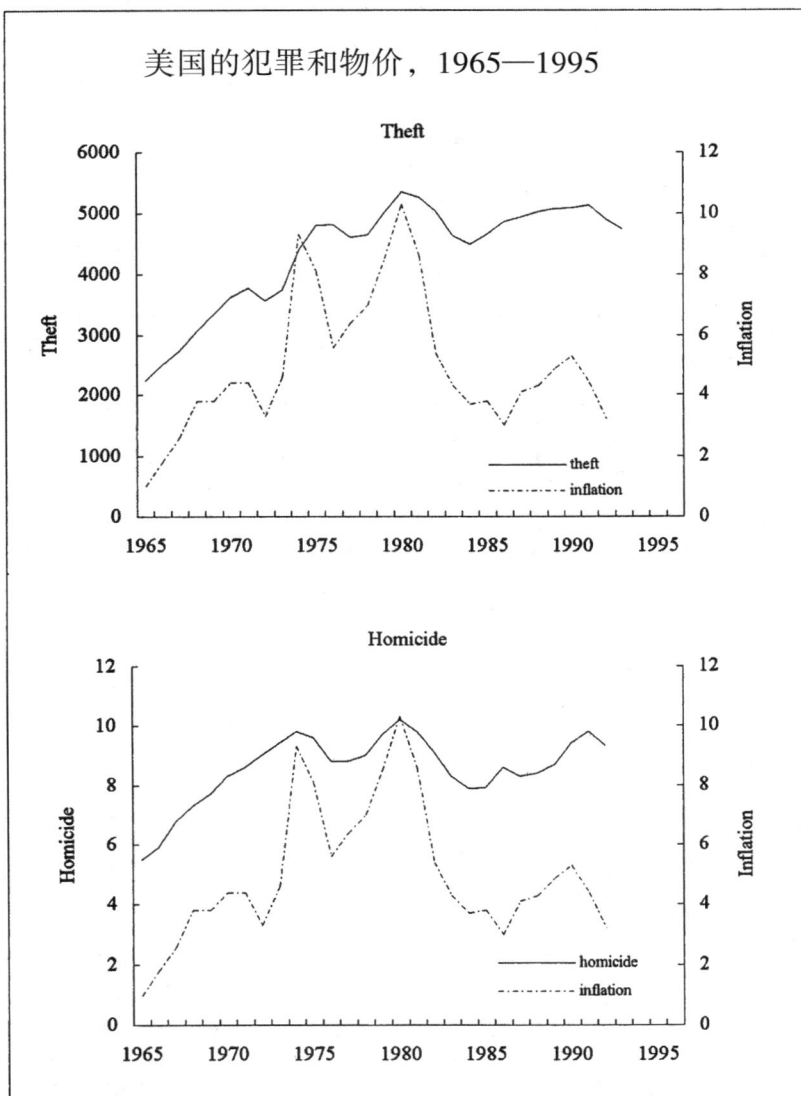

美国的犯罪和物价，1965—1995

Theft

Homicide

图表 4.23 比较了美国的通胀率（更准确地说，是权重固定的价格指数中个人消费开支的年增长率）与杀人案发生率（警方记录中每十万人每年发生的谋杀和误杀案件的数量），以及盗窃的年发生率（警察记录中每十万人偷盗、盗窃和入室盗窃的数量）。资料来源包括 Historical Statistics of the United States (1976) series H972; Statistical Abstract of the United States (1976), table 248; (1981), table 293; (1988), table 263; (1993), table 300; Federal Bureau of Investigation, Uniform Crime Reports (1993–1994)。

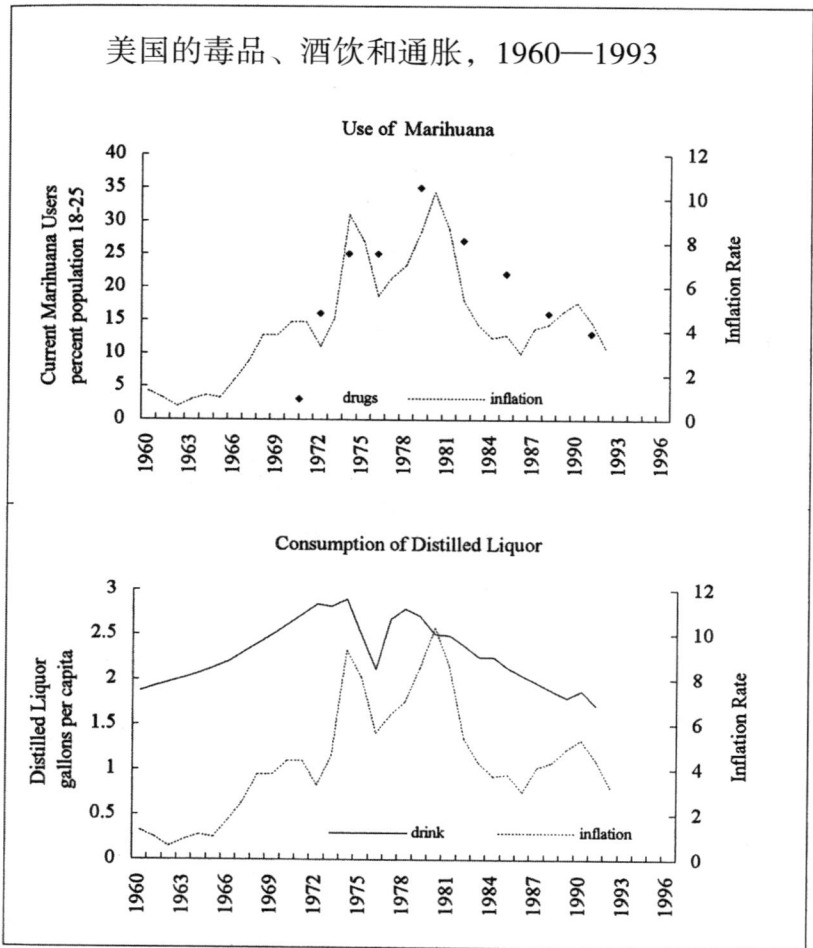

美国的毒品、酒饮和通胀，1960—1993

Use of Marihuana

Consumption of Distilled Liquor

图表 4.24 比较了美国的年通胀率与每年人均（满十八岁者）消费的蒸馏酒类的量，并将通胀率与承认自己为大麻"当前用户"的年轻成年人（十八岁到二十五岁）的比例进行比较。普遍类似的趋势（有些许差异）也出现在海洛因、可卡因、致幻剂和吸入性药剂的使用上；啤酒和葡萄酒也是如此。酒类消费的数据来自美国农业部的经济研究所；毒品相关的数据，来自 *National Household Survey on Drug Abuse*。两者都刊载于 *Statistical Abstract of the United States* (1981), tables 199, 1429; (1981), tables 180, 186; (1993), tables 208, 220。读者应当注意：酒类消费和毒品使用在实际收入迅速下跌、物价暴涨和失业率上升时达到了巅峰。可与此相提并论的酒类消费量激增（达到了美国历史上的最高纪录）发生在 18 世纪价格革命巅峰期的类似情况下。而在维多利亚均衡期，酒精消费恰恰迎来了一段长期下降的时期。参见图表 3.29。

通胀和非婚生子状况，1920—1990

Year	Prices	Illegitimacy
	(1967=100)	Ratios
1920	60	29
1930	50	42
1940	42	38
1950	72	40
1960	89	53
1970	116	107
1980	247	184
1990	391	280

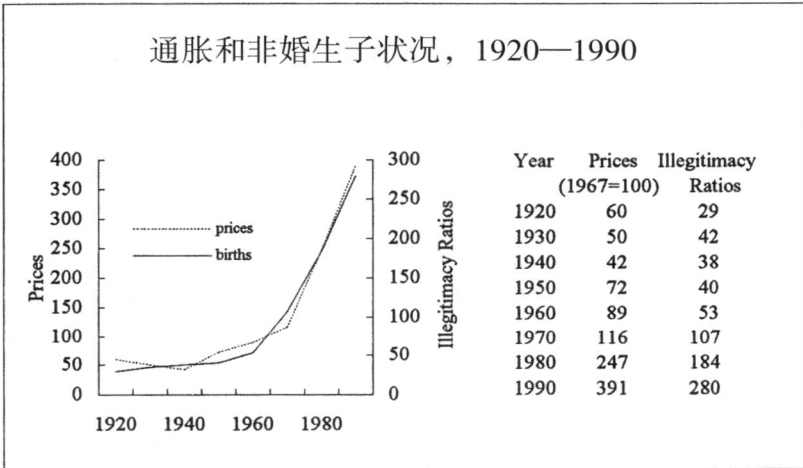

图表 4.25 比较了年非婚生子比率（每一千名出生并存活的美国婴儿中由无配偶女性生产的比例）与消费价格（1967 年 =100）。参见 Daniel Scott Smith, "The Long Cycle in American Illegitimacy and Prenuptial Pregnancy," Peter Laslett, Karla Osterveen, and Richard M. Smith, eds., *Bastardy and Its Comparative History* (Cambridge, 1980), 363—366; P. Cutright, "Illegitimacy in the United States, 1920—1968," R. Parke Jr., and C. F. Westoff, eds., *Demographic and Social Aspects of Population Growth* (Washington, 1972), 383; *Statistical Abstract of the United States* (1993), tables 101, 102, 756; *Historical Statistics of the United States* (1976), series E135。

20 世纪晚期的危机

20 世纪八九十年代，物质上的紧绷局面已经接近爆发的临界点。在世界各地，既存的秩序都面临着沉重压力。在一系列事件中，整个制度开始崩溃，这与自中世纪以来的每一次价格革命的高潮类似。危机爆发的形式在各个地区彼此不同，但世界各地全都卷入其中。

非洲人民经历了这次危机中最大的灾难。在那里，不平衡的状况最为极端。独立之后，非洲人口急速增长，经济发展却落在了后面。1988 年，撒哈拉以南的非洲最贫穷的二十个国家全都遭遇了经济负

增长。人均产值从每年三百二十四美元跌到二百七十美元。到 1990
年，非洲的大部分地区都遭遇了经典的马尔萨斯陷阱，其规模之大，
是欧洲自 14 世纪以来就未曾有过的。[31]

威廉·奥斯勒爵士发现："人类有三大劲敌——热病、饥荒和
战争。"这些全都发生在了非洲。饥荒在萨赫勒地区*蔓延。索马里
的政府垮台，秩序崩溃；这个国家的大部分地区都陷入饥荒，军阀
们却杀害了前来施援的救灾工作者。在乌干达和扎伊尔，新的传染
病以比 14 世纪更加恐怖的形式出现。在卢旺达和布隆迪，部族战
争导致对整个民族的大规模屠杀。

但危机当中，也存在相反的趋势。加纳等国家建立起强有力的
体制，并维护了它们。南非人民终结了种族隔离制度，并努力建立
起一个真正的多种族社会。不过南非有一半的劳动者失业，社会压
力非常巨大。到 1996 年，撒哈拉以南的非洲陷入了一场大危机的
深渊，其严重程度，世所未见。[32]

在欧洲的东部，这场大危机引发了近现代历史上最戏剧性的、
天翻地覆的事件。20 世纪 80 年代，东欧各国的领导人发现自己同
时处于多重压力之下。他们感到了美国政府的威胁，后者越来越好
战，并且在军备上大撒金钱，甚至还有可以先发制人的核武器，旨
在对苏联的指挥和控制系统实行"斩首"。同时，东欧日益老迈的
经济体无法继续维持早前的经济增长率，而他们的公民却要求提高
生活标准。东欧体制的日益僵化恰逢全球价格革命的后期阶段，以
及全世界日益严重的物资短缺。正像我们看到的，结果就是资本主
义国家的价格配给和东欧国家的国家配给。西方的价格配给已经十
分残酷了，但国家配给更糟。它成了严重腐败的温床——少数统治
阶层人士生活安逸，而多数人境遇悲惨。腐败和不平等现象的快速

---

* 指撒哈拉沙漠南沿一片横跨多国边境的不毛之地。

滋生蔓延摧毁了这些国家的道德正当性，同时，价格革命的巨浪侵蚀了其物质基础。对于既存制度而言，这些问题中的任何一个，都已是严重的威胁；它们若一齐袭来，则是致命的。

结果不是改革的开始，而是革命的爆发。令西方国家震惊的是，东欧国家突然土崩瓦解。头一个是波兰，造船工人们组成自称"团结工会"的联盟，发动了一场民族解放运动。他们的领袖莱赫·瓦文萨在1983年领取诺贝尔奖时发表演讲宣称："凡是了解团结工会的力量并呼吸自由空气的人，都是压迫不倒的。"

随后，令所有人震惊的是，世界两个超级大国之一轰然坍塌。1987年，米哈伊尔·戈尔巴乔夫试图重建（perestroika）苏联的制度。"新潮流敲响了每家每户的大门。"戈尔巴乔夫说道。但很快，它们就直接破窗而入了。他的改革以革命告终，苏联宣告解体。[33]

在东欧，其他政权也走向了崩溃。接着是一段痛苦的时期。一度被前政权压制的、旧有的民族敌对势力之间爆发了战争。一段向自由市场经济过渡的新的、异常艰难的经济转型期，引发了经济负增长、恶性通胀、混乱失序、犯罪猖獗，人民遭受了严重的苦难。但开放机制在东欧迅速发展起来。各个新的政权摇摇欲坠，并且仍然面对着压垮了前政权的同样的压力，前途未卜。

在世界的另一地区，危机呈现出不同的形式。20世纪八九十年代，从阿富汗到阿尔及利亚，许多伊斯兰国家都处于骚动之中。二战后，现代世俗精英用混合了伊斯兰思想和西方理念的方式实行统治。经济增长率高，但人口增长率更高。除了石油资源富集的阿拉伯各酋长国，伊斯兰世界遭遇了与其他国家同样的经济压力。价格革命发挥了影响。生活成本陡增。实际薪酬下降。不平等现象加剧。那片广袤土地上有着世界上最糟糕的人满为患的贫民窟。

伊斯兰国家的许多人将他们遭遇的麻烦归结于西方价值观的影响。原教旨主义运动开始横扫伊斯兰世界。世俗政权一个接一个遭

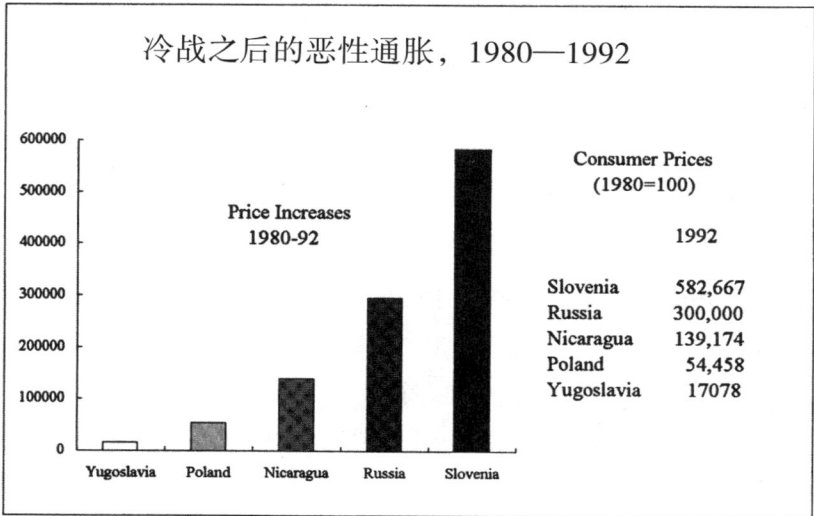

图表 4.26 展现了 1992 年五个前社会主义国家的恶性通胀水平。资料来源包括 United Nations, *Demographic Yearbook* (1993) 336—353; Grzegorz W. Kolodko, Danuta Gotz-Kozierkiewicz, and Elzbieta Skrzeszewska-Paczek, *Hyperinflation and Stabilization in Postsocialist Economies* (Boston and Dordrecht, 1992)。

到攻击，其中有些被摧毁。1979 年，伊朗的巴列维王朝倒台。1981 年，埃及的世俗领导人安瓦尔·萨达特遭到刺杀。阿富汗的世俗政权被一场原教旨主义革命摧毁。1992 年，阿尔及利亚的伊斯兰救世阵线赢得了大选，却被拦阻而无法掌权；结果发生内战，数以百计的阿尔及利亚世俗领导人遭到谋杀。1993 年，土耳其的伊斯兰原教旨主义者焚烧了一座酒店，而世俗领袖们正在那里开会。四十人在大火中丧生。巴勒斯坦人民转投伊斯兰原教旨主义怀抱。他们年事渐高的世俗领袖们在绝望中与以色列讲和，却没能缔造和平。1996 年，中东的普遍危机才刚刚开始。其结局究竟会走向何方，仍充满疑问。

在冷战时期的拉丁美洲，两个超级大国培养了左翼和右翼的附庸独裁政权。这些掠夺成性的政权对人民开战，引发的结果包括：

美洲中部的内战，古巴腐败的独裁政府，智利的右翼革命，阿根廷的"失踪案"*，以及海地船民的暴动。拉丁美洲的暴君独裁经济是一场灾难。结果是社会剥削、政治腐败和现代世界中最恶性的通胀。

20世纪80年代，新的潮流开始出现。随着冷战的结束，两个超级大国都撤回了他们对拉美独裁政权的支持。当地人民奋起反抗压迫着他们的制度。暴君独裁政权一个接一个地倒台。时至1996年，拉美国家除了一个例外，都采取了民主政体并实行法治。这场巨大的危机摧毁了这个地区的暴君独裁和压迫制度。但这些新生的、更加开放的政权本身十分脆弱，其结局如何，仍无法确定。

20世纪90年代，哪怕最强大国家的经济，也发出了压力巨大的信号。日本是一个很好的例子，在整整一代人的时间里，它都被视为世界上最有活力和成就的经济体。20世纪90年代初，危机初露端倪。越来越大的压力来自亚洲的竞争者们，也来自美洲的贸易伙伴。日本自身发生了一场经济信心危机。劳动力成本很高；生产利润被其他国家甩在了后面。1994—1995年间，日本经济出现了负增长。日本股市暴跌，而个人投资者损失惨重。到1995年，经济压力异常巨大，该国整体上开始大规模的价格通缩。

与其他国家类似，文化异化逐步在日本大行其道。邪教迅速传播。一个伪佛教风格的激进派邪教，自称为奥姆真理教，相信世界将会在1997年终结，于是教徒开始疯狂地制造一种致命的神经毒素，叫沙林。1995年3月，他们在日本拥挤的地铁系统中释放了这种毒气，杀死了十一位乘客，并令数百人受伤。警方迅速展开打击行动。该邪教的教主麻原彰晃被逮捕，但这个事件将现代工业社会的脆弱性暴露无遗。

---

* 20世纪七八十年代，美国扶持的阿根廷右翼军阀政府秘密捕杀持不同意见者，制造了约三万起所谓的失踪案。

奥姆真理教的支持者包括一些受教育程度极高的日本年轻人，他们将自己的才智和学识奉献给了毁灭祖国的勾当。这种恶性事件可能发生在任何地方。而它却发生在日本，这展现了工业社会普遍存在深刻和广泛的问题。

20世纪晚期的种种事件，越来越令人想起过去的价格革命。世界各种体系再一次陷入危机。这已不是传统意义上那种事物悬而未决时的危机。

当本书作者在1996年春天写下这些字句的时候，事情的后续仍然疑云重重，但一些趋势已足够清晰。导致这场价格革命的环境条件正在急速变化。全世界的人口增长率骤降。总人口数量继续增加，但增长率降了下来。到1996年，一些国家接近零增长；另一些国家，从西印度群岛到东欧，都出现了负增长。[34]

20世纪90年代，随着人口增长步伐放缓，通胀率也在下降，速度令专家们吃惊。预期通胀率被反复下调，但总是跟不上新潮流的步伐。1994年，全世界的经济预言家们极尽克制地预测下一年物价只会上涨3.5%。事实上，上涨了2.6%。一位研究经济预报准确性的新闻工作者在1995年发现，"过去数年中，英国和美国的通胀经常低于预期"[35]。

1996年物价下降得非常厉害，几位重要的经济学家声称：通胀的时代结束了。美国经济学家莱斯特·瑟罗将其称为一座"死火山"。英国经济学家罗杰·布特尔精心撰文论及"通胀之死"和即将来到的"零通胀时代"。日本经济学家和商人们更加悲观地提到了"价格之劫"。这些判断都言之过早。后来，在多数国家，物价又上涨了，尽管速度较慢。但通胀依然支配着各个经济体系。[36]

另外，各国中央银行继续把通胀当作头号危险来应对。当经济系统展现出复苏的信号时，他们提高利率，减缓货币供应的增长，并且用其他方法"冷却"经济。在许多年中，各大央行都在扮演与通胀搏斗的英雄角色。条件反射式的反通胀行动，在经济体系中被制度化——比通胀本身更甚。

结果又与过去如出一辙。1996 年，通胀率下降，但并无绝迹的苗头。反通胀政策加剧了由通胀本身带来的苦难。20 世纪 90 年代，其结果一直持续：实际薪酬的下降，不平等现象的增加，经济增长的放缓，以及政治和社会制度不稳定性的加剧。

所有这些都发生在 1996 年春天，本书恰于此时付梓。这个故事的结局未曾写完。它的结果有各种可能。主要趋势如此脆弱，以至于各种临时插曲都有可能打断它。中东、东欧或其他某个麻烦地区的一场大战，就会重新点燃通胀之火。估值过高的证券市场的崩溃，可能引发恐慌、萧条和严重的通缩。

在一个危机四伏的时代，当诸多可能性势均力敌、情势岌岌可危时，很多事情都取决于我们的决策智慧。明智的选择又要求有聪明睿智的领袖和知情明理的选民。但聪明和睿智，甚至我们最需要的信息，在世界各国的首都都难觅其踪。

随着 20 世纪的巨浪接近其巅峰，许多国家的情况令人想起了一部梅尔维尔的小说，或是一首梅斯菲尔德*的诗歌。国家的舰船勇往直前，冒着恶劣天气穿越远洋。风帆全部扬起，舵柄打向一如既往的方向。在后甲板上，几群短视的船员斜着眼，朦胧地瞥见后面的乌云。下方是他们亲切的船长，他想要这些心情黯淡的船员的爱戴。头等舱的旅客在奢华的船舱中寻欢作乐，对低等舱位里的疾苦所知甚少，对身边的危险更是一无所知。在船中部的甲板上，一位书呆子模样的旅客形单影只，他立起领子、挡住来风，不安地将身体探过背风处的栏杆，试图解读天空中的种种信号。

---

*　约翰·梅斯菲尔德（1878—1967），英国桂冠诗人，代表作有《海之恋》。前面提到的梅尔维尔的小说，可能指《白鲸》。

过去和未来之间

混乱，秩序！秩序，混乱！
谁料一切如何了断？
你，要阅读这世界的年鉴，
为朋友采掇智慧于其间。

然后前进吧，但要铭记
时间的航道如何弯转，
屈折蜿蜒又折身而返
沿着逆流的曲线。

——阿尔弗雷德·丁尼生[1]

围绕这个主题的著作常常用《启示录》般的方式结尾，或至少要像《耶利米书》的某一章，提醒读者：我们正在走向灾难——除非作者的理念能很快建立。这些黑暗的预言在现代读者中越来越有市场，他们似乎有永不餍足的胃口，想听到有人预测自己即将到来的厄运。

即便未能应验，预言也不过是改头换面，随后再次走俏。它们令人想起了塞缪尔·米勒牧师的职业生涯，这位 19 世纪新英格兰地区的浸信派牧师，曾预言世界将在 1843 年 12 月 31 日之前终结。当这个死亡末日逼近时，这位预言家发现自己的计算有误，便宣称，最终审判的喇叭将会改在 1844 年 3 月 21 日吹响。他的信徒增加到了几百人。他们披上特制的"复活袍"并聚集在一起，等待审判之日的降临。但塞缪尔·米勒又发现了一个算术上的错误，并再次将世界末日推迟到了 1844 年 10 月 22 日。不过虔诚的信众并未受影响。他们的人数越来越多，到那一天，连新英格兰部分地区的商业活动都停止了。然而塞缪尔·米勒又一次修改了他的数字，并且继续作出末日预言，直到他自己的末日来临——这件事倒是事先毫无预警——他死于 1849 年。[2]

那些相信经济的未来向他们显示的人，应当铭记塞缪尔·米勒的故事。他们还可以回想一下约翰·肯尼思·加尔布雷思的至理名言："经济预言者最大的共同品质不在于知道，而在于不知道自己无知。他最大的优势是：所有的预言，无论对错，都很快会被遗忘。"[3]

历史学家们则有理由特别谨慎行事，因为他们会想起以前那些窥探未来者的命运。而且他们总是对过去抱着质疑的态度。况且他们理解，预言之所以无法应验，不只是因为历史知识的有限，而且因为历史本身的属性。

我们不仅是历史的客体，也是历史的主体。未来在一定程度上是由人类有意识的选择而决定的，其方式常常出人意料。人类的选择并不总是理性的。它们既出自希望，也出自恐惧；既基于真理，也基于谬误；既源于记忆，也源于梦想。在作出选择前，它们无法预料，有时甚至无从想象。

价格的历史给出了许多例子。没有哪个经济预言家能够料到

（哪怕想象）像理查德·尼克松这样保守的总统在 1971 年竟然成了凯恩斯经济学的信徒，像吉米·卡特这样的自由派总统竟然在 1978 年采用了保守的财政政策，或者任何一位理智尚存的总统会拥护 1981 年里根经济政策的所谓"供给侧"妙计。这一个个选择在价格历史中发挥了作用。它们全都是自由选择的结果——有时候有悖于理性、利益和经济概率。只要情况依然如此，历史就永远无法成为一门预测性的科学。[4]

不过，我们虽没有预言的力量，但过去与未来之间还有其他的重要联系。历史研究永远无法确定无疑地告诉我们将会发生什么，但它会使我们受益于过去来之不易的经验，还会帮助我们了解我们自身对未来的意向。为了达到这些目的，让我们回顾我们已发现的定式，并思考我们面临的选择。

价格革命：结构上的类似点

本项研究的起点，是关于现代世界中的价格动态的历史描述。其首要目的是描述贯穿过去八百年变迁的主线。其核心发现可以用一句话概括。我们发现从 12 世纪开始，发生了四场价格革命：四次漫长的涨价浪潮，间隔以长时段的价格相对均衡。这不是一种周期循环的模式。价格革命并没有固定和规律的周期频率，有的短至八十年，有的长达一百八十年。它们的持续时间、速度、量级和冲击力各不相同。

同时，这些长期动态也有着一些共同的特质。它们全都呈现出波状结构，并且开始方式大致相同。第一个阶段，是悄无声息的开端和缓慢的推进。价格在一段漫长的繁荣时期缓慢上升。增长的幅度依然在过去的波动范围之内。起初，这绵长的波动似乎仅仅是又一次短期事件。不过后来，它展现出一种新的长期趋势。

新趋势的新颖之处不仅在于通胀的事实，而且在于通胀的形式。相关价格的表现尤其发人深省。食物和燃料引领着物价上涨的动态。制成品和服务的价格落在了后面。这些模式表明：主要的动力是过剩的总需求，其产生的原因是人口的加速增长或生活水平的提高，或者是二者共同作用的结果。

这些趋势是个体选择的产物。人们刻意选择早婚。他们无所顾忌地决定多生孩子，因为物质条件在提高，而这个世界似乎成了一个较好的成家立业之所。人们要求获得且起初确实也得到了更高的生活水平，因为劳动力的市场在扩张。每次价格革命的第一个阶段都以物质上的进步、文化上的信心和对未来的乐观精神为标志。

第二阶段情况大不相同。当物价打破之前平衡期的界限时，就迈入了这个阶段。这通常在其他事件的介入下发生——常见的是由前段时期逐渐养成的傲慢狂妄引发的野心勃勃的战争。例子包括：13 世纪皇帝和教皇们之间的竞逐、15 世纪末和 16 世纪初建立国家的冲突、18 世纪中期王朝和帝国之间的缠斗，以及 20 世纪的两次世界大战。这些事件令物价暴涨又大跌，这样的状态既是不稳定本身的症状，也是其原因。其结果包括政治混乱失序、社会分崩离析，以及文化焦虑情绪的滋长。

第三阶段始于人们发现价格通胀是一种长期趋势，并且开始将它当作一种无可避免的情况时。他们对此的反应是作出令价格进一步高涨的选择。政府和个人扩大货币供应，并提高了其周转速率。价格通胀一次次被更加精巧地制度化。

在新的制度化通胀成为大势所趋时，第四阶段就开始了。物价变得更高，且极不稳定。它们开始暴涨，并且以更加瞬息万变的态势下降。严重的价格冲击也反映在商品动态上。货币供应时而扩张，时而收缩。金融市场变得不稳定。政府开支比收入增长得更快，并且公共债务激增。在每次价格革命中，那些最强大的民族国家都面临巨大的财政压力：16 世纪的西班牙、18 世纪的法国，以及 20 世纪的美国。

　　另一些不平衡甚至更加危险。薪酬起初还能跟上物价，此时却落在了后面。劳动力收入下降，而土地和资本的收益上升。富人变得更富有，中间阶层的人们处境不利，穷人则境遇凄凉。财富和收入的不平等加剧。而忍饥挨饿、无家可归、违法犯罪、暴力行为、酒类消费、毒品滥用和家庭崩坏的现象也增多了。

　　这些物质方面的情况引发了文化上的反响。在文学和艺术领域，每次价格革命的倒数第二阶段都是阴暗的，弥漫着躁动不安的梦魇。这是一段丧失了对体制的信念的时期，也是一段绝望地寻求精神上的价值的时期。各种教派和邪教迅速滋生，常常充满愤怒和非理性因素。知识分子转而猛烈地攻击他们身处的社会环境。年轻人对过去和未来都不确定，于是陷入精神异化和文化颓废的状态。

　　最终，在一场充斥着人口下降、经济崩溃、政治革命、国际战争和社会暴力现象的文化危机中，这股巨浪达到了顶峰，并以摧枯拉朽的力量轰然崩溃。这些事件释放了种种压力，正是这些压力发动了价格革命。结果，首先是物价、地租和利息的迅速下跌。短期但非常急剧的通货紧缩之后，是一段延续七八十年的均衡期。长期的通胀停止了。物价稳定下来，随后进一步下降，并且再一次稳定。实际薪酬开始上升，而资本和土地的收益下降了。

　　均衡的恢复有着重要的社会影响。首先，不平等现象继续滋长，这是此前价格革命的余波未了。但随着新动态成为大势，社会不平等程度开始降低。这段时间对劳动者、工匠和普通民众更为有利。地主们压力沉重，但大多数人改善了经济状况。家庭得以巩固；犯罪率下降；毒品滥用和酒类消费降低；对外战争变得不再那么频繁和暴力，追求统一的内战却变得更加常见和成功。

每个均衡期都有其独特的文化特征。其后期阶段都以秩序与和谐思想的出现为特征，比如 12 世纪的文艺复兴、15 世纪的意大利文艺复兴、18 世纪初的启蒙运动以及维多利亚时期。

经历了许多年的均衡期和相对和平期，人口开始更加快速地增长。生活水平提高了。物价、地租和利息再度开始上涨。随着总体需求的上升，一股新的潮流出现了。下一次价格革命并非一模一样，但是在许多方面都类似。正如马克·吐温所言，历史不会重演，但会押韵。

一系列差异

尽管历次价格革命都有着共同的波形结构，但它们的持续期间、量级和范围各不相同。这些差异并非随机的变量。它们糅合了从一次巨浪向下一次巨浪发展的一系列历史进程。从 12 世纪开始，在历史变化的绵延序列中，一次接一次的价格革命此起彼伏。

从中可以甄别出几个这类的序列模式。第一，最明显的是变化率的变化。从一次浪潮到下一次，价格通胀率的年平均值成几何级数地增长：13 世纪的价格革命为 0.5%，16 世纪的漫长波动略高于 1%，18 世纪的较短期波动将近 2%，而 20 世纪价格革命至少 4%。这种加速增长是由市场的扩张和涨价的制度化造成的。[5]

第二，随着变化率的增大，在每次价格革命的后期，较大比例的总体价格上涨变得越来越频繁。在中世纪价格革命期间，从时间分布来看，上升幅度的绝对值分布相对均匀。在 20 世纪价格革命中，从 1896 年到 1996 年物价总涨幅中的一半多，都是在 1970 年之后发生的；其中十分之九发生在 1945 年之后。造成这种状况的原因，是两次价格革命之间价格变动的加速。[6]

第三，年浮动范围一次比一次小。在中世纪价格革命中，这些来回摇摆的动态非常剧烈且危险，主要是收成状况变化的结果。当人们生活在生死边缘时，食物价格也变得更不稳定。每当下一次价格革命来临时，这些动态都变得较不极端，而起伏波动也会下降。生产的增长造成了剩余，充当了物价的缓冲垫。市场的扩大和交流的改善也降低了地方性短缺和季节性波动的毁灭性影响。

第四，从一次浪潮到另一次，文化危机的最后阶段变得越来越不那么具有灾难性。中世纪价格革命以14世纪大规模的饥荒和瘟疫告终。第二次浪潮在17世纪普遍危机时达到高潮。这是黑死病之后欧洲人口唯一的一段下降期，但严重程度不及14世纪。第三次浪潮在世界革命年代（1776—1815）达到顶峰，这是一段麻烦重重的时期，但人口继续增长。20世纪的价格革命则尚未达到其高潮。

第五，在人口方面，危机一次次变得不那么严重，但其社会后果变得越来越广泛。每次大危机都会引发一场社会革命，而激进主义思想随着时间的推移而增长。14世纪危机大大地推动了西欧隶农制的终结，并且将建立在征服和镇压基础上的社会转变成了一套关于阶层的习惯制度。17世纪的普遍危机改变了英国、美国和欧洲大陆的政治形态，并扩大了法治的观念。18世纪和19世纪初的革命期危机（1776—1815）使得美国和欧洲的公共机构更加贴合人民的意愿，并且能保护他们的个人权利。它还将社会阶层体系转变成了阶级体系。20世纪的巨大浪潮尚未到达终点，但它已经导致了左翼（东欧）和右翼（拉美）极权主义制度的崩溃，并在许多国家引发了势不可挡的社会和经济改革。近现代历史中的每次大危机最终都改善了普通民众的处境。它还拓展了关于人类尊严、自由和法治的理念。在历次大潮中，这种趋势一次比一次强烈。

总之，历次价格革命都经历了五个阶段：高度繁荣时段的缓慢启动，暴涨和下跌的时期，觉察和体制化的时期，不平衡和不稳定加剧的时期，以及最终的大危机时期。这个高潮之后，接着就是物价的下降、稳定的恢复，以及一段较长的物价相对均衡期。从一次巨浪到另一次，这些动态的社会和文化影响都在变动。速率提升，而变数降低。在人口方面，价格革命的破坏力在一次接一次地下降，而在社会影响方面，却更加所向披靡。

起因的问题：七种模式

这些描述性的模式引发了许多关于价格革命起因的问题。是什么掀起了价格革命？是什么样的历史进程塑造了它们独特的结构？费尔南·布罗代尔是少数几位考虑过这些问题的历史学家之一，并宣称它们"不可能"解决。毫无疑问，历史和经济学中的常规解释模型在适用于该问题时，都不会很管用。[7]

历史著作中有七种主要的因果关系模型：货币主义的，马尔萨斯主义的，马克思主义的，农业的，新古典主义的，环境的，以及历史主义的。它们对我们都很有助益，但没有一个能全面解释价格革命的起源和发展。[8]

对价格革命最为简单和直接的解释是货币主义模式的，它认为，价格水平取决于流通货币的数量和周转率。这种解释非常有说服力，并且对于提高人们的认识大有帮助。很多研究都毫不质疑地确立了这样的观念：货币因素对价格水平有重大影响。但是用货币主义模型来解释价格革命的首要原因时，出现了困难。因为时间总是不太对得上。比如，16世纪价格革命早在1475年就开始了，比美洲的贵金属运抵欧洲早了三十年，比其大量流动早了五十年。[9]

而且货币主义模式无法解释价格革命的许多方面。它无法解释相关价格的动态、物价和薪酬动态的差异，或者劳动力和资本收益的差异，也无法帮助我们理解为什么价格和利率在长期通胀中一同上涨——即吉布森悖论（Gibson Paradox），这是货币主义的一大问题。

　　货币解释无法告诉我们：为什么人们最初会选择扩大货币供应，或者在某些时期比另一些时期更多地采取这种做法。历史上货币供应的增加，不是像宙斯扑向达娜厄时那样化作一阵黄金雨而凭空出现的。人们深思熟虑后决定改变货币供应的规模，不是为这个原因就是为那个原因。在这些事件的历史中总是有一个先决原因。

　　此外，货币主义模型在一些时期比在另一些时期更管用。它在价格革命的中期和晚期阶段表现突出，对于早期阶段以及价格均衡期则并不适用。将它用作一个历史变量而非理论常量时，它的诠释力更强。在一些时期，货币的力量强大、锐不可当；但在另一些时期，其力量很弱，而且是次要的。

　　总而言之，威廉·阿贝尔根据长期细致的研究得出结论："谷物价格的长期趋势……无法通过货币流通的波动来充分解释，尽管从让·博丹（1568）的时代就开始了这样的尝试。即便拿单纯数量理论的改良形式来救场，价格动态过程中的时间差依然令人费解。"[10]

　　简而言之，货币模式是解释价格革命原因的一个必要且重要的部分，但不是一个足够充分的解释。单靠货币主义是行不通的。

　　对起因的第二种解释，是马尔萨斯主义模式，以经济和人口增长之间的不平衡性为核心。在这里，马尔萨斯的论调同样对我们大有帮助。价格动态与人口增长之间的关联在世界历史的大多数时期都十分稳固。许多（并非全部）历史学家相信：马尔萨斯主义模式与中世纪价格革命，尤其是 14 世纪大危机留下的证据十分吻合。有些人带着同样的信心将它适用于 17 世纪的欧洲普遍危机，以及 20 世纪非洲的危机。

　　但多数学者一致认为，在马尔萨斯《人口论》出版（1798）之后，他的模式就不再那么切合西方世界的历史事实了。从 18 世纪晚期到我们所处的时代，欧洲的危机大都源自结构上的不平衡和制度的不稳定，远远早于马尔萨斯主义所谓的"积极限制"开始发挥作用的时候。这种差异暗示，人口压力是与其他因素结合在一起发挥作用的，而马尔萨斯主义模式没有考虑到这些因素。马尔萨斯主义（以及新马尔萨斯主义）的论调有助于解释问题的许多方面。就像货币模式一样，在解释价格革命时，它们是一个不可或缺的部分，但不足以完成当前这个总体解释的任务。

第三，马克思主义的解释依然受到美国和欧洲许多学究式历史学家的青睐。乍看之下，波状图的一些部分看起来符合马克思主义的框架。生产制度的变动，对价格、薪酬、地租和利息的动态都有重大影响。而且历次巨浪中的不平衡性，都部分地源自阶级差异，并且反过来又催生了阶级冲突。这些模式在中世纪晚期和近代早期都十分明显。许多学者，无论是不是马克思主义者，都相信中世纪价格革命的高潮是"封建主义危机"的一部分，并且是生产力从一个阶段进入另一个阶段的过渡。一些人则对 16 世纪价格革命提供了类似的解释。还有些人试图将 20 世纪的长期波动说成是一场资本主义危机。

然而，对年代表的检视揭示出：近现代的四次浪潮不完全符合统摄马克思主义分析方法的三种生产制度理论。"价格剪刀差"这样的情况，被马克思主义者认为只是"封建主义危机"引起的，但它发生在每次价格革命之中。20 世纪被马克思主义者称之为资本主义危机的那些事件，并没有导致资本主义体系的崩溃。

更进一步地说，被马克思主义者归于生产制度的历史角色，在很大程度上属于交易结构以及其他物质和文化联系。总体而言，价格革命和价格均衡期跟马克思主义的生产资料的组织变化模型不存在关联。

马克思主义模型依然在很多方面有着启发的作用。它促使我们铭记：历史是关于全人类的，而不仅仅属于少数精英。它提醒我们，阶级关系是我们问题中的一个重要组成部分，并且教导我们眼光要长远，要有大局观。

第四种模式是寻求用农业生产的节奏来解释长期的波动。主要论著来自埃内斯特·拉布鲁斯，他论述道：法国经济中的价格波动受到农业收成的驱动，而歉收会使谷物价格升高，降低农民收入，并且使得穷人将他们少得可怜的薪酬大半花在面包上。这些因素被认为引发了工业产品市场的缩水，并导致了总体萧条，会一直持续到收成改善，使价格回落和恢复。其他高度复杂的农业模式是由伟大的德国学者威廉·阿贝尔发展出来的。[11]

这种路径有许多长处。它在被发明出来的那个时间和地点——16 到 18 世纪的欧洲乡村历史中——最为切实有效，有助于解释每次价格革命中相关价格、地租和薪酬的动态，让我们理解艰难时代与高昂物价的特殊结合，而这种结合在每次大危机中都发生过。

但是，面对 20 世纪的巨浪或者近代早期北美和南美洲的情况，它却完全失灵了。它的另一个弱点是，很难解释为什么农业收成的变化在历次巨浪中依据时间不同而有着不同的后果。价格革命早期阶段以及价格均衡期出现的短缺，不像在大危机时期出现时那样具有灾难性。17 世纪 90 年代的歉收，尽管也非常严重，其结果却与 18 世纪 80 年代短缺的后果迥然不同。为了解释这些差异，就必须超越农业模式的界域。[12]

而另一种可能的解释，是新古典主义经济学的模式，尤其是它的供求法则。这种方式在很多方面都颇有帮助。物价的涨跌可以被理解为总体需求水平变化的普遍结果。货币模型也有着新古典主义式的基础，即把货币看作一种商品，认为其价值随着供应量而反复波动。在这个及其他方面，新古典主义模式能够很好地帮助我们理解价格机制的工作原理。

这种模式在解释为什么每个历史时期它的运作都不相同时，相对不太成功。它帮助我们清晰地按照供需模式思考价格动态，却并不能解释需求变化的原因。这个模式可能有助于建立一场巨浪的模型，但无法告诉我们巨浪从何而来，或是为什么形成了其独特的波形结构，以及它为什么又戛然而止。

通过对长期经验的观察，一位法国学者总结道：没有长时段（*long durée*）的历史问题能够单单通过经济学来解决。人们可能同样会说：单靠历史学也不行。历史学和经济学，如果其中一个想要取得哪怕一丁点进步，都必须双管齐下、齐头并进。经济理论中寻求普遍规律的方法与历史研究中的个案研究工具互为补充、相辅相成。[13]

解释我们问题的另一种途径，是广泛意义上的生态学。它认为，这些巨浪都是由于环境状况的变化而发生的。多年以来，许多学者都试图将地球的气候变化与太阳活动同价格动态和大危机联系起来。近来，在气候历史领域，有很多对 14 世纪寒冷时期、蒙德极小期*、17 世纪太阳耀斑，以及 18 世纪和 19 世纪早期"小冰川期"的学术探讨。[14]

乍看之下，所有这些插曲都与我们在欧洲以及亚洲、非洲和大洋洲看到的重大危机时期有关。更早的同类全球危机也被古代历史学家和古生物学家甄别了出来。更进一步的研究可能巩固这些论断。

但是在近现代时期，气候模式经不起细节上的推敲。年代记载是问题关键所在。例如，欧洲 17 世纪的危机与蒙德极小期有所重合，但开端早了五十年。17 世纪末、18 世纪和 19 世纪，几段突出的寒冷时期被总称为"小冰川期"，它们展现出与短期波动的密切联系，

---

* 指 17 世纪中期到 18 世纪前期的约七十年时间，太阳活动非常衰微。

却与长期趋势不符。1979 年，气象学家、古生物学家、化学家、物理学家和历史学家在哈佛大学齐聚一堂，得出一般结论：气候变化与长期的经济变化之间并无密切联系。[15]

毫无疑问，气候变迁是 1315 年、16 世纪 90 年代和 18 世纪 80 年代危机的沉淀剂。它们还作为一种强效催化剂，在巨浪的各个时间点发挥着作用。但就目前所知，环境变化似乎不是近现代时期物价动态的主要推动力量。这个论断可能随着进一步研究而发生变化，但目前的生态模式更适用于解释核心趋势的波动，而不是用来解释潮流本身。

最后，还有历史主义模式，寻求具体事物具体分析。它的出发点是每个历史事件都独一无二，要用特定的情境、独特的细节和内部的复杂因素来解释它。当历史主义者试图对零散事件进行总述时，他们采用集成的方法，而不概括。典型的例子是英国历史学家 H. A. L. 费舍尔，他主张：历史是个巨大的事实，无法进行归纳。

对于价格革命这一主题，历史主义有助于我们理解：每次巨浪都是一个独一无二的事件，并且细节会造成很大差异。但历史主义无法解释自中世纪以来反复多次发生的这个总体模式。

这七种归因策略，每一种都有助于解释问题的某些重要方面，但没有哪一个足以解决它。当前解释的任务要求融合其他的方式，取长补短。从某种意义上来说，这样的解释应当融合生态、人口、社会、货币和经济因素。它不应当沦为不分青红皂白的多元论，或是降格为具体个案解释。它应当既能解释历次价格革命的相似点，又能兼顾它们之间的差异。要怎样才能做到这一点呢？

另一种因果模型：自发的变革

一种很有说服力的模型是以价格革命的内部动力为核心。其出发点是：一种文化就是一张复杂的因果关系网，连接着物质结构、文化价值和个人行为。它将历史看作一系列不可预料的事件，尤其强调人们的选择，不同选择引发的结果有很大的不同。这种方式的两个关键因素是：偶然性和选择。

让我们从一次价格革命的晚期阶段开始，该阶段的特征是价格多少比较稳定，实际薪酬正在上升，地租和利率正在下降，社会变得越来越安定，物质条件正在改善，而且文化期待也趋向于光明。在这些时期，人们开始对重大问题作出不同的选择。他们决定早婚，生更多的孩子。他们对经济问题的决策也不同了，野心日益扩张，而行动的范围也在扩大。这些选择不是全然，甚至不是主要出于可以用物质来解释的理由，而是因为文化氛围和期待的变化。

这些选择的结果是总体需求的增长速度远超供应。随着事情的发展，总体价格水平开始上升。一些物价比其他上涨得更快。食物、能源和住房引领涨价的潮流，一方面是因为其供应量弹性较小，而另一方面是因为生活必需品的需求增长更快。工业产品的价格涨得较慢，因为它们更容易被大量生产。相关价格展现出各自独特的态势。地租和利率开始攀升，同时对土地和货币的需求也在增长。实际薪酬起初还能跟上增长，但随后开始落后，一部分是因为人口增长使劳动力的供应量增大，而另一部分是因为变化的态势更有利于处于优越地位的人。

一段时间内，这些趋势在与此前均衡期相同的波动范围内发展。当它们超出这个范围，并成了明显可见的新的长期趋势时，个人和机构会作出另一套决定。总体来说，面对通胀，他们的回应是作出导致进一步通胀的个人和集体选择。货币储备被有意增加，以应对不断增长的需求。资本家们收取更高的费用，地主们抬高地租。实际薪酬远远落在了后面。文化情绪开始走入新的轨道，物质上的不确定性和道德上的困惑感在加重。

这些趋势合在一起的效果，就是文化体系内部的失衡不断增加。随着资本收益的上升以及劳动收入的下降，财富和收入分配的不平等加剧。这反过来又造成了贫困和无家可归的问题。它们给社会关系带来了更沉重的压力，并且激化了阶级冲突。

这引发了又一组选择。每个人都试图找到某种保障，或者从不断改变的情势中获益。权力或财富的拥有者最有可能做到这一点。例如，他们要求减税，并且常常如愿以偿。税收降低，公共收入也落在了开支后面。财政的不平衡在加剧。公共赤字增加，债务还本付息的成本上涨，而政府沦落到近乎破产的境地，采取公共行动的能力下降。文化情绪再一次改变，人们进一步了解自身努力的局限性，而社会悲观情绪日益蔓延——甚至可以说是社会绝望情绪。其他不平衡的表现也开始引发类似的后果，哪怕人们选择的方式不同。

这些不平衡现象引发了不稳定的状况。物价涨跌的幅度越来越大。多种市场——资本市场、商品市场、劳动力市场——都变得危险而不稳定。生产力和生产效率下降或停滞，而价格继续上涨；这些趋势合在一起造成了滞胀。政治上的不稳定增加，随之而来的是社会混乱无序、国内的暴力事件和国际间的战争。文化系统也不稳定到了危险的程度；价值和身份的内部冲突越来越尖锐。

年轻人的境况尤其艰难，他们发现很难找到好工作或者建立家庭。他们也要作出选择。一些人决定无论如何都要生孩子，哪怕还没有结婚。婚外生养的孩子比例剧增。另一些年轻人转而反抗社会体制，或者远远避开。犯罪增加。毒品和酒类的消费上升。年长和富有的人经历非常不同，他们不明白自己的孩子为何如此麻烦不断。但年轻人和穷人，尤其是工作的穷人，被逼入了绝望的境地。

最终，一个在别的时代可能只会引发小混乱的触发性事件，却在这时引发了一场重大危机。这个触发性事件本身可能是天气的变化——14世纪初的大雨连绵、18世纪的寒冷年份或者20世纪的干旱，也可能是一场瘟疫或战争。它可能是恶劣的君主，或者无能的总统，也可能是不负责任的煽动家，或者只受自己恶念驱使的独裁者。更常见的——也是最危险的——是一个各种灾难的综合体。无论这些小事件是什么，它们都可能造成荡涤一切的后果，毁掉一个岌岌可危的不稳定的文化体系。

这些事件通常同时从几个不同的方面给社会组织结构施加压力。既存的社会网络非常强韧牢固，并且顽固地维持现状。它们还具有高度的反弹力，通常能够成功地应对压力。危险来临时，它们同时遭受各方压力。这是大危机发生时的情况。结果就是这样一段时期：年复一年的政治失序、社会冲突、经济崩溃、人口下降和文化上充满绝望。

这场大危机释放的压力，引发了价格革命。随后，经济趋势又发生逆转。需求下降，随之而来的是价格通缩。实际薪酬开始上升。利息和地租下降。不平等现象继续了一段时间（上次变化机制的滞后效果）。还有其他一些滞后效应，比如人们在一段时期内，继续用前一时期的模式思考。但是新潮流迅速形成。随着它们如此这般的发展，平等性稍有提高，或者至少问题不再加剧。接着有了一段均衡期，并且文化情绪变得较为积极。人口增加,总体需求开始增长。这种模式又开始了。

这些阶段中的每一个都源自一系列的选择，它们受到环境条件的制约。这些选择是自由作出的，却成了后面一系列选择的前提条件。个人选择的相互作用，引发了无人计划，也无人向往的集体性后果。历次价格革命的后期阶段尤其如此。在自由市场中，个人对通胀的反应通常都会引发进一步的通胀。个人对抗经济不稳定状况的防卫措施，会导致经济变得更加不稳定。

这个过程，可以称为市场的非理性，即个人的理性抉择转变成了极为不理性的集体性结果。市场在这里远非什么仁义慈悲的力量，当市场仅靠自身规律运作而无人管理时，就是一个极不稳定的体系，在过去的八百年中反复地导致社会制度和经济系统的崩溃。

这种偶发性过程的结构，会随着时间的推移发生重大改变。个人和机构的选择之间的平衡大都摇摆不定，而因果关系的模式也变得更加复杂。13 世纪最早的那次浪潮，主要是人口造成的资源压力引发的。第二次浪潮，货币因素加强且与人口压力紧密结合——这种趋势很快被博丹和其他学者注意到。第三次浪潮，结构上的决定因素中又加入了一层体制上的复杂性，比如英国的斯宾汉姆兰济贫制度、银行制度和证券交易所，还有更加复杂的人口增长动态以及经济加速增长的态势。第四次浪潮，体制上的复杂性更加突显，表现为：只有底线没有上限的管制措施、用行政手段调节物价、竞争性通胀、薪酬—价格螺旋，以及其他种种。

结构上日益增长的复杂性，可以理解为一个人为干预不断增加的过程，后果有积极的，也有消极的。其中一个后果是价格革命倾向于变得更加迅速。另一个结果是其破坏性大大降低。从一次价格革命到下一次，人口灾难的量级逐次下降，但社会冲突的激烈程度却上升了。偶然性的结构属于历史变量，但它的运作总像一张罗网一般，在一个文化框架之内不断增加个人的选择。

这些复杂的过程，以及它们掀起的巨浪，引发了许多后果。从物质上来说，它们是财富和收入分配强有力的决定因素——不只是因素，而且是某种更重要的东西。历次价格革命的后期总是财富和收入分配的不平等加剧的时期，主要是因为物价、薪酬、地租、利息和生产的走势的差异。历次价格均衡期的后期，都是以财富和收入分配的相对稳定为特征的，有时还要加上渐趋平等的态势。[16]

其他社会性后果，表现在暴力犯罪率上。在历次价格革命的后期阶段，尤其是在大危机期间，杀人犯罪率激增，并且与价格动态息息相关。在我们这个时代，犯罪的增长通常用其他因素加以解释——比如法律实际执行的失败，以及道德价值观的衰落。这些答案不过是同义反复。问题是，为什么法律的实施会失败？为什么道德价值观会衰落？答案可能蕴藏在物质和文化条件之中，也在于偶然性和自主选择的过程之中。在每次巨浪的后期阶段，价格动态都与犯罪率紧密相关，二者的统计学数据的移动轨迹可谓如影随形。

而另一种社会后果体现在家庭观念的没落上，尤其是非婚生子现象。总体而言，这些趋势在价格革命期间上升，价格均衡期时下降。在 20 世纪，这种关联性非常牢固，并且在过去有据可查的记载中，情况也是如此。从 16 世纪至今，它都得到了人们的观察和衡量。

历次巨浪，以及它们所代表的更深刻的动态，也对文化史的主线产生了重大冲击。思想史中重大潮流的时间，同价格革命的节奏高度吻合。价格均衡期也恰逢 12 世纪的文艺复兴、15 世纪的文艺复兴、启蒙运动和维多利亚时代。其中的因果关系非常复杂。思想潮流显然不是对价格动态的机械反映。相反，价格史和思想史都是对最广泛意义上的文化状况并行不悖的反映，也展现了文化影响之下的个人选择，这既是巨浪掀起的原因，也是其发展的工具。

这一模型将价格革命理解为自生自发的过程。这是一种历史主义的观念。每一个阶段自身都蕴藏着迈向下一个阶段以及再下一个阶段的因由。这种因果序列在其决定性上并不是僵硬固化的。它的发展方式，犹如一条个人选择的链条，同时也是一次又一次巨浪的一系列结构性变化的结果。

回顾与展望

最困难的问题依旧存在。我们将走向何方？我们的未来将会怎样？历史研究不会为我们提供这些问题的答案。它无法预言未来。但它能够帮助我们理解当下，以及离我们很近的过去。

　　本项研究得到的证据表明，我们生活在一次非常绵长的价格革命的后期阶段，或许是关键阶段。它还表明，这是全球性的进程。如今，我们的命运与全人类的境遇息息相关。过去的情况也表明：未来会发生什么相当大程度上取决于我们的选择。人类并不能掌握一切，但是我们塑造历史进程的集体力量，在过去的八百年中取得了长足进步。我们可以明智或者愚蠢地使用这种力量。但毫无疑问，我们的抉择将会影响子女和孙辈，以及尚未出生的世代。

　　但我们应当怎么做？我们应当作出什么样的个人选择？作为一个集体，我们又应当做些什么？一些人一如既往地相信最佳做法就是什么也别做，让市场进行自我纠正。这种论断早在14世纪时就存在。当中世纪文明在身边土崩瓦解时，布里德灵顿的教士曾对一道价格法令表示反对。他相信"一切生命的硕果累累或贫瘠荒芜都只取决于神的力量，因此，必当是土地的肥沃与否而不是人的意志来决定价格"。今时今日仍有人秉持大致相同的态度，只是他们用自由市场代替了布里德灵顿教士所谓的神的力量。[17]

　　相信自由市场好处的人，其信仰有一点是正确的。假以时日，市场确实会纠正几乎所有可以想象出的价格扭曲现象。但如果我们信赖市场，就等于忽视一些严酷的历史事实。14世纪自由市场重新恢复了均衡状态，但那是在黑死病之后。17世纪时，它故伎重演，直到一场普遍危机摧毁了欧洲的和平才恢复均衡。维多利亚时代，自由市场再度恢复均衡状态，但那也只是在拿破仑战争的大肆屠戮之后。简而言之，在过去的八百年中，自由放任主义的座右铭——"让自由市场顺其自然"——导致的人类苦难规模之大，令人无法接受。而且事情大可不必如此。

　　第二个历史事实也容易被自由市场的信徒所忽视。在经济史中，均衡期是例外情况，而不是常规状态。自由市场恢复均衡，只是为了再度打破它，并再度引发一系列新的不平衡和不稳定，一切的麻烦也随之接踵而来。纵观整个近现代历史，多数自由市场大部分时候都处于严重的不均衡状态——常常是危险的、毁灭性的不均衡。

第三个事实同样经常被遗忘。在我们复杂而又高度综合化的现代经济中，再也没有真正的自由市场了。20 世纪的自由市场是一种经济学的虚构，就像 18 世纪政治理论中的自然状态一样。今日的市场已经受到高度的管制，并且受到公共或私人手段的积极操纵。真正的问题不是我们是否应当干预市场，而是我们应当作何种干预，以及由谁来实施，还有实施的程度。

如果我们必须干预市场的运作，那么问题就变了。我们应当在何时、如何以及为何干涉？是否应当将压制通胀作为主要目标？在这里，就像以往一样，学者们之间存在深刻的分歧。对于长期通胀这个特定的主题，许多经济学家相信涨价未必是坏事。一些人认为，这甚至可能是好事，或者至少比其他的选择好。一些人相信：对通胀的恐惧比通胀本身更具有破坏力，而且那些旨在抑制涨价的政策对现代经济造成了重大损害。另一些人则采取相反的观点，坚持认为我们采取的行动太少，因而未能控制现代社会的这一大祸患。

为了从历史角度研究这个问题，就需要用不同的眼光来看待它。长期通胀，或者更准确地说，长期通胀所代表的社会和经济力量，给人类带来了大规模的深重的苦难。主要问题并不在于通胀本身，而在于与通胀相关的不平衡、不稳定和不平等现象。

过去八百年的历史记录显示：普通人对通胀的忧惧心理是正确的，因为他们是通胀的牺牲品——比精英阶层牺牲得更多。并且生活在自由社会的普通人有一个独特的忧虑理由。从 1963 年到 1973 年这动荡的十年中，四十个国家遭遇了超过 15% 的通胀率。近来的一项研究显示：这四十个国家中有三十八个国家用这样或那样的方法废除或削弱了民主机制。一个试图通过公开选举作出政治决策、通过自由市场的运作来规制其经济决策的社会，在不稳定的价格所带来的影响面前，尤为脆弱。[18]

价格革命及其催生的长期通胀，导致了过去八百年中的一系列重大社会问题。但还有一个麻烦。近来的反通胀政策又用另一种方式——有时甚至是以相同的方式——造成了重大损失。如果通胀和反通胀政策都会带来麻烦，那么我们应当怎么做？这里有五个建议。

学习长远思考

首先，我们应当学习历史地思考我们的境况。历史不只是关于过去的记载。它也与变革和存续相关。最重要的是，它是关于长期远景的。经济计划的两个主要错误是：对长期问题进行短视的思考，并且采取不合时宜和泥古不化的政策，而没有看到世界的变化。军事史上有一条箴言：将军们受到的训练，都是针对上一次战争的。同样，在经济史中，计划者和管理者获得的教育，都是关于如何阻止上次的危机再度发生。而下一次的情况，总是有所不同。

如果我们对价格革命进行历史性的思考，会得出两个重要的结论。第一，价格动态是历史的进程，其量级、结构、起因和结果都具有很大的变数。第二，这些变数形成的模式，我们只是刚刚开始有所理解。对于他们所面对的经济发展进程，许多政府首脑、公司领导、商业经理人、经济理论家和私人投资者都没有多少历史性的理解。从一时的（常常是非常近期的）历史环境中得出的观念和解决方案，被应用在另一些并不合适的情境中。纠正方法不是仅仅依靠历史知识，还要采用历史性的思考方式。

为了达到这个目的，我们需要教导政界、商界、新闻界、学术界以及社会每个产业的领军人物。我们应当帮助他们从大局出发、作长远思考，并拓展决策者的眼界。美国尤其如此，在那里，我们还需要教育每个公民用更大的格局来思考眼前的问题。

拓展对情况的认知

其次，我们需要更多关于长期趋势和大背景的具体信息。我们的世界充斥着海量的信息，但这些并不是我们最急需的信息。公共和私人机构粗制滥造出堆山填海的经济数据，大多是用于监测国境之内的短期动态。美国政府的大量统计数据，都是围绕上个星期、上个月或上个季度。每个月，一组组新的经济指标就被展示给公众——出厂价格、消费价格、上涨比率、对外贸易、房屋动工、汽车销售、货车运载、猪肉合同等。

在一个经济状况越来越瞬息万变的世界，这些报告成了头版新闻。我们研究它们时的严谨细致，同我们的祖先检视占卜骨头时的审慎不相上下，并且效果也差不太多。上个月的指标数据没什么意义，除非将它们放在比前一个月更广阔的脉络之中。这种联系相关情境的知识，在今天常被忽视。而我们需要更多这样的知识。目前，大规模的长期研究被留给了个人研究者，他们形单影只地在学术机构中用类似乡村家庭手工业的原始方式工作。这种劳动分工不合理。我们的主要机构应当承担大规模信息搜集的工作。

不幸的是，在本书写作期间，这种数据搜集活动不仅没有扩大，反而遭到削减。美国国会削减了美国证券交易委员会、经济分析局、劳工统计局以及其他数据搜集机构的研究预算，而此时正是最需要信息的时候。《纽约时报》评论道："其中的道理似乎在于，如果政府不知道自己在做什么，就会较少干涉私人产业……但更可能的结果是，它依然会干涉，只是做法更不明智而已。"[19]

经济政策

知识的增长可以帮助我们发明更好的手段，用以管理现代经济。

我们近期在这个方面大有进展。在过去的半个世纪中，许多新的规制工具的使用都大获成功。

其中，各种货币工具表现抢眼。在货币政策的设计、货币机构的发展，以及对选民和精英阶层的货币教育方面，我们颇有长进。这一切的重要性，现在都已十分清楚。稳固而严谨的货币政策及其严格细致的实施，是现代经济健康发展的基础。

此外，重大进展还在于：将利率作为一种规制经济系统的手段加以运用。这个方法迟至1966年才被美联储首次大规模采用。三十年后，它在全世界范围内成了一种不可或缺的经济政策工具。

我们在财政政策领域——也就是将公共税收和公共开支用作制定经济计划的工具方面——则没有那么成功。在这个项目上，我们的上一辈人做得更好。今时今日，财政问题更加令人几乎无从下手，而解决方法依然不甚明了。在美国，财政政策的最低谷出现在里根政府时期（1981—1989），当时民主党主导的国会和共和党出身的总统加在一起，制造了比其他所有总统创造的债务总和还要高的国家债务。我们痛苦地从这段经历中吸取教训；老布什政府和克林顿政府至少略好一些。但重大财政问题依旧存在。它们还混合了左翼和右翼的煽动家、不负责任又愤世嫉俗的记者以及数百万既要求更好的服务又要求减税的美国人的影响。如果我们想要恢复使用一种在很多方面都有帮助的经济工具，我们就必须赶紧整顿财政机构。

在经济政策方面，既存的货币和财政工具全都是必要的工具，但它们不足以完成当前的任务。它们是强大的武器，却又非常粗糙和迟钝，有时起到适得其反的效果。例如，当面临通胀威胁时，中央银行试图通过采用各种方法"冷却"经济——通常是通过提高利率。而这些方法的副作用有时甚至比它们试图解决的问题更糟。

部分的问题在于中央银行的银行家们，他们试图通过"冷却过热的经济"，甚至通过故意引发"政策性衰退"来控制通胀。他们让人想起 18 世纪的医生们，试图通过放血、催汗、发疱和清洗疗法治愈病人。这些救护方法有时比疾病本身更具破坏力。在欧洲和美国，反通胀政策抑制了经济增长，降低了实际薪酬，并且助长了多种不公平的现象。我们可以做得更好。

重要的第一步就是研究价格革命的历史动态。这样做的目的是要发现，例如，这些巨浪对社会和经济的最大破坏，并非是通过长期缓慢的通胀，而是通过短期急剧的物价暴涨造成的，这在历次价格革命的后期阶段都会发生。薪酬通常在物价暴涨的时期落后于物价最多。犯罪的浪潮也呈现出同样的走势。这些暴涨态势既是机遇，也是问题。在暴涨趋势形成的阶段，短期且有特定目的的、强有力而又目标精准的政策和工具得以被采用。

这类工具中的两个很快进入我们的脑海。对于特定商品的价格猛涨，可以通过使用商品储备来降低价格。主要商品的储备，可以仿照美国战略石油储备的模式，用于缓冲突然涨价的冲击。这种工具对长期通胀没什么效果，不过能够比"冷却经济"或"政策性衰退"那样不分青红皂白的方式更高效地抑制破坏性的价格暴涨。这不仅仅是一种假设。海湾战争期间，老布什总统就这样成功地使用了一小部分的石油储备。面对高涨的油价，克林顿总统在 1996 年4 月 29 日也如此行事。较之消费量而言，释出的石油数量很少，效果却超过了专家们的预期。我们可以组织一个新的联邦商品委员会，将我们的政治领袖们从选举之年拉选票的诱惑中解放出来。

另一种经济管理工具，是一套备用物价管控制度，专为应对物价暴涨时期而设计，作有限的短期之用。价格管制"不管用"已是陈词滥调。这个经济学教条大错特错。在过去的半个世纪中，短期的价格管控两次在美国发挥了奇效，削弱了物价暴涨的危险势头，而且没有破坏经济的增长。

以经济学家们的足智多谋和开明通达，他们应当能够将这些工具打磨精致，并发明出更加适于新古典主义学派口味的其他手段。在一个充满不确定性的世界上，我们需要更精致、更节制而又更灵活的方法，用历史学家丹尼尔·布尔斯廷的话来说，就是"开放地迎接不可预见的情况"。这些手段的目的应当是提高我们的选择能力，而不是限制；能够与市场的力量协同合作，而不是反其道而行之。重要的是，要创造比我们现在拥有的粗劣工具更好的手段。[20]

社会政策

价格革命也引发了需要注意的重大社会问题。最危险的是物质上的不平等待遇，这在每次巨浪的后期都会出现，但从未比我们这个时代更加严重。从 1968 年到 1996 年，财富和收入的不平等状况迅速滋长——就像从 13 世纪开始的历次价格革命时那样。无论那时还是现在，结果都是灾难性的，不仅对于身为主要牺牲品的穷人，而且对于整个社会制度都是如此。这是一个紧迫的问题。如果我们忽视它，就要付出沉重的代价。物质上不平等的滋长，削弱了经济的增长，破坏社会秩序，而且大大损伤了社会组织脉络。每个人都在劫难逃——无论贫富。

所有这些都在我们能够控制的范围之内。每个国家的法律和经济政策都对财富和收入的分配有着重大影响。可以通过国别比较来观察它们的效果。20 世纪 80 年代中期，西德家庭中最贫困的 20% 获得了家庭收入总额的 13%。而在美国，最贫困的 20% 的家庭，其收入仅为家庭收入总额的 6%。[21]

在动荡的经济局势中，一种更加公平的收入和财富分配方式，可以既不借助征收，也不需要直接转移来达成，而是通过低调而比较不具有侵入性的举措。没有必要劫富济贫。有更好的方法。教育投资的扩大，可以帮助人们获得更多的就业技能和更高薪的工作。

扩大住房建设项目可以帮助更多的人拥有自己的家。修改健康医疗
和社会保障制度，可以将我们主要依赖的对象从行将就木时的收入
补贴，转变为在我们生命周期更早时候就可以获得的资本累积。开
明的税收政策可以遏制转嫁在穷人身上的、如今越来越高的累退税。
在自由的劳动力市场中，创新性的就业政策可以保护工作的权利，
并提高对劳动者的保障。只要有一点想象力，所有这一切都可以通
过公权力和私人的共同努力，在资本主义自由市场经济的框架内达
成——如果我们有为此努力的政治意愿的话。

　　一切都取决于我们的政治意愿。它反过来又要求对我们的经济
和社会状况有一种共同的集体责任感。我们应同舟共济。我们的主
流意识形态强调个人自由以及最低限度政府的传统。这种思考方式
是我们文化的核心，并且理应如此，但它只反映了美国历史遗产的
一个侧面。我们国家的缔造者们常常写到"美国的自由"，并且试
图通过集体行动来达到这一目标。他们的自由理念比我们的更加平
衡。先辈们清楚地了解集体行动在自由事业中的重要作用。此时此
刻，我们也应当将其铭记于心。

附

录

附录一

古代世界的价格革命

　　本项研究之所以围绕从 12 世纪至今的西方近现代历史展开，主要是因为其他文化和更早期的文献资源依然非常匮乏。只有零散的数据从更加久远的过去流传了下来。这些材料，尽管数量有限，却清晰地展现出：价格革命也曾在古代和中世纪早期的历史中一再发生。

　　在幼发拉底河与底格里斯河的河谷地区，古代美索不达米亚文明流传下来的物价记录非常充分。"大量出土的、刻有楔形文字的字板，都是关于经济活动的。"历史学家霍华德·法伯这样写道。这些文献资料提供了许多关于价格、薪酬和货币的信息，其时间跨度比整个近现代历史还要长很多。法伯本人曾经研究过从公元前 1894 年到前 1595 年的巴比伦物价动态。他发现，约公元前 1750—前 1684 年曾发生过一次价格革命，与近现代世界的此类事件十分相似。相关价格和价格—薪酬动态跟我们研究过的四次巨浪大致相同。汉谟拉比统治时期（约前 1793—前 1750）恰逢价格均衡期的后期，同样显示出稳定或下降的物价与上升的薪酬的结合，与近现代均衡期如出一辙。[Howard Farber, "A Price and Wage Study for

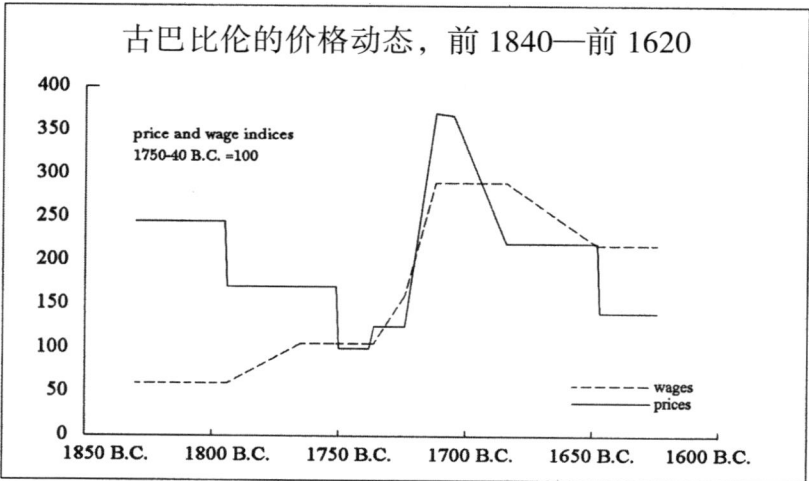

图表 5.01 显示：美索不达米亚平原大约在公元前 1740—前 1680 年发生过价格革命的
迹象，当时的商品价格暴涨，并且薪酬落在了后面。这个时期之前，是一段价格均衡
期（公元前 1840—前 1750 年），价格稳定或下降，而实际薪酬上升。这个均衡期的最
后几个月恰逢汉谟拉比统治时期（公元前 1793—前 1750 年），其间文化和法律成就斐然。
这里所用的价格指数是由奴隶、油料、大麦、公牛、牲畜、土地和房屋租金构成的。
薪酬指数是以白银计算。两组指数都基于共同的基数（以公元前 1750—前 1740 年的
均值为 100）进行了换算。参见 Howard Farber, "A Price and Wage Study in Northern Babylonia
during the Old Babylonian Period," *Journal of the Social and Economic History of the Orient* 21 (1978)
1-51。

Northern Babylonia during the Old Babylonian Period," *Journal of the
Economic and Social History of the Orient* 21 (1978) 1–51]

　　学者们发现了古代埃及人口波动、尼罗河的涨落、埃及历史
朝代更迭和个人领袖事业的巨大波动的证据。所有这些动态，都
互相紧密相关。参见 Angelo Segré, *Circolazione monetaria e prèzzi nel
mondo antico ed in particolare Egitto* (Rome, 1922); Karl Butzer, *Early
Hydraulic Civilization in Egypt* (Chicago, 1976)。

　　还有一些研究，针对的是希腊的价格动态和货币。在这里，历

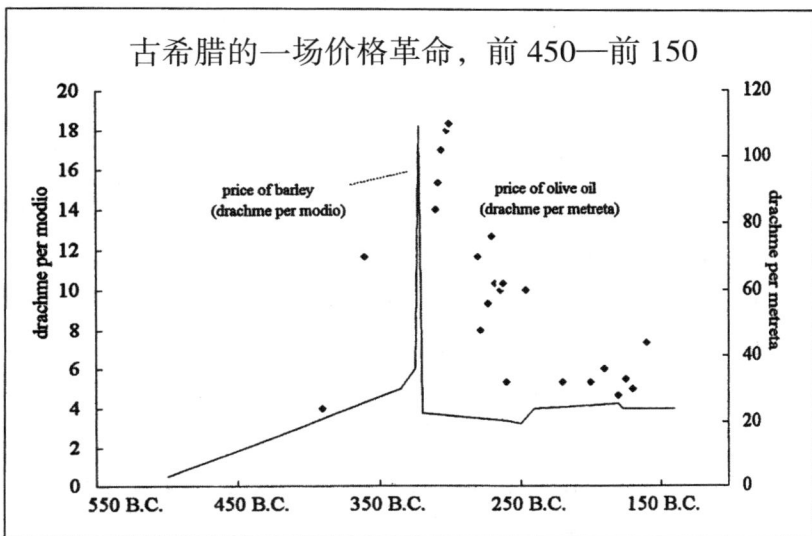

古希腊的一场价格革命，前 450—前 150

price of barley (drachme per modio)

price of olive oil (drachme per metreta)

图表 5.02 显示了两项研究的结果，两者都发现，在公元前 4 世纪和前 3 世纪的古代世界发生过一场价格革命。这些关于希腊的数据来自 Angelo Segré, *Circolazione monetaria e prèzzi nel mondo antico ed in particolare Egitto* (Rome, 1922), 164-173; 以及 Lydia Spaventa de Novellis, *I prèzzi in Grècia e a Ròma nell' antichità* (Rome, 1934), 49–53。

　　史学家们再一次发现了反复发生的价格革命的证据，它们的间隔中存在物价下降期以及相对的物价均衡期。希腊似乎在公元前 5 世纪物价稳定，而在混乱的前 4 世纪经历了一次价格革命。[Lydia Spaventa de Novellis, *I prèzzi in Grecia e a Roma nell' antichità* (Rome, 1934), 101–102.]

　　古罗马人民经历了数次价格革命，它们与罗马政治史的节奏十分吻合。有一次巨浪达到顶点的时间，恰逢共和国早期的大混乱时期，大约是在前 240—前 210 年。另一次则恰逢共和制整体崩溃的时期。两者的间隔期，物价则比较稳定。

　　公元 2 世纪和 3 世纪，罗马帝国经历了一次通胀的巨浪，当时帝国一些地区的小麦价格在不到一百年里涨到了五十倍以上。理查德·邓肯－琼斯的一项研究发现，下埃及地区私人交易中的小麦价格从公元 100 年的十一德拉克马，涨到了公元 201—300 年左右的二百德拉克马。同一时期，价格中位数上涨得较为温和，从八德拉克马涨到了十六德拉克马。3 世纪末，上涨率下降。4 世纪，大约从公元 324 年到 360 年，在君士坦丁到尤里安统治时期的另一次价格革命中，它再度上升，随后在 5 世纪又再一次下降和上升。

在关于罗马物价动态的诸多研究中，包括 A. H. M. Jones, "Inflation in the Roman Empire," *Economic History Review* 2d ser. 5 (1953) 293—318；其修正版，参见 P. A. Brunt, ed., *The Roman Economy: Studies in Ancient Economic and Administrative History* (Oxford, 1974), 187–229。更多数据集成，参见 Richard Duncan-Jones, *The Economy of the Roman Empire: Quantitative Studies* (Cambridge, 1974)；同前，"The Price of Wheat in Lower Egypt," in *Structure and Scale in the Roman Economy* (Cambridge, 1990), 143–156；同前，"The Price of Wheat in Roman Egypt under the Principate," *Chiron* 8 (1978) 541–60。其他有帮助的参考资料还包括 F. M. Heichelheim, "New Light on Currency and Inflation in Hellenistic-Roman Times, from Inscriptions and Papyri," *Economic History* 10 (1935) I–II; Daniel Sperber, *Roman Palestine, 200–400: Money and Prices* (Ramat-gan, 1974); J. A. Straus, "Le prix des esclaves dans les papyrus d'époque romaine trouvée dans l'Egypte," *ZPE* 11 (1973) 289–295; G. Rickman, *The Corn Supply of Ancient Rome* (Oxford, 1980); S. Bolin, *State and Currency in the Roman Empire up to A.D. 300* (Stockholm, 1958)。大量价格数据，参见 Tenney Frank, ed., *An Economic Survey of Ancient Rome* (Baltimore, 1933–1940; J. Kolendo, "L'arrêt de l'afflux des monnaies romaines dans le 'Barbaricum' sous Septime-Sévère," *Les Dévaluations à Rome* (Rome,

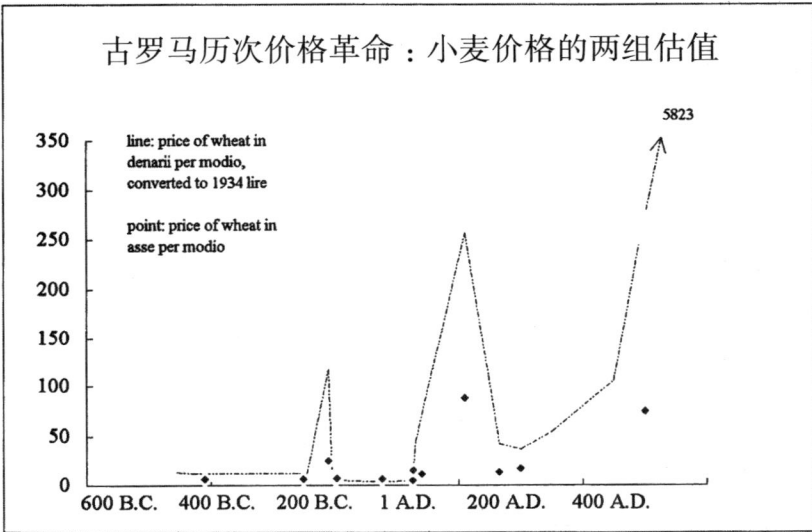

古罗马历次价格革命：小麦价格的两组估值

line: price of wheat in denarii per modio, converted to 1934 lire

point: price of wheat in asse per modio

图表 5.03 总结了罗马历史上三次价格革命的迹象。第一次发生在公元 300 年左右（参见图表 5.02）的罗马共和国时期，此时古希腊也发生了类似的情况。第二次发生在共和国末期。第三次发生在公元 3 世纪的帝国时期，这是一段政治和经济双双崩溃的时期。资料来源为 Lydia Spaventa de Novellis, I prèzzi in Grècia e a Ròma nell' antichità (Rome, 1934) 101-102; Jacobs, "Preis," 464。

n.d.) II, 169–172。

罗马衰亡后，零散的数据使价格动态变得更加难以追踪，它们展示了 10 世纪一段长期的涨价浪潮。从公元 940 年到 1000 年，葡萄牙的牲畜价格似乎翻了一番，然后又在 11 世纪表现稳定。如果这个证据是可靠的，那么 10 世纪时曾发生过一次中世纪早期的价格革命，而 11 世纪则是一段价格均衡期。一项研究在英格兰发现了一些证据，证明从国王阿尔弗雷德即位（871）到埃德加去世（975）期间，出现了市场经济。此后，从 975 年到 1010 年，银质铸币的数量急剧增长。

参见 Claudio Sanchez-Albornez, El precio de la vida en el reino Astur-

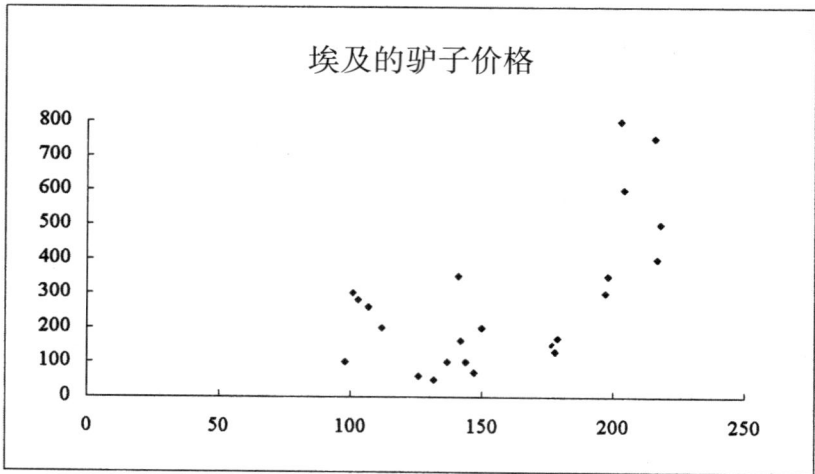

图表 5.04 显示有证据表明：公元 3 世纪价格革命的影响波及罗马统治下的埃及。其他研究也得出了类似的结果。文献来源为 H.-J. Drexhage, "Eselpreise im römischen Ägypten: ein Beitrag zum Binnenhandel," *Münsterische Beiträge zur antiken Handelsgeschichte* 5 (1986), 34-48。

Leones hace mil años (Buenos Aires, 1945), 40–41; S.R.H. Jones, "Transaction Costs, Institutional Change, and the Emergence of a Market Economy in Later Anglo-Saxon England," *Economic History Review 2d ser. 46* (1993) 658–678; P. Grierson and M. Blackburn, *Medieval European Coinage* (Cambridge, 1986); P. Grierson, "Commerce in the Dark Ages, A Critique of the Evidence," *Royal Historical Society Transactions* 5th ser. 9 (1959) 123–140。

　　自从 11 世纪伊斯兰文明建立，伊斯兰世界的物价似乎也出现了巨大的波澜。参见 Eliyahu Ashtor, *Histoire des prix et des salaires dans l'Orient medieval* (Paris, 1969); M. de Bouard, "Problèmes des subsistence dans un état médiévale; le marché et les prix descéréales au royaume angevin de Sicile," *Annales E.S.C.* 10 (1938) 483; Robert Latouche, *Les origines de l'économie occidentale* (Paris, 1956); A. Blanchet, *Les trésors de monnaies*

公元 10 世纪的价格革命：葡萄牙

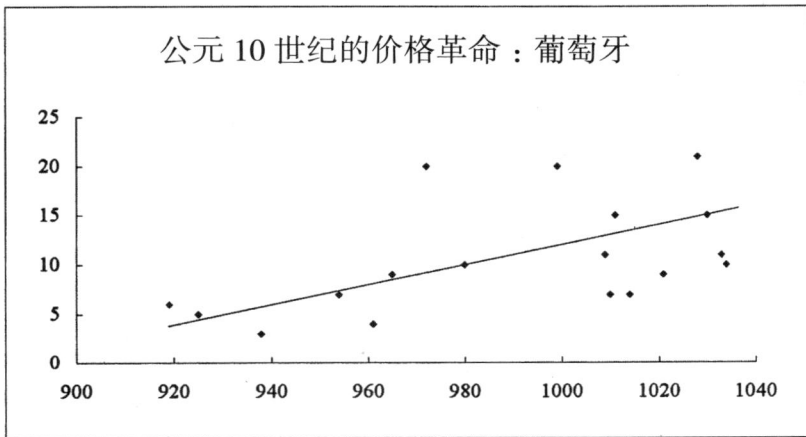

图表 5.05 追踪了西方历史上最晦暗不明时期的价格动态。中世纪早期的一张价格清单（并非价格序列）显示：有迹象表明 10 世纪和 11 世纪早期曾发生过一场价格革命。文 献 来 源：Claudio Sànchez-Albornez, *Elprecio de la vida en el reino Astur-Leone's hace mil ano* (Buenos Aires, 1945), 40—41。纽约公共图书馆收藏了这份罕见而迷人的著作的一个副本。它显示，类似的趋势也发生在了西班牙的加利西亚、卡斯蒂利亚地区，以及奥地利。

romaines et les invasions germaniques (Paris, 1910); Claudio Sanchez-Albornez, *El precio de la vida en el reino Astur-Leones hace mil años* (Buenos Aires, 1945); Marc Bloch, "Le probleme de l'or au Moyen Age," *Annales* 5 (1933) 1–34。

　　想要得到确切的结论，就必须进行进一步的研究，但是很明显，价格革命在过去的四千年中一再发生。它们在时间上跟古代和中世纪早期的人口增长、文化动态以及朝代更迭息息相关。

附录二

14 世纪危机：一个世界性事件？

中世纪的价格革命仅限于西方文明，还是说是一种世界性的动态？在这个问题上，学者们的意见存在分歧，而能够解决这个问题的 13 世纪欧洲以外地区的价格记录难觅其踪。但如今，许多关于 14 世纪危机的经验性证据已有迹可循，表明欧洲的经历并非独一无二。同样的趋势也在类似时间出现在了世界其他许多地区。

在中国，伟大的宋王朝在经历了 13 世纪末和 14 世纪的漫长动乱后崩溃了。从 1279 年到 1367 年，这个国家被来自亚洲大草原的蒙古人统治。中国在三十八年的时间里（1295—1333）经历了七位皇帝。其中大多数都采取了恐怖统治，并死于暴力。这段混乱时期仅仅是中国历史上最黑暗和最灾难性的时期（1333—1368）的序幕，在此期间，一个巨大的帝国土崩瓦解并陷入了无政府状态。

中国的人口在 14 世纪时急剧下降，这次下降恰巧与西方中世纪的危机重合。亚洲的主要死亡原因似乎在细节上不同于欧洲的。中国经历了独特的危机，混合了社会暴力、经济崩溃、政治混乱、大规模饥荒和巨大的洪灾。

或许，灾难的主要原因是蒙古人的掠夺。他们伟大的领袖成吉思汗曾宣称："最大的乐趣就是征服敌人，对其穷追不舍，掠夺其财产，看他们的女儿落泪，骑他们的马，占有他们的妻女。"一位名叫巴彦的蒙古大臣建议通过杀光所有姓张、王、刘、李和赵的人来重建秩序——而这些是中国人中最常见的姓氏。如此巨大的屠杀企图，甚至超过了蒙古人的能力范围，但确实有许多人惨遭屠戮。

这场危机是中国历史的一个转捩点。历史学家伊懋可（Mark Elvin）将其称为"14世纪的转折点"。在中国文化中，这是一段大破大立的转型时期，也是一个深刻的变革时刻，开启了一段漫长的孤立和衰退的过程，一直延续到20世纪。在这段时期，价格动态展现出长期波浪式的节奏，与西方相比，尽管不是一模一样，但也大同小异。

类似的节奏也出现在其他文明之中。在14世纪晚期的非洲，强大的马里帝国土崩瓦解。其贸易中心斯基玛萨于1362年被图瓦雷克族的武士摧毁，与欧洲的商贸关系也中断了。

在印度，突厥-阿富汗的德里苏丹国从11世纪开始发展，在苏丹穆罕默德·本·图格鲁克在位时（1325—1351）达到巅峰，统治了几乎整个南亚次大陆，只有顶南端除外。1334年后，它迅速解体；到1344年，它的税收收入降低了90%，而德里苏丹国也分崩离析。

14世纪在美洲历史上也是一段重大的断裂期。在墨西哥谷地，托尔特克人的古典文化在这时发生崩溃。阿兹特克人，就像蒙古人和图瓦雷克人一样，是来自北方的暴力原始民族，他们大约在1345年占据了特斯科科湖。在南美洲，前印加时期的国家在14世纪时解体，并且给了印加人机会，使其得以在14世纪晚期和15世纪初创建起他们的大帝国。

在太平洋地区，14世纪也是大洋洲文化的一个重要转折点。波利尼西亚的扩张，早在9世纪就已经开始，在14世纪则戛然而止。波利尼西亚的伟大领航者们推进到远及新西兰的范围，但他们无法

中国历史中的巨浪，800—1800

400

300
　　　　　　　　　　　　　　　　　　　17th Century Crisis
　　　　　　　　　　　　　　　　　　　Ming Dynasty
200　　　　　　　　14th Century Crisis　　　falls 1648
　　　　　　　　　　Yuan Dynasty
　　　　　　　　　　1280-1367
100

0

800　900　1000　1100　1200　1300　1400　1500　1600　1700　1800

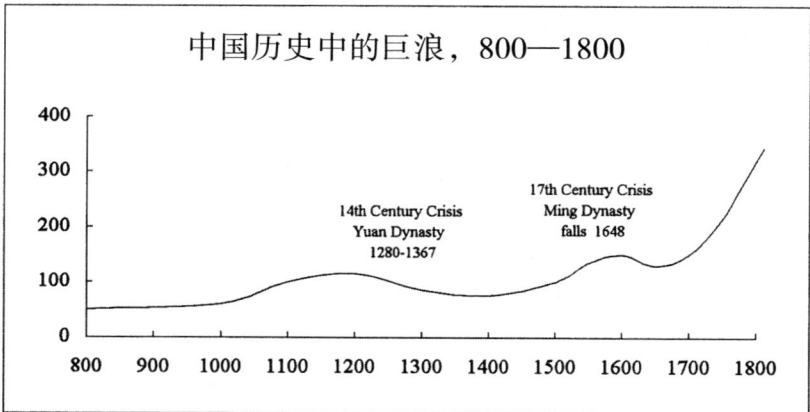

图表 5.06 显示：中国人口发展史上曾数次出现巨浪。14 世纪和 17 世纪曾发生过人口骤减的现象。时间点与欧洲大体相同。文献来源包括 Ping-ti Ho, *Studies on the Population of China, 1368-1953* (Cambridge, 1959)。

走得更远，未能染指塔斯马尼亚和澳大利亚。

　　波利尼西亚没有受到黑死病或蒙古铁骑的破坏。新西兰科学家 A. T. 威尔逊的研究结果证明，发生这种转折的原因可能是气候的变化。他对沉积物中碳酸钙的同位素比率分析可以证明，一段不同寻常的寒冷时期开始了，太平洋上的风暴越来越频繁，以至于像波利尼西亚人这样技术老练的航海者在大洋上都寸步难行。

　　这些全球性事件告诉我们：它们的病理性根源，并非针对单一文化，也不是借助特定的媒介，比如黑死病。它们必然有着一个更为广泛的原因，其影响几乎遍及世界上凡有人居住的地区。

　　一些历史学家发现了 14 世纪世界气候发生变化的证据。在之前的三百年（10—12 世纪）中，天气变得越来越温暖。生长季节变长，庄稼产量变大，而环境负载能力也提高了。13 世纪晚期，这些气候趋势发生了逆转。气候变得异常寒冷、潮湿、多风和不稳定。

　　这些趋势出现在相距甚远的北欧、东亚、西非和南太平洋地区，这样的事实证明：原因可能不仅仅像一些人猜测的那样，是气候的周期性变化。另一些人相信，它源自地球与太阳之间关系的变化——太阳辐射的下降，或者地球大气圈的增厚，或者一团星尘飘过银河系时正好挡住了太阳向地球传递能源的路径。

在这个混乱和灾难的时期，一些文化比另一些受到了更多的摧残。西方基督教世界可能是受害最深的。在这里，我们发现，气候事件可能只是部分解释，并不全面。另一些因素或许更加有力，它们存在于西方文化的内部，并且对其历史的节奏而言十分重要。

更进一步来看，在 14 世纪的大灾变中，一些文化更加强势地脱颖而出，而其他一些则受到了致命打击。14 世纪，伊斯兰世界的文明进入了一个漫长的衰退期，直到将近六百年后的 20 世纪才开始恢复。在应对 14 世纪危机方面，西方世界是独一无二的，但危机本身并不只针对西方。西方的开放机制使得它更加脆弱，但也更有弹性。14 世纪时，西方脆弱的根源，也正是其未来强大的基础。

中国历史的相关文献材料，参见 Ping-ti Ho, *Studies on the Population of China, 1368–1953* (Cambridge, 1959, 1967); Mark Elvin, *The Pattern of the Chinese Past: A Social and Economic Interpretation* (Stanford, 1973); R. Hartwell, "A Cycle of Economic Change in Imperial China: Coal and Iron in North-east China, 750–1350," *Journal of the Economic and Social History of the Orient* 10 (1967); M. Cartier, "Notes sur l'histoire des prix en Chine du XIVe au XVIIe siècle," *Annales E.S.C.* 24 (1969) 1876–1889; 同前，"Les importations de métaux monetaires en Chine: Essai sur la conjoncture chinoise," 同上., 36 (1981) 454-466; P. Liu and K. Huang, "Population Change and Economic Development in Mainland China since 1400," in C. Hou and T. Yu, eds., *Modern Chinese Economic History* (Taipei, 1977), 61–81; C. P. Fitzgerald, *China, A Short Cultural History* (New York, 1935, 1972), 432; Ch'uan Han-sheng, "Sung-Ming chien pai-yin kou-mai-li ti pientung chi ch'i yuan-yin" ["Fluctuations in the purchasing power of silver at their cause from the Sung to the Ming dynasties"], *Hsinya-hseuh-pao [New Asian Journal]* 8 (1967) 157–186, 附有英文摘要 ; M. Cartier, "Notes sur l'histoire des prix en Chine du XIVe au XVIIe siècle," [1368-1644] *Annales E.S.C.* 24(1969) 18761889; 同前, "Lesimportationsde métaux monetaires en Chine: Essai sur la conjoncture Chinoise," 同上, 36 (1981) 454-466; W. S. Atwell, "Notes on Silver, Foreign Trade, and the Late Ming Economy," *Ch'ing shih wen-ti* 3 (1977) 1–33; 同 前 "International Bullion Flows and the Chinese Economy, *circa* 1530–1650," *Past & Present* 95 (1982) 68–90; P. Liu and K. Huang, "Population Change and Economic Development in Mainland China since 1400," in C. Hou and T. Yu, eds., *Modern Chinese Economic History* (Taipei, 1977), 61-81; Yeh–chien Wang, "The Secular Trend of Prices during the Ch'ing Period," *Journal of the Institute of Chinese Studies of the Chinese University of Hong Kong,* 5 (1972) 364。

关于非洲，参见 Malowist, "The Social and Economic Stability of the Western Sudan in the Middle Ages," *Past & Present 33* (1966) 3-15; E. W. Bovill, *The Golden Trade of the Moors* (Oxford, 1958); J. Devisse, "Routes de Commerce et échanges en Afrique occidentale en relation avec la Méditerranée," *Revue d'histoire économique et sociale* 1 (1972) 42–73, 357–397。

关于全球气候变化的证据，参见 A. T. Wilson, "Isotope Evidence for Past Climatic and Environmental Change," *Journal of Interdisciplinary History* 10 (1980) 241–250。

附录三

17 世纪：一场世界性危机？

1649 年，英格兰的一位小册子作者虚构了一场在天国净土（Elysian Fields）中进行的、对两位初来乍到的国家元首的采访，他们是英格兰国王查理一世和奥斯曼帝国的苏丹易卜拉欣一世。两人都刚刚被愤怒的臣民处死。这两位被谋杀的君王的幽灵在死后世界相逢，同命相怜。[Lord Kinross, *Ottoman Centuries; The Rise and Fall of the Turkish Empire* (New York, 1977), 19, 317]

其他一些统治者本也可以加入这场鬼魂的对话。其中不少都在 17 世纪的普遍危机中以血腥暴力的方式黯然离场。这个事件不仅限于欧洲。它发展到了世界上有人居住的每一个地方。

中国的明朝是在 14 世纪的危机中建立，在 17 世纪时崩溃。它的分崩离析是如此彻底，竟让一位叫李自成的农民军首领控制了首都北京。它蒙受的羞辱是如此之大，以至于最后一位皇帝于 1644 年自缢身亡。17 世纪中期，中国人民遭遇了严重的饥荒、瘟疫和动乱之苦。人口统计方面的证据清晰地显示：这并不是每代人都会经历的寻常惨事。中国人口在 17 世纪时下降，这是自 14 世纪危机以来的第一次下降——与欧洲的情况类似。

　　与此同时，印度也经历了一段麻烦重重的时期。在这里，17 世纪早期同样是一段经济停滞、涨价、人口下降、不平等加剧、饥饿和瘟疫盛行的时期，1616 年，腺鼠疫在这片次大陆上死灰复燃。数以百万计的印度人患病和挨饿，而莫卧儿帝国的皇帝沙贾汗（1628—1658 年在位）却大撒金钱、大兴土木，为他的妻子建起了美丽的泰姬陵——这是个人爱情的表白，也是物质不平等的证明。1658 年，沙贾汗遭到废黜和囚禁。同年，在他死后，他的儿子们之间爆发了一场内战。宗教纷争变得激烈，莫卧儿帝国开始崩溃。这件事为欧洲打开了征服印度次大陆的通道。

　　在撒哈拉以南的非洲，博尔努帝国和曼丁哥帝国双双垮台。在中东，波斯帝国在阿巴斯大帝（1587—1629 年在位）死后开始土崩瓦解。奥斯曼帝国在苏丹穆拉德四世的统治下迅速衰落，这个暴虐成性的疯子在 1623 年到 1640 年间在位。他的继任者易卜拉欣一世则沉默且疯狂。1648 年，不幸的易卜拉欣被推翻和处决——于是他与查理一世有了那场对话，而后者是在 1649 年被斩首的。

　　长期的动荡也发生在美洲殖民地的新英格兰、新法兰西、弗吉尼亚、新西班牙、新荷兰、巴西以及加勒比海诸岛。17 世纪时新大陆的纷争，被殖民时期的历史学家们诠释为地区性现象，认为是当地事件造成的后果。但这些事件实际上也是 1618 年到 1650 年间全球趋势的一部分。17 世纪的危机，是一场世界范围内的困境。

美洲和欧洲：同气连枝还是分道扬镳？

　　1963 年，杰出的经济史学家鲁杰罗·罗马诺提出了一个关于美洲和欧洲的价格动态的问题。他认为，欧洲旧世界的主要价格趋势与美洲新大陆的有根本上的不同。在对拉丁美洲经济史的开创性研究中，他声称有证据表明，18 世纪，西班牙和葡萄牙殖民地的物价处于停滞状态，且存在长期的货币供应不足的现象，资本累积和经济增长落在了欧洲后面。基于这种情况，罗马诺总结到，"伊比利亚美洲与欧洲之间"存在"相反的价格动态"。他还提出，新法兰西和英属美洲殖民地的物价走势类似于拉丁美洲。参见 Ruggiero Romano, "Movimento de los precios y desarrollo económico: El caso de Sudamérica en el siglo XVIII," *Desarrollo Económico* 3 (1963) 31–43; 以及同前，"Some Considerations on the History of Prices in Colonial Latin America," in Lyman L. Johnson and Enrique Tandeter, eds., *Essays on the Price History of Eighteenth-Century Latin America* (Albuquerque, 1990), 35–71。

　　罗马诺开创性的论文启发了许多关于 18 世纪拉丁美洲价格史的研究。此时，证据开始大量出现。其中多数表明：拉丁美洲的物价动态是欧洲趋势的一个变体，而非相反的态势。

辩论围绕的核心在于 18 世纪。读者会记起，在此期间，欧洲物价并未出现上涨趋势，直到 1730—1740 年。此后，它们一直上涨到 19 世纪初。在西班牙和葡萄牙的殖民地，直到 1750 年物价都下跌或保持同一水平，并且在一些地方——萨尔瓦多和波托西——继续保持这个状态直到 18 世纪 80 年代。但是，在 18 世纪 60 年代的墨西哥、智利和拉丁美洲的其他地区，物价普遍都在上涨。时至 18 世纪 80 年代，18 世纪价格革命对那里发生着广泛的影响。历史学家约翰·科茨沃思将拉丁美洲概括为："在所有有数据可查的情况下，18 世纪 90 年代和随后的战争年代中，商品价格都在上涨。"参见 John H. Coatsworth, "Economic History and the History of Prices," in Johnson and Tandeter, eds., *Essays on the Price History of Eighteenth-Century Latin America*, 22。

新法兰西地区的情况也非常类似，价格在 18 世纪晚期呈上涨趋势，且在 1793 年到 1817 年间飙升。参见 F. Ouellet and J. Hamelin, *Le mouvement des prix agricoles dans la province de Quebec* (1760—1815) (n.p., n.d.; 同前，"Lacrise agricoledans le Bas-Canada," *Etudes Rurales* 7 (1962) 36–57。

在美国，多项研究都发现了与西欧同样的趋势和时间。这种情况出现在沃伦和皮尔逊的趸售价格指数、亚瑟·科尔的研究、贝赞森的费城趸售货物价格指数，以及泰勒的南卡罗来纳州查尔斯顿批发价格指数之中。类似的情况还出现在威妮弗雷德·罗滕伯格对新英格兰地区农产品价格的研究中。证据参见 George F. Warren and Frank A. Pearson, *Prices* (New York, 1933), 11—27; Arthur H. Cole, *Wholesale Commodity Prices in the United States, 1700—1861* (Cambridge, 1938) 153—167; Anne Bezanson, Robert D. Gray and Miriam Hussey, *Wholesale Prices in Philadelphia, 1749—1861* (Philadelphia, 1936),

392; George Rogers Taylor, "Wholesale Commodity Prices at Charleston, S.C., 1732—1791," *Journal of Economic History* 4 (1932) 356—377; 同前, "Wholesale Commodity Prices at Charleston, S.C., 1796—1861," 同上, supplement, 848—868; Winifred Rothenberg, *From Market Places to a Market Economy; The Transformation of Rural Massachusetts, 1750—1850* (Chicago, 1992); 同前, "The Market and Massachusetts Farmers, 1750—1855," Journal of Economic History 41 (1981) 283—314; 同前, "A Price Index for Rural Massachusetts, 1750—1855," 同上, 39 (1979) 975—1001。

拉丁美洲某些地区的价格序列比较接近罗马诺的模型，而且殖民地与欧洲的物价动态处处彰显着不同。用于本地商品交易的狭小市场显示出各种各样的特质。在殖民历史早期，制成品的价格动态有所不同。许多殖民地对单一主要粮食作物的依赖也导致了差异。但这些情况是主旋律的变奏。18 世纪，整个环大西洋地区同气连枝，而没有分道扬镳。

附录五

周期与波动

　　弗兰克·曼纽尔曾评论道：每个历史观念归根结底不是周期的就是线性的。可能还要加上：价格历史的多数模型要么是周期的，要么是波状的。本项研究聚焦于波状模型，它在学术著述中越来越占据主导地位，因为它能解决许多概念上的问题。在历史学界，过去的波澜，就是未来的浪涛。

　　关于反复发生的价格动态的早期研究中，多数文章的目的大不相同。主要是关于周期而非波动的研究。许多学者都在价格动态中寻找周期，并且大都得偿所愿。《周期》《循环》《未来》《技术预测与社会变革》等学术杂志都曾刊发过论文验证近现代历史中的许多不同周期律，包括康德拉季耶夫周期（五十年），库兹涅茨"长摆"（二十到二十五年），拉布鲁斯"内部周期"（十到十二年），朱格拉贸易周期（七到八年），以及基钦商业周期（三到四年）。

　　最大规模和最富争议的文献，是关于康德拉季耶夫周期，有时被错误地称为"长波"。它们被认为是每五十年一次大萧条的原因，曾在 1815 年、1870 年、1929 年和 1970 年左右发挥过作用。作为莫斯科商业周期研究所的所长，尼古拉·D.康德拉季耶夫撰写了一篇开宗立派、影响深远的专论，其俄文版发表于 1925 年。德文译本《经济长波》随后发表，参见 "Die langen Wellen der Konjunktur," *Archiv für Sozialwissenschaft und Sozialpolitik* 56 (1926) 573–609。一份经过删节的英文译本发表于《经济统计评论》杂志，参见 *The Review of Economic Statistics* 17 (1935) 161–172。完整的英文译本参见 *Review* 2 (1979) 519–562。康德拉季耶夫著有《长波周期》一书，对这个模型进行了详细阐述，参见 *The Long Wave Cycle* (1928, rpt., New York, 1984)。

　　正如康德拉季耶夫自己小心翼翼地指出的，类似的模型在 A. 斯皮特霍夫的《政治学手册》(1923) 一书中已经被提了出来。它们还曾得到两位荷兰社会主义者的探讨，参见 S. de Wolff in "Prosperitats-und Depressionsperioden," *Lebendige Marxismus* (Jena, 1924); 以及更早发表的 C. van Gelderen, "Springvloed: Beschouwingen over industrieele ontwikkeling en Prijsbeweging," *De Niewe Tijd* 18 (1913)。

　　马克思主义批评家，包括托洛茨基和许多老一辈布尔什维克党人，将康德拉季耶夫的周期论斥为一种经济上的异端邪说。1930 年，康德拉季耶夫被送到西伯利亚，他在那儿的集中营里去世。参见 Richard B. Day, "The Theory of Long Waves: Kondratieff, Trotsky, and Mandel," *New Left Review* 99 (1976) 67–82。有一篇出色的史学论文探讨了康德拉季耶夫的作品，即 Jean-Louis Escudier, "Kondratieff et l'histoire économique Française," *Annates E.S.C.* 48 (1993) 359–383。

　　较之美国与英国的同行，法国和德国的历史学家总是对康德拉季耶夫的周期律很感兴趣，进一步的探讨参见 Gaston Imbert, *Des mouvements de longue durée Kondratieff* (Aix en Provence, 1959)，以及 Ulrich Weinstock, *Das Problem der Kondratieff-Zyklen* (Berlin, 1964)。

　　在英语国家中，历史学家对这个领域的贡献相对较小，社会科

学家却著述颇丰。关于利率在 20 世纪 30 年代的飙涨，参见 Joseph
Schumpeter, *Business Cycles* (New York, 1939)；随后下降，并在 20
世纪70年代复苏。对如此大量著作的最好的介绍，是 Joshua S. Goldstein,
Long Cycles: Prosperity and War in the Modern Age (New Haven,
1988)。这是一部精心编写、诚实可靠、引人深思的作品，它分析了
各位学者为了验证康德拉季耶夫周期的存在而作的三十三次尝试，
这些尝试大多得出了积极肯定的结果。戈尔茨坦编写的出色的文献
目录还列举了数以百计的著作，其中历史学家的作品并不多，较多
的是政治学家和社会学家从各种角度对这个问题的论述。其他探讨，
参见 Donald V. Etz, "The Kondratieff Wave: A Review," *Cycles* (1973) 73–74;
J. J. Van Duijn, *The Long Wave in Economic Life* (1979, rpt., Boston, 1983); John
C. Soper, *The Long Swing in Historical Perspective* (New York, 1978); Casper Van
Ewijk, "A Spectral Analysis of the Kondratieff Cycle," *Kyklos* 35 (1982) 468–499;
T. Kitwood, "A Farewell Wave to the Theory of Long Waves," *Universities
Quarterly — Culture, Education and Society* 38 (1984) 158–178; Irma Adelman,
"Long Cycles: Fact or Artifact?" *American Economic Review* 55 (1965) 444–463;
R. Hamil, "Is the Wave of the Future a Kondratieff?" *Futurist* 13 (1979) 381-384;
J. P. Harkness, "A Spectral Analysis of the Long Swing Hypothesis in Canada,"
Review of Economics and Statistics 50 (1968) 429–436; Rainer Metz, " 'Long
Waves' in English and German Economic Historical Series from the Middle of the
Sixteenth to the Middle of the Twentieth Century," in Rainer Fremdling and Patrick
K. O'Brien, eds.,*Productivity in the Economies of Europe* (Stuttgart, 1983)
175–219; 同 前, "Long Waves in Coinage and Grain Price Series from the
Fifteenth to the Eighteenth Century," *Review* 7 (1984) 599–647; Paolo S. Labini,
"Le problème des cycles économiques de longue durée," *Economie appliquée* 3
(1950) 481–495; Jos. Delbeke, "Recent Long-Wave Theories: A Critical Survey,"
Futures 13 (1981) 246–257; M. N. Cleary and G. D. Hobbs, "The Fifty-Year

Cycle: A Look at the Empirical Evidence," in Christopher Freeman, ed., *Long Waves in the World Economy* (London, 1983); HeinzDeiter Haustein and Erich Neuwirth, "Long Waves in World Industrial Production, Energy Consumption, Innovations, Inventions and Patents and Their Identification by Spectral Analysis," *Technological Forecasting and Social Change* 22 (1982) 53–89; Ghalib M. Baqir, "The Long Wave Cycles and Re-Industrialization," *International Journal of Social Economics* 8 (1981) 117–123; K. Eklund, "Long Waves in the Development of Capitalism?" *Kyklos* 33 (1980) 383—419; Hans Bieshaar and Alfred Kleinknecht, "Kondratieff Waves in Aggregate Output?" *Konjunktur Politik* 30 (1984); David M. Gordon, "Stages of Accumulation and Long Economic Cycles," in Terence K. Hopkins and Immanuel Wallerstein, eds., *Processes of the World System* (Beverly Hills, Calif., 1980); Alfred Kleinknecht, "Innovation, Accumulation and Crisis: Waves in Economic Development," *Review* 4 (1981) 683—711; Ernest Mandel, *Long Waves of Capitalist Development* (Cambridge, 1980)。

关于康德拉季耶夫长周期的论著，尽管数量充足，但经验性基础却显得薄弱。许多历史学家依然怀疑康德拉季耶夫周期的存在。怀疑的核心在于 1873 年到 1893 年这段时期，因为如果这几年的经济折转下行不如 1819 年、1826 年、1837 年和 1859 年那么严重，那么康德拉季耶夫的模型就会非常不显著与不完整。参见 S. B. Saul, *The Myth of the Great Depression, 1873–1896* (London, 1896); 以及 Solomos Solomou, "Kondratieff Waves in the World Economy, 1850–1913," *Journal of Economic History* 46 (1986) 165—169。

另一个弱点出现在 20 世纪 70 年代，当时许多秉持康德拉季耶夫思想的学者预言"资本主义即将崩溃"，尽管有许多可怕的警示，但这场崩溃迟迟不来。参见 Jay W. Forrester, "We're Headed for Another Depression," *Fortune* Jan. 16, 1978; Geoffrey Barraclough, "The End of an Era," *New York Review of Books* 21 (1974) 14–20; 以及 Cesare Marchetti, "Recession

1983: Ten More Years To Go?" *Technological Forecasting and Social Change* 24 (1983) 331–342。

　　康德拉季耶夫模式的证据在更早的历史时期甚至比在近现代史中更弱。康德拉季耶夫本人相信，他的周期在 1790 年之前并不存在。另一些学者声称，他们不仅在近现代历史中，甚至在中世纪都发现了同样的证据，但经验性的证据依然软弱无力。

　　我自己的判断是，在许多社会指标上，确实出现了一个大约五十年或六十年的周期，并且得到了各种统计方式的证实，包括商业周期分析、趋势偏差计算、移动平均值和光谱式的谱系分析等等。但这种模式并不比其他周期律更显著，而且它远远弱于有时会与之混合纠缠的长期潮流趋势。康德拉季耶夫的"长波"可能只是多次连续的"长摆"，围绕长期趋势而动，并且每一次摆动在时间和剧烈程度上都大不相同。美国社会科学家付出了大量精力研究康德拉季耶夫周期，却误入歧途。他们的努力更适用于检视周期性的长期波状趋势，它有更坚实的史实基础，尽管不太具有预测力。

　　贝弗里奇、古贝尔和许多 20 世纪世界经济的著述者，都发现了农产品价格和收成波动存在较短的三十年周期。这一规律有时（并非总是）与太阳活动相关。它没有经过严格的验证，并且没有得到今天大多数经济学家和历史学家的普遍接受。但它在描述性研究中重复出现。参阅 Stanley Jevons, "The Solar Period and the Price of Corn," in Jevons, ed., *Investigations in Currency and Finance* (London, 1884)。

　　库兹涅茨周期，或者说约二十年的"长摆"，得到了美国经济学家的大量探讨，但这种规律对欧洲学者而言不那么有趣，而且在他们国家的历史中也没有这么显著。参见 Simon Kuznets, *Secular Movements in Production and Prices* (Boston, 1930); "Long Swings in the Growth of Population and Related Economic Variables," *Proceedings* of the American Philosophical Society 102 (1958) 25–52; Arthur F. Burns, *Production Trends in the United States since 1970* (New York, 1934); Moses Abramowitz, "Resource and Output Trends in the United States since 1870," *American Economic Review* 46 (1956) 5–23; Brinley Thomas, *Migration and Economic Growth* (Cambridge, 1954); John C. Soper, "Myth and Reality in Economic Time Series: The Long Swing Revisited," *Southern Economic Journal* 41 (1975) 570–579。这种节奏有时被认为源自人口，但弗里德曼和施瓦茨在 *Monetary Trends in the United States and United Kingdom* 的第 599—621 页辩称，长摆的起源是插曲式的，其表现是货币式的。许多经济学家同意他们的观点。

约十或十二年的拉布鲁斯周期（或者说内部周期），大受欧洲历史学家的喜爱，在美国学界却难得一见。它被用于法国史的研究。

朱格拉周期，或者说贸易周期（七或八年），曾被很多学者发现——古贝尔在博韦、帕伦蒂在托斯卡纳、斯普纳在乌迪内、奥塞尔在巴黎。经典著作是 Clément Juglar, *Des crises commerciales et leur retour périodiques en France, en Angleterre, et aux Etats-Unis* (1889) rpt. New York, 1967)。

基钦周期，或者说商业周期（三年半或四十个月），首先被发现于 19 世纪和 20 世纪的美国经济，也可见于我们这个时代的欧洲。经典文献是 Joseph Kitchin, "Cycles and Trends in Economic Factors," *Review of Economics and Statistics* 5 (1923) 10–16。它们有时被称为"库存周期"（inventory cycles），并且被认为源自现代商业企业的结构。不过有几位历史学家在早至 15 世纪的价格数据中，以及皮埃尔·肖努在塞维利亚的跨大西洋贸易活动中，也发现了这个周期。

关于商业周期的总体探讨，参见 Wesley C. Mitchell, *Business Cycles* (New York, 1927); Arthur F. Burns and Wesley C. Mitchell, *Measuring Business Cycles* (New York, 1946); Joseph A. Schumpeter,

Business Cycles: A Theoretical, Historical and Statistical Analysis of the Capitalist Process (New York, 1939); Geoffrey H. Moore, *The Cyclical Behavior of Prices* (Washington, 1971)。历史学家们会在如下著作中看到一段和谐的关系：E. R. Dewey and E. F. Dakin, *Cycles: The Science of Prediction* (New York, 1950)，该书称：这些节奏本身因时间和地点的不同而异——这个结论当然是正确的。

周期性模式常常是通过对一段时间的"去趋势化"而从数据中得出的，即是说，通过去掉长期趋势，将起伏动态更清晰地暴露出来。本书中的巨浪并非来自对数据的过滤和去趋势化。它们是长远的趋势，并且证据显而易见。关于方法问题，主要著作有 James D. Hamilton, *Time Series Analysis* (Princeton, 1994) 以及 T. W. Anderson, *The Statistical Analysis of Time Series* (New York, 1971)。同样有帮助的有 Nathaniel J. Mass, *Economic Cycles: An Analysis of Underlying Causes* (Cambridge, Mass., 1975)。

附录六

通胀的甄别

　　"通胀"一词的多种用法，可以构成一项有趣的语义学研究。这个术语被以不同的方式界定。其中最常用的一些包含某种特定的通胀理论，而排除了其他一切理论。结果产生了一堆彼此矛盾的受理论驱策的定义。其中每一个都号称普遍有效，但它们全都比它们试图描述的现象更加一元化。

　　一个有趣的例子出现在《韦氏新世界词典》中。这本书的大学版第二版在同一页面上给出了两个相反的以理论为核心的定义。"通胀"这个术语被界定为"流通货币数量增加的现象，它导致币值相对急剧且突然的下降，以及物价相应的上涨"。紧接着下面就是"通胀螺旋"，它被界定为一种"货物和服务价格的连续且加速上涨，主要是由薪酬和成本增加的相互作用导致"。

　　其中一个定义坚称：通胀仅仅是一种货币现象，由货币供应扩张引发。另一个要求我们认同一种"成本推动"模式。这些理论性定义狭隘又特定，且互相排斥。如果"成本推动"模式是正确的，那么通胀就不会总是由流通货币量的增加而引发。

　　此外，两个定义都包含了对通胀的特定历史描述。其中一个要求我们将通胀看作"急剧且突然"的。另一个则坚称螺旋上升式的通胀是"连续且加速"式的。无论是在总体历史意义上，还是在它们特定的理论链条中，通胀的这些历史模型不仅仅彼此抵触，而且是错误的。货币通胀未必就"短期而急剧"。薪酬—物价型通胀也不总是"连续且加速"的。

这些说法常常在学术论述中反复出现。对于美国经济学家而言，用货币术语对"通胀"这个词进行排他的定义，并将其用于描述一个起因并非全然是货币性的历史进程，是十分常见的现象。

美国经济学家米尔顿·弗里德曼的一个主张可为一例。他认为，通胀"总是且在任何地方都主要是一种货币现象"（*New York Times*, February 19, 1984）。他的同行中有许多人都同意这一论断。它没有必然的错误。只要将它限定在货币主义理论的有限语境中，弗里德曼的论调就不仅正确无误，而且同义重复。鉴于给定的理论假设，物价的上涨总是可以用货币理论来解释。如果是纯理论性的探讨，那么这里就不存在错误。麻烦在于，在如此界定这个术语后，将它用于描述现实世界中的一次实际涨价的作用因——物价的上升有时确实有货币上的原因，但常常是由其他原因引发的。

在学术专业领域之外。通胀这个词也作其他理解。在通常对话中，它多是作为一个总称，被广泛用于描述任何类型的价格上涨（这与经济学意义上的"总体价格水平"不是一回事）。

学科中的专业用法似乎也正在转移到这个方向上来。历史学家和经济学家们越来越倾向于对他们的通胀观念采取折中办法。保罗·萨缪尔森和威廉·诺德豪斯两位经济学家写道："就像疾病一样，通胀的发生也有许多原因。"他们主要根据推进速度将通胀划分为三种类型：20 世纪晚期工业国家那样的"温和通胀"（1%—10%），同时期拉丁美洲或以色列经历的那种"急剧通胀"（10%—1000%），以及后威廉时代德国的"恶性通胀"（1000% 或以上）。这种分类

法让人想起 18 世纪新英格兰地区一位医生的死亡统计表，他相信
所有疾病都有同一病理渊源，而且将死亡分为"猝死"和"慢死"。
无论在医学还是历史领域，这都是一种十分原始的观念，但有时自
有其用处。

　　另一种更好的方式，是根据速度和原因对价格通胀进行鉴别。
历史学家们倾向于用多元视角看待通胀，将其原因看得广泛而复杂。
根据起因，至少可以将通胀分为七类。

　　价格通胀的一个常见类别是由货币供应量增大而引起的。这有
时是一个潜移默化、缓慢推进的动态，有时却会成为一场突如其来
的恶性通胀，典型例子是 1922—1923 年德国经历的那次通胀。当
时，新生的魏玛共和国无法通过税收或贷款来应对债务，于是特意
诉诸印刷所。流通中的德国马克的数量从 1922 年 1 月的 5807 万亿
提高到 1923 年 12 月的 202000（万亿）[2]，这个数字大到长达三十
位，写出来就是：202023234100000000000000000000 马克。结果，
德国商品批发价格从 1913 年的 100 万亿飙升到 1923 年的 142 万亿。
经历过这个事件的德国市民讲述了这样一个故事：一个人推着装满
钞票的手推车前往一家杂货店为他的家庭购买食物。一个强盗拦住
了他的去路，将钞票扔掉，把手推车抢走了。德国这次通胀更加戏
剧化的部分，是它的戛然而止。1924 年，通过发行新币，货币币值
被稳定下来。1922—1923 年德国的恶性通胀产生了许多社会和政治
上的结果，但它并未深植于经济结构之中，而且当通胀的马克退出
流通领域之后，通胀本身也烟消云散了。这类货币通胀很多，还有
其他较为循序渐进的变种。

　　第二种通胀源于总需求量的增加。一个常见的例子是战争通胀。
政府的军费开销常常会刺激整个经济的需求，而与此同时，工人离
开生产岗位入伍，会导致总供给量的下降。其他的需求型通胀还可
能源自人口增长，尤其是当总人口比劳动力增加得更快。20 世纪，

需求型通胀的起因，还可能是人们的期望值和生活标准的提高。

第三种通胀是由供应紧缩造成的。例如，由于恶劣天气的作用，农产品价格上升。这种情况在中世纪和近代早期的欧洲十分常见，当时家庭收入的一大部分都花在谷物和其他农产品上。歉收造成的供应骤减，在整个经济发展过程中不断重复发生。

第四种是成本推动型通胀。它发生在薪酬和物价开始呈螺旋状上升，彼此相互促进时。这种机制显然在 20 世纪价格革命的中期曾发挥过作用。

第五种可以称为行政调节下的价格通胀。它曾发生在美国，是产业垄断的寡头合谋固定价格的结果。近期的例子包括石油输出国组织在 20 世纪 70 年代对石油价格的操控。石油危机冲击了整个世界经济的总体物价水平。

第六种可以称为泡沫通胀，是由大量投机行为引发的。当这种行为迅速增加并遍及经济各个方面时，它就会广泛地扭曲物价水平。例如 1634 年的荷兰郁金香热，以及 1717 年法国的密西西比泡沫。

第七种可以称为"通胀预期型"。人们并非由于供应、需求、成本或货币供应规模的实际变化，而是出于对这些情况的恐惧而开始抬高物价时，就会发生这种通胀。

这些不同类型的通胀常常共生并存。在实践中，价格革命是一种复杂的现象，以包括多个类型的通胀为特征。多数是从需求型通胀开始，随后加上货币通胀、供给型通胀以及行政调节型通胀的影响，加剧了价格革命势头。

有趣的是，在价格革命和价格均衡期中，短期通胀的影响依其所处的时间点不同而各有变化。例如，在 19 世纪，与内战、克里米亚战争和普法战争相关联的通胀，并未引发物价水平的永久性抬升。价格在战争期间冲高，在和平时期又迅速回落。在 19 世纪 80 年代的美国，物价回到了与 19 世纪 50 年代末相同的水平。在 20

世纪的主要战争期间，事情略有不同。美国在 1917 年参加第一次
世界大战后发生了剧烈通胀，虽然在 1919 年之后下降，但没有回
到战前的水平。第二次世界大战、朝鲜战争和越南战争之后，战争
型通胀并没有发生任何回落。价格依旧攀升。这里的不同之处在于
价格体系的潜在动态。

　　所有这些都表明，需要有融合历史性因素的价格理论，并且需
要有囊括大量经济理论在内的历史模型。历史潮流和具体情境的意
义重大。经济理论中的动态关系模型也是如此。

　　经济学属于文德尔班所谓的研究普遍规律的学科。它通过归纳
总结寻求真知灼见。历史学则是研究特殊个案的学科。它研究的对
象是事物的特殊性。两者方式不同，但相辅相成，互为补充。双管
齐下可以帮助我们理解多种多样的价格通胀，以及它们的共同特征。

附录七

交换货币与记账货币

价格历史的研究者必然要面对世界上多种多样的货币单位的问题——不仅是硬币和纸钞的五花八门，还有货币制度在结构上的千差万别。在近代早期，这些制度在某些方面比我们今天的货币制度还要复杂。

这种复杂性的一个方面体现在两种货币的差异上——交换货币与记账货币。亚历山大·贾斯蒂斯在 1707 年写道："货币总体上分为想象的和实在的两类。"[*A General Treatise of Monies and Exchanges* (London, 1707), 1; quoted in John J. McCusker, *Money and Exchange in Europe and America, 1600–1775: A Handbook* (Chapel Hill, 1978), 3]

贾斯蒂斯所谓"实在的钱"就是交换货币。它是由几乎所有主权国家发行的，由硬币和纸币组成，并在人们之间手手相传。而"想象的钱"则被称为记账货币。它只作为一个概念存在，用于记账和信用交易。

实在货币和想象货币的区别，对于今日的美国人而言，似乎不合常理且十分荒谬，他们使用的美元既是交换货币，也作为记账货币。但早前的做法不同。实在货币和想象货币并存。

一个典型的例子出现在 18 世纪的英格兰和北美洲讲英语的地区。交换货币主要由两种铸币组成：银质的先令和金质的基尼，后者值二十一个先令。此外，还有银质克朗（值五个先令），以及其他各种面额较小的硬币。

同一时期，最重要的记账货币采用一个不同的单位：标准英镑，值二十先令或二百四十便士。这是一种"想象货币"。直到 19 世纪，英镑一直都不是实在的硬币或纸币，但在很多年中，它一直是英语国家中通行的标准记账货币。在美国，直到 19 世纪 30 年代，也就是独立半个世纪后，年长者依然继续以标准英镑为单位记账。

到了 19 世纪中期，美国人抛弃了这种双重体系。但是即便今天，英国人依然使用着不同的交换货币和记账货币。货币历史的一个离奇的讽刺现象，就是英国主要货币单位担当的角色发生了逆转。一方面，标准英镑成了主流交换货币——先是以优雅的纸币形式，然后是小而粗陋的硬币，用普通金属铸成，落在现代的塑料台面上时，会发出沉闷的声响。另一方面，基尼成了记账货币。它们很少进入流通领域，而是用于计算昂贵物品的价格。迟至 1990 年，本书作者还遇到哈雷街一位私人医生依然按基尼计价收费的情况，不过，账单还是靠支付英镑结清了。劳斯莱斯的汽车和牛津各学院的豪华纪念舞会门票都是以基尼标价而以英镑支付的。

这种双重体系在近代早期十分普遍。它们的复杂性，还因多种记账货币的存在而加剧。中世纪时意大利的大型商业银行也采用想象货币记账，每一家的价值各不相同。这种"银行货币"（banco money）随着该行的声望而起落，即便是在货币单位名义上一样的地方也是如此。

各种记账货币之间在价值上的不同，被称为"贴水"（意大利文：*aggio*，英文：premium）。这个词成了西方世界通用的术语。在法文、德文、西班牙文和英文中常常写作"agio"，并在欧洲依然被使用。

交换货币也有许多复杂之处。在中世纪的欧洲，它大多由银质硬币做成。在中世纪晚期和近代早期，双金属本位制被广泛采用。各种各样的黄金和白银铸币被大量铸造，但是一些价值单位在许多货币体系中通行起来。17世纪和18世纪，下列货币币值基本相等：法国埃居、西班牙比索、荷兰里克斯元、德国帝国元，以及稍后一点的北方美元。价值全都是大约五个英国先令，或四分之一英镑。

英格兰的金基尼（1726年之后）币值约等于法国金路易，后者也被称为"法国基尼"。1726年之前，金路易和西班牙皮斯托尔价值大致相等。荷兰和德国的达克特与葡萄牙的埃斯库多币值大体相当，略低于半个英镑。

所有这些铸币都在每个国家流通。当时，有一位英国将军在波士顿附近的船上落水，在他的行李中发现了六百九十四又八分之五约翰内斯金币、三十七莫艾多金币、三百英国基尼、八个半皮斯托尔、一法国基尼、一美元、一枚铜质半便士、二十六枚"小心形"（small heart）白银、六块黄金，以及七小块白银。未经铸造的金银块被用作货币是司空见惯的事。价值由黄金或白银的重量决定，先是用格令 [相当于 0.0648 克] 来衡量，后来则用克数表示贵金属。参见 W. T. Baxter, *The House of Hancock; Business in Boston, 1724–1775* (Cambridge, 1945)，15, 17–21。

在我们的当代世界，交换货币主要是纸币。这一趋势早在17、18世纪就出现于那些金银货币稀缺的地区——新英格兰、新法兰西、斯堪的纳维亚半岛，以及东欧的部分地区。

马萨诸塞州的小农场主做生意时大多不会用到交换货币。他们保持了一套密集的网络，用于计算彼此的账目，形成了一套他们自己的体系，被称为"簿记易货"。他们的账本中变换的币值与大西洋沿岸交换货币的变动十分吻合。在18世纪的价格革命期间，类似的通胀率双双出现在了"想象货币"和"实在货币"中。参见 Winifred Rothenberg, *From Market Places to a Market Economy; The Transformation of Rural Massachusetts, 1750–1850* (Chicago, 1992); 同前, "The Market and Massachusetts Farmers, 1750–1855," *Journal of Economic History* 41 (1981) 283–314; 同前, "A Price Index for Rural Massachusetts, 1750–1855," 同上, 39 (1979) 975–1001; 关于簿记易货, 参见 Baxter, *House of Hancock*, 17–21。

关于货币体系的优秀参考书包括 Peter Spufford (with the assistance of Wendy Wilkinson and Sarah Tolley), *Handbook of Medieval Exchange* (London, 1986); 以及 John J. McCusker, *Money and Exchange in Europe and America, 1600–1775: A Handbook* (Chapel Hill, 1978)。还有一部探讨从 15 世纪末开始的欧洲货币交换的作品, 作者是弗兰克·斯普纳。

附录八

名义价格和银质等价物

　　价格应当如何表达？应当使用什么单位？多数学者用标准货币等价物来衡量价格。本书也遵循了通行的做法，只有这个附录中有几个例外。但是其他的社会和农业史学家有时会用不同的方法来标识价格，为的是去掉货币波动的影响，尤其是为了控制货币贬值的影响。

　　交换货币中的白银含量常常被公权力和个人改变。君主和铸币厂主会改变铸币中的贵金属含量：有时通过降低贵金属成分来贬损币值；另一些时候则通过重新铸造来提高含量。例如，英格兰国王爱德华三世就曾一再降低英国便士中的白银含量：1334 年为二十二格令，1344 年为二十，1351 年成了十八。亨利四世在 1411 年进一步降低到十五，而爱德华五世在 1464 年又降低为十二格令。另一些国王则走了另一条路线。都铎王朝的缔造者亨利七世希望通过增加铸币中的白银含量、提高工艺和艺术价值，来确立他统治的合法性。他的儿子亨利八世则反其道而行之。用历史学家查尔斯·奥曼的话来说，他将"欧洲工艺最精致也最美观的铸币"变成了"自斯蒂芬时代之后最恶名昭彰的货币——黄金被大量铸成合金，而所谓的白银在磕磕碰碰之下，变得发黑发褐，因为普通金属成分暴露了出来"。[Charles Oman, *Coinage of England* (Oxford, 1931, 244); Glyn Davies, *A History of Money* (Cardiff, 1994), 192–193]

个人也会减损他们经手的金银铸币的价值。最粗野和最常见的方法是剪、刮、锉平金属的一部分，然后将剩下的货币当作完好无损的货币继续投入流通。这种由来已久的做法，可以解释为何现代硬币的边缘依然铸有独特图案。一种更加巧妙的减损币值的做法，是洗刷或者说让硬币"出汗"，以便用化学方法去掉其表面的金银。最费工的技巧，是将货币从侧面剖开，变成两片薄薄的圆片，去掉中间的部分，再将两个圆片合二为一。近代早期，商人、货币兑换商，甚至小店主，都要有自己的一套度量工具，并且小心地使用。

在价格历史的早期研究项目中，一些学者试图矫正货币的这种不稳定性，他们采用的手段是用纯银的克数和格令来表示价格。开拓性的英国价格史学家索罗尔德·罗杰斯就是这么做的。他的做法也得到德国农业史学家威廉·阿贝尔的效仿，他以纯银的千克数来计算谷物价格。阿贝尔主要感兴趣的是收成条件，他希望能够排除货币价值减损和重铸的影响来进行研究。

其他一些价格史学家也遵循了罗杰斯和阿贝尔的做法，值得注意的是声名显赫的费尔南·布罗代尔和弗兰克·斯普纳。但是，多数人都没有这么做。价格史学家们越来越多地采用名义价格单位。研究中世纪价格的学者中最细心的人之一——大卫·L. 法默解释了原因。"我没有按照 J. E. T. 罗杰斯和其他人的做法去试图用恒定的白银重量来标示中世纪的价格，"他写道，"这种做法忽视了白银在其流通的经济体系中与储备相关的价值。"（"Prices and Wages, 1350–1500," in Joan Thirsk, ed., *Agrarian History of England and Wales*, III, 441）

在这个问题上，学者们依旧无法达成一致意见。对于中世纪以及 16 世纪和 18 世纪的价格革命，本书提供了两种方法的估值，以便读者可以对结果作出判断。他们将会发现，对于理解长期变化，两种标示价格的方法大同小异。

法默试图更加直接地衡量货币币值减损和重铸的效果，并且发现1334年到1464年间，英格兰银质便士的多次币值减损对价格水平的长期趋势没有多少影响。他总结道：1344年和1351年的变化"是每次币值减损之后都会发生牲畜价格的轻微上涨……但是后来，便士中白银重量的变化似乎对物价没有多少影响"（同上，第440—441页）。

总之，无论使用当时盛行的金银货币还是它们的纯银等价物，重大价格动态在时间、方向和空间扩散方面的指标都显示出了大致类似的结果。围绕长期趋势的商品价格短期波动态势，更适合展示货币币值减损的效果；但对于趋势本身，以及相对价格、薪酬—物价动态、地租和利息的动态，两种方法大同小异。

资本收益：作为历史标杆的利率

作为度量资本收益变化的一种手段，年利率是贯穿本项研究的经验性标杆，因为它会随着时间的推移而变化。在这里，我仿效西德尼·霍默的著作，他是一位美国律师和投资顾问，在证券市场工作多年，并将对全世界利率历史的研究当作了嗜好，而且其研究细致入微。美国证券产业的许多学者和领军人物都用他们的专业知识协助了他的研究。他们包括亨利·考夫曼、亚瑟·伯恩斯和马歇尔·邓恩。[Sidney Homer, *A History of Interest Rates* (1963, 2d. ed., New Brunswick, N.J., 1977)]

从霍默搜集的大量材料中，我试图汇集一组拥有六个共同特质的指标。第一，它们指向特定的时间和地点。第二，它们是高等级的证券，是由主要国家政府或者老牌的私人机构发行的。第三，它们是金融市场上被频繁买卖的证券。第四，市场收益率优于名义收益率。第五，它们是使用非常广泛的一部分证券，无论长期还是短期，公共还是私人。第六，它们来自多个国家级经济体。

尽管有一些例外，但从 15 世纪至今都能找到符合这些标准的数据，不过找不到更早期的。在中世纪价格革命的利息动态上，我未能取得多少进展。散落零碎的证据表明情况类似于后来的历次巨浪，但这个问题依然需要更多的研究。

其他高度复杂的问题会迅速出现在脑海中。要是能知晓价格革命同资本市场结构和运作中的资本形成、资本累积和变化模式的关系，就再好不过了。所有这些都必须留给后来的研究和更大篇幅的著作。

附录十

劳动收入回报率：实际薪酬和生活标准

本项研究中有一个困难的问题：寻找一种可以衡量四次价格革命中的劳动收入的方法。最简单和直接的方式是计算实际薪酬，也即经过消费价格指数调整的货币薪酬。这种计算产生了另一组指数，通常表示为薪酬在任何给定年份的购买力与其在单一基准年份的购买力的比值。这种解决方法是许多代人的标准做法，并且在本书中也得到了贯穿始终的使用。

许多学者批评为达此目的而使用实际薪酬。他们这么做是有充分理由的。经济学家和历史学家们一致认为：连最精细的实际薪酬指数本身也并非劳动收入的精确量度。它们更不是令人满意的衡量生活水平变化的指标。这里列举了其中存在的一些问题。

第一，货币薪酬的标准序列容易对薪酬范围本身进行结构上的扭曲。长期薪酬序列容易使研究工作偏向于拥有更加稳定工作的劳动力，而不是全体劳动者。这样的扭曲在中世纪晚期和近代早期的历史记载中尤为严重。在 20 世纪的统计数据中，同样的偏见依然存在，但不那么显著了。在对长期变化的研究中，它的净效应就是对 20 世纪之前的薪酬长期改善只是轻描淡写、一笔带过。

第二，薪酬序列容易忽略"灰色经济"中未记载的薪资。随着许多国家对薪酬的税收越来越高，而雇佣关系受制于越来越复杂的规定，劳动力的灰色市场在 20 世纪茁壮成长。这些没有记录的工作大多比有记录的工作收入更低。在对长期变化的研究中，这个问题引发了对 20 世纪总劳动收入增长的低估，以及对平均时薪和实际薪酬的过高估计。

第三，实际薪酬通常只根据货币薪酬计算，而不计入实物收入。在中世纪和近代早期，劳动收入中有很大一部分是由实物收入组成的。就我所知，这一推断从未得到长期经验的验证。这个问题只能通过私人文件（日记、私人账目等）来解决，而这种方法又受到文盲率的限制。无论如何，在每个时期，过度偏向于货币薪酬使得劳动收入被低估。这般扭曲的幅度在较早的时期最为严重；结果就是通过排除过去相对较多的收入形式，从而过于强调劳动力收入回报长期的改善。

第四，薪酬序列本身没有告诉我们失业率和未充分就业率的高低。劳动力收入不只应包括计时和计日工资，还应考虑到实际工作小时数和天数。20 世纪的一些研究纠正了这个问题。斯坦利·列伯戈特编纂了一系列美国雇员的年平均劳动回报数据。他根据失业率调整了货币收入，然后利用消费价格将两个序列的数据都进行了平减。结果就是形成了两个序列：受雇用时工人的实际薪酬，以及"扣去失业的情况"后工人的实际薪酬。但是他的纠正没有全面考虑到就业不足的情况，而这类情况与失业也不相同。参见 Stanley Lebergott, *Manpower in Economic Growth: The American Record since 1800* (New York, 1964)。失业和就业不足在过去都很普遍。许多学者相信：就业不足的情况在过去比今天更普遍。它的形式随着时间的推移而改变。例如，在 18 世纪的法国，劳动者常常在宗教节庆日无法工作。这个问题似乎对于世俗的学者不重要，但是旧制度下的法国每年有多达一百一十一个节庆日。参见 George E. Rudé, "Prices, Wages and Popular Movements in Paris during the French Revolution," *Economic History Review* 2d ser. 6 (1953–1954), 248n。

　　第五，女权主义者对薪酬指数中蕴含的严重性别歧视进行了正义的抗争，这些指数常常忽略并非劳动力市场正式一员的女性的工作。要怎样去估算一位家庭主妇的实际薪酬呢？将她们算进来，就会出现极难衡量的问题，而将她们略去不计，又会使人均实际薪酬被严重高估。同样的问题也存在于没有收入却常常非常努力的其他家庭成员身上。随着更多的女性进入劳动市场和更少的儿童留在家中劳作，这种偏见的长期效果是低估了过去一个世纪中实际薪酬的增幅。

　　第六，薪酬序列没有充分告诉我们实际生活条件和生活水平，因为它们已经随着时间而变化。这里有两个问题。一个是概念上的：生活标准要如何界定？一个是经验性的：生活标准要如何衡量？两位能力卓著的苏格兰历史学家总结道："我们应当强调，历史学家们对生活标准之判断的任何研究，都受到大量技术困难的阻挠，对薪酬的研究只能部分地弥补，而且针对男性的薪酬研究依然只是一小部分。收入的来源有几种，而且来自整个家庭，因此，研究这个问题的唯一完全合理的方式，就是审视整个家庭的经济状况。"[A. J. S. Gibson and T. C. Smout, *Prices, Food and Wages in Scotland, 1550–1780* (Cambridge, 1995), 356]

　　但是，这个要求又引发了其他问题。"审视整个家庭的经济状况"困难重重。证据本身根本难以覆盖全家，尤其是对于中世纪的家庭来说。靠推断得出的结论充满疑问。估值常常受到草率的意识形态偏见的歪曲，而"生活标准"争辩中的这种偏见，多年来充斥于经济和社会历史领域。

　　对这个问题的精辟探讨，参见 Christopher Dyer, *Standards of*

Living in the Later Middle Ages; Social Change in England, c. 1200–1520
(Cambridge, 1989); 以及 D. Woodward, "Wage Rates and Living Standards in
Pre-Industrial England," *Past and Present* 91 (1981) 28–45。

　　暂时而言，有必要将本项研究限制在只探讨实际薪酬的范围内，
但是，这种指标数据的局限性应当得到清晰的认识。它仅仅指固定
时间单位所得的货币薪酬的购买力，而没有考虑到失业、就业不足、
无偿劳动、灰色劳动力市场或整个家庭的经济状况。它只能用一揽
子物价告诉我们，固定单位劳动换取的购买力是如何随着时间变化
的。未来的研究无疑会做得更好，但是目前，这就是我们在劳动收
入回报的长期变化方面所能做的最大努力。

附录十一

财富和收入分配手段

衡量收入和财富分配的统计方式多种多样。它们在结构上显现出复杂的偏见问题，并且不容易互相比较。

最通常和直接的是所谓的"上分位数"方法，也就是估算人口中最富有的 1%、5%、10% 或其他比例的人口所占有的份额。另一种常见的类似方式是帕累托分布，即计算财富和收入持有者的上尾斜率。这些技巧告诉我们很多关于财富秩序顶端的分配状况的信息，但是这些方法所涵盖的范围偏向于社会中最富裕的那部分人。

另一个人们喜爱的手段是洛伦兹曲线，它是指将整个人口的财富累积分配用 x 轴表示，将拥有该财富的人口累积比例以 y 轴表示，两者相对比。如果财富完全平均分配，那么结果就是一条笔直的斜对角线，展现出 25% 的人口拥有 25% 的财富、50% 的人口拥有 50% 的财富，等等。而存在不平等现象时，这条线就会发生弯曲，随着不平等性的加剧，越来越偏离斜对角线。

许多方法被发明出来，以便用一个单一统计数值来概括洛伦兹曲线。其中主要的是基尼系数，它是平均分配直线与不平等曲线之间的面积跟平均分配直线下方的面积的比值。当出现完全平等分配的情况时，象征平等分配的直线和表示实际分配的曲线发生重合，因此基尼系数就是 0。而当分配完全不平等时（也就是说，最上层者拥有一切时），基尼系数趋近于 1。总体而言，基尼系数的几何表达更多地展现了中间人群的状况，而较少表现底层和顶层。

另一种度量不平等程度的方式，是由英国经济学家 A. B. 阿特金森发明的，用于纠正涵盖范围的偏差。它是一项指数，包括一个可以设定为不同水平的常数，以便给上层或下层集团或多或少的权重。在通常的实践中，常数被任意设定为几个不同的值，并得出多重的结果，以便提供不同的视角。阿特金森指数在经济学家之中颇为流行，但是很少被历史学家采用，因为对于普通读者而言，它不够平易近人。

其他方法还包括变差系数、标准差、平均／中位比率和平均偏差的各种应用。这些工具都非常粗糙且不够精准。

应当采用哪种方法呢？这里采用了一种多元化的解决方案，使之既清晰明了又综合概括。在可能的时候，对于任何给定的分配方式，本项研究试图兼收并蓄地融合洛伦兹曲线、基尼系数和一张列明每个部分的人口占有的财富比例的附加表格。这样的混搭（占用空间很小）提供了清晰简明的关于顶层、中层和底层的数据，并且还给出了使用最广泛的单一概括统计值。其表现方法同时使用了表格和图形。这样的表现方式，为不同的读者而糅合了清晰、明确、易懂和综合的特点。

不幸的是，由于文献资料的限制，这种方法无法在每个实例中使用。在一些情况下，只有基尼系数、上分位数的占有份额以及零持有人有据可查。

附录十二

价格革命与不平等

为什么一些人富有而另一些人贫穷？物质上不平等的原因何在？不平等的现象是如何随着时间推移而变化的？我们又能或者应该对此做些什么？这些永恒的问题使得人们提出了许多关于不平等的模型，其理论主张和经验性描述各不相同。几个主要模型可以用几句话概括，然后再与我们在本项研究中发现的证据相比较。

一致性模型：帕累托法则、拉萨尔猜想和鲍利定律

有一组理论是一致性模型。它们将不平等描述为历史中多多少少总是存在的常见现象，并且将其解释为某种注定的、不可避免的结果，在人类本性或社会境况中根深蒂固。

主要的一致性理论是帕累托法则。其名称来自维尔弗雷多·帕累托（1848—1923），他是一位意大利学者，研究了许多国家的收入统计数据，并得出结论，认为不平等的样态是一条表现所有收入、所有国家和所有历史时期的恒定形态的曲线。帕累托法则可以写成一个等式的形式：

$$logN=logA—alogX$$

在这里，X 是给定的收入，N 是收入达到此水准或以上的人数，而 A 是一个经验性常数。当分布在一个双对数图表中时，结果就是一条斜率为 a 的直线。

帕累托相信，对于高收入人群，这条 a 斜线的斜率总是在 1.5 左右。他总结道：这种统计上的规律是一种不平等的法则，主要是源自人类能力上的生物学差异。有趣的是帕累托本人出身于热那亚的贵族家庭。在后来的人生中，他拥护过许多社会理想，但一直抱着支持贵族统治的态度，并且他的法则在政坛右翼人士中有许多拥趸。它被用于证明：不平等现象是自然且不可避免的。

另一个非常不同的一致性理论可以称作拉萨尔猜想或蒙特卡洛模型。它不是来自右翼，而是左翼，名字源于费迪南德·拉萨尔，一位颇有幽默感的德国社会主义者。他观察到欧洲社会财富分配和蒙特卡洛轮盘赌桌胜率分布存在统计学上的相似性，因而构建了这样一种见解：这两者的结果都是由概率决定的，并且将会一直如此，直到社会主义制度结束这场游戏。拉萨尔关于不平等的理念，是一条概率常数曲线。

第三种一致性模型被年长的经济学家们称为鲍利定律。其名称来自亚瑟·鲍利，一位英国统计学家，他构建了对英国国民收入的最早估测。鲍利发现有证据表明：19 世纪晚期和 20 世纪初，英国的资本收益和劳动收入的份额近乎保持恒定。这一发现被称为鲍利定律，它被凯恩斯誉为"整个经济统计学范畴内最惊人而又最有根有据的事实之一"。鲍利还记录了如下的证据：英国个人劳动者的收入分配在将近一个世纪的时间里保持稳定。他的模式被延伸适用于个人收入份额上，以及劳动和资本之间的要素份额上。参见 Y. S. Brenner, Hartmut Kaelbe and Mark Thomas, eds., *Income Distribution in Historical Perspective* (Cambridge, 1991), 35; A. L. Bowley, *Wages in the United Kingdom in the Nineteenth Century* (Cambridge, 1900); 同前，*Wages and Income in the United Kingdom since 1860* (Cambridge, 1937)。

连续性模型：牢固的文化价值观

大多历史学家都否认了所有时空一致性的观念，而一些人发展出了能够与时光流转、世事变迁以及文化演变共存的某种连续性模型。一种关于不平等的连续性理论出现在了我本人的著述中，即《阿尔比恩的种子》（1989）。这部作品记述了经验性的证据，其表明：在 17 世纪和 18 世纪，英属美洲殖民地存在着迥然各异的财富不平等的模式。美洲各地在财富分配方面的相对差异，持续了许多个世代，并且无法用物质或环境因素来解释。它们只能是源自长久以来的文化价值观，以及制度上的发展进程。

生态模型：环境条件

其他历史模型更加重视生态和物质条件。杰克逊·特纳·梅因的著作可为一例，他研究了美洲早期的财富分配情况，认为财富不平等情形的成因"与其说是文化上的，不如说是社会和经济的"。他相信 17、18 和 19 世纪边远地区的条件促进平等，而城市化和商业化进程却造成了不平等。参见 Jackson Turner Main, *The Social Structure of Revolutionary America* (Princeton, 1965), 286; 同前，*Society and Economy in Colonial Connecticut* (Princeton, 1985), 376。

人口模型：马尔萨斯和人口增长

另一种不平等的理论来自马尔萨斯以及学术界的马尔萨斯主义者。这是一个变化的模型，主张人口的增长从各个方面推动了不平等现象的加剧。相对于需求，它扩大了劳动力的供应，通过让更多人竞争上岗使薪酬降低，并且迫使穷人在生死边缘挣扎。这个理论被中世纪和近代早期的经济史学家广泛接受，还可以被适用在近现代的全球趋势上。参见 Michael Postan, *The Medieval Economy and Society* (1972, Harmondsworth, 1975), 40, 275。

辩证模型：生产和交换系统

此外还有一组理论，认为不平等随着时间的推移而加剧或减弱，这是经济制度的结构性变化的结果。这些理论中包括马克思主义，它主张财富和收入的不平等主要是由生产资料所有制决定的。马克思的两个最富开创性的思想是他的"资本积累法则"和"剩余价值理论"，他认为随着生产力的增长超过生活的必需，资本家侵占的价值凌驾于劳动者生活所必需的价值之上，由此加剧了不平等现象。

许多马克思主义学者都著书立说，论述资本主义发展过程中日益加剧的不平等现象——它伴随生产资料的私有制而来。一种相关的理论认为：不平等随着工业革命中资本和劳动力的分离而加剧。许多马克思主义历史学家都相信：18世纪到20世纪的工业革命期间，不平等现象迅速加剧。

在美国，左翼的非马克思主义历史学家发展出了一套关于不平等的理论，将不平等的加剧主要归结于交换过程，尤其是"市场革命"，而不是生产制度的变迁。他们相信，资本主义制度内部自由市场的扩张，是导致不平等现象加剧的原因。确切的关联恐怕有点模糊，但总体而言，他们认为"商业化"的效果就是创造了更大和更综合的市场，其中富人变得更加富有，不平等现象由此加剧。

经济模型：增长过程和库兹涅茨曲线

关于不平等性，新古典主义经济学家发展出了一套非常不同的理论。这就是所谓的库兹涅茨模型，以美国经济学家西蒙·库兹涅茨的名字命名。就像许多计量经济史学家一样，库兹涅茨的兴趣主要在于经济增长和发展的问题，并且他研究的主要是与这些进程相关的不平等现象的变迁。库兹涅茨模型假设：随着"传统的"农业经济发展进入"现代"工业制度时代，不平等性呈现出曲线性的先升后降态势，就像一个倒立的字母 U，而库兹涅茨和他的同行们发展出了许多机制来解释这个图形。其中之一，是库兹涅茨自己提出的部门间转移的作用。在发展的早期阶段，一些工人转向各个经济产业中薪酬更高的职位，因为这些产业的生产率更高。另一些工人留在原处，于是不平等加剧。在经济增长的后期阶段，留在原处的工人们也发生了同样的跨部门转移，于是不平等性降低了。另一个机制在于人口方面：在早期阶段，人口增长率上升，随后增长率下降。第三个因素是后期阶段的教育和经济技能的加速发展。参见 Jeffrey C. Williamson and Peter H. Lindert, *American Inequality, A Macroeconomic History*（New York, 1980）；Jeffrey C. Williamson, *Did British Capitalism Breed Inequality?*（Boston, 1985）。

周期性模型：生命周期理论

有一个关于不平等的有趣理论，围绕个人而非经济。该论调源自 B. S. 朗特里关于英国约克城贫穷问题的著作《贫穷：一项关于

城镇生活的研究》（伦敦，1899)。这位作者发现收入和财富的分配
在生命的周期中有所差异。约克城的劳动者经历了贫穷和相对富足
的时期：童年、青年和老年时贫困，青年时代晚期和中年时期相对
富足。其他学者发现了蓝领和白领劳动者的财富和收入在各个生命
周期有着不同的节奏，并且将这个论断与阶层、受教育程度、工作
种类、民族和种族联系了起来。这些发现被融合进了宏观经济学理
论之中，认为年龄构成、技能分配和受教育程度改变了整个社会和
经济体系中的财富和收入分配状况。

制度性模型：福利国家和罗宾汉悖论

历史学家普遍相信法律、制度、改革活动和保守运动在财富和
收入分配问题上有着重大影响。美国历史课本中，多数自由派课本
（其实也就是多数课本）都是围绕这样的信念：富兰克林·罗斯福
的新经济政策和林登·约翰逊向贫困宣战导致了更加平等的趋势，
强盗式资本家和 1932 年前、1968 年后的共和党总统则引发了不平
等现象的滋长。这些理念基于法律和制度有效的信念。

一个非常不同的制度性模型来自经济史学家彼得·林德特，他
构建了反向假说，称为"罗宾汉悖论"，认为"无论何时何地，为
穷人进行重新分配，在最需要这么做时却最少发生……最需要罗宾
汉时，他反而最少现身"。("Toward a Comparative History of Income
and Wealth Inequality," in Brenner, Kaelbe and Thomas, eds., *Income
Distribution in Historical Perspective*, 226–229.)

经验性证据

这许多关于不平等的理论之中，哪个是正确的？总体来看，目

前的证据足以支撑若干条一般性结论。

　　首先，一致性模型是错误的。帕累托法则、拉萨尔猜想和鲍利定律都源自早期数据，主要来自 19 世纪中期和 20 世纪初。这段时期财富和收入分配相对没多少变化，似乎印证了这些模型。但后来的研究有了非常不同的结果。更多的证据从 20 世纪 30 年代累积到 1968 年；这时期大部分时候的趋势是走向平等。然而，1968 年到 1996 年间有更多的数据，表明这个时期趋势正好相反，不平等性剧增。对于更早的时期，也有已经完成的历史研究项目可供参考。总之，它们认为有证据表明：18 世纪末 19 世纪初不平等现象滋长，19 世纪晚期和 20 世纪初形势稳定，20 世纪中期走向了平等，随后又转向不平等。所有这些证据都支持着一个肯定的结论：不平等的历史是一部变化的历史。

　　更进一步来说，有确凿的证据证明：在各个文化之间，财富和收入的分配大相径庭，并且这些相对的差异任凭时光流转依然保持高度的一贯性，哪怕是在各个层面和趋势都发生变化的时候。例如，即便仅限于美国历史，不平等现象的区域性和地方性差异的范围，就几乎已经广泛得不能再广泛了。至于基尼系数（其中 .00 代表完全的平等，而 .99 代表完全的不平等），在罗杰·威廉姆斯的罗德岛种植园首次土地划分时，接近于 0；但是在南北战争前夕，密西西比州亚当县的土地划分却使系数超过了 0.95。这种南北的相对差异在美国持续了两个世纪。从这些发现中，人们会得出第二条结论，即文化的一贯性因素与变化的趋势并存。

　　这种变化与惯性的混合较之主流不平等理论如何？总体来看，可以说：多数主要的不平等理论家都准确地描述了在他们下笔之前的半个或一个世纪内的不平等趋势。但是，他们全都错在构建了一套普遍的理论，套在狭窄有限的历史基础上。这个论断，对马尔萨斯、大卫·李嘉图和马克思，对拉萨尔、帕累托和鲍利，对库兹涅茨、威廉姆森和林德特，都可适用。前述所有人都真实地表明了他们自己切身经历的那段历史，但错在过度概括其他时代。

例如，众所周知，在马尔萨斯发表其著作之后不久，人口和财富之间的关系就发生了根本性的变化；资本主义和分配之间的关系，则在马克思横空出世之后改头换面。同样地，库兹涅茨—威廉姆森—林德特的倒 U 形模型似乎符合 19 世纪中期到 20 世纪中期的事实，却不符合 20 世纪 60 年代至今的情况。

其他关于不平等的理论也都被历史研究证明有误。制度性模型经不起年代学的考验。不平等在强盗式资本家的年代没有加剧，在 1968 年之后也没有消退。近期将市场革命看作 19 世纪不平等现象的驱动力的理论模型，没能经受住任何考验：市场成长和不平等的时间点都对不上。罗宾汉悖论在 20 世纪 80 年代有效，但对 30 年代没用。资本主义引起不平等的观念，也存在同样的错误：它对一些时代有用，但对其他时代无效。从年代学角度来看，资本主义的历史和不平等的历史并不彼此吻合。简而言之，上面列出的所有理论模型都不被历史证据所支持。

这些证据显示，可能有另一种理论。让我们重新审视描述性模式。在过去的五个世纪中，主要的变化模式不完全是线性或循环的。不平等的程度有起有落，大体上呈现出长期波状动态。在如今的美国北部地区，模式似乎基本如下：1630—1670 年，不平等性加剧；1680—1730 年，趋向平等；1740—1840 年，不平等性加剧；1850—1932 年，在固定的位面上波动；1932—1968 年，趋向平等；1968—1996 年之后，不平等性加剧。

欧洲数据变化的主线比较模糊。但是在英格兰，16 世纪和 17 世纪早期，不平等性加剧，而在 17 世纪晚期和 18 世纪初则降低，于 1850—1930 年左右在同一范围内浮动，又于 20 世纪中期减退，然后在 20 世纪末再度加剧。一言以蔽之，英国和美国的趋势有广

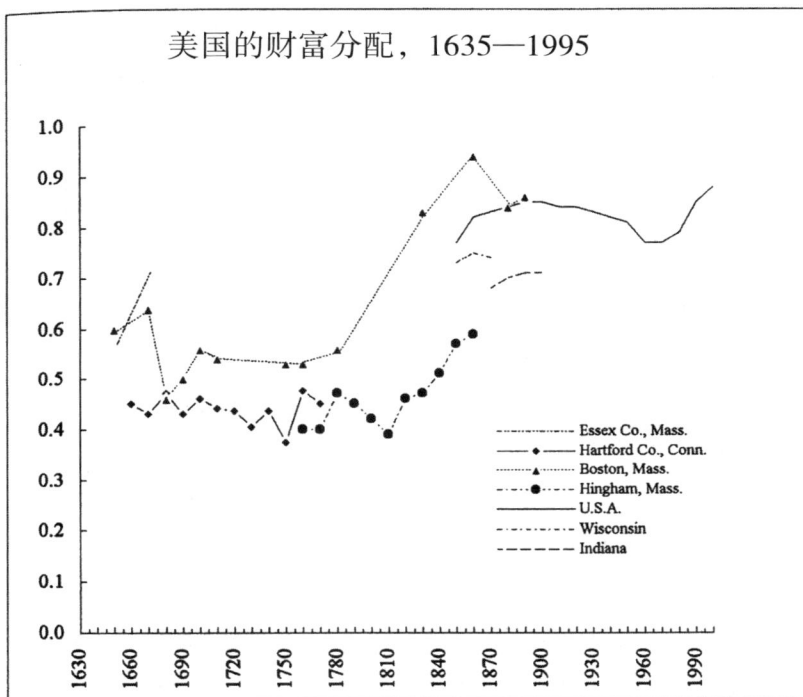

美国的财富分配，1635—1995

-------	Essex Co., Mass.
——◆——	Hartford Co., Conn.
........▲........	Boston, Mass.
—●—	Hingham, Mass.
————	U.S.A.
—·—·—	Wisconsin
— — — —	Indiana

图表 5.07 概括了对美国北部地区财富分配状况的多项研究。它揭示出：不平等滋长的三个时期跟价格革命后期和价格均衡期头几年重合，即 1630—1670 年，1760—1850 年，1968—1996 年及以后。它还展现出：两段稳定或趋于平等的时期，跟价格均衡期的后期和价格革命的早期重合，即 1680—1760 年，以及 1860—1968 年。

所有时间段的数据序列都是基于对遗嘱中的不动产相关内容的分析，除了欣厄姆（应税财产）以及美国（人口统计以及家庭调查数据）。所有都折算为基尼系数，除了欣厄姆，它是以顶层 10% 占据的财产份额计算。基尼系数是一种衡量分配的手段，范围从 .00（绝对平等）到 .99（绝对不平等，即顶层人士拥有一切）。

文献资源包括 Jeffrey G. Williamson and Peter H. Lindert, *American Inequality; A Macroeconomic History* (Madison, 1964); Lee Soltow, "Distribution of Income and Wealth," in Glenn Porter ed., *Encyclopedia of American Economic History*, III, 1087–1102; 同前, *Men and Wealth in the United States, 1850–1870* (New Haven, 1975); 同前, *Patterns of Wealthholding in Wisconsin since 1850* (Madison, 1971); W. I. King, *Wealth and Income of the People of the United States* (New York, 1915); Daniel Scott Smith, "Population, Family, and Society in Hingham. . ." (diss., Univ. of California at Berkeley, 1973); Donald Koch, "Income Distribution and Political Structure in Seventeenth-Century Salem," *Essex Institute Historical Collections* 105 (1969) 50–71; Jackson Turner Main, *Society and Economy in Colonial Connecticut* (Princeton, 1985)。

泛的类似之处。

我们发现，这两个国家的财富历史呈现出一种波状模式。这些波浪并不与价格革命和价格均衡期完全同步。但如果将价格动态相对于不平等趋势延后错开比较，那么其间的关联性便浮出了水面。在描述上，它可以被概括如下：每次价格革命的后期和每次均衡期的早期，不平等性都在加剧；另外，每次均衡期的晚期和价格革命的早期，不平等性都相对趋于稳定或下降。自中世纪晚期以来，这些趋势似乎在每次价格革命期间都一再出现。

这一描述性模式强烈暗示了一种关于不平等的理论。首先，资本和劳动的相对收入的变化，是由价格革命与价格均衡期的动态导致的，这一点在本书正文部分已有探讨。其次，收入分配的变化，是由此前的劳动和资本的相对回报的滞后变化而引发的。最后，财富分配的变化是由收入分配的变化引起的，且在时间上有滞后性。所有这些都能解释价格革命与不平等现象之间的关联，但这种关联会随着时间的推移而被强烈的惯性效应所抵消。这个理论还提出许多显而易见的规制不平等性的可能。这里再一次地，波状的趋势对于自由社会中的决策者而言，是一个机会。

附录十三

价格革命和家庭崩坏

　　20 世纪末的一个巨大的社会问题，是家庭的分崩离析。具体的忧虑之源，是迅速增长的非婚生子率，在美国，它从 1940 年的 3.5% 攀升至 1990 年的 28%。这些估值以美国全部人口为参照。在非洲裔美国人中，未婚妈妈生子的比率在 1990 年达到了 65%，并且仍在攀升。类似的趋势（变化量级不同）同样出现在许多国家。到 20 世纪 90 年代，英国和其他一些欧洲国家的非婚生子比例甚至高于美国。参见 U. S. National Center for Health Statistics, *Vital Statistics of the United States* (1995); *Statistical Abstract of the United States* (1993), table 101。

　　到 20 世纪 90 年代，家庭崩坏的问题已经达到了危险的比例，并且深刻地破坏着个人生活。许多研究发现：母亲未婚而出生的孩子，在随后的生活中，更可能遇到严重的麻烦。与出生于完整家庭的孩子相比，非婚生的孩子待在学校的时间更短，也更容易陷入牢狱之灾。他们更难找到好工作甚至任何工作，也较难长期保住一个职位。他们自己结婚的概率也较低，而生出非婚生子女的概率较高。

起因问题

为什么会发生这样的事？为什么非婚生子率会出现这样的激增态势？在美国，对这个问题的回答大多来自政治家、新闻工作者和社会科学家。他们将此看作我们这个时代的特殊问题，并且试图寻求根植于 20 世纪历史的解释。

右派的观点认为：现代社会的福利体系应在很大程度上对此负责，因为它付钱给未婚妈妈，并且更加重视她们的母亲身份——她们在其他情况下不可能得到如此待遇。左派的观察家则相信，贫困和"晚期资本主义社会"体制对穷人的剥削，才是原因所在。另一些人则认为原因在于"家庭价值观"的大势已去、社会控制体系的解体或者社会化进程的中断，它们是由 20 世纪西方文明经历的一场危机造成的。许多人相信，这个问题特别针对少数族裔，他们被英国历史学家彼得·拉斯利特尖刻地称为"私生子泛滥的亚社会"。

如果用广泛的历史视角来研究这个问题，就会得出非常不同的结论。我们不是第一代面临大规模的家庭瓦解这个问题的人。从 16 世纪至今，有许多针对美国和欧洲非婚生子的历史研究。许多学者同样对婚前怀孕现象的历史进行了研究，并得出了相似（但并非一模一样）的变化趋势。参见 Peter Laslett, Karla Osterveen, and Richard Smith, eds., *Bastardy and Its Comparative History: Studies in the History of Illegitimacy and Marital Nonconformism in Britain, France, Germany, Sweden, North America, Jamaica, and Japan* (Cambridge, Mass., 1980); 以及 Daniel Scott Smith and Michael Hindus, "Premarital Pregnancy in America, 1640–1971: An Overview and Interpretation," *Journal of Interdisciplinary History* 5 (1975) 537–570。

长期变化的模式

关于长期变化的问题，这些研究得出了类似的结果。在近现代历史中，婚外怀孕和未婚生子的比率曾三次飙升到很高的水平。这些浪潮中的第一次发生在 16 世纪晚期和 17 世纪初，并且在 1600 年左右达到高峰。第二次始于 18 世纪初（在英格兰则更早），并且在 18 世纪晚期和 19 世纪初达到顶峰。第三次始于 20 世纪初（1900 年左右），并且在本书付梓的 1996 年，它仍然在推进中。

这三次浪潮同非婚生子和未婚先孕的比率长期下降或保持稳定的时期交错出现。其中一次这样的下降或稳定期出现在 17 世纪中期和后期。另一次出现在 19 世纪，大约从 1830 年到 1900 年。

在这样此起彼伏的长期历史进程中，变化的幅度非常大。例如，对英格兰非婚生子的研究发现：非婚生子的比例在 17 和 18 世纪高涨到峰值 10%（在一些地区还要高得多），在 1650 年到 1750 年这段下降期，则跌落到 1% 以下。

美国未婚先孕比率的波动范围甚至更大。18 世纪末，在新英格兰地区的某些城镇中，多达 40% 的新娘都处于怀孕状态。19 世纪中期，新英格兰地区未婚先孕的比例跌落到 5% 以下，类似 17 世纪时的情况。这些发现在许多项研究中被一再重复。结论因地区和民族不同而存在细节差异，但长期总体趋势大致相同。

为什么呢？是什么催生了这样的浪潮？又是什么终结了它们？20 世纪末的社会科学家和新闻工作者所支持的起因理论无法回答。现代社会福利制度疑似第三次浪潮的原因，但显然不能解释第一次和第二次浪潮。此外，19 世纪和 20 世纪初社会福利体系发展扩张时，非婚生子率却下降了。"晚期资本主义的危机"同样无法解释。更早的家庭崩坏的浪潮在资本主义制度完全建立之前就已经完全发展出来。所谓的"私生子泛滥的亚社会"观念也无助于解释历史潮流，

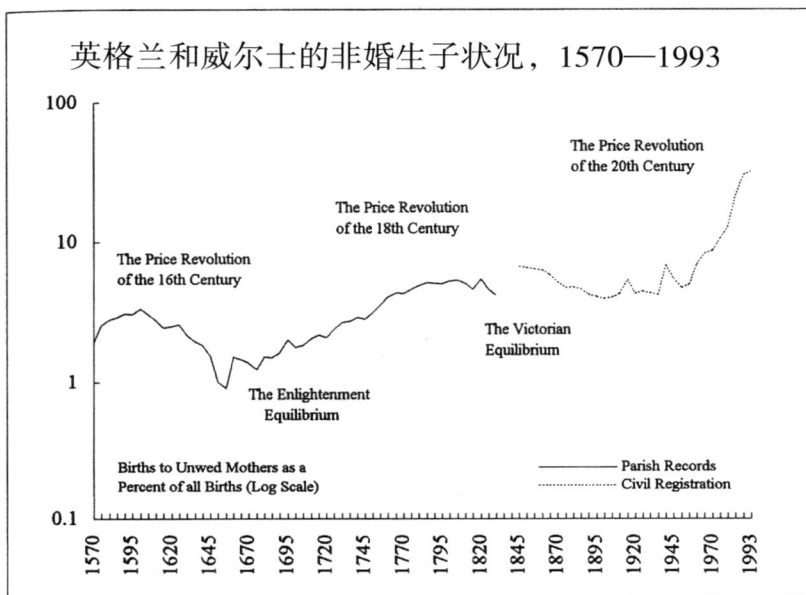

图表 5.08 概括了剑桥人口与社会结构历史研究小组针对 1570 年到 1975 年间非婚生子，以及到 1993 年为止民政登记中的非婚生子比例的研究成果。非婚生子比例是以未婚妈妈生子占总出生人口的百分比表示，这里呈现的是年度数据的五年均值。1990 年英国的非婚生子比例为 30.1%。资料来源是 Peter Laslett, Karla Osterveen, and Richard M. Smith, eds., *Bastardy and Its Comparative History* (Cambridge, 1980), 14–17; *Annual Abstract of Statistics* 130 (1994) series 2.17; (1995) series 2.14。

因为每次非婚生子率上升，都发生在几乎所有族群身上。

家庭崩坏与价格革命

要理解问题的根源，我们需要将它放在一个更宽广的历史情境中加以研究。关于原因的一个重要线索可能基于这样的事实：非婚生子和未婚先孕的长期趋势与物价的长期动态在节奏上十分吻合。未婚生子率的三次飙升全都恰逢价格革命。两次降低期则发生在价格均衡期（参见图表 3.11、3.28 和 4.25）。

这种关联性确实不能证明价格动态本身是家庭分崩离析的原因，但二者无疑存在某种联系。怀疑论者必须对三次波峰、两次波谷以及一份非常紧凑的年代表加以合理的解释。

几种因果关系模型很快出现在脑海中。其中一个可能，是出于直接而简单的原因，即物质压力与家庭压力之间的关系，就是说，薪酬—价格差异、雇佣关系的不确定性等因素与家庭解体之间的关系。另一种可能则是出于更加复杂的因果关系，从物质上的不平衡到文化上的道德沦丧。第三种是社会化体系和社会管制的实质性摧毁。第四种与人口增长相关，在这样的因果关系模型中，物价动态和非婚生子是一棵树上结出的两颗果实。

无论如何，已经有足够清楚的三项结论。第一，20 世纪晚期，家庭崩坏瓦解的危机不是独一无二的事件，不能理解为仅仅是因为我们这个时代的条件而发生的。第二，经济和人口趋势的关联性的牢固程度告诉我们，16、18 和 20 世纪一再发生的家庭瓦解的浪潮不只是随机的变数；17 世纪晚期和 19 世纪重复发生的非婚生子率的下降也不是偶然巧合。这些动态是一个更大趋势的一部分。第三，有力的证据证明，非婚生子的上涨趋势将会在不久后发生逆转。

与此同时，历史证据还表明，规制这个问题的政策，应当围绕价格革命倒数第二个时期年轻人面对的物质和文化压力，即物价—薪酬差异、就业前景以及社会化机制，比如学校和家庭的力量等。主要问题并非福利制度。它不完全是资本主义的，也不完全是文化价值的。问题的根源不在于家庭价值观的淡薄，而在于年轻人认识这些价值观时遭遇的艰难险阻。在价格革命的晚期尤其是这样。

其实事情大可不必如此。如今，我们对历史进程的掌控力越来越强，我们的子孙都不必再成为这个进程车轮下的牺牲品——只要我们有这样的集体意愿和智慧去为此一同努力。

附录十四

价格革命和个人暴力行为

　　20 世纪晚期，当整个西方世界的犯罪率急速攀升时，许多学者将他们的注意力转向了这个问题的历史。不少旁征博引的著作围绕的中心是，从犯罪和指控起诉犯罪的历史记录中得出实质性结论的困难性。但是，尽管数据上存在种种不利，事情的实质样貌开始浮出水面。这些发现中部分有着非常确凿的证据（新近出版的专著更是如此），并且有了几项重大的历史发现。让我们将注意力主要限定在杀人犯罪的历史上，这种犯罪比其他种类的犯罪更少有报道褊狭或来源偏颇的问题。其中一些主要发现如下。

长远趋势：暴力犯罪的长期下降

　　首先，以英格兰为主、兼顾其他国家的研究发现：中世纪的暴力犯罪率比近现代时期高得多，不过高出的程度大有不同。十项关于 13 世纪英格兰杀人犯罪的地方性研究得出了一个年平均杀人犯罪率——万分之二左右。相较之下，现代英国的杀人犯罪率在 1981 年是十万分之一，1951 年是百万分之三。参见 T. R. Gurr, "Historical

Trends in Violent Crime: A Critical Review of the Evidence," *Crime and Justice: An Annual Review of Research* 3（1981）313。这里的人口估算有点问题，但没有严重到影响主要结论的地步。

其次，许多关于晚近历史时期的研究都发现，一段非常漫长的暴力犯罪下降时期贯穿了近代早期。在英格兰的肯特、萨里、萨塞克斯和埃塞克斯郡，记载中的杀人犯罪率发生了明确的下降。在 16 世纪中期大约为十万分之六或七，在 18 世纪中期为十万分之二或三，而在 20 世纪中期为十万分之一。参见 J. S. Cockburn, "Patterns of Violence in English Society: Homicides in Kent, 1560–1985," *Past and Present* 130（1991）70–106; J. M. Beattie, "The Pattern of Crime in England, 1660–1800," *Past and Present* 62 (1974) 47–95; A. A. Sharpe, "Domestic Homicide in Early Modern England," *Historical Journal* 24 (1981) 34; Joel Samaha, *Law and Order in Historical Perspective: The Case of Elizabethan Essex* (New York, 1974), 20。

这段杀人犯罪率长期下降的时期，不是人为的测量结果。在记录保存状况改善的情况下，当社会对个人暴力行为的容忍度越来越低时，这个数据反而下降了。它也与 20 世纪中期社会学家和犯罪学家普遍的信念——高犯罪率是现代化的特产——背道而驰。

趋势逆转：过去一千年中的四次犯罪浪潮

然而，另一个重要的趋势也从数据中显现出来。这种个人暴力行为长期下降的趋势是连续的，但不是一贯的。它在过去的八百年中反向了四次，强劲而持久的相反趋势持续了许多年。我们命中注定要生活在这些逆潮中的一次之中。个人暴力行为在 14 世纪早期、17 世纪早期、18 世纪晚期和 20 世纪末停止下降，转而急剧上升并达到顶峰。参见 Lawrence Stone, "Interpersonal Violence in English Society," *Past and Present* 101 (1983) 26–31。

在英格兰 14 世纪危机期间，这四次犯罪浪潮中的第一次也是最严重的一次发生了。1310 年到 1348 年间，杀人犯罪率达到英格兰历史记录中的最高水平，远超 13 世纪正常范围的高点，且高到后无来者的程度。14 世纪，牛津城的年谋杀犯罪率高达万分之十一。这个超级高峰并不能代表整个英格兰的杀人犯罪率。即便在我们的时代，牛津虽然有着梦幻般的尖塔和宁静的校园庭院，但在周六的夜晚依然是一座躁动的城镇，那时酒吧关闭，古老的街道上，一群群工人、学生和光头党磕磕碰碰、互生龃龉。虽则如此，一项研究仍发现，在 14 世纪的黑暗岁月中，中世纪的牛津比现在的市镇危险一百倍左右。参见 Carl I. Hammer, "Patterns of Violence in a Medieval University Town," *Past and Present* 78（1978）3–23。

在 14 世纪的危机之后，英格兰的杀人犯罪率开始下降，并且持续下降了两个世纪（约 1350—1550）。尽管政治局势一直不稳定，个人暴力行为却在这个时期大大减少。

随后，潮流又发生了逆转。大约从 1550 年到 1650 年，第二次巨大的犯罪浪潮席卷英格兰。谋杀犯罪率在肯特郡翻了一番，在埃塞克斯上升到原先的三倍，并且在英国其他地区也急速增长。它们在 17 世纪初达到了顶峰。

17 世纪晚期到 1730 年左右，个人暴力行为的比率开始下降，并一直处于这种趋势。这次下行在 17 世纪 90 年代曾被打断，当时杀人和其他犯罪率激增。这是一个短暂的飙升期，并不长久。它很快平息，暴力犯罪率重返长期下行趋势。

关于证据来源偏颇之处的许多探讨，参见 Ted R. Gurr, "Historical Trends in Violent Crime: A Critical Review of the Evidence," *Crime and Justice* 3 (1981) 295–352，此文首次试图将这份材料拼凑在一起。人口也很难估算，尤其是对于中世纪时期。

其他总体性研究也在水平和趋势方面得出了类似的结论。全都强调长期的下降趋势，而且提到了（就像 T. R. Gurr 曾提到的）14、16 和 20 世纪的强劲飙涨。参见 Lawrence Stone, "Interpersonal Violence in English Society, 1300–1983," *Past&Present* 102 (1983) 206–215; J. A. Sharpe, "The History of Violence in England: Some Observations," *Past & Present* 108 (1985) 216–254。

具体的研究包括 James B. Given, *Society and Homicide in Thirteenth-Century England* (Stanford, 1977); J. S. Cockburn, "Patterns of Violence in English Society: Homicides in Kent, 1560–1985," *Past&Present* 130 (1991)70–106; Joel Samaha, *Law and Order in Historical Perspective: The Case of Elizabethan Essex* (New York, 1974); V. A C. Gatrell, "The Decline of Theft and Violence in Victorian and Edwardian England," in Gatrell, et al., *Crime and the Law* (London, 1980), 342–345。

有一部鸿篇巨著包含出色的调查和参考书目，即 J. A. Sharpe, "The History of Crime in England, c. 1300–1914, An Overview of Recent Publications," *British Journal of Criminology* 28 (1988) 254–267。

18 世纪时，第三次犯罪浪潮紧接着袭来。它不像其他历次那么来势汹汹，但在杀人犯罪率方面显得十分突出，在其他犯罪方面也更加清晰明显。在斯塔福德郡，从 18 世纪 60 年代到 90 年代，对盗窃罪的指控增加到了原先的六倍。在威尔特郡，针对赌博犯罪的指控增加了七倍。参见 J. S. Cockburn, ed., *Crime in England, 1550–1800* (Princeton, 1977), 226; Douglas Hay, "War, Dearth and Theft in the Eighteenth Century: The Record of the English Courts," *Past and Present* 95 (1982) 125。

18 世纪晚期和 19 世纪初，这次浪潮达到顶峰，随后形势发生逆转。时至 1830 年,英格兰和其他许多国家的暴力犯罪率都下降了。这次下降一旦开始，就一直持续，贯穿整个维多利亚时期直到 20 世纪初,其间被打断过几次。这一趋势在斯德哥尔摩持续到 1930 年,

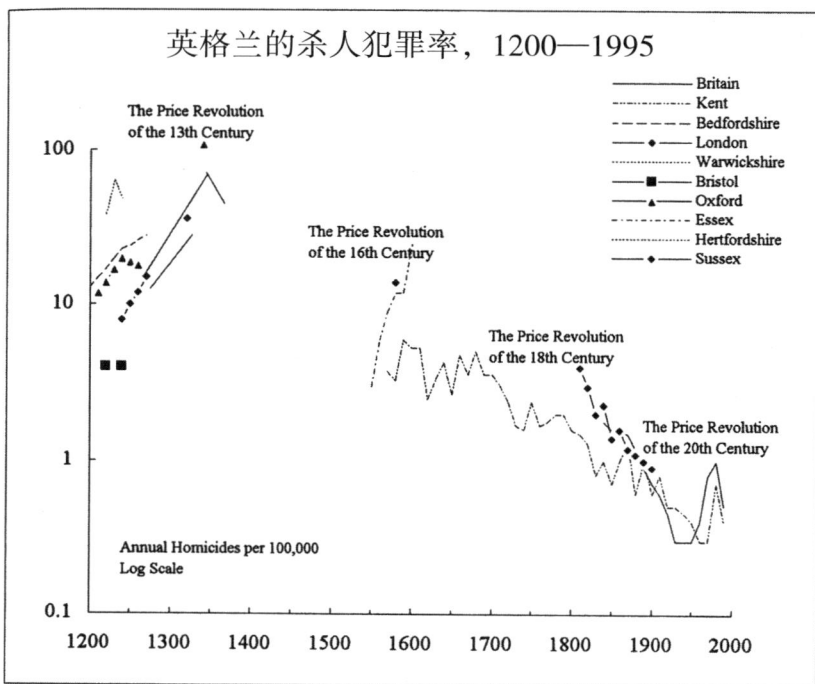

图表 5.09 概括了关于英格兰杀人犯罪的多项研究成果。它显示：个人暴力行为呈现长期下降的趋势。这种趋势被 14 世纪、16 世纪和 20 世纪的三次急剧上升所打断；在 18 世纪也曾出现相对和缓的上升；还经历了三次短期小幅上升（17 世纪 80 年代，19 世纪 60 年代等）。1350 年到 1530 年这段时期保存下来的证据极少。

悉尼和芝加哥持续到 1940 年，伦敦 1950 年，加尔各答 1960 年。

　　20 世纪中期，第四次犯罪浪潮开始了，并且迅速扫荡了全世界大多数国家。虽然日期细节有所差异，但时至 1960 年，各处的犯罪率都在攀升，并且在 1970 年之后飙升到很高水平。这次飙涨的量级非常大。杀人犯罪率在美国一些城市中逼近 14 世纪时的最高水平。1991 年，圣保罗每十万人中有近五个杀人犯，西雅图为八个，波士顿二十，纽约三十，巴尔的摩四十，亚特兰大五十，底特律六十，新奥尔良七十，而华盛顿为八十。这个国家首都的街道如此危险，以至于天黑之后走在白宫和国会山之间的宾夕法尼亚大道上成了一件很不安全的事。1991 年，这个世界上最强大的国家却无法在距离总统府仅几百码的距离内维持良好的秩序 [*Statistical Abstract of the United States* (1993) table 303]。

随后，变化的态势再度逆转。20 世纪 90 年代，美国的犯罪率迅速下降。一些学识渊博的观察家相信，这次降低标志着一个新的长期潮流的开端；另一些人认为 20 世纪的犯罪浪潮尚未终结。

这里的证据大多来自英国和美国。其他国家是否也盛行着类似的趋势？宽泛的回答是肯定的。在犯罪率水平方面出现了许多地方性差异，但当时许多国家的趋势都是类似的。

犯罪浪潮与价格革命

将过去八百年的个人暴力行为的历史与价格动态相比较，就会发现一个惊人的悖论。它们的长远趋势的运动方向相反。犯罪率自 12 世纪以来就在下降，价格却在上升。不过，即便这些长期趋势在长期总体走向方面背道而驰，但它们在时间点上依然类似，并且在变化的节奏和结构上都密切相关。

这层关联度的复杂性清晰地显示在了对英格兰物价与谋杀案件的比较中。在价格均衡期（1350—1490、1650—1730 以及 1830—1900），杀人案件发生率显示出显著的下降趋势。这些下降趋势继而延续到了每次价格革命的早期（1490—1550、1730—1760 和 1900—1940）。该下降趋势在价格革命的晚期会发生逆转。杀人案件的发生率开始上升，随后在危机年代（1310—1348、1610—1650、1780—1820 以及 1965—1995）冲至很高水平。

这些潮流之间的纠缠在价格革命接近高潮的关键时期最为显著。从 12 世纪起，类似的一系列事件发生了四次。价格开始飙涨，并且资本收益跟上了通胀的步伐，但薪酬被甩在后面，而财富分配的不平等性加剧。当所有这些发生时，犯罪率也激增。多数重要的物价飙涨之后，紧接着就是犯罪激增，两者的联系如此密切，以至于两项动态常常在统计数据上如影随形。这种关联的模式在许多不同的研究中多次再现，而这些学者并不知晓其他时间和地点的趋势。

原因问题：犯罪的四种理论

价格动态与犯罪波动的这种复杂联系，提供了关于犯罪原因、价格革命的后果以及总体历史变化结构的重要线索。

四种犯罪理论主导了有关的争论。其中的两种受到保守派作者们的偏爱。一种认为犯罪是理智的选择，源自对收益的期待。补救办法，就是通过更加严厉的刑罚提高犯罪的成本，降低犯罪的利得。

另一种保守派理论起源不同，但殊途同归。它认为犯罪主要源自容易犯罪的亚群体，它们不容易接受革新。补救措施就是镇压——死刑和长期监禁。

进步主义的观察者们倾向于用两种不同的方式思考犯罪问题。一种被左派偏爱的理论认为：犯罪是由压迫和剥削导致的。这种观念的马克思主义版本（在各个大学中依然盛行）论述道：犯罪是针对资本主义剥削的一种特殊回应。补救手段是社会改革。自由派的版本则集中在罪犯的个人改造。

另一种理论也很受左派偏爱，即犯罪浪潮很大部分是保守派想象力过度发达的碎片，而且它们本身就是社会控制的工具。一位学者写道："历史学家至少对于过去某些种类的犯罪应当从'执法浪潮'而非'犯罪浪潮'的角度去研究——这是一种很有诱惑力的想法。"另一位学者提出：我们应当从"控制浪潮"的角度去思考。参见 J. A. Sharpe, *Crime in Seventeenth-Century England: A County*

Study (Cambridge, 1983) 210; Jason Ditton, *Controlology: Beyond a New Criminology* (n.p., 1979)。

　　所有这些理论都有一定的真实性，但无一能够全面论述这个问题。确实，"执法浪潮"是存在的，但它们无法完全解释清楚犯罪浪潮的存在。例如，杀人犯罪的证据并不仅仅来自警方和法庭，也来自公共医疗健康记录。这些经验性的资料来源每一个本身都有问题，但它们全都清楚地展现了类似的波状态势，这不可能是测量上人为的结果。犯罪是世界上真实发生的事；而犯罪的浪潮和犯罪暴力的长期下降趋势也是如此。

　　进步派的观念认为：犯罪是资本主义剥削的反映，这种观念也并没有更好。犯罪的历史与资本主义的历史并无关联。总体而言，随着资本主义制度在18、19和20世纪的发展，犯罪率下降了。

　　保守派的理论也并不比进步派的好。许多研究都表明，更加严厉的刑罚和限制确实在某种程度上制止了犯罪，但从不像保守派人士声称的那样是主导性原因所在。尽管许多国家回归了死刑，但20世纪美国的谋杀案件发生率仍顽固上升，这告诉我们还有其他更强大的因素。

　　保守派关于犯罪暴力源自容易犯罪的亚群体的观念，也是某些方面正确、某些方面错误。的确，个人暴力行为的发生率在各个文化之间大不相同。这一点在美国非常明显。美国各地杀人案件发生率的差异，比欧洲各国之间的差异还要大。但是这些差异更多地体现在程度水平而非趋势上。20世纪末，当美国的个人暴力行为发生率高涨时，这个比率在全国各地都增加了。每次价格革命后期犯罪浪潮的一个惊人特点就是：它们大多会出现在每一个地区、城市和阶层中。贫穷和弱势的人更容易走上犯罪的道路，也更容易成为犯罪的受害者。但是犯罪浪潮触及了所有的群体、地区和国家。问题在于：为什么，以及如何处置。

对另一种解释的尝试，可以从对经验性证据的细致研究开始，它提供了许多关于原因的线索。让我们从观察犯罪浪潮与价格飙涨的联系着手。重要的是，观察后可以发现：在这些经济上有压力的时期，许多种类的犯罪都增加了。当生活成本暴涨时，盗窃案件陡增。一些人靠偷窃维持生计。另一些人在其他途径受阻时，靠偷盗发家致富。这些材料的关联性非常牢固。

同时，当物价暴涨时，杀人案件也增加了。在现代世界，受害人越来越多是朋友、邻居、爱人和家庭成员。在许多这样的个人暴力行为中，对物质利得的期待并非主要原因。这些是不理性的行为。它们受到激情、愤怒、嫉妒和恐惧的驱使。我们从中可以看到另一种经典机制——长期为社会科学所熟知——挫折和侵害。防御手段无力阻止这种个人暴力行为的发生，这种行为在承受高压时爆发，而没有任何对物质利得的理性计算。

对这两种趋势的补救，不能单靠保守派的镇压和遏制，或是自由派的社会改革项目。控制犯罪，要求更加复杂和精妙的政策，将阻止犯罪欲望、镇压顽固罪犯以及应对引发犯罪的挫折痛苦的策略结合在一起。这可能包括思虑广泛、目标明确的项目——在经济压力大的时期提供短期就业培训和其他帮助人们保持希望的项目。这只有靠政府和私人的共同努力才能做到，政府、教育机构和私人企业必须通力合作，而不受左派或右派意识形态的束缚。

对价格动态与犯罪浪潮的研究得出的重大结论之一就是：暴涨是这个现象的重要组成部分。暴涨的模式提供了一个机会，可以在一个时期暂时瞄准一项政策。为此，计划者必须学习更加严谨和更加历史性地思考我们面临的问题。

附录十五

经济和历史

> 得先确定是怎么回事，你才能探究事情的原因。而我们通常
> 对事情还没有把握，就在探究原因。
>
> ——约翰·塞尔登《闲谈录》，1689 年

本项研究的一个主要目的在于描述。其总体假设之一是，经验性描述的任务可以在没有理论的前提下进行。这种想法破除了正统认识论指导下的基本方法，该想法自 20 世纪 40 年代末开始主导了美国社会科学的各个学科领域。这样的正统理论在美国非常普遍，置身其中的学者们浑然不知有其他思考模式的可能。

在美国大学中，一位社会科学家可以自由采用几乎任何一种风格的服饰、举止、生活方式、性取向或政治上的意识形态，而无论其选择多么怪异或荒谬。研究生们却被要求谨遵所在学科的通行认识论，否则就会被行会逐出门外。如果他们胆敢用其他方式思考这个世界，那么其著作就会被判定为"不可靠"，他们也会被扫地出门。

美国社会科学界这种正统的认识论可以用一句话概括：一切明确的描述都基于隐含的理论假设，这些假设创造出一套标准，以便

根据这套标准选择描述的对象。它宣扬的教义是，若没有理论参考，就没有什么事物能够被理解，它们甚至无法被认知。这样的认识论不仅辩称以理论为中心的思考模式是社会科学研究的一种有效方式，还坚称理论是唯一的形式。

在这套信仰体制内，各门社会科学的"理论"的核心理念千差万别。在经济学中，一个理论通常被理解为一个"如果……那么……"的命题，亦即一种以"如果 x，那么 y"为形式的陈述。在社会学领域中，一个理论通常是一个范式的模型。在历史学中，它有时是一连串叙述性陈述。然而，无论如何理解它，理论的构建和理论的验证在 20 世纪中期成了充斥美国社会科学界的执念。

这种正统认识论在美国的出现，可能发生在 1945 年到 1955年，它似乎同时出现在经济学家、社会学家、人类学家、心理学家和历史学家们的论断之中。在经济学方面，一个主要的例子是一篇名为《无理论测量》的重要论文，由特亚林·科普曼斯于 1947 年发表。科普曼斯论述道：若离开确定的"理论上的先入之见"，对任何现象的经验性量度都"不可能"。他（前后不一致地）更进一步地主张：离开理论，量度就是琐碎而无用的，因为"无法得出关于经济政策指导意见的结论"。科普曼斯不只满足于在经济学上捍卫理论知识的重要性，还想要否认任何其他形式的经济知识，而且谴责任何同行用其他方式获得的知识。参见 Tjalling C. Koopmans, "Measurement without Theory," *Review of Economics and Statistics* 29 (1947) 161–172。

类似的论断同时出现在其他社会科学领域。社会学界的一个例子是瑟奇·蒂马谢夫一篇名为《社会学理论》（1955）的宣言，他论称："若没有理论指导而对事实进行诠释和安排，事实几乎毫无意义。"蒂马谢夫的社会学同行们就如何最好地理论化而进行争论。塔尔科特·帕森斯偏爱构建宏大的理论。罗伯特·默顿主张采取"中层理论"。但是在社会学和经济学领域中,新的正统理论都再一次地坚称:理论不仅仅是一种有意义的思考形式,而且是唯一的形式。其他所有都被蒂马谢夫斥为"几乎毫无意义"。

这种新的正统理论的实际影响是深刻的。它极大地改变了社会科学家们的实际工作。例如,20世纪30年代期间,前一代的经济学家为庞大的经验性描述工程劳心费力——这尤其受到科普曼斯文章的批判。国际价格委员会的工作就是一个例子,它编纂了极有价值的关于过去一千年物价动态的综合性时间性序列。1950年之后,这项工作停止了。政府机构继续进行机械的数据采集,但是,由顶级学者进行的充满创造力的经验性描述项目却显得过时了。

美国社会学领域也发生了类似的情况。20世纪20年代到40年代,社会学家们贡献了许多经验描述型的有力著作。其中主要包括社群研究方面的论著,比如林德夫妇的两卷《米德尔敦》(1929—1937),劳埃德·沃纳的《洋基城》系列,西德尼·戈尔茨坦的《诺里斯敦》。随着新的正统认识论成为主流,这些项目都逐渐被抛弃,并且社会学专著变成了对特定"理论性"命题的刻板验证。更大量的著作总体上倾向于对理论进行反复深入的思考。对于一个世代而言,理论统摄下的研究,成了美国社会学核心的甚至仅有的工作。

这场革命既有积极影响,也有消极后果。专著在概念设置方面变得更加一致,并且更加严谨。但这些改进是有代价的。研究因理论假设变得狭隘短视,这些假设常常被证明在结构上是循环论证,并且越来越流露出对它们试图解释的这个世界的茫然无知。结果,社会科学越来越远离社会现实。社会科学以理论为核心的认识论,从促进思考出发,以愚蠢徒劳告终。

20世纪七八十年代,年轻的社会科学家们开始发出自我批判的声音,并形成了越来越强烈的和声。例如,在经济学领域,莱斯特·瑟罗于1983年抱怨他的学科成了一个封闭的世界。"今天的经济学领域，"他写道，"理论已经成了一种意识形态，而不再是一组用于理解真实世界中经济行为的有用假设了……在我看来，美国主流经济学更多地反映了对于内部理论一致性和精确性的学术需要，而不是世界上看得见、量得着的事实。"

社会学家们，比如阿尔文·古尔德纳，也有类似的论述。然而，在大多数时候，这些批判并非总体上反对理论。他们猛烈抨击的是他们不赞成的理论。即便在反对偶像崇拜的人们之中，正统认识论依旧岿然不动。然而，他们的批判却仿佛一场大病之前的预兆，在20 世纪70 年代末和80 年代初颇有存在感。

讽刺的是，这种正统认识论立足社会科学领域的同时，它的假设却受到认识论专家和认知科学家组成的一个学术团体的挑战，这可能在社会研究领域引发一场革命。其中一个例子是弗雷德·德雷茨克的认识论，他十分有用地总结出了他所谓的"看到"（seeing）和"知道"（knowing）这两个认知动作之间的区别。德雷茨克论述道，有一种"视觉能力"，是"相对无关乎受教育程度、过去经历、语言修养和概念理解上的灵活机敏的禀赋"。他给出了一个例子："一个野蛮人，突然从他原生的环境来到了曼哈顿的地铁站，不知所措的他可以与百无聊赖的乘客们一样清晰地见证3 点45 分到达的快车。对某样事物的无知，并不影响一个人看见该事物的能力；如果真的有影响，那么全然无知基本就成了不治之症。"参见 Fred I. Dretske, *Seeing and Knowing* (Chicago, 1969), 8。

德雷茨克称，这种特殊意义上的"看到"，不只可能发生在一个观察者与一个实在物体之间，而且可能发生在观察者与一个历史事件之间。"不只是书籍、猫咪、树木、汽车、建筑、阴影和人都可能以我刚刚描述的方式被看见，"他写道，"还有战斗、启程、信号、庆典、游戏、意外、持刀捅人、表演、逃跑和手势……事件和物体（以及像影子之类的）都可以在这个意义上被看到……事件是动态，是种种变故；它们包含了一个瞬间或一种变化。"（14—15）。

这种无意识的感知的简单动作，是我们经历和感受这个世界的基础。我们每天都使用它。从纯粹实践意义上说，离开它我们几乎无法生存。但在之前的社会科学和社会历史研究中，它的运作却被一种相对主义的认识论压抑，后者坚持认为：不知道，就看不到；没有解释，就没有描述；没有在先的信念，就没有随后的观察；没有理论，就没有量度。

确实，看到与知道大不相同。它得到的是信息，而不是意义。德雷茨克告诉我们，信息是"一种客观的、有价值的东西，其产生、转化和接纳都不要求（无论如何不会预设）解释过程"，并且人们能够通过一种过程来获得它，这个过程"逻辑上独立于我们可能拥有的任何信念"（17）。他的第一个论点错了，第二个论点却是正确的。

本书的组织结构乃基于这样的假设：至少有两种认知形式——"看到–观察"和"知道–相信"。20 世纪美国社会科学家们受到的教育，是要忽视前者而遵循后者。他们受到的训练，就是要知道和相信，而不是看到和观察。他们被教导要寻求意义，而不是信息。最重要的是，他们得到的指示是：对社会现象的认知必然是受理论支配的，而任何其他类型的认知都是无关紧要，甚至不可能的。

许多重要的工作都是在这个理论框架下完成的，但是，它没有穷尽认知论的可能性。想要研究世界，还有其他方法。美国历史学家约翰·戴曾受过法国年鉴学派非常不同的认识论训练，他在这个方面给出了可贵的建议。在近期的一篇"关于自体历史的论文"（*essai d'autohistoire*）中，戴区别了两种历史认识论：一种被他称为美国"计量学派"，而另一种为法国年鉴学派。他说，美国计量历史学派的出发点是理论——一种假设之下的演绎，呈现为"如果……那么……"的模式。法国年鉴学派的出发点是问题——一组开放式且小心地设置在特定文化和历史语境之中的问题。"在我看来，历史实践与理论之间的轻易结合（来自美国计量学派），"约翰·戴写道，"跟实践与问题的妥善融合相抵触，而这种融合是法国年鉴学派的特点。"参见 John Day, "Terres, marchés et monnaies en Italie et en Sardaigne du XIIe au XVIIIe siècle," *Histoire, Economie et Société* 2 (1983) 187–203。

年鉴学派的问题不只是问题。它们构成了研究的框架，包括一组经验性的问题，还有回答它们所必需的认识论设置。简而言之，问题不仅仅是研究探查的对象，也是一种方法，甚至是一种认识论。

问题与理论有何区别呢？就语法而言，一种理论是一种宣言式的陈述，而一个问题是发出疑问。受理论支配的研究的出发点是一个主张；如果理论是可靠的，那么这个主张就会被证明是正确的。而以问题为中心的研究，始于一个问题；如果这个疑问是可靠的，那么这个问题也就能够从不同方面得到有凭有据的回答。一个问题总是开放性的。一个理论，就其所包含的命题"如果 x，那么 y"的本质而言，永远是封闭式的结局。

理论与问题之间还有一个差别。一则理论陈述，是一种普遍的概括。它通常采用的是主张的形式：每当 x 存在时，那么 y 必定随之而来。而另一方面，一个问题，可以针对历史环境的不同而剪裁。

更进一步地说，在现实实践中，理论支配的研究方案通常在许多问题上都存在谬误。即是说，它提出两个或更多的问题，但要求一个单一的回答。一个问题却可以更加精确，更加灵活，也更加严谨。它的严谨是在提问的逻辑上，这是指问题和回答的逻辑，与陈述的逻辑不同。参见 A. and M. Prior, "Erotetic Logic," *Philosophical Review* 64 (1955) 43–59；以及 Nuel D. Belknap Jr. and Thomas B. Steel Jr., *The Logic of Questions and Answers* (New Haven, 1976)。

鉴于所有这些理由，本项研究建立在问题而非理论之上。它整理了一系列疑问，而不是宣言式陈述：物价水平长期变化的模式是什么样的？价格波动和相关价格如何随着时间推移而改变？实际薪酬、地租和利率是如何变化的？

　　采用这种以问题为中心的方式，并不意味着否定用理论推动研究的可能，而是主张另一种看到和知道的可能性与价值。也就是在暗示：历史学家和经济学家应当在一个易受触动的年龄研读吉卜林，而且可能学会"金氏游戏"*的玩法。他们不应当被强迫选择"理论支配下的研究"作为唯一的钻研方式。另辟蹊径，是可能的。

---

* 一种用来训练童子军记忆和观察能力的游戏。游戏名称源自英国作家吉卜林所著《吉姆爷》。

图 表

14 世纪危机

1.10 英格兰的收成波动和饥荒，1260—1360

1.11 英格兰诺福克的价格和犯罪，1300—1348

1.12 埃塞克斯郡的人口下降

文艺复兴均衡期

1.13 皮斯托亚人口的下降，1244—1404

1.14 丹麦罗斯基勒主教庄园中被弃置的农场，1361—1460

1.15 收成波动的振幅，1400—1480

1.16 英格兰和德意志的谷物价格，1360—1490

1.17 意大利和法国的土地收益状况：地租的下降，1400—1460

1.18 劳动收入：英格兰和法国实际薪酬的上升

1.19 资本收益状况：利息的下降

1.20 英格兰农民占有财产的增加

16 世纪价格革命

2.01 西班牙、英格兰和德意志的商品价格，1475—1600

2.02 意大利摩德纳的谷物价格，1452—1610

2.03 英格兰的价格和人口动态，1541—1671

2.04 英格兰的相关价格，1450—1650

2.05 安达卢西亚的能源价格，1500—1660

2.06 劳动力收入：实际薪酬的长期下跌，约 1480—1640

2.07 土地收益：地租的上涨，1500—1669

2.08 资本收益：增长的利率，1500—1599

20 世纪价格革命

我们这个时代的困境

附录

注 释

序言 "某种地震仪般的存在……"

1 "De tous les appareils enregistreurs, capables de révéler a l'historian les mouvements profonds de l'economie, les phénomènes monétaires sont sans doute le plus sensible. Mais ne leur reconnaitre que cette valeur de symptôme serait manquer à leur rendre pleine justice; ils ont eté et sont, à leur tour, des causes; quelque chose comme un sismographe qui, non content de signaler les tremblements de terre, parfois les provoquerait." Marc Bloch, "Le problème de l'or au moyen age," *Annales d'Histoire Économique et Sociale"* 5 (1935) 1.

2 Daniel J. Boorstin, "Enlarging the Historian's Vocabulary," in R. W. Fogel and S. L. Engerman, eds., *The Reinterpretation of American Economic History* (New York, 1971), xi–xiv.

3 作者最喜爱的该时期的价格清单，参见 Claudio Sanchez-Albornez, *El precio de la vide en el reino Astor-Leones hace mil años* (Buenos Aires, 1945)。这份稀有而巧妙的作品，是极少几份可以纯粹作为赏心乐事而阅读的价格汇编之一，其副本之一藏于纽约公共图书馆。

4 对这些材料的研究审视，参见参考书目。

引言 世界历史中的巨浪

1 "Aufschwung im 13 Jahrhundert... Abschwung im Spätmittelalter... Aufschwung im 16 Jahrhundert brach im 17 Jahrhundert ab; ein dritter Aufschwung im 18 Jahrhundert... Was bedeuten diese Wellen?" Wilhelm Abel, *Agrarkrisen und Agrarkonjunktur: Eine Geschichte der Land und Ernährungswirtschaft Mitteleuropas seit dem höhen Mittelalter* (Hamburg and Berlin, 1935, 1956, 1966, 1978), 13–14; 该作一个修改颇多的英文版，为 *Agricultural Fluctuations in Europe from the Thirteenth to the Twentieth Centuries* (London and New York, 1980)。

2 Ernest Henry Phelps-Brown and Sheila V. Hopkins, "Seven Centuries of the Prices of

Consumables, Compared with Builders' Wage-Rates," *Economica* 23 (1956) 296–314;　同前，"Seven Centuries of Building Wages, 同上，22 (1955) 195–206; 同前，*A Perspective of Wages and Prices* (London, 1981)。这是一份加权的"市场—篮子"指数，内容包括谷物、蔬菜、肉类、鱼类、黄油、奶酪、酒饮、燃料、灯烛和纺织品。其权重在整个序列中保持一致（食物为 80%，其余是燃料和纺织品），但特定的产品有所改变，以便符合消费的态势。

3　Wilhelm Abel, *Agrarkrisen und Agrarkonjunktur*; François Simiand, *Les fluctuations économiques à longue période et la crise mondiale* (Paris, 1932); 同前，*Recherches anciennes et nouvelles sur le mouvement général des prix du XVIe au XIXe siècle* (Paris, 1932); Jenny Griziotti-Kretschmann, *Il problema del trend sècolare nelle fluttuazioni dei prèzzi* (Pavia, 1935)。

4　Fernand Braudel, *Civilization and Capitalism, 15th–18th Century*, vol. 3, *The Perspective of the World* (New York, 1984), 76–80, 82; 美国评论家们的回应，参见《纽约时报》查尔斯·金德尔伯格（Charles Kindleberger）等人的文章。我在 1980 年得到了同样的回应，当时我首次发表了一篇文章，概述我在这个课题上的研究主线。参见 D. H. Fischer, "Chronic Inflation: The Long View," *Journal of the Institute for Socioeconomic Studies* 5 (1980) 81–103。人们的态度最终发生了改变。

5　Alan Blinder, *New York Times*, 19 Feb. 1984.

6　Lester C. Thurow, *The Zero Sum Society* (New York, 1980), 43.

7　这里再一次出现了波动和周期二者表现不同的情况。对经济周期的学术兴趣大都导向了反周期，但是，对波动形态的研究却随着波峰的接近而增加。

8　近现代历史中，人们发现了许多周期律。对社会科学家关于长周期的大量文献的考察——主要是五十年的康德拉季耶夫周期或者各种单位时长的周期，参见 Joshua S. Goldstein, *Long Cycles: Prosperity and War in the Modern Age* (New Haven, 1988)。

9　参见附录十五。

10　Herbert Stein, *Presidential Economics* (rev. ed. N.Y., 1985), 222.

第一次浪潮

中世纪价格革命，1180—1350

1　Robert Branner, ed., *Chartres Cathedral* (New York, 1969), 93.

2　教长们收取大教堂走廊内各商铺的租金；教士们的收入来自南面的回廊。在 1224 年 5 月 26 日的一份特许状之中，教士们成功地将货币兑换商从走廊迁到了南边的回廊："我们每个人，作为个人和沙特尔的教士，为选举教长而聚集于此，同意货币兑换商的铺名，从以往的走廊挪至南面的回廊，位于教堂阶梯和主塔楼之间，由此，商铺的规费和所在的房舍以及货币兑换商本人均属于本教团所辖，并且他们可以一如往常地在教士会的产业中，以及他们今天所在之地逗留而不受妨碍……于我主降生以来的 1224 年 5 月耶稣升天节之后第八日特立此状。" Ernest de Lépinois, *Cartulaire de Notre Dame de Chartres* (n.p., 1862) II, 103; Robert Branner, ed., *Chartres Cathedral* (New York, 1969), 98–99.

3　Charles Homer Haskins, *The Renaissance of the Twelfth Century* (Cambridge, 1927); G. Pare et al., *La renaissance du XIIe siècle: Les écoles et l' enseignement* (Paris, 1933); Robert L. Benson and Giles Constable, eds., *Renaissance and Renewal in the Twelfth Century* (Cambridge, Mass., 1982); R. W. Southern, *The Making of the Middle Ages* (New Haven, 1953); J. L. Bolton, *The Medieval English Economy, 1150–1500* (London, 1980), 82–179.

4　该估值来自 Carl Richard Brühl, *Palatium und Civitas: Studien zur Profantopographie spätantiker Civitates von 3. bis zum 13. Jahrhundert* (Cologne, 1975), I, 19。更加保守的计算可见于 R. W. Southern, "The Schools of Paris and the School of Chartres," in Benson and Constable, eds., *Renaissance and Renewal in the Twelfth Century*, 119。

5　赫利希发现：在意大利的罗马涅地区，最常见的货币替代品是书籍。"在拉文纳，"赫利希写道，"它们统摄了整个 11 世纪的交易活动。"这令人不免好奇：不同作者和领域的书籍之间的兑换率要如何计算。"Treasure Hoards in the Italian Economy, 960–1139," *Economic History Review* 2d ser. 10 (1957) 4.

6　同上，第 5 页。

7　William Beveridge, *Prices and Wages in England from the Twelfth to the Nineteenth Century* (London, 1939); 同前，"Wages in Winchester Manors," *Economic History Review* 7 (1936–1937) 22–43; 以及同前，"Westminster Wages in the Manorial Era," *Economic History Review* 2d ser. 8 (1955–56) 18–35。

8　中世纪价格革命的开始时间是本项研究中较为困难的经验性问题之一，因为它在时间上早于大多数重要的价格序列。一些历史学家相信：物价早在 10 世纪——蛮族最后的大举入侵时——就已经在上涨了。但是 1181 年到 1200 年间，英格兰的物价动态出现了重大的断档。在财政署财税卷宗和温切斯特财税卷宗中有证据表明，当时谷物和牲畜价格和缓地上涨，随后在 1190–1199 年间小规模下跌，然后在 1200–1202 年间飙升，这被 D. L. 法默描述为"所有商品价格的剧烈动荡"。此后，显然发生了长期的通胀。参见 D. L. Farmer, "Prices and Wages," in Joan Thirsk, ed., *The Agrarian History of England and Wales*, vol. 2, 1042–1350 (Cambridge, 1988), 717–719, 787–817; 同前，"Some Price Fluctuations in Angevin England," *Economic History Review* 2d ser. 9 (1956–1957) 34–43; 同前，"Some Grain Price Movements in Thirteenth-Century England," *Economic History Review* 2d ser. 10 (1957–1958) 207–220; Norman S. B. Gras, *The Evolution of the English Corn Market from the Twelfth to the Eighteenth Century* (Cambridge, Mass., 1915), 11–17; 以及 P. D. A. Harvey, "The English Inflation of 1180," *Past & Present* 61 (1973) 3–30。

关于法国，乔治·达比发现有证据表明"12 世纪 80 年代发生了一场质变，并且由此确定了欧洲经济史上的一个主要转折点"；*The Early Growth of the European Economy: Warriors and Peasants from the Seventh to the Twelfth Century* (Ithaca, 1974), 263。

在意大利，情况没有这么清晰；参见 David Herlihy, "The Agrarian Revolution in Southern France and Italy, 801–1150," *Speculum* 33 (1958) 23–41; 同前，"The History of the Rural Seignury in Italy, 751–1200," *Agricultural History* 33 (1959) 1–14。

9　M. M. Postan, *Medieval Economy and Society: An Economic History of Britain in the Middle Ages* (London, 1972; Pelican ed., 1975), 257; 同前，"Economic Foundations of Medieval Society," in *Essays on Medieval Agriculture and General Problems of the Medieval Economy* (Cambridge, 1973), 2–27。

10　Postan, *Medieval Economy and Society*, chap. 13.

11　Abel, *Agrarkrisen und Agrarkonjunktur*, 27–41.

12　在中世纪的皮卡第，福西耶发现：1175 年左右，在有孩子的家庭中，儿子的数量都发生了快速的上涨：

时间	平均每家儿子人数
1075—1100	2.53
1100—1125	2.26
1125—1150	2.35
1150—1175	2.46
1175—1200	2.70
1200—1225	2.77
1225—1250	2.62
1250—1275	2.54
1275—1300	2.66

　　年增长率从 1150—1175 年间的 0.28%，加速到 1175—1200 年间的 0.72%。在这个格外健康兴旺的时期，新生儿的预期寿命大约为四十到五十岁。关于女儿的数据未能保存下来，她们被认为 "太过随机而无法记录"。Robert Fossier, *La terre et les hommes en Picardie, jusqu' a la fin du XIIIe siècle* (2 vols., Paris and Louvain, 1968), I, 282–292.

　　一项关于英格兰的研究也发现了类似的情况：1209 年到 1311 年间人口年增长率为 0.85%——高于 18 世纪的英格兰，并且接近 20 世纪一些发展中国家的水平。参见 J. Z. Titow, "Some Evidence of Thirteenth Century Population Increase," *Economic History Review* 2d ser. 14 (1961) 220。

　　其他的研究也印证了这样的情况，参见 Duby, *Early Growth of the European Economy*, 182; Josiah Russell, *The Control of Late Ancient and Medieval Population* (Philadelphia, 1985), 20; 同前，"Recent Advances in Medieval Demography," *Speculum* 45 (1965) 84–101; 同前，"Aspects démographiques des débuts de la féodalité," *Annales* 20 (1965) 1118–1127。

13　这个估值来自对 1260—1315 年间庄园状况与 1801—1951 年间人口普查数据的比较研究，文献记载参见 H. E. Hallam, "Population Density in Medieval Fenland," *Economic History Review* 14 (1961) 71–79; 同前，"Some Thirteenth Century Censuses," 同上，10 (1957) 340–361; 以及同前，*Rural England, 1066–1348* (Brighton, 1981), 245–250; 关于类似发现的记载还可见于 H. P. R. Finberg, *Tavistock Abbey* (Cambridge, 1951); W. G. Hoskins and H. P. R. Finberg, *Devonshire Studies* (London, 1952); H. P. R. Finberg, *Gloucestershire* (London, 1955); W. G. Hoskins, *Leicestershire* (London, 1957); Edward Miller, *The Abbey and Bishopric of Ely* (Cambridge, 1951); J. B. Harley, "Population Trends and Agricultural Developments from the Warwickshire Hundred Rolls of 1279," *Economic History Review* 2d ser. 11 (1958) 8–18。关于欧洲其他地区的类似趋势，参见 Enrico Fiume, "Sui rapporti economici tra città e contado nell'età communale," *Archivio Storico Italiano* 114 (1956) 18–68; Georges Duby, *L'economie rurale et la vie des campagnes dans l' Occident Médiéval* (2 vols., Paris, 1962)。

14　女性婚龄下降的证据，参见 David Herlihy, "The Medieval Marriage Market," *Medieval and Renaissance Studies* 6 (1976) 3–27; 同前，"The Generation in Medieval History," *Viator* 5 (1974) 347–364。赫利希发现：这个时期男性的结婚年龄上升了；不过，对于生育水平

的变化而言，还是女性的年龄更加关键。

15 Postan, *Medieval Economy and Society*; J. Z. Titow, *English Rural Society, 1200–1350* (London, 1969). 关于英格兰人口数据估值的问题，参见 G. Ohlin, "No Safety in Numbers: Some Pitfalls in Historical Statistics," in H. Rosovsky, ed., *Industrialization in Two Systems: Essays in Honor of Alexander Gershenkron* (New York, 1966), 70–81。亦参见 M. M. Postan, "Some Economic Evidence of Declining Population in the Later Middle Ages," *Economic History Review* 2d ser. 2 (1950) 221–246; Julian Cornwall, "English Population in the Early Sixteenth Century," *Economic History Review* 2d ser. 23 (1970) 32–44; Clyde George Read, "Price Data and European Economic History: England, 1300–1600" (thesis, University of Washington, 1972); Mavis Mate, "High Prices in Early Fourteenth-Century England: Causes and Consequences," *Economic History Review* 28 (1975) 1–16。

16 这些估值由作者根据以下著作提供的数据计算得出：James E. Thorold Rogers, *A History of Agriculture and Prices in England*… (7 vols., Oxford, 1866–1902, rpt. Vaduz, 1963), I, 1259–1400。

17 Jean Gimpel, *The Medieval Machine: The Industrial Revolution of the Middle Ages* (New York, 1976), 82–84.

18 Abel, *Agrarkrisen und Agrarkonjunktur*, chap. 1.

19 中世纪意大利铠甲的价格中位数（单位：索里达金币）如下：

年份	锁子甲头巾	颈肩甲	胸甲	轻型锁子甲
1182				65/0
1191				48/4
1192		152/0		
1203				30/0
1211	32/0			
1213	27/0			
1216		123/0		
1220				64/0
1222			50/0	80/0
1224	20/6		46/0	50/0
1225			58/0	45/0
1226			46/0	
1228				65/0
1238	16/0			
1239		120/0	50/0	60/0
1240			60/0	60/0
1241			60/0	60/0
1242			50/0	60/0
1243			60/0	
1244			50/0	

1248			45/0	60/0
1249			60/0	
1250			60/0	40/0
1251	20/0		60/0	
1252			45/0	
1253		133/4	58/9	
1254		120/0		50/0

锁子甲头巾是一种铁质无檐帽或者兜帽，或者兼有两者的特点；颈肩甲（hauberk）就是一件锁子甲长袍；胸甲（cuirass）通常就是一副护胸铠甲，不过也不是一成不变的，而轻型锁子甲（panceria）就是与胸甲相匹配的配件。这些数据来自 William N. Bonds, "Some Industrial Price Movements in Medieval Genoa (1155–1255)," *Explorations in Entrepreneurial History* 7 (1969–70) 123–139; 亦参见 Henrietta M. Larson, "The Armor Business in the Middle Ages" *Business History Review* 14 (1940) 49–64; 以及 C. F. ffoulkes, "European Arms and Armor," in G. Barraclough, ed., *Social Life in Early England* (London, 1960), 124–138。

20　Postan, *Medieval Economy and Society*, 253–276; 同 前, "Some Economic Evidence of Declining Population in the Later Middle Ages"。一项重要的研究，见 Christopher Dyer, *Standards of Living in the Later Middle Ages: Social Change in England c. 1200–1520* (Cambridge, 1989), 101–103。

历史学家们提到农业和工业产品价格的差异时所谓的"价格剪刀差"是指：在价格革命期间，只削减其中一边，也就是说，当地主和放贷者获利时，劳工和工匠们却遭受损失；而在均衡期，这种剪刀差削减的是另一边，即当地主和放贷者遭受损失时，工匠和劳工则从相关价格的动态中获益。

一些马克思主义学者相信："价格剪刀差"为封建经济独有。另一些人则对资本主义经济也得出了相似的结论。情况并非如此。

更进一步说，如我们将会看到的，类似的相关价格出现在了 16、18 和 20 世纪。参见 Guy Bois, *Crise dufeodalisme: économie rurale et démographie en Normandie orientale du début du I4ᵉ siècle au milieu du 16ᵉ siècle* (Paris, 1976), 85–88。

21　在英格兰的二十一个郡中，建立起了已能确知存续时间的市场，列表如下：

地区	1200— 1224	1225— 1249	1250— 1274	1275— 1299	1300— 1324	1325— 1349
东安格利亚	17	43	71	21	26	16
英格兰南部	13	10	12	3	10	2
西南部	8	11	14	18	10	1
中东部	11	12	20	6	19	3
中西部	25	22	34	11	13	12
北部	18	21	63	25	37	16
总计	92	119	214	84	115	50

存续时间未知的市场不包括在内。R. H. Britnell, "The Proliferation of Markets in

England, 1200–1349," *Economic History Review* 2d ser. 34 (1981) 209–221.

22 E. M. Carus-Wilson, "An Industrial Revolution of the Thirteenth Century," *Economic History Review* 11 (1941) 39–60; Rolf Sprandel, "La production du fer au Moyen Age," *Annales* 24 (1969) 305–321.

23 Abel, *Agrarkrisen und Agrarkonjunktur*, chap. 1; F. Curschmann, "Hungersnöte in Mittelalter. Ein Beitrag zur deutschen Wirtschaftsgeschichte des 8. bis 13. Jahrhunderts," *Leipziger Studien aus dem Gebiete der Geschichte* 6 (1900) 1.

24 Marc Bloch, "Le probleme de l'or au Moyen Age," *Annales d'Histoire Économique et Sociale* 5 (1933) 1–34; 英文译本参见 *Land and Work in Medieval Europe: Selected Papers by Marc Bloch* (tr. J. E. Anderson; Berkeley and Los Angeles, 1967), 186–229。同样重要的还有出自同一作者和译者手笔的姊妹篇，译名为 "Natural Economy or Money Economy: A Pseudo-Dilemma," 同上，230–241。

25 Pierre Vilar, *A History of Gold and Money 1450–1920* (Barcelona, 1969; English tr. London, 1976), 19.

26 C. C. Patterson, "Silver Stocks and Losses in Ancient and Medieval Times," *Economic History Review* 2d ser. 25 (1972) 205–235; 这里三百吨的估值出自 D. M. Metcalf, "English Monetary History in the Time of Offa: A Reply," *Numismatic Circular* 71 (1963) 1651。

27 J. R. Strayer, "The Crusades of Louis IX," in K. M. Setton, ed., *A History of the Crusades* (Philadelphia, 1962), II, chap. 14.

28 罗伯特·S. 洛佩兹写道："整个中世纪早期，白银曾在欧洲许多地区被开采；戈斯拉尔矿藏的开采是 10 世纪长期增长趋势的最早信号之一；弗赖堡很可能是最富集的矿藏所在，于 12 世纪被开采。13 世纪以对旧有矿藏的大力开采而知名，但未能有新的发现；有迹象表明，对白银日益饥渴的需求越来越难以满足。在意大利，托斯卡纳和撒丁岛的次级矿藏都不得不开采，而特伦蒂诺的贫瘠矿石也在采用水流驱动的汽锤后得到了开发；在德意志，戈斯拉尔的巅峰期一去不回，而弗赖堡的矿藏则几乎被开采殆尽。" Robert S. Lopez, "Back to Gold, 1252," *Economic History Review* 2d ser. 9 (1956) 219–240, 233.

29 Patterson, "Silver Stocks and Losses," 230.

30 Mate, "High Prices in the Early Fourteenth Century," 2.

31 关于这个主题，有两篇出类拔萃、颇有见地的论文：N. J.Mayhew, "Money and Prices in England from Henry II to Edward III," *Agricultural History Review* 35 (1987) 121–132; 以及 A. R. Bridbury, "Thirteenth-Century Prices and the Money Supply," 同上，33 (1985) 1–21。这两位作者相信：货币供应的扩张开始得更早，大约在 1280 年，而且 "12 世纪晚期突如其来的高涨看起来完全是货币型通胀"。(Mayhew, 129)。

　　我对索罗尔德·罗杰斯和大卫·法默的价格序列解读有所不同（这两位自己也是如此），我将其看作是物价的逐渐攀升，除了 1201—1205 年间由极端恶劣的天气造成的价格暴涨之外。关于那个时期，W. L. 沃伦写道："圣诞节后，河流冻结，而泰晤士河可以徒步穿越。大地如此坚硬，以至于犁头竟不得而入，一直到 3 月份为止。冬天播下的种子几乎被严寒毁坏殆尽；蔬菜和草本植物悉数枯萎。当春天终于来临时……谷物的价格达到了饥荒时的水平。燕麦达到了平常价格的十倍，而人们支付半个马克却只能买到仅值几便士的豆类。1204—1205 年的英格兰，是一片荒凉萧索的土地。" W. L. Warren, *King John* (London, 1961), 105.

32 关于弗罗林和达克特，有一份出色的考察，见于 Frederic Lane, *Venice, a Maritime Republic* (Baltimore, 1973)，这部作品概括了对这个课题的多年研究的成果；亦参见：同前，"Le vecchie monete di conto veneziane ed il ritorno all'ore," *Atto dell Instituto Veneto di Scienze Letre ed Arti; Classe di Scienzi Morali, Letter, ed Arti* 117 (1958–1959) 49–78；A. M. Watson, "Back to Gold and Silver," *Economic History Review* 2d ser. 20 (1967) 1–34。

33 洛佩兹描绘了 "1248 年到 1255 年间汇兑合同和银行转账的繁荣"。"Back to Gold," 232.

34 Carlo M. Cipolla, "Currency Depreciation in Medieval Europe," *Economic History Review* 2d ser. 15 (1963) 417.

35 关于实际薪酬的下降，参见 Postan, "Some Economic Evidence of Declining Population," 221–246; Phelps-Brown and Hopkins, "Seven Centuries of the Prices of Consumables, Compared with Builders' Wage-Rates," 296–314; 以及 Abel, *Agrarkrisen und Agrarkonjunktur*, 40–41。

36 Georges d'Avenel, *Histoire économique de la proprieté, des salarires des denrées et de tous les prix en general depuis l'an 1200 jusqu'en l'an 1800* (7 vols., Paris, 1894–1926), III, 317.

37 *The Chronicle of Jocelin of Brakelond*, ed. H. E. Butler (London,1949), 59.

38 Carus-Wilson, "Industrial Revolution of the Thirteenth Century," 54.

39 Carlo M. Cipolla, Money, *Prices, and Civilization in the Mediterranean World: Fifth to Seventeenth Century* (Princeton, 1956), 63–65; Sidney Homer, *A History of Interest Rates* (New Brunswick, 1963) 94–99.

40 Cipolla, Money, *Prices, and Civilization*, chap. 3.

41 "比较一致的见解是：13 世纪发生了一场经济危机，导致了人口的贫困。" Alfred N. May, "An Index of Thirteenth-Century Peasant Impoverishment? Manor Court Fines," *Economic History Review* 2d ser. 26 (1973) 397; Titow, *English Rural Society*, 64–96.

42 Rohault de Fleury, *Mémoire sur les instruments de la Passion de N.- S.J.-C.* (Paris, 1870), 213, 357.

43 J. Z. Titow, *Winchester Yields* (Cambridge, 1972); Mate, "High Prices in Early Fourteenth-Century England," 8.

44 关于 "短缺" 的一系列表格，参见 M. E. Levasseur, *Les prix aperçu de l'histoire économique de la valeur et du revenu de la terre, en France du commencement du XII*e* siècle à la fin du XVIH*e*, avec un appendice sur le prix du froment et sur les disettes depuis l'an 1200 jusqu'a l'an 1891* (Paris, 1893), appendix。

45 D'Avenel, *Histoire... de tous les prix*, III, 183.

46 D. L. Farmer, "Some Livestock Price Movements in ThirteenthCentury England," *Economic History Review,* 2d ser. 22 (1969) 1–16. 历史学家波斯坦在其著作 *Medieval Economy and Society*, 280–281 的附加注释中表达了对 "重新铸币导致价格水平不同" 这一论断的强烈怀疑。他写道："法默先生提到，某几次重新铸币之后的几年中出现了物价上涨的现象，但其他几次重新铸币后并未发生。1150 年到 1300 年间，重新铸币至少六次，分别发生在 1156—1159 年、1181 年、1205 年、1247 年、1279 年和 1299 年，然而其中几次并没有对物价发生任何影响，尤其是 1181 年、1205 年和 1299 年。" 波斯坦似乎弄错了关于 1205 年和 1299 重新铸币的情况，但是他关于 1181 年的看法可能是正确的。权衡之下，法默的证据比波斯坦的怀疑更有力。参见 D. L. Farmer, "Some Grain Price Movements in Thirteenth-Century England, *Economic History Review* 2d ser. 10 (1957–1958) 207。

47 Mate, "High Prices in Early Fourteenth-Century England," 5.

48 同上。

49 Michael Prestwich, "Early Fourteenth-Century Exchange Rates," *Economic History Review* 32 (1979) 470–482.

50 Raymond de Roover, *The Rise and Decline of the Medici Bank* (Cambridge, 1963; New York, 1966), 2.

51 Mario Chiaudano, "I Rothschild del Dugento: La Gran Tavola di Orlando Buonsignori," *Bullettino Sienese di Storia Patria* 42 (1935), 103–142; William M. Bowsky, *The Finance of the Commune of Siena, 1287–1355* (Oxford, 1970); 同 前, *A Medieval Italian Commune: Siena Under the Nine, 1287–1355* (Berkeley, 1981)。

14世纪危机

1 一项定量研究，参见 Hugues Neveux, "Bonnes et mauvaises récoltes du XIVᵉ au XIXᵉ siècle: Jalons pour une enquête systématique," *Revue d' Histoire Économique et Sociale* 53 (1975) 177–192. 许多地方存在例外。托斯卡纳似乎逃过了这一次大饥荒，但几年之后却遭遇了重创。

2 Ian Kershaw, "The Great Famine and Agrarian Crisis in England, 1315–1322," *Past & Present* 59 (1973) 3–50; Elisabeth Carpentier, "Famines et epidemies dans l'histoire du XIVᵉ siècle," *Annales* 17 (1962) 1062–1092; David Herlihy, "Population, Plague, and Social Change in Rural Pistoia, 1201–1430," *Economic History Review*, 2d ser. 18 (1965) 225–244; H. S. Lucas, "The Great European Famine of 1315–1317," *Speculum* 15 (1930) 343; H. V. Weveke, "La famine de l'an 1316 en Flandre et dans les regions voisines," *Revue du Nord* 41 (1950) 5.

   从 1250 年到 1430 年，每十年一计的、关于农业收获时工人饮食的定量研究，参见 Christopher Dyer, "Changes in Diet in the Late Middle Ages: The Case of Harvest Workers," *Agricultural History Review* 36 (1988) 21–37。

3 Lucas, "Great European Famine of 1315–1317," 61.

4 Ibid., 58.

5 Ibid., 57–58

6 Ibid., 66

7 A. R. Bridbury, "Before the Black Death," *Economic History Review* 2d ser. 30 (1977) 393–410.

8 J. R. Maddicott, "The English Peasantry and the Demands of the Crown, 1294–1341," *Past & Present supplement* 1 (1975), rpt. in T. H. Aston, ed., *Landlords, Peasants and Politics in Medieval England* (Cambridge, 1987), 285–359; E. Miller, "War, Taxation, and the English Economy of the Late Thirteenth and Early Fourteenth Centuries," in J. M. Winter, ed., *War and Economic Development* (Cambridge, 1975); J. O. Prestwich, "War and Finance in the Anglo-Norman State," *Royal Historical Society Transactions* 5th ser. 4 (1954) 19–44; K. B. McFarlane, "War, the Economy, and Social Change," *Past & Present* 22 (1962) 3–35.

9 这是居伊·布瓦的结论，他绝非马尔萨斯主义模型的拥趸。他写道："有土地的庄园收入下降的过程，与人口的动态步调颇为一致。"对于小贵族尤其如此；大庄园主的情况要好得多。布瓦观察后认为："一方面，庄园垄断规费和什一税的特权地位十分明显。他们的收入对于来自四面八方的蚕食鲸吞都颇有抵抗力。他们甚至从 13 和 16 世纪的物价上涨中获益。另一方面，小地主收入中最大的部分就来自他们的农民佃户缴纳的地租。"参 见 The Crisis of Feudalism: Economy and Society in Eastern Normandy c. 1300–1500 (1976; Cambridge, 1984), 221, 236–237。

10 Edouard Perroy, "Les crises du XIVᵉ siècle," *Annales* 4 (1949) 167–182; R. H. Hilton, "Y eut-il une crise générate de feodalité?" *Annales* 6 (1951) 23–30; Robert Boutrouche, *La crise d'une societé* (Paris, 1947). A popular account appears in Barbara Tuchman, *A Distant Mirror: The Calamitous Fourteenth Century* (New York, 1978), 这是一份以法国骑士 Euguerrand de Coucy VII 为中心的军事和政治事件的生动记载。

11 Philip Ziegler, *The Black Death* (New York, 1969) 35.

12 Colin McEvedy and Richard Jones, *Atlas of World Population History* (New York, 1978), 24–25.

13 居伊·布瓦相信：这些"价格剪刀差"是"一种封建经济独有的价格动态的原始形式"。这种解读是他对"封建主义危机"马克思主义分析的核心。但是，类似的剪刀差动态还出现在了其他几次巨浪的波峰期，并且对哪一次都非绝无仅有。更进一步说，危机中的这些波动不适合与马克思主义的生产阶段论相联系，除非彻底改变其分类方式。这是一个诠释的机会，有待于后马克思主义历史学家们的进一步解读。参见 Bois, *Crise du feodalisme*, 92。

文艺复兴均衡期，1400—1470

1 关于当时情境的文章，参见 R. S. Lopez and H. A. Miskimin, "The Economic Depression of the Renaissance," *Economic History Review* 2nd ser. 14 (1962) 408–426; Leopold Genicot, "Crisis: From the Middle Ages to Modern Times," *Cambridge Economic History of Europe*, 1, 678–694。

2 这一结论来自 David Herlihy, *Medieval and Renaissance Pistoia: The Social History of an Italian Town, 1200–1430* (New Haven, 1967); 以 及 同 前, "Population, Plague, and Social Change in Rural Pistoia," *Economic History Review* 2d ser. 18 (1965) 225–244。

3 Tuchman, *Distant Mirror*, 166.

4 C. A. Christensen, "Aendringerne i landsbyens oslashkonimiske og sociale strukur i det 14 og 15 århundrede," *Historisk Tidsskrifft* 12 (1964) 346.

   这是德国学者所谓的"荒地问题"，它是许多欧洲国家历史编纂学的一个主要问题。问题部分在于：有多少村庄是被居民废弃的，以及精确的荒废时间。参见 Maurice Beresford and John B. Hurst, *Deserted Medieval Villages* (London, 1971); A. Holmsen, "Desertion of Farms around Oslo in the late Middle Ages," *Scandinavian Economic History Review* 10 (1962) 165; Wilhelm Abel, *Die Wüstungen des ausgehenden Mittelalters* (2d ed., 1955); J. F. Pesez and E. Le Roy Ladurie, "Les villages desertes en France: Vue d'ensembles," *Annales* 20 (1965) 257。

5 这个课题上的权威著作，参见 John Day, "The Great Bullion Famine of the Fifteenth Century," *Past & Present* 29 (1978) 3–54; 夹在许多其他论文中的重印版，参见他的 *The Medieval*

Market Economy (Oxford, 1987)。

6　根据温切斯特主教们的不动产中得来的证据，小麦价格（单位：格令白银 / 夸脱小麦）
变动如下：

	时期	小麦价格以每夸脱价值多少格令的白银计算（1310—1319=100）
1300—1319	1734	100
1320—1329	1547	90
1340—1359	1372	79
1360—1379	1308 ?	89
1380—1399	1113	65
1400—1419	1188	68
1420—1439	1107	64
1440—1459	926	53
1460—1479	812	47

　　来源：M. M. Postan, "Some Economic Evidence of Declining Population in the Later Middle Ages," 226。

7　N. J. Mayhew, "Numismatic Evidence and Falling Prices in the Fourteenth Century," *Economic History Review* 2d ser. 27 (1974) 1–15; H. A. Miskimin, "Monetary Movements and Market Structure—Forces for Contraction in Fourteenth- and Fifteenth-Century England," *Journal of Economic History* 2d ser. 24 (1964) 470–490; J. Schreiner, *Pest og prisfall i Senmiddelalderen* (Oslo, 1948); H. van Werveke, "Essor et déclin de la Flandre," in *Studi in onore di Gino Luzzato* (Milan, 1950).

8　Herlihy, *Medieval and Renaissance Pistoia*; Beveridge, "Wages inthe Winchester Manors"；同前，"Westminister Wages in the Manorial Era"；D. Woodward, "Wage Rates and Living Standards in Pre-Industrial England," *Past & Present* 91 (1981) 28–46。

　　黑死病之后劳动力市场发生质变的重要新证据，参见 Dyer, *Standards of Living*, 222–33, 以及 Simon A. C. Penn and Christopher Dyer, "Wages and Earnings in Late Medieval England: Evidence from the Enforcement of the Labour Laws," *Economic History Review* 2d ser. 43 (1990) 356–376。

9　Samuel Cohn, *The Laboring Classes of Renaissance Florence* (New York, 1980); Richard C. Trexler, *The Spiritual Power: Republican Florence under the Interdict* (Brill, 1974).

10　E. Powell, *The Rising in East Anglia in 1381* (Cambridge, 1896).

11　Postan, *Medieval Economy and Society*, 173; H. L. Gray, "The Commutation in Villein Services in England before the Black Death," *English Historical Review* 29 (1914) 625–656; R. H. Hilton, "Freedom and Villeinage in England," *Past & Present* 31 (1965) 3–19; T. W. Page, *The End of Villeinage in England* (New York, 1900).

12　Herlihy, *Medieval and Renaissance Pistoia*, 146–147.

13　多年来，文艺复兴都被认为是高度繁荣的产物。这个观念受到了 R. S. 洛佩兹和 H. A. 米斯基明的挑战，他们认为，文艺复兴时期实际上是一段经济萧条期。洛佩兹—米斯基明模型符合 1348 年到 1405 年这段时期意大利的状况，也符合 15 世纪早期欧洲北部的现实。但更恰当的理解是：15 世纪的意大利文艺复兴是一段经济均衡期，物价相对稳定，租金和利息下降，薪酬上涨。这段均衡期成了文艺复兴的重要依托；参见 Lopez and H. A. Miskimin, "Economic Depression of the Renaissance"；Carlo M. Cipolla, "Economic Depression of the Renaissance?" with rejoinders by Lopez and Miskimin, *Economic History Review* 2d ser. 16 (1964) 519–529; C. Barbagallo, "La crisi economico-sociale dell'Italia della Renascenza," *Nouva Rivista Storica* 34 (1950) and 35 (1951)。关于财政动态，参见 Josef Rosen, "Prices and Public Finance in Basel, 1360–1535," *Economic History Review*, 2d ser. 25 (1972) 1–17。

14 Bois, *Crise du feodalisme*, 284–308.

15 M. M. Postan, "The Fifteenth Century," *Economic History Review* 9 (1938–1939) 160–167; Perroy, "Les Crises du XIVᵉ siècle"。

16 一项研究显示：法国鲁昂手工业工人的薪酬从 1399—1407 年间的二十便士涨到了 1469—1478 年间的二十七便士；在同一时期，泥瓦匠的薪酬从两先令六便士涨到了四先令或四先令六便士。与此同时，谷物价格与工作小时数的比值，也下降了 40%~50%。参见 Guy Bois, "La prix du froment à Rouen au XVᵉ siècle," *Annales* 23 (1968) 1262–1282。关于英格兰，参见 J. Hatcher, *Population and the English Economy* (London, 1977)。

17 地中海沿岸这个繁荣时期要归功于怡人的气候条件，但气候条件在该地区曾经历过巨变。西班牙、意大利、希腊和土耳其的领土，如今都因阳光充足而十分干燥，但在 15 世纪时却较为湿润，这是大气环流系统的变化所致。降雨方面的微小变化，对于环境的承载能力有着巨大的影响。参见 J. Vicens Vives, *Manual de historia economica de España* (Barcelona, 1959)。

18 八十七万人死亡的估计，出自 Theodoros Spandugino 的判断，也被下列著作所采纳：Franz Babinger, *Mehmed the Conqueror and His Time* (Princeton, 1978), 431。一份生动的调查研究，见 Lord Kinross, *The Ottoman Centuries; The Rise and Fall of the Turkish Empire* (New York, 1977)。

19 这个过程据说始于 1405 年，随后威尼斯夺取了帕多瓦、贝萨诺、维琴察和维罗纳；1484 年，他们又将触角伸到了罗维戈的属地；此后，威尼斯的疆域没有多少改变，直到 1797 年，威尼斯共和国被拿破仑征服。

20 Lane, Venice, 289.

21 De Roover, *Rise and Decline of the Medici Bank*; Richard A. Goldthwaite, *The Building of Renaissance Florence: An Economic and Social History* (Baltimore, 1980), 29–66; 同前, *Private Wealth in Renaissance Florence* (Princeton, 1968)。

22 Goldthwaite, *Building of Renaissance Florence*, 328–329; 同前, "I prèzzi del grano a Firenze dal XIV al XVI secolo," *Quaderni Storici* 28 (1975) 5–36。

23 Pico della Mirandola, "Oration on the Dignity of Man," in Ernst Cassirer, Paul Oscar Kristeller, and John Herman Randall, Jr., eds., *The Renaissance Philosophy of Man* (Chicago, 1948), 225.

24 汉斯·巴龙论述道：格雷戈里奥·达蒂、列奥纳多·布鲁尼和波焦·布拉乔利尼的作品全都显示了"那种生发出均衡观念和权力制衡观念的思想态度——就这样，以佛罗伦萨城为几何中心的周边广大乡村地区，迎合了对'完美城市'这一理想的殷切期望，也体现了所谓文艺复兴的'几何精神'"。参见 Baron, *The Crisis of Early Italian Renaissance*

(2d ed., New York, 1966), 202。他对日期的探讨从 xxv 页开始。其他学者比巴龙更早引入了这样的诠释，参见 William Shepherd, *The Life of Poggio Bracciolini* (Liverpool, 1837), 458–461。不过，巴龙对其进行了全面的发展。

第二次浪潮

16世纪价格革命

1　Livy, *History*, 45.40.1ff.

2　从 1434 年到 1471 年，美第奇家族在建筑、慈善和税收上花费了 663755 弗罗林，家庭支出没有计入。1471 年到 1491 年间的花钱速度也很快，而科西莫甚至比洛伦佐更加慷慨。De Roover, *Rise and Decline of the Medici Bank*, 371n.

3　Francesco Guicciardini, *The History of Florence* (New York, 1970), 68–69. 这部作品写于 1508 年到 1509 年间，但在 19 世纪才首次得以出版。

4　Ibid., 69.

5　Richard C. Trexler, *Public Life in Renaissance Florence* (New York, 1980), 452; de Roover, *Rise and Decline of the Medici Bank*, 371.

6　Trexler, *Public Life in Renaissance Florence*, 458.

7　D. Weinstein, *Savonarola and Florence: Prophecy and Patriotism in the Renaissance* (Princeton, 1970)

8　Roberto Ridolfi, *The Life of Girolamo Savonarola* (New York, 1959), 184.

9　同上，191.

10　Girolamo Savonarola to Alberto Savonarola, 24 July 1497, 同上，207.

11　Pasquali Villari, *Life and Times of Girolamo Savonarola* (London, 1888), 758.

12　Ferdinand Schevill, *Medieval and Renaissance Florence* (1936, New York, 1965), 456.

13　Ingrid Hammarström, "The 'Price Revolution' of the Sixteenth Century: Some Swedish Evidence," *Scandinavian Economic History Review* 5 (1957) 118–154.

14　Georg Wiebe, in *Zur Geschichte der Preisrevolution des XVI und XVII Jahrhunderts* (Leipzig, 1895). 这部关于"16 世纪价格革命"的历史著作篇幅很长。在这个问题上，它受到美国经济学家厄尔·汉密尔顿的货币主义观念的强烈影响，汉密尔顿认为，价格革命的原因是美洲金银大量流入欧洲。汉密尔顿的研究参见 *American Treasure and the Price Revolution in Spain*, 1501–1650 (Cambridge, Mass., 1934); 以及 *Money, Prices and Wages in Valencia, Aragon and Navarre, 1651–1800* (Cambridge, Mass., 1947)。

　　这种货币主义模式，起初被经济史学家和社会史学家广泛接受。费尔南·布罗代尔在他的鸿篇巨制《腓力二世时代的地中海和地中海世界》(1946) 中热忱（我们会看到，这是错误的）地写道："毫无疑问，金银从新世界流入……从美洲流入的贵金属曲线与贯穿 16 世纪的价格曲线之间的巧合之处是如此清晰可见，两者之间似乎真有一种实在的、机制性的联系。"

在布罗代尔写下如上语句之后，主流历史观念却摆脱了这个论点。一位历史学家甚至质疑 16 世纪是否真的发生过一场价格革命。卡洛·奇波拉认为，16 世纪的通胀并不比他所谓的"货币稳定的世纪"（即 1791 年到 1912 年）高很多，参见 Carlo Cipolla, "The So-Called 'Price Revolution': Reflections on the 'Italian Situation,'" in Peter Burke, ed., *Economy and Society in Early Modern Europe; Essays from Annales* (New York, 1972), pp. 42–46。这一错误结论的根源是年代错误。奇波拉定义的"货币稳定的世纪"不仅包括维多利亚均衡期，而且包括 18 世纪巨浪的巅峰期以及 20 世纪浪潮的初期。更有甚者，他对 16 世纪价格革命的这种界定，排除了最重要的通胀阶段之一。这些错误被纠正过来后，奇波拉的论断也就不攻自破了，而"所谓的"16 世纪价格革命却经受住了他的怀疑，从而幸存了下来。

这个领域晚近的历史学家中，多数人接受了价格革命的事实描述，但在不同程度上挑战了汉密尔顿的货币主义解释。这些修正性的著作收录在两本文集中，即 Peter Burke and Peter Ramsay, *The Price Revolution in Sixteenth-Century England* (London, 1971)。尤其有用的是 C. Verlinden、J. Craeybeckx 和 E. Scholliers 关于比利时价格革命的论文，Stanislas Hoszowski 关于奥地利、南斯拉夫和波兰的文章，Z. P. Bach 关于匈牙利的论著，以及 Marian Laowist 关于整个欧洲经济动态的著述。其中最有帮助的文章之一是 Ingrid Hammarström 的杰作"The 'Price Revolution' of the Sixteenth Century: Some Swedish Evidence," *Scandinavian Economic History Review* 5 (1957) 118–154。此外有价值的还有 J. Nadal Oiler, "La revolución de los precios españoles en el siglo XVI," *Hispania* 19 (1959) 503–529; J. H. Elliott, *The Old World and the New, 1492–1650* (Cambridge, 1970), pp. 54–78, 对于价格革命的当代理解的问题，此书尤其有见地；以及 Perez Zagorin, *Rebels and Rulers, 1500–1600* (2 vols., Cambridge, 1982), 1, 122–139。

最佳的综述依然是 Fernand P. Braudel and Frank C. Spooner, "Prices in Europe from 1450 to 1750," in E. E. Rich and C. H. Wilson, eds., *The Cambridge Economic History of Europe,* vol. 4, *The Economy of Expanding Europe in the Sixteenth and Seventeenth Centuries,* (Cambridge, 1967), 378–486。这篇作品修正了布罗代尔自己早前的观点。另一项堪比汉密尔顿的重要论文，即 Michel Morineau, *Incroyables gazettes et fabuleux métaux; Les retours des trésors américains d'après les gazettes hollandaises* (XVIe-XVIIIe siècles) (Paris and London, 1985); 同前，"Des métaux précieux américains et de leur influence au XVIIe et XVIIIe siècle," *Bulletin de la societé d'histoire moderne et contemporaine XV* (1977) 2–95; 以及同前，"Histoire sans frontières: prix régionaux, prix nationaux, prix internationaux," *Annales E.S.C.* 24 (1969)。

15 Deane, "Inflation in History," 3; 古尔德计算：英格兰的白银价格在 1540 年到 1640 年间增长到了原先的三倍——年涨幅为 1.1% 的几何级数增长。其他估算结果略高。参见 J. D. Gould, "The Price Revolution Reconsidered," *Economic History Review* 2d ser. 17 (1964) 249–266。

16 读者会在这些数据中看到"三角旗形态（pennant pattern）"，这在股票价格中很常见。关于旗形和三角旗形态的探讨，参见 John Downes and Jordan Elliot Goodman, *Barron's Finance and Investment Handbook* (Woodbury, N.Y., 1986), 269, 387。

17 1538 年堂区注册登记制度发展起来之前，英格兰的人口历史缺乏可靠的数量证据。但是对于总体趋势已有公论，而对于转折点则依然存在争议。许多年前，波斯坦的估计依然看似正确。参见 E. A. Wrigley and R. S. Schofield, *The Population History of England, 1541–1871* (Cambridge, 1981), 566; Cornwall, "English Population in the Early Sixteenth

Century," 32–44; M. M. Postan "Some Economic Evidence of Declining Population," 11。

18　居伊·布瓦估计：在 16 世纪早期和中期的诺曼底，结婚年龄的中位数在二十一到二十二岁之间，比 17 世纪的法国同期水平要低得多，城市和乡村都是如此；Hajnal 的观点仍需在这个时期得到验证；参见 Bois, *Crise du Feodalisme*, 330–331。

19　意大利城邦出现了人口普遍快速增长的迹象，以下是各种文献对那里的家庭规模的估计：

年份	维罗纳	佛罗伦萨	巴勒莫	阿雷佐	普拉托	博洛尼亚
1380		3.7				
1395	3.7					3.5
1425	3.7					
1427		3.8			3.5	3.7
1456	5.2					
1470		4.6				
1479			4.9			
1502	5.9					
1551		6.4				
1561		7.3				
1591			6.8			

　　资料来源包括 David Herlihy, "The Population of Verona in the First Century of Venetian Rule," in J. R. Hale, ed., *Renaissance Florence* (London, 1973), 91–120; 关于人满为患的抱怨，参见 Abel, *Agricultural Fluctuations*, 99。

20　Emmanuel Le Roy Ladurie, *The Peasants of Languedoc* (Urbana, 1974), 56.

21　第一个系统性地观察到相关价格模式的学者及其著作为 F. Simiand, *Recherches anciennes et nouvelles sur lemouvement général des prix du XVIe au XIXe siècle* (Paris, 1932)；这项发现被多次重述，并且是了解大浪潮结构的关键。一些人辩称：农产品价格快速上涨是因为"它们会最迅速地进入市场"。但较之工业制成品，情况并非如此，工业制成品同样受制于市场的力量。不同之处在于人口走势造成的需求差异，以及供应方的弹性不同。

22　我看到的唯一相反的发现，是在史蒂夫·拉帕波特对伦敦同业公会支付价格的出色研究中，他发现伦敦木柴捆的价格在 16 世纪上涨缓慢。结论是：原因可能是伦敦的人们转而用煤炭而非木柴做燃料；而煤炭进口在女王伊丽莎白一世统治时期增长了四倍。在英格兰的其他地区，木头涨价的速度比伦敦快三倍。参见 Steve Rappaport, *Worlds within Worlds: Structures of Life in Sixteenth-Century London* (Cambridge, 1989), 144–145。

23　Hoszowski, "Central Europe and the Price Revolution," 91.

24　霍索夫斯基记述道：在波兰，"从 1521—1530 年间直到 1550 年，物价不断上涨，当时它们已经达到了很高的水平。原因在于，波兰是最大的谷物出口国；这次上涨发生在美洲'财富'的侵入及随之而来的全欧洲大涨价之前。"Hoszowski, "Central Europe and the Sixteenth- and Seventeenth-Century Price Revolution," p. 91.

25　关于相关价格的问题，尤其参见 F. Simiand, *Recherches anciennes et nouvelles sur le mouvement general des prix du XVIe au XIXe siecle* (Paris, 1932), pp. 114–138。亦参见前文引用的汉玛斯特罗姆、布伦纳和古尔德的文章。

26 "An Act to Restrain the Carrying of Corn, Victuals and Wood over the Sea," in R. H. Tawney and Eileen Power, eds., *Tudor Economic Documents* (3 vols., London, 1924) I, 150–152.

27 在英格兰，一项关于物价和薪酬的研究得出了如下结果（1550 年 =100）：

年份	食物价格	技术工人薪酬	非技术工人薪酬
1550	100	100	100
1600	244	160	114
1650	316	226	171

这些数据来自 Y. S. Brenner, "The Inflation of Prices in England, 1551–1650," *Economic History Review* 15 (1962) 266–284；其他研究也得出了类似的结果。

28 研究价格一薪酬差异的生动著作，出自德国的学者们之手，尤其是 M. J. Elsas, *Umriss einer Geschichte der Preise und Löhne in Deutschland vom ausgehenden Mittelalter bis zum Beginn des neunzehnten Jahrhunderts* (Leiden, 1936–1949)，包含了对德国六个城市的一系列价格研究。几乎其他所有的研究也都展现了 16 世纪实际薪酬下降的情况；参见 Ramsay, *The Price Revolution in Sixteenth Century England, 14, 17; Abel, Agrarkrisen und Agrarkonjunktur*, pp. 129–131; E. Scholliers, *De Lebensstandaard in de XVe en XVe eeuw to te Anwerpen* (Antwerp, 1960); D. Bartolini, "Prèzzi e salari nel Commune di Portugruaro durante il secolo XVI," *Annali di Statistica* 2d ser., I (1878)。有一个少见的例外，来自韦尔兰当、克雷里贝克西和绍里耶的《比利时物价和薪酬动态》，他们认为，整个时期，薪酬都在生存线上方低空盘旋。

在薪酬动态的时间方面，霍索夫斯基还记述了东欧的变体。奥地利的薪酬在 16 世纪早期缓慢上涨，但随后加快。波兰的情况则相反：1550 年以前上涨相对较快，此后变得缓慢。霍索夫斯基总结道：总体而言，"劳动者的薪酬比粮食价格上涨得慢得多"。参见 Stanislas Hoszowski, "Central Europe and the Price Revolution," 92–93。

29 1530—1550 年间，安特卫普的短期商业贷款的市场利率在 4%~13%；这个世纪的后半段，低利息贷款趋于消失，利率保持在 7%~12% 之间。同样的情况也出现在法国里昂。给吝啬的王公诸侯们的贷款总是索费不菲。例如，富格尔家族向哈布斯堡家族放贷时，短期贷款利率高达 52%。

在另一个极端，高利贷法规和严格的市政规定使得年金的名义利率保持在很低的水平。但是，这些证券在交易时价格远远低于票面价格，很像今天债券市场中的高折扣证券。参见 Sidney Homer, *History of Interest Rates* (2d. ed., New Brunswick, 1977), 104–132。

30 Eric Kerridge, "The Movement of Rent, 1540–1640," *Economic History Review*, 2d ser., 6 (1953–54) 16–34.

31 Ibid., 16.

32 Ibid.

33 Hoszowski, "Central Europe and the Price Revolution," 97–98.

34 H. G. Koenigsberger, "Property and the Price Revolution (Hainault, 1474–1573)," *Economic History Review*, 2d ser., 9 (1956) 1–15.

35 维贝认为：欧洲的白银储备在 1544 年是 919 万公斤，1600 年是 2140 万公斤，1660 年是 3127 万公斤。同一时期，黄金的供应分别是 81.5 万公斤、119.2 万公斤和 158 万公斤。参见 G. Wiebe, *Zur Geschichte der Preisrevolution des XVI. und XVII. Jahrhunderts* (Leipzig,

1895), 260。布罗代尔和斯普纳用三种不同的方法估算，认为 1550 年世界贵金属的储备量是：黄金 3564.5 吨，白银 37427.3 吨（"Prices in Europe," 444）。

36　许多欧洲的价格序列显示：价格革命于 1470 年到 1510 年间的各个不同时间点开始，但美洲财富直到 1503 年才运抵欧洲，1526 年之后才开始快速和稳定地扩张。参见 Hamilton, *American Treasure*, 34–35; Y. S. Brenner, "The Inflation of Prices in Early Sixteenth Century England," *Economic History Review* 14 (1961) 225–239; 同 前, "The Inflation of Prices in England, 1551–1650," 同上，15 (1962) 266–284; C. E. Challis, "Spanish Bullion and Monetary Inflation in England in the Later Sixteenth Century," *Journal of European Economic History* 4 (1975) 381–392; R. A. Doughty, "Industrial Prices and Inflation in Southern England, 1401–1640," *Explorations in Economic History* 12 (1975) 177–192; J. Blum, "Prices in Russia in the Sixteenth Century," *Journal of Economic History* 16 (1956) 182–199; Hammarström, "The 'Price Revolution' of the Sixteenth Century: Some Swedish Evidence," 118–154。

37　美洲的大量白银是在 1580 年之后抵达西班牙的。1531 年到 1660 年的进口总量中，只有 15%（260 万公斤）是在 1531 年到 1580 年间这半个世纪运来的；大约 67%（1160 万公斤）是在 1581 年到 1630 年这五十年中运来的；17%（290 万公斤）是在 1630 年到 1660 年这三十一年间运来的；Vicens Vives, *An Economic History of Spain*, 323; 亦参见 J. Nadal Oller, "La revolutión de los precios españoles en el siglo XVI," *Hispania* 19 (1959) 503–529。

38　16 世纪英格兰价格水平和货币供应的变动节奏得到了细致而深入的研究。1542—1551 年间，在亨利八世和爱德华六世统治时期金银铸币双双经历了数次贬值；随后从 1551 年到 1560 年，白银铸币的数量屡次减少，而其中贵金属的含量被数次提高。参见 J. D. Gould, *The Great Debasement* (Oxford, 1970)。

　　在对单一货币主义模型最严格的历史核查中，这些插曲得到了细致的审视。这个核查的结果被认定为形成了"与基本假设的矛盾"，连安娜·施瓦茨这样笃定的货币主义者也是这样看的。她宣称：在 16 世纪的英格兰，物价的动态未能反映出"每单位产出的货币存量的运行动态"。"Secular Price Change in Historical Perspective," *Journal of Money, Credit and Banking* 5 (1973) 243–269.

　　类似的困境也出现在其他将物价动态与货币储备相联系的尝试中。关于法国和比利时，参见 J. Lejeune, *La formation du capitalisme moderne dans la principauté de Liège au XVIe siècle* (Liege, 1939), 196; 关于奥地利、波兰和波希米亚，参见 Stanislas Hoszowski, "Central Europe and the Sixteenth-Seventeenth Century Price Revolution," in Burke, ed., *Economy and Society in Early Modern Europe*, 94–95。甚至在西班牙，汉密尔顿自己也提到，16 世纪初，各条曲线走势发生了分歧；参见 *American Treasure*, 511。

　　米歇尔·莫里诺在一项极为重要的研究中发现，17 世纪晚期，美洲财富流入依然保持在高水平，但当时物价却在下降。参见 Morineau, *Incroyables gazettes et fabuleux métaux*, 563。

　　所有这些作者都得出了这样的结论：物价上涨与货币量有重要联系，尤其是美洲的财富。他们还一致认为：货币数量不是唯一的原因。除了汉密尔顿之外，所有人都认为，它不是最初的起因。许多人也相信，它不是最重要的原因。

39　这些测试的方法是由阿东·高杜斯和让娜·高杜斯在密歇根大学研发出来的，并且由一支法国团队在奥尔良的埃内斯特·巴伯隆中心对其进行了拓展。起初的测试是基于对波托西白银中黄金成分的分析；后来采用了一种中子活化分析方法来探寻铟元素的踪迹，它存在于安第斯山脉出产的白银中。

参见 Adon A. Gordus, Jeanne P. Gordus, Emmanuel Le Roy Ladurie and D. Richet, "Le Potosí et la physique nucléaire," *Annales E. S. C.* 27 (1972) 1235–1256; Adon A. Gordus and Jeanne P. Gordus, "Identification of Potosí Silver Usage in Sixteenth-Seventeenth Century European Coinage through Gold-Impurity Content of Coins," in W. L. Bischoff, ed., *The Coinage of El Perú* (New York, 1989) 21–22; 同前, "Potosí Silver and Coinage of Early Modern Europe," in Hermann Kellenbenz, ed., *Precious Metals in the Age of Expansion; Papers of the XIVth International Congress of the Historical Sciences* (Stuttgart, 1981) 225–242; Emmanuel Le Roy Ladurie et al., "Sur les traces de árgent du Potosí," *Annales E.S.C.* 45 (1990) 483–505; Dennis O. Flynn, "A New Perspective on the Spanish Price Revolution: The Monetary Approach to the Balance of Payments," *Explorations in Economic History* 15 (1978) 388–406。

40 J. D. Gould, "The Price Revolution Reconsidered," *Economic History Review*, 2d ser. 17 (1965) 249–266; Ingrid Hammarström, "The 'Price Revolution' of the Sixteenth Century," Y. S. Brenner, "The Inflation of Prices in Early Sixteenth Century England," 225–239; 同前, "The Inflation of Prices in England, 1551–1650," 266–284。

41 John U. Nef, "Silver Production in Central Europe, 1450–1618," *Journal of Political Economy* 20 (1941) 575–591. 有研究者大胆地把贵金属的历史放在全球背景下进行讨论，可见于 Frank C. Spooner, *The International Economy and Monetary Movements in France, 1493–1725* (Cambridge, Mass., 1972) pp. 9–86. 斯普纳总结道：黄金从 1400 年到 1450 年左右是欧洲的主流金属；白银从 1450 年开始直到 17 世纪早期占据统治地位；而此后，多元货币制度盛行，包括黄金、白银、铜和信用。斯普纳甄别出了从欧洲中部大量流入的白银，从非洲流入的黄金，从墨西哥和秘鲁流入的黄金和白银，从匈牙利、瑞典和日本流入的铜。随着每一种金属的供应量上升，其价格便下降，而其他金属的价格则以复杂的动态趋于上升。通过研究这些相关价格，斯普纳得以建立起一张相当精确的年代表，但关键货币的数量问题依然模糊不清，而周转率问题甚至更加棘手。

42 Blum, "Prices in Russia," 188.

43 弗兰克·斯普纳估算了法国的铸币数量，并且将它与 1520—1680 年间巴黎的小麦价格联系起来。结果极为有趣。小麦价格的年波动与每年铸币的数量没有密切关系。但是，当斯普纳比较物价与 1522—1680 年间每年铸币的移动平均值，他发现两个序列之间存在高度的关联性（大约 .70）。这种关联，在将总铸币量移动平均值向后拖五年的情况下，甚至显得更加密切。

    但我们的波动模型中最有趣的是：铸币与物价之间的关联系数在 1551—1610 年是最高的，在 1522—1550 年比较低且情况混杂，而在 1611—1680 年近乎消失。

    斯普纳的证据很复杂，而且对这些问题的诠释充满了困难。不过，两条总体结论浮出了水面。首先，货币供应的数量显然对法国的物价水平有影响。其次，这种影响不是始终一致的：它在价格革命的中期和后期最为强烈，也最一致，而在初期和最后阶段相对薄弱，且不稳定。

    斯普纳本人对这些研究结果的诠释多少有些前后不一，但与本书比较一致。"总体而言，"他写道，"对于铸币和物价这两个序列的比较，不能说展现了什么非常重要的关联性……另外，更长远地看，剧烈的价格变动时期与大举铸币的时期存在联系。这一点对于 16 世纪后半期的通胀依然大致上有效，当时铸币活动在 1587 年达到了顶峰。对于 1625—1657 年这段时期，它也依然成立，涵盖了 17 世纪三四十年代的大举铸币的活动……货币流动不是物价波动的全部原因；它们很重要，但它们的因果关联绝不可被夸大。在这个方面，保持谨慎的态度十分必要。"参见 Frank C. Spooner, *The International*

Economy and Monetary Movements in France, 1493–1725 (Cambridge, 1972), pp. 274–280。

44 Marjorie Grice-Hutchinson, *The School of Salamanca: Readings in Spanish Monetary Theory, 1544–1605* (Oxford, 1952), 91; H. Hauser, ed., *La response de Jean Bodin à M. de Malestroit, 1568* (Paris, 1932); 其他早期关于数量理论的表述包括 Noel du Fail, *Balivernes et contes d' Entrepal* (1548); Gomara, *Annals of the Emperor Charles V* (1557); [Thomas Smith?], *Discourse of the Common Weal* (London, 1581); Gerard de Malynes, *A Treatise of the Canker of England's Commonwealth* (London, 1601); 作者同前, *England's View, in the Unmasking of Two Paradoxes; with a Replication unto the Answer of Maister John Bodine* (London, 1603)。对于这些论著中的一些的探讨，参见 A. E. Munroe, *Monetary Theory before Adam Smith* (1923; New York, 1966); Claude Nicolet, "Les variations des prix et la 'théorie quantitative de la monnaie' à Rome, de Cicéron à Pline l' Ancien," *Annales E. S. C.* 26 (1971), 1203–1227。

45 Tawney and Power, *Tudor Economic Documents*, I, 74.

46 George Hakewill, *An Apologie or Declaration of the Power and Providence of God in the Government of the World* (2d ed., Oxford, 1630); 转引自 F. J. Fisher, "Influenza and Inflation in Tudor England," *Economic History Review* 2d ser. 18 (1965) 120–121.

47 John H. Elliott, *Imperial Spain, 1469–1716* (1963; New York, 1966), 205。

48 对于这项工作的概述性的论文，参见 Bob Scribner and Gerhard Benecke, *The German Peasant War of 1525—New Viewpoints* (London, 1979)。书中的十四篇文章多数出自年轻的德国学者，其中大多发现了农民战争与这次价格革命之间的密切联系。

49 Pieter Geyl, *The Revolt of the Netherlands, 1555–1609* (1932; 2d ed., London, 1966), 94.

50 这是三位重要历史学家的结论。"将 16 世纪的宗教或政治从经济要素中剥离，这种做法再也行不通了。"他们写道，并用证据证明"圣像破坏运动与谷物价格高昂之间有联系"。参见 Verlinden, Craeybeckx and Scholliers, "Price and Wage Movements in Belgium in the Sixteenth Century," 68。

51 Barry E. Supple, *Commercial Crisis and Change in England, 1600–1642: A Study in the Instability of a Mercantile Economy* (Cambridge, 1959).

52 布伦纳计算了英格兰谷物价格的十年平均数和方差，结果如下：

年代	平均值	标准方差
1451—1460	5.75	0.92
1461—1470	5.53	1.32
1471—1480	5.43	0.96
1481—1490	6.48	1.61
1491—1500	5.37	0.97
1501—1510	6.04	1.39
1511—1520	7.40	1.61
1521—1530	8.07	2.39
1531—1540	8.31	1.75
1541—1150	11.38	4.02

资料来源为 Y. S. Brenner, "The Inflation of Prices in Early Sixteenth Century England," 231–232。

53　Lane, *Venice*, 332.

54　这个论断来自 F. J. Fisher, "Influenza and Inflation in Tudor England," *Economic History Review* 2d ser. 18 (1965) 120–129。

55　在哈勒姆，荷兰学者 Lauris Jansz 撰写了一部戏剧作品，名曰《关于谷物》(*Van't Coren*)，标注日期为 1565 年 11 月 4 日，内容是对"垄断者"的愤怒抨击。参见 Verlinden, Craeybeckx and Scholliers, "Price and Wage Movements in Belgium in the Sixteenth Century," 67。

56　Blum, "Prices in Russia," 199.

57　Albert Feaveryear, *The Pound Sterling: A History of English Money* (2d ed., rev. by E. Victor Morgan, Oxford, 1963), 63.

58　R. B. Outhwaite, *Inflation in Tudor and Stuart England* (1969; 2d ed., 1982) 54; W. R. Scott, *The Constitution and Finance of English, Scottish and Irish Joint-Stock Companies to 1720* (3 vols., Cambridge, 1912) I, 78–85.

59　Jaime Vicens Vives, *An Economic History of Spain* (Princeton, 1969), 384.

60　J.H. Elliott, *Imperial Spain, 1469–1716* (New York, 1966), 207–208, 228, 260, 265, 283–284, 287, 329, 352; 亦参见他的 *The Old World and the New, 1492–1650* (Cambridge, England, 1970) 54–78。

61　Outhwaite, *Inflation in Tudor and Stuart England*, 45.

17世纪危机

1　参见 Eric Hobsbawm, "The Overall Crisis of the European Economy in the Seventeenth Century," *Past and Present* 5 (1954) 33–53; Trevor Aston, ed., *Crisis in Europe, 1560–1660* (London, 1965); Geoffrey Parker and Lesley M. Smith, eds., *The General Crisis of the Seventeenth Century* (London, 1978, 1985); Victor Skipp, *Crisis and Development: An Ecological Case Study of the Forest of Arden, 1570–1694* (Cambridge, 1978); Zagorin, *Rebels and Rulers*, especially I, 122–139; Theodore K. Rabb, *The Struggle for Stability in Early Modern Europe* (New York, 1975)。

2　关于这次价格革命何时达到最高潮，读者会在种种著述中发现不同的答案。René Baehrel 发现：普罗旺斯的物价在 16 世纪 90 年代停止了上涨并开始下降；参见 *Une croissance: La basse Provence rurale...* (Paris, 1961)。另外，Pierre Goubert 总结认为：在法国北部城市博韦，转捩点来得较迟，是在 17 世纪中期。斯普纳和布罗代尔提出，这场巨浪于 16 世纪 90 年代在欧洲南部、17 世纪第二个二十五年在欧洲北部达到了巅峰。本书搜集的证据显示：在许多地区还出现了双高峰，而且两个高峰都很高。

3　Supple, *Commercial Crisis and Change in England, 1600–1642*; 23, 52, 书中出处体现出这样的观点; J. D. Gould, "The Trade Depression of the Early 1620s," *Economic History Review* 2d ser. 7 (1954) 81–90; "The Trade Crisis of the Early 1620s and English Economic Thought," *Journal of Economic History* 15 (1955) 121–133。

4　勒罗伊·拉迪里发现"酒类作物收成迟延或大幅迟延"的情况出现在"连续七年中：1591—1597 年……如此看来，[16 世纪 90 年代] 是自 16 世纪以来最冷的十年"。Emmanuel Le Roy Ladurie, *Times of Feast, Times of Famine* (1967; New York, 1971), 67.

5　Gustaf Utterstrom, "Climatic Fluctuations and Population Problems in Early Modern

History," *Scandinavian Economic History Review* 3 (1955) 27–28.

6   Andrew Appleby, *Famine in Tudor and Stuart England* (Stanford, 1978), 133–154.

7   他还表示："近期的研究工作显示它的影响与饥荒是分不开的。" François Lebrun, "Les crises démographiques en France aux XVIIe et XVIIIe siècles," *Annales* 35 (1980) 205–225.

8   Parker and Smith, eds., *The General Crisis*, 10–11; Sancho de Moncada, *Restauración politica de España*, ed. J. Vilar (1619; 重印于 Madrid, 1974)。

9   Ruggiero Romano, "Between the Sixteenth and Seventeenth Centuries: The Economic Crisis of 1619–22," in Parker and Smith, eds., *General Crisis* 165–225; Huguette and Pierre Chaunu, *Séville et l' Atlantique (1504–1650)* (7 vols., Paris, 1955–1957); Nina Ellinger Bang, *Tabeller over Skibsfart og Varentransport gennem Oresund, 1497–1660* (3 vols., Copenhagen, 1906–1923); F. C. Lane, "La marine marchande et le trafic maritime de Venise . . .," in *Les Sources de l' histoire maritime...* (Paris, 1962); Supple, *Commercial Crisis and Change in England, 1600–1642*; S. C. van Kampen, *De Rotterdamse particuliere Scheepsbouw in de tijd van de Republiek* (Assen, 1953); J. C. van Dillen, *Bronnen tot de Geschiedenis van het Bedrijfsleven en het Gildewezen van Amsterdam* (2 vols., The Hague, 1929–1933).

10   *Cambridge Economic History of Europe*, IV, 42.

11   *Cambridge Economic History of Europe*, IV, 44.

12   一些学者相信，战争可以刺激经济增长；另一些人则持相反的观点。参见 Braudel, *Mediterranean*, 1:409; John U. Nef, "War and Economic Progress, 1540–1640," *Economic History Review* 12 (1942) 13–38; 同前，*War and Human Progress* (Cambridge, Mass., 1950); Niels Steensgaard, "The Seventeenth-century Crisis," Parker and Smith, eds., *The General Crisis of the Seventeenth Century*, 26–56, 39; originally published as "Det syttende Arhundredes Krise," *Historisk Tidsskrift* 12 (1970) 475–504。

13   Steensgaard, "Seventeenth Century Crisis," 42.

14   R. Pillorget, *Les mouvements insurrectionnels de Provence...* (Paris, 1975); 多数学者一致认为：经济上的苦难遭遇是这些动态的核心要素，常常与其他政治或宗教性的问题相结合，一同发挥影响。R. Mousnier, *Peasant Uprisings* (London, 1971).

15   Rabb, *Struggle for Stability*, 38.

16   Parker and Smith, *General Crisis*, 17.

启蒙运动均衡期，1660—1730

1   对这些证据最好的观察，依然来自 Abel, *Agrarkrisen und Agrarkonjunktur*, 152–181。但是阿贝尔所谓的停滞和萧条，更准确的理解可能是均衡期。他研究课题时，采取的是地主阶级的视角。其他人可能有着不同的经历。

2   Ibid.，166.

3   Phelps-Brown and Hopkins, "Seven Centuries of the Prices of Consumables, Compared with Builders' Wage-Rates," 196–315.

4   D'Avenel, *Histoire économique de... tous les prix en general*, 3:508. 这部开拓性作品中提供的证据遭到了批评，并且如今价格编纂的技巧在很多方面都精进许多。但达弗内尔的概括性结论大致上被后来研究所印证。

5 H. J. Habakkuk, "The Long-Term Rate of Interest and the Price of Land in the Seventeenth Century," *Economic History Review* 1 (1952–1953) 27.

6 Homer, *History of Interest Rates*, 142, 155.

7 Ibid., 305.

8 A. J. S. Gibson and T. C. Smout, *Prices, Food, and Wages in Scotland, 1550–1780* (Cambridge, 1995) 170; E. Jutikkala, "The Great Finnish Famine in 1696–7," *Scandinavian Economic History Review* 3 (1955) 48–63; R. E. Tyson, "Famine in Aberdeenshire, 1695–1699: Anatomy of a Crisis," in D. Stevenson, ed., *From Lairds to Louns: County and Burgh Life in Aberdeen, 1600–1800* (Aberdeen, 1986), 32–51.

9 Emmanuel Le Roy Ladurie, Paysans de Languedoc (Paris, 1966, 1969), 290–291, tr. by John Day as *The Peasants of Languedoc* (Urbana, 1974), 244. 为什么法国比英格兰受灾更重？阿普尔比（Appleby）发现，在法国大多数谷物价格倾向于同步波动，但是在英格兰，它们很少像一个整体似的同涨同跌。他总结认为，英格兰农业比法国更具多样性，也很可能是因为英格兰的人均收入较高，挣扎在生存线附近的人比法国少。

10 "短缺"的历史，参见 Levasseur, *Les prix aperçu de l'histoire économique*, appendix。

11 莫里诺写道："不能再像过去记述的那样，将 17 世纪后半叶看作一个荒芜贫乏、缺金少银的时期。" Morineau, *Incroyables gazettes*, 566. 莫里诺关于美洲财富流入欧洲的数据序列，参见该书第 563 页，以及 "Des métaux prècieux américains"。

12 Voltaire, *The Age of Louis XIV*, tr. Martyn P. Pollack (London, 1962), 349; Ernest Labrousse et al., *Histoire économique et sociale de la France*, vol. 2, *Les derniers temps de l'age seigneurial aux préludes de l'age industriel (1660–1789)* (Paris, 1970), 393–395.

13 关于汇票，参见 Raymond De Roover, *L'évolution de lalettre de change* (Paris, 1952); John J. McCusker, *Money and Exchange in Europe and America, 1600–1775: A Handbook* (Chapel Hill, 1978), 19。

14 Louis Dermigny, "Circuits de l'argent et mileux d'affaires au XVIIIᵉ siècle," *Review Historique* 112 (1954) 239–278; 以及同前，"Une carte monetaire de la France au XVIIIᵉ siècle," *Annales E.S.C.* 10 (1955) 480–493; McCusker, *Money and Exchange in Europe and America, 1600–1775* 87; Fernand Braudel and Frank C. Spooner, "Prices in Europe from 1450 to 1750" in E. E. Rich and C. H. Wilson, eds., *The Cambridge Economic History of Europe*, vol. 4, *The Economy of Expanding Europe in the Sixteenth and Seventeenth Centuries*, (Cambridge, 1967), 378–486。

15 Wrigley and Schofield, *Population History of England, 1541–1871*, appendix A.3.

16 对英格兰、法国、低地国家、斯堪的纳维亚半岛、德意志和意大利超过两百个家庭重建项目证据的总结，参见 Michael W. Flinn, *The European Demographic System, 1500–1820* (Baltimore, 1981), 102–137。

17 Albert Soboul, Guy Lemarchand, and Michele Fogel, *Le siècle des lumières* (2 vols., Paris, 1977), 1:230–279; 尤其是该书第四章，"l'apparente stabilité agricole"。

18 加拿大经济学家哈罗德·英尼斯（Harold Innis）是最早作出这种解释的人之一：之所以如此，是因为当劳动力和资本从欧洲转移到美洲时，边际回报增加了。例如，从北海移居大浅滩（位于加拿大东部的纽芬兰岛南部，是著名的渔场。——译者注）后，一位渔夫的固定单位的劳动会变得更有生产效率。类似的情况也出现在农业、采掘工业和商业与制造业的许多分支上。

19　普拉姆将这次大转变的日期标注为"非常接近于 1700 年"。其他学者发现它开始于 1660
　　年的英国王政复辟时期，或是 1688 年的光荣革命时期。将普拉姆教授的类比精炼化就是：
　　在一系列的冻结与消融中，水结为冰。参见 J. H. Plumb, *The Growth of Political Stability
　　in England, 1675–1725* (Harmondsworth and Baltimore, 1967), 13。

20　Alekssandr A. Kizevetter, "Portrait of an Enlightened Autocrat," in Mare Raeff, ed.,
　　Catherine the Great: A Profile (New York, 1972), 3.

21　他将这段时期的日期标注为法兰西学院建立的那一年（1635）或路易十四出生的那一年
　　（1639）；Voltaire, *Essai sur les moeurs et l'esprit des nations* (Paris, 1756)，这部作品的最
　　后一部分称为《路易十四时代》(London, 1926), 2。

22　Edward Gibbon, *Autobiography*, ed. M. M. Reese (London, 1970), 15.

23　启蒙运动早期的理性主义在 20 世纪遭到犬儒主义者、怀疑论者和相对主义者的嘲弄，
　　在展现 18 世纪对理性至上力量的信仰的矛盾方面，这些人有着一种偏执的快感。启蒙
　　运动的思想家们，如果来到我们的时代，就会遭到这种态度的对待。他们必然会迅速指
　　出为人类事务无所不在的非理性而说理的荒谬之处，以及用经验性证据支撑激进的怀疑
　　主义和历史相对主义教条的流行学术产业是多么的昏庸愚昧。

24　C. B. A. Behrens, *Society, Government, and the Enlightenment: The Experiences of
　　Eighteenth-Century France and Prussia* (London, 1985), 160.

25　Patrick Chorley, *Oil, Silk, and Enlightenment: Economic Problems in Eighteenth-Century
　　Naples* (Naples, 1965), 9.

26　Jean Ehrard, *L'idée de nature en France a l'aube des lumières* (Paris, 1963; édition
　　Flammarion, 1970), 43.

第三次浪潮

18世纪价格革命

1　Pierre Gaxotte, *Paris au XVIIIe siècle* (Paris, 1968); Leon Bernard, *The Emerging City: Paris
　　in the Age of Louis XIV* (Durham, 1970); Orest Ranum, *Paris in the Age of Absolutism: An
　　Essay* (New York, 1968); Jean Aymar Pignaniol de la Force, *Description de Paris* (8 vols., Paris,
　　1742); Robert Henard, *La rue Saint-Honoré* (2 vols., Paris, 1908); A. de Boislisle, "Notice
　　historiques sur la place des Victoires et sur la place Vendôme," *Memoires de la Societé de
　　l'histoire de Paris et de l'Ile-de France* 15 (1888).

2　Edmond Jean François Barbier, *Chronique de la régence et du règne de Louis XV, 1718–1763* (8
　　series in 123 parts, Paris, 1857) II, 80.

3　在巴黎，转折点早在 1710 年就出现了，参见一组物价序列：Jean Tits-Dieuaide, "L'evolution
　　du prix du blé dans quelques villes d'Europe occidentale du XVe au XVIIIe siècle," *Annales E.
　　S. C.* 42 (1987) 529–548。其他价格史学家则将转折点放在 1729 年或这一年的前后。

4　同上，figure 1, p. 543; Anne Bezanson et al., *Prices in ColonialPennsylvania, 1720–1775*
　　(Philadelphia, 1935) 422–424; Phelps-Brown and Hopkins, *Perspective of Wages and Prices*,

30。在不同的价格序列中，18 世纪价格革命的转捩点是不同的，因商品、货币、方式和地点而异。总体而言，以名义货币计算的城市谷物价格，转折出现的日期较早。对于以白银等货物计价、混合多种商品价格的乡村物价，转捩点来得稍迟。

5　B. A. Holderness, "Prices, Productivity, and Output," in Joan Thirsk, ed., *The Agrarian History of England and Wales, vol. 6, 1750–1850* (Cambridge, 1989), 84–274; A. H. John, "Statistical Appendix," ,973–1155; Peter J. Bowden, "Agricultural Prices, Wages, Farm Profits, and Rents," vol. 5.2, 1640–1750, (Cambridge, 1985), 84–274; "Statistics," 827–902; Abel, *Agrarkrisen und Agrarkonjunktur* appendix.

6　Winifred Rothenberg, *From Market Places to a Market Economy; The Transformation of Rural Massachusetts, 1750–1850* (Chicago, 1992); 同前, "The Market and Massachusetts Farmers, 1750–1855," *Journal of Economic History* 41 (1981) 283–314; 同前, "A Price Index for Rural Massachusetts, 1750–1855," 同上, 39 (1979) 975–1001; 关于英国军官的钱和"簿记易货", 参见 W. T. Baxter, *The House of Hancock: Business in Boston*, 1724–1775 (Cambridge, 1945), 15, 17–21。

7　F. Ouellet and J. Hamelin, *Le mouvement des prix agricoles dans la province de Quebec* (1760–1815) n.p., n.d.; 同前, "La crise agricole dans le Bas-Canada," *Etudes Rurales* 7 (1962) 36–57; John H. Coatsworth, "Economic History and the History of Prices," in Lyman L. Johnson and Enrique Tandeter, eds., *Essays on the Price History of Eighteenth-Century Latin America* (Albuquerque, 1990), 22。

　　鲁杰罗·罗马诺对拉丁美洲证据提出了一种不同的解读："伊比利亚美洲与欧洲存在一种相反的价格动态。"约翰逊和唐戴特的证据更加混杂，并且他们提出存在一种欧洲和北美情况的变体。参阅 Ruggiero Romano, "Movimento de los precios y desarrollo económico: El caso de Sudamérica en el siglo XVIII," *Desarrollo Económico* 3 (1963) 31–43; 以及同前, "Some Considerations on the History of Prices in Colonial Latin America," in Johnson and Tandeter, eds., *Essays on the price History of Eighteenth-Century Latin America*, 35–71。

8　M. Cartier, "Notes sur l'histoire des prix en Chine du XIVᵉ au XVIIᵉ siècle," *Annales E.S.C.* 24 (1969) 1876–1889; 同前, "Les importations de métaux monetaires en Chine: Essai sur la conjoncture chinoise," 同上, 36 (1981) 454–466; P. Liu and K. Huang, "Population Change and Economic Development in Mainland China since 1400," in C. Hou and T. Yu, eds., *Modern Chinese Economic History* (Taipei, 1977), 61–81。

9　英格兰木炭价格从 1687 年的每查尔特隆（旧时英国容量单位，大部分资料认为约在 1.3 立方米左右。——译者注）21 先令涨到了 1813 年的 82 先令。小麦从 1731 年的 21 先令涨到了 1800 年的 126 先令，1812 年时甚至更高。关于相关价格和 18 世纪能源价格的上涨，参见 Beveridge, *Prices and Wages in England from the Twelfth to the Nineteenth Century*, 434–436。

　　在法国，相关价格的情况也大体相同。在木柴的问题上，拉布鲁斯写道："这次长期增长是我们看到的 18 世纪产品市场上最高的：达到了 91%……这次巨大的增幅在很大程度上似乎归因于大规模的毁林行为。"参见 C. E. Labrousse, *Esquisse du mouvement des prix et des revenus en France au XVIIIe siècle* (2 vols., Paris 1933), and *La crise de l'économie française a la fin de l'ancien régime et au debout de la Revolution* (Paris, 1944), 343–347。

10　有人可能会注意到：农产品相关价格似乎与市场上交易的各类商品的比例都有关联。并且较之其他存粮，廉价谷物和豆类中有较大的比例被生产者自己消耗掉了。

11 Wrigley and Schofield, *Population History of England*, 1541–1871; 402–407; also D. V. Glass, "Population and Population Movements in England and Wales, 1700–1850;" and Louis Henry, "The Population of France in the Eighteenth Century," both in D. V. Glass and D. E. C. Eversley, eds., *Population and History* (London, 1965), 140, 434–456.

12 Abel, *Agricultural Fluctuations*, 192.

13 家庭重建项目获得了这个时期女性初婚的平均年龄：1680—1739 年，西佛兰德斯的四个堂区，23.6 岁；1662—1714 年，约克郡十六个堂区，23.6 岁；1701—1736 年，诺丁汉郡五个堂区，24.3 岁；1700—1739 年，法国下凯尔西两个堂区，23.7 岁；1691—1750 年，德意志的两个堂区，25.7 岁。斯堪的纳维亚地区的城市人口中年龄更高；美洲殖民地的女性初婚年龄则普遍较低。生最后一胎的年龄和婚内后期生子的具体生育年龄，也稍有提高。集中的证据参见 Flinn, *European Demographic System*, 1500–1820。

14 Georges Lefebvre, *Les paysans du nord pendant la révolution française* (Bari, 1959), chaps. 2–6; 类似的证据也见于 Robert Gross, *The Minutemen and Their World* (New York, 1976), 68–108。

15 Esther Boserup, *The Conditions of Agricultural Growth* (London, 1965); 同前，*Population and Technological Change: A Study of Long-Term Trends* (Chicago, 1981)。

16 Labrousse, *Esquisse du mouvement des prix*, II, 393–395.

17 关于商业票据，参见 Baxter, *House of Hancock*; A. H. John, "Insurance Investment and the London Money Market of the Eighteenth Century," *Economica new ser.* 20 (1953) 137。

18 Eli Heckscher, "The Bank of Sweden . . .," in J. G. Dillen, ed., *History of the Principal Public Banks* (The Hague, 1934), 1760; Richard A. Lester, *Monetary Experiments: Early American and Recent Scandinavian* (Princeton, 1939); Joseph Ernst, *Money and Politics in America, 1755–1775* (Chapel Hill, 1973); Bruce D. Smith, "American Colonial Monetary Regimes: The Failure of the Quantity Theory and Some Evidence in Favour of an Alternative View," *Canadian Journal of Economics* 18 (1985) 531–556.

19 Homer, *History of Interest Rates*, 160.

20 英国长期证券（1752 年以前利率 3% 的旧版年金，以及后来 3% 的统一公债）利率从 1730 年到 1789 年间的十年平均值涨势如下：

年代	十年平均值
1730—1739	3.05%
1740—1749	3.22%
1750—1759	3.13%
1760—1769	3.47%
1770—1779	3.75%
1780—1789	4.64%

数据来源为 Homer, *History of Interest Rates*, 162, 177。

21 Christopher Clay, "The Price of Freehold Land in the Later Seventeenth and Eighteenth Centuries," *Economic History Review* 2d ser. 27 (1974) 173–189; Abel, *Agricultural Fluctuations*, 212–215; Arthur Young, *An Enquiry into the Progressive Value of Money in*

England (London, 1812); d'Avenel, *Histoire économique*, 2: 508; D. Zolla, "Les variations du revenu et du prix des terres en France au XVIIe et au XVIIIe siècle, *Annales de l' Ecole Libre des Sciences Politiques* (1893–1894).

22 对证据的概述，参见 Abel, *Agricultural Fluctuations*, 199; 亦参见 Elizabeth W. Gilboy, *Wages in Eighteenth Century England* (Cambridge, 1934), 117–118。

23 A. P. Usher, "The General Course of Wheat Prices in France, 1350–1788," *Review of Economic Statistics* 12 (1930) 162; Gilboy, "Cost of Living and Real Wages in Eighteenth-Century England," 135.

24 罗伯特·詹金斯上尉（主要活动时期为 1731—1738 年）在 1738 年的议会面前作证说：从牙买加向伦敦航行到公海上的时候，他的船被西班牙海岸卫队强行登临，这些人夺取了他的财货，将他绑在桅杆上鞭打，并且通过撕下他的耳朵来折磨他。当被问到"落入这般野蛮人之手"感受如何时，他答道："将灵魂交给上帝，把前途交给国家。"后来其他证据表明：他可能是在一具英式颈手枷上失去了耳朵，但当时爱国热情高涨，并且强大的西印度群岛游说势力要求采取行动。1739 年，"伴随着群氓的欢呼雀跃，钟声齐鸣，威尔士亲王在城中一家酒馆向众人举杯祝酒"，战争宣告爆发。Temperley in Royal Historical Society *Transactions* 3d ser. 3; G. Hertz, afterward Sir Gerald Berkeley Hurst, *British Imperialism in the Eighteenth Century*; Basil Williams, *The Whig Supremacy*, 1714–1760 (Oxford, 1939; 2d ed., rev. by C. H. Stuart, 1962), 210.

25 Usher, "General Course of Wheat Prices," 162; Gilboy, "Cost of Living," 135; Ruth Crandall, "Wholesale Commodity Prices in Boston during the Eighteenth Century," *Review of Economic Statistics* 16 (1934) 117–182.

26 M. W. Flinn, "Trends in Real Wages, 1750–1850," *Economic History Review* 2d ser. 27 (1954) 397–413; 亦参见 G. N. Von Tunzelmann, "Trends in Real Wages, 1750–1850, Revisited," 同上，33–49; E. W. Gilboy, *Wages in Eighteenth Century England* (Cambridge, Mass., 1934)。

27 Eleanor Barber, *The Bourgeoisie in Eighteenth-Century France*; Robert R. Palmer, *The Age of Democratic Revolution* (2 vols., Princeton, 1959–1964), I, 459; Martin Göhring, *Weg und Sieg der modernen Staatsidee in Frankreich* (Tübingen, 1947).

28 *Reflections on the Present High Price of Provisions, and the Complaints and Disturbances Arising Therefrom* (London, 1766). 这本小册子的一个副本藏于纽约公共图书馆。

29 在大革命期间，里弗尔变成了法郎；1789 年，汇率为五里弗尔兑换一美元。

30 Homer, *History of Interest Rates*, 169.

31 L. Stuart Sutherland, "Sir George Colebrooke's World Corner in Alum, 1771–73," *Economic History* 3 (1936) 237–258.

32 Charles P. Kindleberger, *Manias, Panics, and Crashes: A History of Financial Crises* (New York, 1978), 84, 122–124.

33 关于瑞士革命期间物价动态的重要意义的探讨，参见 Patrick O'Mara, "Geneva in the Eighteenth Century: A Socioeconomic Study of the Bourgeois City" (thesis, University of California at Berkeley, 1956)。

34 David Hackett Fischer, *Paul Revere' s Ride* (New York, 1994), 76–77.

革命期危机，1789—1820

1 Le Roy Ladurie, *Times of Feast, Times of Famine*, 72.

2 Labrousse, *Esquisse du mouvement des prix*, II, 598.

3 Jean Egret, *The French Prerevolution*, 1787–1788 (1962; Chicago, 1977), 31–59.

4 Georges Lefebvre, *The Great Fear of 1789* (New York, 1973), 10; 勒菲弗错在相信：18 世纪 80 年代的工商业萧条是一个属于法国的现象，是由降低关税和英国进口产品涌入引起的。事实上，英国经济也陷入了严重的萧条，美国也一样。

5 这则轶闻记载于 *Gazette Nationale, ou Le Moniteur Universel*, 15 July 1790; P. M. Zall, *Banjamin Franklin Laughing* (Berkeley, 1980), 162。

6 "让他们吃蛋糕" 出自卢梭《忏悔录》第六卷中一位"显赫的公主"之口。玛丽—安托瓦内特王后于 1770 年才嫁来法国，而这本书的成稿至少比她的到来早了两年；其他说法出自 Lefebvre, *Great Fear*, 37。

7 George E. Rudé, "Prices, Wages, and Popular Movements in Paris during the French Revolution," *Economic History Review* 2d ser., 6 (1954) 246–267.

8 在 954 位拥有"巴士底狱征服者"荣誉的人中，已知 661 人的职业。六分之五是手艺人、工匠、熟练工人或商店主，剩下的主要是资产阶级。Jacques Godechot, *The Taking of the Bastille* (1965, N.Y., 1970); G. Durieux, *Vainqueurs de la Bastille* (Paris, 1911)。关于谷物价格和巴士底狱，参见 Georges Lefebvre, "Le mouvement des prix et les origines de la Révolution française," *Annales Historiques de la Révolution Française* 14 (1937) 289–329。

9 George Rudé, "Prices, Wages, and Popular Movements," 246.

10 从 1787 年到 1815 年，法国价格动态与政治事件的关联如下：

时期	物价和实际薪酬动态	政治事件
1788—1789	物价飙涨；薪酬下降	大革命爆发
1790—1791	物价稳定；薪酬上升	君主立宪
1792—1793	物价飙涨；薪酬下降	雅各宾派掌权；路易十六被杀；恐怖统治
1793—1794	物价稳定；薪酬稳定；物价和薪酬管制	雅各宾派专政
1794—1795	反对薪酬管制的暴乱	热月革命；雅各宾派倒台；罗伯斯庇尔被杀
1795—1801	物价飙涨；薪酬下降	督政府；执政府
1801—1805	物价稳定；薪酬上升	欧洲和平
1805—1812	物价飙涨；薪酬下降	拿破仑战争

关于这些联系的总体探讨，参见 Lefebvre, "Le mouvement des prix et les origines de la Révolution française," 289–329; Rudé, "Prices, Wages, and Popular Movements," 247–267。

11 对这个时期世界革命态势的简短综述，最好的依然是 Jacques Godechot, *Les révolutions, 1770–1799* (Paris, 1963); 这部著作也富于历史编纂学的价值，而且参考书目内容丰富，值得一看。更进一步展开的论著，参见同前，*La grande nation* (2 vols., Paris, 1956); 尤其是

Palmer, *Age of Democratic Revolution*。

12   Palmer, *Age of Democratic Revolution*, I, 178.

13   18 世纪的恶性通胀，参见 Seymour E. Harris, *The Assignats* (Cambridge, 1930); and Anne Bezanson, *Prices and Inflation during the American Revolution: Pennsylvania, 1770–1790* (Philadelphia, 1951)。

14   Emmanuel Coppieters, *English Bank Note Circulation, 1694–1954* (The Hague, 1955), 13–34; Bray Hammond, *Banks and Politics in America from the Revolution to the Civil War* (Princeton, 1957); 美国的统计数据，参见 J. Van Fenstermaker, *The Development of American Commercial Banking, 1782–1837* (Kent, Ohio, 1965); 对法国种种事件的审视，参见 Labrousse et al., *Histoire économique et sociale de la France* 2:367–410。

15   Lyman L. Johnson, "The Price History of Buenos Aires during the Viceregal Period," 以及 Richard L. Garner, "Prices and Wages in Eighteenth-Century Mexico," 两者都参见 Johnson and Tandeter, eds., *Essays on the Price History of Eighteenth-Century Latin America* (Albuquerque, 1995), 164–165, 80–81; Sevket Pamuk, "Money in the Ottoman Empire, 1326–1914," in Halil Inalcik and Donald Quataert, eds., *An Economic and Social History of the Ottoman Empire, 1300–1914* (Cambridge, 1994) 970; Charles Issawi, *The Economic History of Turkey, 1880–1914* (Chicago, 1980)。

16   蒂茨－蒂埃德记述了一个相反的发现：16 世纪欧洲各城市中的小麦价格涨速比 18 世纪快了两或三倍。这里的问题是她的 18 世纪数据序列并不是与价格革命齐头并进的；它们在时间上早至 1703 年，比长期通胀的开端早了三十年，并且结束于 1753—1790 年间，此时高潮尚未到来。参见 Jean Tits-Dieuaide, "L'evolution du prix"。

       总体而言，16 世纪价格革命时期，物价在一百八十年里涨到了原本的五倍，每年增长率为 1%。在 18 世纪价格革命期间，英格兰消费品价格指数从 1734 年的谷底到 1813 年的巅峰，增加了 3.6 倍——年增长率约为 1.7%。

17   Joel Mokyr and N. Eugene Savin, "Stagflation in Historical Perspective: The Napoleonic Wars Revisited," *Research in Economic History* 4 (1979) 198–259; G. Hueckel, "War and the British Economy, 1793–1815: A General Equilibrium Analysis," *Explorations in Economic History* 10 (1973) 365–396; N. J. Silberling, "British Prices and Business Cycles, 1779–1850," *Review of Economic Statistics* 5 (1923) 223–260; Eli Heckscher, *The Continental Blockade: An Economic Interpretation* (Oxford, 1922); A. K. Cairncross and B. Weber, "Fluctuations in Building in Great Britain, 1785–1849," *Economic History Review* 2d ser. 7 (1956) 283–297; A. C. Clauder, *American Commerce as Affected by the Wars of the French Revolution and Napoleon, 1793–1812* (Philadelphia, 1932).

18   到此为止，能源再次成为通胀最严重的商品。美国批发商品价格的一组估值展现了从 1790 年到 1814 年的增长态势（1790 年 =100）：

商品	指数
燃料和照明	552.6
建筑材料	197.1
金属	187.8
食物	174.0
农产品	165.7

这些数据计算的根据是沃伦和皮尔森的批发价格指数，参见 *Historical Statistics of the United States*, series E52–63。

19　John P. Post, *The Last Great Subsistence Crisis in the Western World* (Baltimore, 1977).

维多利亚均衡期，约1820—1896

1　Francois Crouzet, *L'économie de la Grande Bretagne victorianne*, translated by Anthony Forster as *The Victorian Economy* (New York, 1982), 这是一篇对 19 世纪英国经济史的出色概述。其他重要著作包括 R. Floud and D. McCloskey, *The Economic History of Britain since 1700* (2 vols., Cambridge, 1981); E. J. Hobsbawm, *Industry and Empire from 1750 to the Present Day* (London, 1968); P. Mathias, *The First Industrial Nation: An Economic History of Britain, 1700–1914* (London, 1959); P. Deane and W. A. Cole, *British Economic Growth, 1688–1956* (2d ed., Cambridge, 1967)。更加具有指导意义是这部伟大杰作：J. H. Clapham, *An Economic History of Modern Britain* (3 vols., Cambridge, 1926–1938)。

　　比较 19 世纪英格兰与欧洲经济发展状况的著作包括 P. K. O'Brien and C. K. Kyder, *Economic Growth in Britain and France, 1780–1914: Two Paths to the Twentieth Century* (London, 1978); Charles P. Kindleberger, *Economic Growth in France and Britain, 1851–1950* (Cambridge, Mass., 1964); Simon Kuznets, *Modern Economic Growth: Rate, Structure, and Spread* (New Haven, 1966); 以及 David S. Landes, *The Unbound Prometheus: Technological Change and Industrial Development in Western Europe from 1750 to the Present* (Cambridge, 1970)。

2　纳米尔写道："毫无疑问，[1848 年] 革命有着经济和社会上的背景。1846 年到 1847 年的瘠薄收成，以及土豆病虫害，在这块大陆的多数地区造成了深重的苦难。法国发生了农民暴乱，1847 年被称为'昂贵面包之年'而长期铭记。"但是多数历史记载对革命运动的这个方面不怎么看重。Lewis Namier, *1848: The Revolution of the Intellectuals* (1946; Garden City, 1964), 3; 亦参见 Priscilla Robertson, *Revolutions of 1848: A Social History* (New York, 1952), 56; Georges Duveau, *1848: The Making of a Revolution* (1965; New York, 1967)。

3　关于德意志经济史，参见 Helmut Böhme, *Deutschlands Weg zur Grossmacht...* (Cologne and Berlin, 1966); Wolfram Fischer, *Wirtschaft und Gesellschaft im Zeitalter der Industrialisierung...* (Gottingen, 1972);Fritz Stern, *Bismarck, Bleichroder, and the Building of the German Empire* (New York, 1977); 以及 Franz Schnabel, *Deutsche Geschichte im neunzehnten Jahrhundert* (4 vols., Freiberg, 1954)。

4　即便是对过去一个世代美国经济史最出色的综述，也给不出多少关于物价动态的信息；例如 Lance Davis et al., *American Economic Growth: An Economist's History of the United States* (New York, 1972), 363–365; 以及 Douglass C. North, *Growth and Welfare in the American Past: A New Economic History* (Englewood Cliffs, N.J., 1966), 该书将美国经济界定为一个"价格体系"而非"规划体系"(p.8)，却很大程度上忽视了价格动态的历史。

5　E. M. Coulter, *The Confederate States of America* (Baton Rouge, 1950), 155.

6　见上，图表 1.01、1.16、2.02、2.14、3.02、3.13。

7　Abel, *Agrarkrisen und Agrarkonjunktur*, 258.

8　Phelps-Brown and Hopkins, "Seven Centuries of the Prices of Consumables, Compared with

Builders' Wage-Rates"；关于德意志，参见 Abel, *Agrarkrisen und Agrarkonjunktur*, 244–264; 关于瑞典，参见 Lennart Jörberg, *A History of Prices in Sweden, 1732–1914*, II, 334–349。

9　关于 19 世纪美国的实际薪酬，参见《美国历史统计数据》，1860—1900 年间非农场工人的年均和日均工资，参见 series D735–D738；日结薪酬，参见 Erie Canal, series D718–D721；1785—1830 年间费城手艺人、劳工和农业工人的薪酬，参见 series D715–D717；亦参见 Peter H. Lindert and Jeffrey G. Williamson, "Three Centuries of Wealth Inequality," *Research in Economic History* 1 (1976) 69–122。

10　Stephan Thernstrom, *Poverty and Progress: Social Mobility in a Nineteenth-Century City* (Cambridge, 1964), 20.

11　Ulrich B. Phillips, *American Negro Slavery* (Baton Rouge, 1966), 371.

12　Homer, *History of Interest Rates*, 181–215.

13　Ibid.,216-173; J. M. Fachan, *Histoire de la rente française* (Paris, 1904); Leonidas J. Loutchitch, *Des variations du taux de l' intérêt en France de 1800 a nos jours* (Paris, 1930).

14　Homer, *History of Interest Rates*, 205; Robert Blake, *Disraeli* (Anchor ed., New York, 1968), 295, 405, 716, 157, passim.

15　Abel, *Agrarkrisen und Agrarkonjuntur*, 237, 283.

16　Wrigley and Schofield, *Population History of England, 1541–1871*, 402–412. 将这次革命称为"经济性"的，流露出由于观察者自身而非事件本身的重大偏见。这次革命除了"经济性"，还具有其他更突出的性质，但他对其他方面的诠释是可靠的。

17　Davis, et al., *American Economic Growth*, chaps. 1–3; Kuznets, *Modern Economic Growth*; N. F. R. Crafts, *British Economic Growth during the Industrial Revolution* (Oxford, 1985); John J. McCusker and Russell R. Menard, *The Economy of British America* (Chapel Hill, 1985).

18　Kindleberger, *Manias, Panics, and Crashes*; 15, passim.

19　Peter Temin, *The Jacksonian Economy* (New York, 1969). 这样的概括在某些方面与特明的结论有所抵触，但是证据上与他一致。同样有趣的是：可以看到批发商品的价格与铸币的供应在动态上大体一致，但是随着货币供应量的骤增，消费价格其实下降了。

20　H. H. Lamb, *Climate: Present, Past, and Future* (2 vols., London, 1977), II, 481.

21　Byron Farwell, *Queen Victoria' s Little Wars* (New York, 1972), 364–371.

22　 Fernand Braudel, *Capitalism and Material Life, 1400–1800* (London, 1973), 332.

23　Walter E. Houghton, *The Victorian Frame of Mind, 1830–1870* (New Haven, 1957), 一部有价值的作品，尽管过多强调了维多利亚时代与后维多利亚时代心灵的类似点；G. M. Young, *Victorian England: Portrait of an Age* (New York, 1954)。

第四次浪潮

20世纪价格革命

1　关于这场转型的文化史概述，参见 Jan Romein, *The Watershed between Two Eras: Europe in*

1900 (Middletown, 1978), 一部对现代历史编纂学而言极为重要的著作。

2 一场关于"本位制之战"的精彩探讨，可见于 Richard Hofstadter's introduction to William H. Harvey, *Coin's Financial School* (Cambridge, 1963), 1–80。

3 G. L. Bach, *The New Inflation; Causes, Effects, Cures* (Providence,1973), 4, 5.

4 *Financial Review* (1898) 1; Harold U. Faulkner, *The Decline of Laissez Faire*, 22.

5 Vilar, *A History of Gold and Money, 1450–1920*, 328, 352.

6 许多研究显示：长期波动一旦开始，货币储备的变化就会与价格动态发生粗略（非常粗略）的关联。1890—1978 年间的价格动态与货币供应关联如下：

时期	年增长百分比			
	货币储备	价格	实际国民生产总值	货币与名义国民生产总值的比率
1890—1913	6.04	0.82	3.97	1.25
1913—1923	8.44	5.33	2.33	0.78
1923—1929	4.03	0.23	3.41	0.85
1929—1939	0.56	-1.58	0.28	1.86
1939—1948	12.23	6.79	4.84	0.60
1948—1967	4.24	2.05	3.87	-1.68
1967—1978	8.51	6.11	2.76	-0.36
1890—1978	6.11	2.53	3.24	0.34

亦参见 Milton Friedman and Anna Jacobson Schwartz, *A Monetary History of the United States, 1867–1960* (Princeton, 1963), 91; 以及 W. Arthur Lewis, *Growth and Fluctuations, 1870–1913* (London, 1978), 91。

7 据估计，世界人口在 1800 年为 9 亿，1850 年为 12 亿，1900 年为 16.25 亿，1950 年为 25 亿。增长速度在 1800—1850 年（33%）和 1850—1900 年（35%）大致相同。而 1900—1950 年，增长率达到了 54%，尽管这期间还付出了两次世界大战的惨痛代价。McEvedy and Jones, *Atlas of World Population History*, 342–343.

重要的因果联系不只涉及人口增长，还涉及人口相对于经济增长的加速增长。维多利亚均衡期也是世界人口增长的时期，只是速度慢一些，并且与经济变化的关系稳定。

8 引自 W. David Slawson, *The New Inflation* (Princeton, 1981), 6。

9 Geoffrey Barraclough, *An Introduction to Contemporary History* (Baltimore, 1967), chaps. 3, 4.

10 John Stevenson, *British Society, 1914–1945* (Harmondsworth, 1984), 46–102; Arthur Marwick, *The Deluge: British Society and the First World War* (1965).

11 Carl T. Holtfrerich, "Political Factors of the German Inflation, 1914–1923," in Nathan Schmukler and Edward Marcus, eds., *Inflation Through the Ages: Economic, Social, Psychological, and Historical Aspects* (New York, 1983), 400–416; Gordon Craig, *Germany, 1866–1945* (New York, 1978), 342–357.

12 A. J. P. Taylor, *English History, 1914–1945* (Oxford, 1965), 171.

13 R. A. C. Parker, *Struggle for Survival; The History of the Second World War* (Oxford, 1989), 76.

14　*Historical Statistics of the U.S.* (1976), series F4, 224.

15　战俘营创造了自己的内部经济，在那里，香烟常被当作货币使用。物价随着烟草的供应而波动，其模式是经典的货币主义模式。但总需求的变动水平也起了作用。

16　*Historical Statistics of the United States* (1976), series E, 135. The two exceptional years were 1949 and 1955.

17　Eric F. Goldman, *The Crucial Decade and After: America, 1945–1960* (New York, 1973), 25–26, 46–47.

18　对通胀的结构性诠释包括 Gardiner Means 在 *Simultaneous Inflation and Unemployment* 中的论述，参见 Means et al., *The Roots of Inflation: The International Crisis* (New York, 1975), 19–27; 亦参见罗伯特·海尔布罗纳的著作。

19　Slawson, *New Inflation*, 51.

20　Slawson, *New Inflation*, 亦参见同前，"Price Controls for a Peacetime Economy," *Harvard Law Review* 84 (1971) 1090–1107;　以　及　同　前，"Fighting Stagflation with the Wrong Weapons," *Princeton Alumni Weekly*, 23 Feb. 1983, 33–38。至于其他"新通胀"理论，参见 Robert Lekachman, *Economists at Bay* (New York, 1976); Dudley Jackson, H. A. Turner, and Frank Wilkinson, *Do Trade Unions Cause Inflation?* (Cambridge, 1974); 以及 Bach, *New Inflation*。

我们这个时代的困境

1　B. R. Mitchell, *European Historical Statistics, 1750–1975* (2nd rev. ed., New York, 1981), 777.

2　Ibid., series C2, 177–180.

3　Charles S. Maier, "Inflation and Stagnation as Politics and History," in Leon N. Lindberg and Charles S. Maier, eds., *The Politics of Inflation and Economic Stagnation* (Washington, 1985), 3–24.

4　Kozo Yamamura, "The Cost of Rapid Growth and Capitalist Democracy in Japan," in Lindberg and Maier, eds., *Politics of Inflation and Economic Stagnation*, 467–508.

5　Arthur B. Laffer, "The Phenomenon of Worldwide Inflation: A Study of International Market Integration," in Meiselman and Laffer, eds., *The Phenomenon of Worldwide Inflation* 27–52.

6　1979 年，美国经济学家莱斯特·瑟罗建议他的同行们，如果不进入一个遥远的时空——他古雅地称之为"很久之前"，他们就不能理解当时美国飙升至高位的通胀。他所谓的"很久之前"是指 1965 年。美国经济学家普遍认为，20 世纪末的大通胀源于越南战争期间的财政和货币决策。这种说法至少弄错了三件事。价格革命早在七十年前就开始了。甚至 20 世纪 60 年代的飙涨，也是在美国将大量军队派往越南和世界其他地区之前就发生了。Lester C. Thurow, *The Zero Sum Society* (New York, 1980), 43.

7　Rudiger Dornbusch and Stanley Fischer, *Macroeconomics* (New York, 1978), 316.

8　Robert Aaron Gordon, *Economic Instability and Growth: The American Record* (New York, 1974), 170.

9　尼克松的物价和薪酬管制分三个阶段实行：第一个阶段，1971 年 8 月到 11 月，物价、薪酬和地租的走势被封冻了九十天；第二阶段，1971 年 11 月到 1973 年，物价和薪酬受薪资委员会和价格委员会管控；第三阶段，物价和薪酬受到的限制很大程度上是自愿的——除了食品、医疗健康和建筑产业，这些产业受到强制管制，并且一直持续到 1974 年。这些措施的影响，可见于下面的物价水平和各经济指标的年变动率。

年和季度	每小时产出	每小时薪酬	单位劳动力成本	消费价格	批发价格
1966	3.5	6.1	2.4	2.9	3.3
1967	1.6	5.7	4.0	2.9	0.2
1968	2.9	7.3	4.3	4.2	2.5
1969	-0.2	7.0	7.2	5.4	3.9
1970	0.7	7.2	6.5	5.9	3.7
1971：1	7.4	9.1	1.5	3.1	5.5
2	3.2	7.5	4.2	4.4	4.7
3	2.5	5.2	2.5	4.0	3.2
4	4.7	4.9	0.3	2.3	0.3
1972：1	5.2	9.1	3.8	3.3	7.9
2	5.1	4.6	-0.5	3.3	4.2
3	6.6	6.1	-0.4	3.6	5.9
4	4.3	7.4	3.0	3.5	4.4

　　资料来源：Gordon, *Economic Instability and Growth*, 165, 190—192。新古典主义经济学家们坚称：通胀原本无论如何都会减退，但几乎毫无疑问，通过降低通胀预期、利润率和总需求，管制起到了作用。

10　Stein, *Presidential Economics*, 186.

11　John M. Blair, *The Control of Oil* (New York, 1976), 264. 布莱尔指出，这场危机变得更加严重，因为它与一场人为制造的国内短缺发生了叠加，这场短缺是埃克森公司和其他大企业处心积虑炮制出来的，它们试图破坏美国的折扣经销商和利比亚的独立供应商的竞争。他写道，这些事件的交织"为物价的暴涨搭好了舞台"。

12　*Statistical Abstract of the United States* (1984), tables 801, 810.

13　John Kenneth Galbraith, *Economics in Perspective* (Boston, 1987), 270.

14　*International Financial Statistics* 34 (1981) 45.

15　Robert Mabro, ed., *The 1986 Oil Price Crisis: Economic Effects and Policy Responses* (Oxford, 1988).

16　John A. Jenkins, "The Hunt Brothers: Battling a Billion Dollar Debt," *New York Times Magazine*, 27 Sept. 1987.

17　*New York Times*, 15 Sept. 1986.

18　这次上涨是由美元价格的下跌引起的。但伦敦的《经济学人》杂志登载的多种货币的商品价格在 1986—1987 年间也显示出涨幅达 16%。*New York Times*, 15 Sept. 1985.

19　同上。

20　*Statistical Abstract of the United States* (1984), tables 771, 772, 773, 775, 779, 780, 781, 782.

21　*Boston Globe* Oct. 4, 1987; *Statistical Abstract of the United States* (1984), 745; (1993) 1225.

22 对于劳动收入，实际薪酬并非完全准确的指标。在考虑薪酬水平时，我们还必须加入对就业水平的考量，失业已经成了西方各经济体中的顽疾，而且减低了实际劳动收入，尤其在美国，工会和公司企业倾向于采用相对较高的薪酬，哪怕是以较高的失业率为代价。当失业率被纳入考量时，实际劳动收入可能与前面几次价格革命更具有可比性。*Statistical Abstract of the United States*, (1981), tables 606, 607.

关于失业与通胀关系的经典研究，以及菲利普曲线的出处，参见 A. W. Phillips, "The Relation between Unemployment and the Rate of Change of Money Wage Rates in the United Kingdom, 1861–1957," *Economica* 25 (1958) 183–299。

23 在美国，从 1970 年到 1992 年，平均时薪和周薪以定值美元（1982 年）表示，其下降趋势如下：

	1970 年	1980 年	1985 年	1990 年	1992 年
时薪	8.03	7.78	7.77	7.52	7.43
周薪	298	275	271	259	255

资料来源：*Statistical Abstract of the United States* (1993), table 667。

24 *Boston Globe*, 4 Oct. 1987; *Statistical Abstract of the United States* (1984), 745; (1993), 1225.

25 Jeffrey G. Williamson and Peter H. Lindert, *American Inequality: A Macroeconomic History* (New York, 1980); James D. Smith, *Modeling the Distribution and Intergenerational Transmission of Wealth,* National Bureau of Economic Research, *Studies in Income and Wealth*, vol. 46 (Chicago, 1980); Gabriel Kolko, *Wealth and Power in America* (New York, 1962).

26 Frank Levy, *Dollars and Dreams: The Changing American Income Distribution* (New York, 1987), 1–22; U.S. Bureau of the Census, *Household Wealth and Asset Ownership: 1984, Current Population Reports, Household Economic Studies*, P-70, no. 7 (Washington, 1986).

27 *New York Times*, 6 Jan. 1980.

28 这源自里根总统在 1984 年选举中的轻率承诺，即他不会提高税收。美国选民对选举时候选人的信誓旦旦嗤之以鼻，但研究显示：其实政治家们通常都会非常努力地争取恪守诺言，即便是付出顽固地走向错误政策的代价，若无关荣誉威信，这种政策原本会被抛弃。里根总统在执政期间，面对财政灾难却固执地拒不加税，就是一个典型的例子。

29 Galbraith, *Economics in Perspective*, 272–273.

30 *London Times*, ca. 23–28 July 1987. 另一个因素是对菲利普曲线的执迷，以及对失业与通胀进行平衡的执迷。主要支持者为中产阶级的撒切尔政府担心后者多过前者。

31 *New York Times*, 9 June 1988.

32 Harvey Cushing, *The Life of Sir William Osler*, vol. 1, chap. 14.

33 Mikhail Gorbachev, *Perestroika: New Thinking for Our Country and the World* (New York, 1987), 85.

34 马里斯·维诺夫斯基斯（Maris Vinovskis）的著作对于研究人口衰退尤为重要。

35 "What Happened to Inflation?" *Economist*, 16–22 Sept. 1995, 85.

36 Lester C. Thurow, *The Future of Capitalism: How Today's Economic Forces Shape*

Tomorrow's World (New York, 1996), 185–193; Roger Bootle, The Death of Inflation: Surviving and Thriving in the Zero Era (London, 1996), 3–31.

结语 过去和未来之间

1   Alfred, Lord Tennyson, "Locksley Hall, Sixty Years After, Etc.," in Poems and Plays of Tennyson (Modern Library ed., New York, 1938), 833–840.

2   Silvester Bliss, Memoir of William Miller (n.p., 1853); Ruth AldenDean, The Miller Heresy, Millenialism, and American Culture (Philadelphia, 1987); David Tallmadge Arthur, Come Out of Babylon: A Study of Millerite Separatism and Denominationalism, 1840–1865 (Rochester, 1970).

3   Galbraith, Economics in Perspective, 4.

4   关于由"有着自由理念的保守之人"组成的尼克松政府，吉米·卡特日益走向保守主义的倾向，以及里根经济政策的悖谬，参见 Stein, Presidential Economics。

5   对平均增长率的估计很大程度上取决于时代划分。这些估值的计算是从转折点（约1180 年、1470 年、1730 年和 1896 年）开始，一路到巅峰期。

6   Mitchell, European Historical Statistics, 1750–1975, 772–776.

7   布罗代尔的著作中犯了两个错误，从而使这些问题更加困难了。他纠结于用康德拉季耶夫周期解读历次巨浪的态势，而这必定是个二阶问题，可能根本不是问题。他对自己研究的时空设定过于狭隘。关于康德拉季耶夫周期的探讨，参见附录五。

8   Fernand Braudel, Perspective of the World (1979; New York, 1984), 82.

9   参见 pp. 82。

10   Abel, Agrarkrisen und Agrarkonjunktur, 292.

11   Labrousse, Esquisse du mouvement des prix, La crise de l'économie française, 拉布鲁斯的一位学生也持有同样的论点，参见 M. A. Chabert, Essai sur les mouvements des prix et des revenus en France de 1798 à 1820 (Paris, 1949); Abel, Agrarkrisen und Agrarkonjunktur, 1–16, 292–297。

12   关于其他的不满，参见 David Landes, "The Statistical Study of French Crises," Journal of Economic History 10 (1950) 195–211。

13   André Marchal, 引自 Braudel, Perspective of the World, 76。

14   John Eddy, "The 'Maunder Minimum': Sunspots and Climate in the Reign of Louis XIV," in Parker and Smith, eds., General Crisis 226–269.

15   Robert I. Rotberg and Theodore K. Rabb, eds., Climate and History: Studies in Interdisciplinary History (Princeton, 1981); 尤其比较了扬·范·弗里斯（Jan De Vries）和克里斯蒂安·普菲斯特（Christian Pfister）的文章，试图寻找调和的立场 (pp. 19–50, 85–116, 241–250)。

16   在各论著中，关于财富分配最少有三种其他解释：帕累托模型将不平等主要归咎于固有的遗传因素；马克思主义模型将不平等与生产资料的组织方式相联系；而库兹涅茨的"倒U 形模型"论称：当更大的经济增长开始并消退然后又继续快速增长时，不平等现象就会加剧。这些模型无一能够切合财富分配变化的经验性模式。参见 S. Robinson, "A Note on the U Hypothesis Relating Income Inequality and Economic Development," *American Economic Review* 66 (1976) 437–440; Williamson and Lindert, *American Inequality*, 281–294 and Appendix L, above。

17   引自 May McKisack, *The Fourteenth Century, 1307–1399* (Oxford, 1959), 50。

18   C. Lowell Harris, *Inflation: Long-Term Problems, Proceedings of the Academy of Political Science*, 31 (New York, 1975).

19   *New York Times,* Oct. 4, 1995. 目前，美国政府的各个数据搜集机构只编纂了一个贯穿美国历史的统计数据序列——一组在前两个世纪的时间里既粗糙又不准确的人口估值。1890 年之前，在美国经济史上，没有综合性的物价或薪酬序列，除了那些由学者个人编纂的之外；除了过去的一个世纪，一直都没有生产方面的数据；无论美国历史的哪个时期，都没有令人满意的财富分配数据。想要弄清目前的指标数值的相关背景和意义，这些历史数据都是必需的。

20   Hugh Rockoff, "Price and Wage Controls in Four Wartime Periods," *Journal of Economic History* 41 (1981) 381–401.

21   Levy, *Dollars and Dreams*, 13n.

参考书目

已出版的价格历史文献资料

> 价格史学家至少必须拥有或掌握三种各自独立的技巧：档案管理员、统计学家和福尔摩斯等人的技能。
>
> ——威廉·贝弗里奇，1929 年

美国经济学家瑟斯顿·亚当斯在佛蒙特州开始研究价格史时，最开始是让该州的人将农户们从 1790 年到 1840 年的账簿寄送给他。他收到了四吨这样的记录，这令他惊奇不已。

在价格历史中，此等资料富集的尴尬处境十分普遍。在这个课题上，没有确定的参考书目范围，部分是因为第一手和第二手资料极其充足。最近，单以英文出版的总体参考书目似乎比八十年前还要多，比如纽约公共图书馆的 *List of Works in the Library Relating to Prices*, New York, 1902，以及 Hermann H. B. Meyer, *Select List of References on the Cost of Living and Prices*, Washington, 1910。对覆盖面限制得更加严格的是经济学的参考书目，如 Paul Wasserman, *Sources of Commodity Prices* (New York, 1959)，以及 Joe S. Bain, *Literature on Price Policy and Related Topics, 1933–1947; A Selective Bibliography* (Berkeley, 1947)。

历史相关的参考书目，参见 Ruggiero Romano, ed., *I Prèzzi in Europa dal*

XVIII sècolo a òggi (Turin, 1967), 569–590。此书对于了解大量且非常丰富的意大利日志文学尤其有帮助。有一份极其出色的参考书目，可见于 Georges and Geneviève Frêche, *Les prix des grains, des vins et des légumes à Toulouse (1486–1868): Extraits des Mercuriales suivis d' une bibliographic d' histoire des prix* (Paris, 1967)。此书旨在补充下面这本书的参考书目：C. E. Labrousse, *Esquisse du mouvement des prix et revenus en France, au XVIIIe siécle* (Paris, 1933), 5, 11–12, 650–664。这两部著作大量收集了出现在法国的专著。德语参考书目可见于阿尔弗雷德·雅各布斯和威廉·阿贝尔出版的著作，下面有援引。这些作品中援引的许多地方性研究不在此赘述。同样有用的还有 W. H. Chaloner and R. C. Richardson, *Bibliography of British Economic and Social History* (Manchester, 1984); 以及 Derek H. Aldcroft and Richard Rodger, *Bibliography of European Economic and Social History* (Manchester, 1984)，此书限于有关近现代时期的英文文献。第二版出版于 1992 年。参考书目可见于 *Cambridge Economic History of Europe*，尤其是第四卷，第 605—615 页。美国历史学家 John McCusker 出版了 *Price History Newsletter*（1984 年）。专业的参考书目详见下文。

下面列出的印刷资料清单，远非最终定论，但是它试图囊括对价格史展现出宽泛兴趣的主要已出版著作。无可避免的是，许多书籍的名字可能都没有提到。欢迎补充和纠正，以便在未来修订版本中进行改进。

第一手文献

（法国）副食品市场价目表

关于价格方面的论著的增加，带有一种历史节奏，与价格革命本身相关。第一个重要的系列出版物，名为《副食品市场价目表》，出现在 16 世纪价格革命期间，当时已经开始通过每周或每月的市场调查来编纂价格记录。作者所知的最早的长期序列被保存在法国南部的图卢兹，发表于 Georges and Genevieve Freche, *Les prix des grains, des vins et des légumes à Toulouse (1486–1868)*，上文中曾有援引。另一系列的《副食品市场价目表》是针对巴黎，最早可追溯至 1520 年。对它们的分析，可见于 Micheline Baulant[-Duchaillut] and Jean Meuvret, *Prix des céréales extraits de la mercuriale de Paris (1520–1698)* (2 vols., Paris, 1960–1962)。而另一组针对法兰西岛大区北部七个城镇市场的《副食品市场价目表》，参见 J. Dupaquier, M. Lachiver and J. Meuvret, *Mercuriales du pays de France et du Vexin Français, 1640–1792* (Paris, 1968)。

这些资料中的大量日志式文献，许多出自马克·布洛赫、皮埃尔·肖努、C. E. 拉布鲁斯以及其他诸人之手，而乔治·弗雷什和热纳维耶芙·弗雷什对他们的作品进行了探究。他们出色的参考书目之外，还可以加上 Jean Georges, "Les mercuriales d' Angoulême, de Cognac et de Jarnac (1593–1797)," *Bulletin*

et Memoires de la Societé d' Histoire et Archeologie de la Charente 64 (1920);
J. C. Humblot, "Les mercuriales de Langres du XVᵉ au XIX² siècle," Revue de
Champagne et de Brie 9 (1897); R. Vaschalde, "Les mercuriales du Vivarais,"
Bulletin de la Societé d' Agriculture du Departement de l' Ardèche (1874);
Abbe Merle, "Mercuriales de la Grenette de Boen au XVIIᵉ et au XVIIIᵉ siècle,"
Bulletin de la Diana 24 (1931); Jean Meuvret, "Les prix des grains à Paris au XVᵉ
siècle et les origines de la mercuriale," Paris et Ile-de-France 2 (1960) 283–311;
Franz Irsigler, "La mercuriale de Cologne (1531–1797): Structure de marché et
conjoncture des prix céréaliers," Annales E.S.C. 33 (1978) 93–114。关于方法
论问题，参见 C. E. Labrousse, "Comment controler les mercuriales? Le test de
concordance," Annales d' Histoire Sociale 2 (1940) 117–130。

价格流水记录

　　早在 16 世纪 80 年代，小报章所称的"价格流水记录"最早出现在安特卫普、
阿姆斯特丹、汉堡和其他西欧商业中心。它们缓慢地扩散到英语国家，直到
17 世纪晚期方才出现在了伦敦，18 世纪晚期才出现在了美国。到 19 世纪中期，
价格流水记录在世界各地的欧洲殖民地得以出版，从哈瓦那到香港再到加尔
各答。20 世纪 50 年代，一份出色的价格流水记录被藏于马里兰州历史学会的
地下室中，当我还是个学童时就发现了它们，并且曾开心地一页页翻着那陈
旧的纸页，度过了愉快的时光，而实际上我本应将时间花在拉丁文的动词变
位上。

　　18 世纪和 19 世纪早期，关于价格的报道也可见于一般的报章和杂志中。
同代的评论家们通常就是从这些资料中获得经济数据的，它们在很多商业中
心都未能得到系统的搜集和出版。对这些资料的探讨，参见 Jacob M. Price,
"Notes on Some London Price Currents, 1667–1715," Economic History
Review 2d ser. 7 (1954–1955) 240–250; 同前，"A Note on the Circulation of
the London Press, 1704–1714," Bulletin of the Institute of Historical Research
31 (1958) 215–224; N. W. Posthumus, "Lijst van documenten," Economisch-

Historisch Jaarboek 13 (1927) xliii-lx; L. W. Hanson, *Contemporary Printed Sources for British and Irish Economic History, 1701–1750* (Cambridge, 1963); and John J. McCusker, *Money and Exchange in Europe and America, 1600–1775: A Handbook* (Chapel Hill, 1978)。

历史汇编

早期历史汇编

近现代的价格历史编纂学，在 19 世纪中期走向成熟，此时英格兰出现了首批大规模的国家官方编纂活动，参见 Thomas Tooke and William Newmarch, *History of Prices and of the State of the Circulation from 1792 to 1856* (6 vols., London, 1838–1857)。

这部作品启发了英格兰、法兰西和德意志的其他大型项目。其中首先就是 James E. Thorold Rogers, *A History of Agriculture and Prices in England from the Year after the Oxford Parliament (1259) to the Commencement of the Continental War (1793) Compiled Entirely from Original and Contemporaneous Records* (7 vols., Oxford, 1866—1902)。而一则批评出现在 Paul Mantoux, "Le livre de Thorold Rogers sur l'histoire des prix et l'emploi des documents statistiques pour la période antérieure au XIXe siècle," *Bulletin de la Societé d'Histoire Moderne* (1903)。

至于罗杰斯的追随者，参见 Georges d'Avenel, *Histoire Économique de la proprieté, des salaires, des denrées, et tous les prix en général depuis l'an 1200 jusqu'en l'an 1800* (7 vols., Paris, 1894–1926)；以及 Georg Wiebe, *Zur Geschichte der Preisrevolution des XVI und XVII Jahrhunderts* (1894, Leipzig, 1895)。

这些学者从各个庄园、大学、修道院等的手稿记录中，以及价格流水记录和个人账簿中提取了大量的数据，他们的方法后来遭到批评，被认为有欠严谨。有人认为达弗内尔在对资料进行编纂时，没有对质量和出处进行足够的甄别分类。罗杰斯受到的指责是，依后来的研究标准看，他存在方法论上的错误。维贝因为依赖了一些可靠性存疑的个例而为人诟病。不过无论如何，这些开宗立派、别开生面的著作，赋予了价格历史以全新的经验性的基础。他们也都是首先发现本书所讨论的长期性变化主要走势的人之一。时至今日，他们搜集的数据大多依然有用，甚至不可或缺。

20 世纪初，许多经济学界的学术工作采用了价格汇编的形式。《经济统计评论》上充满了关于价格历史和方法论的文章，论及项目索引、序列分合、分量权衡和编目等问题。

这种研究的最重要的成果，出现在 20 世纪 20 年代，当时美国学者厄尔·汉密尔顿开始发表他对西班牙物价和美洲财富的研究结果，堪称学术界的一大壮举。汉密尔顿的著作从一开始就充满了争议。它受到美国经济史学家们的大肆抨击，比如约翰·U.内夫，但也受到英国经济学家凯恩斯的盛赞。

严重的弱点随着后续研究的进行变得显而易见：它将价格革命时期误导性地说成是好时光，而将价格均衡期说成是坏时代。费尔南·布罗代尔记录了他于 1927 年在西曼卡斯与汉密尔顿的对话。这位美国学者说："在 16 世纪，每道伤痕都会痊愈，每次故障都会被修复，每次崩溃都能转危为安。"对于经济学精英以及价格革命初期那几年中的普通人而言，确实如此。但是对大多数人、大多数时代，则正好相反。只有在亨利·费尔普斯—布朗的著作问世后，历史学家们的眼界才开阔起来，并开始理解：大多数人的物质条件在价格均衡期得到改善，在价格革命时期发生恶化。

这种精英主义偏见在厄尔·汉密尔顿的作品中非常强烈，就像费尔南·布罗代尔、威廉·阿贝尔以及那一代的大多数历史学家的早期作品一样。即便如此，汉密尔顿的学术地位，在大多数从事相关领域研究的同行中，都得到了实至名归的极高推崇，尤其是在那些被称为"年鉴学派"的法国历史学家中。在问世半个世纪后，汉密尔顿的著作依然保持着声望，即便是在那些不同意其社会和货币主义假设的历史学家之中。它依然是严谨学术研究的里程碑。

厄尔·汉密尔顿的成功，以及 1929 年世界经济的灾难性崩溃，使得学术界对价格历史的研究兴趣激增。结果就是 1930—1931 年间价格历史国际科学委员会的成立，这是有史以来历史学家们最大规模和最稳定持续的国际合作行动。其初始倡议来自英格兰的威廉·贝弗里奇。该项目在法国的协调工作由亨利·奥塞尔负责，德国部分的负责人是莫里茨·埃尔萨斯，奥地利是 A. F.
普里布拉姆，荷兰是尼古拉斯·波斯蒂默斯，丹麦是阿斯特丽兹·弗里斯和
克里斯托夫·格拉曼，而美国则是由亚瑟·哈里森·科尔来负责协调。

　　这个价格国际委员会推荐标准的程序，拟出一张二十五种商品的清单，
并且就设定基数时期达成一致意见，以便于价格指数的计算。尽管为了达到
统一标准而进行了这些尝试，委员会赞助的各部价格历史却在很多方面都有
不同。一些仅仅满足于名义价格列表的编纂；另一些将他们的数据换算成以
白银为等价物——这是该委员会推荐的一种程序。一些著作是基于机构记录；
另一些则基于已经公开出版的价格清单。多数作品是以国家为范围，但倾向
于依靠相对少数的几个文献资料来源。即便如此，价格资料的出版取得了迅
速的进步，直到二战迫使其中断。关于这项工作的探讨，参见 Henri Hauser,
"Un comité internationale d'enquête sur l'histoire des prix," *Annales d'Histoire
Économique et Socialé 2* (1930) 384–385; 以及 Arthur Harrison Cole, "American
Research in Price History," University of Pennsylvania Bicentennial Conference,
Studies in Economics and Industrial Relations (Philadelphia, 1941)。关于这项努
力的历史，参见 Arthur H. Cole and Ruth Crandall, "The International Scientific
Committee on Price History," *Journal of Economic History* 24 (1964) 381–388。

　　20 世纪二三十年代，全世界许多主要历史学家投身于价格历史问题的研
究。伟大的法国历史学家马克·布洛赫做了许多关于中世纪货币和价格的研究。
年轻的意大利学者型知识分子成了价格史学家；这之中包括阿明托雷·范范
尼和路易吉·伊诺第，他们后来在国家政府中担任要职。英国明智而博学的
贝弗里奇勋爵也对价格的历史产生了深刻的兴趣，并且为此课题的研究作出
了重大贡献。他的初衷与多数价格史学家的相去甚远。"我对这个课题的兴趣，"
贝弗里奇写道，"……不是出于泛泛的考虑，而是出于这样的信念，即价格研
究有助于探究收成以及天气的周期性问题。"

　　无论贝弗里奇的目的为何，他的学术成就十分杰出，并且在其最鲜活的
一篇关于方法论的文章中，他的资质和想象力得以体现，参见 Beveridge, "A
Statistical Crime of the Seventeenth Century," *Journal of Economic and Business
History* 4 (1929) 528，这是一篇关于价格史的技术问题的论文，围绕着确定埃

克塞特小麦价格的欺诈展开。一份关于这位杰出人物的生动而明晰的研究，参见 José Harris, *William Beveridge: A Biography* (Oxford, 1977)。

　　20 世纪二三十年代，历史学家在这项工作上并非孤军奋战。全世界的主要经济学家也研究了价格历史的记述问题。他们包括法国的弗朗索瓦·西米昂，英国的阿尔弗雷德·马歇尔、约翰·梅纳德·凯恩斯，美国的欧文·费雪、厄尔·汉密尔顿和西蒙·库兹涅茨，以及苏联的尼古拉·D. 康德拉季耶夫。他们全都是被这样的信念吸引从而开始这项研究的，那就是：客观地认知历史变迁是可能的，以及经济学是一门归纳性学科。

　　二战之后，价格历史的研究发生了巨大的断层。随着历史相对主义的广泛传播，追求客观性的理想在许多学科中褪了色。与此同时，一场关于认知的革命迅速在经济学领域兴起。1947 年，经济学家特亚林·科普曼斯发表了一篇重要文章，不遗余力地批评价格记录的编纂本身。科普曼斯辩称：对任何现象的经验性的观察结论"不可能"不带着"理论上的先入为主"，而且没有理论指导的计量工作是没用的，因为"无法得出关于指导经济政策的结论"。[Tjalling C. Koopmans, "Measurement without Theory," *Review of Economics and Statistics* 29 (1947) 161–172.] 科普曼斯的论点在认识论和逻辑上存在错误（参见附录十五），但是它完美地捕捉了经济学和社会科学中的一种新的学术态度。这种新的正统学说被广泛地接受，尤其是在美国。它导致了经济学家实际工作的根本变化。

　　在美国，关于价格历史的经验性描述的开放性项目进入了尾声。价格继续得到研究，但方法大大不同，它主要是被当作"验证"特定理论的过程的一部分。对于价格动态记述的开放性探究，被放逐到了美国经济研究的边缘（参见附录十五）。

　　在欧洲，潮流有所不同。对价格历史的经验性描述项目，在 1945 年之后变得更加重要，而不是无关紧要。英国也是如此，在这里，亨利·费尔普斯—布朗爵士和希拉·霍普金斯作出了开创性的贡献，他们悉心构建起英格兰薪酬和"消费品"价格的长期序列，这使整个问题被放到一种新的视角加以考量，加入了普通民众的经验。令人惊讶的是，亨利·费尔普斯—布朗的指数如今被美国经济学家大量使用，而正是他们坚称"没有理论指导的量度"是无用的。

价格历史还在法国年鉴学派的著作中占据了中心地位，他们对这个课题非常重视。年鉴学派的主要概念设置，尤其是它的"长时段""衔接"和"结构"概念，都来自价格历史。年鉴学派的认识论都是围绕问题的研究和"问题"展开的，而不是像美国经济学和社会科学中那样围绕理论和"理论的验证"。法文中的"问题"不仅仅指问题本身，也意味着一种方法，旨在研究问题并对之前解决问题的尝试进行批判。这些认识论方式都各有其优点和缺点。两者都对拓展我们的知识作出了重大贡献。

对于这一代的美国和欧洲学者的深刻差异，约翰·戴曾有探讨，他是一位受过年鉴学派方法论训练的美国学者。在他关于"自体历史"的文章中，戴评述道：美国经济史学家们一开始就受到理论的熏陶，而年鉴学派则被教导从一个问题着手。"历史实践与理论之间的轻易结合 [来自美国计量学派]，"约翰·戴写道，"在我看来，与实践和问题的妥善融合相抵触，而这种融合是法国年鉴学派的特点。"参见 John Day, Terres, marchés et monnaies en Italie et en Sardaigne du XIIème au XVIIIème siecle," *Histoire Économie et Société* II (1983) 187–203。

年鉴学派的主要问题使得价格历史一直处于其历史编纂学的核心地位。在欧洲，关于社会历史的专著对价格动态非常重视，既将其当作变化的指示器，也当作其他课题上得出推论性知识的源泉。欧洲的学者在构建历史价格序列上的圆熟，达到了新的高度，而美国人一直被错误地鼓励轻视这类工作，认为它比不上"理论验证"。主要的例子包括法国的埃内斯特·拉布鲁斯，丹麦的阿斯特丽兹·弗里斯，荷兰的尼古拉斯·波斯蒂默斯，尤其伦纳特·乔博格的 *History of Prices in Sweden*, 1732—1914 (2 vols., Lund, 1972)，这是一部更综合、更严谨且比之前的汇编分析得更细致的模范作品。价格史继而在欧洲成了一门蒸蒸日上的学科，而在北美却囿于以理论为核心的社会科学而日渐式微。

欧洲和美国的这些相反趋势，对于历史知识的进步产生了重大的实质性影响。关于社会历史的法文专著照例细致地审视了价格动态。而美国的专著却大都对它们视而不见。在新英格兰的社会史中，除了我的学生威妮弗雷德·罗滕伯格的杰作之外（下文有提及），价格史几乎完全空缺。价格史只有在切萨皮克学派的作品中曾有出现，尤其是非常重视烟草和奴隶价格研究的学者拉塞尔·梅纳德的杰作。

美国《经济史杂志》和欧洲主要期刊上文章的对比展现出，对于价格动态本身的研究，美国经济史学家近来相对没有显示出多少兴趣。结果就是美国这一代人的价格历史编纂工作的缺失，以及关于过去价格动态的机构记录的缺失。

对于其他领域的历史学家也是如此。我为本书而交谈过的每一位早期美国历史学家，都对18世纪物价上涨的事实一无所知。我咨询过的所有美国经济学家都相信，20世纪的通胀始于林登·约翰逊和越南战争。这两个学科的多数学者都知道16世纪的价格革命，但几乎全都相信，这只是对美洲财富流入欧洲的单纯反应而已。没有人记得中世纪的价格革命。甚至连专攻中世纪的专家们都流露出了惊讶甚至怀疑的态度，直到他们受邀检查这些他们不太了解的数据。

这种状况正在开始改变。我们已经看到，在年轻的美国经济学家和历史学家中，在有着史无前例的创造力和精准度的新学术界，对价格历史的兴趣复苏了。下一代人的起点是关于价格历史的学术文献合集，这集中了过去学者们的极大心力。

按地区分类的历史汇编

价格革命方面，许多国家都有了大量已出版的第一手资料。这些材料可以分为两个部分：历史汇编和当前调查。总体性论著和长期的地方性研究都按照大洲和国家列在这里。限于单一巨浪或均衡期的、更加专精的研究，列在参考书目的后段。关于数据资料的总体考察，参见 Val R. Lorwin and Jacob M. Price, eds., *The Dimensions of the Past: Materials, Problems, and Opportunities for Quantitative Work in History* (New Haven, 1972)。

国际历史汇编

B. R. Mitchell, *European Historical Statistics, 1750–1975* (1975, 1980, 2d rev. ed., New York, 1980); 同前, *International Historical Statistics: Africa and*

Asia (New York, 1982); 同前, *International Historical Statistics: The Americas and Australasia* (London, 1983)。在这些书籍的新版（1995）中数据更新到 1988 年。

另一部汇编是经济合作与发展组织发行的 *Consumer Price Indices: Sources and Methods and Historical Statistics* (Paris, 1980)。

各大洲历史汇编：

欧洲

欧洲的价格史大都出现在国别或地方性研究之中，但是欧洲的两部涉猎甚广的著作包含了许多第一手资料。其中之一是 Wilhelm Abel, *Agrarkrisen und Agrarkonjunktur in Mittel Europa vom 13 bis zum 19 Jahrhundert* (Berlin, 1935; new eds. 1966, 1978)，英文译本为 Olive Ordish, *Agricultural Fluctuations in Europe* (London, 1980)；有一份附录包含了以白银计价的从 1341 年到 1935 年德意志十四个地区的小麦和黑麦价格数据以及欧洲六国的价格数据。其英文译本转载了参考书目，以及另一份由琼·瑟斯克提供的英文资料参考书目。

关于欧洲大陆的另一部非常重要的作品，是 Fernand P. Braudel and Frank Spooner, "Prices in Europe from 1450 to 1750," *The Cambridge Economic History of Europe* (Cambridge, 1967), 4:378–486。这篇重要的诠释性论文整合了大量关于欧洲的数据，大多是从下面所列的地区性研究中抽取出来的。

拉丁美洲

许多出版物提供的第一手资料是整个大洲的，而不是某个国家的，这种现象在拉丁美洲比欧洲更突出。一份简短但有帮助的调查是 E. Florescano, "La historia de los precios en la época colonial de Hispanoamérica: Tendencias, métodos de trabajos y objetivos," *LatinoAmérica: Anuario de Estudios Latinamericanos* (1968) 111–129。

有一篇自成一格的文章是 Ruggiero Romano, "Movimento de los precios y desarrollo económico: El caso de Sudamérica en el siglo XVIII," *Desarrollo Económico* 3 (1963) 31–43; 同前, "Mouvement de prix et développement économique: le cas de l'Amerique du Sud au XVIIIᵉ siècle," *2e Conference Internationale d'Histoire Économique, Aix-en-Provence, 1962* (The Hague, 1962) 2:141–153; 同前, *Historia colonial hispanio-americana e historia de los precios* (Santiago, 1963); 同前, "Some Considerations on the History of Prices in Colonial Latin America," in Lyman L. Johnson and Enrique Tandeter, eds., *Essays on the Price History of Eighteenth-Century Latin America* (Albuquerque, 1990), 35–72。罗马诺认为拉丁美洲的价格趋势与欧洲相反（参见附录四）。

约翰逊和唐戴特有十二篇论文，多数是对罗马诺提出异议的。还有一篇视野开阔的论文，参见 Steven A. Mange, "Commodity Price Movements in the Andes and La Plata during the Seventeenth and Eighteenth Centuries" (thesis, Chicago, 1988)。

国家历史汇编：

阿根廷

历史价格序列，见 Lyman L. Johnson, "The Price History of Buenos Aires during the Viceregal Period," in Lyman L. Johnson and Enrique Tandeter, eds., *Essays on the Price History of Eighteenth-Century Latin America* (Albuquerque, 1990), 137–172; Juan Alvarez, *Temas de historia económica Argentina* (Buenos Aires, 1929); Direccion General de Estadistica, *Precios unitarios dearticulos de consuma y servicios, capital federal y provincia, 1901–1963* (2 vols., Buenos Aires, 1964–1965?)。

澳大利亚

价格数据载于 Jennifer A. S. Finlayson, *Historical Statistics of Australia* (Canberra, 1970)。还有一份依然有用的资料：Douglas B. Copland, *Currency and Prices in Australia* (Adelaide, 1921)。

奥地利

A. F. Pribram et al., *Materielen zur Geschichte der Preise und Löhne in*

Osterreich (Vienna, 1938) 是奥地利历史价格记录的集大成者。它主要是基于机构价格。其他研究包括 Luschin von Ebengreuth, *Vorschlage und Erfordernisse für eine Geschichte der Preise und Löhne in Osterreich* (Vienna, 1874); K. T. Inama-Sternegg, *Beiträge zur Geschichte der Preise* (Vienna, 1873); 同前，"Die Quellen der historischen Preisstatistik," *Statistiche Monatschriften* 12 (1886); Alois Gehart, *Statistik in Osterreich, 1918–1938: Eine Bibliographie* (Vienna, 1984)。奥匈帝国的价格记录，载于 B. Von Jankovich, *Bulletin de l'Institut Internationale de Statistique* 19 (1911)。

比利时：总体研究

H. van Houtte, *Documents pour servir à une histoire des prix de 1381 à 1794* (Brussels, 1902) was a pathbreaking effort.

第二代学者的成果包括 M. Peeters, "Les prix et les rendements de l'agriculture belge de 1791 à 1935," *Bulletin des Sciences Économiques de Louvain* (1936) 22–48; F. Michelotte, "L'évolution des prix de détail en Belgique de 1830 à 1913," *Bulletin de l'nstitute de Recherche Economique* (Louvain, 1937); and François Loots, "Les mouvements fondamentaux des prix en gros en Belgique de 1822 à 1913," *Bulletin de l'nstitut des Sciences économiques* 8 (1936) 23–47。

战后的研究包括 P. Schöller, "La transformation économique de la Belgique de 1832 à 1844," *Bulletin de l'nstitute de Recherche Économique* (Louvain, 1948)，以及关于 16 世纪价格革命的著作 C. Verlinden, J. Craeybeckx, and J. Scholliers, "Mouvements des prix et salaires en Belgique au XVIe siècle," *Annales E.S.C.* 10 (1955) 173–198。*Cahiers d'histoire des prix* (Louvain, published by the Inter-University Center for the History of Prices and Wages in Belgium, 1956–1958)，包括参考书目资料。

比利时：地方性研究

[安特卫普] E. Scholliers, *Loon arbied en Honger de Levensstandaard in de*

XVe en XVIe eeuw te Antwerpen (Antwerp, 1960).

[安特卫普] H. Van der Wee, *The Growth of the Antwerp Market and the European Economy* (3 vols., Louvain, 1963); "Prices and Wages as Development Variables: a Comparison between England and the Southern Netherlands, 1400–1700," *Acta Historiae Neerlandicae* 10 (1978).

[布拉班特] C. Verlinden et al., "Dokumenten voor de Geschiedenis van Prijzen en Lonen in Vlaandaeren en Brabant (XVe-XVIIIe eeuw)" (4 vols. in 5, Bruges, 1959–1973); *Documents pour l'histoire des prix et salaires* (XIVe-XIXe siècles) (Bruges, 1965).

[布拉班特] M.-J. Tits-Dieuaide, *La formation des prix céréaliers en Brabant et en Flandre au XVe siècle* (Brussels, 1975).

[那慕尔] L. Genicot, "Les prix du froment à Namur de 1773 à 1840," *Annales de la Societé Archéologique de Namur 43* (1938–1939) 129.

[那慕尔等地] J. Ruwet et al., *Marché des ceréales à Ruremonde, Luxembourg, Namur et Diest aux XVIIIe et XVIIIe siècles* (Louvain, 1966).

J. Ruwet, *L'agriculture et les classes rurales au pays Herve sous l'ancien régime* (Liége, 1943).

玻利维亚

Enrique Tandeter and Nathan Wachtel, "Prices and Agricultural Production: Potosí and Charcas in the Eighteenth Century," in Lyman L. Johnson and Enrique Tandeter, eds., *Essays on the Price History of Eighteenth-Century Latin America* (Albuquerque, 1995), 201–276.

Brooke Larson, "Rural Rhythms of Class Conflict in Eighteenth-Century Cochabamba," in Lyman L. Johnson and Enrique Tandeter, *Essays on the Price History of Eighteenth-Century Latin America* (Albuquerque, 1990), 277–308.

José Maria Dalence, *Bosquejo estadístico de Bolivia* (Chuquisaca, 1851).

W. L. Schurz, *Bolivia: A Commercial and Industrial Handbook* (Washington, 1921).

United Nations Economic Commission, *El desarrollo económico de Bolivia* (Mexico, 1957)，包括从 20 世纪 20 年代到 50 年代的数据。

Cornelius H. Zondag, The Bolivian Economy (New York, 1966) 公布了从 1952 年到 1965 年的数据。

巴西

Dauril Alden, "Price Movements in Brazil before, during, and after the Gold Boom, with Special Reference to the Salvador Market [circa 1670–1769]," in Lyman L. Johnson and Enrique Tandeter, eds., *Essays on the Price History of Eighteenth-Century Latin America* (Albuquerque, 1990), 335–372.

H. Johnson Jr., "A Preliminary Inquiry into Money, Prices, and Wages in Rio de Janeiro, 1763–1823," in Dauril Alden, ed., *Colonial Roots of Modern Brazil; Papers of the Newberry Library Conference* (Berkeley, 1973), 230–283.

Katia M. de Queiros Mattoso, "Conjoncture et société au Brésil à la fin de XVIIIe siècle. Prix et salaire à la veille de revolution de alfaiates, Bahia, 1798," *Cahiers des Ameriques Latines* 5 (1970) 3–53.

Mirceu Buescu, *300 anos de inflaçâo* (Rio de Janeiro, 1973).

Armin K. Ludwig, *Brazil: A Handbook of Historical Statistics* (Boston, 1985).

加拿大

F. Ouellet and J. Hamelin, "Le mouvement des prix agricoles dans la province de Quebec (1760–1815)," n.p., n.d.; "La crise agricole dans le Bas-Canada," Études Rurales 7 (1962) 36–57.

H. Michel et al., *Statistical Contributions to Canadian Economic History* (2 vols., Toronto, 1931)，包括关于银行业、外贸和物价的统计数据。

M. C. Urquhart and Kenneth A. Buckley, *Historical Statistics of Canada* (Toronto, 1965).

F. H. Leacy, ed., *Historical Statistics of Canada* (Ottawa, 1983).

Newfoundland Statistics Agency, *Historical Statistics of Newfoundland and Labrador* (St. Johns, 1970).

智利

Ruggiero Romano, "Une économie coloniale: le Chili au XVIIIᵉ siècle," *Annales E.S.C.* 15 (1960) 259–285; "Historia colonial hispanoAmericana e historia de los precios," in *Tres lecciones inaugurales* (Santiago de Chile, 1963).

José Manuel Larraín, "Gross National Product and Prices: The Chilean Case in the Seventeenth and Eighteenth Centuries," in Lyman L. Johnson and Enrique Tandeter, eds., *Essays on the Price History of Eighteenth-Century Latin America* (Albuquerque, 1990), 109–136; "Movimento de precios en Santiago de Chile, 1749–1808," *Jahrbuch für Geschichte von Staatwirtschaft und Gesellschaft Latinamerikas* 17 (1980) 199–259.

Armando de Ramón and José Manuel Larraín, *Origines de la vida económica chilena* (Santiago, 1982) 包含从 1659 年到 1808 年的价格序列。

Marcello Carmagnani, *Les mecanismes de la vie économique dans une societé coloniale: Le Chile* (Paris, 1973), 载有大量从 1680 年到 1830 年的统计数据；同前，*El salariado minero en Chile colonial: au desarrollo en una sociedad provincial: el Norte Chico, 1690–1800* (Santiago de Chile, 1963)。

Markos J. Mamalakis, *Historical Statistics of Chile* (5 vols, to date, Westport, Conn., 1978–1985+) 包含从 1860 年到 1982 年的价格。

中国

从 14 世纪到 20 世纪的各个时期的价格历史及基本数据，包括：

Ch'uan Han-sheng, "Sung-Ming chien pai-yin kou-mai-li ti pien-tung chi ch'i yuan-yin" [Fluctuations in the purchasing power of silver and their cause from the Sung to the Ming dynasties] *Hsin-ya-hseuh-pao* [New Asian Journal] 8 (1967) 157–186, 有英文摘要。

M. Cartier, "Notes sur l'histoire des prix en Chine du XIVᵉ au XVIIᵉ siècle,"

[1368–1644] *Annales E. S. C.* 24 (1969) 1876–1889; 同前，"Les importations de metaux monetaires en Chine: Essai sur la conjoncture chinoise," 同上 . 36 (1981) 454–466。

W. S. Atwell, "Notes on Silver, Foreign Trade, and the Late Ming Economy," *Ch'ing shih wen-ti"* 3 (1977) 1–33; "International Bullion Flows and the Chinese Economy, circa 1530–1650," *Past & Present* 95 (1982) 68–90.

P. Liu and K. Huang, "Population Change and Economic Development in Mainland China since 1400," in C. Hou and T. Yu, eds., *Modern Chinese Economic History* (Taipei, 1977), 61–81.

Yeh-chien Wang, "The Secular Trend of Prices during the Ch'ing Period," *Journal of the Institute of Chinese Studies of the Chinese University of Hong Kong* 5 (1972) 364, 涵盖了 1644 年到 1912 年这段时期。

Nankai University Committee on Social and Economic Research, *Wholesale Prices and Price Index Numbers in North China, 1913 to 1929* (Tientsin, 1929).

Franklin L. Ho, *Index Numbers of the Quantities and Prices of Imports and Exports and the Barter Terms of Trade in China, 1867–1928* (Tientsin, 1930).

L. L. Chang, "Farm Prices in Wuchin, Kangsu, China," *Chinese Economic Journal* 10 (1932) 449–512.

Hsin Ying, *Price Problems of Communist China* (Kowloon, 1963).

刚果民主共和国

主要论著是 Leon H. Dupriez et al., *Diffusion du progres et convergence des prix; études internationales; le cas Congo-belgique, 1900–1960; la formation du systeme des prix et salaires dans une economie dualiste* (2 vols., Louvain 1966–1970)。

古巴

Susan Schroeder, *Cuba: A Handbook of Historical Statistics* (Boston, 1982), 包括物价方面的内容。

捷克斯洛伐克

Stanislas Hoszowski, "L'Europe centrale devant la révolution des prix," *Annales E.S.C.* 16 (1961) 441–456, 其中援引了 J. Janacek、A. Mika 和 J. Novotny 的研究，是我未曾见到的。

丹麦

有一部质量格外出众的总体性论著，即 Astrid Friis and Kristof Glamann, *A History of Prices and Wages in Denmark, 1660–1800* (Copenhagen and London, 1958)，至今只出到第一卷，是基于哥本哈根的法定商品价格和价格流水记录。

丹麦经济学家的两个开创性研究项目是 William Scharling, *Pengenes synkende Vaerdi* (Copenhagen, 1869); 以及他和 V. FalbeHansen 的 *Danmarks Statistik* (6 vols., Copenhagen, 1878–1891)。

A. Nielsen, "Dänische Preise, 1650–1750," in *Jahrbuch für Nationalökonomie und Statistik* 31 (1906) 289–347.

L. Rumur, "Assessed Average Market Prices and the Prices of Cereal Grains in Denmark, 1600–1850," *Scandinavian Economic History Review* 18 (1970) 33–65.

关于后来的各时期，参见 Jorgen Pedersen and O. Strange Petersen, *An Analysis of Price Behaviour during the Period 1855–1913* (Copenhagen and London, 1938); Jorgen Pedersen, *Arbejdsønnen i Danmark under skiftende Konjunkturer, c. 1850–1913* (Copenhagen, 1913), 这是一部丹麦的薪酬史；以及 K. Bjerke and N. Ussing, *Studier over Danmarks National Produkt, 1870–1950* (Copenhagen, 1958)。

特别关注丹麦物质情况的方法论作品，是 P. Thestrup, *The Standard of Living in Copenhagen, 1730–1800: Some Methods of Measurement* (Copenhagen, 1971)。

芬兰

"Markegangspris i Finland 1731–1870," *Statistika Oversitkter* (1926). 我在美国的图书馆中没有找到这篇论文。

法国：总体研究

Vicomte Georges d'Avenel, *Histoire économique de la proprieté, des salaires, des denrées, et tous les prix en général depuis l'an 1200 jusqu' en l'an 1800* (7 vols., Paris, 1894–1926)，这是一部卷帙浩繁的汇编作品，大受价格史学家们的批评。乔博格在他关于瑞典价格史的杰作中写道："达弗内尔对资料的大量搜集，在今天被认为几乎毫无价值，因为它们搜集自大不相同的来源以及分布广泛的地理区域。"（第 4 页）。

然而，达弗内尔的许多记述都得到了后来著作的确认，并且由于他诠释性的洞见、高雅的格调、幽默的笔调、丰富的学识，尤其是在手法更加精熟的作品中常常缺失的关于人和这个世界的知识，他的作品依然值得一读。同作者的其他作品还有 D'Avenel, *Les enseignements de l'histoire des prix* (Paris, 1925) 以及 *Histoire de la fortune française: la fortune privée à travers sept siècles* (Paris, 1927)。

对达弗内尔著作的批评，参见 René Jouanne, *Les monographes normandes et l'histoire des prix* (Caen, 1931)。对这一批评的批评，参见 Lucien Febvre, "Chiffres faux, courbes vraies?" *Annales d'Histoire Économique et Sociale* 4 (1932) 585–586，这篇文章的标题简明地概括了达弗内尔作品的优缺点。

Abbott Payson Usher, "The General Course of Wheat Prices in France: 1350–1788," *Review of Economic Statistics* 12 (1930) 159–169; 这篇文章对同作者的下面这部著作进行了统计方面的补充：*The History of the Grain Trade in France, 1400–1710* (Cambridge, 1913)。

François Simiand, *Recherches anciennes et nouvelles sur le mouvement général des prix du XVIᵉ au XIXᵉ siécle* (Paris, 1932); 同一作者的其他作品，下面有列举。

C. E. Labrousse, *Esquisse du mouvement des prix et des revenus en France* au XVIIIe siècle (2 vols., Paris, 1933); La crise de l' économie française à la fin de l' ancien régime et au début de la Révolution (Paris, 1944), 依然是研究 18 世纪价格革命时不可不读的著作；同前，Ruggiero Romano, and F.-G. Dreyfus, Leprix dufroment en France au temps de la monnaie stable (1726–1913) (Paris, 1970), 包含被法国占领时期的比利时、荷兰、德国、瑞士和意大利的数据。

Henri Hauser, Recherches et documents sur l' histoire des prix en France de 1500 à 1800 (Paris, 1936).

A. Chabert, Essai sur les mouvements des prix et des revenus en France de 1798 à 1820 (Paris, 1945); Essai sur les mouvements des revenus et l' activité économique en France de 1798 à 1820 (Paris, 1949).

Jean Fourastié, Documents pour l' histoire et la theorie des prix: Series statistiques réunies et élaborées (Paris, 1958).

J. Marczewski and J. C. Toutain, Histoire quantitative de l' économie française (2 vols., Paris, 1961), 涵盖从 1700 年到 1958 年这段时期。

法国：地区性研究

[阿尔萨斯] A. C. Hanauer, Études économiques sur l'Alsace ancienne et modern (2 vols., Paris, 1876–1878).

[安茹] Victor Dauphin, Recherche pour servir à l' histoire des prix des céréales et du vin en Anjou sous l' ancien régime (Paris, 1934).

[贝里] F. Gay, "Production, prix et renaitabilité de terre en Berry au XVIIIe siècle," Revue d' Histoire Économique et Sociale 36 (1958) 399–411.

[贝济耶] Emmanuel Le Roy Ladurie, Les Paysans de Languedoc (2 vols., Paris, 1966), 所载价格序列参见 2:820–22。

[沙托丹] A. de Belfort, "Prix moyen des grains vendus sur le marché de Châteaudun depuis l'année 1583," Bulletin de la Societé Dunoise 1 (1864–1869) 161–170.

[杜埃] Monique Mestayer, "Les prix du blé et de l' avoine à Douai de 1329 à 1793," Revue du Nord 45 (1963) 157–176.

［福雷泽］Vicomte de Meaux, "Note sur le cours des céréales en Forèze de 1363 à 1698," *Bulletin de la Societé de la Diana*, 11 (1899–1900).

［加蒂讷］Leopold Nottin, *Recherches sur les variations des prix dans la Gâtinais du XVIe au XIXe siècle* (Paris, 1935).

［马赛］Ruggiero Romano, *Commerce et prix du blé a Marseille au XVIIIe siècle* (Paris, 1956).

［蒙迪迪耶］V. de Beauville, *Histoire de la ville de Montdidier* (3 vols., Paris, 1857).

［奥尔良］P. Mantellier, "Mémoire sur la valeur des principales denrées et marchandises qui se vendaient ou se consommaient en la ville d'Orléans au cours des XIVe, XVe, XVIe, XVIIe, et XVIIIe siècles," *Mémoires de la Societé Archeologique et Historique de l'Orléans* 5 (1862) 103–496.

［巴黎］Micheline Baulant, "Le prix des grains à Paris de 1431 à 1789," *Annales E.S.C.* 23 (1968) 537–540.

［巴黎］Jeanne Singer-Kérel, *Le coût de la vie à Paris de 1840 à 1954* (Paris, 1961).

［皮卡第］P. Deyon, *Contribution à l'étude des revenus fonciers en Picardie, lesfermages de l'Hotel-Dieu d'Amiens et leurs variations de 1515 à 1789* (Lille, 1967).

［普瓦捷］Duffaud, *Note sur le prix des grains à Poitiers depuis trois siècles* (Paris, 1861).

［普瓦图］P. Raveau, *Essai sur la situation économique et l'état social en Poitou, au XVIe siècle* (Paris, 1931); 同前, "La crise des prix au XVIe siècle en Poitou," *Revue Historique* 54 (1929) 1–44, 168–193.

［普罗旺斯］René Baehrel, *Une croissance: La Basse-Provence rurale (fin XVIe siècle-1789)* (2 vols., Paris, 1961).

［图卢兹］Georges Frêche and Geneviève Frêche, *Lex prix des grains, des vins et des légumes à Toulouse (1486–1868: Extraits des mercuriales suivis d'une bibliographie d'histoire des prix* (Paris, 1967).

[瓦朗谢讷] G. Sivery, "L'évolution du prix du blé à Valenciennes," *Revue du Nord* 17 (1965) 177–194.

关于法国其他地方的价格研究，参见上文 [图卢兹] 项下援引的乔治·弗雷什和热纳维耶芙·弗雷什作品中的参考文献列表；以及 Labrousse, *Esquisse*, pp. 5 (note 4), 11-12 (note 17), 650–664。

德国：总体研究

L. Keller, "Zur Geschichte der Preisbewegung in Deutschland während der Jahre 1466–1525," *Jahrbücher für Nationalökonomie und Statistik* 34 (1879) 181–207.

Georg Wiebe, *Zur Geschichte der Preisrevolution des XVI und XVII Jahrhunderts* (1894, Leipzig, 1895).

J. Hansen, *Beiträdge zur Geschichte des Gretreidehandels der Freien und Hansestadt* (Lübeck, 1912).

Moritz J. Elsas, *Umriss eine Geschichte der Preise und Löhne in Deutschland vom ausgehenden Mittelalter bis zum Beginn des neunzehnten Jahrhunderts* (2 vols. in 3, Leiden, 1936–1949), 这是一部权威作品。

A. Jacobs and H. Richter, "Die Grosshandelpreise in Deutschland von 1792 bis 1934," *Sonderhefte des Institute fur Konjunkturforschung*, no. 37 (Berlin, 1935).

Gerd Hohorst et al. *Materialien zur Statistik des Kaiserreichs, 1870–1914* (Munich, 1975).

G. Bry, *Wages in Germany, 1871–1945* (Princeton, 1960).

H. Wiese, "Der Rinderhandel im Nordwesteuropaischen Kustenggebiet vom Beginn des 19 Jahrhunderts" (dissertation, Gottingen, 1963).

德国：地方性研究

[阿尔萨斯] A. C. Hanauer, Études économiques sur l'Alsace ancienne et modern (2 vols., Paris, 1876–1878).

[柏林] W. Naude and A. Skalweig, *Die Getreidehandelspolitik*… *Acta Borussica* (Berlin, 1896, 1910).

[不伦瑞克] 原数据序列来自阿贝尔《农业危机与农业活动》附录中所载的基本数据，见 Abel, *Agrarkrisen und Agrarkonjunktur*, appendix。

[开姆尼茨] Rudolph Strauss, "Löhne und Preise in Deutschland, 1750 bis 1850," *Jahrbuch fur Wirtschaftsgeschichte* (1963) 1:189–219; 2:212–236; 3:257–264; 4:263–280; (1964) 1:271–280; 4:307–317; (1965) 1:233–249.

[科隆] Dietrich Ebeling and Franz Irsigler, *Getreideumsatz, Getreide-und Brotpreise in Köln, 1369–1797* (Cologne, 1976); Franz Irsigler, *Kölner Wirtschaft im Spätmittelalter, Zwei Jahrtausende Kölner Wirtschaft* (Cologne, 1975).

[哥廷根等地] H. Kullak-Ublick, *Die Wechsellagen und Entwicklung der Landwirtschaft im südlichen Niedersachen vom 15 bis 18 Jahrhundert* (Göttingen, 1953).

[哈雷] J. Conrad, "Die Preisentwicklung der gewöhnlichsten Nährungsmittel in Halle a/S von 1731–1878," *Jahrbücher fur Nationalokonomie und Statistik* 34 (1879) 83–180.

[凯泽斯韦特] C. Bone, "Frucht-, Fleisch- und Brotpreise in der Stadt Kaiserswerth," *Beiträge zur Geschichte die Niederrheins* 5 (1890) 154–160.

[莱比锡] O. Dittmann, *Die Getreidepreise in der Stadt. Leipzig im 17., 18. und 19. Jahrhundert* (Leipzig, 1889); E. E. Koehler, "Haushaltsrechnungen des Georgenhauses zu Leipzig; Preise, Löhne…" *Jahrbuch für Wirtschafts-Geschichte* (1967), 4:347–409.

[美因茨] Francois G. Dreyfus, "Beitrag zu den Preisbewegungen im Oberrheingebiet im 18 Jahrhundert," *Vierteljahrshrift für Sozial und Wirtschaftsgeschichte* 47 (1960) 245–256.

[曼海姆] E. Hofmann, "Die Milchpreis in Mannheim," *Jahrbuch für Nationalökonomie und Statistik* 108 (1917) 639–643; 亦见于 "Die Eierpreise in Mannheim," 同上，109 (1917) 69–76; and "Die Salzpreise in Mannheim …," 同上，111 (1918) 591–605。

[迈森] H. E. Pietzsch, *Wechsellagen der Landwirtschaft im Amte Meissen während des 16. und 17. Jahrhunderts* (Gottingen, 1950).

[慕尼黑] M. J. Elsas, "Price Data from Munich, 1500–1700," *Economic Journal Supplement* 3 (1934–1937).

[东弗里西亚] O. Aden, "Entwicklung und Wechsellagen ausgewählter Gewerbe in Ostfriesland von der Mitte des 18. bis zum Ausgang des 19. Jahrhunderts" (thesis, Gottingen, 1963); 部 分 刊 载 于 *Abhandlungen und Vorträge zur Geschichte Ostfrieslands* 40 (1964)。

[普鲁士] U. Eggert, "Die Bewegung der Holzpreise und Tagelohnsätze in der preussischen Staats forsten von 1800–1879," *Zeitschrift der Königlich Preussische Statistiche Bureau* 23 (1883).

[奎德林堡] Willi Schulz, "Löhne und Preise 1750 bis 1850 nach den Akten und Rechnungsbelegen des Stadtarchivs Quedlinberg," *Jahrbuch für Wirtschaftsgeschichte* (1967), 4:347–409.

[萨克森] Johannes Falke, "Geschichtliche Statistik der Preise im Königreich Sachsen," *Jahrbücher für Nationalökonomie und Statistik* 13 (1869) 364–395; 16 (1871) 1–71.

[石勒苏益格—荷尔斯泰因] Emil Waschinski, Währung, *Preisentwicklung und Kaufkraft des Geldes in Schleswig-Holstein von 1226–1864* (2 vols., Neumünster, 1952–1959).

关于德国其他许多地区的研究，列于上文援引的阿贝尔的 *Agrarkrisen und Agrarkonjunktur* 以及 Jacobs, "Preisgeschichte" 的参考书目中。

匈牙利

I. N. Kiss, "Money, Prices, Values, and Purchasing Power from the Sixteenth to the Eighteenth Century," *Journal of European Economic History* 9 (1980).

R. Horvath, "Monetary Inflation in Hungary during the Napoleonic Wars," *Journal of European Economic History* 5 (1976); "The Interdependence of Economic and Demographic Development in Hungary (from the mid-eighteenth to the mid-nineteenth centuries)," in *Proceedings of the Fourth International Economic History Conference, Bloomington, 1968* (Paris, 1973).

L. Katus, "Economic Growth in Hungary during the Age of Dualism, 1867–1918, A Quantitative Analysis," *Studia Historica* 62 (1970)

E. Pamlenyi, ed., *Social-Economic Researches on the History of East Central Europe* (Budapest, 1980).

印度

J. J. Brennig, "Silver in Seventeenth-Century Surat: Money Circulation and the Price Revolution in Mughal India," in John F. Richards, ed., *Precious Metals in the Later Medieval and Early Modern World* (Durham, 1983), 477–496.

John F. Richards, ed., *The Imperial Monetary System of Mughal India* (Delhi, 1987).

Aziza Hazan, "En Inde aux XVIe et XVIIe siècles: Trésors Américains, monnaie d'argent et prix dans l'empire Mogol," *Annales E.S.C.* 24 (1969) 835–859, 包括从 1556 年到 1705 年的数据。

India Department of Commercial Intelligence and Statistics, *Index Numbers of Indian Prices, 1861–1926* (Calcutta, 1928).

Tirthankar Roy, "Price Movements in Early Twentieth-Century India," *Economic History Review* 2d ser. 48 (1995) 118–133, 包括从 1900 年到 1933 年、从 1953 到 1987 年的价格序列。

Lakshini Narain, *Price Movements in India, 1929–1957* (Meerut, 1957).

David Singh, *Inflationary Price Trends in India since 1939* (Bombay, 1957; 2d ed., New York, 1961).

爱尔兰

Edward Nevin, *The Irish Price Level: A Comparative Study* (Dublin, 1962).

C. St. J. Oherlihy, *A Statistical Study of Wages, Prices, and Employment in the Irish Manufacturing Sector* (Dublin, 1966).

Wm. E. Vaughan and André J. Fitzpatrick, *Irish Historical Statistics, vol. 1, Population* (Dublin, 1978); 据说接下来一卷将会针对爱尔兰的物价问题。

意大利：总体研究

V. Magaldi and R. Fabris, "Notizie storiche e statistiche sui prèzzi e salari nei secoli XIII-XVIII nelle cittá di Milano, Venezia, Genova, Firenze, Pisa, Lucca, Mantova e Forli," *Annali di Statistica* 2d ser. 3 (1878) 5–106.

Vittorio Franchini, *Contributo alla storia dei prèzzi in Italia. Documenti economici del secolo XVIII* (Roma, 1928); 同前，*Di talune neglette fonti per la ricostruzione dei valori delle cose all'inizio delle Signorie in Italia* (Milan, 1928).

意大利：地方性和区域性研究

［巴里］Carlo Massa, "Il prèzzo del grano e dell' orzo in Terra di Bari (1419–1727)," *Atti dell'Accademia Pontaniana* 38 (1908); "I salari agricoli in Terra di Bari (1447–1733)," *Atti dell' Accademia Pontaninana* 42 (1912); "I salari di mestiere in Terra di Bari dal 1449 al 1732," *Giornale degli Economisti* 42 (1911) 553–576; "Costo dei trasporti in Terra di Bari (1542–1722)," *Giornale degli economisti* 55 (1917) 331–339; *I salari agricoli in Terra di Bari* (1447–1733) (n.p., 1911); *Il prèzzo e il commercio degli oli d' oliva di Gallipoli et Bari* (Trani, 1897); "Paghe di professionisti, d'impiegati e di cambii militari in Terra di Bari dal 1491 al 1715," *Cose di Puglia* (Bari, 1911);*Bari nel secolo XVII* (Bari, 1903); *La industria della pesce nella Provincia di Bari* (Trani, 1900).

［巴萨诺］Gabriele Lombardini, *Pane e denaro a Bassano: Prèzzi del grano politica dell approvigionamento dei cereali tra il 1501 e il 1799* (Venice, 1963).

［佛罗伦萨］Giuseppi Parenti, *Prime ricerche sulla rivoluzione dei prèzzi in Firenze* (Florence, 1949).

［佛罗伦萨］Richard A. Goldthwaite, "I prèzzi del grano a Firenze dal XIV al XVI secolo," *Quaderni Storici* 10 (1975) 5–36.

［热那亚］Paolo Maria Arcari and Ettore Rossi, "I prèzzi a Genova dal XII al XV secolo," *La Vita Economica Italiana* 2d ser. 8 (1933) 53–87.

[米兰] G. Ferrario, *Statistica medica di Milano dal secolo XV fino ai nostri giorni escluso il militare* (Milan, 1840).

[米兰] Amintore Fanfani, "La rivoluzione dei prèzzi a Milano nel XVI e XVII secolo," *Giornale degli Economisti e Rivista di Statistica* 72 (1932) 465–482;*Indagini sulla rivoluzione dei prèzzi* (Milan, 1940).

[米兰] Aldo de Maddalena, *Prèzzi e as petti di mercato in Milano durante il secolo XVII (Milan, 1950); Prèzzi e mercedi a Milano dal 1701 al 1860* (2 vols., Milan, 1974).

[米 兰] Commune di Milano, *I prèzzi dei generi alimentari in Milano dal 1798 al 1918* (Milano, 1919).

[摩德纳] Gian Luigi Basini, *Sul mercato di Modena tra cinque e seicento: Prèzzi e salari* (Milan, 1974);*L'uomo e il pane* ⋯ (Milan, 1970);*Zecca e monete a Modena nei secoli XVI e XVII* (Parma, 1967).

[那 不 勒 斯] Giuseppe Coniglio, "La rivoluzione dei prèzzi nella cittá di Napoli nei secoli XVI e XVII," *Atti della IXa riunione scientifica a Roma 1950* (Rome, 1952).

[那不勒斯] Nunzio Federico Faraglia, *Storia dei prèzzi in Napoli dal 1131 al 1860* (Bologna, 1983).

[那不勒斯] Pietro Lonardo, *Contributo alla storia dei pèzzi nelle province napoletane* (Santa Maria Capua Vetere, 1904).

[那不勒斯] Ruggiero Romano, *Prèzzi e salari e servizi a Napoli nel secolo XVIII* [1734–1806] (Milan, 1965).

[帕 维 亚] Giuseppe Medici, "Tentativo di recostruire un numero indice dei prèzzi dei prodotti cerealicoli per la zona agraria dell' Alto Pavese e per il periodo dal 1784 al 1930," *Annali dell' Osservatorio di Economia Agraria per la Lombardia* 1 (1930).

[皮斯托亚] Armando Sapori, *Per la storia dei prèzzi a Pistoia; il quaderno ei conti un capitano di Custo[d]ia nel 1339* (Pistoia, 1928; 一份单行本藏于 Baker

Library, Harvard Business School); "Per la storia dei prèzzi a Pistoia," *Bulletino storico pistoiese* 29 (1927); 30 (1928)。

［罗马］Comte de Tournon, Études statistiques sur Rome (3 vols., Paris, 1831).

［锡耶纳］Giuseppe Parenti, *Prezzi e mercato del grano a Siena, 1546–1765* (Florence, 1942).

［西西里］Antonio Petino, *La questione del commercio del grani in Sicilia nel settecento* (Catania, 1946);*I prèzzi del grano, dell' orzo, dell' olio, del vino, del cacio a Catania dal 1512 al 1630* (Milan, 1949).

［威尼斯和威尼西亚地区］Dario Bartolini, "Prèzzi di alcuni derrate e salari correnti in Venezia ed in alcune cittá della Dalmatia a del Levante, durante gli anni 1486 a 1490," *Annali di Statistica* 2d ser. 19 (1881); "Prèzzi e salari nel commune di Portugruaro durante il secolo XVI," *Annali di Statistica* 2d ser. 1 (1878) 194–204; "La metida del frumento, vino ed oglio dal 1670 al 1685 nel commune di Portugruaro," *Annali di Statistica* 2d ser. 7 (1879); "Nota intorno alla 'metida' o 'calamiere' nel Veneto," *Annali di Statistica* 3d ser. (1882); *Contribuzione per una storia dei Prèzzi e salari* (Rome, 1881).

［威尼斯］M. Aymard, *Venise, Raguse et le commerce du blé pendant la seconde moitié du XVIe siècle* (Paris, 1966).

关于意大利其他地区的研究，在下面这部作品的参考书目中有列举：Ruggiero Romano, ed., *I Prèzzi in Europa dal XIII secolo a oggi* (Turin, 1967), 569–590。

日本

Kokisha Asakuri and Chiaki Nishiyama, eds., *A Monetary Analysis and History of the Japanese Economy, 1868–1970* (Tokyo, 1974).

Kakujiro Yamasaki, *The Effect of the World War upon Commerce and Industry in Japan* (New Haven, 1929), 载有大约从 1914 年到 1929 年间的物价。

Supreme Commander for the Allied Powers, *Staple Food Prices in Japan,*

1930–1948 (Tokyo, 1949).

Bank of Japan, Statistics Department, *Hundred Year Statistics of the Japanese Economy* (Tokyo, 1966).

Kazushi Ohkawa et al., *Estimates of Long-Term Economic Statistics of Japan since 1968* (Tokyo, 1965).

卢森堡

J. Ruwet et al, *Marché des ceréales a Ruremonde, Luxembourg, Namur et Diest aux XVIIe et XVIIIe siècles* (Louvain, 1966).

马达加斯加

Frederic L. Pryor, *Income Distribution and Economic Development in Madagascar: Some Historical Statistics* (Washington, World Bank, 1988).

马里

Pascal J. Imperato and Eleanor M. Imperato, *Mali: A Handbook of Historical Statistics* (Boston, 1982).

马拉维

Frederic L. Pryor, *Income Distribution and Economic Development in Malawi: Some Historical Statistics* (Washington, World Bank, 1988).

墨西哥

有大量的论著，包括 Woodrow Wilson Borah and Sherburne F. Cook, *Price Trends of Some Basic Commodities in Central Mexico, 1531–1570* (Berkeley and Los Angeles, 1958); Enrique Florescano, *Precios del maíz y crisis agrícolas en México (1708–1810)* (Mexico City, 1969, 1971); Richard L. Garner, "Price Trends in Eighteenth-Century Mexico," *Hispanic American Historical Review* 65 (1985); 以及，同前，"Prices and Wages in Eighteenth-Century Mexico," in Lyman L.

Johnson and Enrique Tandeter, eds., *Essays on the Price History of Eighteenth-Century Latin America* (Albuquerque, 1995), 73–108。

荷兰：总体研究

Nicolaas W. Posthumus, *Inquiry into the History of Prices in Holland* (2 vols., Leiden, 1946–1964). 这部重要作品很大程度上是基于阿姆斯特丹的价格流水记录，作者波斯蒂默斯收集了超过两千份，并且也基于机构记录。伦纳特·乔博格在他的 *History of Prices in Sweden*, 1 : 5 中，将其誉为"迄今为止最详尽入微的价格历史"。

Jan de Vries, *The Dutch Rural Economy in the Golden Age, 1500–1700* (New Haven, 1974) 包含地租价格的原始数据序列；"An Inquiry into the Behavior of Wages in the Dutch Republic and the Southern Netherlands, 1580–1800," *Acta Historiae Neerlandicae* 10 (1978)。

Netherlands Central Bureau voor de Statistiek, *75 Jarr Statistiek van Nederland* (The Hague, 1955), 包括从 1900 年到 1975 年的价格，各章节标题为荷兰语和英文双语。

荷兰：地方性研究

[阿姆斯特丹] 除了波斯蒂默斯的论著之外，参见 P. J. Middelhoven, "Auctions at Amsterdam of Northern European Pinewood: A Contribution to the History of Prices in the Netherlands," *Low Countries Yearbook* 13 (1980)。

[阿纳姆] M. K. Heringa, "Overzicht van Marktprijzen van Granen te Arnhem in de jaren 1544–1901," *Bijdragen tot de Statistiek van Nederland* 26 (1903).

[上艾瑟尔] B. H. Slicher van Bath, *Een Samenleving on der Spanning: Geschiedenis van het Platteland in Overjissel* (n.p., 1957).

[乌特勒支] J. A. Sillem, *Tabellen van Marktprijzen van Granen te Utrecht in de Jaren 1393 tot 1644*, (Amsterdam, 1901).

新西兰

James W. McIlraith, *The Course of Prices in New Zealand* [1861–1910] (Wellington, 1911).

Malcolm Frasier, *Prices: An Inquiry into Prices in New Zealand, 1891–1919* (Wellington, 1920).

Gerald I. Bloomfield, *New Zealand: A Handbook of Historical Statistics* (Boston, 1984).

奥斯曼帝国（亦参见土耳其）

Ömer Lütfi Barkan, "The Price Revolution of the Sixteenth Century: A Turning Point in the Economic History of the Near East," *International Journal of Middle East Studies* 6 (1975) 3–28; "Die 'Preisrevolution' im osmanischen Reich wahrend der zweiten Hälfte des 16. Jahrhunderts," *Sudost-Forschungen* 42 (1983) 169–181.

Sevket Pamuk, "Money in the Ottoman Empire, 1326–1914," in Halil Inalcik and Donald Quataert, eds., *An Economic and Social History of theOttoman Empire, 1300–1914* (Cambridge, 1994) 970–975.

Justin McCarthy, ed., *The Arab World, Turkey, and the Balkans (1878–1914): A Handbook of Historical Statistics* (Boston, 1982).

巴基斯坦

Central Statistical Office, *Twenty-Five Years of Pakistan in Statistics, 1947–1972* (Karachi, 1972).

秘鲁

G. Lohmann Villena, *Apuntaciónes sobre el cur so de los precios de los articulos de primer a necesidad en Lima durante el siglo XVI* (Lima, 1961).

Luis Miguel Glave and Maria Isabel Remy, *Estructura agraria y vida rural en una region andina: Ollantay-tambo entre los sighs XVI y XIX* (Cuzco, 1983).

Pablo Macera and Rosario Jiméniz, "Precios: Lima, 1667–1738" (mimeograph, Lima, n.d.); Pablo Macera and Rosa Boccolini, "Precios de Iocs Colegios de ka Cia de Jesu's, Arequipa, 1627–1767" (mimeograph, Lima, 1975).

Paul Gootenberg, *"Carneros y Chuño: Price Levels in NineteenthCentury Peru"* (unpublished ms., 1988).

Kendall Brown, "Price Movements in Eighteenth-Century Peru: An Overview," in Lyman L. Johnson and Enrique Tandeter, eds., *Essays on the Price History of Eighteenth-Century Latin America* (Albuquerque, 1995), 173–200.

菲律宾

Pierre Chaunu, *Les Philippines et le Pacifique des Ibériques* (Paris, 1960).

波兰

F. Bujak, *Badania z dziejow spolecznych i gospodarczych (Recherches sur l'histoire sociale et economique* (Lwow and Poznan, 1928–1949); 价格数据见 vols 4:13–17, 21–22, 24–25.

[克拉科夫] J. Pelc, *Ceny w Krakowie w latach 1369–1600* (Lwow, 1935); E. Tomaszewski, *Ceny w Krakowie w latach 1601–1795* (Lwow, 1934); 乔治·弗雷什和热纳维耶芙·弗雷什称有法文版，同前，*Lesprix à Cracovie de 1601 a 1795* (Lwow, 1934)，未能得见。

[格但斯克] J. Pelc, *Ceny w Gdańsku w XVI i XVII wieku (Lwow, 1937);* Tadeusz Furtac, *Ceny w Gdańsku w latach 1701–1815* (Lwow, 1935).

[卢布林] W. Adamczyk, *Ceny w Lublinie od XVI do ko ca XVIII wieku* (Lwow, 1935).

[利沃夫] Stanislas Hoszowski, *Ceny we Lwowie w XVI i XVII wieku* (Lwow, 1928), French tr. *Les prix a Lwow* (Paris, 1954); Stanislas Hoszowski, *Ceny we Lwowie w latach, 1701–1914* (Lwow, 1934).

[华沙] W. Adamczyk, *Ceny w Warzawie w XVI i XVII wieku* (Lwow, 1938); S. Siegel, *Ceny a Warzawie w latch 1701–1815* (Lwow, 1936).

葡萄牙

V. M. Godinho, *Prix et monnaies au Portugal, 1750–1850,* (Paris, 1955).

F. Mauro, *Le Portugal et l'Atlantique au XVIIe siècle (1570–1670)* (Paris, 1957).

Joel Serrão, ed., *Dicionário de História de Portugal* (4 vols., Lisbon, 1971), 包括历史统计资料和价格。

R. de Moraes Soares, "Resumo historico dos preços de cereaes e outros generos alimentares no continento do Reino," *Archivo Rural* 2 (1859) 436–440, 462–466.

[Lisbon] A. Silbert, "Contribution a l'étude du mouvement du prix des céréales à Lisbonne (du milieu du XVIIIe au milieu du XIXe siècle," *Revista de Economia* (1953) 65–80.

乔治·弗雷什和热纳维耶芙·弗雷什还援引了以下地区性研究成果：Albade de Bacal 和 F. M. Alves 关于布拉干萨的物价研究，以及 A. d'Ayres Lanca Pereira 关于贝雅地区经济历史的论述。这些作品，我未曾得见。

俄罗斯

V. O. Klutchevsky [原文如此], *Le rouble russe des XVIe et XVIIe siècles, et son rapport avec le rouble actuel: Essais et études* (St. Petersburg, 1918).

A. G. Mankov, *Le mouvement des prix dans l'état Russe du XVIe siècle,* (Paris, 1957); 对该著作的英文摘要，参见 Jerome Blum, "Prices in Russia in the Sixteenth Century," *Journal of Economic History* 16 (1956) 182–199。

Boris Mironov, "The 'Price Revolution' in Eighteenth-Century Russia," *Soviet Studies in History* 11 (1973) 325–352; 同前，"Le mouvement des prix des céréales en Russie du XVIIIe siècle au début du XXe siècle," *Annales E.S.C.* 41 (1986) 217–251。在彼得一世统治时期，俄国成了欧洲第一个每月搜集所有省份谷物价格的国家。米罗诺夫的研究就是基于这些数据，它们从 1707 年到 1914 年从未中断。这篇论文是作者在列宁格勒所作论文和其他许多专著的摘要。它同样还包含一份参考书目。

V. N. Jakovchevsky, *Kupechesky kapital v feodal' no-krepostnicheskoi* (Moscow, 1959); 其中部分的译文，参见 "I Prèzzi ed il profitto commerciale nella Russia feudal-servile," in Romano, ed., *I Prèzzi in Europa dall XIII secolo a oggi*, 447–480; 这是一份关于 18 世纪和 19 世纪俄国物价的研究。

W. M. Pintner, "Inflation in Russia during the Crimean War Period," *Slavic Review* 18 (1959) 81–87.

A. Roger Clarke and J. I. Matko, *Soviet Economic Facts, 1917–1981* (2d ed., London, 1983).

A. Bergson, "Prices of Basic Industrial Products in the U.S.S.R., 1928–1950," *Journal of Political Economy* 64 (1956); *Basic Industrial Prices in the U.S.S.R. 1928–1956: Twenty-five Branch Series and Their Aggregation* (Santa Monica, 1956).

I. B. Kravis and J. Mintzes, "Food Prices in the Soviet Union, 1936–1950," *Review of Economics and Statistics* 32 (1950) 164–168.

M. C. Kaser, "Soviet Statistics of Wages and Prices," *Soviet Studies* 7 (1955–1956).

苏格兰：参见英国

西班牙：总体研究

Earl J. Hamilton, *American Treasure and the Price Revolution in Spain, 1501–1650* (Cambridge, Mass., 1934);*Money, Prices, and Wages in Valencia, Aragon, and Navarre, 1351–1500* (Cambridge, Mass., 1936);*War and Prices in Spain, 1651–1800* (Cambridge, Mass., 1947).

Juan Sardá, *La politicia monetaria y las fluctuaciones de la Economia Española en el sigh XIX* (Madrid, 1948); "Spanish Prices in the Nineteenth Century," *Quarterly Journal of Economics* 62 (1948) 143–159.

N. Sanchez-Albornoz, "En Espagne au XIXe siècle, géographie des prix," *Melanges Antony Babel* (Geneva, 1963), 2:179–191.

Higinio Paris Equilaz, *El movimento de precios en España* (Madrid, 1943), 载有从 1913 年到 1942 年的价格。

西班牙：地方性研究

[安达卢西亚] Earl J. Hamilton, "American Treasure and Andalusian Prices, 1503–1660 ···" *Journal of Economic and Business History* 1 (1928) 1–35.

[巴塞罗那] E. Giralt-Raventos, "En torno al precio del trigo en Barcelona durante el siglo XVI," *Hispania* 18 (1958).

[加泰罗尼亚] P. Vilar, *La catalogne dans l' Espagne moderne* (3 vols., Paris, 1962).

[塞尔维亚] Pierre and Hugette Chaunu, *Seville et l' Atlantique*, 上文中有援引。

瑞典

Lennart Jörberg, *A History of Prices in Sweden, 1732–1914* (2 vols., Lund, 1972). 这是一部综合性相当突出的著作，主要是基于市场价格区间，这是为征税而对商品进行的估值。从这些数据中，作者得以编纂出瑞典三十个地区六十三种商品的价格序列。第二卷还加入了统计学分析。除瑞典外，没有哪个国家曾得到过如此全面的研究。

Gunnar Myrdal, *The Cost of Living in Sweden, 1830–1930* (London, 1933).

K. Amark, "En Svensk prishistorisk studie," *Ekonomisk Tidskrift* 12 (1921); "En svensk prisindex für aren 1860–1913," *Kommersiella Meddelanden*, 3 (1921) 18.

Eli Heckscher, *Sveridges ekonomiska Historia fran Gustav Vasa* (Stockholm, 1936).

Statistika Centralbyran, *Historisk Statistik för Sverige* (Stockholm, 1955,1972).

斯里兰卡

Patrick Peebles, *Sri Lanka: A Handbook of Historical Statistics* (Boston, 1982).

瑞士

Vettiger, *Die Agrare Preispolitik des Kantons Basel im 18 Jahrhundert* (Weinfelden, 1941), 未找到。

Francois G. Dreyfus, "Beitrag zu den Preisbewegungen im Oberrheingebiet im 18 Jahrhundert," *Vierteljahrshrift für Sozial- und Wirtschaftsgeschichte* 47 (1960) 245–256.

Emil Notz, *Die säkulare entwicklung der Kaufkraft des geldes für Basel in den perioden 1800–1833 und 1892–1923* (Jena, 1925).

泰国

Constance M. Wilson, *Thailand: A Handbook of Historical Statistics* (Boston, 1983).

土耳其（亦参见奥斯曼帝国）

Charles Issawi, *The Economic History of Turkey, 1880–1914* (Chicago, 1980).

英国：总体研究

B. R. Mitchell and Phyllis Deane, *Abstract of British Historical Statistics (Cambridge, 1962); B. R. Mitchell and H. G. Jones, Second Abstract of British Historical Statistics* (Cambridge, 1971).

A. L. Bowley and G. H. Wood, "The Statistics of Wages in the United Kingdom during the Last Hundred Years," *Journal of the Royal Statistical Society* 61 (1898) 702–722.

Charles H. Feinstein, *Key Statistics of the British Economy, 1900–1962* (London, 1965).

英国：英格兰

W. Fleetwood, *Chronicum Preciosum: or, an Account of English Money, the*

Price of corn and other commodities in the last 600 years in a Letter to a Student in the University of Oxford (London, 1707).

W. F. Lloyd, *Prices of Corn in Oxford in the Beginning of the Fourteenth Century; also from the Year 1583 to the Present Time* (Oxford, 1830).

Thomas Tooke and William Newmarch, *History of Prices and of the State of the Circulation from 1792 to 1856* (6 vols., London, 1838–1857).

James E. Thorold Rogers, *A History of Agriculture and Prices in England from the Year after the Oxford Parliament (1259) to the Commencement of the Continental War (1793) Compiled Entirely from Original and Contemporaneous Records* (7 vols., Oxford, 1866–1902; rpt. Vaduz, 1963); 同前, *Six Centuries of Work and Wages* (2 vols., London, 1884); 后来的研究发现这部作品存在错误。前几卷将不同类型的购买和销售搅在一起，这个问题在牲畜买卖上尤为突出。罗杰斯在权重和度量上也不像后来的研究那么谨慎小心。但法默认为："罗杰斯的价格和薪酬序列是基础性的……并且在一些方面，恐怕是不可取代的。"一篇批评文章，参见 Paul Mantoux, "Le livre de Thorold Rogers sur l'histoire des prix et l'emploi des documents statistiques pour la période antérieure au XIXe siècle," *Bulletin de la Societé d'Histoire Moderne* (1903); 关于索罗尔德·罗杰斯的大量颇有见地的探讨，散见于英国经济学家阿尔弗雷德·马歇尔的著作中。

J. Kirkland, *Three Centuries of Prices of Wheat, Flour, and Bread* (London, 1917).

Abbott Payson Usher, "Price of Wheat and Commodity Price Indexes for England, 1259–1930," *Review of Economic Statistics* 13 (1931) 103–113, 包括一份贯穿这个时期的连续的小麦价格序列，以及两份残破的商品指数，其展现的情况与费尔普斯—布朗和霍普金斯大致相同。

G. N. Clark, *Guide to English Commercial Statistics, 1696–1782* (London, 1938).

William Beveridge, *Prices and Wages in England from the Twelfth to the Nineteenth Century* (London, 1939), vol. 1 (all published), institutional prices;

同 前，"A Statistical Crime of the Seventeenth Century," *Journal of Economic and Business History* 1 (1928–1929) 503–533; 同前，"Wages on the Winchester Manors," *Economic History Review* 7 (1936) 22–43; "Westminster Wages in the Manorial Era," *Economic History Review* 2d ser. 8 (1955–1956) 18–35; "Wheat Measures in the Winchester Rolls," *Economic Journal, Economic History Supplement* 2 (1930–1933); "The Yield and Price of Corn in the Middle Ages," *Economic Journal, Economic History Supplement* 1 (1926–1929) 162–166; "Wheat Prices and Rainfall in Western Europe," *Journal of the Royal Statistical Society* 85 (1922) 418–454; "Weather and Harvest Cycles," *Economic Journal* 31 (1921) 421–453. 所有这些都是一支受国际薪酬和价格委员会赞助的团队的努力成果；它的工作非常细心和严谨，但它的资料中只有很少一部分得以发表。手稿现藏于英国政治经济图书馆。

Ernest Henry Phelps-Brown and Sheila V. Hopkins, "Seven Centuries of Building Wages," *Economica* 22 (1955) 195–206; 同前，"Seven Centuries of the Prices of Consumables, Compared with Builders' Wage-Rates," *Economica* 23 (1956) 196–314; "Wage-Rates and Prices: Evidence for Population Pressure in the Sixteenth Century," *Economica* 24 (1957) 289–306; 同前，"Builders' Wage-Rates, Prices, and Population: Some further Evidence," *Economica* 26 (1959) 18–38; 同 前，"Seven Centuries of Wages and Prices: Some Earlier Estimates," *Economica* 28 (1961) 30–36; 同前，*a Perspective of Wages and Prices* (London, 1981); 同前，"The Course of Wage Rates in Five Countries, 1860–1939," *Oxford Economic Papers* (1950) 226–296; E. H. Phelps-Brown and S. A. Ozga, "Economic Growth and the Price Level," *Economic Journal* 65 (1955) 1–18; E. H. Phelps-Brown and M. H. Browne, *A Century of Pay* (New York, 1968); 一篇批评文章参见 Robert A. Doughty, "Industrial Prices and Inflation in Southern England, 1401–1640," *Explorations in Economic History* 12 (1975) 177–192。

Joan Thirsk et al., eds., *The Agrarian History of England and Wales, esp. vol. 2, 1042–1350* (Cambridge, 1988); vol. 3, 1348–1500 (1991); vol. 4, 1500–1640; vol. 5, 1640–1750 (1985); vol. 6, 1750–1850 (1989); vol. 8, 1914–1939 (1978). 每

一卷都包括若干章节，并附有价格和薪酬方面的数据序列，以及许多相关材料。

英国：苏格兰

J. S. Moore, "Prices and Wages in Scotland, 1450–1860," 这份未发表的文献资料综述，是一份提交给英国社会科学研究理事会的报告，参见该委员会的 Report HR 400/1 (1970)。

Rosalind Mitchison, "The Movement of Scottish Corn Prices in the seventeenth and eighteenth Century," *Economic History Review* 18 (1965) 278–291, 这是一项关于苏格兰价格动态的杰出的开创性研究。

Elizabeth Gemmill and Nicholas Mayhew, *Changing Values in Medieval Scotland* (Cambridge, forthcoming) 将会提供关于中世纪和近代早期，直到 1550 年左右的物价和薪酬调查研究成果。

A. J. S. Gibson and T. C. Smout, *Prices, Food, and Wages in Scotland, 1550–1780* (Cambridge, 1995);A. J. S. Gibson, and T. C. Smout, "Regional Prices and Market Regions: The Evolution of the Early Modern Scottish Grain Market," *Economic History Review 48* (1995) 258–282.

美国：总体研究

G. F. Warren and F. A. Pearson, *Wholesale Prices for 213 Years, 1720–1932* (Ithaca, N.Y. 1932).

Arthur Harrison Cole, *Wholesale Commodity Prices in the United States, 1700–1861* (Cambridge, Mass., 1938), with statistical supplement; Walter B. Smith and Arthur Harrison Cole, *Fluctuations in American Business, 1790–1860* (Cambridge, Mass., 1935).

United States Bureau of the Census, *Historical Statistics of the United States, Colonial Times to 1970* (1949; 3d ed., Washington, 1976); 这是美国人口普查局和社会科学研究理事会的合作成果，急需全面地修正。

Dorothy S. Brady, "Price Deflators for Final Product Estimates," in 同前，ed., *Output, Employment, and Productivity in the United States after 1800*

(Princeton, 1966), 91–115.

Ethel Hoover, "Retail Prices after 1850," and John W. Kendrick, "Retail Prices after 1850: Comment on Hoover," in William N. Parker, ed., *Trends in the American Economy in the Nineteenth Century* (Princeton, 1960), 141–186, 186–190.

Paul A. David and Peter Solar, "A Bicentenary Contribution to the Cost of Living in America," *Research in American Economic History* 2 (1977) 1–80.

Donald R. Adams Jr., "Some Evidence on English and American Wage Rates, 1790–1830," *Journal of Economic History* 30 (1970) 499–520.

Albert Rees, *Real Wages in Manufacturing, 1890-1914* (Princeton,1961).

美国：新英格兰地区

新英格兰地区保留有三代的价格历史。第一代是由历史统计学的一位先驱卡罗尔·赖特留下的，他的研究成果由马萨诸塞州统计局出版，即 Massachusetts Bureau of Statistics, *History of Prices and Wages in Massachusetts: 1752–1883* ed. Carroll D. Wright (Boston, 1885)。

第二代是在国际价格历史委员会的主导下完成的。一项主要的研究是 Ruth Crandall, ed., "Wholesale Commodity Prices in Boston during the Eighteenth Century," *Review of Economic Statistics* 16 (1934) 117–128, 178–183。另一项研究是 Thurston M. Adams, "Prices Paid by Vermont Farmers for Goods and Services and Received by Them for Farm Products, 1790–1940; Wages of Vermont Farm Labor, 1790–1940" *Vermont Agricultural Station Bulletin no. 507* (Burlington, 1944)。这项研究是针对农户账簿中的"农场"价格。一份副本保存于伍斯特的美国文物协会。

第三代的主要作品是 Winifred Rothenberg, "A Price Index for Rural Massachusetts, 1750–1855," *Journal of Economic History* 39 (1979) 975–1001; 同前, "Markets and Massachusetts Farmers, 1750–1855," 同上, 41 (1981) 283–314; 同前, "The Emergence of Capital Markets in Rural Massachusetts, 1730–1838," 同上, 45 (1985) 781–808; 同前, "The Emergence of Farm Labor Markets and the Transformation of the Rural Economy: Massachusetts, 1750–1855," 同上，48 (1988) 537–566; 同前，*From Market-Places to a Market Economy: The Transformation of Rural Massachusetts, 1750–1850* (Chicago, 1992), 这部作品是作者在布兰迪斯大学的学位论文经大幅修正后的产物，包含大量关于商品、资本和劳动力市场的资料。

美国：中部各州

主要工作是在 20 世纪 30 年代由安妮·贝赞森率领的一支团队完成的。其发表的成果有 Anne Bezanson et al., *Prices in Colonial Pennsylvania* (Philadelphia, 1935); Anne Bezanson et al., *Prices and Inflation during the American Revolution: Pennsylvania, 1770–1790* (Philadelphia, 1951); Anne Bezanson et al., *Wholesale Prices in Philadelphia, 1784–1861* (Philadelphia, 1936); Anne Bezanson, "Inflationand Controls in Pennsylvania, 1774–1779," *Tasks of Economic History*, 8 (1948)。关于薪酬动态的著作有 On wage movements there is Donald R. Adams Jr., "Wage Rates in the Early National Period: Philadelphia, 1785–1830," *Economic History Review* 27 (1968) 404–426。

美国：南部

关于美国南方的价格历史，尚无总体性论著。个别研究包括 Russell R. Menard, "Farm Prices of Maryland Tobacco, 1659–1710," *Maryland Historical Review* 68 (1973) 83–85; 同前，"A Note on Chesapeake Tobacco Prices, 1618–1660," *Virginia Magazine of History and Biography* 89 (1976) 401–410; Jacob Price, *France and the Chesapeake* (2 vols., Ann Arbor, 1973), 包括 1791 年之前的烟草价格 ; Donald R. Adams Jr., "Trices and Wages in Maryland, 1750–1850," *Journal of Economic History* 46 (1986) 625–647; A. G. Peterson, "Historical Study of Prices Received by Producers of Farm Products in Virginia, 1801–1927," *Technical Bulletin of the Virginia Polytechnic Institute* (1929); George Rogers Taylor, "Wholesale Commodity Prices at Charleston, South Carolina, 1732–1791," *Journal of Economic History* 4 (1921–1922) 356–377; "Wholesale Commodity

Prices at Charleston, South Carolina, 1796–1801," 同上，第 848—867 页，以及书中附录的未加页码的表格。

美国：西部

权威汇编是 Thomas Senior Berry, *Western Prices before 1861: A Study of the Cincinnati Market* (Cambridge, 1943). 专门的汇编包括 Henry Ellis White, *An Economic Study of Wholesale Prices at Cincinnati, 1844–1914* (Ithaca, 1935); Howard Houk, *A Century of Indiana Farm Prices, 1841 to 1941* (Lafayette, Ind., 1943);George Rogers Taylor, "Prices in the Mississippi Valley preceding the War of 1812," *Journal of Economic and Business History* 3 (1930) 148–163;Thomas Senior Berry, *Early California: Gold, Prices, and Trade* (Richmond,1984)。

委内瑞拉

Robert J. Ferry, "The Price of Cacao, Its Export, and Rebellion in Eighteenth-Century Caracas," in Lyman L. Johnson and Enrique Tandeter, eds., *Essays on the Price History of Eighteenth-Century Latin America* (Albuquerque, 1990), 309–334.

南斯拉夫

J. Tadic, *Organizacija dubrowaczkog pomortstwa u XVI veku* (Belgrade, 1949); "Les archives économiques de Raguse," *Annales E.S.C.* 16 (1961)1168–1175.

系列出版物

19 世纪，许多国家开始发布统计年鉴，常常涵盖价格和薪酬数据。这些概略资料带有强烈的偏见。多数国家的政府将它们的统计报告用作政治工具，旨在将它们的问题最小化，并夸大它们的长处。很多国家倾向于遮掩统计数据所体现的财富分配问题。

不过,统计年鉴和其他系列出版物依然是极为重要的历史文献。关于物价、薪酬、国民生产总值平减指数等的资料在稳步改善。其准确性也是如此。

最古老的、连续出版的国家统计年鉴是英国《年度统计摘要》,它最早出现在 1854 年,并且有额外的一卷,是 1840 年到 1853 年的数据摘要。法国从 1876 年开始出版年度统计摘要。意大利和美国从 1878 年、德国从 1880 年、荷兰从 1881 年开始效仿。20 世纪,这种汇编开始在全世界大多数国家出现。

除了讲法语和讲西班牙语的国家之外,多数年鉴如今都有了双语甚至多语种版本。直到 1939 年,统计学的国际通用语言依然是法语。1945 年之后,很快改为英语,并且在全世界范围内日益如此。如今,有若干非英语国家出版的统计年鉴只用英文。主要资料列举如下:

参考书目指南

Jacqueline Wasserman O'Brien and Stephen R. Wasserman, *Statistics Sources* (2 vols., Detroit, 1989+), 年刊;这是一部关于目前全世界的统计资料、相关参考文献和在线统计数据的参考书目。

国际资料汇编

United Nations, *Statistical Yearbook and Monthly Bulletin of Statistics* (1947+); *Monthly Commodity Price Bulletin* (1969+); *Yearbook of Labour Statistics* (1950+) 以及 *Monthly Bulletin of Labor Statistics* (1950+)。

International Monetary Fund, *International Financial Statistics* (1948+), 月刊以及年刊。OECD, *Main Economic Indicators* (1965+), 月刊。

国别资料汇编:澳大利亚

Commonwealth Bureau of Census and Statistics, *Official Yearbook of the Commonwealth of Australia*, from 1908 (Canberra, 1908+), 年刊。第一卷包含从 1901 年到 1907 年的数据,以及从 1780 年起的部分统计数据。

奥地利

Statistische Zentralkommission, *Tafeln zur Statistik der Osterreichischen Monarchie, 1842–1859* (Vienna, n.d.).

Statistisches Zentralkommission, *Statistisches Jahrbuch der Osterreichisches Monarchie, 1861–1880* (Vienna, 1861–1881), 年刊；同前，*Osterreichisches Statistisches Handbuch, 1882–1917* (Vienna, 1882–1917), 年刊。

Statistiches Zentralamt, *Statistisches Jahrbuch für Osterreich, 1919–1936* (Vienna, 1919–36), 年刊。在德奥合并之后中断。

Statistiches Zentralamt, *Statistisches Handbuch für die Republik Osterreich,* 1950+ (Vienna, 1950+), 多为年刊。

比利时

Institut National de Statistique, *Annuaire statistique de la Belgique,* 1870+ (Brussels, 1870+) 多为年刊；名称曾发生变化，从 1912 年到 1959 年（卷 42—80）名为 *Annuaire statistique de la Belgique et du Congo belge*。

巴西

Conselho Nacional de Estatistica, *Anuario estatistico do Brasil,* 从 1908 年 12 月到 1970 年为五年刊，从 1971 年开始为年刊 (Rio de Janeiro and Brasilias, 1913+)。

保加利亚

Glavna Direktsiia na Statistikata, *Statisticheski Godishnik na Tsarstvo Bulgari,* 其法语版为 *Annuaire statistique du Royaume de Bulgarie,* 1910–1942, 多 为 年 刊 (Sofia, 1909–1941); 同 前, *Statistickeski Godishnik na Narodnata Republika Bulgariia,* 年刊, 1947/1948+ (Sofia, 1948+), 其英文版名 *Statistical Yearbook of the People's Republic of Bulgaria,* irregular, 1962+ (Sofia, 1962+)。

加拿大

Census and Statistics Office, *Canada Yearbook*, 1905+ (Ottawa, 1906+), 年刊, 英法双语; 同前, *Prices and Price Indexes* (1918–1952) 多为年刊, 英法双语; 同前, *Prices and Price Indexes*, (Ottowa, 1952+), 月刊, 英法双语。

智利

Dirección General da Estadistica, *Anuario estadistico*, 多为年刊, 1848/1858–1925 (Santiago, 1860+); *Estadistica anual*, 多为年刊, 1928+ (Santiago, 1928+)。

中国

China Yearbook, 非官方编纂, 年刊, 1912–1939, (London, New York, and Tientsin, 1912–1939)。

Chinese Yearbook, 多为年刊, 1935/1936–1944/1945 (Chungking, 1935–1946)。

State Statistical Bureau, *Statistical Yearbook of China*, 年刊, 1981+ (英文版发行者 : Oxford University Press, 1982+); 1986 年刊包括从 1950 年以来的消费价格。

捷克斯洛伐克

Statni urad statisticky, *Manuel Statistique de la Republicque Tchecoslovaque*, 年刊, (Prague, 1920–1932)。

Statisticka Rocenka Ceskoslovenske Socialisticke Republiky, 年刊, 1934–1938。

Statistical Handbook of the Czech Republic, 1942 (London, 1942).

Statisticka Prirucka Slovenska, 1947–1948.

Statisticka Rocenka Ceskoslovenske Socialisticke Republiky, 年刊 (Prague, 1953–1989)。

Statisticka Rocenka Ceske a Slovenske Federativni Republicky, 年刊 (Prague, 1990+)。

丹麦

Statistiske Bureau, *Statistisk aarbog*, 自 1892 年起为年刊 (Copenhagen, 1896+)；到 1951 年为止，文本兼用丹麦语和法语，此后使用丹麦语和英文。

芬兰

Stattika Centralbyran, *Suomen Tilastollinen Vuosikinja*, 多为年刊 , 1879+ (Helsinki, 1883+)；1934—1952 年，有芬兰语、瑞典语和法文版；自 1953 年起，有芬兰语、瑞典语和英文版。

法国

Institut National de la Statistique et des Études Économiques, *Annuaire statistique de la France*, 多为年刊 , 1876+ (Paris, 1876)。

德国

Statistiches Reichsamt, *Statistisches Jahrbuch für das Deutsches Reich*, 年刊 , 1880–1940/1941 (Berlin, 1880–1941)。

Federal Republic of Germany, Statistiches Bundesamt, *Statistiches Jahrbuch für die Bundesrepublik Deutschland*, 年刊 , 1952+ (Bonn, 1952+)；其英文删节版书名为 *Handbook of Statistics for the Federal Republic of Germany* (Stuttgart, 1961+), 三年刊。

Staatliche Zentralverwaltung für Statistik, *Statistiches Jahrbuch der Deutschen Demokratischen Republik*, 年刊 (Berlin, 1955–1990); 有英文版，名为 *East German Statistical Yearbook.* 自 1991 年起被 *Statistiches Jahrbuch* 合并。

希腊

Ethnike Statistike Hyperesia, *Statistike epeteristes Hellados* [StatisticalYearbook of Greece], 自 1930 年起为年刊 (Athens, 1931+), 1940—1953 年间中断；1930—1939 年有希腊文和法文版 , 从 1954 年起有希腊文和英文版；发行机构和名字各异。

匈牙利

Kozponti Statisztikai Hivatal *Magyar Statistikai Evkonyv*, 年刊, 1871–1890 (Budapest, 1870–1890); 同前, *Magyar Statistikai Evkonyv Uj Folyam* 年刊, 1893–1942 (Budapest, 1892–1941); 同前, *Magyar Statistikai Evkonyv*, 多为年刊, 1949–1955+ (Budapest, 1957+)。

冰岛

Tolfraedihandbok, 年刊 (Reykjavik, 1930+)。

印度

India Office, *Statistical Abstract Relating to British India*, 不定期出版, (London, 1840–1918)。

Department of Commercial Intelligence and Statistics, *Statistical Abstract for British India*, 年刊, (Calcutta, 1920–1947)。

Central Statistical Organization, *Statistical Abstract of India*, 年刊, 1949+ (Delhi, 1950+)。

印度尼西亚

Dutch East Indies, *Centraal Kantoor voor de Statistiek*, 1922/1923–1939 (Batavia, 1924–1940).

Indonesia Central Office of Statistics, *Statistical Abstracts,* 不定期出版, 1955/1956 (Djakarta, 1956+)。

意大利

Istituto Centrale di Statistica, *Annuario Statistico Italiano*, 1878+ (Rome, 1878+), 多为年刊。

日本

Sorifu Tokeikyoku, *Resumé statistique de l' Empire du Japon*, 1884–1940

(Tokyo, 1887–1940), 多为年刊 , 有日文和法文版。

　　Prime Minister's Office, Bureau of Statistics, *Japan Statistical Yearbook*, 1949+ (Tokyo, 1949+), 有日文和法文版。

　　Prime Minister's Office, Bureau of Statistics, *Annual Report on the Retail Price Survey* (1964+), 有日文和英文版。

韩国

　　National Bureau of Statistics, *Annual Report of the Price Survey* (Seoul, 1961+), 有韩语和英文版。

墨西哥

　　Dirección General de Estadistica, *Anuario estadistico de los Estados Unidos Mexicanos*, 1893+ (Mexico City, 1894+), 1908—1920 年、1931—1937 年间未发行。

荷兰

　　Central Bureau voor de Statistick, *Statisches Jaarboekje* (1851–1880), 多为年刊 ; 同前 , *Jaarcijfers voor Nederlanden Statistical Yearbook of the Netherlands*, 1881+ (The Hague, 1882+), 多为年刊 ; 1884—1939 年, 有荷兰语和法文版, 1940—1942 年, 有荷兰语和德文版, 1943—1968 年, 有荷兰语和英文版。1969 年起, 只有英文版。

新西兰

　　Census and Statistics Office, *Statistics of the Dominion of New Zealand* (1853–1920), 不 定 期 出 版 ; 同 前 , *New Zealand Official Yearbook*, 1891+ (Wellington, 1892+), 年刊。

　　Census and Statistics Department, *Report on Prices, Wages, and Labour Statistics of New Zealand for the Year....* (Wellington, 1946+), 多为年刊。

尼日利亚

Federal Office of Statistics, *Annual Abstract of Statistics*, 1960+ (Lagos, 1960+).

挪威

Statistisk Sentralbyra, *Statistisk Arbok*, 1880+ (Oslo, 1881+), 多为年刊。

波兰

Glowny Urzad Statystyczny, *Rocznik Statystyczny*, 自 1920/1921 年起，不定期出版 (Warsaw, 1922)。从 1920 年到 1938 年，有波兰语和法文版；从 1946 年起，还增加了德文、法文、俄文和英文版，英文版标题为 *The Statistical Yearbook of Poland*。

葡萄牙

Instituto Nacional de Estatística, *Anuário estatístico de Portugal*, 1875+ (Lisbon, 1875+), 年刊；包括英文译本。

罗马尼亚

Directiunea Statisticei Generale, *Buletin Statistic Romaniei*, 1892–1911.

Directia Centrala de Statistica, *Anuarul Statistic al Romaniei*, 1902+ (Bucharest, 1904–1941, 1957+) 年刊；含有英译本。

俄罗斯

Statistika Rossieskoie Imperie (1887–1904).

Annuaire de la Russie (1904–1911).

Narodnoe Khoziaistvo SSSR, *Statistikii Sbornik*, 1923–1990 (Moscow, 1923–1990), 亦有英文版；同前，*Statisticheskii Ezhedgodnik*, 1955+ (Moscow, 1956–1990)。

Narodnoe Khoziaistvo, *Rossiiskoi Federatsii, Statisticheskii Ezhedgodnik*,

1992+ (Moscow, 1992+).

塞尔维亚

Matériaux pur la Statistique du Serbie (1888–1896).

Annuaire Statistique du Royaume de Serbie (1895–1908).

西班牙

Instituto Nacional de Estadistica, *Anuario Estadistico de España*, 1858+ (Madrid, 1859–1867, 1911–1935, 1942+)，多为年刊。

瑞典

Statistiska Centralbyran, *Statistisk Tidskrift: Sveriges Officielle Statistea* (Stockholm, 1860–1913)，标题各异。

Statistika Centralbyran, *Statistik arsbok för Sverige*, 1914+ (Stockholm, 1914+) 年刊；到 1951 年为止，有瑞典语、法文和英文版，1951 年之后，有瑞典语和英文版。

瑞士

Statistisches Jahrbuch der Schweiz: Annuaire Statistique de la Suisse, 1891+ (Bern, 1891–1896, 1898+); 多为年刊；某些卷册包括对三十年统计数据的总结；作为 1897 年卷的替代品，出版了一份统计学地图集。

英国

Central Statistical Office, *Annual Abstract of Statistics*, 自 1854 年起为年刊；这是连续出版的国家统计年鉴中最古老者。多数卷册包括之前十五年的数据。第一卷（1854）包含了从 1840 年到 1853 年间的统计资料。

Social Trends (London, HMSO) (1970+).

美国

Bureau of the Census, *Statistical Abstract of the United States*, 1878+ (Washington, 1878+), 年刊。

Bureau of Labor Statistics, *Producer Prices and Price Indexes* (Washington, 1902+), 月刊和年刊, 包含自 1890 年的历史数据汇编; 同前, *Monthly Labor Review and Handbook of Labor Statistics* (Washington, 1904+), 消费价格和价格指数, 月刊和年刊, 自 1904 年起格式各异, 包含从 1890 年起的历史数据汇编。

南斯拉夫

Savezni Zavod za Statistiku i Evidenciju, *Statisticki Godisnjak* [Statistical Yearbook] 1929–1939 (Belgrade, 1929–1939), 多为年刊, 有塞尔维亚语和法文版; 同前, *Godisnjak Jugoslavije* [Yearbook of Yugoslavia], 1954+; *Statiosticki Godisnjak Jugoslavije* (Belgrade, 1955+), 有塞尔维亚－克罗地亚语、俄文和英文版。

第一手资料的分析：历史计量学

许多学科对于价格历史的研究都有帮助。其中不可或缺的, 是历史计量学, 即对权重和量度的研究。对这个领域的论著的审视, 参见 Z. Herkov and M. Kurelac, *Bibliographia Metrologiae Historiae* (2 vols., Zagreb, 1971–1973)。

权威著作包括 Ronald E. Zupko, *A Dictionary of English Weights and Measures from Anglo-Saxon Times to the Nineteenth Century* (Madison, 1968); 同前, *Italian Weights and Measures from the Middle Ages to the Nineteenth Century* (Memoirs of the American Philosophical Society; vol. 145, Philadelphia, 1981); Horace Doursther, *Dictionnaire universel des poids et mesures anciens et modernes, contenant des tables des monnaies de tous les pays*, 一部比较古老但依然有用的著作 (Brussels, 1840; rpt. Amsterdam, 1965); M. Bloch, "Prix et mesures...," *Annales d' Histoire Économique et Sociale* 2 (Paris, 1930) 385–386; A. Machabey, *Poids et mesures du Languedoc et des provinces voisines* (Toulouse,

1953); A. E. Berriman, *Historical Metrology* (New York, 1953); John J. McCusker, "Weights and Measures in the Colonial Sugar Trade…," *William and Mary Quarterly* 3d ser. 30 (1973) 599–624; 同前 , "Les équivalents métriques des poids et mesures du commerce colonial aux XVIIe et XVIIIe siécles," *Revue française d'Histoire d'Outre-Mer* (1974) 349–365; M. H. Sauvaire, "Matériaux pour servir à l'histoire de la numismatique et de la métrologie musulmanes," *Journal Asiatique* 8th ser. 10 (1887)。

　　大量论著发展了价格的量度和价格序列的构建，尤其是关于质变性的问题。主要著作包括 Zvi Griliches, ed., *Price Indexes and Quality Change* (Cambridge, 1971); P. A. Armknecht and D. E. Weyback, "Adjustments for Quality Change in the U.S. Consumer Price Index," *Journal of Official Statistics* 2 (1989) 107–123; Robert J. Gordon, *The Measurement of Durable Goods Prices* (Chicago, 1990); 美国劳工部和劳工统计局的多种出版物，包括 Sarah Gousen, *Producer Price Measurement: Concepts and Methods* (Washington, 1986)，以及 *BLS Handbook of Methods for Surveys and Studies* (Washington, 1988)。有一部重要的论文集：Murray F. Foss, Marilyn E. Manser, and Allan H. Young, eds., *Price Measurements and Their Uses* (Chicago, 1993)。

第二手文献

总体性著作

米歇尔·莫里诺将价格历史描述为一种"没有疆界的历史"。对于它的主要问题，许多国家的学者们抱着一种超越意识形态分歧的精神进行了合作研究，在这一点上，胜于历史学界的其他多数领域。

然而自 1945 年起，一个国家统治了这个领域。20 世纪后半期，四组法国历史学家对价格历史作出了极为重大的贡献。

最活跃的是年鉴学派，该学派得名于一份对价格历史研究最为重要的刊物，也是 20 世纪最有影响力的历史期刊。它的创建者之一马克·布洛赫，贡献了许多论文，包括 "Le problème d'histoire des prix: Comment recueillir les anciens prix?" *Annales d'Histoire Économique et Sociale* 3 (1931) 227–228; "Le salaire et les fluctuations économiques à longue période," *Revue Historique* 173 (1934); "L'histoire des prix: Remarques critiques," *Annales d'Histoire Sociale* 1 (1939) 141–151; "Prix, monnaies, courbes," *Annales E.S.C.* 1 (1946) 355–357; "Deux lettres," *Annales E.S.C.* 2 (1947) 364–366。

《年鉴》的共同创建人吕西安·费弗尔，也对价格历史中比较重大的问题进行了论述，参见 "Le problème historique des prix," *Annales d'Histoire*

Économique et Sociale 2 (1930) 67–80。

另一位年鉴派学者，多年来撰写了许多关于这个主题的文章，他就是勒内·白瑞尔。他的文章包括 "Economie et histoire: À propos des prix," in *Eventail de l' histoire: Hommage à Lucien Febvre* (2 vols., Paris, 1953); "Prix, superficies, statistique, croissances," *Annales E.S.C.* 16 (1961) 699–722; "L' exemple d'un exemple: Histoire statistique et prix italiens," *Annales E.S.C.* 9 (1954) 213–226; "Pitié pour elle et pour eux," *Annales E.S.C.* 10 (1955) 55–62; 和 J. A. Faber 合 作，"Prix nominaux, prix metalliques et formule d'Irving Fisher..." *Annales E.S.C.* 17 (1962) 732–736。

第二个学派是法国历史编纂学派，分立于年鉴派团体之外，但是二者越来越多地发生重合，它起源于法国经济历史学的一项更加古老的传统。代表性著作有 Henri Hauser, "Statistici storici di fronte alla storia dei prèzzi," *Rivista Internazionale di Scienze Sociali* 45 (1937) 874–882; "L'histoire des prix: Controverse et methode," *Annales d' Histoire Économique et Sociale* 8 (1936) 163–166。

有一位极为重要的学者是弗朗索瓦·西米昂，为了在价格和薪酬历史的研究中将经验性方法与普遍的概念性模型架构相结合，做了许多工作。他的最重要作品之一为 *Le salaire, l' évolution sociale et la monnaie* (Paris, 1932)。

这个传统的另一位核心人物是埃内斯特·拉布鲁斯。他的两部主要作品是 *Esquisse du mouvement des prix et des revenus en France au XVIIIe siécle*, 由 H. Sée 和 R. Picard 作序（2 vols., Paris, 1933; rpt. 1984）; 以及 *La crise de l' économie française à la fin de l' Ancien Régime et au début de la Revolution* (Paris, 1944, new edition, 1990)。这是第一卷，也是唯一已出版的一卷，次级标题为"总论"（*Aperçus généraux*），是一项多卷本的工程。拉布鲁斯还出版过许多较短的论文，包括 "Observations complémentaires sur les sources et la methodologie pratique de l'histoire des prix et salaires au XVIIIe siècle," *Revue d'Histoire Économique et Sociale* 24 (1938) 292–308; "Le mouvement des prix au XVIIIe siécle: les sources et leur emploi," *Bulletin de la Societé d' Histoire Moderne* (1937)。拉布鲁斯的影响很大程度上来自他的教师身份。第二次

世界大战后，他培养了一整代的法国经济学家。对他生平的研究参见 Jean-Yves Grenier and Bernard Lepetit, "L'experience historique, à propos de C.-E. Labrousse," *Annales E.S.C.* 44 (1989) 1337–1360。阿尔弗雷德·马克则采取了其他的经济学方法，参见 Alfred Marc, *L'évolution des prix depuis cent ans* (Paris, 1958)。

第三组法国历史学家，主要从古钱币学和货币研究的角度来探索这个主题。其中一位多产的学者皮埃尔·维拉尔（Pierre Vilar）给我们留下的论著有 "Histoire des prix, histoire géneérale," *Annales E.S.C.* 4 (1949) 29–45; "Remarques sur l'histoire des prix," *Annales E.S.C.* 16 (1961) 110–115; 以及 *A History of Gold and Money, 1450–1920* (London, 1976); 亦参见 Jean Meuvret, "Simple mise au point," *Annales E.S.C.* 10 (1955) 48–54。

第四组是法国人口历史学家，他们在国家人口研究所共事。其中的领袖路易·亨利通过"家庭重构"（family reconstitution）发明了一种人口史研究的新方法，这种方法在学术界迅速普及。他们的许多专著都有一章是关于价格的，这在他们对人口问题的分析中十分突出。

这些各有特色的法国学派对比利时、意大利和西班牙都有着极大的影响。比利时的历史学家们为价格史研究作出了许多杰出的贡献。参见 Herman Van Der Wee, "Prix et salaires: Introduction methodologique," *Cahiers d'Histoire des Prix* 1 (1956)。

意大利学者们也在这个领域担当了主角。其中杰出者有路易吉·伊诺第，"Schemi statistichi e dubbi storici," *Rivista di Storia Economica* 5 (1940); "Dei criteri informatori della storia dei prèzzi; questo devono essere espressi in peso d'argento o d'oro o negli idoli usati dagli uomini?" in Ruggiero Romano, ed., *I prèzzi in Europa dal XIII secolo a oggi* (Turin, 1967), 505–517; "Storia dei salari e storia dei prèzzi," *Rivista Storica Italiana* 138 (1965) 311–320; 以及 "Introduzione," to *Prèzzi in Europa*。其他极为重要的意大利价格史学家包括阿明托雷·范范尼和鲁杰罗·罗马诺，他们出版的著作在上下文中均有列举。

德国历史学家们的诸多著述包括 C. W. Asher, *Die Geschichte und Bestimung der Preise* (Dresden, 1858–1859); Ernst Wagemann, *Konjunkturlehre:*

eine Grundlegung zur Lehre vom Rhythmus der Wirtschaft (Berlin, 1928); Moritz
L. Elsas, "Zur Methode des Preisgeschichte," *Zeitschrift für die Geschichte
Staatswissenschaft* 94 (1933); Hermann Klauer, *Gold produktion und Preisniveau:
Versuch einer Kritik der monataren Theorie der langen Wellen* (Berlin, 1941); 以
及 Alfred Jacobs, "Preisgeschichte," in *Handwörterbuch der Sozialwissenschaften*
(Gottingen, 1964), 8: 459–476。

东欧马克思主义视角的作品，参见 Witold Kula, "Histoire et économie: la
longue durée," *Annales E.S.C.* 15 (1960) 48–54。

在价格历史编纂学的概念性文献方面，美国历史学家的贡献稍逊于他们
的欧洲同行。不过也有例外，作品包括 Earl Hamilton, "The Use and Misuse
of Price History," *Journal of Economic History* 4 (1944) supplement, 47–60;
Walt Rostow, "Histoire et sciences sociales: La longue durée," *Annales E.S.C.* 14
(1959) 710–714; Eric E. Lampard, "The Price System and Economic Change: A
Commentary on Theory and History," *Journal of Economic History* 20 (1960)
617–637。

长远趋势

法国、德国和意大利模式

关于价格历史的长远趋势问题，法国、德国和意大利的论著在描述方式
方面与英、美都有着根本上的不同。

两部经典著作是由法国经济学家弗朗索瓦·西米昂在 20 世纪 30 年代
撰写的。在 *Les fluctuations économiques à longue période et la crise mondiale*,
(Paris, 1932)， 尤 其 是 *Recherches anciennes et nouvelles sur le mouvement
général des prix du XVIᵉ au XIXᵉ siècle* (Paris, 1932) 中，西米昂对长期价格动
态的总体描述与本书大体相同，但并非一模一样。他根据索罗尔德·罗杰斯、
达弗内尔和其他人的数据进行论述，认为：过去价格曾倾向于呈现一系列长
期涨势和长期跌势，他称之为甲、乙两个阶段。西米昂猜测主要推动力是贵

金属供应的变化，但警惕地反对不够成熟的货币主义模式。关于西米昂作品的探讨，参见 M. Levy-Leboyer, "L'Heritage de Simiand: Prix, profit et termes d'échange au XIXe siècles," *Revue Historique* 243 (1970) 77–120; F. Crouzet, "The Economie History of Modem Europe," *Journal of Economic History 31* (1971) 135–152。

西米昂的作品对法国价格史学家 C.-E. 拉布鲁斯和他的学生 M. A. 沙贝尔有深远影响。他们也发现了甲、乙两个阶段的节奏，但称价格波动主要是受到收成的调节。参见 C.-E. Labrousse, *Esquisse du mouvement des prix et des revenus en France au XVIIIe siècle* (Paris, 1932); 同前，*La crise de l'économie française à la fin de l'Ancien Régime et au début de la Révolution* (Paris, 1944); M. A. Chabert, *Essai sur les mouvements des prix et des revenus en France de 1798 à 1820* (Paris, 1949)。

西米昂的"甲—乙"阶段和拉布鲁斯的农业节奏概念，被德国历史学家威廉·阿贝尔结合起来，融入了一种广泛的长期模式，由"关节点"和"危机"组成，其中繁荣期与长期萧条轮替出现。阿贝尔构建了以白银作为等价物的谷物价格指数，其经验性基础比西米昂的更加坚实。在这样的证据支持下，阿贝尔发现了"长期趋势"的规律，几乎与本书中的巨浪的时间节点一模一样，但是对于它们的实质和原因，有不同见解。他相信：价格革命是繁荣期，而价格均衡期是萧条期。他更进一步地总结道：直到 19 世纪，这些长期趋势的原因一直是"人口密度"的变化。阿贝尔评述道："直到 19 世纪中期，价格和收入的发展状况，跟马尔萨斯预言的一模一样。"参见 *Agrarkrisen und Agrarkonjunktur: Eine Geschichte der Land und Ernährungswirtschaft Mitteleuropas seit dem höhen Mittelalter* (Hamburg and Berlin, 1935, 1966, 1978)。这部作品的第三版经过重大修订，其英译本为 *Agricultural Fluctuations in Europe from the Thirteenth to the Twentieth Centuries* (London and New York, 1980)。

阿贝尔写出这部作品的同时，其他欧洲学者构建起了基于西米昂理论的、不同构造的阐释方法。下面是三部这类作品：J. Lescure, *Hausses et baisses de prix de longue durée* (Paris, 1933, 1935); Robert Marjolin, *Prix, monnaie et*

production: Essai sur les mouvements économiques de longue durée (Paris, 1941)；
以及 Marie Kerhuel, *Les mouvements de longue durée des prix* (Rennes, 1935)。

　　玛丽·克吕埃尔（Marie Kerhuel）则发展出不同于西米昂货币模式、拉布鲁斯收成波动说和阿贝尔的马尔萨斯—李嘉图论调的独特学说。她强调了文化与价格动态的关联性。这个课题遭到了美国学者的全然忽视，竟至于在美国境内（收藏于哈佛大学怀德纳图书馆经济学藏书中的）玛丽·克吕埃尔的论文在五十年间从未被借阅过，直到我为了本项研究从书架上抽出了它。它那脆弱的书页甚至依然没有裁开。

　　关于长期价格动态的最机智和最富创造性的分析之一，可见于意大利历史学家詹尼·格里齐奥蒂—克雷奇曼的著作中：Jenny Griziotti-Kretschmann, *Il problema del trend secolare nelle fluttuazioni dei prezzi* (Pavia, 1935, Pubblicazioni della R. Université di Pavia, no. 54)，这是一篇有经验性基础支撑的论文。此外参见同一作者的著作："Ricerche sulle fluttuazioni economiche di lungadurate," *Giornale degli Economisti* 73 (1933) 461–508。格里齐奥蒂—克雷奇曼发现：长期价格动态并不符合康德拉季耶夫的模式，并且与世界金银产量也无关联，主要原因也不是人口动态，而是源自一种"经济和政治制度的结构变动"。

　　格里齐奥蒂—克雷奇曼的这部著作远远领先它所处的时代。它得到了欧洲学者们的高度评价，并且被费尔南·布罗代尔和其他人频繁引用，但美国学者几乎对此一无所知，在我为了本项研究借阅之前，它被一动不动地搁置在哈佛大学怀德纳图书馆中长达二十二年。

　　康德拉季耶夫的波动、西米昂的甲—乙阶段、拉布鲁斯的收成节奏、阿贝尔的农业"关联"、克吕埃尔的文化关联，以及格里齐奥蒂—克雷奇曼的由"经济和政治制度的结构变动"而导致的"长时段"（*lungadurata*）的各种元素，被费尔南·布罗代尔融合到了三部近现代历史经典著作之中：*The Mediterranean and the Mediterranean World in the Age of Philip II* (2 vols., 1949; 2d ed., 1966, New York, 1972); *Capitalism and Material Life, 1400–1800* (New York, 1967) 加 上 *Afterthoughts on Material Civilization and Capitalism* (Baltimore, 1977)；尤 其 是 *Civilization and Capitalism, Fifteenth-Eighteenth*

Century (3 vols., New York, 1982–1984)。

　　这些著作展现了年鉴学派的伟力：广泛的综合力、深刻的洞察力、成熟的判断力、鉴别力和创造力。虽然英语国家的学者们（如查尔斯·金德尔伯格在《纽约时报》、伯纳德·贝林在《经济史杂志》上）曾恰如其分地抱怨了其模糊性、矛盾性和前后不一性，但对于多数读者（包括我本人）而言，瑕不掩瑜。

　　在《文明和资本主义》第三卷中，费尔南·布罗代尔识别出与本书所述历次巨浪时间节点大致相同的长期走势，但是他将其与康德拉季耶夫的周期论、西米昂的阶段论和拉布鲁斯的内部周期论混为一谈，没有尝试系统性地整合这些动态，或对它们进行细致入微的探讨，并且将分析和解释这种长远趋势看作"不可能完成的"任务而加以摒弃。尽管有这些不足，但这些著作充满了真知灼见，并且无愧于作为现代学术界杰作的盛誉。有帮助的探讨，参见 Samuel Kinser, "Annaliste Paradigm? The Geohistorical Structuralism of Fernand Braudel," *American Historical Review* 86 (1981) 63–105。

　　在布罗代尔的整个学术生涯中，他还贡献了许多关于价格历史问题的论文和专著，包括 Fernand Braudel, "Monnaies et Civilisations: De l'or du Soudan à l'argent d'Amérique," *Annales E.S.C.* 1 (1946) 9–22; 同前，"Histoire et sciences sociales: La longue durée," *Annales E.S.C.* 4 (1958) 725–753; 同前以及 Frank Spooner, "Prices in Europe from 1450 to 1750," in M. M. Postan et al., *The Cambridge Economic History of Europe*, vol. 4, (E. E. Rich and C. H. Wilson, eds. Cambridge, 1967), 378–486, 这部作品的重要性，超过其标题所示。

　　在关于"长时段"的最重要的历史著作中，还有地方性或局部性的研究——这是年鉴学派领先于全世界的另一个长处。经典著作是 Pierre Goubert, *Beauvais et le Beauvaisis de 1600 à 1730. Contribution à l'histoire sociale de la France du XVIIe siécle* (2 vols., Paris, 1960); Emmanuel Le Roy Ladurie, *Les paysans de Languedoc* (Paris, 1966); Pierre Vilar, *La Catalogne dans l'Espagne moderne: Recherches sur les fondements économiques des structures nationales* (3 vols., Paris, 1962); Pierre Léon, *La naissance de la grande industrie en Dauphinéfin du XVIIe siècle — 1869* (2 vols., Paris, 1954); P. Deyon, *Amiens, capitale provinciale...* (Paris, 1967)；以及 Pierre and Huguette Chaunu, *Seville et l'Atlantique 1504–1650* (8 vols., Paris, 1955–1960)，这是一部登峰造极的巨作。美国社会历史学家熟知这些著作，但是对于启发了他们的"问题"概念，却未能很好地理解。

两位意大利异议者

历史学家卡洛·奇波拉曾经挑战长期波动模型，并且对最为人熟知的长期浪潮——16 世纪价格革命——提出争议。Carlo Cipolla, in "The So-Called Price Revolution': Reflections on the 'Italian Situation,'" [in Peter Burke, ed., *Economy and Society in Early Modern Europe: Essays from Annales* (New York, 1972), 42–46]. 在文中他论述道：16 世纪的通胀并不比 1791 年到 1912 年间他所谓的"货币稳定的世纪"严重很多。

奇波拉搞错了。他对"货币稳定的世纪"的界定，不仅包括维多利亚均衡期，还包括 18 世纪巨浪的尾声以及 20 世纪巨浪的开头。更有甚者，他对 16 世纪价格革命的界定剔除了一段通胀最严重的阶段。当这些错误得到纠正后，奇波拉的论点就不攻自破了，而"所谓的"16 世纪价格革命则经受住了他的质疑。

另一个论调出自鲁杰罗·罗马诺，参见 Ruggiero Romano, "Movimento de los precios y desarrollo económico: el caso de Sudamérica en el siglo XVIII," *Desarrollo Económico* 3 (1963) 31–43；同　前，"Some Considerations on the History of Prices in Colonial Latin America," in Lyman L. Johnson and Enrique Tandeter, eds., *Essays on the Price History of Eighteenth-Century Latin America* (Albuquerque, 1990), 35–72。鲁杰罗·罗马诺在文中提出：西米昂、阿贝尔等人的长期波动理论发生在欧洲，却没有发生在拉丁美洲。他认为，存在独特的"美洲关节点"或美洲的长远趋势，在很多方面与欧洲的相反。

这是一种匠心独运的理论，但总体而言，约翰逊和唐戴特编纂的关于美洲价格动态的证据并不支持这一说法。拉丁美洲的一些地方性态势为罗马诺提供了一些支持；讽刺的是，在波托西的采掘中心，价格动态与他的美洲关节点最为接近，而与欧洲的模式差距最大。但是，多数拉丁美洲的价格序列显示：16 世纪和 20 世纪价格革命也影响了拉丁美洲。18 世纪价格革命的后期和通胀最严重的阶段也是如此。随着全世界证据的累积，巨浪似乎越来越成为全球动态，同时又有着重要的地区性差异。

英国的成就

在价格历史方面，英国最重要的成就出自亨利·费尔普斯—布朗，他是一位公务员，也是一位学者，曾执掌伦敦经济学院的劳动经济学科。20 世纪 50 年代早期，他看到了 H. O. 梅雷迪思的《英格兰经济史》，并且看到了书背面的两段书文摘抄。其中一段展示了从 1270 年到 1890 年间英格兰的木匠和农场工人的薪酬。另一段则按照谷物价格折算了它们的购买力。梅雷迪思总结道：实际薪酬在 15 世纪比在其他任何时候都高，一直到 19 世纪为止。"这引发了调查研究"，亨利·费尔普斯—布朗曾回忆。他于是与希拉·霍普金斯（L. S. 普雷斯内尔的夫人）合作，结果就是精心编纂的从 1264 年到 1954 年的"消费品价格"和实际薪酬指数，发表在前文援引的第一手文献资料中。

亨利·费尔普斯—布朗的作品中最广为人知的就是其价格序列，如今它开始被印在美国经济学教材中，比如萨缪尔森和诺德豪斯所著的最新版经济学教材。但是，其最重要的发现是薪酬序列，这赋予了变革的主线一种新的意义。它将研究价格动态的视角从富有的精英阶层转移到了普通人的经历上。汉密尔顿、阿贝尔、富拉斯蒂耶（Fourastié）和格朗达米（Grandamy）都明白 16 世纪的价格革命期间物价和薪酬之间存在一条鸿沟。但布罗代尔却记得，"尤其多亏了亨利·费尔普斯—布朗和希拉·霍普金斯发表的研究"，学者们知晓了现实中"实际薪酬的下降"。（*The Perspective of the World*, III, 87）这个发现修正了阿贝尔、汉密尔顿和布罗代尔本人的许多关于价格革命各个阶段社会和经济条件的早期诠释性判断。它为本书的诠释开辟了道路。

美国和英国的著作

对于价格历史中的长远动态，英语国家的学者们撰写了大量细致入微的文章，他们倾向于跳脱欧洲大陆学术界的常规模式。许多人创制出了在各个方面只属于自己的综合性模式。这些综合性作品中，有四篇多少展现了英美研究范畴和著作的多样性，及其独特的个性和局限性。

Phyllis Deane, "Inflation in History," in David F. Heathfield, ed., *Perspectives on Inflation: Models and Policies*, (London, 1979), 1–37，是一篇关于价格动态的历史概述。作者的学术研究以英国经济史为中心，从英国的资料中总结归纳出了一篇总体综合性作品。她甄别出了三个价格上升期：16世纪价格革命，她将时间界定为1500年到1650年；1793年到1815年的战争通胀期（即第三次浪潮的高峰期）；以及"20世纪通胀"时期。她没有留意到中世纪的价格革命，也没有注意到18世纪中期的长期价格上升。她对于每一次通胀的原因也都有不同的见解，其结论带有经典的历史主义风格。

另一种非常不同的论调，出现在龙多·卡梅伦的作品中，这是一位才能卓著、学识渊博的美国经济史学家，他发展出了一个原创的历史模型，参见"The Logistic of European Economic History: A Note on Historical Periodization," *Journal of European Economic History* 2 (1973) 145–148; "Europe's General Logistic," *Comparative Studies in Society and History* 12 (1975) 452–462; "Economic History, Pure and Applied," *Journal of Economic History* 36 (1976) 3–27; 以及 *A Concise Economic History of the World from Paleolithic Times to the Present* (1989; 2d ed., New York, 1993)，这是一部出类拔萃且非常优雅的关于经济的世界历史研究。卡梅伦归纳了他对近现代欧洲历史的理解，将其看作一组连贯的三条"逻辑"或者说发展逻辑曲线：第一条从9世纪到14世纪；第二条从15世纪晚期到17世纪；第三条从18世纪中期到20世纪的第二个二十五年。他的时期划分主要根据人口增长态势，以及他对经济增长节奏的理解。卡梅伦的模型与我们的12—17世纪的价格革命类似，对于18世纪晚期到20世纪晚期的史料解读则有所不同。

第三个论调源自一种商业视角，参见 R. G. Lipsey, "Does Money Always Depreciate?" *Lloyd's Bank Review*, October 1960, 1–13。作者问道：1275年到1949年间的通胀是否可能是商人的赌局？他总结道：如果商人以五十年为"投资期限"，那么在这整个时期，除14世纪和19世纪外，若断定会发生通胀，"很有可能赌赢"。然而如果以十年为投资期，那么，在14、15、17和19世纪的大部分年代中，这种断言多半会赌输。这种判断大致上（非常粗略地）与价格革命的节奏一致，但是它的分析采用了固定时期的方式，这掩盖了变革的主线。

第四种试图厘清这个课题的尝试，是 Anna J. Schwartz, "Secular Price Change in Historical Perspective," *Journal of Money, Credit, and Banking* 5 (1973) 243–269。安娜·施瓦茨的论述涵盖了广阔的时空范围，主要是致力于论证一种对价格动态的货币主义诠释。她称："只要使用货币，价格上升的时期与价格降低的时期就会交替出现。"但是，她对价格动态的经验性把握存在错误——混合了 16 世纪和 20 世纪的长期价格波动，以及其他各次受气候影响的价格波动。施瓦茨总结道："长期价格变动一直与货币变动并驾齐驱，只有 16 世纪的英格兰例外。"但是除了 16 世纪的英格兰，这位作者对于 19 世纪晚期之前的长期货币数量变动没有给出多少证据。她认定：除了货币模式，价格动态不存在其他模式。对她的论文的批评，参见 Lance Davis and Paul B. Trescott, *Journal of Money, Credit, and Banking* 5.2 (1973) 269–271。作者戴维斯总体上对施瓦茨的货币模式怀有敌意。另一位作者特雷斯科特则抱怨货币主义模型在经验性证据上有欠严谨，并且颇有兴趣地尝试将 1870 年到 1970 年间美国的物价和货币供应关联起来。安娜·施瓦茨的回应是，这种"怀有特定目的"的解释苍白无力。

对美国的价格动态进行提炼概括的尝试，参见 George F. Warren and Frank A. Pearson, *Prices* (New York, 1933)，这是一部出色且信息量也很大的作品，尽管有一处硬伤——对 20 世纪以前美国之外的潮流一无所知。对此作的批评，参见 Charles O. Hardy, *The Warren-Pearson Price Theory* (Washington, 1935)。

另一篇美国研究是 Walter W. Haines, "The Myth of Continuous Inflation: United States Experience, 1700-1980," in Schmukler and Marcus, eds., *Inflation through the Ages*, 183—204。该文也将价格历史诠释为一系列不连续的、插曲式的动态。无论是从经验性基础还是概念模型来看，这篇英美风范的论文与法国、德国和意大利学者的迥然不同。

20 世纪晚期，英语国家的学者们终于开始接受欧洲的论著。这项努力的一位领军人物是社会学家杰克·A. 戈德斯通，其作品为 "The Cause of Long-Waves in Early Modern Economic History," *Research in Economic History* 6

(1991) 51–92。在这篇论文中，戈德斯通牢牢把握住描述性证据。他通过加入亚洲和中东的长期波动数据，在欧洲学术界之外独辟蹊径。他的诠释性模型不稳定，并且倾向于从广泛的体制性架构向狭隘地强调死亡率的经验转移，这种做法未能负担他所希望的分量。然而总体而言，戈德斯通的作品作出了重大贡献，既因为他见解的宽广性，也因为它试图将经济趋势与社会和人口发展进程联系起来。另一部有用的作品是 Don Pearlberg, *An Analysis and History of Inflation* (Westport, Conn., 1993)，这是一部兼顾长期价格动态和恶性通胀的调研作品。

薪酬、地租和利息的动态

这些各种各样的周期性和线性解读，还可见于关于薪酬、利息、地租和财富分配的总体论著。经典著作包括 François Simiand, *Le salaire; L'évolution sociale et la monnaie* (3 vols., Paris, 1932); J. R. Hicks, *The Theory of Wages* (London, 1932); J. Kuczynski, *Die Geschichte der Lage der Arbeiter in Deutschland von 1800 bis in die Gegenwart* (Berlin, 3d ed., 1947); 同前，*Die Geschichte der Lage der Arbeiter unter dem Kapitalismus* (Berlin, 1960–1963); P. Wolff and F. Mauro, *Histoire générale du travail* (Paris, 1960)。没有关于英格兰薪酬的总体性历史专著，但是许多信息可见于 Stanley Lebergott, *Manpower in Economic Growth* (New York, 1964)。多项专项研究，列举如下。

关于利息的历史，权威著作是 Sidney Homer, *A History of Interest Rates* (2d ed., New Brunswick, 1977)。有一部经典论著：Knut Wicksell, *Interest and Prices* (London, 1936)。

关于地租的历史，参见 G. Postel-Vinay, *La rente foncière dans le capitalisme agricole* (Paris, 1974); 以及 J. Jacquart, "La rente foncière, indice conjoncturel?" *Revue Historique* 253 (1975) 355–376。没有关于英国或美国的地租或地价的总体性历史著作——这是学术论著中的一大缺憾。下面列举了多项专项研究。

关于美国长期的财富和收入分配状况，参见 Jeffrey H. Williamson and Peter H. Lindert, *American Inequality: A Macroeconomic History* (New York,

1980), 此书的参考书目十分出色；以及 Lee Soltow, *Men and Wealth in the United States, 1850–1870* (New Haven, 1975)。

英国的研究包括 Jeffrey G. Williamson, *Did British Capitalism Breed Inequality?* (Boston, 1985)，该作援引了许多出自同一作者的成果：E. H. Phelps-Brown, *The Inequality of Pay* (Berkeley, 1977); A. J. Harrison and A. B. Atkinson, *The Distribution of Personal Wealth in Britain* (Cambridge, 1978); 以及 A. B. Atkinson, *The Economics of Inequality* (Oxford, 1975)。

关于其他国家的著作，Y. S. Brenner, Hartmut Kaelbe, and Mark Thomas, *Income Distribution in Historical Perspective* (Cambridge, 1991)，书中收录了关于澳大利亚、奥地利、比利时、意大利和瑞典的论文，并附有内容充实的参考书目列表。M. Schnitzer, *Income Distribution: A Comparative Study* (New York, 1974)，探究了美国、德国、瑞典和日本的情况。同样有帮助的还有 Harold Lydall 的许多研究，如 *A Theory of Income Distribution* (Oxford, 1979); 以及 J. Söderberg, "Trends in Inequality in Sweden, 1700–1914," *Historical Social Research* 21 (1987) 58–78。

货币

关于货币历史的论著，甚至比关于价格的还要多，并且在诠释中必然强烈地偏向货币主义。主要的参考文献是 Philip Grierson, *Bibliographie numismatique* (2d ed., Brussels, 1979)。权威的概述是 Philip Grierson, *Numismatics* (Oxford, 1975)，以及 John Porteus, *Coins in History* (London, 1969)。一份有用的综述是 Glyn Davies, *A History of Money from Ancient Times to the Present Day* (Cardiff, 1994)。

关于贵金属的历史，参见 Adon A. Gordus and Jeanne P. Gordus, "Potosí Silver and Coinage of Early Modern Europe," in Hermann Kellenbenz, ed., *Precious metals in the Age of Expansion: Papers of the Fourteenth International Congress of the Historical Sciences* (Stuttgart, 1981) 225–242; 以及 Emmanuel Le Roy Ladurie et al., "Sur les traces de 'argent du Potosí,'" *Annales E.S.C.* (1990)

483–505。

关于中世纪的古钱币学研究，最好的入门材料是 Peter Spufford, *Money and Its Use in Medieval Europe* (Cambridge, 1986)，以及 "Coinage and Currency," in *Cambridge Economic History of Europe*, (2d ed., Cambridge,1987), 2:1788–1863，二者都附有关于中世纪货币的表格和出色的参考书目。Peter Spufford 在 Wendy Wilkinson 和 Sarah Tolley 的协助下，也编纂了一本非常有用的书，即 *Handbook of Medieval Exchange* (London, 1986)，包含关于货币和兑换的全面介绍，一份欧洲地区的换算率表，以及出色的参考书目。

关于文艺复兴和近现代时期，有一部出色的著作：Frederic C. Lane and Reinhold C. Mueller, *Money and Banking in Medieval and Renaissance Venice, vol. I, Coins and Moneys of Account* (Baltimore, 1985)，这部作品涉及的范围比其标题所显示的更广，并附有一份内容充实的参考书目。其他重要的高质量研究成果包括 Peter Spufford, *Monetary Problems and Policies in the Burgundian Netherlands, 1433–1496* (Leiden, 1970); Frank C. Spooner, *The International Economy and Monetary Movements in France, 1493–1725* (Cambridge, 1972); John Day, ed., *Études d'histoire monétaire XIIᵉ-XIXᵉ siècles* (Lille, 1984); Carlo M. Cipolla, *Money, Prices, and Civilization in the Mediterranean World: Fifth to Seventeenth Century* (Princeton, 1956); 同前, *La moneta a Firenze nel cinquecento* (Bologna, 1987); B. H. Michell, "The Impact of Sudden Accessions of Treasure upon Prices and Real Wages," *Canadian Journal of Economics and Social Science* 12 (1946); J. L. Laughlin, *Money, Credit, and Prices* (Chicago, 1951); John J. McCusker, *Money and Exchange in Europe and America, 1600–1775: A Handbook* (Chapel Hill, 1978), 附有参考书目注释；还有米尔顿·弗里德曼和安娜·J. 施瓦茨的许多著作，下文有援引。弗兰克·斯普纳正准备出一本关于欧洲近现代时期的货币和兑换的手册。

关于具体的货币种类，参见 R. Sédillot, *Le franc: histoire d'une monnaie des origines à nos jours* (Paris, 1953); A. Blanchet and A. Dieudonné, *Manuel de numismatique française* (4 vols., Paris, 1912–1936); Albert Feaveryear, *The Pound Sterling: A History of English Money* (2d ed. rev., Oxford, 1963); W. C. Mitchell,

A History of the Greenbacks (Chicago, 1903); Octavio Gil Farres, *Historia de la moneda española* (2d ed., Madrid, 1976); Kirsten Bendixen, *Denmark's Money* (Copenhagen, 1967); A. Lohr, *Osterreichische Geldgeschichte* (Vienna, 1946); I. G. Spasskij, *The Russian Monetary System* (3d ed., Leningrad, 1962; Eng., Amsterdam, 1967)。

关于账面货币的问题，参见 Marc Bloch, "La monnaie de compte," *Annales d'Histoire Économique et Sociale* (1935); 同前，"Le problème de la monnaie de compte," 同上 (1938); Luigi Einaudi, "The Theory of Imaginary Money from Charlemagne to the French Revolution," in F. C. Lane and J. C. Riemersma, eds., *Enterprise and Secular Change* (Homewood, Ill., 1953) 229–261。上文提到的莱恩和米勒以及麦卡斯克提供了充分的探讨。

关于"簿记易货"的一部主要作品，其内容比标题所显示的更具有普遍意义：W. T. Baxter, *The House of Hancock: Business in Boston, 1724–1775* (Cambridge, 1945)。

人口

对于本项研究而言不可或缺的，是关于历史人口学的总体性论著，它们倾向于将价格动态解释为人口增长变化的结果。主要著作包括：D. V. Glass and D. E. C. Eversley, *Population in History: Essays in Historical Demography* (London, 1965; rpt. 1974); W. R. Lee, ed., *European Demography and Economic Growth* (London, 1979); R. D. Lee, ed., *Population Patterns in the Past* (New York, 1977); R. J. Mols, *Introduction à la demographie historique des villes d'Europe du XIVᵉ au XVIIIᵉ siècle* (3 vols., Gembloux, 1954–1956); and Michael W. Flinn, *The European Demographic System, 1500–1820* (Baltimore, 1981)，附有一份包含七百多部人口历史著作的出色参考书目。

各个国家的总体性研究包括 J. C. Russell, *British Medieval Population* (Albuquerque, 1948); E. A. Wrigley and R. S. Schofield, *The Population History of England, 1541–1871* (Cambridge, 1981)，这是一部不可或缺的著作；Julius

Beloch, *Bevölkerungsgeschichte Italiens* (3 vols., Berlin, 1937–1961); 以及 Maris
A. Vinovskis, ed., *Studies in American Historical Demography* (New York, 1979),
附有参考书目 (pp. 21–25)。

关于人口分析的方法和模式，最佳介绍依然是 George W. Barclay, Techniques
of Population Analysis (New York, 1958), 然而如今已经不幸绝版；还有 Nathan
Keyfitz and Wilhelm Flieger, *Population: Facts and Methods of Demography* (San
Francisco, 1971); 以及 Alfred Sauvy, *General Theory of Population* (1966; London,
1969)。

气候和环境

对于价格研究而言同样重要的，还有关于气候和生态变化的论著。这
方面的主要著作有 Robert I. Rotberg and Theodore K. Rabb, eds., *Climate
and History: Studies in InterdisciplinaryHistory* (Princeton, 1981); H. H. Lamb,
Climate: Past, Present, and Future (2 vols., New York, 1972, 1977); 同前，
Climate, History, and the Modern World (London, 1982); T. M. L. Wigley, M. J.
Ingram, and G. Farmer, eds., *Climate and History: Studies in Past Climates and
Their Impact on Man* (Cambridge, 1981); Emmanuel Le Roy Ladurie, *Times of
Feast, Times of Famine: A History of Climate since the Year 1000* (1967; New
York, 1971); Reid Bryson and Thomas J. Murray, *Climates of Hunger* (Madison,
1977); A. S. Goudie, *Environmental Change* (Oxford, 1977); Patrick Richard
Galloway, *Population, Prices, and Weather in Preindustrial Europe* (Berkeley,
1987); W. Dansgaard, "One Thousand Centuries of Climatic Record from Camp
Century on the Greenland Ice Sheet," *Science* 166 (1969) 377–381; Christian
Pfister, "Fluctuations climatiques et prix céréaliers en Europe du XVIe au XXe
siècle," *Annales E.S.C.* 43 (1988) 25–53。

关于价格动态的历史地理学，经典著作是 P. Hall, ed., *Von Thünen's
Isolated State: An English Edition of De Isolierte Staat* (Oxford, 1966)。杜能

圈 * 依然在众多经济地理学著作中引发着广泛的共鸣，有时还出现在价格研究中；参见 J. R. Peet, "The Spatial Expansion of Commercial Agriculture in the Nineteenth Century: A Von Thünen Interpretation," *Economic Geography* 45 (1969) 283–300。

经济增长

20 世纪六七十年代，经济历史编纂学的中心问题，是描述和解释经济增长的过程。大量的论著被撰写出来，而美国国内对价格没有展现出多少兴趣，除非它们影响到国民生产的量度。不过，这些论著以很多方式与价格历史相联系。在总体性作品中，有一部经典，是 Simon Kuznets, *Modern Economic Growth: Rate, Structure, and Spread* (New Haven, 1966), 同前，*The Economic Growth of Nations* (Cambridge, 1971); 还有 E. F. Denison, *Why Growth Rates Differ* (Washington, 1967)。

这些论著中的多数都以国家经济为中心。关于英国，主要著作包括 Phyllis Deane and W. A. Cole, *British Economic Growth* (1688–1959) (Cambridge, 1964); R. C. Floud and D. N. McCloskey, eds., *The Economic History of Britain since 1700* (Cambridge, 1981+)。有一部修正主义的著作，是 N. F. R. Crafts, *British Economic Growth during the Industrial Revolution* (Oxford, 1985)。

关于美国，参见 John J. McCusker and Russell R. Menard, *The Economy of British America, 1607–1789* (Chapel Hill, 1985); Douglass C. North, Terry L. Anderson, and Peter J. Hill, *Growth and Welfare in the American Past: A New Economic History* (3d ed., Englewood Cliffs, N.J., 1983); Lance E. Davis et al., *American Economic Growth: An Economist's History of the United States* (New York, 1972)。

关于意大利，最佳的综述是 Ruggiero Romano and Corrado Vivanti, eds.,

---

* 指德国农业经济学家杜能（1783—1850）提出的以城市为中心、全国各地由近及远地形成一层层界限分明的农业圈层的理论。

Storia d'Italia (Torin, 1973+)，一部权威的多卷本著作，包括按时期的分卷和关于经济主题的历史。

关于低地国家，有一部国家经济史对价格问题十分重视，即 J. A. van Houtte, *An Economic History of the Low Countries* (New York, 1977)。

还有一部关于瑞典的权威著作，即 Eli F. Hecksher, *Sevriges ekonomiska historia fran Gustava Vasa* (2 vols. in 4, Stockholm, 1935–1949)。

至于瑞士，参见 Antony Babel, *Histoire économique de Geneve des origines au début du XVIe siècle* (2 vols., Geneva, 1963)。

农业

关于农业和价格的历史，参见 B. H. Slicher van Bath, *The Agrarian History of Western Europe: A.D. 500–1850* (London, 1963); E. Kerridge, *The Agricultural Revolution* (Paris, 1967); J. D. Chambers and G. E. Mingay, *The Agricultural Revolution, 1750–1880* (London, 1966); E. Boserup, *The Conditions of Agricultural Growth* (Chicago, 1965); 国家性和地区性的历史著作包括 Joan Thirsk et al., eds., *The Agrarian History of England and Wales* (8 vols., Cambridge, 1967+); J. C. Toutain, *Le produit de l'agriculture française de 1700 à 1958* (Paris, 1961); 以及 Wilhelm Abel, *Agricultural Fluctuations in Europe* (London, 1980), 该作对欧洲中部的研究尤其有帮助；英文版还包括一份关于英格兰农业历史的参考书目。

一部关于美国农业史的总论依然有待写出；主要著作还是 Lewis C. Gray, *History of Agriculture inthe Southern United States to 1860* (2 vols., 1933; rpt. Washington, 1958), 这是一部杰出的学术作品；Percy W. Bidwell and John I. Falconer, *History of Agriculture in the Northern United States, 1620–1860* (1925; rpt. New York, 1941); Paul Gates, *The Farmer's Age: Agriculture, 1815–1860* (New York, 1960); Fred A. Shannon, *The Farmer's Last Frontier: Agriculture, 1860–1897* (New York, 1963)。

关于收成的波动，参见 W. G. Hoskins, "Harvest Fluctuation and English

Economic Life, 1480–1619," *Agricultural History Review* 12 (1964) 28–46;　同前，"Harvest Fluctuations and English Economic Life, 1620–1759," *Agricultural History Review* 16 (1968) 15–31; C. Walford, "Famines of the World, Past and Present," *Journal of the Royal Statistical Society* 42 (1879)。

技术、能源和交通运输

关于技术和长期变化，有很多论著，包括 John A. Clark et al., "Long Waves, Inventions, and Innovations," in Christopher Freeman, ed., *Long Waves in the World Economy* (London, 1983), 164–182; David Dickson, "Technology and Cycles of Boom and Bust," *Science* 219 (1983) 933–936; Alan Graham and Peter M. Senge, "A Long Wave Hypothesis of Innovation," *Technological Forecasting and Social Change* 17 (1980) 283–311; Alfred Kleinknecht, "Observations on the Schumpeterian Swarming of Innovations," *Futures* 13 (1981) 293–307; Derek J. De Solla Price, "Is Technology Historically Independent of Science? A Study in Statistical Historiography," *Technology and Culture* 6 (1965) 568; 怀疑论调的表达，参见 Nathan Rosenberg, "Technological Innovation and Long Waves," *Cambridge Journal of Economics* 8 (1984) 7–24。

关于能源历史的长远趋势，参见 Matthew Edel, "Energy and the Long Swing," *Review of Radical Political Economics* 15 (1983) 115–130; George F. Ray, "Energy and the Long Cycles," *Energy Economics* 5 (1983) 3–8。

关于交通运输和长期趋势，参见 Walter Isard, "A Neglected Cycle: The Transport-Building Cycle," *Review of Economic Statistics* 24 (1942) 149–158; 同前，"Transport Development and Building Cycles," *Quarterly Journal of Economics* (1942) 90–112。

战争、政治和帝国主义

关于战争和长期经济动态，参见 Albert Bergesen, "Cycles of War in the

Reproduction of the World Economy," in Paul M. Johnson and William R. Thompson, eds., *Rhythms in Politics and Economics* (New York, 1985), 313–332; Paul P. Craig and Kenneth E. F. Watt, "The Kondratieff Cycle and War: How Close Is the Connection?" *Futurist* 19 (1985) 25–28; Edward R. Dewey, "Evidence of Cyclic Patterns in an Index of International Battles, 600 B.C.-A.D. 1957" *Cycles* 21 (1970) 121–158; Charles F. Doran and Wes Parsons, "War and the Cycle of Relative Power," *American Political Science Review* 74 (1980) 947–965; L. L. Farrar Jr., "Cycles of War: Historical Speculations on Future International Violence," *International Interactions* 3 (1977) 161–179; Joshua Goldstein, *Long Cycles*, 上文中曾有援引；作者同前，"Kondratieff Waves as War Cycles," *International Studies Quarterly* 29 (1985) 411–444; Richard K. Hoskins, *War Cycles, Peace Cycles* (Lynchburg, Va. 1985); J. S. Lee, "The Periodic Recurrence of Internecine Wars in China," *China Journal* 14 (1931) 111–115, 159–163; Lewis F. Richardson, *Statistics of Deadly Quarrels* (Pittsburgh, 1960); Albert Rose, "Wars, Innovations and Long Cycles," *American Economic Review* 31 (1941) 105–107; J. David Singer and Melvin Small, *The Wages of War, 1816–1965* (New York, 1972); Melvin Small and J. David Singer, *Resort to Arms: International and Civil Wars, 1816–1980* (Beverly Hills, 1982)。

关于帝国主义的历史节奏，参见 Albert Bergeson, "Cycles of Formal Colonial Rule," in Terence K. Hopkins and Immanuel Wallerstein, eds., *Processes of the World System* (Beverly Hills, 1980); 同前，and Ronald Schoenberg, "Long Waves of Colonial Expansion and Contraction, 1415–1969," in Albert Bergeson, ed., *Studies of the Modern World-System* (New York, 1980)。

<h1 style="text-align:center">文化</h1>

关于文化及其长期走势，参见 John Langrish, "Cycles of Optimism in Design," *Design Studies* 3 (1982) 153–156; J. Zvi Namenwirth, "The Wheels of Time and the Interdependence of Value Change in America," *Journal of*

Interdisciplinary History 3 (1973) 649–683; Langrish、J. Zvi Namenwirth and Harold D. Lasswell, *The Changing Language of American Values: A Computer Study of Selected Party Platforms* (Beverly Hills, 1970)。

关于价格动态的总体论著

经济理论

唐纳德·麦克洛斯基（Donald McCloskey）编著的一本五百六十五页的经济学课本的索引中包含以下条目："价格，第 II 章，1—565 页。"在极大程度上，所有的经济理论都与价格动态有关。对于并不了解这门学科的读者，最好的起点是一本优秀的课本，而它们数量很多。在各种概论中，Paul Samuelson and William D. Nordhaus, *Economics* (14th ed., New York, 1990) 是高雅而幽默的入门。

经济学学科分为两部分。宏观经济学研究经济制度的总体"表现"和某些经济学家所谓的"绝对价格水平"。微观经济学则是关于市场中的个体选择，这些选择大多来自两种想象中的决策者："消费者"和"公司"。

宏观经济学的课本中，有一部出类拔萃的是 Rudiger Dornbusch and Stanley Fischer, *Macroeconomics* (New York, 1978)，对历史学家很有价值，其中清晰地将理论模型应用于自 1960 年起的种种历史事件。

这里尤其切题的，是 Charles W. Calomiris and Christopher Hanes, "Historical Macroeconomics and American Macroeconomic History," *National Bureau of Economic Research Working Papers* no.4935 (1994), 1–77，书中用一种"路径依赖的方式"来论证"经济的历史性定义"。作者们非常重视库兹涅茨周期，常常称之为"长摆"，但没有讲到价格革命，这本可以加强他们的实质性论据。作者卡洛米里斯和黑尼斯对于"总体需求冲击"（aggregate-demand shocks）"很感兴趣，它催生了"总体供给的内在变化"。他们附上了一份参考书目，对于了解近期关于长摆的经济学论著很有帮助，这个主题在 20 世纪 90 年代成为现实。

在微观经济学课本中，Donald N. McCloskey, *The Applied Theory of*

Prices (New York, 1982) 是一部有趣的读物，尤其可以推荐给历史专业的学生。它的作者是一位经济史学家，富于幽默感，且意识到了这个主题的人文性的方面。

关于总体价格动态，尤其是通胀问题，经济学家们撰写了大量论著，提出了多种多样的理论模型来解释价格动态。有两篇关于经济思想潮流转变的经验性论文，即 Paul Bairoch and Bouda Etemad, "La litérature périodique d'histoire économique contemporaine," *Annales E.S.C.* 42 (1987) 369–401; 以及 George Stigler, "Statistical Studies of Economic Thought," *Essays in the History of Economics* (Chicago, 1965), 31–50。

在美国思想领域的主要学派之中，有各种各样的货币主义论调、凯恩斯理论、新古典主义成本推动和需求拉动模型、行政调控物价理论、新通胀或竞争性通胀理论、社会政治学模型，以及理性预期理论。

今时今日，美国许多经济学家相信：价格动态主要是由货币供给的变数决定的。20 世纪早期货币主义模型的经典论述见于 Irving Fisher, *The Purchasing Power of Money* (New York, 1911, 1920, 1922, rpt. 1963); 以及 *Appreciation and Interest* (New York, 1896), *The Rate of Interest* (New York, 1907), 还有 *The Theory of Interest* (New York, 1930)。关于这位杰出、有趣而又遭到不公正排挤的人的传记，见 Irving Norton Fisher, *My Father—Irving Fisher* (New York, 1956)。

下一代的货币主义领军人物是米尔顿·弗里德曼。在以赛亚·伯林关于只了解一件事的刺猬和知道许多事的狐狸的分类中，弗里德曼显然是刺猬的典范。他著述甚丰，包括 "The Quantity Theory of Money: A Restatement," in Milton Friedman, ed., *Studies in the Quantity Theory of Money* (Chicago, 1956); *The Optimum Quantity Theory of Money and Other Essays* (Chicago, 1969); "The Role of Monetary Policy," *American Economic Review* 58 (1968) 1–17。他的主要经验性作品以一系列专著的形式发表：*A Monetary History of the United States* (Princeton, 1963), *Monetary Statistics of the United States* (New York, 1970), 以及 *Monetary Trends in the United States and the United Kingdom: Their Relation to Income, Prices, and Interest Rates, 1867–1975* (Chicago, 1982)。

同样重要的还有 Phillip Cagan, *Determinants and Effects of Change in the Stock of Money, 1875–1960* (New York, 1965)。

更加折中的另一世代的货币主义理论，见于 Robert J. Barro and Stanley Fischer, "Recent Developments in Monetary Theory," *Journal of Monetary Economics* 2 (1976) 151–155。该作者还撰有 "Government Spending, Interest Rates, Prices, and Budget Deficits in the United Kingdom, 1701–1918," *Journal of Monetary Economics* 20 (1987) 221–248; 还有 Robert J. Barro and R. G. King, "Time-Separable Preferences and Intertemporal-Substitution Models of Business Cycles," *Quarterly Journal of Economics* 99 (1984) 817–839。

对货币主义的批判，参见 Robert J. Gordon, ed., *Milton Friedman's Monetary Framework: A Debate with His Critics* (Chicago, 1974); R. J. Ball, *Inflation and the Theory of Money* (London, 1964); Harry G. Johnson, *Inflation and the Monetarist Controversy* (Amsterdam, 1972–1976)。

关于价格动态的凯恩斯模型在假设上与其他论调不同，它假定价格、薪酬、地租和利息在各种方面都有"黏着性"。参见 John Maynard Keynes, *A Tract on Monetary Reform* (London, 1923); *A Treatise on Money* (New York, 1930);*The General Theory of Employment, Interest, and Money* (London, 1936)。关于凯恩斯生平的权威传记，见 R. F. Harrod, *The Life of John Maynard Keynes* (London, 1963)。关于美国凯恩斯主义者的论调，参见 Seymour Harris, *The New Economics: Keynes' Influence on Theory and Public Policy* (London, 1947); James Tobin, *The New Economics One Decade Older* (Princeton, 1974); John Kenneth Galbraith, *A Theory of Price Control* (Cambridge, 1952); 同前, *Money* (Boston, 1975); R. Clower and A. Leijonhufvud, "The Coordination of Economic Activities: A Keynesian Perspective," *American Economic Review* 65 (1975) 182–188; Sidney Weintraub, "The Keynesian Theory of Inflation: The Two Faces of Janus," *International Economic Review* 1 (1960); Axel Leijonhufvud, *On Keynesian Economics and the Economics of Keynes* (New York, 1968); Herschel Grossman, "Was Keynes a 'Keynesian'?" *Journal of Economic Literature* 10 (1972) 26–35; Robert J. Barro, "Second Thoughts on Keynesian Economics,"

American Economic Review 69 (1979) 54–59。

新古典主义学派的成本推动和需求拉动型通胀的进一步发展，参见 Richard T. Selden, "Cost-Push versus Demand-Pull Inflation, 1955–1957," *Journal of Political Economy* 67 (1959) 1–20; Robert J. Gordon, "The Demand For and Supply of Inflation," *Journal of Law and Economics* 18 (1975) 871–874; 同前，"Alternative Responses of Policy to External Supply Shocks," *Brookings Papers on Economic Activity* 1 (1975) 183–204; Robert E. Lucas, "Some International Evidence on Output Inflation Trade-Offs," *American Economic Review* 63 (1973) 326–334。

关于行政调控价格的模型和寡头垄断理论——其观点是：价格部分取决于经济权力的分配，参见 Gardiner Means, *Industrial Prices and Their Relative Inflexibility*, Senate Document 13, 74th Cong., 1st session (1935); 作者同前以及其他人, *The Structure of the American Economy* (Washington, 1939); Paul M. Sweezy, "Demand under Conditions of Oligopoly," *Journal of Political Economy* 47 (1939) 569–573; U.S. Congress, Senate Subcommittee on Antitrust and Monopoly, *Administered Prices*, 86th Cong., 1st session (1959)。关于行政调控价格和需求过量，有一篇颇有启发性的论文：Martin S. Feldstein, "The Rising Price of Physicians' Services," *Review of Economics and Statistics* 52 (1970) 121–133。

"新通胀"模型，参见 W. David Slawson, *The New Inflation: The Collapse of Free Markets* (Princeton, 1981); 以及 Frank C. Ripley and Lydia Segal, "Price Determination in 395 Manufacturing Industries," *Review of Economics and Statistics* 55 (1973) 263–271。

通胀的社会政治模型包括 Fred Hirsch and John H. Goldthorpe, *The Political Economy of Inflation* (Cambridge, Mass., 1978); Leon N. Lindberg and Charles S. Maier, *The Politics of Inflation and Economic Stagnation* (Washington, 1985); 以及 Paul Peretz, "The Political Economy of Inflation" (thesis, Chicago, 1976)。

理性预期理论则假设：经济决策并非对过去价格的反应，而是基于在一个信息不完全的世界中对目前和未来价格的理解和预期。这种观念可见于 John Muth, "Rational Expectations and the Theory of Price Movements," *Econometrica* 29 (1961) 315–335, 它审视了 Milton Friedman, "The Role of Monetary Policy," *American Economic Review* 58 (1968) 1–17; R. M. Solow, *Price Expectations and the Behaviour of the Price Level* (Manchester, 1969); S. J. Turnovsky and M. L. Wachter, "A Test of the 'Expectations Hypothesis' Using Directly Observed Wage and Price Expectations," *Review of Economics and Statistics* 54 (1972) 47–54; Stephen Figlewski and Paul Wachtel, "The Formation of Inflationary Expectations," *Review of Economics and Statistics* 63 (1981) 1–10; Clifford F. Thies, "Interest Rates and Expected Inflation, 1831–1914: A Rational Expectations Approach," *Southern Economic Journal* 51 (1985) 1107–1120。

折中性的作品包括 Gottfried Haberler, *Inflation: Its Causes and Cures* (Washington, 1966); Gardiner Means et al., The Roots of Inflation (New York, 1975); J. Popkin, ed., *Analysis of Inflation, 1965–1974* (Cambridge, 1974); K. K. F. Zawadzki, *The Economics of Inflationary Processes* (London, 1965)。

其他理论著述围绕特定的问题，包括滞胀、通货收缩*、通货紧缩、恶性通胀、长期通胀、全球通胀、通胀的经济后果、通胀的管控方法、价格和薪酬的管控、相关价格、物价和薪酬动态、价格和收入分配、价格和利息、价格和就业，或价格和利息。

滞胀对新古典主义经济学而言是一个难题，参见 A. S. Blinder, *Economic Policy and the Great Stagflation* (New York, 1981); Karl Brunner et al., "Stagflation, Persistent Unemployment, and the Permanence of Economic Shocks," *Journal of Monetary Economics* 6 (1980) 467–492; Mokyr and Savin, "Stagflation in Historical Perspective," 上文中有引用; *Mancur Olsen, The Rise and Decline of Nations: Economic Growth, Stagflation, and Social Rigidities* (New Haven, 1982)。

通货收缩和通货紧缩作为理论问题，每隔一段时间就被重新探讨。参见

---

* 亦称反通货膨胀，指价格上升速率的下降。

Olivier Wormser, *Déflation et dévaluation; Étude comparée de leurs effets sur les prix* (Paris, 1938); Donald Franklin, "Risks of deflation," *Banker* 136 (1986) 47。

将恶性通胀作为理论问题，从货币主义角度进行的研究，参见 Phillip Cagan, "The Monetary Dynamics of Hyperinflation," in Milton Friedman, ed., *Studies in the Quantity Theory of Money* (Chicago, 1956), 3–24。

以长期通胀作为主题的著作有 Phillip Cagan, *Persistent Inflation: Historical and Policy Essays* (New York, 1979); 以及 G. L. Bach, *The New Inflation: Causes, Effects, Cures* (Providence, 1958, 1973, 1974)。同样有用的还有 James Tobin, "Inflation: Monetary and Structural Causes and Cures"; Paul Beckerman, "Inflation and Inflation Feedback"; David Colander, "Towards a Real Theory of Inflation"; Thomas F. Wilson, "Institutional Change as a Source of Excessive Monetary Expansion"; Y. S. Brenner, "Sources of Inflation: Old and New"; Edward Marcus, "Inflation, the Terms of Trade, and National Income Estimates"; Patricia F. Bowers, "A Theoretical Analysis of the Exchange Process and Inflation"; Hyman P. Minsky, "Institutional Roots of American Inflation"; 这几篇论文都收录于 Schmukler and Marcus, eds., *Inflation through the Ages*, 3–146, 265–277。

对全球通胀的探索，见于 Michael R. Darby et al., *The International Transmission of Inflation* (Chicago, 1985)，这是一种货币主义论调; N. Kaldor, "Inflation and Recession in the World Economy," *Economic Journal* 86 (1976) 703–714; D. I. Meiselman and A. B. Laffer, eds., *The Phenomenon of Worldwide Inflation* (Washington, 1975); A. J. Brown, The Great Inflation,1939–1951 (London, 1955); 同前, *World Inflation since 1950* (Cambridge, 1985); Geoffrey Maynard and W. van Ryckegham, eds., *A World of Inflation* (New York, 1975); Gardner Ackley, *Stemming World Inflation* (Paris, 1971)。

对通胀后果的探讨，参见 Gardner Ackley, "The Costs of Inflation," *American Economic Review* 68 (1978) 149–154; James Tobin and Leonard Ross, "Living with Inflation," *New York Review of Books*, 6 May 1971, 23–24; K. K. Kurihara, ed., *Post-Keynesian Economics* (Aldershot, 1955, 1993); George

Terborgh, *Essays on Inflation* (Washington, 1971)。

关于管控通胀的方法，有两部主要的著作：Arthur Okun and G. L. Perry, eds., *Curing Chronic Inflation* (Washington, 1978); Robert M. Solow and Paul M. Samuelson, "Analytical Aspects of Anti-Inflation Policy," *American Economic Review* 50 (1960) 177–194; 还有一篇角度非常不同的论述，即 Richard Portes, "The Control of Inflation: Lessons from East European Experience," *Economica* 44 (1977) 109–129。

关于价格和薪酬管控的影响的研究，见于 Hugh Rockoff, "Price and Wage Controls in Four Wartime Periods," *Journal of Economic History* 41 (1981) 381–401, 该文发现管制比新古典主义经济学家以为的要更有效；类似的结论，见于 Orley Ashenfelter and Robert S. Smith, "Compliance with the Minimum Wage Law," *Journal of Political Economy* 87 (1979) 333–350; 对效果变化的研究，见 Charles C. Cox, "The Enforcement of Public Price Controls," *Journal of Politial Economy* 88 (1980) 887–916。

关于相关价格和李嘉图式的分配以及马尔萨斯的剪刀理论，参见 L. Pasinetti, "A Mathematical Formulation of the Ricardian System," *Review of Economic Studies* 27 (1960) 78–98; Ronald Findlay, "Relative Prices, Growth, and Trade in a Simple Ricardian System," *Economica* 41 (1974) 1–13; Daniel R. Vining and Thomas C. Elwertowski, "The Relationship between Relative Prices and the General Price Level," *American Economic Review* 66 (1976) 699–708; Mario I. Blejer and Leonardo Liederman, "On the Real Effects of Inflation and Relative-Price Variability: Some Empirical Evidence," *Review of Economics and Statistics* 62 (1980) 539–544, 此文探索了相关价格的变数对生产和就业的影响；Richard W. Parks, "Inflation and Relative Price Variability," *Journal of Political Economy* 86 (1978) 79–95; Michael D. Bordo, "The Effects of Monetary Change on Relative Commodity Prices and the Role of Long-Term Contracts," *Journalof Political Economy* 88 (1980) 1088–1109; Paul H. Earl, *Inflation and the Structure of Industrial Prices* (Lexington, 1973)。

关于通胀和薪酬，参见 A. A. Alchian and R. A. Kessel, "The Meaning

and Validity of the Inflation-Induced Lag of Wages behind Prices," *American Economic Review* 50 (1960) 43–66; T. Cargill, "An Empirical Investigation of the Wage-Lag Hypothesis," 同上, 59 (1969) 806–816; Arnold H. Packer and Seong H. Park, "Distortions in Relative Wages and Shifts in the Phillips Curve," *Review of Economics and Statistics* 56 (1973) 16–22。

Barry Eichengreen, "Macroeconomics and History," in Alexander J. Field, ed., *The Future of Economic History* (Boston, 1987) 43–90, 认为（第48页）："尚无人能为16世纪的实际薪酬和相关价格趋势提供令人满意的宏观经济学解释。"

关于通胀与收入和财富的分配，参见 E. Budd and D. Seiders, "The Impact of Inflation on the Distribution of Income and Wealth," *American Economic Review* 61 (1971) 128–138; G. L. Bach and A. Ando, "The Redistributional Effects of Inflation," *Review of Economics and Statistics* 39 (1957) 1–13; G. L. Bach and James B. Stephenson, "Inflation and the Redistribution of Wealth," *Review of Economics and Statistics* 66 (1974) 1–13; Andrew F. Brimmer, "Inflation and Income Distribution in the United States," *Review of Economics and Statistics* 53 (1971) 37–48; R. G. Hollister and J. L. Palmer, "The Impact of Inflation on the Poor," in K. E. Boulding and M. Pfaff, eds., *Redistribution to the Rich and the Poor: The Grants Economics of Income Distribution* (Belmont, Calif., 1972); J. Muellbauer, "Prices and Inequality: The United Kingdom Experience," *Economic Journal* 84 (1974) 32–55; Paul Peretz, *The Political Economy of Inflation*, 上文中曾引用; Edward N. Wolff, "The Distributional Effects of the 1969–1975 Inflation on Holdings of Household Wealth in the United States," *Review of Income and Wealth* 25 (1979) 195–207; Lindert and Williamson, *American Inequality: A Macroeconomic History*, 136–138。

许多经济学家相信：通胀与平等主义潮流有关，但这主要是参考了从1939年到1970年的证据，在价格历史上这是一段非正常时期。在1920年之前和1970年之后出现了非常不同的情况。另一些人称，"重新分配的影响比通常认为的更加复杂"，"需要带着相当大的怀疑态度来看待单纯认为通胀对富人是好事、对穷人是坏事的结论"(Bach and Stephenson, 13)，但是这些判断也缺乏历史深度。

关于通胀和就业，经典论文为 A. W. Phillips, "The Relation between Unemployment and the Rate of Change in Money Wage Rates in the United Kingdom, 1861–1957," *Economica* 25 (1958) 283–299。进一步的探讨，参见 John A. James, "The Stability of Nineteenth Century Phillips Curve Relationship," *Explorations in Economic History* 26 (1989) 117–134; Erik Aerts and Barry Eichengreen, eds., *Unemployment and Underemployment in Historical Perspective* (Leuven, 1990)。其他著作包括 Milton Friedman, "Nobel Lecture: Inflation and Unemployment," *Journal of Political Economy* 85 (1977) 451–472; James Tobin, "Inflation and Unemployment," presidential address, *American Economic Review* 62 (1972) 1–18; Charles C. Holt et al., *The UnemploymentInflation Dilemma: A Manpower Solution* (Washington, 1971); George L. Perry, *Unemployment, Money Wage Rates, and Inflation* (Cambridge, 1966)。关于通胀和失业的、有帮助的参考书目注释，可见于 Maynard and van Ryckeghem, eds., *A World of Inflation*, 42–44 and Gerald W. Scully, "Static vs. Dynamic Phillips Curves," *Review of Economics and Statistics* 56 (1974) 387–390。

令货币主义者如芒在背的，是吉布森悖论，即价格和利率同升同降的走势。我认识的每一位货币主义者都能够将它解释得通，但它总是不断地复发。这个问题催生了大量论著。参见 Gerald P. Dwyer Jr., "An Explanation of the Gibson Paradox" (thesis, Chicago, 1979); Robert J. Shiller and Jeremy Siegel, "The Gibson Paradox and Historical Movements in Interest Rates," *Journal of Political Economy*, 85 (1977) 891–907; C. Knick Harley, "The Interest Rate and Prices in Britain, 1873–1913: A Study of the Gibson Paradox," *Explorations in Economic History* 14 (1977) 69–89。

社会理论

另一个理论著作体系，出自社会科学家和社会历史学家之手。这些论著可以分为三个大类，可称为：马尔萨斯主义式、马克思主义式和斯密主义式。

这些思想学派中的第一个，追随着马尔萨斯的步伐。许多学者相信：价格动态主要受到内因性人口趋势的驱动。马尔萨斯主义者们相信：人口的增长倾向于驱使农产品价格和地租上升，同时令工业制成品价格和薪酬下降。另一些人认为：人口动态本身受到社会和文化制度的制约——这也是本书所采取的论调。但是内生性人口因素的观念，在社会科学论著中非常强而有力。英国历史学家们率先拓展了这个模式，主要是通过援引中世纪的趋势。早期的总体性论述包括 M. M. Postan, "[Section 3, Histoire économique;] Moyen âge," IXe Congrès internationale des sciences historiques, ⋯ Rapports (2 vols., Paris, 1950–1951) vol. I; 重印于 M. M. Postan, *Essays on Medieval Agriculture and General Problems of the Medieval Economy* (Cambridge, 1973)，以及前面援引的许多其他作品。马尔萨斯模型也被应用于近现代历史，参见 H. J. Habbakuk, "The Economic History of Modern Britain," *Journal of Economic History* 18 (1958) 488–501; 重印于 D. V. Glass and D. E. C. Eversley, *Population in History* (London, 1965), 147–158。哈巴库克称："对于那些喜欢压倒性模式的人，这些要素显然源自大刀阔斧简化之后的 19 世纪之前的英格兰历史，其中价格、收入分配、投资、实际薪酬和移民的长期动态都受到人口增长变动的支配。"

类似的论调在近代早期被伟大的法国历史学家埃马纽埃尔·勒罗伊·拉迪里发展出来，参见 Emmanuel Le Roy Ladurie, *Les paysans de Languedoc* (Paris, 1966)，以及他在法兰西学院的就职演说 "L'histoire immobile," *Annales E.S.C.* 29 (1974) 675。

马尔萨斯学派的另一项极为重要的贡献，来自美国经济人口学家罗纳德·迪莫斯·李，参见 *Econometric Studies of Topics in Demographic History* (New York, 1978)，以及 "A Historical Perspective on Economic Aspects of the Population Explosion: The Case of Preindustrial England," in Richard A. Easterlin, ed., *Population and Economic Change in Developing Countries* [National Bureau Comm. for Economic Research Conference Report no. 30 (1980); rpt. Chicago, 1987], 517–566。李对剑桥小组的人口估计与费尔普斯-布朗和霍普金斯薪酬

序列互谱分析后得出结论：英格兰经济能轻易吸收每年 0.4% 左右的人口增长率，但"人口规模在这条趋势线上下偏移，就会发生戏剧性的后果"。他还相信，人口变动是自动的——这项结论缺乏稳固的根据。

一些美国经济学家相信，当马尔萨斯模式发展成为"人口增长导致总体价格水平的上升"这样一种论调时，它从根本上就错了。例如，乔尔·莫基尔（Joel Mokyr）坚称："在其他条件相同的情况下，人口增长的影响会引发通缩。"这种假设发展成了一篇论文，参见 "Discussion," *Journal of Economic History* 44 (1984) 341–343。关于这个问题的见解，马尔萨斯学派内部也有分歧。

一项对马尔萨斯理论不同的批判，来自马克思主义历史学家，他们相信：价格动态的主要推动力是生产方式和阶级关系的变化。20 世纪七八十年代，马克思主义模型在西方世界的一些历史学家那里重获新生，当时东欧和苏联的年轻学者们却都在逐渐偏离这种论调。作为一种诠释那个时代的变迁的方法，马克思主义的解释在研究近代早期的历史学家之中尤受欢迎。

马克思主义理论是试图根据生产力发展阶段的变迁——尤其是从封建主义到资本主义的变迁——来解释经济的走势。这种论调引发了 20 世纪 50 年代一场激烈的理论辩论，围绕的正是封建主义和资本主义制度的概念化以及它们变动的原因。价格的动态，尤其加上薪酬的变动，成为这场辩论中的重要问题。核心著作是 Maurice Dobb, *Studies in the Development of Capitalism* (London, 1943; rpt. 1963, 1972)。在美国的马克思主义者保罗·斯威齐（Paul Sweezy）于 1950 年在《科学与社会》杂志上发表了一篇批评文章之后，一场争论继而出现在各个马克思主义期刊上。包括斯威齐作品在内的十三篇文章的重印版，见于 Rodney Hilton, ed., *The Transition from Feudalism to Capitalism* (London, 1976, 1978)。

另一个理论著作体系围绕马克思主义和马尔萨斯主义模式的相对价值问题展开。重要论文有 Robert Brenner, "Agrarian Class Structure and Economic Development in Pre-Industrial Europe," *Past and Present* 70 (1976)，这是一位马克思主义者对"人口决定论"的总体性批判，尤其针对埃马纽埃尔·勒罗伊·拉迪里。布伦纳坚称："是阶级关系的结构、阶级的力量，决定具体哪个人口和商业变化将会以何种方式、在何种程度上影响收入分配和经济增长的长期趋势，而不是反之。"这篇毫不妥协的论文刺激了许多马克思主义和反马克思主义学者纷纷在《过去与现在》上发文，其中有十篇重印于 T. H. Aston and C. H. E. Philpin, eds., *The Brenner Debate: Agrarian Class Structure and Economic Development in Pre-Industrial Europe* (Cambridge, 1985)。

　　此外还有另一场论战发生在马克思主义者之中，是围绕伊曼纽尔·沃勒斯坦的"世界体系"模型，这是一项雄心勃勃和思考缜密的尝试，试图将布罗代尔的"问题"与马克思主义的历史发展模型以及美国社会学的认识论相结合。参见 Immanuel Wallerstein, *The Modern World-System* (2 vols., New York, 1974, 1989); 以及 "Kondratieff Up or Kondratieff Down?" *Review* 2 (1979) 663–673; "Economic Cycles and Socialist Policies," *Futures* 16 (1984) 579–585; "Long Waves as Capitalist Process," *Review* 7 (1984) 559–575。

　　一个非常不同的历史理论学派试图主要根据交换体系和市场关系来解释经济和社会趋势。它被马克思主义者打上了"斯密主义"的标签，甚至更糟地被称为"新斯密主义"。主要著作来自美国经济史学家：Douglas North and Robert Thomas, *The Rise of the West World* (Cambridge, 1973); "The Rise and Fall of the Manorial System: A Theoretical Model," *Journal of Economic History* 31 (1971) 777–803。

　　对这种论调的批评，包括 Alexander James Field, "The Problem with Neoclassical Institutional Economics: A Critique with Special Reference to the North/Thomas Model of Pre-1500 Europe," *Explorations in Economic History* 18 (1981) 174–198。亦参见 R. Brenner, "The Origins of Capitalist Development: A Critique of Neo-Smithian Marxism," *New Left Review* 104 (1977)。

对于灾难的研究

　　关于每次价格革命最后阶段的研究，是一批不断增加的、关于危机和灾难的论著。Pitirim Sorokin, *Man and Society in Calamity: The effects of War, revolution, Famine, pestilence upon Human Mind, Behavior, Social Organization* ... (New York, 1946) 是一部开创性作品。一份有趣的法国期刊致力于这个

主题的研究。它创建于 1925 年，当时名叫《灾难研究资料》，并于 1938 年更名为《灾难研究评论》。关于灾难研究文化和社会论调的探究，见于 Paul Hugger, "Elemente einer Ethnologie der Katastrophe in der Schweiz," *Zeitschrift fürVolkskunde* 86 (1990) 25–36; 以及 Wieland Jäger, *Katastrophe und Gesellschaft Grundlegung und Kritik von Modellen der Katastrophensoziologie*。其他作品还包括 Kai T. Erikson, *A New Species of Trouble: Explorations in Disaster, Trauma, and Community* (New York, 1994); John I. Clarke, ed., *Population and Disaster* (Oxford, 1989)。

古代世界

关于古代世界货币的总论性著作中，对价格有一定关注者包括 A. R. Burns, *Money and Monetary Policy in Early Times* (London, 1927); François Lenormant, *La monnaie dans l'antiquité* (3 vols., Paris, 1878–1879); L. Incarnati, *Moneta e scambio nell'antichitá a nell'alto medioevo* (Roma, 1953)。

堪为研究古代历史节奏开山之作的是 Rein Taagepera, "Size and Duration of Empires: Growth-Decline Curves, 3000 to 600 B.C.," *Social Science Research* 7 (1978) 180–196; 同前, "Size and Duration of Empires: Growth-Decline Curves, 600 B.C. to 600 A.D.," *Social Science History* 3 (1979) 115–138。

美索不达米亚的价格动态

专攻美索不达米亚的货币和价格研究的著作包括 Henry F. Lutz, "Price Fluctations in Ancient Babylonia," *Journal of Economic and Business History* 4 (1931–1932) 335–355; Howard Farber, "An Examination of Long-Term Fluctuations in Prices and Wages for North Babylonia during the Old Babylonian Period," (thesis, Northern Illinois University, 1974); 同前, "A Price and Wage Study for Northern Babylonia during the Old Babylonian Period," *Journal of the Economic and Social History of the Orient* 21 (1978) 1–51; W. H. Dubberstein, "Comparative Prices in Later Babylonia (625–400)," *American Journal of*

Semitic Languages and Literatures 56 (1938) 21–72; B. Meissner, *Warenpreise in Babylonien* (Berlin, 1936)。

埃及价格

主要著作包括 Angelo Segré, *Circolazione monetaria e Prèzzi nel mondo antico ed in particolare Egitto* (Rome, 1922); J. J. Janssen, *Commodity Prices from the Ramessid Period: An Economic Study of the Village of Necropolis Workmen at Thebes* (Leiden, 1975); Karl Butzer, *Early Hydraulic Civilization in Egypt* (Chicago, 1976); T. Reekmans, "The Ptolemaic Copper Inflation 220–173 B.C.," *Studia Hellenistica* 7 (1951) 61; 同前, "Economic and Social Repercussions of the Ptolemaic Copper Inflation," *Chronique d'Egypte* 24 (1949) 324; 以及关于罗马统治下的埃及的作品：J. A. Straus, "Le prix des esclaves dans les papyrus d'époque romaine trouvés dans, l'Egypte," *Zeitschrift für Papyrologie und Epigraphik* 11 (1973) 289–295; A. K. Bowman, "The Economy of Egypt in the Earlier Fourth Century," in C. E. King, ed., *Imperial Revenue, Expenditure, and Monetary Policy in the Fourth Century A.D.* (Oxford, 1980) 23–40; Roger S. Bagnall, *Currency and Inflation in Fourth-Century Egypt* (Chico, Calif., 1985)。

古希腊的价格

希腊价格的探讨，参见 Alfred Jacobs, "Preis (1) Preisgeschichte," *Handwörterbuch der Sozialwissenschaften* (Gottingen, 1964), 8:459–476，一篇针对古典时期希腊（公元前 600—前 169）和罗马（公元前 456—公元 301）价格动态的出色短篇综述，附有一份参考书目。一部关于古希腊价格历史的独辟蹊径的尝试性作品是 Lydia Spaventa de Novellis, *I Prèzzi in Grecia e a Roma nell' antichita* (Rome, 1934); 这部作品的一份副本藏于纽约公共图书馆。同样有帮助的还有 Gustave Glotz, *La travail dans la Grèce ancienne* (Paris, 1920; Eng. tr., New York, 1926); M. I. Finley, *Studies in Land and Credit in Ancient Athens, 500–200 B.C.* (New Brunswick, 1952); Chester G. Starr, *The Economic and Social Growth of Ancient Greece, 800–500 B.C.* (New York, 1977); K. Christ, "Die Griechen und das Geld," *Saeculum* 15 (1964) 214–229; M. J. Price et al., *Essays in Greek Coinage Presented to Stanley Robinson* (Oxford, 1968); L. Lacroix, "La monnaie grecque et les problèmes de la circulation monétaire," *Bulletin de la Classe des Lettres, Academie Royale Belgique* 55 (1969) 169–180。

罗马

关于罗马的价格，有大量论著。一些关于价格的资料可见于 Michael Rostovtzeff, *The Social and Economic History of the Roman Empire* (2 vols., Oxford, 1926; rpt. 1957); 更多的资料可见于 Tenney Frank, ed., *An Economic Survey of Ancient Rome* (Baltimore, 1933–1940)。

一篇重要的概论是 A. H. M. Jones, "Inflation under the Roman Empire," *Economic History Review* 2d ser. 5 (1953) 293–318; 第二版，经过修订和修正，可见于 P. A. Brunt, ed., *The Roman Economy: Studies in Ancient Economic and Administrative History* (Oxford,1974), 187–229。

许多数据可集中见于 Richard Duncan-Jones, *The Economy of the Roman Empire: Quantitative Studies* (Cambridge, 1974); 同前，"The Price of Wheat in Lower Egypt," in *Structure and Scale in the Roman Economy* (Cambridge, 1990), 143–156; 同前，"The Price of Wheat in Roman Egypt under the Principate," *Chiron* 8 (1978) 541–560; J. Kolendo, "L'arrêt de l'afflux des monnaies romaines dans le 'Barbaricum' sous Septime-Sévère," *Les Dévaluations a Rome* 2 (Rome) 169–172。

同样有用的还有 G. Rickman, *The Corn Supply of Ancient Rome* (Oxford, 1980); S. Bolin, *State and Currency in the Roman Empire up to A.D. 300* (Stockholm, 1958); F. M. Heichelheim, "New Light on Currency and Inflation in Hellenistic-Roman Times, from Inscriptions and Papyri," *Economic History* 10 (1935) 1–11; Sture Bolin, *State and Currency in the Roman Empire to 300 A.D.* (Stockholm, 1958); P. Louis, *Ancient Rome at Work* (London, 1927); H. Mattingly, *Roman Coins from the Earliest Times to the Fall of the Western Empire* (New York, 1928)。

特定时期的研究包括 Claude Nicolet, "Les variations des prix et la 'théorie quantitative de la monnaie à Rome, de Cicéron à Pline l'Ancien," *Annales E.S.C. 26* (1971) 1203–1227; Z. Yaveta, "Fluctuations monétaires et condition de la plèbe à la fin de la République," *Recherches sur les societes anciennes* (Caen, 1971); Tenney Frank, "The Financial Crisis of 33 A.D." *American Journal of Philology* 56 (1935) 336–341; L. C. West, "The Coinage of Diocletian and the Edict on Prices," in P. R. Coleman-Norton, ed., *Studies in Roman Economic and Social History in Honor of Allen Chester Johnson* (Princeton, 1951), 290–302; Marta Giacchero, ed., *Edictum Diocletiani et collegarum de pretiis rerum venalium* ⋯ (Genoa, 1974); C. R. Whittaker, "Inflation and the Economy in the Fourth Century A. D." , in C. E. King, ed., *Imperial Revenue, Expenditure, and Monetary Policy in the Fourth Century A.D.* (Oxford, 1980), 1–22; M. Fulford, "Coin Circulation and Mint Activity in the Late Roman Empire: Some Economic Implications," *Archaeological Journal* 135 (1978) 67–114。

巴勒斯坦

对巴勒斯坦物价的审视，参见 Daniel Sperber, *Roman Palestine, 200–400: Money and Prices* (Ramat-gan, 1974); A. Kindler, ed., *The Patterns of Monetary Development in Phoencia and Palestine in Antiquity* (Jerusalem, 1963)。

拜占庭

关于东方帝国和拜占庭历史，参见 G. Ostrogorsky, "Löhne und Preise in Byzanz," *Byzantische Zeitschrift* 23 (1932), Italian trans. in Romano, *I Prèzzi in Europa*, 47–85; H. Antoniadis-Bibicou, "Démographie, salaires et prix à Byzanze au XIe siècle," *Annales E.S.C.* 27 (1972) 215–246; D. A. Zakythinos, *Crise monétaire et crise économique à Byzance du XIIIe au XVe siècle* (Athens, 1948); Michael F. Hendy, *Studies in the Byzantine Monetary Economy, c. 300–1450* (Cambridge, 1985); Angeliki LaiouThomadakis, *Peasant Society in the Late Byzantine Empire: A Social and Demographic Study* (Princeton, 1977); A.

L. Harvey, "The Growth of the Byzantine Rural Economy" (thesis, Birmingham, 1983); A. M. Andréadés, "De la monnaie et de la puissance d'achat des métaux précieux dans l'empire byzantin," *Byzantion* 1 (1924) 75–115; C. Morrison, "La dévaluation de la monnaie byzantine au XIe siècle: Essai d'interprétation," *Travaux et Mémoires* 6 (1976) 3–48; Franz Dölger, *Beitrage zur Geschichte der byzantinischen Finanzverwaltung* (Darmstadt, 1927)。

伊斯兰世界

关于伊斯兰世界价格和薪酬的主要权威作品是 Eliyahu Ashtor, *Historie des prix et des salaires dans l'Orient médiéval* (Paris, 1969); 其译本为 *A Social and Economic History of the Near East in the Middle Ages* (London, 1976); 同前, *Les métaux precieux et la balance des payements du ProcheOrient à la fin de la basse époque* (Paris, 1971); 同前, *The Medieval Near East: Social and Economic History* (London, 1978), 这是一部关于价格、薪酬和利息动态的论文集; 同前, "La recherche des prix dans l'Orient médiéale," *Studia Islamica* 21 (1964); 同前, "Prix et salaires dans l'Espagne musulmane aux Xe et XIe siècles," *Annales E.S.C.* 20 (1965) 664–679; "Matériaux pur l'histoire des prix dans l'Egypte médiévale," *Journal of the Economic and Social History of the Orient* 6 (1963) 158–189; 同前, "Le coût de la vie dans l'Egypte médiévale," *Journal of the Economic and Social History of the Orient* 3 (1960) 56–77; 同前, "Le coût de la vie dans la Syrie médiévale," *Arabica* 8 (1961) 59–73; 同前, "Le coût de la vie en Palestine au Moyen Age," in *L. A. Mayer Memorial Volume*, 154–164, 也发表于 *Eretz-Israel* 7 (1963); 还有, 同前, "Prix et salaires à l'époque mamlouke," *Revue des Études Islamiques* (1949) 49–94; 同前, "Essai sur les prix et les salaires dans l'empire califien," *Rivista degli Studi Orientale* 36 (1961) 19–69; 同前, "L'évolution des prix dans le Proche-orient à la basse-époque", *Journal of Economic and Social History of the Orient* 4 (1961) 15–46。

专攻伊斯兰世界人口和生态历史问题的杰作是 Xavier de Planhol, *Les fondements géographiques de l'histoire de l'Islam* (Paris, 1968)。关于财政方面,

参 见 H. Rabie, *The Financial System of Egypt, A.H. 564–741/A.D. 1169–1341*
(London, 1972); William Popper, *Egypt and Syria under the Circassian Sultans
(1382–1468 A.D.)* (Berkeley, 1955)。

古代非洲

有用的作品包括 M. Malowist, "The Social and Economic Stability of the
Western Sudan in the Middle Ages," *Past & Present* 33 (1966) 3–15; E. W. Bovill,
The Golden Trade of the Moors (Oxford, 1958); 以 及 J. Devisse, "Routes de
Commerce et échanges en Afrique occidentale en relation avec la Méditerranée,"
Revue d'histoire économique et sociale 1 (1972) 42–73, 357–397。

波利尼西亚

A. T. Wilson, "Isotope Evidence for Past Climatic and Environmental
Change," *Journal of Interdisciplinary History* 10 (1980) 241–250，这是一部关于
大洋洲气候和历史变化的重要作品。

东亚

关于近代之前的东亚文明的总论，包括 Ping-ti Ho, *Studies on the
Population of China, 1368–1953* (1959, 2d ed., Cambridge, 1967); Mark Elvin,
The Pattern of the Chinese Past; A Social and Economic Interpretation (London,
1973); P. Liu and K. Huang, "Population Change and Economic Development
in Mainland China since 1400," in C. Hou and T. Yu, eds., *Modern Chinese
Economic History* (Taipei, 1977), 61–81. 一部更古老但依旧有用的概论，是 C. P.
Fitzgerald, *China, A Short Cultural History* (New York, 1935, 1972)。

关于特定时期的研究有 R. Hartwell, "A Cycle of Economic Change in
Imperial China: Coal and Iron in North-east China, 750–1350," *Journal of the
Economic and Social History of the Orient* 10 (1967)。

关于宋代和明代，有 M. Cartier, "Notes sur l'histoire des prix en Chine
du XIVe au XVIIe siècle," *Annales E. S. C.* 24 (1969) 1876–1889; 同 前，"Les

importations de métaux monetaires en Chine: Essai sur la conjoncture chinoise," 同 上，36 (1981) 454–466; Ch'uan Hansheng, "Sung-Ming chien pai-yin kou-mai-li ti pien-tung chi ch'i yuan-yin," [全汉升 :《宋明间白银购买力的变动及其原因》] Hsin-ya-hseuh-pao [《新亚学报》] 8 (1967) 157–186, 附有英文摘要 ; M. Cartier, "Notes sur l'histoire des prix en Chine du XIV° au XVII° siècle," [1368–1644] Annales E. S. C. 24 (1969) 1876–1889; 同 前，"Les importations de métaux monetaires en Chine: Essai sur la conjoncture Chinoise," 同 上，36 (1981) 454–466; W. S. Atwell, "Notes on Silver, Foreign Trade, and the Late Ming Economy," Ch'ing shih wen-ti 3 (1977) 1–33; 同前，"International Bullion Flows and the Chinese Economy, circa 1530–1650," Past & Present 95 (1982) 68–90。

关于清代，参见 Yeh-chien Wang, "The Secular Trend of Prices during the Ch'ing Period, " Journal of the Institute of Chinese Studies of the Chinese University of Hong Kong, 5 (1972) 364; Han-sheng Ch'uan and Richard A. Kraus, Mid-Ch'ing Rice Markets and Trade: An Essay in Price History (Cambridge, 1975)。

中世纪早期的西方世界

关于中世纪早期的西方世界，参见 Rosamond McKitterick, ed., The New Cambridge Medieval History, vol 2, c. 700-c. 900 (Cambridge, 1995)，此书中有 Adriaan Verhulst 编写的关于经济组织结构的章节（第 481—509 页）以及 Mark Blackburn 编写的关于货币和铸币的章节（第 538—562 页），但没有一章是关于价格的。

这个时期的价格清单，参见 Claudio Sánchez-Albornoz, El precio de la vida en el reino astur-leone's hace mil Años (Buenos Aires, 1945)，这是一部罕见的著作，可见于纽约公共图书馆。

关于这个时期经济历史的总体论著，包括 Robert Latouche, Les origines de l'économie occidentale IV°–XI° siècle (Paris, 1956)；以及 Georges Duby, The Early Growth of the European Economy: Warriors and Peasants from the

Seventh to the Twelfth Century (Ithaca, 1978)。

其他围绕生活必需品和商业问题的著作包括 P. Grierson, "Commerce in the Dark Ages: A Critique of the Evidence," *Royal Historical Society Transactions* 9 (1959) 123–140; R. Hodges, *Dark Age Economics: The Origins of Towns and Trade, A.D. 600–1000* (London, 1982); S. R. H. Jones, "Transaction Costs, Institutional Change, and the Emergence of a Market Economy in Later Anglo-Saxon England," *Economic History Review* 46 (1993) 658–678; P. Grierson, "Commerce in the Dark Ages: A Critique of the Evidence," *Royal Historical Society Transactions* 5th ser. 9 (1959) 123–140; M. de Bouard, "Problemes des Subsistence dans un État medievale: le marché et les prix des céréales au royaume angevin de Sicile," *Annales d'Histoire Économique et Sociale* 10 (1938) 483。

关于货币和铸币，参见 P. Grierson and M. Blackburn, *Medieval European Coinage* (Cambridge, 1986); A. Blanchet, *Les tresors de monnaies romaines et les invasions germaniques* (Paris, 1900); Marc Bloch, "Le probleme de l'or au moyen age," *Annales d'Histoire Économique et Sociale* 5 (1933) 1–34, 英译本见 *Land and Work in Mediaeval Europe: Selected Papers by Marc Bloch* (Berkeley, 1967), 186–229; Carlo Cipolla, "Currency Depreciation in Medieval Europe," *Economic History Review* 2d ser. 15 (1962–63) 413–422。

中世纪价格革命

总体性著作包括 Georges Duby, *L'économie rurale et la vie descampagnes dans l'Occident médiéval* (2 vols., Paris, 1962), trans. C. Postan as *Rural Economy and Country Life in the Medieval West* (London, 1968); 同前, *The Early Growth of the European Economy: Warriors and Peasants from the Seventh to the Twelfth Century* (Ithaca, 1974) 附有一份 "参考书目指南"; M. M. Postan, *The Medieval Economy and Society: An Economic History of Britain in the Middle Ages* (London, 1972); 同前, "Economic Foundations of Medieval Society," in 同前, *Essays on Medieval Agriculture and General Problems of the*

Medieval Economy (Cambridge, 1973), 2–27; 同 前, *Medieval Economy and Society* (1972); J. Z. Titow, *English Rural Society, 1200–1350* (London, 1969); H. E. Hallam, *Rural England, 1066–1348* (Brighton, 1981); Edward Miller, "England in the Twelfth and Thirteenth Centuries: An Economic Contrast?" *Economic History Review* 2d ser. 24 (1971) 1–14。

　　企图模拟中世纪经济史发展主线的大胆尝试，参见 Richard H. Britnell and Bruce M. S. Campbell eds., *A Commercialising Economy: England 1086 to c. 1300* (Manchester, 1995). Graeme Donald Snooks, "The Dynamic Role of the Market in the AngloNorman Economy and Beyond, 1086–1300," 同上，27–54, 探讨了 11 世纪至今的价格、人口、国内产值和人均产值的历次巨大浪潮。Nicholas Mayhew, "Modelling Medieval Monetisation," 同上，55–77, 提供了一份对中世纪国内产值的不同估计。分歧来自对末日迹象的不同解读。对于中世纪的经济增长问题，我们依然远远无法盖棺定论。

　　对法国有着广泛兴趣的主要地方性研究包括 Robert Fossier, *La terre et les hommes en Picardie, jusqu' a la fin du XIIIe siècle* (2 vols., Paris and Louvain, 1968), 这是一部杰作；Y. Bezard, *La vie rurale dans le sud de la région parisienne* (Paris, 1929); A. Fierro, "Un cycle démographique: Dauphiny et Faucigny du XIVe aux XIXe siècle," *Annales E.S.C.* (1969); Joseph Strayer, "Economic Conditions in the Country of Beaumont-le-Roger, 1261–1313," *Speculum* 26 (1951) 277–287; Ph. Wolff, *Commerces et marchands de Toulouse (vers 1350-vers 1450)* (Pion, 1954); J. Yver, "Remarques sur l'évolution de quelques prix en Normandie aux XIVe et XVe siècles," *Revue d'Histoire du Droit Français et Étranger* 4 (1958) 145–154; G. Fourquin, *Les campagnes de la région parisienne à la fin du moyen age* (Paris, 1964); G. Lesage, *Marseille Angevine* (Paris, 1950)。

　　关于比利时和荷兰的地方性历史，包括 L. Genicot, *L'économie rurale namuroise au bas Moyen Age, 1199–1429* (Louvain, 1960); G. Sivery, *Structures agraires et vie rurale dans le Hainaut à la fin du Moyen Age* (Lille, 1973); N. DePauw, ed., *Ypre jeghen Poperinghe angeande den verbonden: Gedingsstukken der XIVde eeuw nopens het laken* (Ghent, 1899); G. Des Marez and E. De

Sagher, eds. *Comptes de la ville d'Ypres de 1267 à 1329* (2 vols. Brussels, 1909)。

关于英格兰的地方性研究包括 H. P. R. Finberg, *Tavistock Abbey: A Study in the Social and Economic History of Devon* (Cambridge, 1951; 2d ed., Newton Abbot, 1969); W. G. Hoskins and H. P. R. Finberg, *Devonshire Studies* (London, 1952); H. P. R. Finberg, *Gloucestershire* (London, 1955); W. G. Hoskins, *Leicestershire* (London, 1970); Edward Miller, *The Abbey and Bishopric of Ely* (Cambridge, 1951); J. B. Harley, "Population Trends and Agricultural Developments from the Warwickshire Hundred Rolls of 1279," *Economic History Review* 2d ser.II (1958) 8–18; Frances Davenport, *The Economic Development of a Norfolk Manor, 1086–1565* (Cambridge, 1906); E, Miller, *The Abbey and Bishopric of Ely: The Social History of an Ecclesiastical Estate from the Tenth Century to the Early Fourteenth Century* (Cambridge, 1951); Alan Everitt, *Continuity and Colonization: The Evolution of Kentish Settlement* (Leicester, 1986); J. Hatcher, *Rural Economy and Society in Medieval Cornwall, 1300–1500* (Cambridge, 1970); H. E. Hallam, *Settlement and Society: A Study of the Early Agrarian History of South Lincolnshire* (Cambridge, 1965); 同前，*Rural England*, 1066–1348 (Brighton, 1981)。

关于意大利的研究包括 H. Bresc, *Un monde méditerranéean: économie et société en Sicilie, 1300–1450* (2 vols., Rome, 1986)。

关于西班牙，有 C. Dufourcq, *L'Espagne catalane et le maghrib aux XIIIe et XIVe siècles...* (Paris, 1966)。

关于中世纪欧洲的人口趋势，参见 J. Z. Titow, "Some Evidence of the Thirteenth-Century Population Increase," *Economic History Review* 14 (1961) 218–223; Josiah Russell, *Late Ancient and Medieval Population*, 20; 同前，"Recent Advances in Medieval Demography," *Speculum* 45 (1965) 84–101; 同前，"Aspects démographiques des débuts de la féodalité," *Annales E.S.C,* 20 (1965) 1118–1127; 一篇对 Russell 估计的批评出现在 G. Ohlin, "No Safety in Numbers: Some Pitfalls in Historical Statistics," in H. Rosovsky, ed., *Industrialization in Two Systems:Essays in Honor of Alexander Gershenkron* (New York, 1966),

70–81。其他论文包括 M. M. Postan, "Some Economic Evidence of Declining Population in the Later Middle Ages," *Economic History Review* 2d ser. 2 (1950) 221–246; Julian Cornwall, "English Population in the Early Sixteenth Century," *Economic History Review*, 2d ser. 23 (1970) 32–44; H. E. Hallam, "Population Density in Medieval Fenland," *Economic History Review* 14 (1961) 71–79; 以及 "Some Thirteenth-Century Censuses," 同上 . 10 (1957) 340–361; 同前, *Rural England, 1066–1348* (Brighton, 1981), 245–250; H. E. Hallam, "Population Movements in England, 1086–1350," in Hallam, ed., *The Agrarian History of England and Wales* (Cambridge, 1988), II, 508–593; Enrico Fiume, "Sui rapporti economici tra cittá e contado nell' etá communale," *Archivio Storico Italiano* 114 (1956) 18–68; David Herlihy, "The Medieval Marriage Market," *Medieval and Renaissance Studies* 6 (1976) 3–27; 同前, "The Generation in Medieval History," *Viator* 5 (1974) 347–364; E. Baratier, "La démographie Provençale au XIIIe et XIVe siècle (Paris, 1961)。

关于中世纪价格动态，针对英格兰的论著最为充足。除了上文中曾援引的 William Beveridge, *Prices and Wages in England from the Twelfth to the Nineteenth Century* 之外，还包括：同前，"The Yield and Price of Corn in the Middle Ages," Economic Journal, *Economic History Supplement* 1 (1926–29) 162–166; A. L. Poole, "Livestock Prices in the Twelfth Century," *English Historical Review* 55 (1940) 284–295; M. M. Postan and J. Titow, "Heriots and Prices on Winchester Manors," *Economic History Review* 2d ser. 11 (1959) 392–411; J. Longden, "Statistical Notes on Winchester Heriots," *Economic History Review* 2d ser. 11 (1959) 412–417。

关于中世纪英格兰物价最出色和最综合性的研究，来自萨斯喀彻温大学的 D. L. 法默："Some Price Fluctuations in Angevin England," *Economic History Review* 2d ser. 9 (1956–1957) 34–43; "Some Grain Price Movements in Thirteenth-Century England," *Economic History Review* 2d ser. 10 (1957) 207–220; "Some Livestock Price Movements in Thirteenth–Century England," *Economic History Review* 2d ser. 22 (1969) 1–16; "Crop Yields, Prices, and Wages in Medieval England," *Studies in Medieval and Renaissance History* 6 (1983) 117–155; "Grain Yields on Westminster Abbey Manors, 1271–1410," *Canadian Journal of History* 18 (1981) 331–347; "Prices and Wages," in H. E. Hallam, ed., *The Agrarian History of England and Wales, vol. 2, 1042–1350* (Cambridge, 1988), 716–817; "Prices and Wages, 1350–1500," in E. Miller,ed., *The Agrarian History of England and Wales, vol. 3, 1348–1500* (Cambridge, 1988), 431–525。

其他价格研究包括 S. B. Gras, *The Evolution of the English Corn Market from the Twelfth to the Eighteenth Century* (Cambridge, Mass., 1915); T. H. Lloyd, "The Movement of Wool Prices in Medieval England," *Economic History Review Supplement* 6 (1973) 38–50; P. D. A. Harvey, "The English Inflation of 1180–1220," *Past and Present* 61 (1973) 3–30; Mavis Mate, "High Prices in Early Fourteenth–Century England: Causes and Consequences," *Economic History Review* 2d ser. 28 (1975) 1–16。

关于价格相关性的一篇尤其有用的未发表论文，是 Clyde George Reed, "Price Data and European Economic History: England, 1300–1600" (thesis, University of Washington, 1972)。

关于法国中世纪价格革命最具综合性的研究依然来自达弗内尔, d'Avenel, *Historique économique de la propriété, des salaires des denrées et de tous les prix en general depuis l'an 1200 jusqu'en l'an 1800*, 上文中曾有援引, vols. 2 and 3。

关于这个时期的意大利物价研究，尤其有用的论著包括 Gino Luzzatto, "II costo della vita a Venezia nel Trecento," *Ateneo Veneto* 25 (1934); Michel de Bouard, "Problemes de subsistances dans un état médieval: Le marché et les prix des céréales au Royaume angevin de Sicile: 1266–1282," *Annales d'Histoire Économique et Sociale* 10 (1938); Raimondo Carta–Raspi, *L'economia della Sardegna medievale: scambi e prèzzi* (Cagliari, 1940); Magalde and Fabris, "Notizie storiche e statisttiche sui prèzzi e salari nei secoli XIII–XVIII nelle città di Milano, Venezia, Genova, Firenze, Lucca, Mantova e Forli" ; Faraglia, *Storia dei prèzzi in Napoli...* 以及 Ettore Rossi and Paolo Maria Arcari, "I prèzzi a Genova dal XII al XV secolo," 上文中都曾有援引。

关于欧洲中部和东部，除了上文曾援引的阿贝尔的著作 *Agrarkrisen und Agrarkonjunktur*，亦参见 Alfred Dieck, "Lebensmittelpreise in Mitteleuropa und im Vordern Orient zum 12. bis 17. Jahrhundert," *Zeitschrift für Agrargeschichte und Agrarsoziologie*2 (1955), Italian tr. in Romano, ed., *I prèzzi in Europa*, 143–150；同 前，"Tauschobjekte, Preise und Löhne des Vorderen Orient und Mitteleuropas im Mittelalter und Nachmittelalter," *Forschungen und Fortshritte* 36 (1962); 以及 Waschinski, *Wahrung, preisentwicklung... in Schleswig–Holstein*, 上文中曾有援引。

关于薪酬，参见 William Beveridge, "Wages in Winchester Manors," *Economic History Review* 1st ser. 7 (1936–1937) 22–43; 同前，"Westminster Wages in the Manorial Era," *Economic History Review*, 2d ser. 8 (1955–1956) 18–35; Douglas Knoop and G. P. Jones, "Masons' Wages in Medieval England," *Economic History* 2 (1933) 473–499; 同前，*The Medieval Mason* (Manchester, 1967); L. F. Salzman, *Building in England down to 1540* (Oxford, 1952); R. Beissel, *Geldwert und Arbeitslohn im Mittelalter* (Freiburg in Breisgau, 1884); B. Geremek, *Le salariat dans l' artisanat parisien aux XIII*ᵉ*–XV*ᵉ *siècles* (Paris, 1968); Etienne Robo, "Wages and Prices in the Hundred of Farnham in the Thirteenth Century," *Economic History* 3 (1934) 24–34; 一篇关于薪酬的探讨，见 H. Thomas Johnson, "Cathedral Building and the Medieval Economy," *Explorations in Entrepreneurial History* 4 (1967) 191–210; B. W. E. Alford and M. Q. Smith, "The Economic Effects of Cathedral and Church Building in Medieval England: A Reply," 同上，6 (1969) 158–169; H. Thomas Johnson, "The Economic Effects of Cathedral and Church Building in Medieval England: A Rejoinder," 同 上，169–174。

关于地租，参见 E. A. Kominskii, "Services and Money Rents in the Thirteenth Century," *Economic History Review* 5 (1935) 24–45; 同前，"The Evolution of Feudal Rent in England from the Eleventhth to the Fifteenth Centuries," *Past & Present* 7 (1955) 12–36; 同 前，*Studies in the Agrarian History of England in the Thirteenth Century* (Oxford, 1956); Ronald Witt, "The Landlord and the Economic Revival of the Middle Ages in Northern Europe, 1000–1250," *American Historical Review* 76 (1971) 965–988; Brice Lyon, "Medieval Real Estate Developments and Freedom," *American Historical Review* 63 (1957) 47–61; P. D. A. Harvey, ed., *The Peasant Land Market in Medieval England* (Oxford, 1984); P. R. Hyams, "The Origins of a Peasant Land Market in England," *Economic History Review* 23 (1970) 18–31。

关于中世纪利率的研究，见于 Sidney Homer, *A History of Interest Rates* (New Brunswick, 1963), 94–99。

马克·布洛赫探讨了货币运动，参见 Marc Bloch, "Le problème de l'or au Moyen Age," *Annales d'Histoire Économique et Sociale* 5 (1933) 1–34, J. E. Anderson 翻译的英文译本为 *Land and Work in Medieval Europe: Selected Papers by Marc Bloch* (Berkeley and Los Angeles, 1967), 186–229。 同样重要的还有一篇姊妹篇：译本标题为 "Natural Economy or Money Economy: A Pseudo–Dilemma," 出处同上，230–241。

一篇主要的研究是 Peter Spufford, *Money and Its Use in Medieval Europe* (Cambridge, 1988)。大量论著中的其他成果，包括 Pierre Vilar, *A History of Gold and Money, 1450–1920* (London, 1976); Carlo M. Cipolla, *Money, Prices, and Civilization in the Mediterranean World: Fifth to Seventeenth Century* (Princeton, 1956), 上文中曾有引用；同前，"Currency Depreciation in Medieval Europe," *Economic History Review* 2d ser. 15 (1963) 413–422; Michael Prestwich, "Early Fourteenth–Century Exchange Rates," *Economic History Review* 2d ser. 32 (1979) 470–482; 同前，"Edward I's Monetary Policies and Their Consequences," *Economic History Review* 2d ser. 22 (1969) 406–416; C. C. Patterson, "Silver Stocks and Losses in Ancient and Medieval Times," *Economic History Review* 2d ser. 25 (1972) 205–235; D. M. Metcalf, "English Monetary History in the Time of Offa: A Reply," *Numismatic Circular* 71 (1963) 1651; Frederic Lane, *Venice: A Maritime Republic* (Baltimore, 1973), 书中作者概括了这个主题多年来的研究成果；同前，"Le vecchie monete di conto Veneziane ed il ritorno dall'ore," *Atto dell Instituto Veneto di Scienze Letre ed Arti: Classe di*

Scienzi Morali, Letter, ed Arti 117 (1958–59) 49–78。亦参见 Robert S. Lopez, "Back to Gold, 1252," *Economic History Review* 2d ser. 9 (1956) 219–240; A. M. Watson, "Back to Gold and Silver," *Economic History Review* 2d ser. 20 (1967) 1–34; L. B. Robbert, "Monetary Flows: Venice, 1150–1400," in J. F. Richards, ed., *Precious Metals in the Later Medieval and Early Modern Worlds* (Durham, 1983), 274–293。

关于周转率问题的研究，参见 N. J. Mayhew, "Population, Money Supply, and the Velocity of Circulation in England, 1300–1700," *Economic History Review* 2d ser. 48 (1995) 238–257; 该作者的其他关于中世纪货币和价格的重要研究包括 "Money and Prices in England from Henry II to Edward III," *Agricultural History Review* 35 (1987) 121–132; "Modelling Medieval Monetisation," in B. M. S. Campbell and R. H. Britnell, eds., *A Commercialising Economy: England, 1086–1300* (Manchester, 1995), 55–77。

金融方面的经典作品有 Mario Chiaudano, "I Rothschild del Dugento: La Gran Tavola di Orlando Bonsignori," *Bullettino Senese di Storia Patria* 42 (1935) 103–142; William M. Bowsky, *The Finance of the Commune of Siena, 1287–1355* (Oxford, 1970); 同前, *A Medieval Italian Commune: Siena Under the Nine, 1287–1355* (Berkeley, 1981)。

关于市场和商业，参见 R. H. Britnell, "The Proliferation of Markets in England, 1200–1349," *Economic History Review* 2d ser. 34 (1981) 209–221; Richard Hodges, *Dark Age Economics: The Origins of Towns and Trade, A.D. 600–1000* (London, 1982); Raymond De Roover, "The Commercial Revolution of the Thirteenth Century," in F. C. Lane and J. Riemersma, eds. *Enterprise and Secular Change* (1953)。

以中世纪欧洲工业化为主题的著作有 E. M. Carus Wilson, "An Industrial Revolution of the Thirteenth Century," *Economic History Review* 11 (1939) 39–60; Rolf Sprandel, "La production du fer au moyen age," *Annales E.S.C.* 24 (1969) 305–321; Jean Gimpel, *The Medieval Machine: The Industrial Revolution of the Middle Ages* (New York, 1976); William N. Bonds, "Some Industrial Price

Movements in Medieval Genoa (1155–1255)," *Explorations in Entrepreneurial History* 7 (1969–1970) 123–139; Henrietta M. Larson, "The Armor Business in the Middle Ages," *Business History Review* 14 (1940) 49–64; C. F. ffoulkes, "European Arms and Armor," in G. Barraclough, ed., *Social Life in Early England* (London, 1960) 124–138; F. Philippi, *Die erste Industrialisierung Deutschlands* (Munster, 1909); 同前，*Das Eisengewerbe im Mittelalter* (Stuttgart, 1968)。

关于农业，参见 J. Z. Titow, *Winchester Yields: A Study in Medieval Agricultural Productivity* (Cambridge, 1972), 该作涵盖了从 1209 年到 1349 年 ; D. L. Farmer extends this series from 1350 to 1453 in "Grain Yields on the Winchester manors in the Later Middle Ages," *Economic History Review* 2d ser. 30 (1977) 555–566; E. A. Kominskii, *Studies in the Agrarian History of England in the Thirteenth Century* (Oxford, 1956); David Herlihy, "The Agrarian Revolution in Southern France and Italy, 801–1150," *Speculum* 33 (1958) 23–41; idem, "The History of the Rural Seignury in Italy, 751–1200," *Agricultural History* 33 (1959) 1–14。

关于收成和短缺，参见 E. Thorold Rogers, *A History of Agriculture and Prices in England*, vol. 1, 1259–1400; Heinrich H. W. F. Curschmann, *Hungersnöte in Mittelalter. Ein Beitrag zur deutschen Wirtschafts-geschichte des 8. bis 13. Jahrhunderts* (Leipzig, 1900); M. E. Levasseur, *Les prix aperçu de l' histoire économique de la valeur et du revenu de la terre, en France du commencement du XIIe siècle a la fin du XVIIIe, avec un appendice sur le prix du froment et sur les disettes depuis l' an 1200 jusqu' a l' an 1891* (Paris, 1893), appendix。

关于贫困问题，参见 Alfred N. May, "An Index ofThirteenth–Century Peasant Impoverishment? Manor Court Fines," *Economic History Review* 2d ser. 26 (1973) 389–402。

关于中世纪欧洲的经济伦理学问题，有大量论著。其中很多是围绕公平价格问题。参见 Henri Garnier, *L' idée du juste prix chez les théologiens et canonistes du Moyen Age* (New York, 1973); Benjamin Nelson, "The Usurer and the Merchant Prince: Italian Businessmen and the Ecclesiastical Law of

Restitution, 1100–1550," *Journal of Economic History Supplement* 7 (1947) 104–122; idem, *The Idea of Usury* (Princeton, 1949); T. P. McLaughlin, "The Teaching of the Canonists on Usury (Twelfth, Thirteenth, and Fourteenth Centuries)," *Medieval Studies* 1 (1939) 81–147; A. Sapori, "L'interesse del danaro a Firenze nel trecento (Dal testamento di un usuraio)," *Archivio Storico Italiano* 10 (1928) 161–186; 以及 Noonan, *Usury*, 上文中曾有引用。

关于物质和文化历史之间关系的其他方面的探究，参见 J. R. Strayer, "The Crusades of Louis IX," in K. M. Setton, ed., *A History of the Crusades* (Philadelphia, 1962); Jocelin de Brakeland, *The Chronicle of Jocelin of Brakelond*, H. E. Butler ed., (London, 1949); Steven Epstein, *Wills and Wealth in Medieval Genoa, 1150–1250* (Cambridge, 1984)。

关于沙特尔大教堂，参见 Robert Branner, ed., *Chartres Cathedral* (New York, 1969); Lucien Merlet and Eugene de Lepinois, *Cartulaire de Notre-Dame de Chartres* (3 vols., Chartres, 1862–1865) 2:103; Robert Branner, ed., *Chartres Cathedral* (New York, 1969); Charles Rohault de Fleury, *Memoire sur les instruments de la passion de N.-S. J.-C.* (Paris, 1870)。

关于 12 世纪文艺复兴的探讨，参见 Charles Homer Haskins, *The Renaissance of the Twelfth Century* (London, 1927); R. W. Southern, *The Making of the Middle Ages* (New Haven, 1953); Robert L. Benson and Giles Constable, eds., *Renaissance and Renewal in the Twelfth Century* (Cambridge, 1982); G. Pare et al., *La Renaissance du XIIᵉ Siècle: Les Écoles et l' Enseignement* (Paris, 1933); J. L. Bolton, *The Medieval English Economy, 1150–1500* (London, 1980); Carlrichard Brühl, *Palatium und Civitas: Studien zur Profantopographie spatantiker Civitates vom 3. bis 13. Jahrhundert* (Cologne, 1975), 1:19。

14 世纪危机

最佳起点是 Bruce M. S. Campbell, ed., *Before the Black Death: Studies in the 'Crisis' of the Early Fourteenth Century* (Manchester, 1991; rpt. 1992), 附有

出色而可靠的参考书目（第 209—226 页）。

总体性研究，包括 Edouard Perroy, "A l'origine d'une économie contractée: Les crises du XIVe siècle," *Annales E.S.C.* 4 (1949) 167–182; trans. in Rondo Cameron, ed., *Essays in French Economic History* (Homewood, III., 1970); R. E. Lerner, *The Age of Adversity: The Fourteenth Century* (Ithaca, 1968); R. Boutruche, *Seignurie et féodalité* (2 vols., Paris, 1968); R. Delatouche, "La crise du XIVe siècle en Europe occidentale," *Les Études Sociales* 28 (1959) 1–19; F. Graus, "Das spätmittelalter als Krisenzeit...," *Mediaevalia Bohemica Supplement* 1 (Prague, 1969); 同前 "Die Erste Krise des Feudalismus," *Zeitschrift für Geschichts-wissenschaft* 3 (1955) 552–592; Cicely Howell, "Stability and Change, 1300–1700," *Journal of Peasant Studies* 2 (1975) 468–482; N. Hybel, *Crisis or Change: the Concept of Crisis in Light of the Agrarian Structural Reorganization in Late Medieval England* (Aarhus, 1989)。

关于危机的解释，有许多流派：马尔萨斯主义强调人口和生活资料之间的不平衡性；马克思主义强调阶级结构和生产资料；货币主义强调货币供应的变化；市场中心论者强调交易的结构；气候论者强调天气的变化。

关于这场危机的马尔萨斯式模型，参见 Michael Postan, *Essays on Medieval Agriculture and General Problems of the Medieval Economy* (Cambridge, 1973); 以及，同前，*The Medieval Economy and Society: An Economic History of Britain in the Middle Ages* (Berkeley, 1972), 上文中曾有引用。一篇对波斯坦论文的批评，可见于 Barbara F. Harvey, "The Population Trend in England between 1300 and 1348," *Transactions of the Royal Historical Society* 5th ser. 16 (1966) 23–42; 以及 D. G. Watts, "Model for the Early Fourteenth Century," *Economic History Review* 20 (1967) 543–547, 文章称：如果撤去危机年份，马尔萨斯主义的模型似乎就不管用了！重要的探讨可见于 Guy Bois, "Against the Neo–Malthusian Orthodoxy," *Past & Present* 79 (1978) 60–69。这篇论文的论点得到了重申，见于 Edward Miller and John Hatcher, *Medieval Society and Economic Change, 1086–1348* (London, 1978), 以及 M. M. Postan and John Hatcher, "Population and Class Relations in Feudal Society," *Past & Present* 78

(1978) 24–37。关于地方复杂性的论断，参见 H. E. Hallam, *Rural England, 1066–1348* (Brighton, 1981); 同前, "The Postan Thesis," *Historical Studies* 15 (1972) 203–222; 以 及 Edward Britton, *The Community of the Vill* (Toronto, 1977)。这场争论很大程度上是围绕东安格利亚地区的；那里有可靠的经验性证据支持波斯坦，参见 L. R. Poos, "The Rural Population of Essex in the Later Middle Ages," *Economic History Review* 2d ser. 38 (1985) 515–530。

马克思主义式的模型，包括 R. H. Hilton, "Y eut-il une crise générale de féodalité?" *Annales E.S.C.* 6 (1951) 23–30; E. A. Kosminskii, *Studies in the Agrarian History of England in the Thirteenth Century* (Oxford, 1956); Robert Brenner, "Agrarian Class Structure and Economic Development in Pre-Industrial Europe," *Past & Present* 70 (1976) 30–75; 以 及 Guy Bois, *Crise du féodalisme: économie rurale et démographie en Normandie orientale du début du XIVe siècle au milieu du XVIe siècle* (Paris, 1976); trans. as *The Crisis of Feudalism...*(Cambridge, 1984)。关于马克思主义模型的总体探讨，以及关于布伦纳的具体讨论，参见 Trevor Aston and C. H. E. Philpin, eds., *The Brenner Debate: Agrarian Class Structure and Economic Development in Pre-Industrial Europe* (Cambridge, 1985)。有一篇对居伊·布瓦的批评，即 Emmanuel Le Roy Ladurie, "En Haute-Normandie: Malthus ou Marx?" *Annales E.S.C.* 33 (1978) 115–124。西方马克思主义式的诠释很大程度上受到下面这部波兰学者的著作的影响：W. Kula, *Théorie économique du système féodal: Pour un modèle de l'économie polonaise XVIe–XVIIIe siècles* (Paris, 1970); 这项关于稍后时期的研究，对马克思主义中世纪史学家产生了巨大影响。

关于货币主义模型，参见 J. Schreiner, "Wages and Prices in England in the Later Middle Ages," Scandinavian *Economic History Review* 2 (1954) 61–73; Earl J. Hamilton, "The History of Prices before 1750," in *Rapports du XVe congrés international des sciences historiques* (Stockholm, 1960) 1:144–164, 也有单行本出 版 (Stockholm, 1960); W. C. Robinson, "Money, Population, and Economic Change in Late Medieval Europe," *Economic History Review* 2d ser. 12 (1959) 63–76; N. J. Mayhew, "Numismatic Evidence and Falling Prices in the Fourteenth

Century," *Economic History Review* 2d ser. 27 (1974) 1–15; 同前，"Money and Prices in England from Henry II to Edward III," *Agricultural History Review* 35 (1987) 121–132; 尤其见于才智出众的美国年鉴派学者约翰·戴的著作：John Day, *The Medieval Market Economy* (Oxford, 1987); 同前，"The Decline of a Money Economy: Sardinia in the Late Middle Ages," *Studia in memoria di Federico Melis* (Naples, 1978) 3:155–176; 以及同前，"Crise du féodalisme et conjoncturesdes prix à la fin du moyen age," *Annales E.S.C.* 34 (1979) 305–318。对货币主义模式的总体批评以及对戴的论文的具体批评，见 Guy Bois, "Sur la monnaie et les prix a la fin du moyen age: réponse a John Day," 出处同上，319–323。

关于市场中心式的模型、汇率、收支差额和价格飙涨的论著，包括 Mavis Mate, "High Prices in Early Fourteenth-Century England: Causes and Consequences," *Economic History Review* 2d ser. 28 (1975) 1–16; 同前，"The Impact of War on the Economy of Canterbury Cathedral Priory, 1294–1340," *Speculum* 57 (1982) 761–778; C. G. Reed, "Price Movements, Balance of Payments, Bullion Flows, and Unemployment in the Fourteenth and Fifteenth Centuries," *Journal of European Economic History* 8 (1979) 479–486; Michael Prestwich, "Early Fourteenth-Century Exchange Rates," *Economic History Review* 2d ser. 32 (1979) 470–482; Edward Ames, "The Sterling Crisis of 1337–1339," *Journal of Economic History* 25 (1965) 496–522; B. Kedar, *Merchants in Crisis: Genoese and Venetian men of Affairs and the Fourteenth-Century Depression* (New Haven, 1976)。

关于行政调节下的价格模式的 14 世纪版本，参见 P. D. A. Harvey, *A Medieval Oxfordshire Village: Cuxham, 1240–1400* (London, 1965)。

关于气候模型，参见贝弗里奇的著作，上文曾有引用，以及 J. Z. Titow, "Evidence of Weather in the Account Rolls of the Bishopric of Winchester, 1209–1350," *Economic History Review* 2d ser. 12 (1960) 360–407; 同前，"Le climat à travers les rôles de comptabilité de l'évêché de Winchester (1350–1450)," *Annales E.S.C.* 25 (1970) 312–350; C. E. Britton, *A Meteorological Chronology* to *A.D. 1450* (London, 1937); W. T. Bell and A. E. J. Ogilview, "Weather Compilations as a Source of Data for the Reconstruction of European Climate during the Medieval Period," *Climatic Change* 1 (1978) 331–348; H. E. Hallam, "The Climate of Eastern England, 1250–1350," *Agricultural History Review* 32 (1984) 124–132。另外一部有用的著作是 C. E. P. Brooks and J. Glasspole, *British Floods and Droughts* (London, 1928)。

以强调农业历史和可耕地紧缩的生态论调为主题的论著，包括 R. H. Britnell, "Agricultural Technology and the Margin of Cultivation in the Fourteenth Century," *Economic History Review* 30 (1977) 53–66; J. Z. Titow, *Winchester Yields: A Study in Medieval Agricultural Productivity* (Cambridge, 1972); Alan R. H. Baker, "Evidence in the Nonarum Inquisitiones of Contracting Arable Lands in England during the Early Fourteenth Century," *Economic History Review* 2d ed. 19 (1966) 518–532; A. R. Lewis, "The Closing of the Medieval Frontier," *Speculum* 33 (1958) 475–483。关于边际问题，参见 M. Bailey, "The Concept of the Margin in the Medieval English Economy" *Economic History Review* 2d ser. 42 (1989) 1–17; 同前, *A Marginal Economy?: East Anglian Breckland in the Later Middle Ages* (Cambridge, 1989)。

关于饥荒，参见 Hugues Neveux, "Bonnes et mauvaises récoltes du XIVe au XIXe siècle: Jalons pour une enquète systématique," *Revue d'Histoire Économique et Sociale* 53 (1975); 177–192; Ian Kershaw, "The Great Famine and Agrarian Crisis in England, 1315–1322," *Past & Present* 59 (1973) 3–50; Elisabeth Carpentier, "Famines et epidemies dans l'histoire du XIVe siècle," *Annnales E.S.C.* 17 (1962) 1062–1092; H. S. Lucas, "The Great European Famine of 1315, 1316, and 1317," *Speculum*, 15 (1930) 343–377; H. Van Werweke, "La famine de l'an 1316 en Flandre et dans les régions voisines," *Revue du Nord* 41 (1959) 5–14; A. R. Bridbury, "Before the Black Death," *Economic History Review* 2d ser. 30 (1977) 393–410; 同前，"The Black Death," *Economic History Review* 2d ser. 26 (1973) 577–592; MarieJosèphe Larenaudie, "Les famines en Languedoc aux XIVe et XVe siècles," *Annales du Midi* 64 (1952) 27–39; P. J. Capra, "Au sujet des famines en Acquitaine au XIVᵉ siécle," *Revue Historique de Bordeaux et du Département de la Gironde* 4 (1955) 1–32; 关于 1315—1317 年饥荒严重程度的重要证据，见 L. R. Poos, "The Rural Population of Essex in the Later Middle Ages," 上文中曾有引用；关于爱尔兰，参见 M. E. Crawford, ed., *Famine: The Irish Experience, 900– 1900* (Edinburgh, 1989), 尤其是 M. Lyons, "Weather, Famine, Pestilence, and Plague in Ireland, 900–1500," 31–74。

关于营养问题，参见 C. Dyer, "Changes in Diet in the Later Middle Ages: the Case of Harvest Workers," *Agricultural History Review* 2d ser. 36 (1988) 21–37; 以及 *Standards of Living in the Later Middle Ages: Social Change in England, c. 1200–1520* (Cambridge, 1989)。

以黑死病及其社会和经济影响为主题的著作，包括 Philip Ziegler, *The Black Death* (Harmondsworth, 1969), 这是一部出色的通俗历史作品。关于黑死病的文化影响，有一部经典著作，是 Millard Meiss, *Painting in Florence and Siena after the Black Death: The Arts, Religion, and Society in the Mid-Fourteenth Century* (1951); New York, 1964。有两篇有帮助的论文，是 Elisabeth Carpentier, "La peste noire: Famines et épidemies au XIVᵉ siècle," *Annales E.S.C.* 17 (1962) 1062–1092; 以及 František Graus, "Autour de la peste noire au XIVᵉ siècle en Bohême," *Annales E.S.C.* 18 (1963) 720–724。关于英格兰有大量论著，包括：A. E. Levett, "The Black Death on the Estates of the See of Winchester," *Oxford Studies in Social and Legal History* 5 (1916) 7–180; A. Ballard, "The Black Death on the Manors of Witney, Brightewell, and Downton," 出处同上，181–216; C. Creighton, *A History of Epidemics in Britain from A.D. 664 to the Extinction of Plague* (Cambridge, 1891); A. R. Bridbury, "The Black Death," *Economic History Review* 2d ser. 26 (1973) 577–592; J. D. F. Shrewsbury, *A History of Bubonic Plague in the British Isles* (Cambridge, 1970); C. Morris, "The Plague in Britain," *Historical Journal* 14 (1971) 205–215; J. Saltmarsh, "Plague and Economic Decline in England in the Later Middle Ages," *Cambridge Historical Journal* 7 (1941–1943) 23–41; J. M. W. Bean, "Plague, Population, and Economic Decline in England in the Later Middle Ages," *Economic History Review* 2d ser.

15 (1963) 423–437; Mavis Mate, "Agrarian Economy after the Black Death: The Manors of Canterbury Cathedral Priory, 1348–1391" *Economic History Review* 37 (1984) 341–355; Johan Schreiner, "Wages and Prices in England in the Later Middle Ages," *Scandinavian Economic History Review* 2 (1954) 61–73。

关于法国的主要著作是 J. N. Biraben, *Les hommes et la peste en France* (2 vols., Paris, 1975); 同样有价值的是 C. Prat, "La peste noire à Albi," *Annales du Midi* 64 (1952) 15–25; 以 及 M. Boudet and R. Grand, Étude historique sur les épidémies de peste en Haute-Auvergne *XIV-XVIII siècle* (Paris, 1902)。意大利的重要地方性和地区性研究包括 David Herlihy, "Population, Plague, and Social Change in Rural Pistoia, 1201–1430," *Economic History Review* 2d ser. 18 (1965) 225–244; Elisabeth Carpentier, *Une ville devant la peste: Orvieto et la peste noire de 1348* (Paris, 1962)。

关于西班牙的著作包括 Nicolás Cabrillana, "La crisis del siglio XIV en Castilla: La peste negra en el obisado de Palencia," *Hispania* 28 (1968) 245–258; Jaime Sobrequés Callicó, "La peste negra en la península ibérica," *Anuario de Estudios Medievales* 7 (1970–1971) 67–102。

关于欧洲北部和中部的著作包括 Johan Schreiner, *Pest og prisfall i Senmiddelalderen: et problem in Norsk Historie* (Oslo, 1948); H.Klein, "Das grosse Sterben von 1348/49 und seine Auswirkung auf die Beseidlung der Ostalpenländer," *Mitteilungen der Gesellschaft für Salzburger Landeskunde* 100 (1960) 91–170; R. Hoeniger, *Der Schwarze Tod in Deutschland* (Berlin, 1882)。

关于这个时期的战争和政治上的麻烦，参见 J. R. Maddicott, "The English Peasantry and the Demands of the Crown, 1294–1341," *Past & Present Supplement* 1 (1975), rpt. T. H. Aston ed., *Landlords, Peasants and Politics in Medieval England* (Cambridge, 1987), 285–359; E. Miller, "War, Taxation, and the English Economy of the Late Thirteenth and Early Fourteenth Centuries," in J. M. Winter, ed., *War and Economic Development: Essays in Memory of David Joslin* (Cambridge, 1975), 11–31 ; J. O. Prestwich, "War and Finance in the Anglo-Norman State," *Royal Historical Society Transactions* 5th ser. 4 (1954)

19–44; K. B. MacFarlane, "England and the Hundred Years War," *Past & Present* 22 (1962) 3–17; Robert Boutruche, *La crise d' une societé: Seigneurs et paysans du Bordelais pendant la guerre de Cent Ans* (Paris, 1947); 同前，"La dévastation des campagnes pendant la guerre de Cent Ans et la reconstruction agricole de la France," *Publications de la Faculté des Lettres de l' Université de Strasbourg, Melanges* (Strasbourg, 1945), 125–163. Elena Lourie, "A Society Organized for War: Medieval Spain," *Past & Present* 35 (1966) 54–76; S. L. Waugh, "The Profits of Violence: The Minor Gentry in the Rebellion of 1321–1322 in Gloucestershire and Herefordshire," *Speculum* 52 (1977) 843–869。

关于社会秩序，参见 Philippe Wolff, "The 1391 Pogrom in Spain: Social Crisis or Not?" *Past & Present* 50 (1971) 4–18; P. Elman, "The Economic Causes of the Expulsion of the Jews in 1290," *Economic History Review* 2d ser. 7 (1936–1937) 145–154; B. Geremek, "La lutte contre le vagabondage à Paris aux XIVe et XVe siècles," *Richerche storiche ed economiche in memoria di Corrado Bargello* (Naples, 1970), 2:213–236; M. Mollat and Philippe Wolff, *Ongles bleus, Jacques et Ciompi: Les révolutions populaires en Europe aux XIVe et XVe siècles* (Paris, 1970); L. Mirot, *Les insurrections urbaines au début du régne de Charles VI* (Paris, 1905); R. B. Dobson, *The Peasants' Revolt of 1381* (London, 1970); R. H. Hilton, "Peasant Movements in England before 1381," *Economic History Review* 2d ser. 2 (1949) 117–136; Charles Oman, *The Great Revolt of 1381*, ed. E. B. Fryde, (Oxford, 1969); Lauro Martines, ed., *Violence and Disorder in Italian Cities, 1200–1500* (Berkeley, 1972); William M. Bowsky, "The MedievalCommune and Internal Violence: Police Power and Public Safety in Siena, 1287–1355," *American Historical Review* 73 (1967) 1–17; R. Kieckhefer, *European Witch Trials: Their Foundations in Popular and Learned Culture, 1300–1500* (London, 1976)。

关于货币政策，参见 Harry A. Miskimin, "Monetary Movements and Market Structure: Forces for Contraction in Fourteenth and Fifteenth Century England," *Journal of Economic History* 2d ser. 24 (1964) 470–490; C. G. Reed,

"Price Movements, Balance of Payments, Bullion Flows, and Unemployment in the Fourteenth and Fifteenth Century," *Journal of European Economic History* 8 (1979) 479–486; Marc Bloch, *Esquisse d'une histoire monétaire de l'Europe* (Paris, 1954)。

关于政策和金融，参见 May McKisack, *The Fourteenth Century, 1307–1399* (Oxford, 1959); William M. Bowsky, *A Medieval Italian Commune: Siena under the Nine, 1287–1355* (Berkeley, 1981); 同前，"The Impact of the Black Death upon Sienese Government and Society," *Speculum* 39 (1964) 1–34; 同前，*The Finance of the Commune of Siena, 1287–1355* (Oxford, 1970)。

欧洲之外，有许多证明这个时期发生了一场世界性危机的证据。关于中国历史在 14 世纪时发生的重大断档，尤其参见 Mark Elvin, *The Pattern of the Chinese Past; A Social and Economic Interpretation* (Stanford, 1973)。

关于 14 世纪的非洲历史，参见 M. Malowist, "The Social and Economic Stability of the Western Sudan in the Middle Ages," *Past & Present* 33 (1966) 3–15; E. W. Bovill, *The Golden Trade of the Moors* (London, 1958); J. Devisse, "Routes de commerce et échanges en Afrique occidentale en relation avec la Méditerranée," *Revue d'Histoire Économique et Sociale*, 1 (1972) 42–73, 357–397。

关于 14 世纪大洋洲历史的不连续性的探讨，参见 A. T. Wilson, "Isotope Evidence for Past Climatic and Environmental Change," *Journal of Interdisciplinary History* 10 (1980) 241–250。

关于中东，参见 Michael W. Dols, "Mortality of the Black Death in the Mamluk Empire," in A. L. Udovitch, *The Islamic Middle East, 700–1900: Studies in Economic and Social History* (Princeton, 1981), 397–428; Michael W. Dols, *The Black Death in the Middle East* (Princeton, 1977); 以及上文曾援引的阿什托尔（Ashtor）的著作。

有一部高质量的畅销佳作，即 Barbara Tuchman, *A Distant Mirror: The Calamitous Fourteenth Century* (Franklin Center, Pa., 1978); 还有一篇态度温和的批评文章，参见杰弗里·巴勒克拉夫在《新共和》上发表的评论。

文艺复兴均衡期

关于这个时期的总体性概论，包括 Denys Hay, *The Italian Renaissance in Its Historical Background* (Cambridge, 1977); Eugene F. Rice, *The Foundations of Early Modern Europe* (New York, 1970); Brian Pullan, *A History of Early Renaissance Italy* (London, 1973); M. W. Ferguson et al., eds., *Rewriting the Renaissance* (Chicago, 1986)。一部有用的参考书是 J. R. Hale, ed., *A Concise Encyclopaedia of the Italian Renaissance* (London, 1981)。

关于文艺复兴时期的历史编纂，有一部历久弥新的经典著作，即 W. K. Ferguson, *The Renaissance in Historical Thought: Five Centuries of Interpretation* (Boston, 1948); 补充资料，作者同前，"The Reinterpretation of the Renaissance," in *Facets of the Renaissance* (New York, 1959), 1–18; 同前，*The Renaissance: Six Essays* (New York, 1962); "Recent Trends in the Economic Historiography of the Renaissance," *Studies in the Renaissance* 7 (1960) 7–26; Tinsley Helton, *The Renaissance: A Reconsideration of the Theories and Interpretations of the Age* (Madison, 1961); Eric Cochrane, *Historians and Historiography in the Italian Renaissance* (Chicago, 1981)。

有一部由学者们合作而成的重要著作，即 Ruggiero Romano and Corrado Vivanti eds., *Storia d'Italia* (6 vols., Turin, 1972–1977, 尤其是 vols. 2 & 3; 还有 Denys Hay, ed., *Longman History of Italy*, 尤其是 Denys Hay and John Law, *Italy in the Age of Renaissance, 1380–1530* (London, 1989)。

关于这个时期的重大经济趋势，参见 R. S. Lopez and H. A. Miskimin, "The Economic Depression of the Renaissance," *Economic History Review*, 2d ser. 14 (1962) 408–426; 以及一篇批评文章：Carlo M. Cipolla, "Economic Depression of the Renaissance?" 作者的应答，见 Lopez and Miskimin, 出处同上，16 (1964) 519–524; C. Barbagallo, "La crisi economicosociale dell'Italia della Rinascenza," *Nouva Rivista Storica* 34 (1950) 389–411, 35 (1951) 1–38; Leopold Genicot, "Crisis: From the Middle Ages to Modern Times," *Cambridge Economic History of Europe* 1:678–694; M. M. Postan, "The Fifteenth Century," *Economic History*

Review 9(1938–1939) 160–167; F. Lutge, "Das 14–15 Jahrhundert in der Sozial und Wirtschaft Geschichte," *Jahrbucher für National Ekonomie und Statistik* (1950) 161–213; M. Mollat, "Y-a-t-il une économie de la Renaissance?" in *Actes du colloque sur la Renaissance* (Paris, 1958); Harry A. Miskimin, *The Economy of Early Renaissance Europe, 1300–1460* (Cambridge, 1975); 同前，*The Economy of Later Renaissance Europe, 1460–1600* (Cambridge, 1977)。

对人口趋势的探讨，参见 M. M. Postan, "Some Economic Evidence of Declining Population in the Later Middle Ages," *Economic History Review* 2d ser. 2 (1950) 221–246; J. Hatcher, *Plague, Population, and the English Economy, 1348–1530* (London, 1977); E. F. Rice, "Recent Studies on the Population of Europe, 1348–1620," *Renaissance News* 18 (1965) 180–187。

关于欧洲的荒村问题，参见 C. A. Christensen, "Aendringerne i landsbyens økonimiske og sociale strukur i det 14. og 15. arhundrede," *Historisk Tidsskrift*, 12th ser. 1 (1964) 257–349, 这篇作品包括一份英文摘要和结论；A. Holmsen, "Desertion of Farms around Oslo in the Late Middle Ages," *Scandinavian Economic History Review* 10 (1962) 165–202; Wilhelm Abel, *Die Wüstungen des ausgehenden Mittelalters* (2d ed. Stuttgart, 1955); 同前，"Wüstungen und Preisfall im spätmittelalterlichen Europa," *Jahrbücher für Nationalökonomie und Statistik* 165 (1953) 380–427; J. F. Pesez and E. Le Roy Ladurie, "Les villages désertés en France: Vue d'ensembles," *Annales E.S.C.* 20 (1965) 257–290。关于英伦诸岛上的荒村，参见 Maurice Beresford, *The Lost Villages of England* (London 1954; rpt. 1965); Maurice Beresford and John G. Hurst, *Deserted Medieval Villages* (London, 1971); Maurice Beresford and J. K. Joseph, *Medieval England: An Aerial Survey* (Cambridge, 1979); Christopher Dyer, "Deserted Villages in the West Midlands," *Economic History Review* 2d ser. 35 (1982) 19–34; K. J. Allison et al., *The Deserted Villages of Oxfordshire* (Leicester University Department of English Local History, occasional paper no. 17, 1965); 同前，*The Deserted Villages of Northamptonshire* (同上，1966); K. J. Allison, "The Lost Villages of Norfolk," *Norfolk Archeology* 31 (1957) 116–162; 以及发表在各郡考古学期刊

上的大量文献。

关于意大利经济社会史的总体和国别论著，包括 Armando Sapori, *Studi di storia economica, secoli XIII-XIV-XV* (3 vols., Florence, 1955, 1967), 这是一位杰出经济史学家的论文集；Gino Luzzatto, *An Economic History of Italy from the Fall of the Roman Empire to the Beginning of the Sixteenth Century* (New York, 1961); 以及 Ruggiero Romano and Corrado Vivanti, eds., *Storia d'Italia*, vol. 2, *Dalla caduta dell'impero Romano al secolo XVIII* (2 parts, Turin, 1974), 这是最有用的单本著作，有着全面充实的参考书目注释。

关于经济、社会和文化历史之间的关系，这个时期最优秀的意大利历史著作，由一系列地方性（或者毋宁说地区性）著作组成。关于佛罗伦萨的高质量著作有 Marvin B. Becker, *Florence in Transition* (2 vols., Baltimore, 1967); Gene Brucker, *The Civic World of Early Renaissance Florence* (Princeton, 1977); 同前，*Renaissance Florence* (Berkeley, 1983); Nicolai Rubinstein, *The Government of Florence under the Medici* (1434 to 1494) (Oxford, 1966); 同前，*Florentine Studies: Politics and Society in Renaissance Florence* (Evanston, 1968); Lauro Martines, *The Social World of the Florentine Humanists, 1390–1460* (Princeton, 1963); 同前，*Power and Imagination: City-States in renaissance Italy* (London, 1979); Frederick Antal, *Florentine Painting and Its Social Background* (London, 1948)。关于威尼斯历史的著作，参见 Frederic C. Lane, *Venice* (Baltimore, 1973); Lane and Mueller, *Money and Banking in Medieval and Renaissance Venice*, 上文中曾有援引；Gino Luzzato, *Storia economica di Venezia dall XI al XVI secolo* (Venice, 1961); William J. Bouwsma, *Venice and the Defense of Republican Liberty* (Berkeley, 1968); J. R. Hale, ed., *Renaissance Venice* (London, 1973)。

关于皮斯托亚，有一部社会历史的经典著作：David Herlihy, *Medieval and Renaissance Pistoia: The Social History of an Italian Town, 1200–1430* (New Haven, 1967); 以及作者同前，"Population, Plague, and Social Change in Rural Pistoia," *Economic History Review* 2d ser. 18 (1965) 225–244。

热那亚也有幸得到了历史学家们的偏爱。主要著作包括 V. Vitale, *Il*

commune del podestà a Genova (Milan, 1951); T. O. De Negri, *Storia di Genova* (Milan, 1968); J. Heers, *Gênes au XVe siècle* (Paris, 1961); John Day, *Les douanes de Gênes, 1376–1377* (2 vols., Paris, 1963)。

关于帕维亚，有 D. Zanetti, *Problemi alimentari di una economica preindustriale* (Turin, 1964), 充满了 15 世纪意大利文艺复兴时期出色的价格序列。关于意大利南部和西西里，参见 A. Petino, *Aspetti e momenti di politica granari a Catania ed in Sicilia nel quattrocento* (Catania, 1952)。关于米兰、曼图亚、维罗纳和布雷西亚的重要多卷本历史著作，发表于 20 世纪 60 年代，但是我没有发现关于博洛尼亚和佩鲁贾近现代历史的全面著作。

关于伊比利亚半岛的主要著作有 V. Magalhaes-Godinho, *L'economie de l'Empire portugais aux XVe et XVIe siècles* (Paris, 1969); A. Santamaria Arandez, *Aportacion al estudio de la economia de Valencia durante el siglo XV* (Valencia, 1966); 以及上文中曾引用的比森斯（Vicens）和埃利奥特（Elliott）的著作。

有许多出色的法国地方性研究，包括 Guy Bois, *Crise du féodalisme*, 上文曾有引用；P. Wolff, *Commerces et merchands de Toulouse, vers 1350-vers 1450* (Paris, 1954); 同前, *Les estimes toulousianes des XIV et XV siècles* (Toulouse, 1956); G. Sivery, *Structures agraires et vie rurale dans Le Hainaut à la fin du Moyen Age* (Lille, 1973); Latouche, *La vie en Bas Quercy du XIVe au XVIIIe siècle* (Paris, 1923); John Day, "Prix agricoles en Méditerranée à la fin du XIV$^{e'}$me siècle (1382)," *Annales E.S.C.* 16 (1961) 629–656; Yvonne Bezard, *La vie rurale dans le sud de la region parisienne de 1450 à 1560* (Paris, 1929)。

关于 15 世纪英格兰的著作，参见 F. R. H. Du Boulay, *An Age of Ambition: English Society in the Late Middle Ages* (New York, 1970); R. M. Hilton, *The Economic Development of Some Leicestershire Estates in the Fourteenth and Fifteenth Centuries* (London, 1947); J. A. Raftis, *the Estates of Ramsay Abbey* (Toronto, 1957); J. W. F. Hill, *Medieval Lincoln* (Cambridge, 1948); 同前, *Tudor and Stuart Lincoln* (Cambridge, 1956); A. L. Rowse, *Tudor Cornwall* (London, 1941)。

斯堪的纳维亚半岛地方性历史的伟大经典著作是 A. Holmsen, *Eidsvoll*

Bygds Historie (2 vols., Oslo, 1950–1961)。

关于低地国家，参见 H. van der Wee, *The Growth of the Antwerp Market and the European Economy, Fourteenth-Sixteenth Centuries* (3 vols., Louvain, 1963)。

关于奥斯曼帝国的崛起，参见 Franz Babinger, *Mehmed the Conqueror and His Time* (Princeton, 1978), 431; 一部生动的英文概论，见 Patrick Balfour, Baron Kinross, *The Ottoman Centuries: The Rise and Fall of the Turkish Empire* (New York, 1977)。

关于这个时期的经济史的参考书目，包括 Frederic C. Lane, Andrea Barbarigo, *Merchant of Venice, 1418–1449* (Baltimore, 1944); Iris Origo, *The Merchant of Prato: Francesco di Marco Datini, 1335–1410* (London, 1957); Gene Brucker, ed., *Two Memoirs of Renaissance Florence: the Diaries of Buonaccorso Pitti and Gregorio Dati* (New York, 1967); Florence de Roover, "Andrea Banchi, Florentine Silk Manufacturer and Merchant in the Fifteenth Century," *Studies in Medieval and Renaissance History* 3 (1966) 223–285; Henri Lapeyre, *Une famille de marchands: Les Ruiz* (Paris, 1955); Gotz Freiherr von Pölnitz, *Die Fugger* (Frankfurt am Main, 1960)。

关于价格动态，除了上文列举的总体性著作——德国出自埃尔萨斯之手，奥地利是普里布拉姆，比利时是韦尔兰当，英格兰是贝弗里奇和罗杰斯，还有一些专门针对这个时期的专著。关于英国的专著包括 D. L. Farmer, "Prices and Wages, 1350–1500" in Edward Miller, ed., *The Agrarian History of England and Wales, vol. 3, 1348–1500* (Cambridge, 1988), 431–525。

关于法国的著作包括 "La prix du froment à Rouen au XVᵉ siècle," *Annales E.S.C.* 23 (1968) 1262–1282; J. Meuvret, "Les prix des grains à Paris au XVᵉ siècle et les origines de la mercuriale," *Paris et Ile-de-France* 2 (1960) 283–311; M. Baulant, "Le prix des grains à Paris de 1431 à 1788," *Annales E.S.C.* 23 (1968) 520–540; Guy Bois, "Compatabilité et histoire des prix: Le prix de froment à Rouen au XVᵉ siècle," *Annales E.S.C.* 23 (1968) 1262–1268。

关于比利时的著作有 G. Sivéry, "Les profits agricoles au bas Moyen Age,"

Annales E.S.C. 31 (1976) 626。

　　关于西班牙价格的经典著作是 Earl J. Hamilton, *Money, Prices, and Wages in Valencia, Aragon, and Navarre, 1351–1500* (Cambridge, Mass., 1936)。同样有帮助的还有 Boaz Shoshan, "Money Supply and Grain Prices in Fifteenth-Century Egypt," *Economic History Review* 36 (1983) 47–67。

　　关于薪酬，除了上文曾援引的阿贝尔、贝弗里奇、达弗内尔、埃尔萨斯、法默、费尔普斯—布朗、普里布拉姆和绍里耶之外，参见 E. Perroy, "Wage Labour in France in the Later Middle Ages," *Economic History Review* 2d ser. 8 (1955) 232–239; R. H. Hilton, *The Decline of Serfdom in Medieval England* (London, 1969)。

　　关于地租下降的论著有 C. A. Christensen, "Krisen pa Slesvig Domkapitels jordegods," *Historisk Tidsskrift* 11th ser. 6 (1960) 161–244。

　　以 15 世纪货币和利息为主题的著作有 John Day, "The Great Bullion Famine of the Fifteenth Century," *Past & Present* 29 (1978) 3–54; 亦参见 N. J. Mayhew, "Numismatic Evidence and Falling Prices in the Fourteenth Century," *Economic History Review* 2d ser. 27(1974) 1–15; H. A. Miskimin, "Monetary Movements and Market Structure ——Forces for Contraction in Fourteenth- and Fifteenth-Century England," *Journal of Economic History* 24 (1964) 470–490; J. Schreiner, *Pest og Prisfall i Senmiddelalderen* (Oslo, 1948); H. van Werveke, "Essor et déclin de la Flandre," in *Studi in onore di Gino Luzzato* (Milan, 1950); Harry A. Miskimin, *Money and Power in Fifteenth-Century France* (New Haven, 1984); 同前, *Money, Prices, and Foreign Exchange in Fourteenth-Century France* (New Haven, 1963); A. Mackay, *Money, Prices, and Politics in Fifteenth-Century Castile* (London, 1981); P. Spufford, *Monetary Problems and Policies in the Burgundian Netherlands, 1433–1496* (Leiden, 1970); John H. A. Munro, *Wool, Cloth, and Gold: The Struggle for Bullion in the Anglo-Burgundian Trade, 1340–1478* (Brussels and Toronto, 1972); J. Richards, ed., *Precious Metals in the Later Medieval and Early Modern Worlds* (Durham, 1983); Raymond de Roover, *The Bruges Money Market around 1400* (Brussels, 1968); 以及 F. C. Lane and R.

C. Mueller, *Money and Banking in Medieval and Renaissance Venice* (Baltimore, 1985), 附有一份参考书目，列举了关于这个时期货币历史的大量论著。

以银行为主题的著作有 Raymond de Roover, *The Medici Bank: Its Organization, Management, Operations, and Decline* (New York, 1948); 以及作者同前, *The Rise and Decline of the Medici Bank* (Cambridge, 1963); 关于欧洲北部, 参见 Richard Ehrenberg, *Capital and Finance in the Age of the Renaissance* (New York, n.d.)。

关于政治经济和财政动态，参见 Josef Rosen, "Prices and Public Finance in Basel, 1360–1535," *Economic History Review*, 2d ser. 25 (1972) 1–17; Anthony Molho, *Florentine Public Finances in the Early Renaissance* (Cambridge, 1971); 以政治结构为主题的著作有 Nicolai Rubenstein, *the Government of Florence under the Medici, 1434–1494* (Oxford, 1966)。

关于社会结构，参见 Samuel Cohn, *The Laboring Classes of Renaissance Florence* (New York, 1980); E. Powell, *The Rising in East Anglia in 1381* (Cambridge, 1896); M. M. Postan, *Medieval Economy and Society*, 173; T. W. Page, *The End of Villeinage in England* (New York, 1900); R. H. Hilton, *The English Peasantry in the Later Middle Ages* (Oxford, 1975); C. C. Dyer, "A Redistribution of Incomes in Fifteenth Century England," *Past & Present* 39 (1968) 11–33; G. A. Holmes, *The Estates of the Higher Nobility in Fourteenth-Century England* (Cambridge, 1957); Brian Pullan, *Rich and Poor in Renaissance Venice: The Social Institutions of a Catholic State, to 1620* (Oxford, 1971)。

关于文艺复兴时期的文化趋势，参见 Ernst Cassirer, Paul Oscar Kristeller, and John Herman Randall Jr., *The Renaissance Philosophy of Man* (Chicago, 1948), 225; 以及 Hans Baron, *The Crisis of Early Italian Renaissance* (2d ed., Princeton, 1966) ，在巴龙之前的许多学者曾期待这样的诠释；最早的之一是 William Shepherd, *The Life of Poggio Bracciolini* (Liverpool, 1837), 458–461。

关于文艺复兴时期经济和文化历史之间的关系，有两部出自同一作者的著作：Richard A. *Goldthwaite: Private Wealth in Renaissance Florence: A Study of Four Families* (Princeton, 1968) 以及 *The Building of Renaissance Florence: An*

Economic and Social History (Baltimore, 1980)。

16 世纪价格革命

16 世纪价格革命这一观念，是在 19 世纪晚期被德国历史学家们发展出来的。相关的先驱性著作有 Georg Wiebe, *Zur Geschichte der Preisrevolution des XVI. und XVII. Jahrhunderts* (Leipzig, 1895) 以及 Julius Moritz Bonn, *Spaniens Niedergang während der Preisrevolution des 16. Jahrhunderts* (Stuttgart, 1896)。这种观念经过拓展，产生了大量的论著，其中可以看到同样一系列的诠释，就像对于其他历次巨浪一样：货币主义式的、市场中心式的、马尔萨斯式的、马克思主义式的、气候相关的和生态相关的。

多年来，常规思路都以货币主义为主导，这是美国价格史学家厄尔·汉密尔顿发表的一系列著作的结果。他的主要研究成果有 *American Treasure and the Price Revolution in Spain, 1501–1650* (Cambridge, Mass., 1934) 以及 *Money, Prices, and Wages in Valencia, Aragon, and Navarre, 1651–1800* (Cambridge, Mass., 1947). A respectful critique appears in Fernand Braudel, "En relisant Earl J. Hamilton: De l'histoire d'Espagne à l'histoire des prix," *Annales E.S.C.* 6 (1951) 202–206。

费尔南·布罗代尔也曾采用一种货币主义模型，见 *The Mediterranean and the Mediterranean World in the Age of Philip II* 2 vol. (1946, tr. Reynolds Sian, London, 1972–3; Berkeley, 1995)。后来他修订了他的诠释，支持更加倾向于市场中心论的方式，参见 F. P. Braudel and F. Spooner, "Prices in Europe from 1450 to 1750," *The Cambridge Economic History of Europe* (Cambridge, 1967), 4:378–486。

一份重要的研究以意义重大的方式印证了汉密尔顿的论文，那就是 Michel Morineau, *Incroyables gazettes et fabuleux métaux; Les retours des trésors américains d'après les gazettes hollandaises (XVIe-XVIIe siècles)* (Paris, New York, and London, 1985); 同前，"Des métaux précieux américains et de leur influence au XVIIe et XVIIIe siècle," *Bulletin de la Société d'Histoire Moderne et*

Contemporaine 15 (1977) 2–95; 同前，"Histoire sans frontières: prix régionaux, prix nationaux, prix internationaux," *Annales E.S.C.* 24 (1969) 403–421; 以及其他列在《不可思议公报》(*Incroyables gazettes*) 这份出色的参考书目中的论文。

20世纪中期的其他历史学家偏爱马尔萨斯主义式诠释，认为人口增长推动了价格革命。关于这场辩论的两部有用的文集是 Peter Burke, ed., *Economy and Society in Early Modern Europe: Essays from Annales* (New York, 1972) 以及 Peter Ramsay, ed., *The Price Revolution in Sixteenth-Century England* (London, 1971)。对于这些论著的批评文章包括 D. O. Flynn, "The 'Population Thesis' View of Inflation versus Economics and History," in Eddy van Cauwenberghe and Franz Irsigler, eds., *Münzprägung, Geldumlauf und Wechselkurse* (Budapest, 1982) 362–382; 以及作者同前，"Use and Misuse of the Quantity Theory of Money in Early Modern Historiography," 出处同上，382–418。此外有帮助的著作还有 H. A. Miskimin, "Population Growth and the Price Revolution in England," *Journal of European Economic History* 4 (1975) 179–186。

采用马克思主义模式的论著，包括 Robert Brenner, "Agrarian Class Structure and Economic Development in Pre-Industrial Europe," *Past & Present* 70 (1976) 30–75; 以及 Trevor Aston and C. H. E. Philpin, eds., *The Brenner Debate: Agrarian Class Structure and Economic Development in Pre-Industrial Europe* (New York, 1985)。一种带有强烈的马克思主义诠释色彩的社会学模型，参见 Immanuel Wallerstein, *The Modern World-System: Capitalist Agriculture and the Origins of the European World Economy in the Sixteenth-Century* (New York, 1974)。

其他方面的有用的著作包括 Alexandre Chabert, "Encore la révolution des prix au XVIᵉ siècle," *Annales E.S.C.* 12 (1957); A. V. Judges, "A Note on Prices in Shakespeare's Time," *A Companion to Shakespeare Studies* (Cambridge, 1934); Walter Achilles, "Getreidepreise und Getreidehandelsbeziehungen europâischer Raüme im 16. und 17. Jahrhundert," *Zeitschrift für Agrargeschichte und Agrarsoziologie* 7(1959) 32–55。

近现代历史的主要进程中，很少有比 16 世纪价格革命得到更多记载的。即便如此，不可避免地还是有一些学术上的无信仰者。各种怀疑论的表述，参见 M. Morineau, "D'Amsterdam À Seville: De quelle realité l'histoire des prix est-il le miroir?" *Annales E.S.C.* 23 (1968) 178–205; Carlo Cipolla, "La prétendu 'révolution des prix': réflexions sur l' expérience italienne," *Annales E.S.C.* 10 (1955) 212–216; 一部经过扩展的英文版可见于 Burke, ed., *Economy and Society in Early Modern Europe*, 43–54。

关于 16 世纪价格动态的许多项研究都由国家经济研究构成。关于西班牙，除了上文援引的汉密尔顿著作之外，还包括 J. Nadal Oller, "La revolución de los precios españoles en el siglo XVI: Estado actual de la cuestión," *Hispania* 19 (1959) 503–529; J. H. Elliott, *Imperial Spain, 1469–1716* (New York, 1966); 同前，*The Old World and the New, 1492–1650* (Cambridge, 1970); 同前，"The Decline of Spain," *Past & Present* 20 (1961) 52–75; Jaime Vives Vicens with Jorge Nadal Oller, *An Economic History of Spain* (Princeton, 1969); 同前，*Approaches to the History of Spain* (Berkeley, 1967); Earl J. Hamilton, "American Treasure and Andalusian Prices, 1503–1600: A Study in the Spanish Price Revolution," *Journal of Economic and Business History* 1 (1928) 1–35; Pierre Chaunu and Huguette Chaunu, *Seville et l' Atlantique* (1504–1650) (Paris, c1977); 对这部卷帙浩繁的著作中的论断的摘要，可见于 Pierre Chaunu and Huguette Chaunu, "Économie Atlantique, économie mondiale (1504–1640)," *Journal of World History* (1953–1954) 91–104, tr. as "The Atlantic Economy and the World Economy," in Peter Earle, ed., *Essays in European Economic History, 1500–1800* (Oxford, 1974), 113–126; Renate Pieper, *Die Preisrevolution in Spanien, 1500–1640: Neuere Forschungsergebnisse* (Wiesbaden, 1985)。

关于葡萄牙的价格革命，参见 V. M. Godinho, *Prix et monnaies au Portugal* (Paris, 1955); Damaião Peres, *Historia monetária de D. Jo o III* (Lisbon, 1957)。

关于意大利的著作有 Gino Parenti, *Prime ricerche sulla rivoluzione dei prèzzi in Firenze* (Florence, 1939); 同前，*Prèzzi e mercato del grano a Siena*

(Florence, 1942); Lucien Febvre, "La révolution des prix à Florence," *Annales d'Histoire Sociale* 2 (1940) 239–242; Richard A. Goldthwaite, "I prèzzi del grano a Firenze dal XIV al XVI secolo," *Quaderni Storici* 10 (1975) 5–36; Amintore Fanfani, "La rivoluzione dei prèzzi a Milano nel XVI e XVII secoli," *Giornale degli Economisti e Rivista di Statistica* 72 (1932) 465–482; 同前，*Indagini sulla rivoluzione dei prèzzi* (Milan, 1940); Henri Hauser, "La révolution des prix à Milan au XVIe et au XVIIe siècle," *Annales d'Histoire Économique et Sociale* 4 (1934) 465–482; Giuseppe Coniglio, *Il regno di Napoli al tempo di Carlo V* (Naples, 1951); 同前，*Il viceregno di Napoli nel secolo XVII* (Rome, 1955); 同前，"La rivoluzione dei prèzzi nella città di Napoli nei Secoli XVI e XVII," *Atti della IXa riunione scientifica della Società italiana di statistica* (Roma, 7–8 gennaio 1950) (Spoleto, 1952); Jean Delumeau, *vie économique et sociale de Rome dans la seconde moitié du XVIe siècle* (2 vols., Paris, 1957–1959); Gabriele Lombardini, *Pane e denaro a Bassano: Prèzzi del grano e politica dell'approvigionamento dei cereali tra il 1501 e il 1799* (Venice, 1963); D. Bartolini, "Prèzzi e salari nel Commune di Portugruaro durante il secolo XVI," 同前，*Contribuzione per una storia dei prèzzi e salari;* "La metida del frumento, vino ed oglio dal 1670 al 1685 nel commune di Portuguaro," 上文中曾有引用；I. Jacobetti, *Monete e prèzzi a Cremona dal XVI al XVII secola* (Cremona, 1965); Ubaldo Meroni, *Cremona Fedilissima, studi di storia economica e amministrativa di Cremona durante la dominazione spagnola* (Cremona 1951); Gianluigi Barni, "Prèzzi, mercato e calmiere del pesce al principio del secolo XVI," *La Martinella di Milano* 11–12 (1957); Gino Barbieri, "L'introduzione del mais dall'America e la storia dei prèzzi in Italia," *Saggi di storia economica italiana* (Bari and Naples, 1948); Jacopo Stainero, *Patria del Friuli restaurata* (Udine, 1595); Giuseppe Mira, "I prèzzi dei cereali a Como dal 1512 al 1658," *Rivista Internazionale di Scienze Sociali* 12 (1941) 195–211。

关于英格兰，一部有帮助的概论是 R. B. Outhwaite, *Inflation in Tudor and Stuart England* (London, Melbourne, 1969; 2d ed., 1982); 亦参见 Frieda

A. Nicolas, "The Assize of Bread in London during the Sixteenth Century," *Economic History* 2 (1930–33) 323–347; Y. S. Brenner, "The Inflation of Prices in Early Sixteenth-Century England," *Economic History Review* 2d ser. 14 (1961) 225–239; 作者同前, "The Inflation of Prices in England, 1551–1650," 出处同上, 15 (1962) 266–284; J. D. Gould, "Y. S. Brenner on Prices: A Comment," *Economic History Review* 2d ser. 16 (1963) 351–360; 同前, "The Price Revolution Reconsidered," *Economic History Review* 2d ser. 17 (1964–1965) 249–266; P. Bowden, "Agricultural Prices, Farm Profits, and Rents," in Joan Thirsk, ed., *Agrarian History of England and Wales*, vol. 4, 593–695; C. E. Challis, "Spanish Bullion and Monetary Inflation in England in the Later Sixteenth Century," *Journal of European Economic History* 4 (1975) 381– 392; R. A. Doughty, "Industrial Prices and Inflation in Southern England, 1401–1640," *Explorations in Economic History* 12 (1975) 177–192; John U. Nef, "Prices and Industrial Capitalism in France and England, 1540–1640," *Economic History Review* 7 (1937) 155–185; P. J. Bowden, "Agricultural Prices, Wages, Farm Profits, and Rents, 1500–1640," in *Economic Change: Wages, Profits, and Rents, 1500–1750* (Cambridge, 1990), 13–115。

关于这个时期苏格兰的趋势，有一份出色的研究：Alex J. S. Gibson and T. C. Smout, *Prices, Food, and Wages in Scotland, 1550–1780* (New York, 1995)。

关于法国，参见 F. Simiand, *Recherches anciennes et nouvelles sur le mouvement général des prix du XVIe au XIXe siècle* (Paris, 1932); André Liautey, *La hausse des prix et la lutte contre la vie chère en France au 16e siècle* (Paris, 1921); Frank C. Spooner, *The International Economy and Monetary Movements in France, 1493–1725* (Cambridge, 1972); P. Raveau, *essai sur la situation économique et l' état social en Poitou, au XVIe siècle* (Paris, 1931); 同前, "La crise des prix au XVIe siècle en Poitou," *Revue Historique* 54 (1929) 1–44, 268– 293; *L' agriculture et les classes paysannes: La transformation de la propriété dans le haut Poitou au XVIe siècle* (Paris, 1926); P. Chaunu, "Sur le front de l'histoire des prix au XVIe siècle: De la Mercuriale de Paris au port d'Anvers,"

Annales E.S.C. 4 (1961) 791–803; Marcel Lachiver, "Près des grains a' Paris et À Meulan dans la second moitié du XVIe siècle (1573–1586)," *Annales E.S.C.* 30 (1975) 140–150; Robert Latouche, "Le prix du blé à Grenoble du XVe au XVIIIe siècle," *Revue d' Histoire Économique et Sociale* 20 (1932) 337–351; Henri Hauser, "La question des prix et des monnaies en Bourgogne dans la seconde moitié du XVIe siècle," *Annales de Bourgogne* 4 (1932) 7–21。

关于荷兰和比利时，参见 E. Scholliers, *Loonarbied en Honger de Levens-Standaard in de XVe en XVIe eeuw te Antwerpen* (Antwerp, 1960); J. Lejeune, *La Formation du Capitalisme moderne dans la Principauté de Liège au XVIe siècle* (Paris, 1939); C. Verlinden, J. Craeybeckx, and E. Scholliers, "Price and Wage Movements in Belgium in the Sixteenth Century," in Peter Burke, ed., *Economy and Society in Early Modern Europe: Essays from Annales*; Jan de Vries, *The Dutch RuralEconomy in the Golden Age, 1500–1700* (New Haven, 1974); J. Lejeune, *La formation du capitalisme moderne dans la principauté de Liège au XVI siècles* (Paris, 1939)。

关于德国，参见 M. J. Elsas, *Umriss einer Geschichte der Preise und Löhne in Deutschland vom ausgehenden Mittelalter bis zum Beginn des neunzehnten Jahrhunderts* (Leiden, 1936–1949), 这是围绕六个德国城市的一系列价格研究；作者同前，"Price Data from Munich, 1500–1700," *Economic History* 3 (1935) 63–78; W. Koppe, "Zur preisrevolution des 16 Jahrhunderts in Holstein," *Zeitschrift der Gesellschaft für SchleswigHolsteinsche Geschichte* (1955); Hans Helmut Wächter, *Ostpreussiche Domänenvorwerke im 16 und 17 Jahrhundert* (Würzburg, 1958); Otto Dittmann, *Die Getreidepreise im der Stadt Leipzig im XVI und XVII Jahrhundert* (Leipzig, 1889); Wilhelm Koppe, "Zur Preisrevolution des 16. Jahrhunderts in Holstein," *Zeitschrift der Gesellschaft für SchleswigHolsteinische Geschichte* 79 (1955); Volkmar von Arnim, *Krisen und Konjunkturen der Landwirtshaft in Schleswig-Holstein vom 16 bis zum 18 Jahrhundert* (Neumunster, 1957)。

关于东欧，参见 Stanislas Hoszowski, "The Revolution of Prices in Poland in the sixteenth and seventeenth Centuries," *Acta Polonia Historica* 2 (1959) 7–16; 同前，"L'Europe centrale devant la révolution des prix," *Annales E.S.C.*(1961), 文章部分被翻译为 "Central Europe and the Sixteenth- and Seventeenth-Century Price Revolution," in Burke, ed., *Economy and Society in Early Modern Europe; Essays from Annales*, 84–103。同一本文集还包括 Z. P. 巴赫关于匈牙利、玛丽安·劳威斯特关于全欧洲经济动态的论文 ; 亦参见 Jan Szpak, *Rewolucja cen XVI wieku a funkcjoniamie godpodarki dworskiej w starostwach Prus Krolewskich* (Cracow, 1982), 附有一份完整充实的英文摘要 ; Tibor Wittman, *Az 'arforrdalom' e's a vilagpiaci kopcsolatok kezdeti mozzanatai (1566–1618)* [标题意为 : 价格革命和全球市场关系中的基本要素] (Budapest, 1957); 关于俄罗斯，参见 Jerome Blum, "Prices in Russia in the Sixteenth Century," *Journal of Economic History* 16 (1956) 182–199。

斯堪的纳维亚半岛的物价研究，参见 Ingrid Hammarström's excellent essay, "The 'Price Revolution of the Sixteenth Century' : Some Swedish Evidence," *Scandinavian Economic History Review* 5 (1957) 118–154, 这也是最出色的价格革命总体概论之一。

关于中东地区，参见 O. L. Barkan, "The Price Revolution of the Sixteenth Century: A Turning Point in the Economic History of the Near East," *International Journal of Middle Eastern Studies* 6 (1975) 3–28; 以及 K. N. Chaudhuri, *Trade and Civilisation in the Indian Ocean: An Economic History from the Rise of Islam to 1750* (New York, 1985).

关于相关价格，有一部有价值的著作 : Clyde George Reed, "Price Data and European Economic History: England, 1300–1600," (thesis, University of Washington, 1972); 以及 R. A. Doughty, "Industrial Prices and Inflation in Southern England, 1401–1640" *Explorations in Economic History* 12 (1975) 177–192。

关于变动率和波动率，一份有帮助的研究是 Jeanne Tits-Dieuaide, "L'évolution du prix du blé dans quelques villes d'Europe occidentale du XVᵉ au XVIIIᵉ siècle," *Annales E.S.C.* 42 (1987) 529–548。

关于薪酬和生活成本，除了上文中曾援引的阿贝尔、费尔普斯—布朗、达弗内尔和吉本以及斯莫特之外，还有一部重要的著作：Steve Rappaport, *Worlds within Worlds: Structures of Life in Sixteenth-Century London* (New York and London, 1989)。年代更久远的研究包括 B. L. Hutchins, "Notes towards a History of London Wages," *Economic Journal* 9 (1899) 599–605, and 10 (1900) 103–4; E. H. Phelps-Brown and Sheila V. Hopkins, "Wage-Rates and Prices: Evidence for Population Pressure in the Sixteenth Century," *Economica* 24 (1957) 289–306; 以及作者同前，"Builders' Wage Rates, Prices, and Population: Some Further Evidence," *Economica* 26 (1959) 18–38。有一篇反驳费尔普斯—布朗—霍普金斯指数的、关于英格兰薪酬问题的研究，是 D. Woodward, "Wage Rates and Living Standards in Pre-Industrial England," *Past & Present* 91 (1981) 28–46。

关于其他国家的薪酬动态，参见 Earl J. Hamilton, "Wages and Subsistence on Spanish Treasure Ships, 1503–1660," *Journal of Political Economy* (1929); Hertha Hon-Firnberg, *Lohnarbeiter undfreie Lohnarbeit im Mittelalter und zu Beginn der Neuzeit* (Baden b. Wein, 1935); M. Baulant, "Les salaires du Bâtiment, 1490–1726," 上文曾有援引; E. Scholliers, *De Levenstandaard in de XVe en XVIe eeuw to Antwerpen* (Antwerp, 1960); Aldo de Maddalena, "Preise, Löhne unde Goldwesen im Verlauf der wirtschaftlichen Entwicklung Mailands," in Ingomar Bog, ed., *Wirtschaftliche und soziale Strukturen im saekularen Wandel* (Hanover, 1974); Brian Pullan, "Wage Earners in the Venetian Economy, 1550–1630," *Economic History Review* 16 (1964) 407–426; Cristobal Espejo, "La carestiade la vida en el siglo XVI y medios de abarataria," *Revista de Archivos, Bibliotecas y Museos*, 24–25 (1920–1921); B. H. Putnam, "Northamptonshire Wage Assessment of 1560 and 1667," *Economic History Review* 1 (1927–1928) 124–134。

关于人口动态，参见 Edward Anthony Wrigley and Roger S. Schofield, *The Population History of England, 1541–1871* (New York and Cambridge, 1989), 566; Julian Cornwall, "English Population in the Early Sixteenth Century,"

Economic History Review 23 (1970) 32–44; M. M. Postan, "Some Economic Evidence of Declining Population in the Later Middle Ages," Economic History Review 2d ser. 2 (1949–50) 221–246; F. J. Fisher, "Influenza and Inflation in Tudor England," Economic History Review 2d ser. 18 (1965) 120–129。

关于气候，除了上文曾援引的勒罗伊·拉迪里的作品，亦参见 Micheline Baulant, Emmanuel Le Roy Ladurie, and Michel Demonet, "Une synthèse provisoire: Les vendages du XVᵉ au XIXᵉ siècle," Annales E.S.C. 33 (1978) 763–771; Micheline Baulant and Emmanuel Le Roy Ladurie, "Les dates de vendages au XVIᵉ siècle… ," Mélanges en l' honneur de Fernand Braudel: Méthodologie de l' histoire et des sciences humaines (Toulouse, 1973); C. Harrison, "Grain Price Analysis and Harvest Qualities, 1465–1634," Agricultural History Review 19 (1971) 135–155。

充满不同程度热情的货币主义式诠释，参见 Dennis O. Flynn, "A New Perspective on the Spanish Price Revolution: The Monetary Approach to the Balance of Payments," Explorations in Economic History 15 (1978) 388–406; D. N. McCloskey, Journal of Political Economy 80 (1972) 1332–1335; D. L. Gadiel and M. E. Falkus, "Comment on the Price Revolution' ," Australian Economic History Review 9 (1969) 9–16.

关于货币供给，论著甚多，除了上文曾援引的汉密尔顿的著作，亦参见 C. H. Haring, "American Gold and Silver Production in the First Half of the Sixteenth-Century," Quarterly Journal of Economics 29 (1915) 433–479; John U. Nef, "Silver Production in Central Europe, 1450–1618," Journal of Political Economy 49 (1914) 575–591; Fernand Braudel, "Monnaies et Civilisations: De l' or du Soudan à l' argent d' Amerique," Annales E.S.C. 1 (1946) 9–22; 以及 A. Attman, The Bullion Flow between Europe and the East, 1000–1750 (Goteborg, 1981)。

以英格兰货币为主题的论著有 Albert Feaveryear, The Pound Sterling: A History of English Money (2d ed., revised by E. Victor Morgan, Oxford,1963); G. D. Gould, The Great Debasement (Oxford, 1970); C. E. Challis, "Currency and the Economy in Mid-Tudor England," *Economic History Review* 25 (1972) 313–322; J. D. Gould, "The Great Debasement and the Supply of Money," *Australian Economic History Review* 13 (1973) 177–189; 同前，"Currency and Exchange Rate in Sixteenth-Century England," *Journal of European Economic History* 2 (1973) 149–159; C. E. Challis, *The Tudor Coinage* (New York and Manchester, 1978); 同前，*Currency and the Economy of Tudor and Early Stuart England* (Oxford, 1989); 同前，ed., *A New History of the Royal Mint* (Cambridge, 1992)。

关于法国的主要研究是 Frank C. Spooner, *The International Economy and Monetary Movements in France,1493–1725*(Cambridge, Mass.,1972)。

这个时期的意大利货币历史论著，包括 Carlo Cipolla, *La moneta a Firenze nel cinquecento* (Bologna, 1987); 同前，*Mouvements monétaires dans l' état de Milan* (1580–1700) (Paris, 1952); G. Pesce and G. Felloni, *Le monete genovesi* (Genoa, 1975)。

关于周转率的难题，这个货币主义等式中最迷幻的概念的探讨，见 J. A. Goldstone, "Monetary versus Velocity Interpretation of the 'Price Revolution': A Comment," *Journal of Economic History* 51 (1991) 176–181; 以及 N. J. Mayhew, "Population, Money Supply, and the Velocity of Circulation in England, 1300–1700," *Economic History Review* 2d ser., 48 (1995) 238–257。

关于财政因素的探讨，见 Alvaro Castillo Pintado, "Dette flotante et dette consolidée en Espagne de 1557 à 1600," *Annales E.S.C.*, 18 (1963) 745–759; Charles J. Jago, "The Influence of Debt on the Relations between Crown and Aristocracy in Seventeenth-Century Castile," *Economic History Review* 2d ser. 26 (1973) 218–236; Ladislas Reitzer, "Some Observations on Castilian Commerce and Finance in the Sixteenth-Century," *Journal of Modern History* 32 (1960) 213–223; Bernard Schapper, *Les rentes au XVIe siècle: Histoire d' un instrument de crédit* (Paris, 1957)。

关于货币和银行业以及支付手段，一部独辟蹊径的著作是 Marie-Thérèse Boyer-Xambeu, Ghislain Deleplace, and Lucien Azodi, *Private Money & Public*

Currencies: the Sixteenth Century Challenge (Paris, 1986; Eng. tr. Armonk, N.Y., 1994)。

对利率动态的追踪，见 Sidney Homer, *A History of Interest Rates* (2d ed., New Brunswick, 1977)。

关于土地、地租和不动产价格，参见 Eric Kerridge, "The Movement of Rent, 1540–1640," *Economic History Review* 2d ser. 6 (1953–54) 16–34; H. G. Koenigsberger, "Property and the Price Revolution (Hainault, 1474–1573)," *Economic History Review* 2d ser. 9 (1956) 1—15; David E. Vassberg, 'The Sale of "Tierras Baldias' in Sixteenth-Century Castile," *Journal of Modern History* 47 (1975) 629–654; 同前，"The Tierras Baldias:Community Property and Public Lands in Sixteenth-Century Castile," *Agricultural History* 48 (1974) 383–401; D. Zolla, "Les variations du revenu et du prix des terres en France au XVIIᵉ et XVIIIᵉ siècles," *Annales de l' École Libre des Sciences Politiques* (1893–1894); Helen Nader, "Noble Income in Sixteenth-Century Castile: The Case of the Marquises of Mondejar, 1480–1580," *Economic History Review* 2d ser. 30 (1977) 411–428; Emmanuel Le Roy Ladurie, "Changes in Parisian Rents from the End of the Middle Ages to the Eighteenth Century," in *The Territory of the Historian* (Chicago, 1973), 61–75。

关于这个时期的地方性和地区性研究，杰出者有 Emmanuel Le Roy Ladurie, *Les paysans de Languedoc* (2 vols., Paris, 1966) 以及 Carla Rahn Phillips, *Ciudad Real, 1500–1700; Growth, Crisis, and Readjustment in the Spanish Economy* (Cambridge, 1979)。

关于价格革命期间的社会动荡，参见 Bob Scribner and Gerhard Benecke, *The German Peasant War of 1525—New Viewpoints* (London, 1979); Pieter Geyl, *The Revolt of the Netherlands, 1555–1609* (1932, New York, 1966; 2d ed., London, 1966); Perez Zagorin, *Rebels and Rulers, 1500–1660* (2 vols., Cambridge, 1982), 1:122–139。

关于 16 世纪货币理论的发展以及同时代的反响，参见 Marjorie Grice-Hutchinson, *The School of Salamanca: Readings in Spanish Monetary Theory,*

1544–1605 (Oxford, 1952); Jean Bodin, *La réponse de maistre Jean Bodin, Avocat en le Cour, au paradox de Monsieur Malestroit...* (1568; ed. Henri Hauser, Paris, 1932); 作者同前，"Les 'Coutumes' considérees comme source de l'histoire des prix d'après Jean Bodin," *Revue d'Histoire Économique et Sociale* 19 (1931); 其他关于数量理论的早期表述，包括 Noel du Fail, *Balivernes et contes d' Entrepal* (1548); Francisco Lopez de Gomara, *Annals of the Emperor Charles V* (Oxford, 1557); [Thomas Smith?] *Discourse of the Common Weal* (London, 1581); Gerard de Malynes, *A Treatise of the Canker of England' s Commonwealth* (London?, 1601); 以及出自同一作者的 *England' s View, in the Unmasking of two Paradoxes; with a Replication unto the Answer of Maister John Bodine* (1603, London; New York, 1972)。对于这些作品的一些探讨，参见 A. E. Munroe, *Monetary Theory before Adam Smith* (1923; New York, 1966); R. H. Tawney and Eileen Power, *Tudor Economic Documents* (3 vols., London, 1924); George Hakewill, *An Apologie or Declaration of the Power and Providence of God in the Government of the World* (2d ed., Oxford, 1630); Paul Harsin, *les doctrine monétaires et finacières en France du XVIe au XVIIIe siècle* (Paris, 1928); J. Y. Le Branchu, *Ecrits notables sur la monnaie, XVIe siècle*。

对社会和经济历史之间的其他关系的探索，见 C. G. A. Clay, *Economic Expansion and Social Change: England, 1500–1700* (Cambridge, 1984); J. A. Goldstone, "Urbanization and Inflation: Lessons from the English Price Revolution of the Sixteenth and Seventeenth Centuries," *American Journal of Sociology* 89 (1984) 1122–1160。

关于文化和经济历史，参见 William J. Callahan, *Honor, Commerce, and Industry in Eighteenth-Century Spain* (Boston, 1972); L. A. Clarkson, "Inflation and the Moral Order," *History Today* 36 (1986) 10–14; Frances Elizabeth Baldwin, *Sumptuary Legislation and Personal Regulation in England* (Baltimore, 1926)。

17 世纪危机

关于这个主题的总体性研究包括 Roland Mousnier, *Les XVIe et XVIIe Siècles* (Paris, 1954, 4th ed. 1965; rev. ed. London, 1976); Henry Kamen, *The Iron Century: Social Change in Europe, 1550–1660* (1972, New York, rev. ed., London, 1976); 以 及 Theodore K. Rabb, *The Struggle for Stability in Early Modern Europe* (New York, 1975), 附有参考书目注释和附录。

关于普遍危机, 有两部不可或缺的文集 : Trevor Aston, ed., *Crisis in Europe, 1560–1660* (New York, 1965) 以 及 Geoffrey Parker and Lesley M. Smith, eds., *The General Crisis of the Seventeenth Century* (1978, London, 1985)。另一篇重要论文是 Josef Polisensky, "The Thirty-Years' War and the Crises and Revolutions of Seventeenth-Century Europe," *Past & Present* 39 (1968) 34–63。

历史编纂学方面的论文包括 Theodore K. Rabb, "The Effects of the Thirty Years War on the German Economy," *Journal of Modern History* 34 (1962) 40–51; Sheilagh C. Ogilvie, "Historiographical Review: Germany andthe Seventeenth Century Crisis," *Historical Journal* 35 (1992) 417–441; 以 及 John Theibault, "Towards a New Sociocultural History of the Rural World of Early Modern Germany" *Central European History* 24 (1991), 304–324。

对 17 世纪发生过"普遍危机"这一观念的挑战, 见 E. H. Kossmann, "Trevor Roper's 'General Crisis,' " *Past & Present* 18 (1960) 8–11。随着人口和经济研究的进步, 许多学者如今能够接受这样一种普遍危机的观念——比历史学家们原本意想的更加深刻。

马克思主义的论调, 可见于 Eric Hobsbawm, "The Overall Crisis of the European Economy in the Seventeenth Century," *Past & Present* 5 (1954) 33–53; Immanuel Wallerstein, "Y a-t-il une crise du XVIIe siècle?" *Annales E.S.C.* 34 (1979) 126–144; B. F. Porshnev, *Frantziia, Angliiskaia Revoliutsiia i Evropeiskaia Politika (v' Ceredina XVII)* (Moscow, 1970), 英文节选, 可见于 P. Dukes, "Russia and Mid-Seventeenth Century Europe: Some Comments on the Work of B. F. Porschnev," *European Studies Review* 4 (1970) 81–88; Witold Kula, *Théorie* *économique du système féodal; Pour un modéle de l' économie polonaise XVIe-XVIIIe siècles* (Paris, 1970); Perry Anderson, *Lineages of the Absolutist State* (London, 1974)；以及 Immanuel Wallerstein, *The Modern World-System* (New York, 1974)。

关于马尔萨斯主义的模式，可见于 Pierre Goubert, "Historical Demography and the Reinterpretation of Early Modern French History," *Journal of Interdisciplinary History* 1 (1970) 37–48; Wilhelm Abel, *Massenarmut und Hungerkrisen im vorindustriellen Europa* (Hamburg, 1974); Andrew Appleby, *Famine in Tudor and Stuart England* (Stanford, 1978); François Lebrun, "Les crises démographiques en France aux XVIIe at XVIIIe siècles," *Annales E.S.C.* 35 (1980) 205–225; Luis Granjel, "Las epidemias de peste en España durante el siglo XVII," *Cuadernos de Historia de la Medicina Española* 3 (1964) 19–40; Bernard Vincent, "Les pestes dans le royaume de Grenade aux XVIe et XVIIe siècles," *Annales E.S.C.* 24 (1969) 1511–1513。有一篇批评文章，参见 D. M. Palliser, "Tawney's Century: Brave New World or Malthusian Trap?" *Economic History Review* 2d ser. 35 (1982) 339–353; Carlo M. Cipolla, *Cristofano and the Plague: A Study in the History of Public Health in the Age of Galileo* (Berkeley, 1973); 有一篇批评文章，参见 George Rosen, *Renaissance Quarterly* 28 (1975) 83–86; B. Bennassar, *Recherches sur les grandes épidemies dans le nord de l' Espagne à la fin du XVIe siècle* (Paris, 1969)。

广义的马尔萨斯主义式框架之下的生态学论调，参见 Victor Skipp, *Crisis and Development: An Ecological Case Study of the Forest of Arden, 1570–1694* (Cambridge, 1978)。对外部气候变化模型的探究，见于 Emmanuel Le Roy Ladurie, Times of Feast, *Times of Famine:A History of Climate since the Year 1000* (Garden City, 1967; New York, 1971), Gustaf Utterstrom, "Climatic Fluctuations and Population Problems in Early Modern History," *Scandinavian Economic History Review* 3 (1955) 27–28; 以及英国气象学家 H. H. 兰姆的著作，上文中曾有援引。

关于这次危机的文化历史，参见 Theodore K. Rabb, *The Struggle for*

Stability in Early Modern Europe (New York, 1975)。其他著作包括 Alexander
Augustine Parker, *Literature and the Delinquent: The Picaresque Novel in Spain
and Europe, 1599–1753* (Edinburgh, 1967); R. Mandrou, "La baroque européen:
Mentalité pathétique et révolution sociale," *Annales E.S.C.* 15 (1960) 898–914; G.
Scholem, *Sabbatai Sevi: The Mystical Messiah, 1626–1676* (Princeton, 1973)。

一篇置于其历史背景中堪称伟大的论文，见 Pierre Vilar, "Le temps du
Quichotte," *Europe* 34 (1956) 3–16, 英文版为 "The Age of Don Quixote," in
Peter Earle, ed., *Essays in European Economic History, 1500–1800* (Oxford,
1974) 100–112。

德语论著中的一部经典，出自一位曾经参加过三十年战争的老兵之手，
即 H. J. C. von Grimmelhausen, *The Adventurous Simplicissimus* tr. A. S. Goodrick
(Lincoln, 1962); 一篇探讨文章是 Hans Dieter Gebauer, *Grimmelshausens
Bauerdarstellung: Literarische Sozialkritik und ihr Publikum* (Marburg, 1977)。

大部分地方性和地区性研究都倾向于融合各种各样的马克思主义、马
尔萨斯主义以及文化论，作出多元性的解释，在 20 世纪七八十年代更加
强调物质原因和文化结果。参见，例如 Carla Rahn Phillips, *Ciudad Real,
1500–1700*, 上文曾有援引 ; William Hunt, *The Puritan Movement: The Coming
of Revolution in an English County [Essex]* (Cambridge, Mass., 1983); Gerald
Lyman Soliday, *A Community in Conflict: Frankfurt Society in the Seventeenth
and Early Eighteenth Centuries* (Hanover, 1974); Emmanuel Le Roy Ladurie,
Paysans de Languedoc, 上文曾有援引 ; Pierre Goubert, *Beauvais et le Beauvaisis
de 1600 à 1730* (Paris, 1960); B. Bennasar, *Valladolid au siècle d'or* (Paris, 1969);
Rudolf Schlögl, *Bauern, Krieg, und Staat:Oberbayerische Bauernwirtschaft und
frühmoderner Staat im 17. Jahrhundert* (Göttingen, 1988)。

关于这场危机的经济方面，有一部出色的概述，即 Jan de Vries, *The
Economy of Europe in an Age of Crisis, 1600–1750* (Cambridge, 1976); 亦参
见 Carlo M. Cipolla, ed., *The Fontana Economic History of Europe*, vol. 2, *The
Sixteenth and Seventeenth Centuries* (Glasgow, 1974; Hassocks and New York,
1976–77)。尤其有帮助的是一篇出色的概论，即 Ruggiero Romano, "Tra XVI

e XVII secolo. Una crisi economica: 1619–1622," *Rivista Storica Italiana* 74 (1962) 480–531, 其英译本为 "Between the Sixteenth and Seventeenth Centuries: The Economic Crisis of 1619–22," 见 Parker and Smith, *General Crisis*, 165–225; 亦参见 Romano, "Encore la crise de 1619–1622," *Annales E.S.C.* 19 (1964) 31–37。关于这场危机的经济方面的许多有用的论文都被收集在这部论文集中：Peter Earle, ed., *Essays in European Economic History* (Oxford, 1974)。其中相关经济数据发布在 Geoffrey Parker and C. H. Wilson, eds., *Introduction to the Sources of European Economic History, 1500–1800* (London, 1977)。

专门的经济研究包括 B. E. Supple, *Commercial Crisis and Change in England, 1600–1642: A Study in the Instability of a Mercantile Economy* (Cambridge, 1959); J. D. Gould, "The Trade Depression of the Early 1620s," *Economic History Review* 7 (1954) 81–90; 同前， "The Trade Crisis of the Early 1620s and English Economic Thought," *Journal of Economic History* 15 (1955) 121–133; Rene Baehrel, *Une croissance: La Basse Provence rurale...* (Paris, 1961); Huguette Chaunu and Pierre Chaunu, *Séville et l' Atlantique* (1504–1650) (8 vols., Paris, 1955–1959); Nina Ellinger Bang, *Tabeller over Skibsfart og Varentransport gennem Oresund* (vols. 1 and 3, Copenhagen, 1906, 1923); F. C. Lane, "La marine marchande et le trafic maritime de Venise... ," in *Les Sources de l' Histoire Maritime...* (Paris, 1962); Jan de Vries, *The Dutch Rural Economy in the Golden Age, 1500–1700* (New Haven, 1974); S. C. van Kampen, *De Rotterdamse particuliere Scheepsbouw in de tijd van de Republiek* (Assen, 1953); Johannes Gerard van Dillen, *Bronnen tot de Geschiedenis van het Bedriffsleven en het Gildewezen van Amsterdam* (3 vols., The Hague, 1929–1933); Domenico Sella, "The Two Faces of the Lombard Economy in the Seventeenth Century," in Frederick Krantz and Paul M. Hohenberg, eds., *Failed Transitions in Modern Industrial Society* (Montreal, 1975), 11–15; R. Gaettens, *Die Zeit der Kipper und Wipper der Inflationem* (Munich, 1955);N. W. Posthumus, "The Tulip Mania in Holland in the Years 1636 and 1637," *Journal of Economic and Business History* 1 (1929) 434–455; Richard T. Rapp, *Industry and Economic Decline in Seventeenth-Century Venice* (Cambridge, 1976); L. Nottin, *Recherches sur les variations des prix dans le Gâtinais du XVIe au XIXe siècle* (Paris, 1935); E. Pannier, *Prix des grains sur le marché d' Abbeville depuis l' année 1590* (Abbeville, 1865); P. Chaunu, "Au XVIIe siècle, rythmes et coupures: À propos de la Mercuriale de Paris," *Annales E.S.C.* 6 (1964) 1171; Jean Meuvret, "Conjuncture et crise au XVIIe siècle: L'example des prix milanais," *Annales d' Histoire Économique et Sociale* 8 (1953) 215–219。

关于这场普遍危机的政治和社会方面有大量论著。关于欧洲内部乱局和革命的总体研究，参见 Roger Bigelow Merriman, *Six Contemporaneous Revolutions* (Oxford, 1938), 这是由同标题的讲座扩展而来的 (Glasgow, 1937); 还有 Jack P. Greene and Robert Forster, *Preconditions of Revolution in Early Modern Europe* (Baltimore, 1970); C. S. L. Davies, "Peasant Revolts in France and England: A Comparison," *Agricultural History Review* 21 (1973) 122–134; Roland Mousnier, *Fureurs paysannes: Les paysans dans les révoltes du XVIIe Siècle (France, Russie, Chine)* (Paris, 1967, English tr., 1971); M. O. Gately, A. L. Moote, and J. E. Wills Jr., "Seventeenth-Century Peasant 'Furies': Some Problems of Comparative History," *Past & Present* 51 (1971) 63–80; 该时期另一个角度的综述，见 Perez Zagorin, *Rebels and Rulers, 1500–1660* (2 vols., Cambridge, 1982)。

战争的影响，是历史学中充满争议的主题。Werner Sombart, *Krieg und Kapitalismus* (1913, Munich; New York, 1975) 称战争推动了这个时期的经济发展；相反的论断，则可见于 John U. Nef, "War and Economic Progress, 1540–1640," *Economic History Review* 12 (1942) 13–38; 以及同前，*War and Human Progress* (Cambridge, Mass., 1950); 亦参见 Frederic C. Lane, "Economic Consequences of Organized Violence," *Journal of Economic History* 18 (1958) 401–417。这个时期历史编纂的另一个问题，是战争危机的影响。参见 Geoffrey Parker, "The 'Military Revolution, 1560–1660': A Myth?" *Journal of Modern History* 48 (1976) 195–214。

关于三十年战争，权威著作有 Günther Franz, *Der Dreissigjährige Kreig*

und das deutsche Volk (4th ed., Stuttgart, 1978); Cecily Veronica Wedgwood, *The Thirty Years' War* (London, 1938); Siegfried H. Steinberg, *The Thirty Years' War and the Conflict for European Hegemeny, 1660–1660* (New York, 1966); Josef V. Polisensky, *The Thirty Years' War* (Berkeley, 1971); Henry Kamen, "The Economic and Social Consequences of the Thirty Years' War," *Past & Present* 39 (1968) 44–48; T. K. Rabb, "The Effects of the Thirty Years' War on the German Economy." *Journal of Modern History* 34 (1962) 40–51; F. L. Carsten, "Was There an Economic Decline in Germany before the Thirty Years' War?" *English Historical Review* 71 (1956) 240–247; John C. Theibault, *German Villages in Crisis: Rural Life in Hesse-Kassel and the Thirty Years' War, 1580–1720* (Atlantic Highlands, N.J., 1995)。

关于法国内部的混乱局面，参见 René Pillorget, *Les mouvements insurrectionnels de Provence entre 1596 et 1715* (Paris, 1975); Boris Porschnev, *Les soulèvements populaires en France de 1623 à 1648* (1948, French translation, Paris, 1963); Sal Alexander Westrich, *The Ormée of Bordeaux: A Revolution during the Fronde* (Baltimore, 1972); Phillip A. Knachel, *England and the Fronde* (Ithaca, 1967); Alanson Lloyd Moote, *The Revolt of the Judges: the Parlement of Paris and the Fronde, 1643–1652* (Princeton, 1972); Robert Mandrou, "Les soulèvements populaires et la société française du XVIIᵉ siècle," *Annales E.S.C.* 14 (1959) 756–765; 同前, *Classes et luttes de classes en France au début de XVIIᵉ siècle* (Messina, 1965)。许多论文被收录于 P. J. Coveney, ed., *France in Crisis, 1620–1675* (London, New York, 1977)。

关于英格兰内战，权威著作依然是 S. R. Gardiner, *History of England from the Accession of James I to the Outbreak of the Civil War* (rev. ed., 10 vols., London, 1883–1884); *The Great Civil War* (rev. ed., 4 vols., London, 1893); *History of the Commonwealth and Protectorate, 1649–1656* (rev. ed., London, 1903); 其后续著作，见 Charles Harding Firth, *The Last Years of the Protectorate, 1656–1658* (2 vols., London, 1909); 完结于 Godfrey Davies, *The Restoration of Charles II, 1658–1660* (Oxford, 1969)。更多近期学术成果的综述，见 Christopher Hill,

Puritanism and Revolution (London, 1958); Lawrence Stone, *The Causes of the English Revolution, 1529–1642* (London, 1972); John Morrill, *The Revolt of the Provinces* (London, 1976, 1980)。

关于英格兰革命期间的革命，参见 G. E. Aylmer, ed., *The Levellers in the English Revolution* (Ithaca, 1975); Arthur Leslie Morton, *The World of the Ranters: Religious Radicalism in the English Revolution* (London, 1970); C. S. L. Davies, "Les révoltes populaires en Angleterre (1500–1700)," *Annales E.S.C.* 24 (1969) 24–60; 来自那个时代的相关著作，包括 R. Mentet de Salmonet, *Histoire des troubles de la Grande Bretagne* (Paris, 1649; English tr., London, 1735); Thomas Hobbes, *Leviathan* (London, 1651)。

关于英国社会结构，同时代的著作包括 Thomas Smith, *De Republica Anglorum* (1583), ed. Mary Dewar (Cambridge, 1982); William Harrison, *The Description of England* (1587), ed. George Edelen (Ithaca, 1968); Thomas Wilson, *The State of England, 1600*, ed. F. J. Fisher (1936)。

关于西班牙，参见 Michel R. Weisser, *The Peasants of the Montes: the Roots of Rural Rebellion in Spain* (Chicago, 1976); J. H. Elliott, *The Revolt of the Catalans* (Cambridge, 1963); Sancho de Moncada, *Restauracion Politica de España* (1619, ed. J. Vilar (Madrid 1974); 关于葡萄牙革命，H. V. Livermore, *A New History of Portugal* (Cambridge, 1969)。

对意大利乱局的审视，见于 H. G. Koenigsberger, "The Revolt of Palermo in 1647," *Cambridge Historical Journal* 8 (1944–1946) 133–147; 同前，*Estates and Revolutions: Essays in Early Modern European History* (Ithaca, 1971); Rosario Villari, *La revolta antispagnola a Napoli, le origini (1585–1647)* (Bari, 1967)。

关于欧洲东部，参见 Jerzy Topolski, "Economic Decline in Poland from the Sixteenth to the Eighteenth Centuries," in Peter Earle, ed., *Essays in European Economic History* (Oxford, 1974); M. Malowist, *Croissance et regression en Europe, XIVe–XVIIe siècles* (Paris, 1972); M. Malowist, "Poland, Russia, and Western Trade in the Fifteenth to the Seventeenth Centuries," *Past & Present* 13

(1958) 26–41。关于匈牙利的骚乱，参见 L. Makkai, "The Hungarian Puritans and the English Revolution," *Acta Historica* 5 (1958) 1–27。

关于俄国的动乱时代，参见 V. O. Kliuchevskii, *A Course in Russian History: The Seventeenth Century*，这是一部经典历史著作的第三卷 (1907; Chicago, 1968)，是围绕危机模式组织编写的。

关于斯堪的纳维亚半岛，参见这四部著作：Michael Roberts, *The Swedish Imperial Experience, 1560–1718* (Cambridge, 1979, 1984); *The Early Vasas: A History of Sweden, 1523–1611* (Cambridge, 1968); *Sweden as a Great Power: Government, Society and Foreign Policy, 1611–1697* (New York, 1968); 以 及 "Queen Christina and the General Crisis of the Seventeenth Century," *Past & Present* 22 (1962) 36–59。

关于欧洲以外地区的 17 世纪危机，参见 A. A. M. Adshead, "The Seventeenth-Century General Crisis in China," *France-Asie* 24 (1970) 251–265; E. J. Van Kley, "News from China: Seventeenth-Century European Notices of the Manchu Conquest," *Journal of Modern History* 45 (1973) 561–582; Ping-Ti Ho, *Studies on the Population of China, 1368–1953* (Cambridge, 1959), James Bunyon Parsons, *The Peasant Rebellions of the Late Ming Dynasty* (Tucson, 1970); Jonathan D. Spence, *The Death of Woman Wang* (New York, 1978); Helen Dunstan, "The Late Ming Epidemics: A Preliminary Survey," *Ch'ing-shih Wen-t'i* 3 (1975) 1–59; Ray Huang, 1587, *A Year of No Significance: The Ming Dynasty in Decline* (New Haven, 1981)。

关于中东地区的总体性危机，参见 Bruce McGowan, *Economic Life in Ottoman Europe: Taxation, Trade and the Struggle for Land, 1600–1800* (Cambridge, 1981); Murat Cizakca, "Price History and the Bursa Silk Industry: A Study in Ottoman Industrial Decline, 1550–1650," *Journal of Economic History* 40 (1980) 533–550; Omer L. Barkan, "The Social Consequences of Economic Crisis in Later Sixteenth-Century Turkey," in *Social Aspects of Economic Development* (Istanbul, 1964); 同 前, "The Price Revolution of the Sixteenth-Century: A Turning Point in the Economic History of the Middle East,"

International Journal of Middle East Studies 6 (1975) 3–28。

关于美洲的总体性危机，参见 P. Chaunu, "Brésil et Atlantique au XVIIᵉ siècle," *Annales E.S.C.* 16 (1961) 1176–1207; Arthur Aiton, "Early American Price-Fixing Legislation," *Michigan Law Review* 25 (1926); Chester L. Gutrie, "Colonial Economy, Trade, Industry, and Labor in Seventeenth-Century Mexico City," *Revista de Historia de America* 5 (1939)。

启蒙运动均衡期

对这个时期价格和薪酬动态的探讨，见阿贝尔的《农业危机与农业活动》一书，他（错误地）将这个时期理解为一段漫长的萧条期，但在其他方面却丰富了我们的理解。他的这一诠释部分地反映了欧洲中部的动态——较之大西洋沿岸诸国，比较不那么积极正面。其他的研究展现了更加积极的状况；参见 E. H. Phelps-Brown and Sheila Hopkins, "Seven Centuries of the Prices of Consumables, Compared with Builders' Wage-Rates," *Economica* 23 (1956) 296–314; d'Avenel, *Histoire économique de... tous les prix en général*, vol. 2。

一篇综合性的价格动态调查论文，见 Fernand Braudel and Frank C. Spooner, "Prices in Europe from 1450 to 1750," in E. E. Rich and C. H. Wilson, eds., *The Cambridge Economic History of Europe, vol. 4, The Economy of Expanding Europe in the Sixteenth and Seventeenth Centuries* (Cambridge, 1967)。然而，这篇作品尽管很有价值，却太过仰赖康德拉季耶夫模型和甲—乙阶段论，对长远趋势和相关价格讨论太少。

关于人口趋势的主要著作包括 E. A. Wrigley and R. S. Schofield, *The Population History of England, 1541–1871: A Reconstruction* (Cambridge, 1981) 以及 Michael W. Flinn, *The European Demographic System, 1500–1820* (Baltimore, 1981)。

关于这个时期的经济史的一部出色概论，是 Jan de Vries, *The Economy of Europe in an Age of Crisis, 1600–1750*, 上文曾有援引。

关于各个国家的经济学论著，参见 John J. McCusker and Russell R.

Menard, *The Economy of British America, 1607–1789* (Chapel Hill, 1985); Ernest Labrousse et al., *Histoire économique et sociale de la France*, vol. 2, *Les derniers temps de l' age seigneurial aux préludes de l' age industriel (1660–1789)* (Paris, 1970); Jaime Vicens Vives, *An Economic History of Spain* (Princeton, 1969); Brian Pullen, ed., *Crisis and Change in the Venetian Economy in the Sixteenth and Seventeenth Centuries* (London, 1968); Jan de Vries, *The Dutch Rural Economy in the Golden Age* (New Haven, 1974); A. H. John, "Some Aspects of English Economic Growth in the First Half of the Eighteenth Century," *Economica* 28 (1961) 176–190; Patrick Chorley, *Oil, Silk, and Enlightenment: Economic Problems in Eighteenth Century Naples* (Naples, 1965)。

对这个时期的气候变化的检视，见 John A. Eddy, "The "Maunder Minimum' : Sunspots and Climate in the Reign of Louis XIV," *Science* 92 (1976) 1189–1202, rpt. in Parker and Smith, *The General Crisis of the Seventeenth Century*, 226–268; 这是一部严肃而重要的作品。关于收成的波动，参见 W. G. Hoskins, "Harvest Fluctuations and English Economic Life, 1620–1759," *Agriculture History Review* 16 (1968) 15–31。

关于农业史，参见 R. V. Jackson, "Growth and Deceleration in English Agriculture, 1660–1780," *Economic History Review* 38 (1985) 333–351。

关于价格动态和市场，除了上文曾援引的波斯蒂默斯、费尔普斯—布朗和霍普金斯的著作，亦参见 C. W. J. Granger and C. M. Elliott, "A Fresh Look at Wheat Prices and Markets in the Eighteenth Century," *Economic History Review* 2d ser. 20 (1969) 257–265; Walter Achilles, "Getreidepreise und Getreide Handelsbeziehungen europäischer Räume im 16 und 17 Jahrhundert," *Zeitschrift für Agrargeschichte und Agrarsoziologie* 7 (1959) 32–55; Ursula M. Cowgill and H. B. Johnson Jr., "Grain Prices and Vital Statistics in a Portuguese Rural Parish, 1671–1720," *Journal of Bio-Social Science* 3 (1971) 321–329; M. Couturier, "La fixation des prix des grains et du pain à Chateauneuf-en-Thymerais: 1692–1741," *Histoire Locale Beauce et Perche* 3 (1961) 19–24; R. Meuvret, "Histoire de prix des céréales en France dans la seconde moitié du XVIIme siècle; Sources et publications," *Annales d'Histoire Sociale* 5 (1944) 27–44; 同前，"Les mouvements des prix de 1661 à 1715 et leurs répercussions," *Journal de la Societé de Statistique de Paris* 85 (1944), rpt. in Romano, ed., *I prèzzi in Europa*, 315–329; Robert S. Smith, "Indigo Production and Trade in Colonial Guatemala," *Hispanic American Historical Review* 39 (1959); Raymond L. Lee, "Grain Legislation in Colonial Mexico," *Hispanic American Historical Review* (1947); E. Mireaux, *Une province français au temps du Grand Roi: La Brie* (Paris, 1958); F. G. Dreyfus, "Remarques sur le mouvement des prix et la conjuncture en Allemagne de la second moitié du XVIIe siècle," *Premiere Conference Internationale d'Histoire Économique, ContributionsCommunications, Stockholm, 1960* (Paris, 1960); Marcello Boldrini, "Il prèzzo del pane in Matelica nel secolo XVII [1642–1694]," *Giornale degli Economisti* 61 (1921) 298–302; 未曾见 J. A. Faber, "Graanhandel, graanprijzen en tarievenpolitiek in Nederland gedurende de tweede helft der zeventiende eeuw," *Tijdschricht voor Gescheidenis* (1962)。

对于薪酬动态和生活标准的追踪记录，可见于上文曾援引的阿贝尔、费尔普斯－布朗的著述，以及 Micheline Baulant, "Les salaires du Bâtiment, 1490–1726," *Annales*; E. Scholliers, *De Levenstandaard in de XVe en XVIe eeuw te Antwerpen* (Antwerp, 1960); Aldo de Maddalena, "Preise, Löhne und Goldwesen im Verlauf der wirtschaftlichen Entwicklung Mailands," in Ingomar Bog, ed., *Wirtschaftliche und soziale Strukturen im saekularen Wandel* (Hanover, 1974); Jan de Vries, "Peasant Demand Patterns in Friesland, 1550–1750," in William N. Parker and E. L. Jones, eds., *European Peasants and Their Markets: Essays in Agrarian Economic History* (Princeton, 1975); E. J. Hamilton, "Prices and Wages at Paris underJohn Law's System," *Quarterly Journal of Economics* 51 (1936–37) 42–70; 同前，"Prices and Wages in Southern France under John Law's System," *Journal of Economic History* 3 (1937) 441–461; Domenico Sella, *Salari e lavoro nell' edilizia lombardia durante il secolo XVII* (Pavia, 1968)。

关于地租、利息和资本收入回报，参见 H. J. Habakkuk, "The Long-Term Rate of Interest and the Price of Land in the Seventeenth Century," *Economic History*

Review 5 (1952–1953) 26–45; 同前，"Economic Fortunes of English Landowners in the Seventeenth and Eighteenth Centuries," in E. M. Carus-Wilson, ed., *Essays in Economic History* (New York, 1966) 1:187– 201; G. E. Mingay, "The Agricultural Depression, 1730–1750," *Economic History Review* 14 (1962) 323–338; D. Zolla, "Les variations du revenu et du prix des terres en France au XVIIe et XVIIIe siècles," *Annales de l' École Libre des Sciences Politiques* (1893–1894)。

关于货币动态，参见 Louis Dermigny, "Circuits de l'argent et mileux d'affaires au XVIIIe siècle," *Review Historique* 112 (1954) 239–278; 同前，"Une carte monetaire de la France au XVIIIe siècle," *Annales E.S.C.* 10 (1955) 480–493; John J. McCusker, *Money and Exchange in Europe and America, 1600–1775: A Handbook* (Chapel Hill, 1978); J. K. Horsefield, *British Monetary Experiments, 1650–1710* (1960, London; New York, 1983), 附有一篇重要的评论，见 T. S. Ashton in *Economic History Review* 2d ser. 13 (1960) 119–122。

关于商业、贸易和移民问题，参见 H. E. S. Fisher, "AngloPortuguese Trade, 1700–1770," *Economic History Review* 2d ser. 16 (1963) 219–233; V. M. Godinho, "Flottes de sucre et flottes de l'or, 1660–1770," *Annales E.S.C.* 5 (1950) 184–197; J. A. Faber, "The Decline of the Baltic Grain Trade in the Second Half of the Seventeenth Century," *Acta Historiae Neerlandica* I (1966) 108–131。

以财政史为主题的著作有 P. G. M. Dickson, *The Financial Revolution in England: A Study in the Development of Public Credit, 1688–1756* (London, 1967) 以及 E. B. Schumpeter, "English Prices and Public Finance, 1660–1822," *Review of Economic Statistics* 20 (1938) 21–37。以经济活动的体制性结构为主题的著作有 W. R. Scott, *The Constitution and Finance of English, Scottish, and Irish Joint-Stock Companies to 1720* (3 vols., Cambridge, 1912)。

关于这个时期的社会史，欧洲的年鉴学派历史学家和美国的"新社会历史派"学者完成了浩如烟海的地方性和地区性研究，年鉴学派对价格和薪酬动态的研究习以为常；大多数美国社会史学家却并非如此（除了切萨皮克学派），但是这些著作全都依然十分有用。这些学者包括研究普罗旺斯的 R. 白瑞尔、研究亚眠的 P. 德永、研究博韦的 P. 古贝尔、研究朗格多克的勒罗伊·拉迪里、研究布列塔尼的 J. 迈耶、研究下奥弗涅的 A. 普瓦特里诺、研究安茹的 F. 勒布伦，研究图卢兹的 G. 弗雷什，研究勃艮第的 P. 圣雅各布、研究韦克桑的 J. 迪帕基耶、研究诺曼底的 G. 勒马尔尚、研究卢尔马兰的托马斯·谢泼德、研究蓬德蒙特韦尔的帕特里斯·伊戈内，以及研究撒丁岛的约翰·戴。关于中欧，也有许多项研究成果：杰拉尔德·索黎迪对美因河畔法兰克福的研究，以及杰拉尔德·施特劳斯对纽伦堡的研究。关于比利时的著作有 E. 埃兰对列日的研究，C. 布吕内尔对布拉班特的研究。关于英国的著作有 D. C. 钱伯斯对特伦特山谷的研究，W. G. 霍斯金斯及其学生对莱斯特郡的研究，V. 斯基普对阿登森林的研究，大卫·海伊对什罗普郡米杜尔的研究，玛格丽特·斯普福德对剑桥郡的研究，以及 E. A. 里格利和 R. S. 斯科菲尔德对德文郡科利顿的研究。关于美国的著作有菲利普·格雷文对马萨诸塞州安多弗的研究，约翰·迪莫斯对马萨诸塞州普利茅斯的研究，肯尼思·洛克里奇对马萨诸塞州戴德姆的研究，丹尼尔·斯科特·史密斯对马萨诸塞州欣厄姆的研究，罗伯特·格罗斯对马萨诸塞州康科德的研究，琳达·奥威尔斯对康涅狄格州温莎的研究，杰茜卡·克罗斯对纽约州牛顿的研究，斯蒂芬妮·沃尔夫对宾夕法尼亚州日耳曼敦的研究，艾伦·库利科夫对马里兰州乔治王子县的研究，达雷特·拉特曼和安妮塔·拉特曼对弗吉尼亚州米德尔塞克斯县的研究，以及其他许多研究项目。

关于这个时期政治的日益稳定，参见 C. B. A. Behrens, *Society, Government, and the Enlightenment: The Experiences of EighteenthCentury France and Prussia* (London, 1985); Ronald W. Harris, *Absolutism and Enlightenment, 1660–1789* (London, 1964, 2d ed. 1967); John G. Gagliardo, *Enlightened Despotism* (New York, 1967)。关于英格兰，参见 J. H. Plumb, *The Growth of Political Stability in England, 1675–1725* (London, 1967); Betty Kemp, *Kings and Commons, 1660–1832* (New York, 1957); E. N. Williams, *The Eighteenth-Century Constitution* (New York, 1960)。

关于法国，政治史的编纂倾向于强调旧制度的弱点而非长处；然而，亦参见 Roland E. Mousnier, *The Institutions of France under the Absolute Monarchy, 1598–1789* (2 vols., Chicago, 1979, 1984); Pierre Goubert, *Louis XIV* and *Twenty Million Frenchmen* (New York, 1970)。

关于普鲁士，参见 Hans Rosenberg, *Bureaucracy, Aristocracy, and Autocracy* (Boston, 1966); Reinhold August Dorwart, *Administrative Reform of Frederick William I of Prussia* (Westport, 1953)。

关于伊比利亚半岛，参见 Carl A. Hanson, *Economy and Society in Baroque Portugal, 1668–1703* (Minneapolis, 1981), 此书将这个时期诠释为"葡萄牙历史上一段相对宁静的时期……而在多数民族国家中，这场大危机……显然以有利于专制主义的方式告终"。

关于文化和思想史的著述甚多，却大都在年表方面疏忽大意，并且在社会和经济趋势的假设方面十分混乱。经典著作是 Voltaire, *The Age of Louis XIV, tr. Martyn P. Pollack* (London, 1962)。20 世纪，已经有许多著作否定了这个时代是一个真正的"理性时代"。参见卡尔·贝克尔诙谐但有误的作品，*The Heavenly City of the Eighteenth-Century Philosophers* (New Haven, 1932); Basil Willey, *The Eighteenth-Century Background* (New York, 1941); Lester Crocker, *An Age of Crisis: Man and World in Eighteenth-Century French Thought* (Baltimore, 1959); Frank Manuel, *The Eighteenth Century Confronts the Gods* (New York, 1967)。相反的论断，参见 Ernst Cassirer, *The Philosophy of the Enlightenment* (Boston, 1951)。持调和立场的，参见 Albert Soboul, Guy Lemarchand, and Michele Fogel, *Le siècle des lumières* (2 vols., Paris, 1977); Paul Hazard, *The European Mind (New York, 1963); Peter Gay, *The Enlightenment: An Interpretation* (2 vols., New York, 1966–1969); Roger Mercier, *La réhabilitation de la nature humaine (1700–1750)* (Paris, 1980)。

许多有助益的专著中包括 Jean Ehrard, *L'idée de nature en France à l'aube des lumières* (Paris, 1963; Flammarion ed., 1970); Charles Vereker, *Eighteenth-Century Optimism* (Liverpool, 1967); William Letwin, *The Origin of Scientific Economics* (Garden City, 1963)。

关于这个时期思想史的重要著作多为传记。包括 Frank Manuel, *A Portrait of Sir Isaac Newton* (Cambridge, 1968); Maurice Cranston, *John Locke* (London, 1957; rpt. New York, 1979); Ronald Grimsley, *D'Alembert* (New York, 1963); Isabel Knight,

The Geometric Spirit: The Abbé de Condillac and the French Enlightenment (New Haven, 1968); 以 及 Ira Wade, The Intellectual Development of Voltaire (Princeton, 1969)。

18 世纪价格革命

法国之外的多数历史学家都不知道 18 世纪曾发生过一场价格革命。对这个课题的理解异常稀缺，当鲍里斯·米罗诺夫从他眼中万无一失的证据中探测到俄国发生价格革命的迹象时，他竟总结道：这是 16 世纪价格革命姗姗来迟地扩散到俄罗斯！参见 Boris Mironov, "The Price Revolution' in Eighteenth-Century Russia," Soviet Studies in History 11 (1973) 325–352。

对这个时期总体历史的介绍，包括 Franco Venturi, The End of the Old Regime in Europe, 1768–1776: The First Crisis, tr. R. Burr Litchfield (Princeton, 1989); C. B. A. Behrens, The Ancien Régime (1967, New York, 1979); M. S. Anderson, Europe in the Eighteenth Century, 1713–1783 (2d ed., London, 1976); Leonard Krieger, Kings and Philosophers, 1689–1789 (New York, 1970); 以 及 Isser Woloch, EighteenthCentury Europe: Tradition and Progress, 1715–1789 (New York, 1982)。旧有的兰格系列丛书（Langers serires）中依旧有用的三卷：Penfield Roberts, The Quest for Security, 1715–1740 (New York, 1947); Walter L. Dorn, Competition for Empire, 1740–1763 (New York, 1940); 以及 Leo Gershoy, From Despotism to Revolution, 1761–1789 (New York, 1944); 以及两卷法语本 Peuples et civilisations series: P. Muret, La prépondérance anglaise, 1713–1763 (Paris, 1937); and Philippe Sagnac, La fin de l'ancien régime et la révolution Américaine, 1763–1789 (Paris, 1952)。经济和社会历史总体性论著包括 Fernand Braudel, Capitalism and Material Life, 1400–1800 (1967; New York, 1973); 同前, Afterthoughts on Material Civilization and Capitalism (Baltimore, 1977); 同前, Civilization and Capitalism, Fifteenth-Eighteenth Century (3 vols., 1979; New York, 1982–1984); Pierre Chaunu, La civilisation *de l' Europe classique* (Paris, 1966)。

关于英格兰经济史，参见 T. S. Ashton, *An Economic History of England: The Eighteenth Century* (London, 1955); 同 前, *Economic Fluctuations in England, 1700–1800* (Oxford, 1959)。

关 于 法 国, 主 要 著 作 有 Ernest Labrousse et al., *Histoire économique et sociale de la France vol. 2, 1660–1789* (Paris, 1970); Roger Price, *The Economic Modernization of France* (New York, 1975); H. Sée, *La France économique et sociale au XVIIIe siècle* (1925, Paris, 1967); 同前, *Esquisse d' une histoire économique et sociale de la France depuis les origines jusqu' à la guerre mondiale* (Paris, 1929); Marc Bloch, "La lutte pour l' individualisme agrare," *Annales d' Histoire Économique et Sociale* 2 (1930) 329–381, 511–556, 该文主要论述的是 18 世纪的问题。

关于意大利, 最佳入门是 Giulio Einaudi, ed., *Storia d' Italia*, vol. 3, *Dal primo settecento all' unita* (Turin, 1973); 专 项 研 究 包 括 Bruno Caizzi, *Industria, commercio e banca in Lombardia nel XVIII secolo* (Milan, 1968); Giuseppe Felloni, *Il mercato monetario in Piemonte nel secolo XVIII* (Milan, 1968); R. Burr Litchfield, "Les investissements commerciaux des patriciens florentins au XVIIIe siècle," *Annales E.S.C.* 14 (1969) 685—721; Giulio Giacchero, *Storia economica del Settecento genovese* (Genoa, 1951); Carlo Antonio Vianello, *Il settecento milanese* (Milan, 1934); R. Romano, *Prèzzi, salari e servizi a Napoli dal secolo XVIII (1734–1806)* (Milan, 1965)。

关 于 西 班 牙, 参 见 Richard Herr, *the Eighteenth-Century Revolution in Spain* (Princeton, 1958); Jaime Carrera Pujal, *Historia de la economia española* (5 vols., Barcelona, 1943–1947), 其中第 3—5 卷专注于对 18 世纪的研究。一部经典著作是 G. Desdevises du Dezert, *L' Espagne de l' ancien régime* (3 vols., Paris, 1897–1904)。

关于欧洲中部, 参见 W. H. Bruford, *Germany in the Eighteenth Century: The Social Background of the Literary Revival* (1935, Cambridge, 1968); Hermann Aubin and Wolfgang Zorn, eds., *Handbuch der deutschen Wirtschafts-und Sozialgeschichte*

(2 vols., Stuttgart, 1971), 1:495–678; Otto Hintze, "Zur Agrarpolitik Friedrichs des Grossen," *Forschungen zur brandenburgischen Geschichte* 10 (1898) 275–309。

关于这个时期的东欧研究，参见 M. Confino, *Domaines et seigneurs en Russie vers la fin du XVIIIe siècle* (Paris, 1963); Jerome Blum, *Lord and Peasant in Russia from the Ninth to the Nineteenth Century* (Princeton, 1961); Boris Mironov, 'The Price Revolution' in Eighteenth Century Russia," *Soviet Studies in History* 11 (1973) 325–352; 同前，"Le mouvement des prix des céréales en Russie du XVIIIe siècle au début du XXe siècle," *Annales E.S.C.* 41 (1986) 217–251; 以及 W. H. Reddaway, ed., *The Cambridge History of Poland* (Cambridge, 1941)。

关于欧洲北部，参见 B. J. Hovde, *The Scandinavian Countries, 1720–1865* (Boston, 1943)，其第一卷专注于对这个时期的研究。

关于中东，参见 André Raymond, "The Economic Crisis of Egypt in the Eighteenth Century," in A. L. Udovitch, ed., *The Islamic Middle East, 700–1900: Studies in Economic and Social History* (Princeton, 1981), 687–709。

关于美国，参见 John J. McCusker and Russell R. Menard, *The Economy ofBritish America, 1607–1789* (1985, Chapel Hill, 1991) 附有一份出色的参考书目。同样有帮助的还有：J. H. Parry, *Trade and Dominion: European Overseas Empires in the Eighteenth Century* (London, 1971); Richard B. Sheridan, *Sugar and Slavery: An Economic History of the British West Indies, 1623–1755* (Baltimore, 1974); Lyman L. Johnson and Enrique Tandeter, eds., *Essays on the Price History of Eighteenth-Century Latin America* (Albuquerque, 1990); Harold B. Johnson, "A Preliminary Inquiry into Money, Prices, and Wages in Rio de Janeiro, 1763–1823," in Dauril Alden, ed., *Colonial Roots of Modern Mexico* (Berkeley, 1973); Armando de Ramón and José de Larrain, *Origenes de la vida economica Chilena, 1659–1808* (Santiago, 1982)。

关于地方性研究，可以进行一番有趣的比较：Georges Lefebvre, *Les paysans du Nord pendant la Revolution Français* (Bari, 1959); Robert Gross, *The Minutemen and Their World* (New York, 1976); Patrick O'Mara, "Geneva

in the Eighteenth Century: A Socioeconomic Study of the Bourgeois City,"
(thesis, Berkeley, 1956); Franklin L. Ford, *Strasbourg in Transition, 1648–1789*
(Cambridge, 1958); Thomas Sheppard, *Loumarin in the Eighteenth Century: A
Study of a French Village* (Baltimore, 1971); Patrice Higonnet, *Pont-de-Montvert*
(Cambridge, 1971); Olwen Hufton, *Bay eux in the Late Eighteenth Century*
(Oxford, 1967); 以 及 Jeffrey Kaplow, *Elbeuf during the Revolutionary Period:
History and Social Structure* (Baltimore, 1964)。

对人口动态的探讨，参见 E. A. Wrigley and R. S. Schofield, *The Population
History of England, 1541–1871; A Reconstruction* (Cambridge, 1981), 402–407;
以及 D. V. Glass, "Population and Population Movements in England and Wales,
1700–1850"；以及 Louis Henry, "The Population of France in the Eighteenth
Century," in Glass and Eversley, eds., *Population and History* (London, 1965),
434–456; Michael W. Flinn, *The European Demographic System, 1500–1820*
(Baltimore, 1981)。

关于收成情况和生存危机，参见 John W. Rogers Jr., "Subsistence Crises
and Political Economy in France at the End of the Ancien Régime," *Research in
Economic History* 5 (1980) 249–301; David Landes, "The Statistical Study of French
Crises," *Journal of Economic History* 10 (1950) 195–211; Emanuel Le Roy Ladurie,
"Climat et recoltes au XVIIᵉ et XVIIIᵉ siècles," *Annales E.S.C.* 15 (1966) 434–465;
Douglas Hay, "War, Dearth, and Theft in the Eighteenth Century: The Record
of the EnglishCourts," *Past & Present* 95 (1982) 117–160; J. Jenny, "Le prix du
blé à Bourges en 1766: Un tumulte populaire," *Mémoires Union Societe Savantes*,
Bourges 8 (1959–60) 49–122。

有大量著作关于这个时期法国的价格动态和市场。主要权威依然是 C.-E.
Labrousse: *Esquisse du mouvement des prix et des revenus en France au XVIIIᵉ
siècle* (2 vols., Paris 1933), 同前，"Prix et structure regionale: Le froment dans
les régions française, 1782–1790," *Annales d' Histoire Sociale* 2 (1940) 382–400;
and *La crise de l' économie Française a la fin de l' ancien régime et au début de
la Révolution* (Paris, 1943)。同样有帮助的有 A. P. Usher, *History of the Grain*

Trade in France, 1400–1710 (Cambridge, 1913), 以及作者同前，"The General Course of Wheat Prices in France, 1350–1788," *Review of Economic Statistics* 12 (1930) 159–169。关于法国价格的其他研究，包括 Georges Frêche, "Études statistiques sur le commerce céréalier de la France méridionale au XVIIIᵉ siècle," *Revue d'Histoire Économique et Sociale* 49 (1971) 5–43, 183–224; A. Danière, "Feudal Incomes and Demand Elasticity for Bread in Late Eighteenth-Century France," *Journal of Economic History* 18 (1958) 317–341; R. Latouche, *Le mouvements des prix en Dauphiné sous l'ancien régime; étude méthodologique* (Grenoble, 1934) and *Annales E.S.C.* 9 (1937) 110; A. Poitrineau, *La vie rurale en Basse-Auvergne au XVIIIᵉ siècle (1726–1789)* (2 vols., Paris, 1965); Ruggiero Romano, *Commerce et prix du blé à Marseille au XVIIIᵉ siècle* (Paris, 1956); P. de Saint-Jacob, *Les paysans de la Bourgogne du Nord au dernier siècle de l'Ancien Régime* (Paris, 1960); P. Saint-Jacob, "La question des prix en France à la fin de l'Ancien Régime, d'après les contemporains," *Revue d'Histoire Économique et Sociale* 36 (1952) 133–146; E. Sol, "Les céréales inférieures en Quercy (prix de 1751 à 1789)" *Revue d'Histoire Économique et Sociale* 4 (1938) 335–355; G. Afanasiev, *Le commerce des céréales en France au XVIIIᵉ siècle* (Paris, 1894); J. Letaconnoux, *Les subsistances et le commerce des grains en Bretagne au XVIIIᵉ siècle* (Rennes, 1909); Ernest Blin, *Le prix du blé à Avalon de 1756 à 1790* (Paris, 1945); F. G. Dreyfus, "Prix et population à Treves et à Mayence au XVIIIe siècle," *Revue d'Histoire Économique et Sociale* 34 (1956) 241–261; Marie-Jeanne Tits-Dieuaide, "L'evolution du prix du blé dans quelques villes d'Europe occidentale du XVᵉ au XVIIIᵉ siècle," *Annales E.S.C.* (1987) 529–548。

关于其他国家的价格动态，参见 William Beveridge, *Prices and Wages in England from the Twelfth to the Nineteenth Century* (London, 1939; reissued New York, 1966); Earl J. Hamilton, *War and Prices in Spain, 1651–1800* (Cambridge, Mass., 1947); Vitorino M. Godinho, *Prix et monnaies au Portugal, 1750–1850* (Paris, 1955); Corrado Vivanti, "I prèzzi di alcuni prodotti agricoli a Mantova nella seconda metà del XVIII secolo," *Bolletino Storico Mantovano*

3 (1958) 499–518; P. J. Middelhoven, "Auctions at Amsterdam of North European Pinewood, 1717–1808: A Contribution to the History of Prices in the Netherlands," *Acta Historiae Neerlandicae* 13 (1980) 65–89; Astrid Friis and Kristof Glamann, *A History of Prices and Wages in Denmark, 1660–1800* (Copenhagen, 1958); Tadeusz Furtak, *Ceny w Gdansku w latach 1701–1815* (Lemberg, 1935); Ruth Crandall, "Wholesale Commodity Prices in Boston during the Eighteenth Century," *Review of Economic Statistics* 16 (1934) 117–128; R. Cesse, "La crisis agricola negli Stati Veneti a meta del secolo XVIII," *Estratto dal Nouvo Archivo Veneto* n.s. 42; Giuseppe Prato, *La vita economica in Piemonte a mezzo il secolo XVIII* (Turin, 1908); Helena Madurowicz-Urbanska, *Ceny zbozaw zachodniej Malopolsce w Drugiej Polowie XVIII wieku* (Warsaw, 1963); William S. Sachs, "Agricultural Conditions in the Northern Colonies before the Revolution," *Journal of Economic History* 13 (1953) 274–290; V. N. Jakovchevsky, *Kupechesky kapital v feodal no-krepostnicesky Rossii* (Moscow, 1953), of which pp. 77–103 and 193–201, 附有统计资料，意大利文译本，见 Romano, ed., *Prèzzi in Europa*, 447–479; 这主要是一篇关于 18 世纪中期和晚期俄国的研究。阿贝尔也曾援引 Paul von Hedemann-Heespen, "Zur Sitten-und-Preisgeschichte des 18 Jahrhundert," *Die heimat. Monatsschrift des Vereins zur Pflege der Natur-und-Landskunde in Schleswig-Holstein*, 21 (1911), 这篇作品我未能亲见。

关于薪酬动态，参见 Elizabeth W. Gilboy, "The Cost of Living and Real Wages in Eighteenth-Century England," *Review of Economic Statistics* 18 (1936) 134–143; 同前, *Wages in Eighteenth-Century England* (Cambridge, Mass., 1934, New York, 1969); M. W. Flinn, "Trends in Real Wages, 1750–1850," *Economic History Review* 2d ser. 27 (1974) 395–413, 附加评注，见于：同上. 29 (1976) 137–144; G. N. Von Tunzelmann, "Trends in Real Wages, 1750–1850, Revisited," 同上, 33–49; Luigi Dal Pane, *Storia del lavoro in Italia dagli inizi del secolo XVIII al 1815* (Milan, 1958); F. W. Botham and E. H. Hunt, "Wages in Britain during the Industrial Revolution," *Economic History Review*, 2d ser.

40 (1987) 380–399; L. D. Schwarz, "The Standard of Living in the Long Run: London, 1700–1860," *Economic History Review* 38 (1985) 24–41; A. Verhaegan, "Note sur le trevail et les salaires en Belgique au XVIIIe siècle," *Bulletin de l'Institut de Recherches Economiques et Sociales de l'Universite de Louvain* 19 (1953) 71–88; R. Keith Kelsall, "The General Trend of Real Wages in the North of England during the Eighteenth Century," *York Archaeological Journal* 33 (1936); 同前, "The Wages of Northern Farm Labourers in the Mid-Eighteenth Century," *Economic History Review* 8 (1937) 80–81; Pierre Vilar, "Elan urbain et mouvement des salaires: Le cas de Barcelone au XVIIIe siècle," *Revue d'Histoire économique et Sociale* 28 (1950); E. H. Hunt, "Industrialization and Regional Inequality: Wages in Britain, 1760–1914," *Journal of Economic History* 46 (1986) 935–966; 作者同前以及 F. W. Botham, "Wages in Britain during the Industrial Revolution," *Economic History Review* 2d ser. 40 (1987) 380–399; L. D. Schwarz, "Trends in Real Wage Rates, 1750–1790: A reply to Hunt and Botham," *Economic History Review*, 2d ser. 43 (1990) 90–98; J. Söderberg, "Real Wage Trends in Urban Europe, 1750–1850: Stockholm in Comparative Perspective," *Social History* 12 (1987) 155–176。

关于贫穷的问题，参见 Cissie Fairchilds, *Poverty and Charity in Aix-la-Provence, 1640–1789* (Baltimore, 1976)。

关于土地价格，参见 Christopher Clay, "The Price of Freehold Land in the Later Seventeenth and Eighteenth Centuries," *Economic History Review* 2d ser. 27 (1974) 173–189; Arthur Young, *An Enquiry into the Progressive Value of Money in England* (London, 1812); Vicomte G. d'Avenel, *Histoire économique de la proprieté des salaires, des denrées et de tous les prix...*, vol. 2; Daniel Zolla, "Les variations du revenu et du prix des terres en France au XVIIe et au XVIIIe siècle, *Annales de l'École Libre des Sciences Politiques* 8 (1893), 9 (1894)。

关于资本收益，参见 Homer, *History of Interest Rates*, 上文曾有援引；Earl J. Hamilton, "Profit Inflation and the Industrial Revolution, 1751–1800," *Quarterly Journal of Economics* 56 (1941–42) 256–273。

对商业条件和金融问题的探讨，参见 T. S. Ashton, *Economic Fluctuations in England, 1700–1800* (Oxford, 1950); W. T. Baxter, *The House of Hancock* (Cambridge, Mass., 1945); A. H. John, "Insurance Investment and the London Money Market of the Eighteenth Century," *Economica* 20 (1953) 137–158, Eli Heckscher, "The Bank of Sweden... ," in J. G. Dillen, ed., *History of the Principal Public Banks* (The Hague, 1934), 1760; P. G. M. Dickson, *The Financial Revolution in England: A Study in the Development of Public Credit, 1688–1756* (London, 1967)。

关于货币动态，参见 Richard A. Lester, *Monetary Experiments: Early American and Recent Scandinavian (Princeton, 1939); Joseph Ernst, Money and Politics in America, 1755–1775* (Chapel Hill, 1973)。

关于投机狂热，参见 L. Stuart Sutherland, "Sir George Colebrooke's World Corner in Alum, 1771–73," *Economic History* 3 (1936) 237–258; Stephan Skalweit, *Die Berliner Wirtschaftskrise von 1763 und ihre Hintergrunde* (Stuttgart, 1937); Charles P. Kindleberger, *Manias, Panics, and Crashes: A History of Financial Crises* (New York, 1978); Julian Hoppit, "Financial Crises in Eighteenth-Century England," *Economic History Review* 39 (1946) 39–58。

关于工业化，参见 Franklin Mendels, "Proto-Industrialization, the First Stage of the Industrialization Process," *Journal of Economic History* 32 (1972) 241–261; Paul Mantoux, *The Industrial Revolution in the Eighteenth Century* (London, 1928); Rudolf Braun, *Industrialisierung und Volksleben: Die Veränderungen der Lebensformen in einem ländlichen Industriegebiet vor 1800* (Zurich, 1960); Walther G. Hoffmann, *Wachstum und Wachstumformen der Englischen Industriewirtschaft von 1700 bis zur Gegenwart* (Jena, 1940), tr. as *British Industry, 1700–1950* (Oxford, 1955; New York, 1965); P. Lebrun, *L'industrie de la laine à Verviers pendant le XVIIIᵉ et le début du XIXᵉ siècle* (Liege, 1948)。

体现 1730—1745 年左右长远趋势根本性中断的另一个变化指标，是内部移民。参见 Jan de Vries, *Barges and Capitalism: Passenger Transportation in the Dutch Economy (1632–1789)* (Utrecht, 1981), 221–232。

关于战争和军事花销的经济影响，参见 James C. Riley, *The Seven Years*

War and the Old Regime in France: The Economic and Financial Toll (Princeton, 1986); 在 18 世纪中期"信心危机"问题上，该作也很出色。

同时代对这次价格革命的探讨，参见匿名作者出版的英文小册子 *Reflections on the Present High Price of Provisions, and the Complaints and Disturbances Arising Therefrom* (London, 1766)，收藏于哈佛商学院贝克图书馆的克雷斯收藏中。其他著作包括 T. de Anzano, *Reflexiones económico-politicas sobre las causas de la alteración de Precios* (Saragossa, 1768); Nicholas F. Dupré de Saint Maur, *Essai su les monnaies, ou réflexions sur le rapport entre l'argent et les denrées* (Paris, 1746); 同前，*Recherches sur la valeur des monnaies et sur les prix des grains, avant et après le Concile de Francfort* (Paris, 1762); Claude J. Herbert, *Essai sur la police générale des grains, sur leur prix et sur les effects de l'agriculture* (Paris, 1755); F. Messance, *Recherches sur le population* (Paris, 1766)，包括一份 1674 年到 1764 年间的英格兰和法国小麦价格附录；Gian Rinaldo Carli, *Delie monete e dell'istituzione delle zecche d'Italia* (4 vols., Pisa and Lucca, 1754–1760); 同前，*Del valore e della proporzione de'metalli monetati con i generi in Italia...* (Lucca, 1760); A. Zanon, *Dell' agricultura, dell' arti, e del commercio...* in *Lettere scelte sollàgricultura*, vol. 5 (Venice, 1765; Milan, 1804).

关于重农主义学派，主要著作是 G. Weulersee, *Le mouvement physiocratique en France de 1756 à 1770* (Paris, 1910); *La physiocratie à la fin de règne de Louis XV, 1770–1774* (Paris, 1959); *La physiocratie sous les ministères de Turgot et Necker, 1774–1781* (Paris, 1950); 亦参见 Ronald L. Meek, *The Economics of Physiocracy* (Cambridge, 1963); John W. Rogers Jr., "Opposition to the Physiocrats: A Study of Economic Thought and Policy in the Ancien Régime, 1750–1780," (thesis, Johns Hopkins, 1971)。

关于重商主义，主要著作依旧是 Eli Heckscher, *Mercantilism* (2 vols., 1935, New York, 1983) 以及同前，*Revisions in Mercantilism*, ed. D. C. Coleman (London, 1969)。

关于经济和文化历史的关系，参见 John W. Van Cleve, *The Merchant in German Literature of the Enlightenment* (Chapel Hill, 1986)。

关于 18 世纪中期文化的不连续性，参见 Roger Mercier, *La réhabilitation de la nature humaine (1700–1750)* (Paris, 1980); T. D. Kendrick, *The Lisbon Earthquake* (London, 1956)。

1789—1815 年的革命危机

对此，有一部出色的导论，即 Jacques Godechot, *Les révolutions, 1770–1799* (1963, 4th ed. Paris, 1988), 包含对历史编纂学的广泛探讨，以及一份内容充实丰富的参考书目。更富于细节的著述有 Jacques Godechot, *La grande nation* 2 vols. (1956, 2d ed. Paris, 1983); R. R. Palmer, *The Age of Democratic Revolution* (2 vols., Princeton, 1959–1964); Martin Gohring, *Weg und Sieg der modernen Staatsidee in Frankreich* (Tubingen, 1947)。

关于这个时期各国经济史的著述包括：关于英国，参见 A. D. Gayer, W. W. Rostow, and A. J. Schwartz, *The Growth and Fluctuations of the British Economy, 1790–1850* (1953; new ed., London, 1975); Phyllis Deane and W. A. Cole, *British Economic Growth, 1688–1959* (1962; 2d ed. Cambridge, 1969); R. C. Floud and D. N. McCloskey, eds., *The Economic History of Britain since 1700* (Cambridge, 1981); 以及 N. F. R. Crafts, *British Economic Growth during the Industrial Revolution* (Oxford, 1985), 这是一篇修正主义风格的论文；关于苏格兰，参见 H. Hamilton, *Economic History of Scotland in the Eighteenth Century* (Oxford, 1963)。

关于法国，见 Ernest Labrousse et al., *Histoire économique et sociale de la France* (Paris, 1970), vols. 2 and 3; M. Marion, *Histoire financière de la France depuis 1715* (Paris, 1914–1925), vols. 2–4 涵盖了从 1789 年到 1818 年这段时期的历史；Henri Sée, *Histoire économique de la France* (Paris, 1939)。

关于德意志，见 Hermann Aubin and Wolfgang Zorn, *Handbuch der deutschen Wirtschaftsundsozialgeschichte* (2 vols., Stuttgart, 1971)。

关于这个时期的美国，参见 Samuel Blodget, *Economica: A Statistical Manual for the United States of America* (Washington, 1806); Curtis P. Nettels, *The Emergence of a National Economy, 1775–1815* (New York, 1962); Stuart

Bruchey, *The Roots of American Economic Growth, 1607–1861* (New York, 1965); Douglas North, *The Economic Growth of the United States, 1790–1860* (1961; New York, 1966); Claudia Goldin and Frank Lewis, "The Role of Exports in American Economic Growth during the Napoleonic Wars, 1793 to 1807," *Explorations in Economic History* 17 (1980) 6–25; Paul David, "The Growth of Real Product in the United States before 1840: New Evidence, Controlled Conjectures," *Journal of Economic History* 27 (1967) 151–197; Stanley L. Engerman and Robert E. Gallman, eds., *Long-Term Factors in American Economic Growth* (Chicago, 1986)。关于价格历史，参见 Winifred Rothenberg, "The Market and Massachusetts Farmers, 1750–1855," *Journal of Economic History* 41 (1981) 283–314; 同前，"A Price Index for Rural Massachusetts, 1750–1855," 同上，39 (1979) 975–1001; 同前，"The Emergence of Capital Markets in Rural Massachusetts, 1730–1838," 同上，45 (1985) 781–808; 同前，"The Emergence of Farm Labor Markets and the Transformation of the Rural Economy: Massachusetts, 1750–1855," 同上，48 (1988) 537–566; 同前，*From Market-Places to a Market Economy: The Transformation of Rural Massachusetts, 1750–1850* (Chicago, 1992); Anne Bezanson, *Prices and Inflation during the American Revolution: Pennsylvania, 1770–1790* (Philadelphia, 1951); 同前，*et al.*, *Wholesale Prices in Philadelphia, 1784–1861* (Philadelphia, 1936); 同前，"Inflation and Controls in Pennsylvania, 1774–1779," *Tasks of Economic History* 8 (1948) 1–20; Arthur Harrison Cole, *Wholesale Commodity Prices in the United States, 1700–1861* (Cambridge, Mass., 1938); Walter B. Smith and Arthur Harrison Cole, *Fluctuations in American Business, 1790–1860* (Cambridge, Mass., 1935); George Rogers Taylor, "Wholesale Commodity Prices at Charleston, South Carolina, 1732–1791," *Journal of Economic History* 4 (1921–1922) 356–377; "Wholesale Commodity Prices at Charleston, South Carolina, 1796–1801," 同上，848–867; Thomas Senior Berry, *Western Prices before 1861: A Study of the Cincinnati Market* (Cambridge, 1943); Harold V. Roelse, "Wholesale Prices in the United States, 1791–1801," *Quarterly Publications of the American Statistical Association* 15 (1917) 840–846。

关于法国的价格，参见 C.-E. Labrousse, *Esquisse du mouvement des prix* et des revenus en France au XVIIIe siècle (2 vols., Paris, 1933)，此作依然是研究 18 世纪价格革命不可或缺的著作；亦参见 C.-E. Labrousse, "Recherches sur l'histoire des prix en France de 1500 à 1800," *Revue d' Économie Politique* (1939); 同前，"Un siècle et demi de hausse des prix agricoles (1726–1873): presentation d'un nouvel indice général des prix," *Revue Historique* 65 (1940); idem, "Prix et structure régionale: le froment dans les régions françaises (1782–1790)," *Annales d' Histoire Sociale* 1 (1939); L. Dutil, *L'état économique du Languedoc à la fin de l'Ancien Régime, 1750–1789* (Paris, 1911); A. Achard, "Le prix du pain à Ambert, de 1774 à 1790," *Bulletin Historique et Scientifique de l' Auvergne* 57 (1937) 136–139; Georges Sangnier, *La crise du blé à Arras à la fin du XVIIIe siècle 1788–1796* (Fontenay-Le-Comte, 1943).

关于英格兰的价格，除了上文中曾经援引的图克（Tooke）和纽马奇（Newmarch）以及贝弗里奇之外，参见 N. J. Silberling, "British Prices and Business Cycles, 1779–1850," *Review of Economic Statistics* 5 (1923) 223–261; E. L. Jones, *Seasons and Prices: The Role of Weather in English Agricultural History* (London, 1964); W. W. Rostow, "Business Cycles, Harvests, and Politics, 1790–1850," *Journal of Economic History* 1 (1941) 206–221.

关于其他国家的价格，参见 Jean Meuvret, "La géographic des prixdes céréales et les anciennes économies européennes: prix méditerranéens, prix continentaux, prix atlantiques à la fin du XVIIIe siècle, *Revista da Economia* (1951); Anselmo Bernardino, "Contributo all storia dei prèzzi in Sardegna tra la fine del secolo XVIII e il principio del secolo XIX," *Giornale degli Economisti* 71 (1931) 423–443。

关于薪酬，参见 M. W. Flinn, "Trends in Real Wages, 1750–1850," *Economic History Review* 2d ser. 27 (1974) 395–413; T. R. Gourvish, "Flinn and Real Wage Trends in Britain, 1750–1850: A Comment," *Economic History Review* 2d ser. 29 (1976) 136–142; G. N. Von Tunzelmann, "Trends in Real Wages, 1750–1850, Revisited," *Economic History Review* 2d ser. 32 (1979) 33–49; Valerie Morgan, "Agricultural Wage Rates in Late Eighteenth-Century Scotland," *Economic History Review* 24 (1971) 181–201; Donald R. Adams Jr., "Wage Rates in the Early National Period:

Philadelphia, 1785–1830," *Journal of Economic History* 28 (1968) 404–426; 同前，"Some Evidence on English and American Wage Rates, 1790–1830," *Journal of Economic History* 30 (1970) 499–520。

在关于"生活标准"的激烈辩论中，工业革命的效果未能清晰地从长远趋势中突显出来，参见 Eric Hobsbawm, "The British Standard of Living, 1790–1850," *Economic History Review* 2d ser. 10 (1957) 46–68; 同 前，"The Rising Standard of Living in England, 1800–1850," *Economic History Review* 2d ser. 13 (1961) 397–416; 以及后来的许多著述，参见 A. J. Taylor, ed., *The Standard of Living in Britain during the Industrial Revolution* (London, 1975); F. Collier, *The Family Economy of the Working Class in the Cotton Industry, 1784–1833* (Manchester, 1965)。

关于美国的社会和经济条件，及美国革命的到来，参见 Gary B. Nash, *The Urban Crucible: Social Change, Political Consciousness, and the Origins of the American Revolution* (Cambridge, 1979); Marc Egnal and Joseph Ernst, "An Economic Interpretation of the American Revolution," *William and Mary Quarterly* 29 (1972) 3–32; Alfred Young, *The American Revolution: Explorations in the History of American Radicalism* (De Kalb, 1976); McCusker and Menard, *The Economy of British America*, 351–377; Richard B. Sheridan, "The British Credit Crisis of 1772 and the American Colonies," *Journal of Economic History* 20 (1960) 161–186。

对法国的物价、薪酬和革命事件之间关系的探讨，参见 Georges Lefebvre, "Le mouvement des prix et lesorigines de la Révolution française, " *Annales Historiques de la Révolution Française* 9 (1937) 288–329; 同前，"La crise économique en France à la fin de l'ancien régime," *Annales E.S.C.* 1 (1946) 51–55; C.-E Labrousse, *La crise de l'économic française à la fin de l'ancien régime et au début de la révolution* (Paris, 1943); Philipe Sagnac, "La crise de l'économie en France à la fin de l'Ancien Régime," *Revue d'Histoire Économique et Sociale* (1950); P. de St-Jacob, "La question des prix en France à la fin de l'Ancien Régime, après les contemporains," *Revue d'Histoire Économique et Sociale* (1952) 133–146 George E. Rudé, "Prices, Wages, and Popular Movements in Paris during the French Revolution," *Economic History Review* 2d ser. 6 (1954) 246–267; George Lefebvre, "Les mouvement des prix et les origines de la Revolution Française," *Annales Historiques de la Revolution Francaise* 14 (1937) 289–329; Emmanuel LeRoy Ladurie, "Révoltes et contestations rurales en France de 1675 à 1788," *Annales E.S.C.* 29 (1974) 6–22; F. G. Dreyfus, "Prix et population à Mayence et à Tréves au XVIIIᵉ siècle," *Revue d' Histoire Économique et Sociale (1956);* Hubert C. Johnson, *The Midi in Revolution: A Study of Regional Political Diversity, 1789–1793* (Princeton, 1986); Roger Chartier, "Cultures, lumières, doléances: Les Cahiers de 1789," *Revue d' Histoire Moderne et Contemporaine* 28 (1981) 68–93; David Ringrose, *Transportation and Economic Stagnation in Spain, 1750–1850* (Durham, 1970)。

关于 18 世纪末的生存危机，参见 J. Meuvret, "Les crises de subsistances et la démographic de la France d'Ancien Régime," *Population* 1 (1946) 643–650; 同 前, "Demographic Crisis in France from the Sixteenth to the Eighteenth Century," *Population in History*, 507–522; Walter M. Stern, "The Bread Crisis in Britain, 1795–96," *Economica* 31 (1964) 168–187; P. Vilar, "Réflexions sur le 'crise de l' ancien type,' 'inégalité des reécoltes,' et 'sous-développement,'" *Conjuncture économique, structures sociales: Hommage à Ernest Labrousse* (Paris, 1974); Jacques Godechot and S. Moncassin, "Démographie et subsistances en Languedoc du XVIIIᵉ siècle du XVIIIᵉ siècle au début au XIXᵉ," *Bulletin d' Histoire Économique et Sociale de la Révolution Française* (1965); D. Klingaman, "Food Surpluses and Deficits in the American Colonies, 1768–1772," *Journal of Economic History* 31 (1971) 553–569; Olwen Hufton, "Social Conflict and the Grain Supply in Eighteenth-Century France," *Journal of Interdisciplinary History* 14 (1983) 305–309; G. Sangnier, *La crise du blé à Arras, à la fin du XVIIIᵉ siècle (1788–1796)* (Fontenay-le-Comte, 1943)。

关于法国的金融危机，参见 J. Bouchary, *Les manieurs d' argent à Paris à la fin du XVIIIᵉ siècle* (2 vols., Paris, 1939–1943) 以及 *Les compagnies financières à Paris à la fin du XVIIIᵉ siècle* (3 vols., Paris, 1940–1942); L. Dermigny, "La France à la fin de l' Ancien Régime: une carte monétaire," *Annales E.S.C.* (1955)

480–493; J. F. Bosher, *French Finances, 1770–1795* (Cambridge, 1970)。

对法国大革命爆发时价格、薪酬和生活必需品所扮演的角色的探讨，亦参见 Jean Egret, *The French Prerevolution, 1787–1788* (1962; Chicago, 1977); Georges Lefebvre, *The Great Fear of 1789* (New York, 1973); Jacques Godechot, *The Taking of the Bastille, July 14th, 1789* (1965; New York, 1970); G. Durieux, *The Vainqueurs de la Bastille* (Paris, 1911); W. Sewell, *Work and Revolution in France* (Cambridge, 1980); E. Barber, *The Bourgeoisie in Eighteenth Century France* (Princeton, 1955)。

以这段革命时期的货币动态为主题的著作，包括 Seymour E. Harris, *The Assignats* (Cambridge, 1930); J. Morini-Combi, *Les assignats, révolution et inflation* (Paris, 1926); G. Hubrecht, *Les assignats dans le HautRhin* (Strasbourg, 1931); 同前，"Les assignats à Bordeaux du début de la Révolution," *Annales Historique de la Révolution Française* 16 (1939) 289–301; Jean Bouchary, *Les faux monayers sous la Révolution française* (Paris, 1946)。

关于革命后依旧延续的价格问题的探讨，参见 R. Schnerb, "La dépression économique sous le Directoire après la disparition du papier-monnaie," *Annales Historique de la Révolution Française* 11 (1934) 27–49; J. Bertrand, *La taxation des prix sous la Révolution française* (Paris, 1949); W. F. Shepard, *Price Control and the Reign of Terror: France, 1793–1795* (Berkeley, 1953); George Rude and Albert Soboul, "Le maximum des salaires parisiens et la Révolution française," *Annales Historique de la Révolution Française* (1954) 1–22; Richard Cobb, "Politique et subsistance en l'an III, l'exemple du Havre," *Annales de Normandie* (1955) 135–159; 同前, *Terreur et subsistances, 1793–1795* (Paris, 1965); O. Festy, *L'aggriculture pendant la Révolution française: les conditions de production et de récolte des céréales (1789–1795)* (Paris, 1947)。

关于其他国家的价格和政治动态，参见 L. Dal Pane, *Lo Stato Pontificio e il movimento riformatore del settecento* (Milan, 1959); J. Vicens Vives, "Conjuntura economica y reformismo burgués: Dos factoresen la evolucion de España del antiguo regimen," *Estudios de Historia Moderna* 4 (1954) 349–391; R. Werner, *L'approvisionnement en pain de la population du bas-Rhin et de l'armée du Rhin pendant la Revolution (1789–1797)* (Strasbourg, 1951)。

关于法国的贫困，有大量带着不同"问题"（*problematiques*）的论著：
Olwen Hufton, *The Poor of Eighteenth-Century France, 1750–1789* (Oxford,
1974) and Alan Forrest, *The French Revolution and the Poor* (New York, 1981)，
两者都附有全面充实的参考书目。至于英国，乔治·尼科尔斯爵士（Sir
George Nichols）、哈蒙德氏（the Hammonds）和韦布氏（the Webbs）对济贫
法的边沁式和费边式的旧有解读，得到了极大的修正，参见：Mark Blaug, "The
Myth of the Old Poor Law and the Making of the New," *Journal of Economic
History* 23 (1963) 151–184; 这一系列的探究，继续见于 James P. Huzel, "Malthus,
the Poor Law, and Population in Early Nineteenth-Century England," *Economic
History Review* 2d ser. 22 (1969) 430–452; 同前，"The Demographic Impact of
the Old Poor Law: More Reflections on Malthus," *Journal of Economic History*
2d ser. 33 (1980) 367–381; Donald McCloskey, "New Perspectives on the Old
Poor Law," *Explorations in Economic History* 10 (1972–73) 419–436.

关于拿破仑一世时期的危机，参见 A. Chabert, *Essai sur les mouvements
des prix et des revenus en France de 1798 à 1820* (Paris, 1945–1949); J. Norris,
"British Wartime Inflation, 1793–1815: The Beginning of a Pragmatic Tradition,"
in B. M. Gough, ed., *In Search of the Visible Past* (Waterloo, 1975); Joel Mokyr
and N. Eugene Savin, "Stagflation in Historical Perspective: The Napoleonic
Wars Revisited," *Research in Economic History* 4 (1979) 198–259; Glenn
Hueckel, "War and the British Economy, 1793–1815: A General Equilibrium
Analysis," *Explorations in Economic History* 10 (1973) 365–396; 同前，"Relative
Prices and Supply Response in English Agriculture during the Napoleonic Wars,"
Economic History Review 2d ser. 29 (1976) 401–414; A. K. Cairncross and
B. Weber, "Fluctuations in Building in Great Britain, 1785–1849," *Economic
History Review* 9 (1956) 283–297; J. W. Anderson, "A Measure of the Effect of
British Public Finance, 1793–1815," *Economic History Review*; Eli Heckscher,
The Continental Blockade: An Economic Interpretation (Oxford, 1922); A. C.
Clauder, *American Commerce as Affected by the Wars of the French Revolution
and Napoleon, 1793–1812* (Philadelphia, 1932); W. F. Galpin, *The Grain Supply*

of England during the Napoleonic Period (New York, 1925); R. Ruppenthal,
"Denmark and the Continental System," *Journal of Modern History* 15 (1943)
7–23; E.Tarlé, *Le blocus continental et le royaume d'Italie* (Paris, 1931); C.
Northcote Parkinson, ed., *The Trade Winds: A Study of British Overseas Trade
during the French Wars, 1793–1815* (London, 1948).

关于金融、银行和利率，参见 N. J. Silberling, "British Financial Experience,
1790–1830," *Review of Economic Statistics* 1 (1919) 321–323; Emmanuel
Coppieters, *English Bank Note Circulation, 1694–1954* (Louvain, 1955), 13–34;
Bray Hammond, *Banks and Politics in America from the Revolution to the
Civil War* (Princeton, 1957); 美国的统计数据，参见 J. Van Fenstermaker, *The
Development of American Commercial Banking, 1782–1837* (Kent, Ohio, 1965).

关于英格兰的物价和乱局之间的关系，参见 Douglas Hay, "War, Dearth,
and Theft in the Eighteenth Century: The Record of the English Courts," *Past &
Present* 95 (1982) 117–160.

托马斯·马尔萨斯和大卫·李嘉图对他们那个时代经历的概述，见 *Essays
on the Principles of Population* (1798) 以及 *Principles of Political Economy and
Taxation* (1817)。一篇讨论文章，见 Samuel Hollander, "Ricardo's Analysis of
the Profit Rate, 1813–15," *Economica* 40 (1973) 260–282; 亦参见 Edmond E.
Lincoln, ed., *Du Pont de Nemours on the Dangers of Inflation* (源于在国民议
会中的演讲, 25 Sep. 1790; Boston, 1950)。两篇同时代的经典是 Arthur Young:
An Inquiry into the Progressive Value of Money in England (London, 1812) 以
及 *An Enquiry into the Rise of Prices in Europe* (London, 1815)。经济和文化
动态之间的关系，参见 D. Mornet, *Les origines intellectuelles de la révolution
française, 1715–1787* (Paris, 1933)。

维多利亚均衡期

关于 19 世纪欧洲经济史的总论型著作，包括 David S. Landes, *The
Unbound Prometheus: Technological Change and Industrial Development*

in Western Europe from 1750 to the Present (Cambridge, 1969); Charles P. Kindleberger, *Economic Growth in France and Britain, 1851–1950* (Cambridge, Mass., 1964); P. K. O'Brien and C. K. Kyder, *Economic Growth in Britain and France, 1780–1914: Two Paths to the Twentieth Century* (London, 1978); 以及 Simon Kuznets, *Modern Economic Growth: Rate, Structure, and Spread* (New Haven, 1966)。

关于英国经济历史，总论型著作包括 François Crouzet, *L'économie de la Grande Bretagne victorienne*, (Paris, 1978) tr. by Anthony Forster as *The Victorian Economy* (New York, 1982); Roderick Floud and Donald McCloskey, *The Economic History of Britain since 1700* (2 vols., Cambridge, 1981); Eric J. Hobsbawm, *Industry and Empire: An Economic History of Britain since 1750* (London, 1968); Peter Mathias, *The First Industrial Nation: An Economic History of Britain, 1700–1914* (London, 1969); Phyllis Deane and W. A. Cole, *British Economic Growth, 1688–1959* (2d ed., Cambridge, 1967); J. D. Chambers, *The Workshop of the World: British Economic History from 1820 to 1880* (London, 1961)。同样有指导意义的还有 J. H. Clapham, *An Economic History of Modern Britain* (3 vols., Cambridge, 1926–1938). A revisonist interpretation appears in N. F. R. Crafts, *British Economic Growth during the Industrial Revolution* (Oxford, 1985)。这个时期价格历史的一篇经典论文是 Stanley Jevons, "On the Variation of Prices and the Value of Currency since 1782," *Journal of the Statistical Society of London* (1865)。

对法国经济的审视，参见 Rondo Cameron, *France and the Economic Development of Europe, 1800–1914* (Princeton, 1961); 同前，"Profit, croissance et stagnation en France au XIXe siècle," *Economic Appliquée* 10 (1957) 409–444; Shepherd B. Clough, "Retardative Factors in French Economic Development in the Nineteenth and Twentieth Centuries," *Journal of Economic History* 6 (1946) 91–102; N. Beaurieux, *Les prix du blé en France au XIXe siècle* (Paris, 1909)。

关于德国经济史，一部涉及经济和政治历史的重要综合性著作，是 Helmut Bohme, *Deutschlands Weg zur Grossmacht...* (Cologne and Berlin,

1966)。高 质 量 的 著 作 还 有 Wolfram Fischer, *Wirtschaft und Gesellschaft im Zeitalter der Industrialisierung...* (Gottingen, 1972); Fritz Stern, *Bismarck, Bleichroder, and the Building of the German Empire* (New York, 1977); Franz Schnabel, *Deutsche Geschichte im neunzehnten Jahrhundert* (4 vols., Freiberg, 1927–1937); W. G. Hoffman, *Das Wachstum der deutschen Wirtschaft seit der mitte des 19. Jahrhunderts* (Berlin, 1965; Tubingen, 1971)。

对 美 国 经 济 历 史 的 综 述， 见 Lance Davis et al., *American Economic Growth: An Economist's History of the United States* (New York, 1972), 363–365; 以及 Douglass C. North, *Growth and Welfare in the American Past: a New Economic History* (3d ed., Englewood Cliffs, N.J., 1983)。极为注重价格历史的专项研究包括 Peter Temin, *The Jacksonian Economy* (New York, 1969); Eugene M. Lerner, "Inflation in the Confederacy, 1861–65," in Milton Friedman, ed., *Studies in the Quantity Theory of Money* (Chicago, 1956); George E. Dickey, "Money, Prices, and Growth: The American Experience, 1860–1896" (thesis, Northwestern University, 1968)。

关 于 意 大 利， 有 一 份 总 体 综 述， 即 Shepard B. Clough, *The Economic History of Modern Italy* (New York, 1964); 关于 19 世纪意大利的价格，有许多项研究得以发表于 C. M. Cipolla et al., *Archivio economico dell' Unificazione italiana* 一书中， 包括 P. Bandettini, "I prèzzi sul mercato di Firenze dal 1800 al 1890" (vol. 5, fasc. 1, 28–34); I. Delogu, "I prèzzi sui mercati di Cagliari e di Sassari dal 1818 al 1880" (vol. 9, fasc. 4, 20–24); G. Felloni, "I prèzzi sul mercato di Torino dal 1815 al 1890" (vol. 5, fasc. 2, 36–44); 同前, "I prèzzi sul mercato di Genova dal 1815 al 1890" (vol. 7, fasc. 3, 126–34), A. de Maddalena, "I prèzzi... sul mercato di Milano," (vol. 5, fasc. 3, 36–44); A. Petino, "I prèzzi... sui mercati di Palermo a di Catania dal 1801 al 1890" (vol. 8, fasc. 5, 20–24); S. Pinchera, "I prèzzi... sui mercati dello Stato Pontifico (dal 1823 al 1860) e Roma (dal 1823 al 1890)" (vol. 5, fasc. 4, 32–34); 以 及 P. Spaggiari, "I prèzzi... sul mercato di Poarma dal 1821 al 1890" (vol. 8, fasc. 3, 24–34)。

关于西班牙的著作有 Juan Sardá, *La politica monetaria y las fluctuaciones de la economia espannñola en el siglo XIX* (Madrid, 1948); Nicolas Sanchez Albornoz, *Las crisis de subsistencias de Espana en el siglo XIX* (Rosario, 1963); 同　前，"La formazione del mercato nazionale: Spagna e Italia," *Rivista Storica Italiana* 85 (1973) 907–931; Pierre Conrad and Albert Lovett, "Problèmes de l'évaluation du coût de la vie en Espagne: 1. Le prix du pain depuis le milieu du XIXe siècle: une source nouvelle," *Melanges de la Cas Velázquez* 5 (1965) 411—441; Juan J. Novara, *Contribución a la historia de los precios en Córdoba, 1887–1907* (Cordoba, 1968)。

关于中东地区，一篇有用的论文是 Haim Gerber and Nachum T. Gross, "Inflation or Deflation in Nineteenth-Century Syria and Palestine," *Journal of Economic History* 40 (1980) 351–357。

关于亚洲南部，参见 K. N. Chaudhuri, ed., *The Economic Development of India under the East India Company, 1814–1858* (Cambridge, 1971); John Adams and Robert C. West, "Money, Prices, and Economic Development in India, 1861–1895," *Journal of Economic History* 39 (1979) 55–68。

关于亚洲东部，开创性的著作包括 M. Lee, *Economic History of China* (New York, 1921); Richard Henry Tawney, *Land and Labor in China* (New York, 1932); Albert Feuerwerker, *China's Early Industrialisation...* (Cambridge, 1958)。

关于大洋洲、澳大利亚和新西兰，参见 Edward O. G. Shann, *An Economic History of Australia* (London, 1930); N. G. Butlin, *Investment in Australian Economic Development, 1861–1900* (London, 1963); C. G. F. Simkin, *The Instability of a Dependent Economy* (London, 1951)。

关于 19 世纪的经济波动，有大量著作。一部总体性的研究是 Charles P. Kindleberger, *Manias, Panics, and Crashes: A History of Financial Crises* (New York, 1978)。关于具体的危机、恐慌和萧条，有大量论著，包括 John D. Post, *The Last Great Subsistence Crisis in the Western World* (Baltimore, 1977), 这是关于 1816 年危机的著作；Murray N. Rothbard, *The Panic of 1819: Reactions and Policies* (New York, 1962); P. Gonnet, "Esquisse de la crise économique de 1827 à 1832," *Revue d'Histoire Économique et Sociale* 33 (1955) 249–292;

R. C. O. Mathews, *A Study in Trade Cycle History: Economic Fluctuations in Great Britain, 1833–42* (Cambridge, 1954); Reginald Charles McGrane, *The Panic of 1837* (Chicago, 1924); Peter Temin, *The Jacksonian Economy* (New York, 1969); D. Morier Evans, *The Commercial Crisis, 1847–48* (1849, rpt. New York, 1968, 2d ed. 1969); Henry Grote Lewin, *The Railway Mania and its Aftermath, 1845–1852* (1936; rpt. New York, 1968); J. R. T. Hughes, *Fluctuations in Trade, Industry and Finance* (Oxford, 1960); George W. Van Vleck, *The Panic of 1857: An Analytical Study* (New York, 1943); D. Morier Evans, *History of the Commercial Crisis, 1857–1858, and the Stock Exchange Panic of 1859* (1859; rpt. New York, 1969); Hans Rosenberg, *Die Weltwirtschaftskrise von 1857–59* (Stuttgart, 1934); Wladimir d'Ormesson, *La grande crise mondiale de 1857...* (Paris, 1933); E. Ray McCartney, *Crisis of 1873* (Minneapolis, 1935); S. B. Saul, *The Myth of the Great Depression, 1873–1896* (London, 1969); W. Jett Lauck, *The Causes of the Panic of 1893* (Boston, 1907); H. S. Foxwell, "The American Crisis of 1907," in *Papers in Current Finance* (London, 1919); Franco Bonelli, *La crisi del 1907...* (Turin, 1971)。

关于货币趋势，参见 Wesley C. Mitchell, *Gold, Prices, and Wages under the Greenback Standard* (Berkeley, 1908); Irwin Unger, *The Greenback Era* (Princeton, 1964); Robert Sharkey, *Money, Class, and Party* (Baltimore, 1959); Milton Friedman and Anna J. Schwartz, *A Monetary History of the United States, 1867–1960* (Princeton, 1963); 同前, *Monetary Statistics of the United States* (New York, 1970); 同前, *Monetary Trends in the United States and the United Kingdom: Their Relation to Income, Prices, and Interest Rates, 1867–1975* (Chicago, 1982); Larry T. Wimmer, "The Gold Crisis of 1869," *Explorations in Economic History* 12 (1975) 105–122。

对银行和银行业的探讨，见 Bray Hammond, *Banks and Politics in America from the Revolution to the Civil War* (Princeton, 1957); 同前, *Sovereignty and an Empty Purse: Banks and Politics in the Civil War* (Princeton, 1970); Richard H. Timberlake, *The Origins of Central Banking in the United States* (Cambridge,

1978); 数据资料见 J. Van Fenstermaker, "The Development of American Commercial Banking, 1782–1837" (thesis, Kent State University, 1965). Forrest Capie and Alan Webber, *A Monetary History of the United Kingdom, 1870–1982* (London, 1985) 收录了许多关于英国银行业的数据。亦参见 Sir John Clapham, *The Bank of England, a History* 2 vol. (Cambridge, 1944); Walter Bagehot, *Lombard Street* (5th ed. London, 1873), 这是一部经典之作，应当与下面这部作品结合着阅读：Frank W. Fetter, "A Historical Confusion in Bagehot's Lombard Street," *Economica* 34 (1967) 80–83; Robert Bigo, *Les banques françaises au cours de XIXe siècle* (Paris, 1947)。

总论型价格研究论著包括 Ethel D. Hoover, "Wholesale and Retail Prices in the Nineteenth Century," *Journal of Economic History* 18 (1958) 298–316; 以及 Walt W. Rostow, "Money and Prices: An Old Debate Revisited," (ms., Austin, 1978), 这篇文章的论点是价格波动被"真正"的力量而不是货币的力量驱动（主要供给冲击）。货币主义者的答辩，见于 Michael Bordo and Anna J. Schwartz, "Money and Prices in the Nineteenth Century: An Old Debate Rejoined," *Journal of Economic History* 40 (1980) 61–67; 同前，"Money and Prices in the Nineteenth Century: Was Thomas Tooke Right?" *Explorations in Economic History* 18 (1981) 97–127; C. Knick Harley, "Prices and the Money Market in Britain, 1870–1913," *Explorations in Economic History* 14 (1977) 69–89; P. R. P. Coelho and J. F. Shepherd, "Differences in Regional Prices: The United States, 1851–1880," *Journal of Economic History* 34 (1974) 555–591。

专项价格研究包括 Ruth L. Cohen, *History of Milk Prices* (Oxford, 1936); W. Stanley Jevons, *The Coal Question* (1865, London, 2d ed. 1866); C. Knick Harley, "Western Settlement and the Price of Wheat, 1872–1913," *Journal of Economic History* 36 (1978) 865–878; Thorstein Veblen, "The Price of Wheat since 1867," *Journal of Political Economy* 1 (1892) 365–379; L. B. Zapoleon, *Geography of Wheat Prices* (USDA Bulletin no. 594, Washington, 1918); Robert C. Allen, "Accounting for Price Changes: American Steel Rails, 1879–1910," *Journal of Political Economy* 89 (1981) 512–528; Peter Temin, "The Causes of Cotton-

Price Fluctuations in the 1830s," *Review of Economics and Statistics* 49 (1967) 463–470。

对 19 世纪的最佳气候条件的审视，见 H. H. Lamb, *Climate: Present, Past and Future* (2 vols., London, 1977)。

以利率和资本收益为主题的著作有 J. M. Fachan, *Historique de la rente française* (Paris, 1904); Leonidas J. Loutchitch, *Des variations du taux de l' intérêt en France de 1800 à nos jours* (Paris, 1930); Clifford F. Thies, "Interest Rates and Expected Inflation, 1831–1914: A Rational Expectations Approach," *Southern Economic Journal* 51 (1985) 1107–1120; Gene Smiley, "Interest Rate Movement in the United States, 1888–1913," *Journal of Economic History* 35 (1975) 591–620; C. Knick Harley, "The Interest Rate and Prices in Britain, 1873–1913: A Study of the Gibson Paradox," *Explorations in Economic History* 14 (1977) 69–89。

关于地租和不动产价格，参见 F. M. L. Thompson, "The Land Market in the Nineteenth Century," *Oxford Economic Papers* 9 (1957) 285–308; E. M. Carus-Wilson, "A Century of Land Values: England and Wales [1781–1880]," *Essays in Economic History* (London, n.p.), 3:128–131; Avner Offer, "Ricardo's Paradox and the Movement of Rents in England, c. 1870–1910," *Journal of Economic History* 33 (1980) 236–252; Country Landowners' Association, *The Rent of Agricultural Land in England and Wales, 1890–1946* (London, 1949)。

对薪酬的研究，见 J. Kucynski, *Die Geschichte der Lage der Arbeiter in Deutschland von 1800 bis in die gegenwart* (1947); 同 前, *Die Geschichte der Lage der Arbeiter unter dem Kapitalismus* (1960–1963); P. Mombert, "Aus der Literatur über die soziale Frage und über die Arbeiterbewegung in Deutschland in der ersten Hälfte des 19. Jahrhunderts," *Archiv für die Geschichte der sozialismus über die Arbeiterbewegung* 9 (1921); A. W. Phillips," "The Relation between Unemployment and the Rate of Change in Money Wage Rates in the United Kingdom, 1861–1957," *Economica* 25 (1908) 283–299; Richard G. Lipsey, "The Relation between Unemployment and the Rate of Change in Money Wage Rates in the United Kingdom, 1861–1957: A Further Analysis," *Economica* 27 (1960) 1–31; E. H. Phelps-Brownand Sheila Hopkins, "The Course of Wage Rates in Five Countries, 1860–1939," *Oxford Economic Papers* (Oxford, 1950); Stanley Lebergott, *Manpower in Economic Growth: the American Record since 1800* (New York, 1964); Stephen DeCanio and Joel Mokyr, "Inflation and Wage Lag during the American Civil War," *Explorations in Economic History* 14 (1977) 311–336; P. R. P. Coelho and J. F. Shepherd, "Regional Differences in Real Wages: The United States, 1851–1880," *Explorations in Economic History* 13 (1976) 203–230; E. H. Hunt, *Regional Wage Variations in Britain, 1850–1914* (Oxford, 1973)。

美国奴隶价格大体上追随全球实际薪酬的趋势，被记录于 Ulrich B. Phillips, *American Negro Slavery* (Baton Rouge, 1966)；亦参见 Robert Fogel and Stanley Engerman, *Time on the Cross: The Economics of American Negro Slavery* (2 vols., Boston, 1974)。

关于失业问题，参见 Marie Dessauer, "Unemployment Records, 1849–59," *Economic History Review* 10 (1939–40) 38–43；以及 Alex Keyssar, *Out of Work; The First Century of Unemployment in Massachusetts* (Cambridge, 1986)。

关于财富和收入分配问题，参见 Peter H. Lindert and Jeffrey G. Williamson, "Three Centuries of Wealth Inequality," *Research in Economic History* 1 (1976) 69–122; Stephen Thernstrom, *Poverty and Progress: Social Mobility in a Nineteenth-Century City* (Cambridge, 1964)。

关于维多利亚均衡期的文化趋势，Walter E. Houghton, *The Victorian Frame of Mind, 1830–1870* (New Haven, 1957) 是一部有价值的著作，尽管它将维多利亚时代和后维多利亚时代的心灵说得太过相似；关于这个问题，依然有用的还有 G. M. Young, *Victorian England: Portrait of an Age* (Garden City, 1954) 以及 W. L. Burn, *The Age of Equipoise* (1964; New York, 1965)。

20 世纪价格革命

关于 20 世纪价格革命的起源，两部总论型著作不可不读：Jan Romein, *The Watershed between Two Eras: Europe in 1900* (Middletown, 1978); Geoffrey Barraclough, *An Introduction to Contemporary History* (Harmondsworth, 1967)。

对统计数据证据的总结摘要，参见 B. R. Mitchell, *European Historical Statistics, 1750–1988* (3d ed., New York, 1992); *International Historical Statistics: Africa and Asia* (New York, 1995); 同前，*International Historical Statistics: The Americas and Australasia* (London, 1995); 以及上文列举的各国年鉴。

对 20 世纪全球范围内的价格动态的审视，参见 Arthur B. Laffer, "The Phenomenon of Worldwide Inflation: A Study of International Market Integration," in David I. Meiselman and Arthur B. Laffer, eds., *The Phenomenon of Worldwide Inflation* (Washington, 1975), 27–52; A. J. Brown, *The Great Inflation, 1939–51* (London, 1955); 同前，*World Inflation since 1950* (Cambridge, 1985); Geoffrey Maynard and W. van Ryckegham, eds., *A World of Inflation* (New York, 1975); Gardner Ackley, *Stemming World Inflation* (Paris, 1971); Charles S. Maier, *In Search of Stability: Explorations in Historical Political Economy* (Cambridge, 1987).

关于 20 世纪价格革命开端的两种不同诠释，见 Milton Friedman and Anna Jacobson Schwartz, *A Monetary History of the United States, 1867–1960* (Princeton, 1963) 以及 W. Arthur Lewis, *Growth and Fluctuations, 1870–1913* (London, 1978). 同样有用的还有：J. L. Laughlin: "Gold and Prices, 1890–1907," *Journal of Political Economy* (1909) 257–271, 以及作者同前，"Causes of the Changes in Prices since 1896," *American Economic Association Papers and Proceedings* (1911) 26–36。

关于 1914 年之前的经济趋势，有一篇采取货币主义视角的重要论文，即 Michael Bordo, "The Effect of the Sources of Change in the Money Supply on the Level of Economic Activity" (thesis, Chicago, 1972)。其他研究包括 Donald McCloskey and J. Richard Zecher, "How the Gold Standard Worked,

1880–1930," in J. A. Fraenkel and H. G. Johnson, eds., *The Monetary Approach to the Balance of Payments* (London, 1976); R. P. Higonnet, "Bank Deposits in the United Kingdom, 1870–1914," *Quarterly Journal of Economics* 20 (1957) 329–367; Austin H. Spencer, *An Examination of Relative Downward Industrial Price Flexibility, 1870–1921* (New York, 1978), 这是关于东欧的著作。

关于一战期间和战后价格动态的经济和社会历史, 参见 John Stevenson, *British Society, 1914–1945* (London, 1984), 46–102; Arthur Marwick, *The Deluge: British Society and the First World War* (Boston, 1965); A. J. P. Taylor, *English History, 1914–1945* (New York, 1965); James Harvey Rogers, *The Process of Inflation in France, 1914–1927* (New York, 1929); Charles S. Maier, *Recasting Bourgeois Europe: Stabilization in France, Germany, and Italy in the Decade after World War I* (Princeton, 1975); Stephen A. Schuker, *The End of French Predominance in Europe: The Financial Crisis of 1924 and the Adoption of the Dawes Plan* (Chapel Hill, 1976); R. H. Tawney, "The Abolition of Economic Controls, 1918–21," *Economic History Review* 13 (1943) 1–30; Alice Coulon, *Recherches sur les origines du boom et de la crise de 1920* (Montlucon, 1946).

关于德国的恶性通胀的经历, 有大量的论著, 参见 Carl-Ludwig Holtfrerich, *The German Inflation, 1914–1923: Causes and Effects in International Perspective* (Berlin, 1986); "Political Factors of the German Inflation, 1914–1923," in Schmukler and Marcus, eds., *Inflation through the Ages: Economic, Social, Psychological, and Historical Aspects,* (New York, 1983) 400–416; Andreas Kunz, *Civil Servants and the Politics of Inflation in Germany, 1914–1924* (New York, 1986); Gordon Craig, *Germany, 1866–1945* (New York, 1978); Gerald Feldman, *Iron and Steel in the German Inflation, 1916–1923* (Princeton, 1977); K. Laursen and J. Pederson, *The German Inflation, 1918–1923* (Amsterdam, 1964); Gerald D. Feldman et al., *The German Inflation Reconsidered: A Preliminary Balance* (Berlin, 1982); 同 前, *The Experience of Inflation: International and Comparative Studies* (Berlin, 1984); 同前, *Die Nachwirkungen der Inflation auf die deutschen Geschichte, 1924–1933* (Munich,

1985);同前，*The Great Disorder: Politics, Economics, and Society in the German Inflation, 1914–1924* (New York, 1993)。

关于一战之后欧洲东部和中部的其他恶性通胀现象，有一组有价值的文章：György Ránki, "Inflation in Post-World War I East Central Europe" and "Inflation in Hungary"；Ljuben Berov, "Inflation and Deflation Policy in Bulgaria during the Period between World War I and World War II"；Mugur Isarescu, "Inflation in Romania during the Post-World War I Period"；Zbigniew Landau, "Inflation in Poland after World War I"；Alice Teichova, "A Comparative View of the Inflation of the 1920s in Austria and Czechoslovakia"；以上论文都收录于 Schmukler and Marcus, eds., *Inflation through the Ages, 475–571*；亦参见 Z. S. Katsenellenbaum, *Russian Currency and Banking, 1914–1924* (London, 1925); J. van Walre de Bordes, *The Austrian Crown: Its Depreciation and Stabilization* (London, 1924)。

关于战争间隔期价格动态的探讨，参见 Derek H. Aldcroft, *Finanz und wirtschaftspolitsche Fragen der Zwischenkreigszeit* (Berlin, 1973); Albert Sauvy, *Histoire économique de la France entre les deux guerres* (4 vols., Paris, 1965–1975); Emile Moreau, *Souvenirs d' un gouverneur de la Banque de France* (Paris, 1954); Sidney Pollard, *The Development of the British Economy, 1914–1950* (London, 1962)。

关于大萧条时期，参见 John Kenneth Galbraith, *The Great Crash, 1929* (Boston, 1955); Lester V. Chandler, *America's Greatest Depression, 1929–1941* (New York, 1970); Murray N. Rothbard, *America's Great Depression* (Princeton, 1963; Kansas City, 1969); Karl Brunner, ed., *The Great Depression Revisited* (Boston, 1981); Peter Temin, *Did Monetary Forces Cause the Great Depression?* (New York, 1976)。

关于二战期间和战后的价格动态，参见 Arthur Joseph Brown, *The Great Inflation, 1939–1951* (New York, 1983); Eric F. Goldman, *The Crucial Decade and After: America, 1945–1960* (New York, 1966); Arthur Hanau, *Die deutsche landwirtschaftliche Preis aud Marktpolitik im Zweiten Weltkreig* (Stuttgart, 1975);

John J. Klein, "German Money and Prices, 1932–44," in Milton Friedman, ed., *Studies in the Quantity Theory of Money* (Chicago, 1956); Henry S. Miller, *Price Control in Fascist Italy* (New York, 1938); Gail E. Makinin, "The Greek Hyperinflation and Stabilization of 1943–1946," *Journal of Economic History* 46 (1986) 755–807; 以及 A. J. Brown, *The Great Inflation, 1939–1951* (London, 1955); and Robert S. Morrison, *The Real War on Inflation Has Not Begun...* (Ashtabula, Ohio, 1982), 该作覆盖了 1937 年到 1980 年间的这段时期；有一篇引人入胜的侧记，即 R. A. Radford, "The Economic Organization of a P.O.W. Camp," *Economica* 12 (1945)。

以二战以来美国的经济历史为主题的著作有 Robert Aaron Gordon, *Economic Instability and Growth: The American Record* (New York, 1974); Herbert Stein, *Presidential Economics: The Making of Economic Policy from Roosevelt to Reagan and Beyond* (rev. ed., New York, 1985); Peter Bohley, *Die Recession der Jahre 1957–58 in den Vereinigten Staaten von Amerika...* (Berlin, 1963)。

关于德国价格动态，参见 Günter Schmölders, "The German Experience," in *Inflation: Long-Term Problems, Proceedings of the Academy of Political Science* 31 (1975), 201–211; Fritz Rahmeyer, *Sektorale Preisentwicklung in der Bundesrepublik Deutschland, 1951–1977: Eine theoretische und empirische Analyse* (Tubingen, 1983)。

以意大利的经验为主题的著作有 Georgio Rota, *L'Inflazione in Italia, 1952–1974* (Turin, 1975)。关于比利时，参见 L. H. Dupriez, *Monetary Reconstruction in Belgium* (New York, 1947)。关于英国，参见 Paul Ormerod, "Alternative Models of Inflation in the United Kingdom... ," in Schmukler and Marcus, eds., *Inflation through the Ages*, 643–658。

关于共产主义经济体的论著有 Wolfgang Teckenberg, "Economic Well-Being in the Soviet Union: Inflation and the Distribution of Resources," in Schmukler and Marcus, eds., *Inflation through the Ages*, 659–676; Jan Adam, *Wage Control and inflation in the Soviet Bloc Countries* (London, 1979); F.

D. Holzman, "Soviet Inflationary Pressures, 1928–1957, Causes and Cures," *Quarterly Journal of Economics* 74 (1960) 167–188; Fyodor I. Kushnirsky, *Growth and Inflation in the Soviet Economy* (Boulder, 1989); Adam Martan, *Consumer Prices in Austria and Hungary, 1945–1972* (Vienna, 1974); Sofija Popov and Milena Jovicic, *Uticaj Licnih Dohodaka na Kretanje Cena* (Belgrade, 1971), 该作附有一份英文的摘要和总结, 是一份关于南斯拉夫成本推动型通胀的研究；J. M. van Brabant, *Regional Price Formation in Eastern Europe* (Doedrecht, 1987), 该作论述了 1945 年之后的价格动态。

关于中国的著作, 有 Ying Hsin, *The Price Problems of Communist* China (Kowloon, 1964)。

关于拉丁美洲的通胀, 参见 Walter Manuel Beveraggi Allendi, *La inflacion Argentina, 1946–1975* (Buenos Aires, 1975); Stefan Robeck, "The Brazilian Experience" and William P. Glade, "Prices in Mexico: From Stabilized to Destabilized Growth," in *Proceedings of the American Academy of Political Science* 31 (1975) 179–187, 188–200; R. C. Vogel, "The Dynamics of Inflation in Latin America," *American Economic Review* 64 (1974) 102–114; Susan M. Wachter, *Latin-American Inflation* (Lexington, Mass., 1976); Felipe Pazos, *Chronic Inflation in Latin America* (New York, 1972); Rosemary Thorp and Lawrence Whitehead, eds., *Inflation and Stabilisation in Latin America* (New York, 1979); John Williamson, ed., *Inflation and Indexation: Argentina, Brazil, and Israel* (Washington, 1985); Alain Ize and Gabriel Vera, *La inflacion en Mexico* (Mexico City, 1984)。

关于亚洲南部的价格趋势, 参见 Chandulal Nagindas Vakil, *War against Inflation: The Story of the Falling Rupee, 1943–1977* (Delhi, 1978); Yogesh C. Halan, "Inflation, Poverty and the Third World: India's Experience," in Schmukler and Marcus, eds., *Inflation through the Ages*, 625–642; R. J. Venkateshwaran, *The Tragedy of the Indian Rupee* (Bombay, 1968); John Latham, "Food Prices and Industrialization: Some Questions from Indian History," *IDS Bulletin* 9 (1978) 17–19。

关于亚洲东部，参见 Kokishi Asakuri and Chiaki Nishiyama, eds., *A Monetary Analysis and History of the Japanese Economy, 1868–1970* (Tokyo, 1968); Gilbert Brown, *Korean Pricing Policies and Economic Development in the 1960s* (Baltimore, 1973)。

关于非洲的趋势，参见 Jean Phillipe Peemans, *Diffusion du progres économique et convergence des prix: Le cas Congo-Belgique, 1900–1960; la formation du systeme des prix et salaires sand une economie dualiste* (Louvain, 1968)。

关于大洋洲的著作，有 Bryan Haig, *Real Product, Income, and Relative Prices in Australia and the United Kingdom* (Canberra, 1968)。

以 20 世纪 70 年代的价格冲击为主题的著作有 John M. Blair, *The Control of Oil* (New York, 1976); 同样有趣的还有 Ali D. Johany, *The Myth of the OPEC Cartel: The Role of Saudi Arabia* (Dhahran, Saudi Arabia, University of Petroleum and Minerals, 1980)。

关于新的通胀，参见 Gardiner Means, "Simultaneous Inflation and Unemployment," in Means et al., *The Roots of Inflation,* (New York, 1975) 19–27; 亦参见罗伯特·海尔布罗纳的大量著作；W. David Slawson, *The New Inflation: The Collapse of Free Markets* (Princeton, 1981); 亦参见，同前，"Price Controls for a Peacetime Economy," *Harvard Law Review* 84 (1971) 1090–1107; 同前，"Fighting Stagflation with the Wrong Weapons," *Princeton Alumni Weekly*, 23 Feb. 1983, 33–38。

关于其他"新通胀"理论，参见 Robert Lekachman, *Economists at Bay* (New York, 1976); Dudley Jackson, H. A. Turner and Frank Wilkinson, *Do Trade Unions Cause Inflation?* (Cambridge, 1972); G. L. Bach, *The New Inflation: Causes, Effects, Cures* (Providence, R.I., 1973)。

关于经济政策和控制通胀的尝试，参见 Leonardo Leiderman and Lars E. O. Svensson, eds., *Inflation Targets* (London, 1995), 这是一份对九个国家的政策及其实施结果的调查。有一份关于美国的调查，即 Richard H. Timberlake, *Monetary Policy in the United States; An Intellectual and Institutional History* (Chicago, 1993)。有两份新闻报道式的记录，即 William Greider, *Secrets of* the Temple; How the Federal Reserve Runs the Country (New York, 1987) 以及 Maxwell Newton, The Fed (New York, 1983)。

对于滞胀的探讨，参见 Alex McLeod, The Fearsome Dilemma: Simultaneous Inflation and Unemployment (Lanham, Md., 1984)。

对经济学家们的态度的探讨，参见 Howard Ellis, German Monetary Theory, 1905–1933 (Cambridge, 1934); John Kenneth Galbraith, Economics in Perspective (Boston, 1987); Lester C. Thurow, The Zero Sum Society (New York, 1981)。

关于这个时期的价格和投机者，参见 John A. Jenkins, "The Hunt Brothers: Battling a Billion Dollar Debt," New York Times Magazine, 27 Sept. 1987。

关于通胀的文化和社会情境，参见 Alejandro Conde Lopez, Socio-economia de la inflation... (Madrid, 1973)。关于通胀对这个时期的青年文化的影响，可见于 Jonathon [原文如此] Green, The Book of Rock Quotes (New York, 1982); 其他讨论包括：George Katona, "The Psychology of Inflation"; David J. Webber, "...a Political Theory of Inflation"; Arthur J. Vidich, "Social and Political Consequences of inflation..."; Edwin T. Harwood, "Toward a Sociology of Inflation"; Beth T. Niemi and Cynthia Lloyd, "Inflation and Female Labor Force Participation"; Wilhelmina A. Leigh, "The Impact of Inflation upon Homeownership..."; Bettina Berch, "Inflation of Housework"; 以及 Donald C. Snyder and Bradley R. Schiller, "The Effect of Inflation on the Elderly"; 均收录于 Schmukler and Marcus, eds., Inflation through the Ages, 745–882。

关于通胀和失业，菲利普曲线最早出现于 A. W. Phillips, "The Relation between Unemployment and the Rate of Change of Money Wage Rates in the United Kingdom, 1861–1957," Economica 25 (1958) 183–299。

关于财富和收入的分配，参见 A. B. Atkinson, Unequal Shares—Wealth in Britain (London, 1972); Peter Wiles, Distribution of Income: East and West (Amsterdam, 1974); Lee Soltow, "Long-Run Changes in British Income Inequality," Economic History Review 21 (1968) 17–29; Jeffery G. Williamson and Peter H. Lindert, American Inequality: A Macroeconomic History (New

York, 1980); Jeffrey G. Williamson, *Did British Capitalism Breed Inequality?* (Boston, 1985); Y. S. Brenner, Hartmut Kaelbe and Mark Thomas, eds., *Income Distribution in Historical Perspective* (Cambridge, 1991), 35; A. L. Bowley, *Wages in the United Kingdom in the Nineteenth Century* (Cambridge, 1900); 同前, *Wages and Income in the United Kingdom since 1860* (Cambridge, 1937)。

一本非常生动的、可能是为了预测上个世纪的价格走势的书：Samuel Benner, *Benner's Prophecies of Future Ups and Downs in Prices; What Years to Make Money on Pig-Iron, Hogs, Corn and Provisions* (Cincinnati, 1876) 以及 Ravi Batra, *The Great Depression of 1990; Why It's Got to Happen—How to Protect Yourself* (New York, 1985, 1987)。

关于 20 世纪 90 年代通胀的消退，主要论著包括 Roger Bootle, *The Death of Inflation: Surviving and Thriving in the Zero Era* (London, 1996); Lester C. Thurow, *The Future of Capitalism: How Today's Economic Forces Shape Tomorrow's World* (New York, 1996)。

鸣 谢

　　本书的撰写工作始于将近四十年前的约翰·霍普金斯大学，在那里，我师从弗雷德里克·蔡平·莱恩进行经济史研究。我后来逐渐了解了弗雷德，他是一位老派的学者，专攻的领域是中世纪晚期和文艺复兴时期的威尼斯经济。我的领域曾经是（且依然是）美国历史，但是我上了一门他的研究生课程，并且发现自己被他的学术风范深深吸引。一门接一门的课程之后，我在他的指导下攻读了博士学位，研究方向是 15 世纪佛罗伦萨和威尼斯的经济和社会史。

　　那些认识弗雷德里克·莱恩的人，会理解事情是如何发生的。他从未吸引大量的学生，或广为公众所知，但他是一位杰出的教师，一位真正伟大的学者。后来，他被选为美国历史学会主席，这证明了他在同行心目中的崇高地位。

　　弗雷德如今已长眠于地下，但在我的世界里，他虽死犹生。我在写下这些文字时，他的身影浮现在我的脑海里——一位身形瘦长、来自新英格兰地区的北方人，举止干练，有一张因年事已高而显得饱经风霜的坚毅长脸，每当我说出令他觉得格外愚钝的话时，那撮浓密的小胡子，就会吓人地一耸。弗雷德话很少，举止有些生硬。

他所要求的那种课业标准，对我而言前所未闻，他用老式的方法训练他的学生，在我的专业中，这种方法几近销声匿迹。

弗雷德将我引入了古老的历史学科，在今日的美国，它们几乎已被遗忘：古文字学、印章学、古钱币学以及18世纪意义上的外交学。他理所当然地坚持认为应当掌握研究15世纪意大利文艺复兴时期威尼斯历史所需的语言——加起来是好几种。笔试之后，是在他办公室里进行的口试。四十多年前的一幕仍历历在目。那是一个傍晚。厚重的窗帘被拉上，挡住了阳光，我进入时，那里黑得仿佛一个洞穴。弗雷德示意我在他的桌边就座。在旁边的一只旧书箱上，摆放着一艘布满尘埃的古老威尼斯战舰模型。其凶神恶煞的舰首装饰十分尖锐，仿佛一把匕首直指向我。弗雷德对我的这些感觉一无所知。他高兴地在一堆堆古旧的手稿中翻寻，抽出一页又一页令人费解的书页，要求我看后译出。有时，我的失败似乎比我的成功更能令他满意，但我们坚持了下来。弗雷德不厌其烦地纠正了我的许多错误，并且慢慢地，那艘凶悍的威尼斯战舰消失在了逐渐汇聚的傍晚的阴影中。随着夕阳的最后几缕光芒隐没在拉拢的窗帘后，弗雷德的小胡子停止耸动，开始以一种比较令人心生希望的方式抽动起来。最后，他抬头看了看我，说道："到这儿就行了，费舍尔。"在我从他那里得到的评价中，这是最接近于赞许的评语。当我融入黄昏的暮色中时，他从背后叫住了我："下周，往来账户记录。"

在我们研究了15世纪威尼斯的记账方式（这是弗雷德最喜欢的课题）之后，他引导我阅读了经济理论方面的论著。我过去从未研究过经济学。当我处在易受外界影响的年纪时，一位普林斯顿的顾问告诉我：经济学不是一门适合绅士的课题。"人必须有钱，"他对面前这位贫寒拮据的本科生说道，"但人不需要思考它。"

弗雷德以一种理所当然的轻蔑态度驳斥了这种姿态。他以历史学的角度去看待经济理论，并鼓励我研读赫茨勒藏书（Hutzler

Collection），这是一个很棒的经济理论藏书系列，由巴尔的摩一家百货商店的老板悉心打造。我阅读了初版的经典著作，有一些还附有作者的旁注。弗雷德和我曾经就理论问题进行过急切而热烈的交谈，尽管这些问题今天已不再热门，如剩余价值理论——弗雷德认为这是卡尔·马克思对知识界的唯一贡献，以及欧文·费雪和厄尔·汉密尔顿的货币主义理论，弗雷德里克·莱恩认识并尊敬他们。

与弗雷德共事，意味着能够结识他那一代的主要经济史学家，他们从许多国家来拜访他。他们的那种同志情谊，依旧跨越国界地存在着。我的思想受到与迈克尔·波斯坦交谈的强烈影响，他是弗雷德的朋友，曾在 1959 年到访巴尔的摩。这位身材瘦小、有着姜黄色头发的英国中世纪史学家，教导我用马尔萨斯的方式看待历史问题。本书的字里行间，都可以看到他的影响。

弗雷德的朋友们包括费尔南·布罗代尔和法国主要的历史学家——他们日后会被称为"年鉴学派"。我直到很久之后的 20 世纪 60 年代才听到这种说法。弗雷德则以另一种方式认识他们。1958 年和 1959 年，我们研究了马克·布洛赫、吕西安·费弗尔以及费尔南·布罗代尔的著作，不是学习他们的方式，而是研究他们的成果。

在弗雷德和他的朋友们之中，我看到了一种公正无私的学术理想，其出发点是基于这样的信念：对真理的追求本身就是一种可敬的目标。当下，这样的理念遭到"后现代"这一代人的轻蔑对待（就像它在 20 世纪二三十年代中的遭遇）；但弗雷德是这种理念的信徒，我也是。在约翰·霍普金斯大学，我曾有幸与其他拥有同样信念的历史学家共事，他们是欧文·拉铁摩尔、西德尼·佩因特、威尔逊·史密斯、范恩·伍德沃德。弗雷德就是这群人士中的一员。他的学术操守，尤其是宽严相济的行事方式，依旧是我的灵感源泉。

1962 年，我完成约翰·霍普金斯大学的研究生课程，在布兰迪斯大学找到一份工作。不久之后，弗雷德退休，搬去他在马萨诸塞州的祖宅。我于是得以安排他加入布兰迪斯大学的教师队伍。他成为我的同事，但他一直都是我的老师。20 世纪 60 年代末，当我主要致力于美国史时，偶尔会教授关于 15 世纪文艺复兴时期意大利的历史课程；70 年代，我开始教授一门关于近现代历史主线变迁的课程。两者都很大程度上来自我追随弗雷德·莱恩时所做的工作。

1979 年，这些课程启发我写下了一篇短文，也就是本书核心主旨的概述。这篇文章是受 B. A. 里特斯波恩所托，为《社会经济研究所学报》所作。我对他的鼓励十分感激，而且还要感谢纽约怀特普莱恩斯的社会经济研究所主席伦纳德·M. 格林的慷慨支持。

本项目的大量研究工作，完成于四个图书馆系统：哈佛、纽约公共图书馆、牛津和布兰迪斯大学。在此，我要特别鸣谢布兰迪斯大学图书馆的工作人员，他们是我所知最棒的，真正意义上做到了有问必答，无论我提出多少棘手的问题。

我在布兰迪斯大学的学生们给我的教益，总是胜过我给他们的。在这个课题上，我从威妮弗雷德·罗滕伯格那里学到了许多，而我有幸成为她学位论文的指导老师。威妮完成了这一代最杰出的美国价格史著作。她的作品为我们所有人树立了典范。

在牛津教学时，我得以结识亨利·费尔普斯—布朗，他的著作通过聚焦普通人的经历，纠正支配早期学术界的精英式偏见，掀起了价格史研究的革命。他是一位杰出的英国公务员，也是一位伟大的学者，有着我在其他价格史学家身上发现的那种对真理孜孜以求的精神。从我们的对话中，我学到了许多，而且亨利及其夫人伊夫琳在接待我和妻子这两个背井离乡的美国人时，展现出了极大的善良与慷慨，也成为我们夫妻的美好回忆。

本书的初稿发表于加州理工学院一次关于经济学和历史学的量化问题会议上。我心怀感激地记得帕萨迪纳东道主的热情好客，他们是摩根·库瑟和兰斯·戴维斯，此外还要向提出建议和意见的各位与会者表达感激——大卫·加伦森、马里斯·维诺夫斯基斯以及丹尼尔·斯科特·史密斯。会后，克劳迪娅·戈尔丁和斯坦利·恩格曼慷慨地挤出时间来阅读这份手稿。我还要向格拉斯哥大学的塞缪尔·科恩致以特别的感谢，他也阅读了手稿，且分享了他在近代早期社会和经济史方面的专业知识。我的好友牛津大学布雷齐诺斯学院的约翰·罗伊特，为近现代的部分提出了许多中肯的建议。

本书的一些部分是以康涅狄格学院公开讲座的形式呈现的，我心怀感激地记得历史系主任奥克斯·埃姆斯及该系教职员工的热情好客。其他理念则得到了牛津大学的学生和历史系同事们的检验。经过修订的草稿于 1994 年在达特茅斯学院的一次讲座上发表。

在牛津大学出版社，我三十年来的编辑和朋友谢尔登·迈耶阅读了手稿，并提出了许多改善建议。乔林·奥珊卡一路为本书的出版工作护航，因迪亚·库珀是一位绝佳的文字编审。杰弗里·沃德绘制了本书中的地图，与他共事是一桩赏心乐事。格雷格·迈耶帮助我们绘制图表，并且以他对 Excel 程序的精通，为本项研究作出了贡献。马克·费舍尔、金伯莉·盖泽斯、苏珊·亨德里克斯以及黛博拉·梅尔津是我的研究助手。朱迪·布朗和艾娜·马拉古蒂一如既往地高效。当截稿日期迫在眉睫时，我的妻子朱迪丝也从她繁忙的工作日程中抽出时间来施以援手。苏珊娜、安妮、弗雷德、约翰、安、威尔、凯特和我的兄弟迈尔斯·费舍尔也给予了我鼓励和建议。我的父母永远是智慧和支持的楷模。本书献给他们，聊表他们所有子女和孙子女的孝心于万一。

大卫·哈克特·费舍尔
马萨诸塞州韦兰市
1996 年 4 月

译名对照表

Abel, Wilhelm　威廉·阿贝尔

absolute magnitudes　绝对量级

Acciaiuoli　阿奇亚奥里（姓氏）

Adams, Thurston　瑟斯顿·亚当斯

aggregate demand　总体需求

aggregate-demand shocks　总需求冲击

agio　（银行）贴水，参见 aggio

agrarian konjunktur　农业经济

Agrarkrisen und Agrarkonjunktur　《农业危机与农业活动》

Ahab, Captain　亚哈船长（梅尔维尔《白鲸》中的人物）

Aiguebelle　艾格贝勒（地名）

Alberta　艾伯塔（地名）

Albion's Seed　《阿尔比恩的种子》

Alfred, King　（英格兰）国王阿尔弗雷德

"alpha-beta" phases　"甲—乙"阶段

American Antiquarian Society　美国文物协会

Ames, Oakes　奥克斯·埃姆斯

Amsterdam Exchange　阿姆斯特丹交易所

Andover　安多弗（地名）

Angelico, Fra.　弗拉·安杰利科（15 世纪文艺复兴时期人物）

Angers　昂热（地名）

Anjou　安茹（地名）

Annales　（法国）年鉴学派

Appalachia　阿巴拉契亚地区

Appleby　阿普尔比（人名）

Arezzo　阿雷佐（地名）

Arnhem　阿纳姆（地名）

Arno　阿尔诺河

Arnold　阿诺德（维多利亚时期人物）

arsenale　（威尼斯）军械库

Arthurian Legends　《亚瑟王传奇》

Ashanti wars　阿散蒂战争（维多利亚时期的战争）

Ashtor　阿什托尔（人名）

Assignat　纸券（法国）

Assizes　巡回法庭（英国）

Atkinson, A. B.　A. B. 阿特金森

Atkinson's index　阿特金森指数

Ausanka, Joellyn　乔林·奥珊卡

Brenner, Y. S.　Y. S. 布伦纳

Brescia　布雷西亚（地名）

Breslau　布雷斯劳（地名）

Bridbury, A. R.　A. R. 布里德伯里

British Social Science Research Council　英国社会科学研究理事会

Brown, Judy　朱迪·布朗

Bruneel, C.　C. 布吕内尔

Brunelleschi　布鲁内莱斯基（15 世纪文艺复兴时期的建筑家）

Bruni, Leonardo　莱昂纳多·布鲁尼

Bryan, William Jennings　威廉·詹宁斯·布赖恩

Buonsignori　布翁西格诺里（姓氏）

Bureau of Economic Analysis　（美国）经济分析局

Bureau of Labor Statistics　劳工统计局

Burghley, Lord　伯利勋爵

Burns, Arthur　亚瑟·伯恩斯

Burton, Robert　罗伯特·伯顿

Caboche, Simon　西蒙·卡博什

Caffa　卡法（地名），今费奥多西亚（Feodosia）

Calais　加莱（地名）

Calomiris　卡洛米里斯（人名）

Cambridge Group for the History of Population and Social Structure　剑桥人口与社会结构历史研究小组

Cameron, Rando　龙多·卡梅伦

Canon of Bridlington　布里德灵顿的教士

Cantabrian Plague　坎塔布里亚瘟疫

Cape Cod　科德角

Cape Trafalgar　特拉法尔加海角

capitation　什一税

caristia　（拉丁文）高物价、生活成本居高不下

Carlyle　卡莱尔（维多利亚时期人物）

Casimir IV　（波兰）卡齐米日四世

catasto　土地登记簿

Census Bureau　（美国）人口普查局

Ch'uan Hansheng　全汉升

Chabert, M. A.　M. A. 沙贝尔

chaldron　查尔特隆（英国旧时容量单位）

champart　实物地租（法国）

Chansons de Geste　《武功歌》

Charles VII "the Well Served"　（法国国王）"忠于职守者"查理七世

Chartres　沙特尔（地名）

Chateaudun　沙托丹（地名）

Chatelet　沙特莱堡

Chaunu, Pierre　皮埃尔·肖努

Chemnitz　开姆尼茨（地名）

Chesapeake school　切萨皮克学派

Chicago Mercantile Exchange　芝加哥商业交易所

Chippenham　奇彭纳姆（英格兰地名）

Chmielnicki's rebellion　赫梅利尼茨基叛乱（波兰）

chronic bankruptcy　习惯性破产

Ciompi, Revolt of　梳毛工起义

Cipolla, Carlo　卡洛·奇波拉

Cliometric School　计量学派

Coatsworth, John　约翰·科茨沃思

coefficient of variation　变差系数

Cohn, Samuel　塞缪尔·科恩

Colbert, Jean Baptiste　让·巴蒂斯特·柯尔贝尔

Cole, Arthur　亚瑟·科尔

Cole, Arthur Harrison　亚瑟·哈里森·科尔

Moody's Manual 《穆迪手册》

Morineau, Michel 米歇尔·莫里诺

Mortain 莫尔坦（地名）

Moscow Institute for Business Cycle Research 莫斯科商业周期研究所

Moscow revolts 莫斯科暴乱（1633—1634，1637，1645，1648 年）

Mount. St. Michel 圣米歇尔山（地名）

moving average 移动平均值

Mozzi 莫齐（姓氏）

Mt. Atho 阿索斯山（地名）

Mueller 米勒（人名）

Muhldorf 米赫尔多夫（地名）

Murad the Maniac （奥斯曼土耳其苏丹）"疯子"穆拉德

Murienne 穆里安（地名）

Murray, Alan 艾伦·默里

Myddle 米杜尔（地名）

Namier 内米尔（人名）

Nancy 南锡（地名）

Narbonne 纳博讷（地名）

Naval Mutinies 海军叛乱（英国，1797 年）

Navarre 纳瓦拉（地名）

Navarre, Marguerite de 玛格丽特·德·纳瓦尔（15 世纪文艺复兴时期人物）

Necker 内克尔（人名）

Nef, John 约翰·内夫

Negroponte 格罗蓬特（地名）

Nemesis 涅墨西斯

Neuhausel 诺伊豪瑟尔（地名）

New England 新英格兰地区

New England Municipals 新英格兰地区的市政债券

New Jonathan's Coffee House 新乔纳森咖啡馆

Newman 纽曼（维多利亚时期人物）

Newton 牛顿（地名）

Nichols, Sir George 乔治·尼科尔斯爵士

Nieman 涅曼河

Nordhaus, William 威廉·诺德豪斯

Nore 诺尔（地名）

Norrancourt 诺兰科特（地名）

Norris,Floyd 弗洛伊德·诺里斯

Norristown 《诺里斯敦》

Novgorod 诺夫哥罗德（地名）

Novotny, J. J.诺沃特尼

Nu-Pieds 赤足党起义（法国，1639 年）

Nymphenburg 宁芬堡（地名）

Oder 奥德河

Office of Price Administration （美国）物价管理办公室

Oman, Charles 查尔斯·奥曼

Opening to the left 向左敞开运动（意大利，1961 年）

Organization of Petroleum Exporting Countries，OPEC 石油输出国组织

Ormée revolt 榆树暴动（法国，1648—55 年）

Orwell 奥韦尔（英格兰地名）

Osler, Sir William 威廉·奥斯勒爵士

Ostfriesland 东弗里西亚（地名）

Ottawa Agreements 《渥太华协定》（1932 年）

Overijssel 上艾瑟尔（地名）

Pain-perdu 丢面包屯（法国）

Painter, Sidney 西德尼·佩因特

pala d'oro （威尼斯圣马可大教堂）黄金祭坛围屏

palazzo ca d'oro （威尼斯）黄金宫

Palermo revolt 巴勒莫暴乱（1647—1648

Postan, Michael/Postan, M. M.　迈克尔·波斯坦 /M. M. 波斯坦

Poston, Dudley　达德利·波斯顿

post-Wilhelmine　后威廉时代

Pothumus, Nicolaas　尼古拉斯·波斯蒂默斯

Potosí　波托西（地名）

Poverty, A Study of Town Life　《贫穷，一项关于城镇生活的研究》

pre-Inca　前印加时期

Preisgeschichte　《价格历史》

Presnell, Mrs. L. S.　L.S. 普雷斯内尔夫人

Pressburg　普雷斯堡（地名）

prèstiti　威尼斯债券

Preston　普雷斯顿（地名）

prévôt des marchands　巴黎市长

Pribram, A. F.　A. F. 普里布拉姆

Price and Wage Movements in Belgium　《比利时物价和薪酬动态》

Price Commission　（美国）价格委员会

price currents　价格流水记录

price destruction　价格毁灭

price equilibrium　价格均衡 / 价格均衡期

Price History Newsletter　《价格历史时事通讯》

price-inflation　价格通胀

price-rationing　价格配给

price-wage spiral　物价—薪酬螺旋，参见 wage-price spiral

Priestley　普里斯特利（启蒙时代人物）

problématique　问题（法国年鉴派研究方法）

programmed trading　（计算机）程序化交易

Proven?al revolts　普罗旺斯暴动（1620—60 年）

Provinces of La Plata　拉普拉塔联省

Prussian Law of Siege　《普鲁士围城法》

Prussian State Fours　普鲁士利率 4% 的国家债券

Pugachev, Emilian　叶米利安·普加乔夫

Pulci　普尔奇（姓氏）

pump priming　政府注资（美国罗斯福政府）

quattrocento　15 世纪意大利文艺复兴时期

Quedlinberg　奎德林堡（地名）

Queen Eleanor　埃莉诺王后

Quesnay, Francois　弗朗索瓦·魁奈（启蒙时代人物）

Quito　基多（地名）

Rabb, T. K.　T. K. 拉布

Radicatel　拉蒂卡泰尔（地名）

Radichev　拉迪谢夫（启蒙时代人物）

Ragusa　拉古萨（地名）

Railroad Bonds　铁路债券

Ramsay, Peter　彼得·拉姆齐

Ranke, Leopold von　利奥波德·冯·兰克（维多利亚时期人物）

Rappaport, Steve　史蒂夫·拉帕波特

Rastatt　拉施塔特（地名）

Raynal　雷纳尔（启蒙时代人物）

Recherches anciennes et nouvelles sur le mouvement général des prix du XVIe au XIXe siècle　《16 至 19 世纪价格总体动态新、旧研究》

Rees-Mogg, William　威廉·里斯—莫格

Reggio　雷吉奥（地名）

regressive tax　累退税

Reichsthaler　（德国）帝国元（旧货币单位）

Reign of Terror　恐怖统治（法国，1793—1794 年）

rentes　法国公债

replacement level　置换水平

Schönbrunn　申布伦（地名）

Schönbrunn palace　美泉宫

Schumpeter-Gilboy　熊彼特–吉尔波伊

Schwartz, Anna　安娜·施瓦茨

Schwarzburg-Sondershausen　施瓦茨伯格–桑德斯豪森

Scottish revolts　苏格兰暴动（1638—1640年，1644—1647年）

Sealand　西兰（地名）

second-order problem　二阶问题

Securities and Exchange Commission　美国证券交易委员会

Sée, H.　H. 塞

Selden, John　约翰·塞尔登

semilog scale　半对数量表

Septembresce　九月街市

Serb revolt　塞族暴乱（1804年）

Seven Years War　七年战争（1754—1763年）

Severn Valley　塞文谷（英国地名）

Sheppard, Thomas　托马斯·谢泼德

shoribyo　胜利病（日本）

Shropshire　什罗普郡

Sigilmassa　斯基玛萨（地名）

Simancas　西曼卡斯（人名）

Simiand, Francois　弗朗索瓦·西米昂

Simultaneous Inflation and Unemployment　《同时发生的通胀和失业》

Skipp, V.　V. 斯基普

Skipp, Victor　维克托·斯基普

Slawson, David　大卫·斯劳森

Slutsk　斯卢茨克（地名）

Smith, Daniel Scott　丹尼尔·斯科特·史密斯

Smith, Wilson　威尔逊·史密斯

Smith-Franklin　史密斯–富兰克林

Smoot-Hawley tariff　《斯穆特–霍利关税法》（1930年）

Smout　斯莫特（人名）

Social Science Research Council　（美国人口普查局）社会科学研究理事会

Sociological Theory　《社会学理论》

Soliday, Gerald　杰拉尔德·索黎迪

solidus　索里达（货币单位，其复数形式为solidi）

Soltow　索尔托

sous　苏（法国旧时货币单位）

Spandugino, Theodoros　塞奥佐罗斯·斯潘杜吉诺

Speenhamland　斯宾汉姆兰（地名）

Speenhamland system　斯宾汉姆兰制度（英国济贫制度的雏形）

Spiethoff, A.　A. 斯皮特霍夫

Spithead　斯匹特海德（地名）

Spooner, Frank C.　弗兰克·C.斯普纳(人名)

Spufford, Margaret　玛格丽特·斯普福德

Spufford, Peter　彼得·斯普福德

St. Albans　圣奥尔本斯

St. Andrews　圣安德鲁斯（地名）

St. Denis　圣但尼（地名）

St. Gall　圣加仑（地名）

St. Jacob, P.　P. 圣雅各布

St. Lazere　圣拉泽尔修道院

St. Maixent　圣迈克桑（地名）

St. Zeno Cathedral　圣泽诺大教堂

Stadtholders　（荷兰）总督

stagflation　滞胀（生产停滞、通货膨胀）

staio　斯塔约（旧时容量单位，复数形式为staia）

Stamp Act of 1765　1765年《印花税法》

U.S. Steel Corporation 美国钢铁公司

Ukraine Peasants revolt 乌克兰农民起义
（1647—1653 年）

Ulm 乌尔姆（地名）

United Provinces of Central America 中美
洲联合省

Upper Austrian revolts 上奥地利暴乱
（1626—7, 1632—3, 1641, 1645, 1648 年）

upper quantile 上分位数

upper tail 上尾

Upsala 阿普萨拉（地名）

Urban, William L. 威廉·L. 厄本

Urbino 乌尔比诺（地名）

vainqueur de la Bastille 巴士底狱征服者

Val d'Aosta 瓦莱达奥斯塔（地名）

Vale of Trent 特伦特山谷

Valenciennes 瓦朗谢讷（地名）

Valla, L. 洛伦佐·瓦拉（15 世纪文艺复兴
时期人物）

Valley of Mexico 墨西哥谷地

Vallombrosa 瓦隆布罗萨（地名）

Valmy 瓦尔米（地名）

Van de Wyden 范·德·怀登

Vannuchi, P. 范努齐（15 世纪文艺复兴时
期人物）

Vattel 瓦特尔（启蒙时代人物）

Venetia 威尼西亚地区

Vercelli 韦尔切利（地名）

Verhuls, Adriaan 阿德里安·费尔哈斯特

Verlaine 韦莱纳（维多利亚时期人物）

Verlinden, C. C. 韦尔兰当

Vespucius, Americus 阿梅里卡斯·韦斯普
奇（15 世纪文艺复兴时期人物）

Vexin 韦克桑（地名）

Vezelay 维兹莱（地名）

Vienne 维埃纳（地名）

Vietnam War 越南战争（1965—1975 年）

Vilar, Pierre 皮埃尔·维拉尔

villeinage （西欧）隶农制

vingtieme 廿一税

Vinovskis, Maris 马里斯·维诺夫斯基斯

Vistula 维斯图拉河

Vives, Vicens 维森斯·维韦斯

Vizcaya 比斯开（地名）

Vlad Dracul of Wallachia 瓦拉几亚的弗拉
德·德拉库

Volcker, Paul 保罗·沃尔克

Von Thünen rings 杜能圈

Vries, Jan De 扬·范·弗里斯

wage-price spiral 薪酬—物价螺旋，参见
price-wage spiral

Wald, Micheal 迈克尔·沃尔德

Walter of Brienne, Duke of Athens 雅典公
爵布里耶纳的瓦尔特

Ward, Jeffrey 杰弗里·沃德

Warden of the Exchange 兑换所总管

Warner, Lloyd 劳埃德·沃纳

Warren, W. L. W. L. 沃伦

Warsh, David 大卫·沃什

Wearmouth 威尔茅斯（地名）

Webb 韦布（姓氏）

Wells 韦尔斯（地名）

Wells 威尔斯（维多利亚时期人物）

Wesley, Charles 查尔斯·卫斯理

Wesley, John/J. 约翰·卫斯理 /J. 卫斯理
（启蒙时代人物）

Western revolt 西部暴乱（英格兰，1628—
1631 年）

Wexelbank 威克塞尔银行（瑞典）

Weymouth 韦茅斯（地名）

一頁 folio

始于一页，抵达世界
Humanities · History · Literature · Arts

出品人　　范　新

特约编辑　　任建辉

版权总监　　吴攀君

印制总监　　刘玲玲

营销总监　　张　延

装帧设计　　陈威伸

内文制作　　燕　红

Folio (Beijing) Culture & Media Co., Ltd.
Bldg. 16C, Jingyuan Art Center,
Chaoyang, Beijing, China 100124

官方微博：@ 一頁 folio　｜官方豆瓣：一頁　｜联系我们：rights@foliobook.com.cn

一頁 folio
微信公众号